**Michael Martin**

# Mediengerechte Kommunikationspolitik

Michael Martin

# Mediengerechte Kommunikationspolitik

## Best Practice für Print, Radio, TV und Internet

REDLINE WIRTSCHAFT
bei verlag moderne industrie

**Die Deutsche Bibliothek – CIP-Einheitsaufnahme**

**Martin, Michael:**
Mediengerechte Kommunikationspolitik : best Practice für Print, Radio, TV und Internet / Michael Martin. – Redline Wirtschaft bei Verl. Moderne Industrie, 2002
ISBN 3-478-37390-5


Umschlaggestaltung: redline-wirtschaft, J. Echter
Satz: redline-wirtschaft, M. Zech
Druck: Himmer, Augsburg
Bindung: Thomas, Ausgburg
Printed in Germany 37390/080201
ISBN 3-478-37390-5

# Inhalt

# Vorwort

Die Kommunikationspolitik von Unternehmen, aber auch nicht kommerziell ausgerichteten Organisationen wie Parteien, Spendenorganisationen und Hochschulen, wird im Zuge der technologischen und wirtschaftlichen Veränderungen zu einer strategischen Erfolgsgröße. Durch die zunehmende Vergleichbarkeit der Grundnutzenbestandteile von Produkten und Dienstleistungen lassen sich Wettbewerbsvorteile meist nur noch durch Dienstleistungs- bzw. Servicequalitäten oder vor allem durch kommunikationspolitische Maßnahmen erreichen. Die Differenzierung der Produkte durch kommunikativ vermittelte Erlebnisqualitäten zusammen mit einem erhöhten Werbedruck werden Garant für eine erfolgreiche Produktführung und steigern zwangsläufig die Sympathie des Verbrauchers gegenüber den angebotenen Produkten.

Diese Veränderungen in den wirtschaftlichen Rahmenbedingungen werden durch die Vielfalt und technische Konvergenz der Mediensysteme begleitet. Das Angebot an Übertragungsmedien für die kommunikativen Botschaften erhöht sich innerhalb der klassischen Mediensysteme wie Film, Funk, Fernsehen und Print und auch durch die Entwicklung neuer Medien. Die zunehmende Digitalisierung der Übertragungssignale und die Individualisierung der Botschaftsinhalte, die damit einher gehen können, sind für einen Übergang zwischen klassischen Massenmedien und den Direktkommunikationsmedien bzw. Dialogmedien verantwortlich. Insofern müssen in Zukunft die Medienetats der Organisationen neu strukturiert werden, um sowohl der Vielfalt als auch der spezifischen Wirkungsweise der einzelnen Medienangebote gerecht zu werden.

Aus dieser Perspektive wird in dem vorliegenden Buch versucht, eine Synopsis der klassischen Kommunikationspolitik in Ergänzung zu den „Neuen Medien“ zu erstellen. „Neue Medien“ gab es dabei schon immer. Je nach Zeitperspektive verändern sich die Präsentations- und Übermittlungsformen dieser so genannten Neuen Medien. Ihr rasanter Wandel war stets durch technologische Begleiterscheinungen getrieben und ihre wirtschaftliche Tragfähigkeit war häufig recht fragwürdig. Seit Mitte der 90er Jahre haben die Online-Medien die Position der Neuen Medien übernommen und suchen langsam ihren Stellenwert im Kommunikationsmix zu finden.

Trotz eines überzogenen „Hypes“ gegen Ende des zwanzigsten Jahrhunderts und einer nachfolgenden Ernüchterung werden, aus der Sicht des Autors, diese Medien sowohl als Kommunikations- als auch als Vertriebsplattformen einen nicht mehr wegzudenkenden Einfluss auf die Kommunikations- und Vertriebspolitik nehmen.

Dieses Buch versucht deswegen in vier Kapiteln die verschiedenen Aspekte der „Alten“ und der „Neuen Medien“ systematisch zusammenzutragen und den Lesern damit ein Kompendium einer entscheidungsorientierten Kommunikationspolitik an die Hand zu geben. Das Buch wendet sich sowohl an Studierende als auch an Berufspraktiker, die sich dem Themenfeld für ihre beruflichen Aufgaben widmen möchten.

Im ersten Kapitel wird ein Überblick über die verschiedenen Kommunikationsinstrumente und deren Einsatzmöglichkeiten in den Bereichen klassischer Werbung, Verkaufsförderung, Direktmarketing, Öffentlichkeitsarbeit sowie den Sonderformen Sponsoring und Product Placement gegeben. Dabei werden deutlich die kommunikationspolitischen Instrumentarien von den Trägermedien wie Fernsehen, Hörfunk, Kino, Print und Online getrennt und nach ihren spezifischen Einsatzzielen und -bedingungen unterschieden.

Im zweiten Kapitel werden die strategischen Grundlagen als Erfolgsfaktor einer effektiven Marktkommunikation vorgestellt. Schwerpunkte sind hierbei sowohl ausgewählte Aspekte des Produktpositionierungsmodells und seiner Ableitung für die Marktkommunikation als auch die Erörterung der Besonderheiten der Produktführung durch markenpolitische Maßnahmen.

Im dritten Kapitel werden die Entscheidungskriterien für eine operative Werbemittel- und Werbeträgerplanung vorgestellt. Dabei wird auch auf die gestalterischen Besonderheiten und die medienspezifischen Formatierungsmöglichkeiten sowie die Planungsgrundlagen für Medienetats eingegangen.

Das letzte Kapitel beschäftigt sich mit den Neuen Medien und stellt das Internet als Instrument der Dialogkommunikation und des Direktvertriebs vor.

Mein besonderer Dank gehört all denen, die durch ihre Duldsamkeit oder durch ihre aktive Gestaltung an diesem Buch ihren Beitrag geleistet haben. Herausheben möchte ich dabei Josephine und Anja Beher, Annette Kilch, Caroline Schmitt und Maj-Britt Hartmann für die kritische Durchsicht des Manuskripts, die wertvollen Anregungen und für ihre Geduld sowie Sanna Bruns für die Erstellung der Grafiken.

Wiesbaden, im Februar 2002 Michael Martin

# Kapitel 1

## Grundlagen der Kommunikationspolitik

# 1. Einordnung der Kommunikationspolitik

## 1.1 Stellenwert der Kommunikationspolitik im Rahmen einer marktorientierten Unternehmensführung

Im Zuge des schrittweisen Wandels vieler Märkte von Verkäufer- zu Käufermärkten, je nach Branche in sehr unterschiedlichem Tempo, hat das Marketing in den Unternehmen einen Bedeutungszuwachs erfahren. Dabei hat die Marketinglehre in ihrem eigenen Selbstverständnis einen Wandel vollzogen. Der Entwicklungspfad reicht von einer Disziplin, die primär auf das Verkaufen von Produkten ausgerichtet war, hin zu einer umfassenden managementorientierten Perspektive. Die einzelnen Funktionsbereiche werden im Zuge einer marktorientierten Unternehmensführung den Sachzwängen des Marktes unterworfen und ein übergreifendes Management dominiert die Entscheidungsspielräume betrieblicher Einzelressorts.

Ausgangspunkt der Vermarktung bei einer produkt- bzw. verkaufsorientierten Unternehmensführung stellten ursprünglich die Produkte oder Dienstleistungen dar, die mithilfe der übrigen Marketinginstrumente wie Preispolitik, Distributionspolitik vor allem aber mittels der Instrumente der Kommunikationspolitik den Käufern näher gebracht werden sollten. Eine konsequente Orientierung sämtlicher Unternehmensaktivitäten an den Bedürfnissen und Wünschen der Nachfrage wurde zu Gunsten einer produktorientierten Denkweise vernachlässigt.

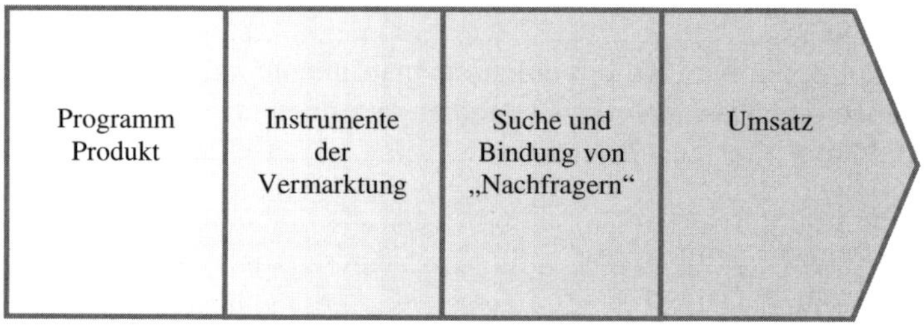


*Abb. 1.1: Produkt- und verkaufsorientierte Unternehmensführung*

Eine Perspektivenerweiterung erfuhr das Marketing durch die Berücksichtigung der Aspekte des strategischen Managements. In diesem Zusammenhang fließen in die Führungskonzeptionen Verhaltensmuster ein, die neben einer konsequenten Ausrichtung aller Unternehmensaktivitäten auf die Bedürfnisse und Wünsche der Zielgruppen zusätzlich noch den Aufbau von langfristigen Erfolgspotenzialen und die Pflege von Kernkompetenzen für das Gesamtunternehmen zum Gegenstand haben. Ausgangspunkt dieser Führungskonzeption bilden dabei zwei Sichtweisen:

- Die Betrachtung der Attraktivität der Branche mit der entsprechenden Stärken- und Schwächenanalyse des Wettbewerbsumfeldes.
- Die Berücksichtigung der Bedürfnisse und Wünsche der Segmente innerhalb des relevanten Wettbewerbsumfeldes.

Marktorientierung bedeutet immer erst, die zu lösenden Probleme zu identifizieren und gleichzeitig ausreichende firmenspezifische Kompetenzen zur Problemlösung zur Verfügung zu stellen. Des Weiteren sollte darüber nachgedacht werden, die Probleme nicht nur zu lösen, sondern bei der Problemlösung auch einen komparativen Wettbewerbsvorteil zu entwickeln. Dieser ist dann gegeben, wenn das Produkt bei mindestens einem Aspekt gegenüber Wettbewerbern eine führende Stellung aus der subjektiven Sicht des Verbrauchers einnimmt. Erst wenn diese Voraussetzungen geklärt sind, werden die Produkte für einen eindeutig definierten Markt entwickelt.

Instrumente wie strategische Positionierung der Produkte, Target Costing und Prozesskostenanalysen sowie integrierte Marktbearbeitungsstrategien werden integrale Bestandteile des Marketings.

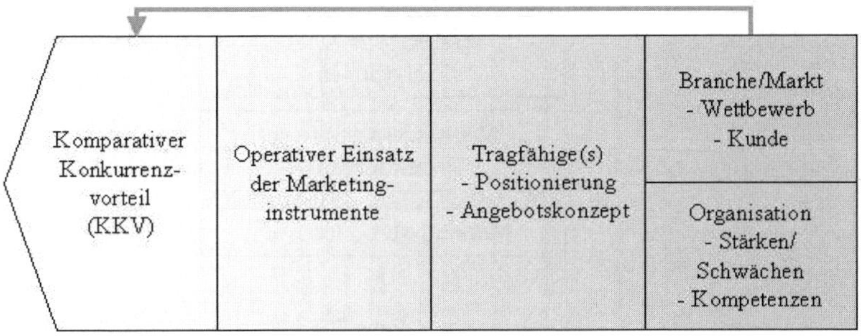


*Abb. 1.2: Marktorientierte Unternehmensführung*

Die Kommunikationspolitik erhält dabei die Aufgabe, die Wettbewerbspositionierungen mithilfe aller verfügbaren kommunikativen Instrumente zielorientiert innerhalb der ausgewählten Zielgruppen zu vermitteln. Dabei muss immer berücksichtigt werden, dass die Marktkommunikation nicht verkauft – sie hilft nur zu verkaufen. Produkte ohne einen komparativen Wettbewerbsvorteil werden kurz- oder mittelfristig keine Überlebenschance haben.

Der Planungsprozess der Marktkommunikation beruht dabei zunächst auf einer Situationsanalyse der Unternehmens- und Marketingstrategien der einzelnen zu führenden strategischen Geschäftsfelder, Produkte und Produktgruppen[1] sowie der kommunikativen Situationsanalysen.[2]

Auf dieser Grundlage wird in einem ersten Schritt die grundsätzliche und langfristige Ausrichtung sämtlicher kommunikativer Aktivitäten für die einzelnen Produkte, Produktgruppen und Geschäftsfelder isoliert, im Sinne von Einzelmarkenführung oder gesamtheitlich im Sinne von Dachmarkenführung, festgelegt. Die angestrebte Soll-Positionierung und die angestrebte Corporate Identity dienen dabei als Orientierungsrahmen, auf deren Grundlage die kommunikativen Leitlinien entwickelt werden. Diese

[1] Analyse des Produktlebenszyklus; Beurteilung der Marktdynamik; Beurteilung der eigenen Wettbewerbsstärken etc.

[2] Ist-Image des Geschäftsfeldes bei den ausgewählten Zielgruppen; kommunikative Aktivitäten des Wettbewerbs; soziale, politische, rechtliche und ökonomische Entwicklungen im relevanten Wettbewerbsumfeld etc.

beinhalten im Wesentlichen die grundlegenden strategischen Ziele, die anzusprechenden Zielgruppen und die zu verwendenden Hauptkommunikationsinstrumente. Darüber hinaus werden die kommunikativen Leitideen, Kern- und Einzelaussagen sowie die Regeln des Instrumenteneinsatzes festgelegt.[3] Diese Aufgaben obliegen dabei der Geschäftsfeldführung.

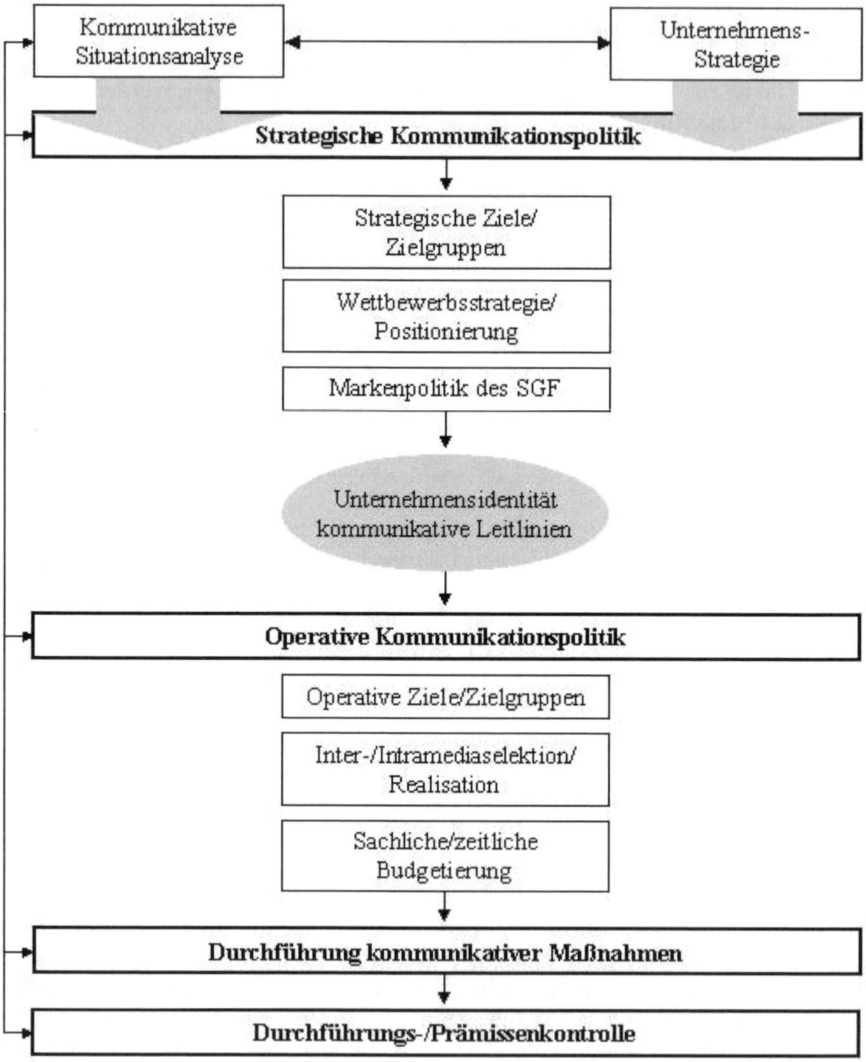


*Abb. 1.3: Phasenmodell der Planung der Kommunikationspolitik des Unternehmens*

3 Vgl. Bruhn, M. (1995), S. 138.

In Kapitel 2 dieses Buches werden ausgewählte Aspekte dieser strategischen Kommunikationspolitik vorgestellt. Erst in einem zweiten Schritt werden dann die Ausprägungen der operativen Einzelinstrumente festgelegt und medienspezifisch in Vermarktungskampagnen integriert. Die Umsetzung beruht dann auf festen „Briefingvorgaben" durch das Produktmanagement für jede einzelne Marke des Unternehmens. Es werden die Werbemittel gestaltet und Mediapläne für die einzelnen Instrumente zeitlich und sachlich abgestimmt. Letztlich wird auch dieser Planungsprozess, der sich über die strategische und operative Kommunikationsplanung erstreckt, durch eine Prämissen- und Durchführungskontrolle beendet.

Eine solche Analyse leistet einen wichtigen Beitrag zur Sicherung der Effektivität und Effizienz künftiger Maßnahmen.

Aspekte der operativen Kommunikationsplanung werden in Kapitel 3 und die „Neuen Medien" in Kapitel 4 vorgestellt.

Ein solches sachlich, zeitlich, strategisch und operativ integriertes Vorgehen hat eine Reihe von Vorzügen. Die Wettbewerbsprofilierung kann durch ein durchgängiges klares und einheitliches Unternehmens- und Markenbild für alle Geschäftsbereiche schnittstellenfrei sowohl nach außen als auch nach innen gewährleistet werden.

Aufgrund einer besseren und schnelleren grafischen Wiedererkennung von Positionierungszielen können die Werbebudgets effizienter eingesetzt werden.

Dies steigert auch gegenüber Mitarbeitern im Innenverhältnis das Identifikationspotenzial und dadurch wird die Kommunikationspolitik bei allen gesellschaftlichen Gruppen authentischer erlebt und Widersprüche können vermieden werden.

## 1.2 Stellenwert der Kommunikationspolitik im medialen Wertschöpfungsprozess

Die Kommunikationspolitik wird von einer Branche gestaltet, die eine breite Mischung aus Beratungs-, Produktions- und Medienunternehmen darstellt.[4] Wie in nachfolgender Abbildung deutlich wird, setzt sich der Markt aus Agenturen (Full-Service-Generalisten) und Spezialagenturen (Direktmarketing, Multi Media Marketing etc.), aus Contentprovidern (Verlagen, Rundfunkanstalten und Fernsehsendern etc.) sowie Werbemittelproduzenten aus den Bereichen Druck und AV-Produktionen zusammen. Darüber hinaus gehören Markt- und Mediaforschungsunternehmen, klassische Beratungsgesellschaften sowie eine Vielzahl von Service- und Netzwerkprovidern wie die Telekom sowie Logistikunternehmen wie die Post AG zum Werbemarkt.

4 Vgl. Bruhn, M. (1997a), S. 186 ff. und S. 199 ff.

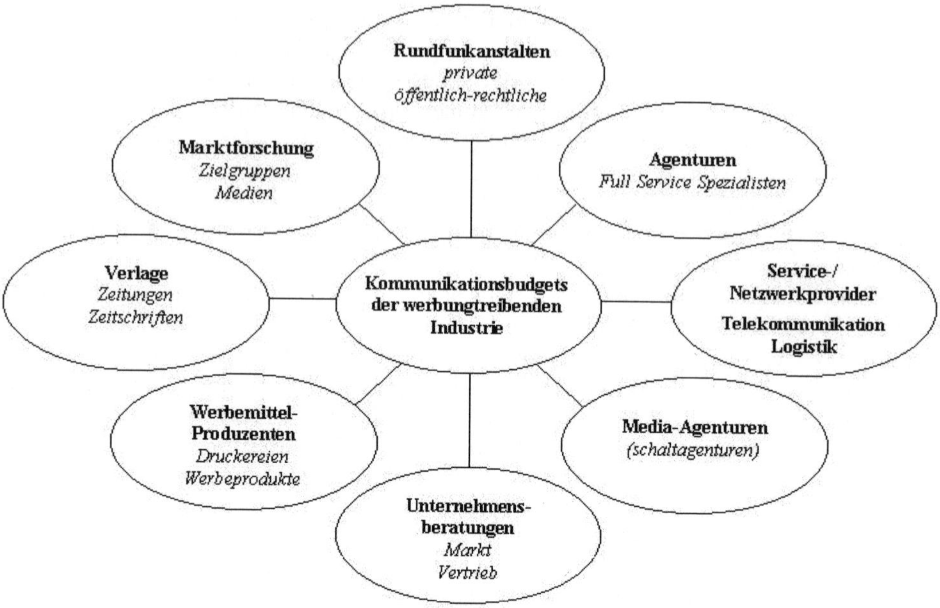


*Abb. 1.4: Relevanter Markt für Dienstleistungen im Bereich der Unternehmenskommunikation*

# 2. Kommunikationsprozess

## 2.1 Allgemeiner Bezugsrahmen

### 2.1.1 Bezugsebenen

#### 2.1.1.1 Die zweite Wirklichkeit und ihre Folgen

Wahrnehmung ist ein aktiver und subjektiver Vorgang, bei dem jede Person seine Vorstellungen von der Umwelt selbst prägt. Die Reize, die durch die Sinnesorgane auf den Organismus wirken, werden selektiv verarbeitet und erzeugen eine subjektive Umweltwahrnehmung. Demnach gibt es keine objektive Wirklichkeit, sondern nur eine vom Einzelnen wahrgenommene, gedanklich konstruierte, subjektive Wirklichkeit. Verschiedene Menschen kommen aufgrund dessen bei objektiv gleichen Reizen zu unterschiedlichen Wahrnehmungen.

Das, was allgemein als „Wirklichkeit“ erlebt wird, zerfällt zunehmend in zwei verschiedene Wirklichkeiten, nämlich in die der *Erfahrungs-* und der *Medienumwelt.*

Die Erfahrungsumwelt wird durch die direkten persönlichen Erfahrungen gebildet. Die Medienumwelt hingegen, konstruiert durch die Darbietungsformen der Medien, stellt eine „zweite Wirklichkeit“ dar. Je intensiver der Medienkonsum, desto eher wird unsere Wirklichkeit durch die Massenmedien geprägt.[5]

Daraus leiten sich folgende Erkenntnisse ab:[6]

- Flüchtige gedankliche Verarbeitung und Speicherung der Reize:
  Die schnelle Informationsdarbietung (schnelle Schnitttechnik bei Fernsehinhalten und Werbespots) führt zu einer flüchtigen gedanklichen Verarbeitung und Speicherung der Reize. Die medial vermittelte Umwelt wird im Gegensatz zur Erfahrungsumwelt zusammenhangloser und emotionaler erlebt. Die mit den Bildern im Fernsehen korrespondierenden Emotionen bleiben eher als die entsprechende Information im Gedächtnis gespeichert.[7]
- Erweiterter Erlebnisraum:
  Die Medien vermitteln neben Alltags- auch Fantasiewelten und irreale Welten, deren Facetten kurz erscheinen und gleich wieder verschwinden. Hierdurch eröffnen sich dem Konsumenten fortwährend bisher unbekannte Möglichkeiten, seine Erfahrungsumwelt zu verlassen und in neue Medienumwelten einzutauchen. Die Entwicklungen im Bereich Multimedia erweitern den Erlebnisraum durch vielfältige Darstellungsformen wie beispielsweise der Entwicklung virtueller Welten. Durch die computergenerierte Konstruktion einer Wirklichkeit durch dreidimensionale Darstellungen sowie der multiplen sensorischen Ansprache und der Möglichkeit, sich selbst im virtuellen Raum (beispielsweise beim E-Shopping) zu bewegen, füh-

---

5 Vgl. Schmidt, S. J. (1994), S. 18.
6 Vgl. Kroeber-Riel, W, Weinberg. P. (1996), 559 ff.
7 Vgl. Schmidt, S. J. (1994), S. 17.

ren zu völlig neuen Gefühlserlebnissen.[8] In der Zukunft werden verstärkt zu den audiovisuellen Reizen noch taktile (Datenanzüge mit Sensoren) und auch olfaktorische Reize (Datenhelme mit steuerbaren Duftpatronen) einzubeziehen sein.

- Infotainment-Charakter:
  Unterhaltung wird zum Rahmen jeder Darstellung von Erfahrungen. Die Vermittlung von reinen kognitiven Inhalten ohne „Infotainment-Charakter“ wird in der medialen Überflussgesellschaft zum Scheitern verurteilt sein. Die Amerikaner gehören scheinbar deswegen zu den am besten unterhaltenen und zugleich am schlechtesten informierten Menschen der Welt.[9]
- Entwicklung von Wahrnehmungsschemata:
  Die Konsumenten haben gelernt Raster zu entwickeln, um sich in der medialen Informationsflut zurechtzufinden und die Reize zu erkennen, zu ordnen und zu bewerten. Beim „Zappen“ kann der Konsument sehr schnell erkennen, um welches Filmgenre es sich handelt und welcher Reiz zu welchem Unterhaltungswert beiträgt. Dabei muss keine intellektuelle Auseinandersetzung erfolgen. Die Zuordnung erfolgt innerhalb von Bruchteilen von Sekunden.
- Geringes Medieninvolvement:
  Die Informationsverarbeitung beim Konsum der Medien ist meist flüchtig, respektive nebenbei und läuft ohne gedankliche Kontrolle ab. Die Medienumwelt wird demzufolge meist nur erlebt und wird weder hinterfragt noch analysiert. Gleichzeitig wird in die Inhalte meist eine „objektive Realität“ interpretiert.

Die Kommunikationspolitik des Unternehmens wird in Zukunft die Frage beantworten müssen, welche Wirkungsmechanismen verantwortlich sind, die Erlebnisse effektiver zu vermitteln, die vom Unternehmen als Kommunikationsziele definiert werden. Neben der Darstellung einer objektiven physischen und sozialen Realität in den Medien sind auch die Ursachen der Abweichungen zwischen den vermittelten Erlebnissen und der realen Erfahrungswelt zu untersuchen und zu gestalten. Die Soziologen haben dagegen die Frage zu beantworten, welche Folgen gesellschaftlich zu erwarten sind, wenn die Erfahrungsumwelt und die Medienumwelt beginnen, sich auseinander zu entwickeln.

### 2.1.1.2 Kommunikationsprozesse

Kommunikation gehört zu den kompliziertesten Dingen innerhalb von Beziehungen zwischen zwei Subjekten (Menschen) und Objekten (EDV-Systemen) und führt im zwischenmenschlichen Bereich häufig zu Konflikten und Frustrationen und im Unternehmensbereich zu beachtlicher Verschwendung von finanziellen Mitteln.

#### 2.1.1.2.1 Modell der einstufigen Kommunikation

Der Grundvorgang der zwischenmenschlichen Kommunikation ist relativ einfach in folgender Abbildung beschrieben. Bei der einstufigen Kommunikation besteht eine unmittelbare Beziehung zwischen Sender (Unternehmen) und Empfänger (Zielgruppe).

---

8 Vgl. Bormann, S. (1994), S. 23 ff.
9 Vgl. Postman, N. (1993), S. 99 ff.

Dabei kann es sich um eine unmittelbare persönliche oder mittelbare unpersönliche Kommunikation handeln (Direktmarketing vs. Massenmarketing).

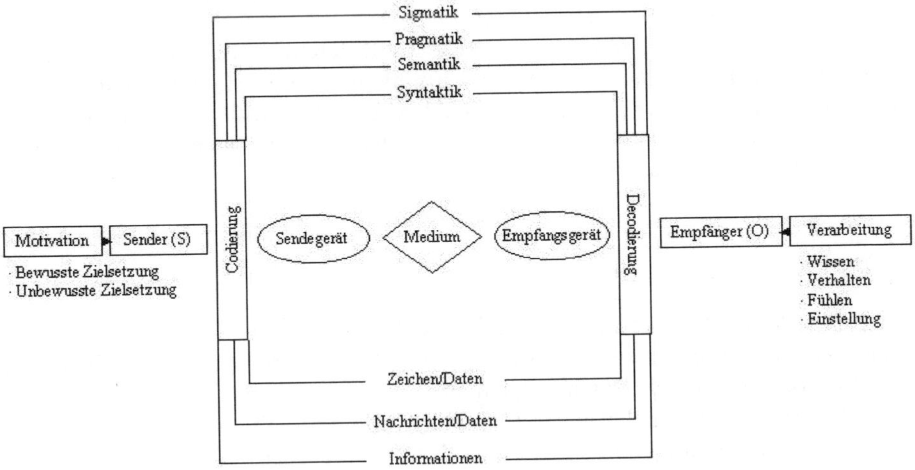


*Abb. 1.5: Modell der einstufigen Kommunikation*

Der Sender, der einen Inhalt mit einer bestimmten Zielsetzung (Nachricht) kommunizieren möchte, verschlüsselt seine Botschaft in Zeichen (Codierung). Nur wahrnehmbare Reize können kommuniziert werden. Dafür stehen Wörter, Bilder, Texte, Grafiken, Töne, Farben, Formen und Gerüche in analoger und digitaler Form zur Verfügung. Somit materialisiert sich die Botschaft und gehört dem Wissenschaftsbereich der Semiotik an. Diese beschäftigt sich mit der Funktion und Struktur von Zeichenprozessen im Rahmen des Austausches von Informationen zwischen menschlichen und nichtmenschlichen Organismen und auch innerhalb von Organisationen. Dabei sind „natürliche“ Sprachen (Mimik, Gestik, Körpersprache), sowie die menschliche Sprache und künstliche Zeichensysteme (Computersprachen, Mathematik, Musik, Kleidung, Massenmedien oder das ganze Konsumsystem) Gegenstand der Betrachtung.[10]

Die Dimensionen der Semiotik lassen sich wie folgt analysieren:

- Syntaktik, Untersuchung der Struktur von Signalen und Regeln und ihrer sinnenhaften Verknüpfung, ohne Rücksicht auf bedeutungs- und wirkungsbezogene Aspekte.
- Semantik, Untersuchung der Zeichen in Hinblick auf die Codierung ihres Bedeutungsinhaltes.
- Pragmatik, Wirkung der Nachrichten auf den Empfänger und Ursprungshintergrund beim Sender.
- Sigmatik, Beziehung der Informationen zum Objekt (Werbeobjekt).

[10] Vgl. Poddig, F. (1995), S. 15 ff.

Der Empfänger nimmt Zeichen wahr und entschlüsselt diese Signale[11] durch seine Sinnesorgane. Häufig werden für den Transport dieser Nachrichten unterschiedliche Werbemittel in Insertionsmedien und in elektronischen Medien genutzt, die Träger von Botschaften bzw. von Werbung im engeren Sinne sind. Im zwischenmenschlichen Bereich ist die Sprache das Hauptmedium.

Diese Medien überbrücken die Raum- und Zeitdifferenz zwischen Botschaftsabgabe beim Sender und Botschaftsempfang beim Empfänger. Beim Empfänger müssen Vorkehrungen getroffen werden, damit das gesendete Signal entschlüsselt werden kann und es muss eine innere Bereitschaft vorhanden sein, diese Signale auch aufnehmen zu wollen (Aktiviertheit und Involvement).

Die Anwendung semiotischer Dimensionen im einstufigen Kommunikationsmodell sieht dann wie folgt aus:

- *Signale:* Wahrnehmbare Reize (Schallwellen).
- *Zeichen:* Signale mit Bedeutungsinhalten werden als Zeichen interpretiert (Wörter) und werden abstrakt als Daten bezeichnet.
- *Nachricht:* Wörter werden unter Einhaltung von Verknüpfungsregeln sinnvoll untereinander kombiniert und ergeben eine Nachricht (Text).
- *Informationen:* Informationen sind Nachrichten, die für den Empfänger bedeutungsvoll sind und einen gewissen Neuigkeitscharakter aufweisen.[12]

Die Signale werden also umfassend weiterverarbeitet, vom Empfänger verstanden und interpretiert sowie in konsistente Bündel gepackt, die anschließend dem Wissensreservoir des Empfängers beigefügt werden können. Darauf baut das Verhalten auf, das eine bestimmte Handlung (Kaufakt) oder ein innerpsychologisches Verhalten (Einstellungen) zeigt. Hierzu werden die empfangenen Signale auch gespeichert.

Ist der Empfänger jedoch nicht Zielperson, so handelt es sich um eine Fehlstreuung. Eine Kommunikationswirkung ist weder gewünscht noch sind die Codierungsabsichten auf eine erfolgreiche Kommunikation ausgerichtet.

Zur Überprüfung der Güte einer Nachricht werden häufig „Feedback“-Techniken eingesetzt. Der Empfänger meldet zurück, wie er diese Nachricht entschlüsselt hat und mit welcher Wirkung sie bei ihm angekommen ist. Der Sender kann dann überprüfen, ob seine Sendeabsicht mit dem Empfängerresultat übereinstimmt.

#### 2.1.1.2.1.1 Ebenen der Kommunikation

Ein und dieselbe Nachricht kann mehrere Botschaften gleichzeitig enthalten. Darin begründet sich unter anderem auch, weshalb der Vorgang zwischenmenschlicher Kommunikation so kompliziert und störanfällig ist.

Vier Komponenten werden bei Kommunikationsprozessen unterschieden, deren Gestaltung auf Seiten des Senders und deren Interpretation auf Seiten des Empfängers zu

---

11 Vgl. Pepels, W. (1997), S. 10.
12 Vgl. Bienert, P. (1998), S. 27ff.

unterschiedlichen Ergebnissen eines Kommunikations- und Interaktionsprozesses führen und die Ursachen von Störungen und Konflikten sein können.[13]

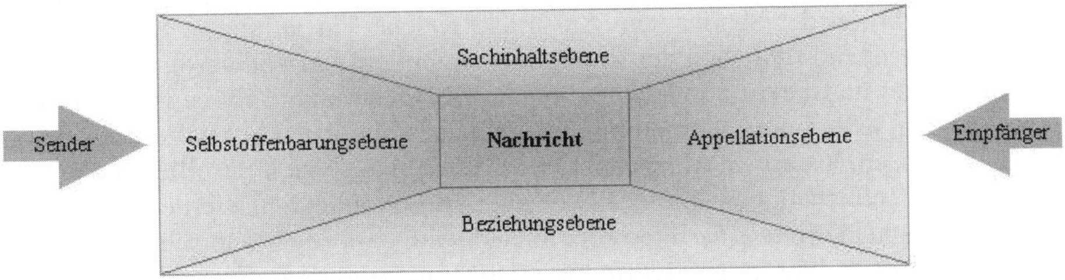


*Abb. 1.6: Psychologisches Modell der zwischenmenschlichen Kommunikation: Die vier Seiten einer Nachricht (Quelle: Schulz von Thun, F. (1996), S. 30)*

Die einzelnen Kommunikationsebenen dieses Modells sollen an dem klassischen Beispiel von Watzlawick erläutert werden. Der Mann (= Sender der Botschaft) sagt zu einer am Steuer sitzenden Frau (= Empfänger): „Du, da vorne ist grün!" Was hinter dieser Information steckt, hat der Sender nun bewusst oder unbewusst in diese Nachricht gepackt und die verschiedenen Möglichkeiten der Interpretation werden dem Empfänger überlassen.

Diese klassische Szene wurde im Übrigen in einem Werbespot vom DaimlerChrysler aufgegriffen, der sowohl die Sicherheit der A-Klasse kommuniziert als auch die weiblich selbstbewusste Zielgruppe in ihrem Rollenverhältnis zum Mann ansprechen soll. Das Treatment dieses Spots sieht wie folgt aus:

Der (ehemalige) Formel 1-Weltmeister Häkkinnen fährt zusammen mit seiner Frau in einem A-Klasse Mercedes. Er sagt zu ihr: „Es könnte glatt sein." Sie schaut ihn abschätzend an und fährt unbeeindruckt ihren eigenen schnellen Fahrstil weiter. Nachdem sie am Ziel angekommen sind, rutscht Häkkinnen beim Aussteigen aus dem Wagen auf der Straße aus. Die Frau antwortet lakonisch: „Es ist glatt."

Die Qualität dieses Werbespots beruht auf den impliziten und expliziten Botschaften der verschiedenen Ebenen. Die Botschaft von Häkkinnen lässt bei dem Empfänger eine völlig offene Interpretation zu und offenbart eine breite Projektionsfläche eigener Erfahrungs- und Sozialisationshintergründe. Folgende Interpretationsarten lassen sich daraus ableiten:

- *Sachebene:* „Worüber soll informiert werden?" Hier steht der eigentlich zu kommunizierende objektive Sachverhalt im Mittelpunkt. Dieser Sachverhalt soll klar und verständlich vermittelt werden. Im zuvor genannten Beispiel erfahren wir etwas über den Zustand der Straße – nämlich, dass sie glatt sein kann.

[13] Dieses Modell ist durch Bühler, K. (1934) und Watzlawick, P., Beaven, J. H. (1969) angeregt worden. Bühler unterscheidet drei Aspekte der Sprache: „Darstellung (= Sachinhalt), Ausdruck (= Selbstoffenbarung) und Appell (= Handlungsaufruf)." Watzlawick unterscheidet dagegen nur zwischen Inhalts- und Beziehungsaspekt von Nachrichten, wobei der Inhaltsaspekt identisch ist mit dem Sachinhalt im vorgestellten Modell. Der Beziehungsaspekt wird dagegen weiter definiert und umfasst Selbstoffenbarung, Beziehung und Appell und bedeutet den metakommunikativen Anteil an einer Nachricht.

- *Beziehungsebene:* „Was hält der Sender vom Empfänger und wie stehen die Partner zueinander?" Beim Senden einer Nachricht wird automatisch eine bestimmte Art von Beziehung ausgedrückt (Du-Botschaften), die sich auf eine Grundhaltung und eine persönliche Einschätzung gegenüber dem Empfänger bezieht. Durch diese Information bringt der Sender zum Ausdruck, welche Einstellung er zum Empfänger hat. Entsprechend fühlt sich der Empfänger akzeptiert und vollwertig behandelt oder herabgesetzt und bevormundet bzw. nicht ernst genommen. Es ist ein Trugschluss zu glauben, es könnten Kommunikationsinhalte ohne irgendeine Wertung kommuniziert werden. Kaum ein Mensch ist in der Lage sich so zu kontrollieren, dass keine wertenden Informationen implizit oder explizit kommuniziert werden. Im vorgegebenen Beispiel könnte eine Interpretationsart sein, dass der Mann seine Frau für weniger kompetent hält in der Beurteilung der Straßensituation. Er traut der Frau nicht zu, ohne seine Hilfe den Wagen sicher zu fahren. Die Frau könnte darauf aggressiv reagieren und antworten: „Fahre ich oder du?" Diese Ablehnung richtet sich dann nicht gegen den Sachinhalt, sondern gegen die Definition der aus der Botschaft implizit hervorgehenden Beziehung, die auf dem traditionellen und klischeehaften Rollenverständnis zwischen Mann und Frau aufbaut, welches sich weiter aus der Tatsache nährt, dass Häkkinnen Formel 1-Weltmeister ist. Diese Situation aktiviert sowohl Männer als auch Frauen, weil hierdurch häufig vertraute Beziehungskonflikte entstehen. Die Zuschauer sind gespannt, wie das Ehepaar Häkkinnen diese Situation meistert.
- *Selbstoffenbarungsebene:* „Was hält der Sender von sich selbst?" Jede gesendete Information beinhaltet auch eine Botschaft über das Selbstbild des Senders (Ich-Botschaften). Demnach ist jede Botschaft auch eine Kostprobe der Persönlichkeit des Senders. Hierunter verbirgt sich die gewollte Selbstdarstellung. Mithilfe von Fassadentechniken sollen zwar die Selbstoffenbarungsängste eingedämmt werden, führen aber immer zu seelischen und zwischenmenschlichen Schäden. Hiermit ist das Thema der „Authentizität" bzw. Echtheit innerhalb von Kommunikationsbeziehungen gemeint. Der Sender ist meistens damit beschäftigt, sich von seiner besten Seite zu zeigen und nutzt hierzu Techniken der Selbsterhöhung und der Selbstdarstellung. Darüber hinaus gibt es immer wieder unfreiwillige Selbstenthüllungen. Da man im Grunde nicht „nicht kommunizieren" kann, werden immer derartige Informationen (verbal, nicht verbal, implizit und explizit) zum Ausdruck gebracht. Die Art zu denken, zu reden, zu strukturieren, bestimmte Dinge wichtiger zu nehmen, der Habitus, Erregungszustände u. v. m. sind Indikatoren für das Selbstbild des Senders.

  Im vorigen Beispiel wird durch nicht verbales Verhalten von Häkkinnen sichtbar, dass er vermutlich generell als Beifahrer Angst hat. Diese Angst manifestiert sich in der Feststellung, dass es glatt sein könnte. Gleichzeitig präsentiert er sich als tolerant und erträgt „gelassen" die Entscheidung seiner Frau.
- *Appellationsebene:* „Welche Handlungen erwartet der Sender vom Empfänger?" Wenn ein Sender eine Nachricht sendet, so möchte er meist auch etwas bewirken. Das kann der Versuch sein, Einfluss auf Handlungen oder Gedanken und Gefühle zu nehmen. Das Problem der Einflussnahme (offene Variante) und der Manipulation (versteckte Variante) stellt sich demnach in jeder Kommmunikationsform. Nicht nur in der Werbung, sondern unter anderem auch in der Erziehung, im Unterricht, in Diskussionen. Meist werden im Falle der Manipulation die anderen drei Kommuni-

kationsebenen für die Manipulation instrumentalisiert: Die Berichterstattung wird einseitig und tendenziös; die Selbstdarstellung soll eine bestimmte Wirkung der Kompetenz oder Bewunderung hervorrufen; auf der Beziehungsseite steht das Ziel im Mittelpunkt, den anderen durch Komplimente oder Servilität „bei Laune zu halten".

In unserem Beispiel kann der Appell darin liegen, die Geschwindigkeit zu reduzieren. Da der Appell eng mit der Beziehungsebene verknüpft ist, kann die Frau den Appell durchaus als vernünftig erachten, oder aber empfindlich auf die Bevormundung reagieren. Andererseits ist der Appell unvernünftig, da die A-Klasse ausreichend Sicherheit bietet und sie es durchaus akzeptiert, dass ein Formel 1-Rennfahrer solche Vorschläge unterbreitet. Im Ergebnis zeigt der Werbespot, dass beide Recht hatten; Häkkinnen mit der Erkenntnis, dass es glatt sei und die Frau mit dem Erfahrungsvorsprung der Reaktionsweisen eines technisch hervorragend ausgestatteten Mercedes, von dessen Leistungsvorteilen der Spitzenfahrer von Mercedes in der Formel 1 keine Ahnung hatte.

###### 2.1.1.2.1.2 Störquellen der Kommunikation[14]

Die Gründe für das Scheitern von Kommunikation sind vielfältig. Einige sollen im folgenden Abschnitt kurz vorgestellt werden.

- *Explizite oder implizite Botschaften:* Offen kommunizierte Informationen werden auch auf den Kommunikationsebenen, insbesondere der Sach- und Appellationsebene explizit, d. h. ausdrücklich formuliert. Sie können aber auch implizit, ohne dass es direkt gesagt wird, zum Ausdruck gebracht werden. Häufig werden gerade die Hauptbotschaften implizit gesendet. Der Vorteil liegt darin, dass implizite Botschaften einfach auch wieder dementiert werden können. In dem eben dargestellten Werbespot finden sich eine Vielzahl impliziter Botschaften, wodurch sich die Marktbreite durch die Projektionsmöglichkeiten unterschiedlicher Zielgruppen des Spots im Sinne der „Customer Self Selection"[15] erweitert.
- *Kongruente und inkongruente Botschaften:* Jede Botschaft beinhaltet sowohl sprachliche als auch nicht sprachliche Inhalte. Diese Anteile können sich entweder gegenseitig ergänzen und unterstützen oder sich widersprechen. Eine Nachricht ist dann kongruent, wenn alle Signale die gleiche kommunikative Zielrichtung aufweisen. Bei inkongruenten Nachrichten passen sprachliche und nicht sprachliche Signale oft nicht zueinander. Dies bedeutet, dass der Sender auf der Sprachebene und einer weiteren Metaebene (Mimik) kommuniziert. Beide Ebenen qualifizieren sich und geben wechselseitige Interpretationshilfen. In der Gestaltung von kommerziellen Werbebotschaften kann diese Form der Inkongruenz als Stilmittel dienen. Die Gefahr ist wiederum eine widersprüchliche Wahrnehmung der Botschaft. Auch hier gilt das Prinzip der „Customer Self Selection". Die anvisierte Zielgruppe interpre-

[14] Vgl. Schulz von Thun, F. (1996), S. 33 ff.

[15] Dies bedeutet, dass Empfänger nur auf Reize reagieren, die auch für sie gestaltet wurden. Jeder reagiert auf den gleichen Reiz unterschiedlich. Werden Reize präsentiert, so hat der Empfänger selbst die Auswahl zu reagieren oder eben nicht.

tiert dann entsprechend der Zielsetzung des Senders. Die anderen Zielgruppen sind nicht Gegenstand der Kommunikationsstrategie.

- *Qualifikation durch den Kontext:* Das Umfeld, die Rollenerwartungen und die Erlebniswelten, die der Kommunikationssituation zu Grunde liegen, limitieren den Interpretationsspielraum und führen zu einem gesellschaftlich determinierten, stereotypen Verhalten. In dem gezeigten Beispiel ist es die Rollensituation zwischen Mann und Frau sowie die spezifische Rolle eines Formel 1-Piloten und seiner fahrenden Ehefrau. Steht die Botschaft im Widerspruch zum Kontext, so handelt es sich zwangsläufig um eine inkongruente Botschaft und kann durchaus als Stilmittel zur intellektuellen Aktivierung im Werbebereich eingesetzt werden.
- *Qualifikation durch die Kommunikationsform:* Die Art der Formulierung (Über- oder Untertreibung), der Tonfall (Emotionsqualitäten), die Mimik und Gestik (positive oder negative Beziehungsaussage) qualifiziert den Interpretationsspielraum und führt wiederum zu inkongruenten oder kongruenten Aussagen. Für den Empfänger stellt sich die Frage, ob es sich um einen objektiven Standpunkt des Senders handelt oder ob der Sender ironisiert oder karikiert.
- *Zielsetzungsdilemma beim Sender:* Werbliche Kommunikationsmaßnahmen können ebenso wie Gespräche scheitern. Häufig sind die Ziele des Senders nicht klar und eindeutig und stehen im Widerspruch oder lassen sich nicht in einem kommunikativen Versuch erreichen. Widersprüche tauchen insbesondere auf der Appellationsebene auf. Auch hierdurch werden unbewusst inkongruente Botschaften gesendet, die beim Empfänger zwangsläufig einen Interpretationsspielraum öffnen. In der Pragmatik der Kommunikationspolitik werden Nutzenbestandteile kommuniziert, die glaubhaft nicht vereinbar sind und zwangsläufig zu Kompetenzverlusten führen.
- *Wirkung von Dominanz einzelner Kommunikationsebenen auf die Interpretation beim Empfänger:* Die Interpretation einer objektiv gesehen gleichen Nachricht variiert beim Empfänger je nach Dominanz der jeweiligen Kommunikationsebene. Der Empfänger hat scheinbar die freie Auswahl der Kommunikationsebene. Dennoch ist diese Entscheidung aufgrund des Alters, des Erfahrungshintergrunds und der Sozialisationsbedingungen vorbestimmt. Oft schalten Empfänger eine der vier Wahrnehmungsebenen ab, nehmen nur einseitig die Informationen auf (selektive Wahrnehmung)[16] und interpretieren sie entsprechend. Im Extremfall lassen sich vier einseitige Empfangsgewohnheiten unterscheiden:
  a) Sachohr: Der Empfänger bevorzugt die Sachseite der Nachricht. Der Sender wollte aber über ein Sachthema sein Beziehungsproblem zum Ausdruck bringen. Dadurch werden häufig Beziehungsprobleme auf der falschen Ebene diskutiert.
  b) Beziehungsohr: Empfänger mit derartiger Grundhaltung beziehen neutrale Nachrichten auf sich selbst, fühlen sich leicht angegriffen und beleidigt. Sie weichen einer Auseinandersetzung aus und reduzieren die Kommunikation auf die Beziehungsebene, obwohl nur sachliche Informationen gesendet werden sollten.
  c) Selbstoffenbarungsohr: Durch aktives Zuhören will sich der Empfänger in die Gefühls- und Gedankenwelt des Senders nicht wertend hineinversetzen und dessen Welt gleichsam mit den Augen des Senders sehen (Empathie). Im Extremfall bleibt dem Empfänger jede Betroffenheit und Selbstreflexion erspart, die zwangsläufig zu Ignoranz führen kann.

[16] Vgl. Kroeber-Riel, W., Weinberg, P. (1996), S. 266 ff.

d) Appellohr: Von dem Wunsch beseelt, es allen recht zu machen und auch den unausgesprochenen Erwartungen der Mitmenschen zu entsprechen, verliert der Empfänger sein eigenes Empfinden und lässt seine eigenen Ziele außer Acht. Im Extremfall werden jeder Nachricht und jeder Verhaltensweise heimliche, berechnende Absichten unterstellt. Damit steht jede Nachricht unter dem Verdacht, funktionell benutzt zu werden.[17]

- *Codierungs- und Decodierungsproblem:* Sender und Empfänger setzen die Signale in Codes um, die miteinander nicht kompatibel sind. Häufig stimmt das Zeichenrepertoire zwischen Sender und Empfänger nicht überein. Es fehlt ein ähnlicher sozialer oder subjektiver Erfahrungshintergrund. Sender und Empfänger teilen keine gemeinsamen inneren Bilder oder Assoziationen. Im Grunde kann man nicht „nicht kommunizieren". Alle Botschaften innerhalb einer Werbeaussage und den entsprechenden Bildmotiven kommunizieren eigenständig. Auch Schweigen kann eine Form der Kommunikation sein.
- *Lernbarkeit der Nachricht:* In Abhängigkeit vom Involvement des Empfängers sind die Nachrichten so zu gestalten, dass sie wahrgenommen und relativ schnell gelernt werden können. Hierzu stehen eine Reihe sozialtechnischer Instrumente zur Verfügung, die im Laufe des Buches vorgestellt werden.
- *Ungeeignete Medien:* Jede Botschaft sollte auf ein genau definiertes Zielpublikum abgestimmt sein. Dabei sind die medienspezifisch unterschiedlichen Wirkungsweisen zu berücksichtigen. Eine Botschaft scheitert dann, wenn die falschen Medien zur Erreichung eines spezifischen Zieles genutzt werden (Streuverluste).

#### 2.1.1.2.2 Modell der mehrstufigen Kommunikation[18]

##### 2.1.1.2.2.1 Grundmodell

Eine Vielzahl von Kommunikationsprozessen läuft indirekt und mehrstufig ab. Der Sender (das werbetreibende Unternehmen) steht nicht nur einer Zielgruppe gegenüber, sondern mehreren Zielgruppen. Diese sind entweder im Rahmen von Diffusionsprozessen bei Neuprodukteinführungen der eigentlichen Verwenderzielgruppe vorgeschaltet oder nehmen im Rahmen von Kaufentscheidungen bei der Initiierungsphase oder der Präferenzbildung einen erheblichen Einfluss.

In der ersten Stufe werden im Rahmen einer einstufigen medialen (direkten oder indirekten) Kommunikation die Multiplikatoren angesprochen, die wiederum meist über einen persönlichen Kontakt oder lediglich durch Konsumdemonstration (im Nachbarschaftsumfeld) kaufbeeinflussend auf die Meinungsfolger wirken. Nachbarschaften gelten als soziale lose Gruppen. Durch nachbarschaftliche Kommunikation und Produktdemonstration wird automatisch die Verhaltenshomogenität in Bezug auf die Produktauswahl in diesem Umfeld erhöht. Die mikrogeografische Marktsegmentierung[19] bietet Ansatzpunkte sowohl für die Erklärung von Diffusionsprozessen innerhalb kleinräumiger Regionen, als auch bei der Auswahl der Regionen mit dem höchsten Verbreitungs-

---

[17] Vgl. Schulz von Thun, F. (1996), S. 44 ff.
[18] Vgl. Kotler, P., Bliemel, F. (1998), S. 666.
[19] Vgl. Kotler, P., Bliemel, F. (1999), S. 232.

potenzial von Innovationen.[20] Der Grundgedanke dieses Ansatzes beruht darauf, dass Menschen, die in kleinräumigen Gebieten oder Straßenabschnitten nachbarschaftlich leben, nach ihrer sozialen Stellung und ihrer Familiensituation klassifiziert werden und als werbliche Zielgruppen zur Verfügung stehen.

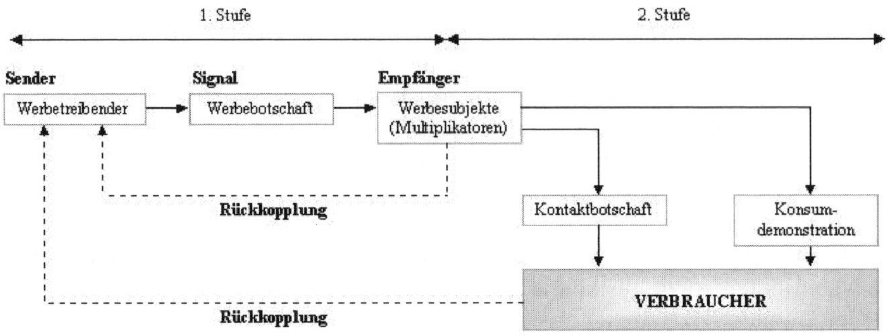


*Abb. 1.7: Modell der zweistufigen Kommunikation (Quelle: Meffert, H. (1997), S. 667)*

2.1.1.2.2.2 Meinungsführerkonzeption

Meinungsführer (Opinion Leader) gelten als wichtigste Zielgruppe bei der Diffusion von Innovationen. Sie werden definiert als Personen, die bei Kommunikationsprozessen den Transfer zwischen Kommunikator und Kommunikanten leisten, d.h. insbesondere die Massenkommunikation in persönliche Kommunikation übersetzen.[21] Sie haben meist ein sehr hohes produktspezifisches Involvement. In dieser Eigenschaft erhalten sie aus der Sicht der Endverbraucher eine hohe Kompetenz (informelle Kompetenz) und können durch eigene Produktdemonstrationen sowie durch Produktinformationen und Produkterfahrungen Kontaktbotschaften an den Endverbraucher weitergeben. Sie werden gerne auch als Berater von Personen mit Informationsdefiziten aufgesucht.

In Abhängigkeit von der Qualität der Aussagen von Meinungsführern können die kommunikativen Anstrengungen des Senders (der Unternehmen) abgeschwächt oder verstärkt werden. Meinungsführer und Multiplikatoren leiten die Botschaft an ihre „Gefolgsgruppe" weiter und sorgen für Orientierung und Information. Somit ist die Glaubwürdigkeit und die kommunikative Effizienz weit höher als die der Werbeaussagen, da davon ausgegangen wird, dass diese Meinungsführer aus ihrer Empfehlung keinen Vorteil ziehen. Die gleichen werblichen Aussagen werden je nach Kommunikator unterschiedlich interpretiert.

Der große Vorteil dieses Ansatzes wird darin gesehen, dass mit relativ kleinem Werbebudget über Meinungsführer und Multiplikatoren eine recht große Kommunikations-

[20] Vgl. Martin, M. (1992), S.56 ff.
[21] Vgl. Trommsdorff, V. (1993), S. 216.

wirkung zu entfalten ist. In der Einführungsphase eines Produktes wird erwartet, dass die Durchsetzung von Neuheiten sich über diesen Weg schneller vollzieht.[22] In Kapitel 4 wird im Zusammenhang mit der Durchsetzung des Internets auf Besonderheiten der Diffusion und Adaption von Neuheiten hingewiesen.

Einige Unternehmen haben sich diesen Prozess zunutze gemacht und versuchen Meinungsführer in bestimmte soziale Umfelder entweder aktiv einzuschleusen und sponsormäßig zu fördern oder Meinungsführer mit umfangreichen kommunikativen Kontakten vom Produkt zu überzeugen.

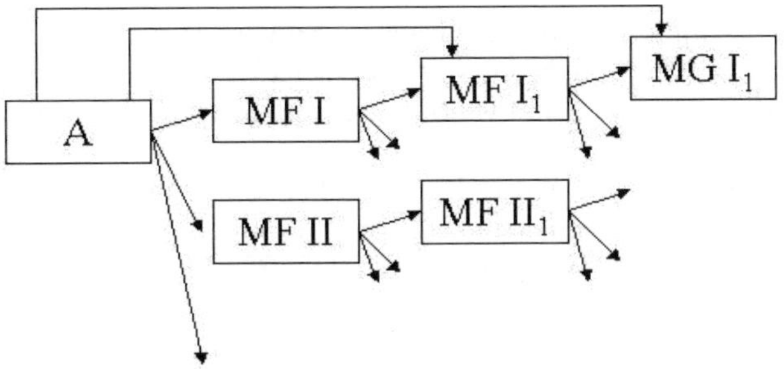


*Abb. 1.8: Meinungsführer und Meinungsfolger*

Folgende Möglichkeiten bieten sich an, den mehrstufigen Kommunikationsprozess zu nutzen:

- *Bindung von Meinungsführern:* Honorierung von Freundschaftswerbung und ein so genannter Sammelbestellerstatus mit entsprechenden Vorteilen für den Sammelbesteller. Bei Versandhandelsunternehmen werden Meinungsführer durch Rabatte kommerziell an einer aktiven Diffusion interessiert. Ähnliche Wirkung haben die „Tupperware-Parties" der Firma Tupperware, bei denen der Freundschaftskreis eines Kunden zu Produktvorführungen eingeladen wird und dann in privater Atmosphäre ein persönlicher Verkaufsprozess stattfindet.
  Als anderes Beispiel ist die HUK Coburg Versicherungsgruppe zu nennen. Sie hatte ihre Kernzielgruppe bei den Beamten. Innerhalb unterschiedlicher Behörden wurden Meinungsführer aufgebaut, welche als nebenamtliche Mitarbeiter (Vertrauensmänner und -frauen) im Kollegenkreis innerhalb der Behörden für den Anbieter warben.
- *Strukturvertrieb:* Manche Organisationen bauen ihre gesamte Vertriebsstruktur auf die Einbindung von Meinungsführern auf (Strukturvertrieb). Meinungsführer haben Zugänge zu unterschiedlichen sozialen Gruppen und besitzen Kompetenzen, die für Akquisitionszwecke aktiv eingebracht werden können. Bei Strukturvertriebsorganisationen werden in unterschiedlicher Stufigkeit weitere Meinungsführer innerhalb des angestrebten Sozialumfeldes geworben. Durch dieses Schneeballprinzip entwickelt sich eine hierarchische Vertriebsorganisation.

---

22 Vgl. Meffert, H. (1997), S. 405.

- *Zielgruppenorientierte Ansprache von Meinungsführern:* Für einen beschleunigten Diffusionsprozess ist es wichtig, die Multiplikatoren zu identifizieren und frühzeitig zu aktivieren. Meinungsführer sind auf bestimmte Produktbereiche spezialisiert, ihre Kompetenz wechselt von Themenstellung zu Themenstellung. Deswegen werden Meinungsführer auch themen- bzw. produktspezifisch ausgewählt und kommunikativ angesprochen. Hierfür eignen sich die Instrumente der Direkt- bzw. Dialogkommunikation.
  Typische generelle Kriterien lassen das spezifische Profil von Meinungsführern erkennen.[23] Empirische Untersuchungen belegen, dass persönliche Merkmale wie Innovationsbereitschaft in Verbindung mit Einkommenshöhe, Ausbildungsstand, Lebensstandard, Mitgliedschaft in Gruppen sowie Aufgeschlossenheit gegenüber Massenmedien Indizien für Meinungsführerschaft sind.[24] Auf diese Zielgruppenbeschreibung hin lassen sich konventionelle und integrierte Werbekampagnen ausrichten.[25]
  In den Werbespots werden häufig Personen als Kommunikatoren (so genannte Präsenter) ausgewählt, denen eine spezifische Produktkompetenz unterstellt wird (Hebammen bei der Frage der Windeln, Zahnarztehefrau bei der Auswahl der Zahnpasta etc.).[26]
- *Zeitlich abgestimmte Ansprache von Adoptionstypen:* Jede Innovation bedarf der Überwindung mehrerer Bewertungsstufen, bis eine Innovation sich mehrheitlich innerhalb einer Zielgruppe oder der gesamten Gesellschaft durchsetzt. Menschen sind unterschiedlich stark bereit, Innovationen in ihr Konsum- und Wertesystem aufzunehmen. Es finden sich verschiedene Gruppierungen, die Neuerungen in Abhängigkeit ihrer Risikobereitschaft annehmen oder ablehnen. Es lassen sich neben den Innovatoren (Pionierverhalten und Diffusionsagenten), die Frühadoptoren, die frühe Mehrheit und die späte Mehrheit sowie die Nachzügler identifizieren.
  In Abbildung 1.9 wird die Verteilung dieser Typen in Abhängigkeit des relativen Übernahmezeitpunktes dargestellt. Die Diffusions- und Adoptionsprozesse bilden auch die Grundlage des Produktlebenszyklus.

---

23 Vgl. Herself, O. W. (1981), S. 63 ff.
24 Vgl. Meffert, H. (1998), S. 405.
25 Vgl. Trommsdorff, V. (1993), S. 217.
26 Vgl. Trommsdorff, V. (1993), S. 215 ff.

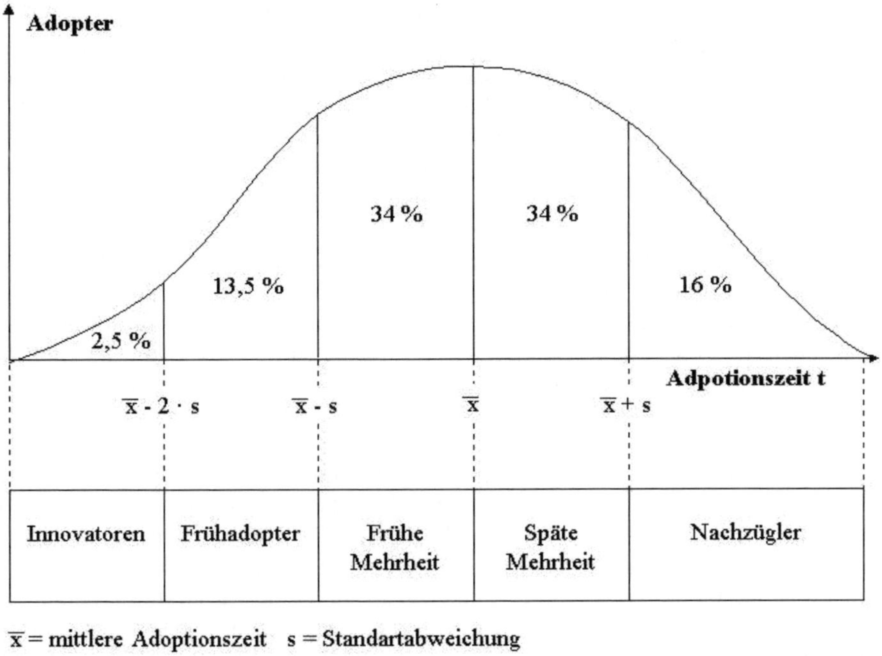


*Abb. 1.9: Adoptionsklassen in Abhängigkeit vom Übernahmezeitpunkt (Quelle: Meffert, H. (1998), S. 406)*

2.1.1.2.2.3 Kaufentscheidungen von Gruppen

Der stärkste Einfluss auf das Verhalten von Konsumenten geht von Gruppen aus, bei denen eine Mitgliedschaft besteht. Eine Gruppe besteht aus zwei oder mehr Personen, die in Wechselbeziehung zueinander stehen oder eine dauerhafte Beziehung unterhalten.[27] Der Gruppeneinfluss auf das Kaufverhalten ist abhängig vom Grad der Identifikation des Konsumenten mit der Gruppe. Der Identifikationsgrad wiederum hängt von der Gruppenstruktur ab.

Es lassen sich folgende Unterscheidungen finden:

- *Informelle und formelle Gruppen:* Formelle Gruppen zeichnen sich dadurch aus, dass die Mitgliedschaft formal begründet ist und damit ein situiertes Sozialverhältnis unter den Mitgliedern vorliegt (Schulen, Gewerkschaften, Unternehmen). Informelle Gruppen zeichnen sich dadurch aus, dass ein ausgeprägtes „Wir-Gefühl" untereinander geteilt wird und die Mitgliedschaft freiwillig ist. Man teilt gemeinsam gelebte Werte und Normen (Freundeskreise, Peer-Groups).

---

[27] Vgl. Kroeber-Riel, W., Weinberg, P. (1996), S. 469 ff.

- *Mitgliedschafts- und Bezugsgruppen (Communities):* Mitgliedschaftsgruppen sind formale Gruppen, bei denen die Zielsetzungen eindeutig codifiziert sind (Sportvereine). Die Gruppennormen beeinflussen auch dort die Wahrnehmungen, Bedürfnisse und Einstellungen der Mitglieder. Bezugsgruppen hingegen sind informelle Gruppen. Normkonformes Verhalten wird belohnt und normwidriges Verhalten sanktioniert (Peer-Groups bei Jugendlichen, Familien). Sie bewirken deshalb auch einen hohen Identifikationsgrad .

Für die Kommunikationspolitik spielen im Wesentlichen zwei Formen von Gruppen eine zentrale Rolle. Dies sind zum einen Organisationen und deren Struktur bei Kaufentscheidungsprozessen (Investitionsgütermarketing), zum andern die Kaufentscheidungsprozesse innerhalb von Familien (familiärer Kaufentscheid). Beides sind letztlich mehr oder weniger multipersonelle Kaufentscheidungen, die in Kommunikationskonzepten Berücksichtigung finden müssen.

a) *Kaufentscheidung von Organisationen:* Unternehmen bestehen aus formellen Mitgliedschaftsgruppen und wirken auf ihre Mitarbeiter bei individuellen Kaufentscheidungen teilweise sehr normativ. Zu denken ist hierbei an die Kleiderordnung von Finanzdienstleistungsunternehmen. Eine andere Form von kollektiver Kaufentscheidung liegt dann vor, wenn für die Organisation eine Anschaffung getätigt werden soll. Je nach Komplexität der Kaufentscheidung und des Auftragsvolumens sind unterschiedliche Mitarbeiter beteiligt. In diesem Fall spielt das „Buying Center"-Modell als Partialmodell zur Erklärung organisatorischen Beschaffungsverhaltens eine wichtige Rolle.[28]

Bei der Zusammensetzung des Einkaufsgremiums sowie bei den Entscheidungsprozessen – meist bei nicht routinemäßigen Kaufentscheidungen – werden fünf Rollen unterschieden, wie in Abbildung 10 deutlich wird. Die Rollenverteilung kann während des Entscheidungsprozesses variieren.

- *Benutzer:* Mitarbeiter, die das erworbene Produkt anwenden werden. Sie haben die meiste Erfahrung und müssen auch die Konsequenzen einer Fehlentscheidung tragen. Häufig initiieren Sie auch die Kaufentscheidung.
- *Einkäufer:* Sie unterhalten den Kontakt zu Lieferanten, wählen potenzielle Lieferanten aus und sorgen für die Ausschreibungen. Insofern haben sie eine selektive Funktion. Sie sind für die vertragliche und organisatorische Abwicklung des Vertrages zuständig (Einkaufsleiter, Zentraleinkäufer).
- *Entscheider:* Ihnen obliegt die endgültige Entscheidung. Sie wählen aus verschiedenen Alternativen aus, die von anderen Mitgliedern des Buying Centers vorbereitet wurden. Als Machtpromotoren (Geschäftsführer) können sie die fachlichen Details kaum beurteilen und bevorzugen Produkte mit möglichst wenig Risiko hinsichtlich einer drohenden Fehlentscheidung. Es werden in der Regel jene Lieferanten vorgezogen, die das beste Image besitzen (Image-Reagierer).

[28] Vgl. Büschken, J. (1994).

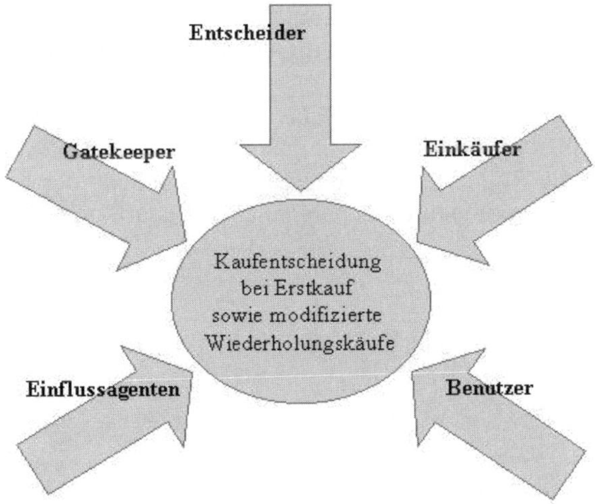


*Abb. 1.10: Rollenverteilung innerhalb eines Buying Centers*

- *Einflussagenten:* Ihre Aufgabe besteht in der Zusammenstellung aller relevanten Informationen und sie legen auch die Standards für die Produktauswahl fest. Forderungen dieser Gruppe von Mitgliedern gelten als Restriktionen, Vetos sind möglich. Im Wesentlichen wird durch sie der Entscheidungsprozess moderiert (Berater).
- *Gatekeeper:* Sie kontrollieren innerhalb des Unternehmens den Informationsfluss und damit auch den Zustrom neuer Informationen auf das BC-Team. Vor allem bei der Initiierung und Entscheidungsvorbereitung ist ihr Einfluss sehr groß (Sekretärinnen).

b) *Familiärer Kaufentscheid:* Die Familie ist ebenfalls ein soziales System, die als Gruppe Einfluss auf individuelle und kollektive Kaufentscheidungen nimmt und in vielen Fällen als Sozialisationsagent wirkt. Für die Kommunikationspolitik ist es bedeutsam herauszuarbeiten, wer innerhalb einer Familie bei welchen Kaufentscheidungen und Phasen welchen Einfluss ausübt.[29]

Nach eigenen Studien beginnt eine gemeinsame Kaufentscheidung bei Produkten, deren Wert über 250 € liegt, sowie bei Produkten, die gemeinsam innerhalb der Familien genutzt werden (Haus, Wohnung, Urlaub).

- *Dominanz des Mannes:* Der Mann dominiert bei Produktentscheidungen über technische Gebrauchsgüter und Gebrauchsgüter, die außer Haus benutzt werden sowie bei Finanzentscheidungen.

[29] Vgl. Kroeber-Riel, W., Weinberg, P. (1996), S. 445 ff. und Meffert, H. (1998), S. 124 f.

- *Dominanz der Frau:* Die Frau bestimmt dagegen Kaufentscheidungen bei der Wohnungseinrichtung, Lebensmittelversorgung, Kleidung und bei technischen Geräten, die den Haushalt betreffen.
- *Dominanz der Kinder und Jugendlichen:*[30] Sie bestimmen ebenfalls bei Kaufentscheidungen mit und ihr Einfluss steigt mit zunehmenden Alter. Sie übernehmen dann teilweise die Rolle von Meinungsführern innerhalb der Familie. Kinder (3-12 Jahre) wirken bei Produkten ihres persönlichen Bedarfs mit (Cerealien, Spielsachen und Lebensmittel).

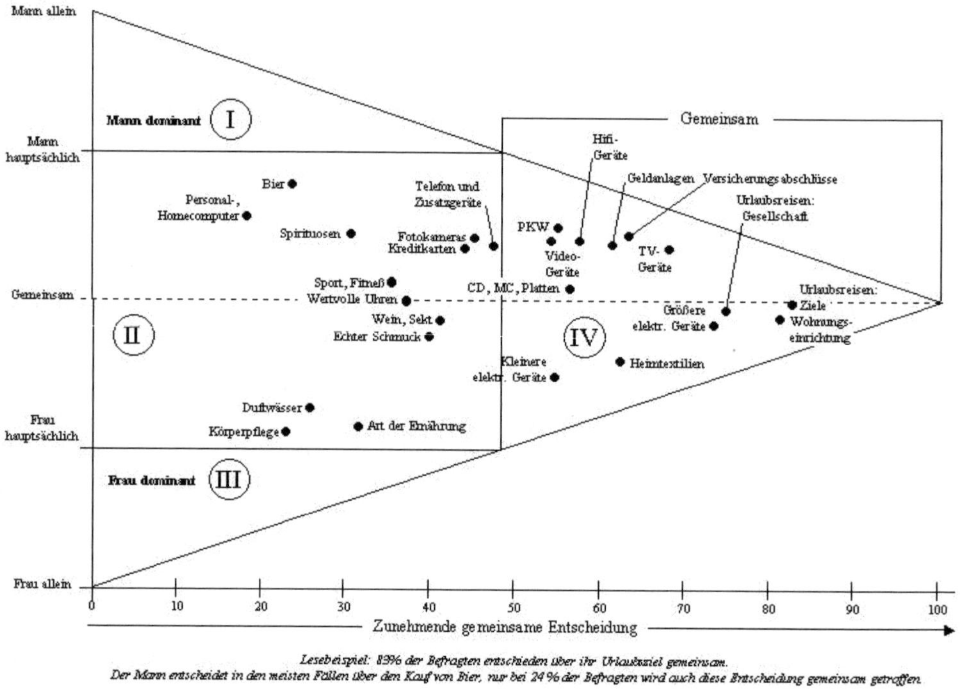


*Abb. 1.11: Rollendreieck bei kollektiven Kaufentscheidungen*
*(Quelle: Meffert, H. (1998), S. 125)*

Das Rollendreieck in Abbildung 1.11 ist das Ergebnis einer Befragung. Auf der Ordinate wurden die durchschnittlichen Antworten zur Dominanz bei den einzelnen Produktklassen eingetragen.[31] Auf der Abszisse werden die Prozentanteile der gemeinsamen Entscheidungen deutlich. Dadurch entstehen vier Felder:

- Feld I: Dominanz des Mannes
- Feld II: manchmal Dominanz der Frau, manchmal des Mannes
- Feld III: Dominanz der Frau
- Feld IV: Mann und Frau gemeinsam beteiligt

[30] Vgl. Hilger, H. (1981), Mayer, H., Bor, W. (1988); Douglas, S.P. (1983); Lutz, T. (1983); Haedrich et al. (1984)

[31] Vgl. Kroeber-Riel, W., Weinberg, P. (1996), S. 452 ff.

Die Tendenz besteht, dass aufgrund des veränderten Rollenverständnisses von Mann und Frau die Dominanz der Frau wächst und bei gemeinsam verwendeten Produkten auch eine gemeinsame Entscheidungsfindung zu Grunde liegt.

Kommunikationskonzepte müssen sowohl bei der Auswahl der Werbeträger als auch bei der Gestaltung der Werbemittel diesem Umstand Rechnung tragen. Kompliziert ist jedoch die Tatsache, dass Verwender bzw. Nutzer nicht immer mit den Kaufentscheidern deckungsgleich sind. Dies betrifft häufig Geschenkartikel und Produkte, die im Entscheidungsbereich von Kindern und Jugendlichen liegen.

### 2.1.2 Entwicklungsphasen der Kommunikationspolitik von Unternehmen

Das 21. Jahrhundert wird als das Medienzeitalter charakterisiert. Kennzeichnend ist, dass das Kommunikationsangebot geradezu explodiert. Die dramatische Entwicklung des Angebots an medialen Werbeplattformen spiegelt die immer stärker differenzierenden Kommunikationsbedingungen der Unternehmen wider. Getrieben von einer zunehmenden Marktsegmentierung der Produktanbieter aufgrund von Sättigungstendenzen in vielen Konsumgütermärkten, hat sich die Nachfrage nach Werbemöglichkeiten von 1982 bis 1992 verdoppelt.[32] Die Medienlandschaft hat auf die Marktsegmentierung im Produktmarkt mit einer zunehmenden Differenzierung und Segmentierung des eigenen Angebotes reagiert („Special Interest"-Zeitschriften, Spartenprogramme im Fernsehen etc).

Betrachtet man die Entwicklung der Kommunikationspolitik von Unternehmen, so lassen sich unterschiedliche Phasen erkennen:[33]

- *Unsystematische Kommunikation (50er Jahre):* Marken und Produkte wurden unsystematisch beworben. In einer Verkäufermarktsituation, bei der die Nachfrage größer als das Angebot war, hatte die Kommunikationspolitik einen geringen Stellenwert und diente lediglich als Erinnerungswerbung für „bestehende Marken".
- *Produktkommunikation (60er Jahre):* Die Phase erster Stagnation bei der Nachfrage führte in der Kommunikationspolitik zu einer Konzentration der Kommunikationsbudgets bei den Instrumenten der Verkaufsförderung, und „Hard Selling" bzw. aggressives Verkaufen wurde zur Leitmaxime.
- *Zielgruppenkommunikation (70er Jahre):* Durch gesellschaftliche Trends wie Wertewandel, Freizeitorientierung und Polarisierungstendenzen der Nachfrage, fragmentierten sich die Märkte. Die Unternehmen folgten einer differenzierten Marktbearbeitung. Die Aufgabe der Kommunikationspolitik war geprägt durch Vermittlung eines zielgruppenspezifischen Produktnutzens in den zu bearbeitenden Marktsegmenten.
- *Wettbewerbskommunikation (80er Jahre):* Diese Phase war gekennzeichnet durch einen Käufermarkt, Sättigungen der Märkte und eine zunehmenden Wettbewerbsintensität. Die Aufgabe der Kommunikationspolitik war nicht nur, einen segmentspezifischen Nutzen anzubieten, sondern man versuchte, gegenüber Wettbewerbern

---

32 Vgl. Presse- und Informationsdienst der Bundesregierung (1994), S. 76.

33 Vgl. Bruhn, M. (1993), S. 75.

einen Alleinstellungsanspruch bzw. USP („Unique Selling Proposition") aufzubauen und diesen Wettbewerbsvorteil kommunikativ herauszustellen.

- *Kommunikationswettbewerb (90er Jahre):* Um dem Verlust der Wirksamkeit vieler Kommunikationsmedien aufgrund der medialen Überflutung vorzubeugen, wurden die kommunikativen Ressourcen gebündelt und eine „Countersegmentation" betrieben, um über eine Dachmarkenstrategie eine konzentrierte und intensive Marktbearbeitung von Schwerpunktsegmenten zu erreichen. Darüber hinaus sollten die Kommunikationsinstrumente mit Wirkung nach innen (Mitarbeiter) und nach außen (Markt) ein konsistentes Bild des Unternehmens vermitteln und die Mitarbeiter als kommunikative Zielgruppe einbinden (so genannte „Corporate Identity"-Strategien). Die Kommunikationspolitik sollte dabei ein visuell erkennbarer Ausdruck der Unternehmenskultur werden und die Unternehmensidentität widerspiegeln.[34]
- *Globaler multimedialer Wettbewerb (21. Jahrhundert):* Die Konvergenz der Mediensysteme und die Erweiterung der Übertragungsbandbreite durch globale Netze werden sowohl die Produktionsabläufe (E-Commerce), die Distributionssysteme (E-Shopping) und die Kommunikation nach außen (Interaktives Fernsehen) und nach innen (Intranet/Extranet sowie Business-TV) vollkommen verändern. An Stelle einer Massenkommunikation tritt die Individualkommunikation mit entsprechenden individuellen Produktangeboten. Dabei wachsen die internationalen Märkte (Absatz- und Beschaffungsmärkte) auf einen Mausklick zusammen. Der Marktplatz wird international und die Produktionsbedingungen virtueller. In einer derartigen Situation erhalten die Produktfaktoren Information und Kommunikation den Charakter von Kernkompetenzen.

## 2.1.3 Medieninflation

### 2.1.3.1 Mediales Überangebot

Nachfolgende Übersicht (Abb. 1.12) zeigt die Vielfalt der Insertions- und elektronischen Medien (klassische und neue Medien), aus denen die Konsumenten, aber auch die werbetreibenden Organisationen eine Auswahl treffen können. Bis auf die Werbeträger Tageszeitung und Wochenzeitung konnten alle übrigen weiteren Zuwächse sowohl in der Angebotsanzahl als auch in der Auflagenhöhe und Reichweitenentwicklung verzeichnen.

Das Werbejahr 1999 wies in Folge deutliche Umsatzsteigerungen aus, die über der gesamten volkswirtschaftlichen Leistung lagen. Das Werbevolumen kam in der Summe auf 30,7 Milliarden € (+ 4,2 Prozent zum Vorjahr) bei einem Wachstum des Inlandsprodukts von nur 2,5 Prozent. Von diesem Gesamtvolumen entfallen alleine 9,4 Milliarden € auf Honorare, Gehälter und Werbemittelproduktionskosten, 21,3 Milliarden Euro fließen in die Werbeträger mit einer Steigerungsrate von 4,9 Prozent. Für das Jahr 2000 wird mit einem Volumen von 31,9 Milliarden € gerechnet.[35] Diese Zahlen beinhalten nur die wichtigsten Werbeträger, die auch verbandsmäßig gut erfassbar sind. Nicht eingerechnet sind bei diesen Zahlen die schwer messbaren Kommunikationsinstrumente wie

[34] Vgl. Bruhn, M. (1997a), S. 71 ff.
[35] Vgl. o. V. ZAW (Hrsg.) (2000), S. 9.

Verkaufsförderung, Public Relation Aktivitäten, Direct-Marketing, Sponsoring etc. Nach Schätzungen von Prognosen (Basel)[36] wird der gesamte Werbemarkt im Jahre 2000 bei 175 Milliarden € liegen.[37] Eng verbunden mit dem Anstieg der Werbeeinnahmen ist die Fragmentierung und die Erweiterung des durch Werbung zu finanzierenden Medienangebotes. Von 1984 bis 1994 stieg die Zahl der Fernsehsender von 11 auf 79 Stationen. Ähnliche Wachstumsschübe verzeichneten die Radiosender – so waren es 1984 noch 31 Radiosender, zehn Jahre später bereits 206. Im Printbereich blieb das Angebot bei Tageszeitungen eher konstant, während die Anzahl der Fach- und Publikumszeitschriften erheblich zugenommen hat. Im Jahre 1985 gab es 349 verschiedene Titel bei den Publikumszeitschriften, im Jahre 1995 waren es 709 Titel. Parallel dazu stieg die Zahl der Werbetreibenden und die Zahl der zu bewerbenden Marken.

| Mediengruppe Werbeträger | Anzahl[1] | | Veräderung | Auflage[2] | | Veräderung |
|---|---|---|---|---|---|---|
| | 1994 | 1999 | Prozent | 1994 | 1999 | Prozent |
| Tageszeitungen | 420 | 393 | - 6,4 | 31,2 Mio | 29,3 Mio | - 6,1 |
| Wochenzeitungen | 32 | 24 | - 25,0 | 2,3 Mio | 2,2 Mio | - 4,3 |
| Anzeigenblätter | 1.325 | 1.311 | - 1,1 | 78,1 Mio | 88,5 Mio | + 13,3 |
| Publikumszeitschriften | 703 | 839 | + 19,3 | 134,4 Mio | 138,5 Mio | + 3,1 |
| Fachzeitschriften | 963 | 1.089 | + 13,1 | 24,1 Mio | 26,3 Mio | + 9,1 |
| Kundenzeitschriften | 45 | 88 | + 95,6 | 24,1 Mio | 63,0 Mio | + 161,4 |
| Telekommunikations-verzeichnisse[3] | 89 | 155 | + 74,2 | 25,8 Mio | 36,0 Mio | + 39,5 |
| Messedrucksachen/ Infopost | - | - | - | 4,6 Mrd | 6,4 Mrd | + 39,1 |
| Bundesweite & regionale TV-Programme[4] | 79 | 107 | + 35,4 | 32,3 Mio (Angemeldete Fernsehgeräte) | 34,7 Mio | + 7,4 |
| Bundesweite, regionale & lokale Hörfunkprogramme[4] | 206 | 236 | + 14,6 | 36,2 Mio (Angemeldete Hörfunkgeräte) | 39,3 Mio | + 8,6 |
| Online-Angebote[1] | - | 191 | - | - | 232,4 Mio Visits | - |
| Plakatanschlagstellen[5] | 308.137 | 394.051 | + 27,9 | - | - | - |
| Filmtheater | 3.718 | 4.651 | + 25,1 | 132,8 Mio (Kinobesucher) | 149,0 Mio[6] | + 12,2 |

1) IVW-geprüfte Titel und Angebote
2) Tatsächlich verbreitete Auflage lt. IVW jeweils 4. Quartal
3) ab dem 1. Quartal 1999 Ausweitung der bisherigen Mediengattung „Branchen-Telefonbücher Gelbe Seiten", daher Daten nur bedingt vergleichbar
4) deutschsprachige Programme lt. Spots 1/1995 und 1/2000, FID Verlag GmbH (Bonn)
5) Quelle: Berlenhoff Plakat Media GmbH
6) Prognose FDW Werbung im Kino (Hamburg)
QUELLEN: Zentralverband der deutschen Werbewirtschaft (ZAW)

*Abb. 1.12: Anzahl der Werbeträger*
*(Quelle: o. V. ZAW (Hrsg.), (2000), S. 194)*

Im Jahre 1995 wurden etwa 57.700 Marken kommunikativ unterstützt, 1990 waren es lediglich 43.000 und 1984 sogar nur 39.100 Marken. Im Jahre 1994 haben 3.777 Unternehmen mehr als eine halbe Million € pro Jahr für die werbliche Unterstützung ihrer Produkt ausgegeben, davon haben 426 Unternehmen mehr als 0,5 Millionen €, 12 Un-

[36] Vgl. o. V. DIW/Prognose (Hrsg.) (1995), S.142.
[37] Vgl. Bruhn, M. (1997b), S. 74 f.

ternehmen mehr als 5 Millionen € und 3 Unternehmen über 50 Millionen € (C&A, Mediamarkt und McDonalds) investiert.[38]

Im Jahre 1995 betrug die Anzahl der geschalteten Werbemittel ca. 9,84 Millionen Schaltungen, die sich unterschiedlich auf die Werbeträger verteilten (1,3 Millionen TV-Spots, 1,86 Millionen Radiospots, 1,76 Millionen Anzeigen). Die Zuwachsraten lagen innerhalb von 10 Jahren zwischen 39 und 100 Prozent. Besonders bei den elektronischen Medien stieg das Schaltvolumen explosionsartig an.[39] So wurden beispielsweise im Jahre 1994 den Konsumenten pro Tag 3.048 Fernsehspots, 4.808 Radiospots und 4.630 Anzeigen präsentiert.

### 2.1.3.2 Medien-Zeitbudgets

Dieses immense Medienangebot trifft auf eine begrenzte Aufnahmefähigkeit und Aufnahmebereitschaft der Mediennutzer. Neuropsychologische Untersuchungen der menschlichen Wahrnehmung ergeben, dass die Kapazität zur Aufnahme mit allen Sinnesorganen pro Sekunden $10^9$ Bits und die Kapazität für die bewusste Verarbeitung aufgenommener Impulse dagegen nur $10^2$ Bits pro Sekunde beträgt. Demnach können wir nur jedes zehnmillionste Bit bewusst verarbeiten.[40]

| | |
|---|---|
| Zeitschriftennutzung | 35 Minuten täglich |
| Zeitungsnutzung | 46 Minuten täglich |
| Hörfunknutzung | 167 Minuten täglich |
| Fernsehnutzung | 178 Minuten täglich |

*Abb. 1.13: Übersicht: Zeitbudgets*
*(Quelle: Arbeitsgemeinschaft der ARD Werbegesellschaften (1995)*

Neben der biologisch begrenzten Aufnahmefähigkeit stellt das Zeitbudget den stärksten Begrenzungsfaktor dar. Trotz der erweiterten Medien-Angebotsvielfalt hat sich die Zeit, die die Menschen für den Konsum von Medien zur Verfügung haben, nicht entsprechend erhöht. Nur 2 Prozent der angebotenen Informationen haben überhaupt eine Chance, vom Rezipienten aufgenommen zu werden. Demnach liegt das durchschnittliche Niveau der Informationsüberlastung bei 98 Prozent.[41] Die Informationsüberlastung ist bei den Printmedien geringer als bei den elektronischen Medien.

Die durchschnittliche Lesezeit in Zeitungen beträgt pro Tag 46 Minuten, in Zeitschriften 35 Minuten, der Fernsehkonsum liegt bei 178 Minuten und der Hörfunkkonsum bei 167 Minuten.

[38] Vgl. Bruhn, M. (1997b), S. 77 f.
[39] Vgl. o. V. Nielsen, S&P (1996).
[40] Vgl. Bruhn, M. (1997a), S. 80 f.
[41] Vgl. Kroeber-Riel, W. (1987), S. 257 ff.

### 2.1.3.3 Konsequenzen

Da die Informationsverarbeitungskapazitäten der Menschen konstant bleiben, ist die Folge, dass das Informationsangebot nicht mehr adäquat wahrgenommen und verarbeitet werden kann. Es findet somit zwangsläufig ein selektiver Umgang mit Informationen statt.

- *Informationsarmut im Informationsüberfluss:* Das stetig wachsende Informationsangebot zwingt zu einer verstärkten Auswahl und damit erhöht sich die Gefahr einer Fehlorientierung. Wir leben damit in einer Gesellschaft, in der Informationsknappheit im Informationsüberfluss herrscht. Das Paradoxon löst sich auf, wenn man zwischen Daten und Informationen unterscheidet. Die Konvergenz der beiden ermöglicht über vielfältige Übertragungskanäle, Daten unterschiedlichster Modalitäten zu verbreiten. Gleichsam vermindert sich die redaktionelle Qualität dieser Daten. Erst wenn die Daten einer redaktionellen Prüfung unterliegen und damit zielgruppenspezifisch aufbereitet und somit auch auf Authentizität und Wahrhaftigkeit abgeprüft werden, haben die Rezipienten einen echten Mehrwert respektive Nutzen. Informationen an sich belasten dagegen nur das Zeitbudget der Rezipienten.
- *Selektive Wahrnehmung:*[42] Ausblendung aller Informationen, die in der aktuellen Situation nicht relevant sind. Dieser Prozess dient der Informationsbewältigung. Nur ein kleiner Teil der Reize kann überhaupt verarbeitet werden. Der Konsument nimmt vor allem solche Reize wahr, die seinen Bedürfnissen und Wünschen entsprechen.[43]
- *Information Chunks:* Bündelung von Informationen aufgrund dominanter Eindrücke. Im Sinne eines „Hallo-Effekts" bestimmen die oberflächlichen Eindrücke die Qualität des gesamten Informationsangebots. Design- und Kontextqualitäten werden als Indikatoren für Content-Qualitäten herangezogen.
- *Ausblendung von vermeintlich irrelevanten Informationen:* Werbung gilt gemeinhin als irrelevante Information und unterliegt am ehesten der Gefahr der Ausblendung der Konsumenten.

### 2.1.3.4 Betrachtungszeiten[44]

Um eine kommunikative Wirkung zu erzielen, müssen die Werbemittel wahrgenommen werden. Wahrnehmungs- und Betrachtungszeit sind die beiden Kernprobleme, denen der Werbeplaner gegenübersteht.

Die Wahrnehmungszeiten der Informationen dauern im Höchstfall nur einige wenige Sekunden und in dieser Zeit besteht der Bedarf, den Konsumenten umfangreich zu informieren. Die mittlere Betrachtungszeit von Anzeigen liegt bei 2 – 3 Sekunden (Abb. 1.14).

---

[42] Vgl. Kroeber-Riel, W., Weinberg, P. (1996), S. 266 f.

[43] Selektivität wird durch die Erwartungshaltung des Konsumenten bestimmt. Der britische Regisseur Alfred Hitchcock hatte sich zur Gewohnheit gemacht, in seinen Filmen eine kleine Nebenrolle zu übernehmen. Das Publikum konzentrierte sich deswegen stärker auf die Suche nach dieser kleinen Nebenrolle als auf den Film. Als Folge erschien Hitchcock stets bereits am Anfang des Films (Hitchcock-Effekt).

[44] Vgl. Kroeber-Riel, W. (1993a), S.119 ff., 136 ff.

| Produktbereich | Betrachtungszeit in Sekunden | Zahl der getesteten Anzeigen |
|---|---|---|
| Fluglinien | 2,0 | 9 |
| Mode, Bekleidung | 1,9 | 18 |
| Fotogeräte | 1,9 | 8 |
| PKW | 1,8 | 15 |
| Banken, Bausparkassen | 1,7 | 9 |
| alkoholische Getränke | 1,6 | 21 |
| Zigaretten | 1,3 | 22 |

*Abb. 1.14: Übersicht: Mittlere Betrachtungszeit von Anzeigen (Quelle: Kroeber-Riel, W. (1993), S. 136)*

Die Wahrnehmung eines Bildes mittlerer Komplexität erfordert im Durchschnitt zwei Sekunden. Dies bedeutet, dass lediglich 50 Prozent der reinen Bildinformationen wahrgenommen werden können. Je nach Involvement des Rezipienten entfallen 50 bis 70 Prozent der Zeit auf die Betrachtung des Bildes. Von Textinformationen werden im Durchschnitt nur 25 Prozent wahrgenommen.

Je nach Involvement der Zielgruppe variieren die Betrachtungszeiten. Frauen mit einem Lebensstil, der ein geringes Involvement für Mode vermuten lässt, haben für eine Anzeige in einer Frauenzeitschrift, in der für eine bekannte Modemarke geworben wurde, 1,7 Sekunden aufgewendet, Frauen mit einem modeorientierten Lebensstil dagegen 3,2 Sekunden. Mütter mit einem ersten Kleinkind betrachten Anzeigen von Pampers-Windeln (Procter & Gamble) 4,2 Sekunden. Die Betrachtungsdauer in Special Interest-Zeitschriften ist im Durchschnitt fast doppelt so hoch wie in Publikumszeitschriften (höheres Situationsinvolvement).

Daneben führt ein gutes Markenimage auch zu längeren Betrachtungszeiten. Gleiches gilt für ansprechende Anzeigengestaltung. Die höchsten gemessenen Werte fanden sich bei einer Mercedes Benz-Anzeige mit 5,1 Sekunden doppelseitig und vierfarbig.[45]

Der Kontakt mit der Werbebotschaft wird fast immer abgebrochen (= Zapping).[46]

Im Durchschnitt enthalten Anzeigen in Publikumszeitschriften Informationen, deren Aufnahme 35 bis 40 Sekunden erfordern würde. Der tatsächliche Aufwand der Zeitschriftenleser für Anzeigen beträgt jedoch im Durchschnitt nur 2 Sekunden. Dies bedeutet, dass der Kontakt nach 5 Prozent der Informationsaufnahme abgebrochen wird.

Über die Hintergründe des Kontaktabbruches bei Werbespots im Fernsehen liegen nur wenige Informationen vor. Es ist davon auszugehen, dass ein großer Teil der Fernsehzuschauer nach den ersten Sekunden abspringt.

45 Vgl. Kroeber-Riel, W. (1993a), S. 102.
46 Vgl. Kroeber-Riel, W. (1993b), S. 134.

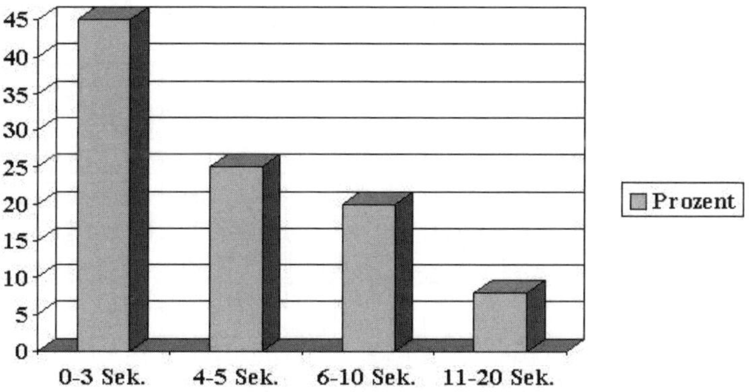


*Abb. 1.15: Verteilung der Betrachtungszeiten (Quelle: Kroeber-Riel, W., 1993, S. 137)*

Aus der Analyse der Reichweitenwerte innerhalb der Werbeblöcke lassen sich Rückschlüsse auf das Abbruchverhalten ziehen. Betrachtet man die Reichweite während der Werbeblöcke im Vergleich zu den Reichweiten während der Sendung, so wird deutlich, dass der Reichweiteneinbruch bei bis zu 50 Prozent liegt. Die Mediaforschung ermöglicht heute die Reichweiten sekundengenau zu erfassen, dadurch kann das Rezeptionsverhalten während einer Fernsehsendung präzise analysiert werden. Die Kurzzeitigkeit in der Wahrnehmung und Verarbeitung sind die zentralen Verhaltensweisen der Nachfrager. Die Folge ist die Selektion der angebotenen Informationsinhalte und zwangsläufig auch die der Werbeangebote. Werbeangebote gehören zu den Inhalten, die vermieden werden und denen gegenüber am ehesten eine Verweigerungshaltung aufgebaut wird. In Abbildung 1.16 ist die Reichweitenentwicklung während einer Fernsehsendung dargestellt. Die Reichweiten gehen gerade während der Werbeeinblendungen deutlich zurück.

Es haben sich zwei Medientypen herausgebildet, die durch unterschiedliche Verhaltensweisen charakterisiert sind. Die „Zapper" nehmen einen Programmwechsel vor, um jegliche Fernsehwerbung zu vermeiden. Dagegen verbleiben die „Sticker" durchgängig im Programm und verfolgen auch den Werbeblock. Psychogramme der einzelnen Typen liegen bislang noch nicht vor. Es ist davon auszugehen, dass die Zapper jünger, eher männlich sind und über mehr Fernsehkanäle verfügen, sowie einen intensiveren Fernsehkonsum haben.[47]

Bleiben die Zuschauer innerhalb der Werbeblöcke vor dem Fernsehgerät, so haben Studien ergeben, dass 40 Prozent mehr Zuschauer bei einem Kurzspot mit 10 Sekunden bis zum Ende des Spots aufmerksamer bleiben, als bei einem Spot mit 30 Sekunden.[48]

Für Verpackungen bei typischen Konsumgütern werden im Durchschnitt 4 – 7 Sekunden Aufmerksamkeit verwendet.

[47] Vgl. Niemeyer, C. A., Czycholl, J. M. (1994), S. 55 ff.
[48] Vgl. Krugmann, H. (1986), S. 81.

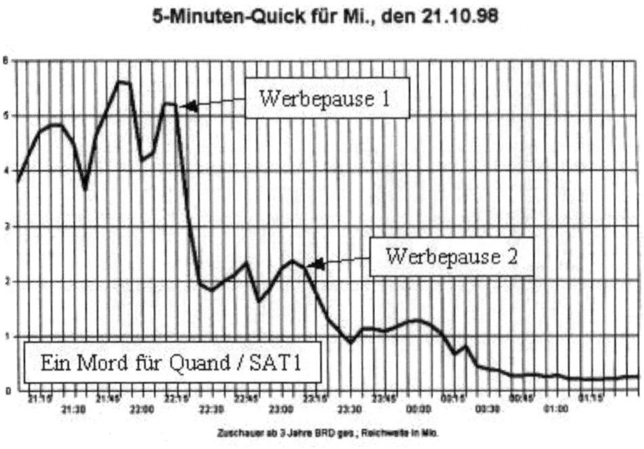


*Abb.1.16: Zapping*
*(Quelle: eigene Analyse in Zusammenarbeit mit Sat 1)*

Nach 6 – 8 Sekunden (20 Sekunden inklusive Öffnens des Briefumschlags) landen im Durchschnitt bereits 50 Prozent der Direktwerbesendungen im Papierkorb.[49] Betrachtet man die Direktwerbemedien wie Kataloge und Werbebriefe, so bewegen sich die Quoten der Reagierenden auf einen Werbeanstoß bei 0,25 Prozent bis 5 Prozent. Da davon auszugehen ist, dass eine Vielzahl von Kunden an den angebotenen Produkten keinen Bedarf haben, ist zumindest im Direktwerbebereich nachweisbar, dass mehr als die verbleibenden 2 Prozent der angebotenen Werbeinformationen beachtet werden (man geht davon aus, dass 98 Prozent der Werbeinformationen ihren Empfänger nicht erreichen). Denn neben einer messbaren Reaktion haben eine Vielzahl weiterer Konsumenten den Werbeanstoß zumindest registriert und somit einen Kontakt mit der Marke bzw. dem Anbieter erhalten.

Eine wachsende Konkurrenz um die Aufmerksamkeit des Konsumenten und die damit verbundene Informationsflut steht einer immer größeren Zahl an weniger involvierten Zielgruppen bei sinkendem Informationsinteresse gegenüber. Viele Informationen werden nur noch nebenbei wahrgenommen oder überhaupt nicht mehr. Zudem wird die klassische Werbung immer kritischer beurteilt. Dies führt zwangsläufig zu einer Schwächung der Kommunikationswirkung, insbesondere der klassischen Instrumente und weniger der Instrumente der Direktwerbung. Um dennoch ausreichend Marktpräsenz zu erreichen, investieren die Werbetreibenden immer mehr in Kommunikationsbudgets und steigern somit weiter die Informationsüberlastung. Diese Eskalationsspirale wird erst dann ein Ende finden, wenn die Werbekosten nicht mehr an die Konsumenten weitergegeben werden können und die Deckungsbeiträge der verkauften Produkte nicht mehr ausreichen, die Werbekosten mitzudecken. Gegenwärtig sind 350 bis 400 € Werbekosten pro Kopf der Bevölkerung erreicht.[50] Für einen Neukunden müssen die Unternehmen zwischen 50 und 500 € investieren.

[49] Vgl. Vögele, S. (1986).
[50] Vgl. Pepels, W. (1997), S. 3.

## 2.2 Unternehmenskommunikation

### 2.2.1 Systemgrenzen und Unternehmenskommunikation

Organisationen werden als Systeme bezeichnet. Systeme bestehen aus Systemelementen und Systembeziehungen.[51] Der Grad der Interaktivität zwischen den Systemelementen bzw. der Grad der Intensität der Beziehung zwischen den Systemelementen definiert die Bereiche innerhalb und außerhalb eines Systems und dadurch die Systemgrenzen. Im Zuge der Konvergenz der Medien und des Voranschreitens der E-Commerce Lösungen verwischen auch die Systemgrenzen und die Konsequenzen für die Unternehmenskommunikation.

Im Zuge einer zunehmenden Virtualisierung werden sich bestimmte physische Strukturen der Organisation auflösen und durch Informations- und Kommunikationssysteme ersetzt.

Der Grad der Virtualität bezieht sich dabei auf drei Dimensionen:

- *Räumliche Zugänglichkeit:* Die Organisationen werden zunehmend globalisierter und vernetzter. Dadurch verliert sich zunehmend der persönliche und physische Kontakt der Mitarbeiter untereinander. Dieser muss durch Informations- und Kommunikationssysteme ersetzt werden. Entwicklungen wie Intranet und Business TV sind typische Erscheinungsformen dieser Entwicklung.
- *Prozessuale Koordination:* Der Grad der Virtualisierungsmöglichkeit hängt im erheblichen Maße mit der prozessualen Verbundenheit zusammen. Kernprozess bzw. Prozesse, die eng aufeinander bezogen sind, bedürfen einer höheren Intensität der Integration als vor- und nachgelagerte Prozesse mit geringer strategischer Relevanz. Diese Frage reduziert sich auf die traditionellen „Make or Buy“-Entscheidungen. Virtuelle Organisationen verzichten deswegen eher auf Prozesse, die weder Kernkompetenzqualitäten haben, noch von der qualitativen und kostenmäßigen Kompetenz her von Spezialisten erfüllt werden müssen. Die Aufgaben der Kommunikationspolitik reduzieren sich hierbei darauf, Prozessbrüche zu vermeiden und trotz organisatorischer Trennung einen einheitlichen Prozessdurchlauf zu gewährleisten.
- *Juristische Beziehung:* Letztlich spielt die juristische Beziehung eine zentrale Rolle bei der Frage der Virtualisierung. Im Grunde werden die Aufgabenpakete entweder von Mitarbeitern oder von Dienstleistern erfüllt. Mitarbeiter stehen der Organisation kulturell näher als Dienstleistungsunternehmen. Nachteilig ist jedoch, dass sie Gemeinkostencharakter haben. Als zunehmende Tendenz ist daher zu verzeichnen, dass Teilprozesse auf Dienstleistungsunternehmen in Form von Dienstleistungs- oder Werkverträgen delegiert werden. Auch diese Form der Zusammenarbeit bedarf einer vernetzten Informations- und Kommunikationsarchitektur, um friktionslos den Prozess durchführen zu können.

---

[51] Vgl. Steinmann, H., Schreyögg, G. (1999), S. 126 ff.

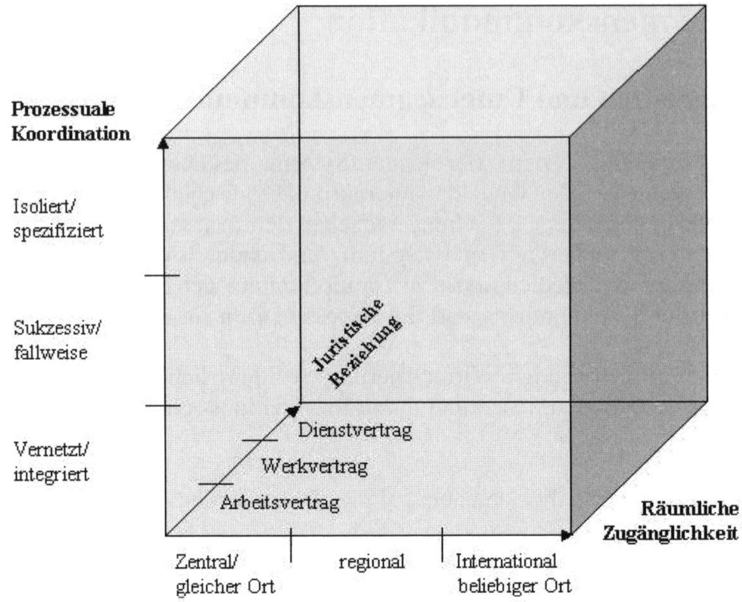


*Abb. 1.17: Dimensionen der Virtualität*

Im Zuge der Virtualisierung lösen sich die Grenzen zwischen externer und interner Unternehmenskommunikation zunehmend auf.[52] Unter interner Kommunikation werden alle Maßnahmen verstanden, die bei der Kommunikation mit den Mitgliedern innerhalb der organisatorischen Grenzen, dem „Insystem", stattfinden. Kommunikation, die zu Stakeholdern bzw. Zielgruppen außerhalb der Systemgrenzen stattfindet, wird zur Marktkommunikation gezählt.

Durch die Virtualisierung vieler Geschäftsprozesse erhält die Kommunikationspolitik die Aufgabe, Orientierungsrahmen zu liefern für die kulturelle Gemeinsamkeit als Ersatz für eine verlorengehende Identität, die durch persönliche Kommunikation im Unternehmen geprägt war. [53]

## 2.2.2 Interaktivität

Unter Interaktivität in seiner formalen Bedeutung wird der Prozess verstanden, der eine Wechselbeziehung respektive Wechselwirkung zwischen zwei oder mehreren Größen beschreibt.[54] Im Grunde geht es um die Möglichkeit, ein aufeinander bezogenes Handeln zweier oder mehrerer Personen durchzuführen. Dies setzt voraus, dass die Fähigkeit zum Senden und Empfangen von Signalen möglich und die Kommunikation nicht determi-

[52] Vgl. Bruhn, M. (1997b), S. 173.
[53] Vgl. Picot, A., Reichwald, R., Wiegand, R.T. (1996)
[54] Vgl. Graumann, C. F. (1972), S. 1111.

niert ist. Die Kommunikation und das Kommunikationsergebnis dürfen keinen vordefinierten Verlauf nehmen.

Im Bereich der medialen Kommunikation lässt sich der Grad der Interaktivität anhand von drei Dimensionen unterscheiden:

- *Zeitlich:* Der Kommunikationsprozess kann einseitig oder zweiseitig sein. Bei einseitigen Botschaften (Simplexkanal) schickt der Botschaftssender Signale an einen Empfänger in der Hoffnung, dass sie dort auch ankommen. Sicherheiten in Form von „Feedback"-Möglichkeiten gibt es nicht. Angesichts der Informationsüberflutung ist die Hoffnung meist gering, dass die Botschaften ankommen. Folglich versuchen die Sender immer mehr Informationen immer breiter zu senden. Neben dieser Strategie bietet sich die zweiteilige Kommunikation an. Neben einer zielgerichteten, auf den Adressaten bezogene Kommunikation meldet der Empfänger der Botschaft den Empfang zurück oder zeigt bereits eine interaktive Handlung (Kaufakt). Dieses „Feedback" kann parallel zu den ankommenden Signalen erfolgen (Vollduplex) oder wechselweise danach (Halbduplex). Kommen die Botschaften nicht oder falsch an, so besteht stets Nachbesserungsmöglichkeit.
- *Persönlich:* Interaktivitäten können zwischen Menschen und Maschinen erfolgen. In der Marktkommunikation wird man sich meistens auf die Interaktivität zwischen Menschen beschränken. Dennoch bieten sich technische Möglichkeiten an (Telefonroboter, intelligente Agenten), die Kommunikation auch zwischen Maschine und Mensch realisieren zu können. Wichtig ist der Grad der Adressierbarkeit. Interaktive Kommunikation kann sich an ein breites anonymes Publikum richten, dann bleibt es Massenkommunikation mit Interaktionsmöglichkeit. Sie kann sich aber auch an einzeln adressierbare und identifizierbare Konsumenten wenden, dann handelt es sich um Individualkommunikation.
- *Räumlich:* Massenkommunikation findet meist mithilfe technischer Übertragungsmittel bei räumlich und/oder zeitlicher Distanz zwischen Sender und Empfänger statt, und richtet sich an ein nicht physisch anwesendes Publikum.[55]

Um die Effizienz der Werbung zu erhöhen, ist es notwendig, die Raum- und Zeitdistanz zu überbrücken. Dies kann am ehestens durch Individualkommunikation erfolgen. Sie sollte möglichst persönlich, bei räumlicher und zeitlicher Nähe zwischen den Kommunikationsparteien erfolgen und auf Dialog ausgelegt sein. Ihrer potenziell höheren Wirkung stehen auch erheblich höhere Kosten entgegen. In den letzten 10 bis 15 Jahren konnte die direkte bzw. die Dialogkommunikation erhebliche Zugewinne an den Werbebudgets verzeichnen.

55 Vgl. Bruhn, M. (1997b), S. 167 ff.

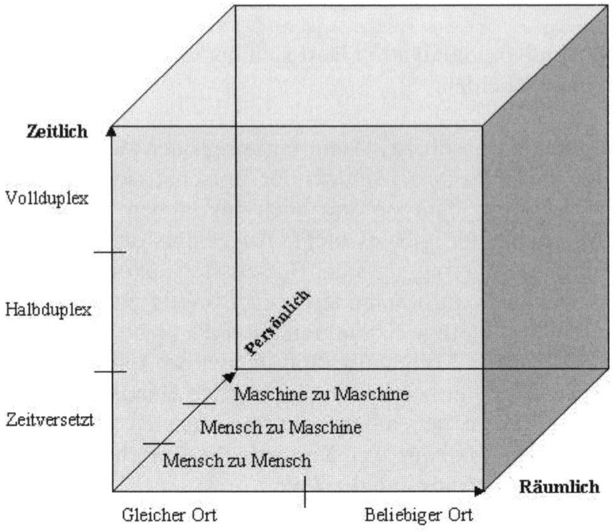


*Abb. 1.18: Dimensionen der Interaktivität*

## 2.2.3 Art des Werbeobjektes und Anzahl der Werbungtreibenden

Aufgrund der Begrenzung der Werbebudgets müssen die Werbungtreibenden die einzelnen Werbeobjekte nach deren Priorität ordnen, und zum anderen überlegen, inwieweit mit anderen Unternehmen Synergien vorliegen und wo sich kooperative Werbemöglichkeiten anbieten.

Eine gleichmäßige Berücksichtigung aller Werbeobjekte führt zwangsläufig zu einer Zerstückelung der Werbebudgets und zu Marktanteilsverlusten gegenüber Marktführern oder Unternehmen, die diese Produkte im relevanten Markt gerade favorisieren. Aus diesem Grund müssen Ansätze gefunden werden, die Werbebudgets sinnvoll auf die einzelnen Werbeobjekte (bei Mehrproduktunternehmen) zu verteilen. Es bieten sich drei Vorgehensweisen an.

Man kann sich auf die „Renner"-Produkte respektive die ertragstarken Produkte (Cash Cows und Produkte in der Reifephase) konzentrieren. Der Nachteil ist, dass gerade die Produkte, die ein zukünftiges Geschäft darstellen sollen, einer werblichen Unterstützung bedürfen, die ihnen aufgrund fehlender Budgets aber versagt bleibt.

Konzentriert man sich aber auf die Problemprodukte (Stars, Dogs und Question Marks im Produktportfolio) so bringt man leichtfertig die Säulen des Geschäftes in Gefahr.

Ein dritter Weg kann in der Konzentration auf Ereignisse liegen. Produkte werden dann beworben, wenn sie beispielsweise in der Einführungsphase sind, eine Verjüngung bzw. Repositionierung (Relaunch) ansteht oder wenn Produkte abgeerntet (Harvesting) werden. Problem hierbei ist ebenfalls wieder, dass die Produkte, bei denen kein Ereignis ansteht, keine kommunikative Unterstützung erfahren, obwohl das Wettbewerbsumfeld dies erfordern würde.

Eine Möglichkeit, Etatmittel zu bündeln, liegt im Ansatz der „Counter Segmentation". Segmente werden zusammengelegt und „Flankers", Randsegmente, werden zusammengefasst. Das ursprüngliche Ziel der „Flankers" war es, zum einen den Kernmarkt vor Wettbewerbseintritten zu schützen und zum anderen den Markt durch eine differenzierte Marktbearbeitung abzuschöpfen. Diese Form der differenzierten Marktbearbeitung wird zu Gunsten einer konzentrierten Marktbearbeitung aufgegeben. Insbesondere in Phasen der Sättigung und Reife von Märkten nehmen viele Unternehmen den Produktdifferenzierungsgrad zurück.

Um weiterhin Budgets zu sparen, lässt sich die gesamte Markenstrategie überdenken. Die Bewerbung als Einzelprodukt (Solitärmarke) bedeutet, dass jedes Produkt im Programm einzeln geführt und werblich unterstützt werden muss (Procter & Gamble, Unilever, Nestle etc.). Die Bewerbung als Produktgruppe, Rang- oder Dachmarke bringt wiederum Vorteile, weil sich das Budget auf einen relativ homogenen Programmausschnitt konzentrieren kann (Beiersdorf, Kraft-Jacobs-Suchard, Henkel etc.). Jedes einzelne Produkt profitiert von der Schubkraft des gesamten Programms.[56]

Letztlich stellt sich die Frage, in welchem Ausmaß man mit komplementären oder substituierenden Produkten gemeinsam werblich auftreten kann. Substitutiv bedeutet, dass die Teilangebote einzeln zur Deckung eines sich gegenseitig ersetzenden Bedarfs geeignet sind. Komplementär bedeutet dagegen, dass die Teilangebote gemeinsam einen ergänzenden Bedarf decken können (anlassbezogen wie Weihnachten, Ostern etc.). Die Teilangebote können natürlich auch in einer neutralen Beziehung zueinander stehen.

Typische Beispiele für Gemeinschafts- bzw. Kollektivwerbung finden sich bei der Vermarktung von Innenstädten. Dort schließen sich die Einzelhändler zu Werbegemeinschaften zusammen. Andere Beispiele finden sich in Fällen, wo die Wertschöpfung aufeinander aufbaut. Die Deutsche Post als Logistikspezialist trat mit E-Shopping-Unternehmen (beispielsweise amazon.de) gemeinsam bei Werbespots auf. Viele Versandhandelsunternehmen legen ihre Kataloge den auszuliefernden Paketen anderer Versandhandelsunternehmen bei, um „Cross Selling-Potenziale" auszunutzen.[57] Darüber hinaus bestehen Werbeaktivitäten ganzer Branchen oder Verbände (gesamt oder selektiv), um für gemeinsame Interessen oder bestimmte Produktgattungen zu werben. Die Auslobung der Vorteile kann dabei durch einen einheitlichen Verbandsnamen oder durch Auslobung der Markennamen der beteiligten Werbepartner erfolgen. Weitere Unterscheidungen finden sich bei Werbung von Partnern, die der gleichen Wirtschaftsstufe entstammen (horizontale Kollektivwerbung), oder bei Werbepartnern unterschiedlicher Wirtschaftsstufen (vertikale Kollektivwerbung).[58]

---

[56] Vgl. Pepels, W. (1997), S. 34 ff.
[57] Vgl. Pepels, W. (1997), S. 15 ff.
[58] Vgl. Pepels, W. (1997), S. 15 ff.

### 2.2.4 Produkt- und Unternehmenswerbung

Einen weiteren Schritt zur Konzentration der Budgets stellt die „Schirmwerbung" dar. Dabei wird das gesamte Leistungsspektrum eines Unternehmens unter einer einheitlichen Marke beworben (z. B. e•on). Der Übergang zwischen der Produktwerbung und der Unternehmenswerbung ist dabei fließend. Häufig ist dieses Vorgehen bei Investitionsgüterherstellern zu beobachten, die ein relativ heterogenes Leistungsprogramm anbieten (Veba, Siemens, Mannesmann etc.). Als Ausprägungsformen bieten sich an:

- *Leitprodukte:* Aus dem gesamten Programm wird ein Leitprodukt als „Flaggschiff" ausgewählt und als Kompetenzträger und Stellvertreter für das Gesamtprogramm beworben.
- *Beispielprodukte:* In unterschiedlichen Abständen werden unterschiedliche Produkte herausgegriffen und beworben. Sie sollen stellvertretend für das Gesamtprogramm und die Leistungsfähigkeit stehen. Für dieses Vorgehen ist es wichtig, dass zumindest werbliche Konstanten zur Wiedererkennung auftreten (Corporate Design).
- *Gesamtprogramm:* Im Zuge der Programmwerbung wird das gesamte Programm werblich herausgestellt. Die Realisierung scheitert meist an der Heterogenität des Angebots und der Zugehörigkeit der einzelnen Programmbestandteile zu den unterschiedlich relevanten Märkten.
- *Anbieterkompetenz:* Am weitesten geht der Ansatz bei dem Anbieter, der nur noch die Kompetenz des Unternehmens und nicht der Produkte oder Programme herausarbeitet. Grundlage ist eine Kompetenzstärke der Unternehmen, die die Voraussetzung für einen Imagetransfer auf die nicht beworbenen Programmbestandteile darstellt. Damit bietet das Unternehmen ein Markendach. Die Frage bleibt dabei, ob die Abstrahlungseffekte ausreichend sind und ein Transfer auf die einzelnen Produkte überhaupt stattfinden kann.

# 3. Instrumente der Kommunikationspolitik

## 3.1 Operative Instrumente

### 3.1.1 Übersicht

Operative Instrumente der Kommunikationspolitik dienen dazu, grundsätzliche Ausrichtungen der Unternehmens- oder Produktwerbung medienspezifisch umzusetzen. Es geht hierbei nicht darum, „das Richtige zu tun", sondern das „Richtige richtig zu tun." Im Wesentlichen geht es um die Erhöhung der Wirkungseffizienz der kommunikativen Budgets.

Abbildung 1.19 zeigt die unterschiedlichen operativen Instrumente im Überblick.

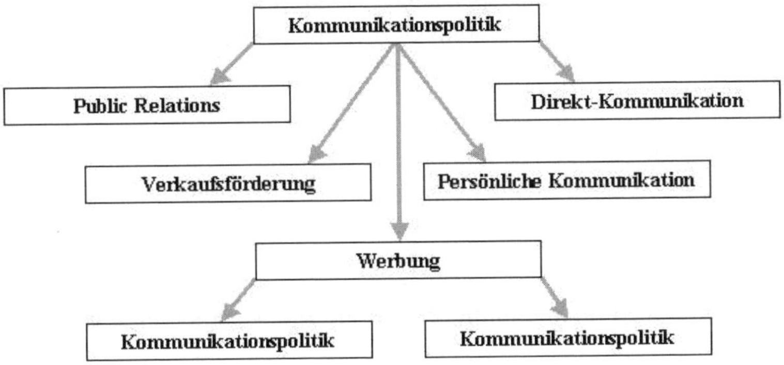


*Abb. 1.19: Operative Instrumente der Marktkommunikation*

Das gesamte Werbebudget wird auf Haupt- und Nebeninstrumente der Marktkommunikation aufgeteilt. Mit jedem Instrument können unterschiedliche Ziele verfolgt werden. Je nach Branche finden sich unterschiedliche Schwerpunkte in der Verteilung der Budgets. Im Tiefkühlkostmarkt (Eismann, Bofrost) gibt es hohe Budgets im persönlichen Verkauf. In der Markenartikelindustrie werden die Hauptbudgets in die klassische Werbung investiert und im Versandhandel geht der Großteil des Werbebudgets in die Subinstrumente der Direktwerbung ein.

Hinzu kommt eine dynamische Entwicklung sowohl bei den klassischen Instrumenten (Werbeformen im digitalen Fernsehen) als auch bei den neuen Medien (Werbung im Internet), die neue Chancen eröffnen, um mit den Zielgruppen zu kommunizieren. Des Weiteren zeigen sich Verlagerungen der Werbebudgets von den „Above the Line"-Instrumenten wie klassische Werbung zu den „Below the Line"-Instrumenten wie Event Marketing. Die Individualisierung des Konsums führte zu einer wachsenden Bedeutung der Instrumente der Direktkommunikation, die wiederum durch ihre Erweiterung im Rahmen des E-Commerce eine zusätzliche Bedeutung erahnen lassen. Jedes Instrument der operativen Kommunikationspolitik verfolgt demnach unterschiedliche Zielsetzungen und hat seine Besonderheiten, deren Kenntnis für die Einsatzentscheidung von Bedeutung sind. Das Kommunikationsmanagement steht vor der Anforderung, sich ständig über die medialen und sozialen Entwicklungen zu informieren und die sich daraus ergebenden Chancen für den Kommunikationsmix zu nutzen.

## 3.1.2 Klassische Werbung

### 3.1.2.1 Kennzeichen, Ziele und Zielgruppen

Mithilfe klassischer Werbung werden Waren und immaterielle Leistungen in Werbeträgern angeboten. Das sind zumeist Massenmedien mit einer einseitigen Kommunikationsrichtung und anonymem Zielpublikum (Broadcast-Medien wie Fernsehen, Hörfunk und Zeitschriften sowie Zeitungen).

Die Zielsetzung ist in der Regel auf den Absatz gerichtet und dient dazu, durch den Einsatz der Massenmedien produktspezifische Einstellungen und damit Produktpositionierungen zu festigen oder zu verändern, den Bekanntheitsgrad für die Marke zu erhöhen oder zu stabilisieren und Verhaltensweisen der Abnehmer im Sinne der Unternehmensziele zu beeinflussen.

Die klassische Werbung nutzt die Medien meist als Basismedium („Above the Line"-Aktivitäten), um die Bekanntheit zu erhöhen.

### 3.1.2.2 Trägermedien

Als Werbeträger kommen im Wesentlichen die Insertionsmedien und die elektronischen Medien in Frage.

a) *Insertionsmassenmedien:* Druckerzeugnisse, die in unterschiedlichen periodischen Abständen erscheinen und entweder als Kaufmedien (Impuls-Leser) oder als abonnierte Medien (Stamm-Leser) unterschiedliche redaktionelle Inhalte der Unterhaltung oder Information anbieten. Die redaktionelle Festlegung definiert gleichzeitig das medienspezifische Involvement der Leser.

Insertionsmedien lassen sich wie folgt klassifizieren:

- Zeitungen
- Zeitschriften
    - Publikumszeitschriften (Titel mit einem breiten redaktionellen Format in den Rubriken Information und Unterhaltung)
    - Special Interest-Zeitschriften (Titel mit einer Zielgruppen- oder Themenspezialisierung und damit engem redaktionellen Format)
    - Fachzeitschriften (Titel mit einer fachlichen Spezialausrichtung)
- Außenwerbeflächen

b) *Elektronische Massenmedien:* Hierbei handelt es sich um audiovisuelle Medien, die den Konsumenten mittels einer Kombination aus Text, Ton und/oder Bewegtbild ansprechen und damit auch stärker aktivieren können. Elektronische Massenmedien übernehmen, durch die breite Streuung der Kontakte, die Funktion des Basismediums in der Kommunikationspolitik („Above the Line").

Elektronische Medien lassen sich wie folgt klassifizieren:

- Fernsehen
  - privatrechtliche Sender
  - öffentlich-rechtliche Sender
- Hörfunk
  - privatrechtlicher Hörfunk
  - öffentlich-rechtlicher Hörfunk
- Kino
  - Programmkinos
  - Standardkinos
  - Multiplexkinos

Die durch technische Entwicklungen der Übertragungsbandbreiten sich entwickelnde Tendenz zur Konvergenz der Medien wird zumindest den Fernsehbereich zu einem interaktiven und damit direkten Werbemedium verändern.

### 3.1.3 Product Placement

#### 3.1.3.1 Kennzeichen, Ziele und Zielgruppen

Hierbei handelt es sich um eine Spezialform des Spielfilm-Sponsorings. Es werden Produkte und Dienstleistungen werbewirksam in Medien (Film, Funk und Fernsehen oder in der Literatur) platziert, wobei die akquisitorische Absicht, nämlich die Einbindung des Produkts in die Handlung, verschleiert wird. Produkte und Marken werden redaktionell in die Handlung von Spielfilmproduktionen, Kino- und Videoproduktionen eingebaut. Für das Recht zur Platzierung der Produkte in die Filmhandlung werden Geld- oder Sachleistungen geleistet (zur Verfügungsstellung von Requisiten).[59]

Ein Ziel der Vermittlung von unterschwelligen Werbebotschaften ist die Umgehung von Werbeverboten. Der besonderen Aufnahmesituation des Konsumenten und der Emotionalität von Filmprodukten ist es zu verdanken, dass der Bekanntheitsgrad von bestimmten Produkten durch ein gezieltes Placement sich erhöhen kann. Je nach Erfolg der Produktion kann das Produkt in Form einer „Huckepack"-Werbung sogar international bekannt gemacht werden. Der Verwertungskanal bei Kinoproduktionen geht über die Distribution in Kinos, den Vertrieb über Pay TV-Kanäle, Verleih und Verkauf von Videos sowie Einfach- und Mehrfachausstrahlungen der Fernsehsender.

#### 3.1.3.2 Formen und Objekte

Folgende Placement-Formen lassen sich unterscheiden:

[59] Vgl. Kalweit, U. (1988); Sack, R. (1987).

- *On Set Placement:* Hierbei werden die Produkte nur als Requisit in den Szenen eingebaut. Sie erhalten eine übliche Gebrauchsrolle, lediglich der Markenname wird für eine bestimmte Zeit sichtbar (beispielhaft hierfür ist die Verwendung von Sony-Unterhaltungsgeräten im Film „Rain Man“ mit Dustin Hoffmann und Tom Cruise und auch die Nutzung eines BMW durch „Kommissar Derrick“ in der gleichnamigen ZDF-Serie).
- *Creative Placement:* Hierbei übernehmen die Produkte eine Handlungsrolle. Die Szenen werden für die Einbindung des Produkts in die Filmproduktion entsprechend umgestaltet, sodass die gewünschten Produkte darin wie zwangsläufig vorkommen (Product Plugging). Legendär sind die minutenlangen Fahrszenen eines roten Alfa Romeo Spider quer durch Amerika im Film „Die Reifeprüfung“ mit Dustin Hoffman. Der Verwendungszweck und die Emotionalität der Szenen führte zu einer entsprechenden Positionierung des Fahrzeuges. Ähnliches gilt für die Markteinführungen des BMW Z3 in einem James Bond-Film.
- *Visual Placement* und *Verbal Placement :* Beim Visual Placement werden die Produkte nur bildlich gezeigt, während beim Verbal Placement die Produkte nur im Text erwähnt werden.[60] Letztlich sind natürlich auch Kombinationen denkbar.

Weiterhin lässt sich auch nach den Objekten unterscheiden, die für ein Placement in Frage kommen.

- *Generic Placement:* Platzierung einer Warengattung ohne die Darstellung eines konkreten Markennamens. Ist das Design des Produkts individuell, wie das Beispiel der Coca Cola- oder Perrier-Flaschen zeigt, ist die Marke aufgrund dessen sofort identifizierbar.
- *Corporate Placement:* Platzierung einer Organisation innerhalb einer Handlung (NASA, FBI oder Bundeskriminalamt in Kriminalserien). Hierdurch erfahren diese Organisationen häufig eine Aufwertung ihrer Tätigkeit.
- *Product Placement:* Platzierung eines eindeutig identifizierbaren Produkts bildlich als Requisite oder auch durch textliche Untermauerung durch die Akteure im Film (Paroli-Szene in der ARD-Serie „Tatort“ mit Götz George alias Kommissar Schimanski).
- *Innovation Placement:* Diese Form des Placements beschleunigt Diffusionsprozesse bei Produktneueinführungen. Durch die szenische Integration werden nicht nur die Marke, sondern auch die Verwendungsmöglichkeiten durch die Schauspieler und dem Handlungsablauf verdeutlicht (BMW Z3 als James Bond-Auto).
- *Message Placement:* Platzierung eines übergreifenden Themas, das gesellschaftliche Wiederbelebung erfahren kann (Kubareisen durch den Film von Wim Wenders).

Placement gehört zu den Finanzierungsformen von Filmproduktionen. Spezialisierte Agenturen durchsuchen Drehbücher auf mögliche Placements. Schließlich muss die Integrierbarkeit der Produkte gewährleistet sein, ohne für das Publikum zu aufdringlich zu erscheinen (das Placement des Mercedes-Geländewagens im Film „Jurassic Park“ erschien z. B. recht aufdringlich). Drehbuchautoren sind in aller Regel bereit, gewünschte Produkte in den Handlungsablauf unauffällig einzubauen (Product Plugging).

[60] Vgl. Pepels, W. (1997), S. 142 ff.

Zu unterscheiden ist das Film Placement, bei dem innerhalb der Produktion die Produkte werbewirksam eingebaut werden, vom Programm Sponsoring. Hierbei werden die einzelnen Filmausstrahlungen innerhalb eines Fernsehprogamms finanziell unterstützt.

Placement ist im Grunde nur bei Kinoproduktionen erlaubt und muss auch dort im Vor- oder Nachspann kenntlich gemacht werden. Ungeklärt bleibt die Situation jedoch bei einer späteren Ausstrahlung im Fernsehen. Bei Fernsehproduktionen gilt Placement als Schleichwerbung. Werbung muss schließlich als solche im Programm kenntlich gemacht, im Block ausgestrahlt werden und darf bestimmte Uhrzeiten und Zeiträume nicht überschreiten. Die Sendezeit der Game Shows, deren Produkte als Preise ausgelobt werden, wird auf die Werbezeit des Fernsehsenders angerechnet.

Dennoch gibt es Grauzonen, denn eine Fernsehproduktion muss auf Produkte als Requisite zurückgreifen. Produkte sind Gegenstand und Ausdruck von Erlebniswelten und stellen damit eine soziale Realität dar.

## 3.1.4 Sponsoring

### 3.1.4.1 Kennzeichen, Ziele und Zielgruppen

Werbebeschränkungen und Reaktanz der Konsumenten gegenüber klassischen Werbeformen haben zu einem Bedeutungszuwachs des erlebnisbetonten Sponsorings geführt.[61] Hierunter versteht man die systematische Förderung von Personen und Organisationen und deren Veranstaltungen durch Verfügungstellung von Geld (Stipendien) oder Sachmitteln (Fahrzeuge) bzw. Dienstleistungen (Organisations- und Vermarktungshilfen), mit dem Ziel, eine wirtschaftlich relevante (ideelle) Gegenleistung zu erhalten. Das kann unter anderem die Duldung von Werbung oder die kostenlose Werbung in den Medien der geförderten Organisation bzw. während deren Aktivitäten sein.[62]

Der Sponsor möchte neben Aufmerksamkeit und Interesse bei einer bestimmten Zielgruppe für die eigene Marke einen Transfer der Sympathie und der Imagequalitäten erwirken. Er erhält Privilegien, die er werblich nutzen kann. So werden meist die Markenzeichen (Logo, Slogan) an exponierten Stellen der gesponserten Personen, Organisationen oder Veranstaltungen medienwirksam präsentiert. Bei den Veranstaltungen selbst gibt es für den Sponsor Privilegien (VIP Lounge, Sonderplätze und ähnliches), die er als „Incentive" (= Belohnungen) für eigene Kunden einsetzen kann oder daraus eventuell einen „Event" für eine anvisierte Zielgruppe kreieren kann.

### 3.1.4.2 Formen und Selektionsmöglichkeiten

Veranstaltungen und Themen, die eines systematischen Sponsorings bedürfen, gibt es in großer Zahl. Jedoch dienen die wenigsten den Marketingzwecken des Unternehmens.

Im Kern lassen sich folgende Sponsoringformen mit entsprechenden Selektionsmöglichkeiten unterscheiden.

---

61 1995 belief sich das Ausgabenvolumen auf ca. 2,5 Milliarden DM (entspricht ungefähr 1,25 Milliarden €, vgl. Meffert, H. (1998), S. 708.

62 Vgl. Drees, N. (1992), 13 ff.

- *Sportsponsoring:* Zielsetzung ist, das Image der Sportart und die Beliebtheit der Sportler auf die Marke zu transferieren sowie eine allgemeine Steigerung des Bekanntheitsgrades. Voraussetzungen sind hohes Sportinteresse der eigenen Zielgruppe und eine breite Akzeptanz der Sportart. Der wesentliche Vorteil des Sportsponsorings liegt in der hohen Multiplikationswirkung über die klassischen Medien (zumindest bei aktuelleren und Trendsportarten sowie bei Spitzensportlern). Teilweise bleibt einigen Firmen aufgrund des Werbeverbots in klassischen Medien nur diese Form der Kommunikationspolitik übrig (beispielsweise Philip Morris mit der Marke Marlboro, Reynolds Tobacco mit der Marke Camel und Reemtsma mit der Marke West, die Formel 1-Aktivitäten fördern).
  Folgende Selektionsmöglichkeiten bieten sich dem Sponsor an:[63]
  - Gesponserte Sportart (Individual- oder Mannschaftssportarten)
  - Attraktivitätsbreite (massenattraktive Sportarten wie Fußball, Attraktivität in einer Spezialzielgruppe wie Golf)
  - Trendwirkung (Modesportart wie Snowboarding oder traditionelle Sportarten wie Fechten)
  - Sportveranstaltungen (lokale, regionale, nationale oder internationale Bedeutung im Rahmen der Sportwettkämpfe, z. B. Europameisterschaften)
  - Leistungsebenen (Breiten- oder Spitzensport)
  - Da die verfügbaren Veranstaltungen bereits mit Sponsoren besetzt sind, versucht man entweder über Sportlerpersönlichkeiten (Radsport durch die Telekom), oder spezielle Vereine (Fußballclub Hertha BSC durch Bertelsmann oder die Revitalisierung der Formel 1) heranzutreten, oder man entwirft ganze neue Veranstaltungen (Compaq Grand Prix im Tennis).
- *Kultursponsoring:*[64] Zielsetzungen sind hier die Pflege des Kontaktes mit Stakeholdern und die Motivation bestimmter Mitarbeitergruppen, die mit dem Kulturthema Interesse verbinden. Als Maßnahmen kommen die Förderung von Konzerten, Tourneen, Ausstellungen sowie die Einrichtung von Museen in Frage.
  Selektionsmöglichkeiten:
  - Kulturbereiche: Malerei, Musik, Architektur, Denkmalpflege, Fotografie, Theater, Wissenschaft und Hochschulen, Literatur oder Film
  - Kulturgenre (im Bereich der Musik: U- oder E-Musik)
  - Nutznießer: Einzelkünstler, Kulturgruppen, -vereine, Organisationen und Kulturveranstaltungen (Rheingauer Musikfestival)
  - Leistungsebenen: Spitzen-, Breiten- oder Nachwuchskünstler
  - Attraktivitätsbreite: massenmediale Wirkung (Musikfestivals), Wirkung auf Spezialzielgruppen (Symphonieorchester)

  Der Vorteil des Kultursponsorings liegt in der Breite der Einsatzmöglichkeiten, und im Vergleich zum Sportsponsoring ist das Thema noch nicht überbesetzt. Darüber hinaus lassen sich damit anspruchsvolle Spezialzielgruppen, die häufig auch kaufkräftig sind, erreichen. Nachteilig wirkt sich aus, dass eine Vielzahl dieser Veranstaltungen kein besonderes Medieninteresse entfachen und somit die Multiplikatorwirkung sich häufig nur auf die Besucher der Veranstaltungen beschränkt.

[63] Vgl. Pepels, W. (1997), S. 145 f.
[64] Vgl. Bruhn, M., Dahlhoff, H. D. (1989), S. 49 ff.

- *Social Sponsoring* und *Umweltsponsoring:*[65] Mit einem Engagement in diesen Bereichen lässt sich eine Darstellung der sozialen und gesellschaftlichen Verantwortung des Unternehmens erzielen. Hierbei handelt es sich eher um ein Instrument der Öffentlichkeitsarbeit. Als Maßnahmen kommen z. B. Projektinitiierung und -förderung im Bereich Umwelt und Soziales in Frage. Auch Universitäten und Ausbildungsstätten sowie spezielle Organisationen können unterstützt werden. Anstelle von Weihnachtsgeschenken spenden viele Firmen die eingesparten Gelder an gemeinnützige Organisationen.
  Selektionsmöglichkeiten:
  - Sozialbereiche: Gesundheit, Vorsorge, Jugend, Randgruppen, Ausbildung, Wissenschaft, Ökologie (Natur, Pflanzen)
  - Sozialgenre: (Randgruppen oder Potenzialträger, z. B. Philipp Morris-Forschungspreis)
  - Nutznießer: einzelne Personen, Gruppen, Vereine, Selbsthilfeorganisationen, politische Parteien oder Veranstaltungen
  - Attraktivitätsbreite: massenmediale Wirkung (Hilfe bei aktuellen Naturkatastrophen), Wirkung auf Spezialzielgruppen (Aids-Hilfe)
  - Die Möglichkeiten sind sehr vielfältig, lediglich das Medieninteresse ist teilweise sehr gering und die Transparenz bei den Trägern entsprechender Veranstaltungen häufig ebenfalls. Die kommunikative Wirkung liegt daher meistens innerhalb des Unternehmens, zur Dokumentation der eigenen gesellschaftlichen Verantwortung, als nach außen.
- *Programmsponsoring im Fernsehen:* Hierdurch werden die Übertragungen von Veranstaltungen, Sendungen oder einzelner Serien von Unternehmen mitfinanziert. Als Gegenleistung wird vor und nach der Sendung das Logo und der Name des Sponsors für maximal 5 Sekunden eingeblendet. Das soll den Bekanntheitsgrad erhöhen und bestimmte Imagequalitäten verbessern. Diese Form des Sponsorings fällt unter Sonderwerbeformen klassischer Werbung im Fernsehen.

Innerhalb dieser einzelnen Bereiche können sowohl Einzelpersonen, Gruppen und Organisationen als auch Veranstaltungen gefördert werden.

Sponsoring kann niemals isoliert stehen, es wird stets einzubinden sein in andere kommunikative Aktivitäten, um eine zielgerichtete Wirkung zu entfalten. Teilweise ist das Preis-/Leistungsverhältnis für den Sponsorpartner recht vorteilhaft, insbesondere dann, wenn die Position des Hauptsponsors zu besetzen ist. Zur Beurteilung des Nutzens ist dennoch wieder der Tausendkontaktpreis zu bestimmen und im Vergleich zu anderen Medieneinsätzen zu werten.

Voraussetzung eines erfolgreichen Sponsorings ist die für die Zielgruppen nachvollziehbare Verbindung zwischen dem Unternehmen, der Marke und dem Gesponserten, oder anders ausgedrückt, ein zueinander passendes Image beider Partner.

Dabei lassen sich verschiedene Grade unterscheiden:

[65] Vgl. Bruhn, M. (1990), S. 20 ff.

- Produkte haben einen unmittelbaren Bezug zum gesponserten Thema (Personen, Organisation, Veranstaltungen), im Sportbereich sind Firmen wie Adidas, Nike prädestiniert
- Produkte haben einen indirekten Bezug (Sportbrillen für Skispringer)
- Produkte sind im Umfeld zu Hause (Gesundheitsnahrungsmittel)
- Produkte haben keinen Bezug (Finanzdienstleister wie Langenbahn KG, die Skispringer fördert).

Zudem sollten die gesponserten Aktivitäten innerhalb der Zielgruppe des Sponsorunternehmens eine hohe Reichweite aufweisen. Sowohl der Erfolg der gesponserten Person oder der gesponserten Maßnahme, als auch deren Sympathie und Akzeptanz in der Zielgruppe sowie die Affinität der Imagewerte sollten Grundlage für die Entscheidung eines Sponsoring Engagements sein. Teilweise können Misserfolge der gesponserten Person oder persönliche Probleme (Steffi Graf) zu negativen Imagewirkungen auf den Sponsor führen. Ein allgemeiner „Sponsoring-Overkill“ führt teilweise auch zur Reaktanz des Publikums.

## 3.1.5 Persönlicher Verkauf bzw. Vertriebsmanagement

### 3.1.5.1 Kennzeichen, Ziele und Zielgruppen

Hierunter fällt der Verkauf von Waren und Dienstleistungen durch persönlichen, direkten (Außendienstbesuche) oder persönlich indirekten bzw. medialen (Call-Center) Kontakt zu Interessenten und Kunden.

Ziel des persönlichen Verkauf ist es, durch die mündliche (medial unterstützte) Präsentation von Produkten und deren Positionierungsschwerpunkte in einem Verkaufsgespräch mit einem oder mehreren potenziellen Käufern einen Verkaufsabschluss zu erzielen.[66] Zentrales Kennzeichen des persönlichen Verkaufs ist der persönliche Kontakt, der im Rahmen eines Dialogs eine Feedback-Möglichkeit zwischen Käufer und Verkäufer vorsieht. Insofern gehört der persönliche Verkauf auch zu den zentralen Informationsquellen über Märkte und Marktveränderungsmöglichkeiten und ist damit ein Instrument der Marktforschung. Im Mittelpunkt des persönlichen Verkaufs steht meist der Verkaufsabschluss, zumal die Kosten des persönlichen Verkaufs unter allen Formen der kommunikativen Ansprache am höchsten sind.

### 3.1.5.2 Verkaufsformen

Zur Abgrenzung des persönlichen vom unpersönlichen Verkauf soll folgende Übersicht dienen.

Die Formen des unpersönlichen Verkaufs beinhalten den Online-Verkauf mit direkter Interaktionsmöglichkeit zwischen Käufer und Verkäufer, jedoch ohne zwischenmenschlichen Kontakt (E-Shopping im Internet), sowie den Offline-Verkauf in Form des Katalogverkaufs.

[66] Vgl. Meffert, H. (1998), S. 818.

Der persönliche Verkauf als Kommunikationsinstrument konzentriert sich auf die beiden Formen der Außendienstbesuche durch Handelsvertreter oder der Reisenden und den des Telefonmarketings (Outbound oder Inbound) durch ein hauseigenes oder angemietetes „Call-Center".

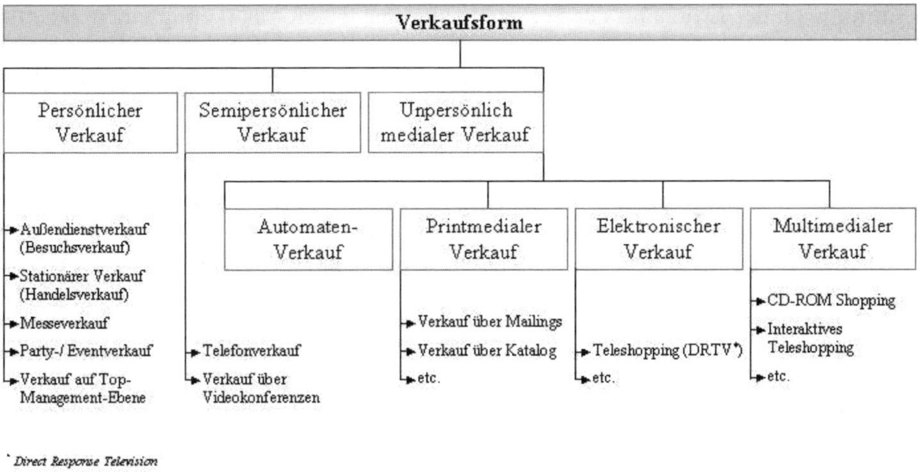


*Abb. 1.20: Verkaufsformen*
*(Quelle: Meffert, H. (1998), S. 829)*

Da es sich beim persönlichen Verkauf um den Aufbau und Erhalt eines Dialoges zum Interessenten oder Kunden handelt, wird dieses Kommunikationsinstrument den Instrumenten des Direktmarketing zugeordnet.

Im Gegensatz zu medialen Formen des Verkaufs gehört der Vertrieb über Mitarbeiter zu den aufwendigsten Formen der Gestaltung der Marktkommunikation, aber auch zu den effektivsten. Aus diesem Grund wird der persönliche Verkauf mit anderen Kommunikationsinstrumenten, meist mit Direktmarketinginstrumenten (direkte Mailings im Vorfeld eines Außendienstbesuches) verknüpft. Eine eindeutige Abgrenzung innerhalb des Kommunikationsmixes zu anderen Marketing-Mix-Instrumentbereichen erscheint schwierig, da zu den Aufgaben eines Vertriebsmitarbeiters neben der Kontaktanbahnung ebenso die Vermittlung von Informationen und Überzeugungsleistungen und häufig auch die physische Distribution der angebotenen Produkte gehört.

Klassische Instrumente des persönlichen Verkaufs sind Telefonmarketing und der Einsatz des Außendienstes. Beide Felder gehören organisatorisch in Unternehmen zu den Aufgaben der Vertriebssteuerung und sollen daher nur kurz angesprochen werden.

a) Telefonmarketing
Hierunter fallen die beiden Formen „Outbound"- und „Inbound"-Telefonmarketing. Outbound-Telefonmarketing bedeutet, dass der Kontakt vom Verkäufer ausgeht, während bei Inbound-Telefonmarketing die Aktivität vom Käufer ausgeht.[67] In Deutschland sind aktive Verkaufsbemühungen mithilfe des Telefonmarketings bei Endverbrauchern, zu denen keine Kundenbeziehung besteht („kalte Adressen"),

[67] Vgl. Weis, H. C. (1995), S. 203.

verboten.[68] Inbound-Telefonmarketing ist meist charakterisiert als Form der Auftragsannahme oder der Kundenbetreuung. Lediglich durch Hinweise auf „Cross Selling Potential" lassen sich Inbound Calls zum aktiven Verkauf nutzen. Im Kern liegen die Bemühungen jedoch darin, die Kundenbestellungen aufzunehmen und abzuwickeln.
Im Rahmen der Erhöhung der Servicequalität hat Telefonmarketing einen zentralen Stellenwert. Dabei spielen die Qualifikationen von Mitarbeitern im Telefonmarketing eine erhebliche Rolle. Diese Qualifikationen sind zum Teil recht unterschiedlich. In folgender Übersicht wurden etwa 40 Mitarbeiterinnen und Mitarbeiter innerhalb eines „Call-Centers" nach den beiden Untersuchungsdimensionen sozioemotionale und fachliche Kompetenz beurteilt und positioniert. [69]
Ziel war es, die Leistungsfähigkeit der einzelnen Call-Center-Mitarbeiter individuell zu erhöhen. Diese Studie beruht auf simulierten Geschäftsvorfällen, bei denen die Reaktionen des Unternehmens (Liefergeschwindigkeit) und die Reaktionen der „Back- und Frontoffice-Mitarbeiter" auf den Prüfstand gestellt wurden. Der Interviewerstab wurde ausgebildet, um bei den kritischen Geschäftsvorfällen insbesondere das Verhalten der Mitarbeiter zu beurteilen. Das nachfolgende Mitarbeiterportfolio ist zwar anonymisiert, diente jedoch dazu, zwischen den Mitarbeitern eine objektive Differenzierung vorzunehmen und damit die Bereitschaft zur Veränderung zu erhöhen.

b) Außendienstbesuche
Die Qualität eines persönlichen Verkaufsgesprächs wird dabei entscheidend durch die Vorbereitung beeinflusst. Das Verkaufsmanagement befasst sich deshalb mit der Planung, Steuerung und Kontrolle des Verkaufs. Die folgenden Ziele und Entscheidungstatbestände sind hiermit verbunden.

- *Hard Selling:* Fehlen den Produkten klare Wettbewerbsvorteile (KKV) oder liegen Positionierungsdefizite vor, so soll mithilfe eines aggressiven persönlichen Verkaufs der Umsatz forciert werden (Drückerkolonnen, die für die Bertelsmann-Buchclubs Mitglieder warben).

---

[68] Zu den rechtlichen Beschränkungen vgl. Ahlert, D., Schröder, H. (1996), S. 338 f.

[69] Kriterien, die den Faktor fachliche Kompetenz bestimmen, sind sicheres Auftreten, gezieltes Eingehen auf die Fragen des Kunden und kompetente Gesprächsführung. Der Faktor sozioemotionale Kompetenz wird bestimmt durch Hilfsbereitschaft, Geduld, Aufbau einer persönlichen Beziehung, Abbau psychologischer Gesprächsbarrieren, Freundlichkeit und Lächeln am Telefon sowie Identifikation mit dem eigenen Unternehmen.

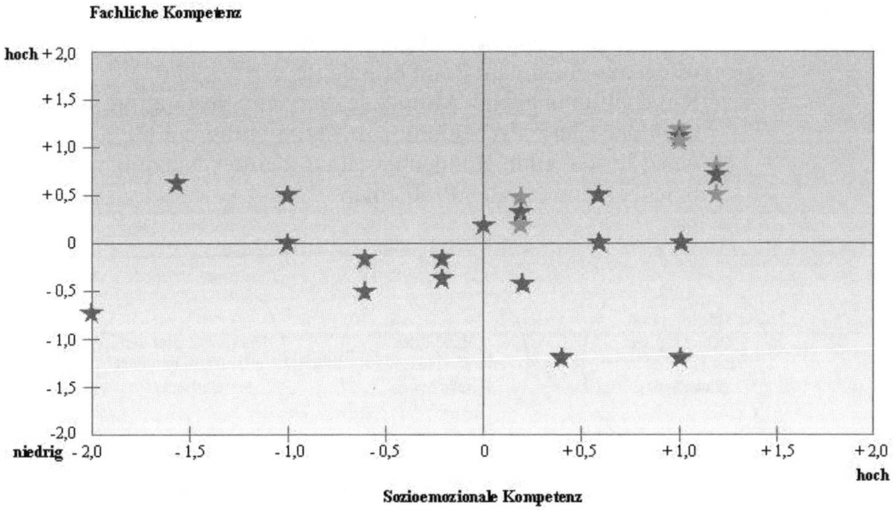


*Abb. 1.21: Mitarbeiterqualifikation auf Grund eines Kommunikationstrackings (Com-Trak) im Versand (Quelle: Beratungsunterlagen Dialog.Com GmbH)*

- *Umfassende Kundenbetreuung im Sinne des „Customer Care-Ansatzes":*
  - ➢ Vorverkaufsphase:
    - Gewinnung von Informationen über den Kunden: Hierzu gehört das Erkennen von Neukundenpotenzialen, die Identifikation von Kaufentscheidungskriterien sowie der Kaufentscheider im Sinne des Buying Center-Ansatzes und die Bedarfsanalyse
    - Lead Customer Konzept: Teilweise werden zusammen mit einem wichtigen Kunden neue Produkte entwickelt und erprobt (Customer as Coproducer)[70]
    - Wettbewerbsanalyse
    - Pflege der Kundendatenbanken (Computer Aided Selling)
  - ➢ Verkaufsplanung
    - Kundenkontaktanbahnung im „New Business"-Bereich
    - Kontaktplanung bei Stammkunden
      - Vorbereitung der Verkaufsgespräche
      - Besuchsplanung
      - Ermittlung spezifischer Bedürfnisse
      - Produktdemonstrationen
      - Informationsmaterial
  - ➢ Verkaufsunterstützung
    - Einstellungs- und Imagebildung durch intensive Herausarbeitung der Wettbewerbsvorteile sowie durch die Information, die Verhandlung und den Konfliktlösungsstil
    - Verhandlungsführung und Kaufabschluss

[70] Vgl. Althaide, G. A., Meyers, P. W., Wilemon D. L. (1996), S. 410.

➢ Nachkaufphase
- Logistische Funktion: Organisation der Distribution oder Regelpflegeaktivitäten am Point of Sale (POS)
- Kundenbindung und After Sale Service: Bestätigung des Kunden nach der Kaufentscheidung zur Minimierung der kognitiven Dissonanz, umfassende Kundenbetreuung bei der Nutzung der Produkte bzw. bei auftretenden Problemen.

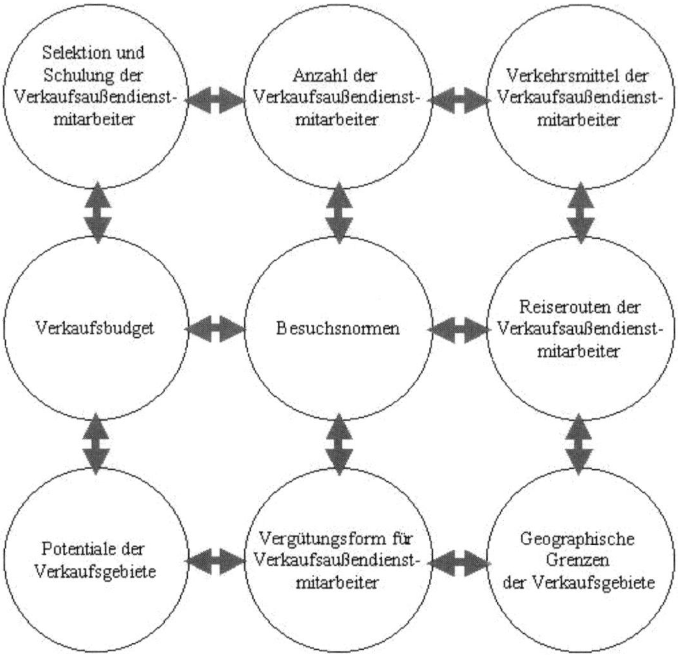


*Abb. 1.22: Entscheidungstatbestände des persönlichen Verkaufs*
*(Quelle: Meffert, H. (1998), S. 833)*

Häufig werden Arbeitsinhalte des Außendienstes soweit angereichert, dass er seinen zentralen Aufgaben nicht ausreichend nachkommen kann. Die zentralen Aufgaben bleiben zum einen, ein Neugeschäft anzubahnen und zu entwickeln, und zum anderen, bei Interessenten und Kunden zum Kaufabschluss zu gelangen. Effizientes Verkaufsmanagement nimmt dem Verkaufspersonal daher eine Vielzahl von Aufgaben ab und zentralisiert diese im Headquarter. Hierzu werden auch Inbound und Outbound spezialisierte Call-Center eingerichtet. Des Weiteren lassen sich die Aufgaben mit eher strategischer Wirkung generell regeln. In Abbildung 1.22 sind die zu regelnden Tatbestände dargestellt.

## 3.1.6 Verkaufsförderung

### 3.1.6.1 Kennzeichen und Ziele

Verkaufsförderung ergänzt die Absatzwerbung durch Maßnahmen am Verkaufsort: Probenvergabe, Degustationen, Preisausschreiben, Sonderpreise und Sonderplatzierungen der Produkte auf Messen sowie gegenüber Absatzhelfern in Form von Verkaufshilfen (Schulungen, Verkäuferwettbewerber, Imagefilme sowie Informationsmaterial und Sonderhonorierungen). Während die klassische Werbung einen Kaufgrund liefert, bietet die Verkaufsförderung einen Anreiz, kurzfristig einen Kaufakt zu vollziehen.[71]

Durch den Einsatz dieser Instrumente soll die Effizienz der eigenen Absatzorgane erhöht, die Marketingaktivitäten der Absatzmittler intensiviert und die Verwender bei der Beschaffung und Benutzung der Produkte stimuliert werden.

Dabei stehen zwei Effekte im Mittelpunkt der Überlegung. Mithilfe der Verbraucherpromotion (Preisausschreiben, Sampling, Huckepack-Promotion, Merchandising) können „Pull-Effekte" auf Seiten der Verbraucher eintreten, indem sie bestimmte Marken am „Point of Purchases" aktiv nachfragen und somit den Handel zur „Listung" zwingen. „Push-Effekte" treten dadurch auf, dass der Außendienst oder die Handelsorganisation aufgrund der Handelspromotion (Incentives, Schulungen, Verkaufshilfen und Werbekostenhilfen) selbst motiviert ist, die beworbenen Marken zu führen.

### 3.1.6.2 Instrumente und Zielgruppen[72]

Im Rahmen der Verkaufsförderung stehen Instrumente zur Verfügung, die auf drei Ebenen wirken können:

- *Auf Endverbraucher gerichtete Verkaufsförderung (Consumer Promotion):* Neben dem Ziel, Aufmerksamkeit zu wecken, sollen durch den Einsatz der Verkaufsförderungsinstrumente kurzfristige Käufe initiiert oder zumindest die Kauffrequenz erhöht werden.[73] Die Produkte müssen aus dem Handel heraus verkauft werden. Hierzu sollen Neukunden gewonnen werden, treue Kunden belohnt und die Zahl der Wiederholungskäufe von gelegentlichen Verwendern erhöht werden.

  Zwei Instrumentengruppen lassen sich dabei unterscheiden:

  a) Price Deals: Aktionspreis- sowie Rabattpolitik[74]
  b) Non Price Deals: Probeverkostung und Aktionsstände am POP
  (= Point of Purchase)

Durch die Verkaufsförderung werden in erster Linie Markenwechsler angesprochen. Markenwechsler sind in der Regel Schnäppchenjäger, die einen niedrigen Preis bei angemessenem Produktnutzen bevorzugen; es ist sehr unwahrscheinlich, dass aus ihnen

71 Vgl. Kotler, P., Bliemel, F. (1998), S. 1023.
72 Vgl. Meffert, H. (1998), S. 701 ff.
73 Vgl. Plaum, D., Eisenmann, H. (1993), S. 10 ff.
74 Vgl. Martin. M. (2000a)

Stammkunden werden. Markentreue Kunden werden meist nicht durch Verkaufsförderungsmaßnahmen zum Markenwechsel bewegt. Demnach hat die Verkaufsförderung eher kurzfristige, absatzstimulierende Wirkung, dauerhafte Marktanteilsgewinne sind aber dadurch nicht zu erwarten.[75] Wettbewerber mit geringem Marktanteil versuchen, Verkaufsförderungen sinnvoll einzusetzen, da sie mit den hohen klassischen Werbebudgets der Marktführer nicht mithalten können.

- Auf den Handel gerichtete Verkaufsförderung (Dealer Promotion): Durch Verschiebung der Machtverhältnisse zwischen Herstellern und Handel bemühen sich die Hersteller um Festigung der Beziehungen zum Handel. Die Produkte müssen in den Handel hineinverkauft werden. Die Absicherung und der Ausbau der Warenpräsenz (Listung) beim Handel ist zentrales Ziel (Pipeline-Effekt). Motivations- und Informationsinstrumente werden zusammen mit aktiven finanziellen Hilfen für die Marktbearbeitung des Handels eingesetzt.
- Auf Außendienst und Mitarbeiter gerichtete Verkaufsförderung (Staff Promotion): Beim Einsatz dieser Instrumente stehen die Verbesserung der Verkaufsqualität gegenüber Handel oder auch Endverbrauchern sowie die grundsätzliche Motivation der Außendienstorgane im Mittelpunkt.

In Deutschland unterliegen die Verkaufsförderungsmaßnahmen den weltweit strengsten rechtlichen Regelungen. Neben dem Gesetz gegen unlauteren Wettbewerb und dem Gesetz gegen Wettbewerbsbeschränkungen kommen das Rabattgesetz und die Zugabenverordnung zum Zuge.[76]

| Funktion / Zielgruppe | Informationsfunktion | Motivationsfunktion | Schulungs-/ Trainingsfunktion | Verkaufsfunktion |
|---|---|---|---|---|
| **Verkaufsorganisation** | - Verkäuferbriefe<br>- Verkäufer-informationen<br>- Verkäuferzeitungen | Entlohnung- und Prämiensysteme | - Tonbildschauen<br>- Filme / Videos<br>- Ausbildung zum Verkaufsberater | - Sales Folder<br>- Argumentationshilfen<br>- Testergebnisse<br>- Hostessen/ Dekorateure<br>- Verkaufshandbücher |
| **Absatzmittler** | - Verkaufsbriefe<br>- Anzeigen/ Beilagen<br>- Handelsmessen/ Fachausstellungen<br>- Infozentrale | - Wettbewerbe/ Preisausschreiben<br>- Gadgets (Beigaben)<br>- Sonderkonditionen<br>- Partneraktionen | - Handelsseminare | - Sonder-/ Zweitplatzierungen<br>- Displays<br>- Sonderaktionen |
| **Konsumenten** | - Handzettel<br>- Prospekte<br>- Verbraucher-Zeitschriften<br>- Bedienungsan-leitungen<br>- Werksbesichtigungen<br>- Verbraucher-ausstellungen | - Preisausschreiben<br>- Gewinnspiel<br>- Sonderaktionen (Shows)<br>- Muster/ Warenproben | - Lehrveranstaltung | - Rabatte/ Sonderkonditionen<br>- Zugaben/ Gutscheine<br>- Self-Liquidating-Offers<br>- Produkte mit Zusatznutzen |

*Abb. 1.23: Instrumente der Verkaufsförderung nach Zielgruppen und Funktionen (Quelle: Meffert, H. (1998), S. 703).*

75 Vgl. Kotler, P., Bliemel, F. (1998), S. 1025.

76 Vgl. Wehrmann, H. (1981), S. 77 ff. (ab 2001 erheblich gelockert)

## 3.1.7 Direkte Kommunikation

### 3.1.7.1 Kennzeichen und Ziele

Direktmarketing ist ein interaktives System des Marketings, in dem ein oder mehrere Werbemedien genutzt werden, um eine messbare Reaktion bei den Konsumenten und/oder Transaktionen mit den Konsumenten zu erzielen, die man an jedem beliebigen Ort erreichen kann.[77] Die mediale Kommunikation (schriftlich und elektronisch, On-/Offline) stellt einen direkten Kontakt zur Zielgruppe her und eine unmittelbare Reaktionsmöglichkeit wird eröffnet. Das konstitutive Merkmal dieser Kommunikationsform bezieht sich auf den direkten Kontakt und die individualisierte Ansprache und nicht auf eine zeitgleiche oder physische Präsenz der Kommunikationspartner. Eine besondere Form dieser Zwei-Wege-Kommunikation stellt der bereits erläuterte persönliche Verkauf dar.

### 3.1.7.2 Käuferklassifikation und die Leiter der Loyalität

Die Hauptaufgabe dieser Instrumente besteht in der Gewinnung von Interessenten und Neukunden sowie die Bindung und intensive Betreuung der Stammkunden, um sie zum Wiederkauf zu bewegen.
Durch die direkte Form der Interaktion respektive des Dialogs soll der Kunde systematisch auf der Leiter der „Loyalität" vom Interessenten zum Stammkunden und zum Vielverwender geführt werden.

Dabei ist innerhalb der Kommunikationsbudgets vieler Unternehmen zu beobachten, dass eine Verlagerung von den Massenmarketinginstrumenten, die der Beeinflussung grundsätzlicher Positionierungen dienen, zu den unterschiedlichsten Spielarten des Direktmarketings erfolgt, dessen Ziel es sein kann, diese individuelle Beziehung vom Unternehmen zum Kunden systematisch zu entwickeln und zu pflegen.

- *Interessenten:* Interessenten sind Konsumenten, die auf ein Angebot aufmerksam geworden sind und sich um umfassende Informationen bemühen. Meist werden im Rahmen eines mehrstufigen Kommunikationsprozesses mithilfe von Gewinnspielen oder durch das Angebot weiterer Informationen (Verkaufskataloge, Videopräsentationen etc.) der Versuch unternommen, mit den Konsumenten in einen vertieften Dialog zu treten. Ist erst einmal der Erstkontakt vollzogen, so werden den Konsumenten in einer mehr oder weniger umfassenden Kontaktschleife schriftliche und telefonische Folgekontakte angeboten, bis entweder ein Kaufakt vollzogen oder der Dialog zunächst von Seiten des Unternehmens aufgrund der Ausweglosigkeit abgebrochen wird. Im Rahmen von zeitlich versetzten Nachfassaktionen werden die Kunden in unregelmäßigen Zeitabständen reaktiviert.
- *Neukunden bzw. Erst-/Probierkäufer:* Hierbei handelt es sich um Personen, die durch die Kommunikationsanstöße veranlasst werden, ein neues Angebot (Markt- oder Betriebsneuheit) erstmals zu kaufen und im „Relevant Set" zu positionieren. Diese Kunden hatten bislang in der Produktklasse noch keine Verwendungserfah-

[77] Vgl. Kotler, P., Bliemel, F. (1999), S. 1108.

rungen. Häufig werden Kunden, die bereits eine Markenbindung besitzen, mithilfe von Verkaufsförderungsinstrumenten zum Markenwechsel veranlasst – dies resultiert entweder aufgrund von Unzufriedenheit, Neugier oder zielgruppenspezifischer Positionierung.

- *Wiederholungskäufer und Stammkunden:* Bei Wiederholungskäufern handelt es sich um Kunden, die regelmäßig oder in bestimmten Abständen aufgrund eines Werbekontaktes oder aus Gewohnheit (modifizierter und unmodifizierter Wiederholungskauf) die Marke wiederkaufen. Dabei sind Stammkunden diejenigen, die die Marke überwiegend oder ausschließlich verwenden (regelmäßige Käufer) und Kunden ohne feste Markenbindung, die die Marke nur teilweise verwenden (Wechselkäufer). Des Weiteren gibt es noch Exklusivkäufer, die ausschließlich die Marke des Unternehmens kaufen. Im „Relevant Set" oder im „Awareness Set" befindet sich für die spezifische Problemlösung dann nur die Marke des Unternehmens. Das Angebot hat demnach einen eindeutigen komparativen Wettbewerbsvorteil. Eine Sonderform nehmen die Aufstiegskäufer ein, denen durch die Kommunikation ein Anreiz gegeben werden soll, eine Produktkarriere als treue Kunden zu beginnen. Meist sind es Kunden, die ein Kundenprofil von Intensiv-Verwendern aufweisen und damit zu den „High Potentials" zählen.

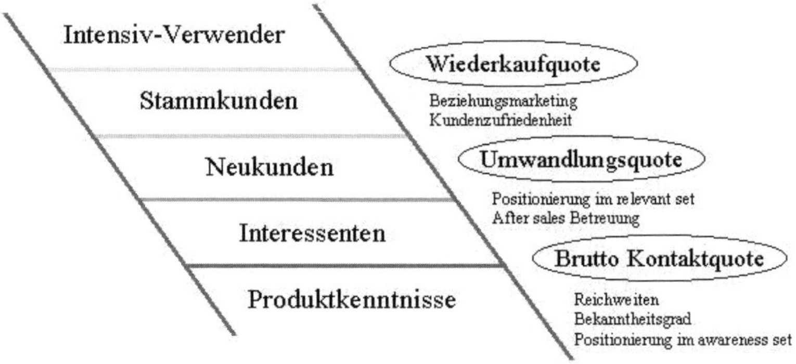


*Abb. 1.24: Leiter der Loyalität*
*(Quelle: Meffert, H. (1998), S. 703).*

- *Intensiv-Verwender:* Intensiv-Verwender sind Kunden, die dazu veranlasst werden, ein Angebot vermehrt zu kaufen. Den Hintergrund bilden dabei entweder verkürzte Beschaffungsrhythmen, höhere Kauffrequenz oder höhere Kaufmenge. Eine Sondergruppe sind Käufer, die nicht nur innerhalb der gleichen Produktgruppe Intensiv-Verwender sind, sondern Marken und Produkte aus dem Sortiment oder den Produktgruppen des Unternehmens kaufen. Diesen „Mehrfachkäufern" liegt ein so genanntes „Cross Selling"-Potenzial zu Grunde.
- *Empfehlungskäufer:* Hierbei handelt es sich um Kunden, die innerhalb ihres sozialen Umfelds als Meinungsführer auftreten und für die Marke eine kostenlose Kaufempfehlung aussprechen bzw. aktiv für einen Kaufakt sorgen (Sammelbesteller bei

Versandhäusern oder die Veranstalter bei Tupper-Parties, die ihr Sozialumfeld in einer Party-Atmosphäre für das Produkt zu gewinnen suchen).[78]

### 3.1.7.3 Kontaktschleifen

Die auf Direktwerbung spezialisierten Unternehmen wählen zur Ausschöpfung der unterschiedlichen Kundenpotenziale meistens unter verschiedenen Kontaktstrategien aus:

- *Einfach-Einmal-Verfahren:* Dieses Verfahren hat das Ziel, mit einem Kontakt direkt einen Neukunden zu bekommen (Einsatz eines Werbebriefes). Diese Strategie erweist sich als zunehmend unrealisierbar. Vielmehr kommen meist mehrstufige Konzepte zum Einsatz (Kontaktschleifen).
- *Einfach-Multischritt-Verfahren:* Hierbei werden gleiche Medien zeitlich gestaffelt eingesetzt (Einsatz eines Werbebriefes zur Interessentengenerierung und zum anschließenden Versand eines umfangreichen Kataloges).
- *Multischritt- und Multimedien-Verfahren:* Bei diesen Verfahren werden zusätzlich unterschiedliche Medien eingesetzt. Medien aus dem Printbereich wie Mailings und Katalog werden kombiniert in ihrer Reihenfolge des Einsatzes mit elektronischen Medien wie Direct Response Advertising oder Outbound-Telefonmarketing.

Die kommunikativen Investitionsbudgets für jeden einzelnen Kunden im Direkt-Marketing bemessen sich nach den Kriterien Kundenloyalität und Kundenpotenzial. Die Grundlage zur Beurteilung der Investitionswürdigkeit der einzelnen Kunden bilden die Verfahren des Marketing-Scorings. Hierbei werden die Kunden nach verschiedenen Segmentierungskriterien aufgeteilt und nach Kriterien gesucht, die hinsichtlich Kundenloyalität und Kundenattraktivität eine prognostische Relevanz besitzen. Dabei hat sich als einfaches, aber prognostisch in vielen Bereichen erfolgreiches System die RFMR-Methode etabliert.[79]

Hierbei wird die Kaufwahrscheinlichkeit und damit die Investitionswürdigkeit des Kunden für Kommunikationskontakte anhand folgender drei Kriterien festgemacht:

- Recency (Aktualität des letzten Kaufes)
- Frequency (Anzahl der Käufe in der letzten Periode)
- Monetary Ration (Wert der Kaufakte)

---

[78] Vgl. Pepels, W. (1997), S. 31 f.
[79] Vgl. Link, J., Hildebrandt, V. (1993).

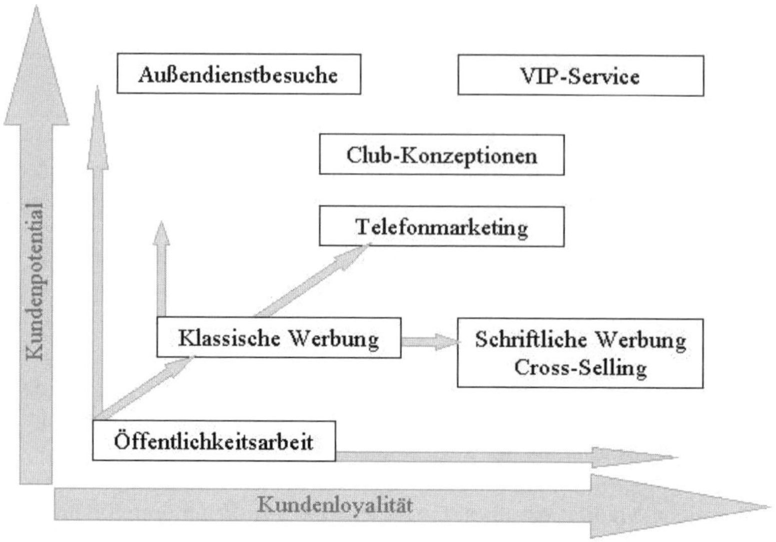


*Abb. 1.25: Kommunikationsorientierte Kundensegmente (Quelle: eigene Darstellung, vgl. auch Wonnemann, T. (1997), S. 600).*

### 3.1.7.4. Instrumente

Die Instrumente der Direktkommunikation lassen sich wie folgt in klassische Direkt-Werbemedien und in Massenmedien mit Rückantwort einteilen:

*1. Klassische direkte Medien (Online und Offline):*

a) Offline-Medien
   - Schriftliche Werbesendungen wie Werbebriefe (Direct Mailings), Kataloge (Catalogue Shopping)[80]
   - Versand von Unternehmensvideos und Muster bzw. Proben (Sampling)

b) Online-Medien
   - Inbound und Outbound Telefon-/ Faxmarketing
   - Werbung und Verkauf in Online-Medien (E-Shopping)

Durch kreativen Einbau einer Reaktions- bzw. Interaktionsmöglichkeit werden die Instrumente der Massenkommunikation zu Direktwerbemedien umfunktioniert. Hierdurch lassen sich die Vorteile der Massenkommunikation mit denen einer direkten Kommunikation kombinieren.

[80] Vgl. Holland, H. (1992), S. 17.

*2. Massenmedien mit Rückantwortmöglichkeit (Direct Response Advertising):*

a) Insertionsmedien
  - Couponanzeigen in Zeitschriften und Zeitungen
  - Beilagen in Zeitschriften und Zeitungen
b) Elektronische Massenmedien
  - Direct Response Hörfunk
  - Direct Response Fernsehwerbung
  - Home Order Television
  - Placed Based Media
c) Direct Response Außenwerbung

Wie in Abbildung 1.26 ersichtlich ist, lassen sich die Formen der Direktkommunikation nach den beiden Graden der Interaktivität (einseitig, zweiseitig) und dem Grad der Individualisierbarkeit klassifizieren.

Neben den einzelnen Kommunikationsinstrumenten können sämtliche Instrumente der operativen Kommunikationspolitik auch zu Instrumenten des Direktmarketings umgewandelt werden. Sowohl die direkte Verkaufsförderung[81], als auch der Bereich der Öffentlichkeitsarbeit[82] lassen sich zunehmend individualisierter anwenden und auch mit unterschiedlichsten Formen der Reaktionsmöglichkeit ausstatten.

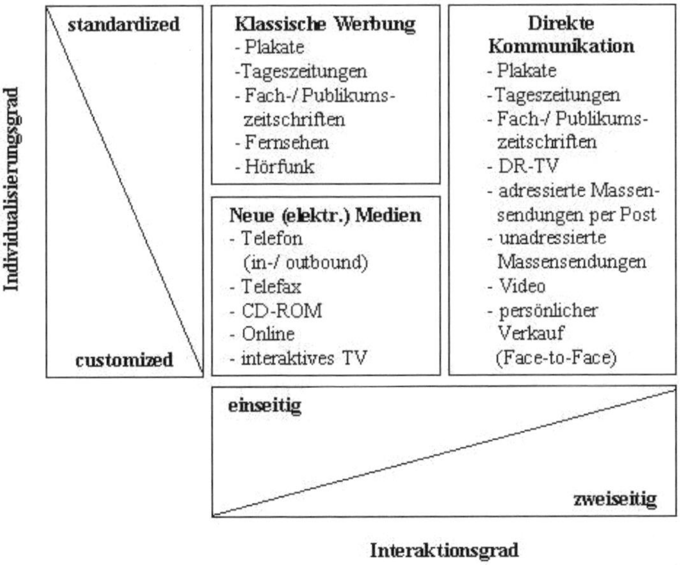


*Abb. 1.26: Formen der Instrumente der Direktkommunikation*

[81] Vgl. Schulte-Remmerbach, P. M. (1991).
[82] Vgl. Harnischfeger, M. (1981).

## 3.1.8 Öffentlichkeitsarbeit

### 3.1.8.1 Kennzeichen und Ziele

Die Öffentlichkeitsarbeit (Public Relations) möchte im Gegensatz zur klassischen Werbung Imagekomponenten des gesamten Unternehmens, unabhängig von der Produkt-/Marktstrategie, vermitteln.[83] Darüber hinaus sind Zielgruppen der Öffentlichkeitsarbeit nicht nur die Abnehmer, sondern alle Teilöffentlichkeiten (Anspruchsgruppen bzw. Stakeholder), die das Unternehmen in der Verwirklichung seiner Ziele fördern oder auch behindern kann. Dabei können ähnliche Instrumente eingesetzt werden, die auch im Rahmen der Produktwerbung Verwendung finden.

Die Bedeutung der Öffentlichkeitsarbeit für den Unternehmensfortbestand beweist sich immer in Krisensituationen (Spendenskandal der CDU, Skandal um die Öllagerplattform Brent Spar von Shell, oder der „Elchtest" der A-Klasse von DaimlerChrysler). Durch gezielte Kommunikationsarbeit kann durch Interaktion, zumindest mit Meinungsführern, der Glaubwürdigkeits- und Kompetenzverlust des Unternehmens und der Organisationen minimiert werden. Neben Krisenmanagement erfüllt die Öffentlichkeitsarbeit eine Reihe weiterer Funktionen, deren Ziel nur sekundär die Produktprofilierung oder der -verkauf ist. Im Zentrum steht, den „Good Will" des Unternehmens zu verbessern und nur indirekt eine absatzfördernde Wirkung zu erzielen.

Folgende Funktionen lassen sich damit erfüllen:

- Informationsfunktion: Aktive Vermittlung von Informationen über die Entscheidungen und Planungen des Unternehmens – innerbetrieblich als auch außerbetrieblich.
- Kontaktfunktion: Aufbau und Pflege von Beziehungen und Netzwerken zu allen „Stakeholdern".
- Imagefunktion: Aufbau, Änderung oder Pflege des Fremdbildes des Unternehmens hinsichtlich seines gesellschaftlich verantwortlichen Handelns.
- Harmonisierungsfunktion: Ausgleich und Verständnis für die Interessengegensätze (wirtschaftlich, gesellschaftlich) der Stakeholder.
- Absatzförderungsfunktion: Steigerung des „Good Will" eines Unternehmens durch gesellschaftlich verantwortliches Verhalten.
- Stabilisierungsfunktion: Stabilisierung der Beziehungen zur Öffentlichkeit im Falle auftretender Krisen (produktives Krisenmanagement).
- Kontinuitätsfunktion: Vertrauen vermittelt sich über ein konsistentes Entscheidungsverhalten, transparenter Umgang auch mit kritischen Fragestellungen und Offenheit bei den unternehmensspezifischen Zielsetzungen.
- Sozialfunktion: Dokumentation der gesellschaftlichen und sozialen Leistungsbeiträge des Unternehmens.
- Balancefunktion: Auspendeln des Anreiz-Beitrags-Gleichgewichts der verschiedenen Stakeholder.[84]

[83] Vgl. Naundorf, S. (1993), S. 595 ff.
[84] Vgl. Meffert, H. (1998), S. 704 ff.

### 3.1.8.2 Zielgruppen und Stakeholder

Durch Einsatz der Instrumente der Öffentlichkeitsarbeit soll in der näheren und weiteren Umwelt des Unternehmens (Stakeholder) Vertrauen und Verständnis für die Entscheidungen und Handlungen des Unternehmens und möglicherweise Unterstützung bei der Verwirklichung der Unternehmensziele gewonnen werden.[85]

Die Leitmotive haben sich gewandelt von einer passiven zu einer aktiven Kommunikations- und Informationspolitik. Nicht nur das Motto „Tue Gutes und rede darüber“, sondern „Rede über das, was du machst“ kennzeichnen eine offensive Umgangsform mit der Öffentlichkeitsarbeit.

Im Gegensatz zur Kommunikationspolitik für Produkte und Marken wendet sich die Öffentlichkeitsarbeit an unterschiedliche Anspruchsgruppen des weiteren und näheren sowie des internen und externen Unternehmensumfeldes, die als „Stakeholder“ bezeichnet werden.

*Abb. 1.27: Stakeholder und Zielgruppen der Öffentlichkeitsarbeit*

[85] Vgl. Jefkins, F. (1992), S. 1 ff.

Unter Stakeholder werden unterschiedliche Segmente der Öffentlichkeit verstanden, durch deren Handlungen das Unternehmen in der Umsetzung seiner Ziele entweder gefördert oder aber behindert werden kann. Die unterschiedlichen Teilöffentlichkeiten können Wertschöpfungspartner wie Lieferanten und Kunden sowie Mitarbeiter sein, sie können aber auch Gewerkschaften, Politiker, Interessengruppen sein. Die Kernzielgruppe der Öffentlichkeitsarbeit sind die Vertreter der Medien. Sie werden gerne als Sprachrohr genutzt und bedürfen insbesondere in Krisensituationen einer speziellen offensiven Behandlung.

Die Instrumente lassen sich differenzieren in die Ausrichtung auf unterschiedliche Zielgruppen (intern und extern) und hinsichtlich ihres Grades an persönlicher Beziehung zur Zielgruppe (direkt oder indirekt).

Abbildung 1.28 zeigt dabei mögliche Ausprägungsformen.[86]

| | | |
|---|---|---|
| **Extern-orientierte Instrumente** | **Presse- und Medienarbeit** | - Pressekonferenz<br>- Pressemitteilung/ Pressefoto<br>- Journalistenreise<br>- Redationsbesuch<br>- Interview<br>- Leserbriefe<br>- PR-Anzeigen |
| | **Kommunikation mit Print- und AV-Medien** | - Geschäftsbericht<br>- Imagebroschüren<br>- Unternehmensfilme<br>- Unternehmens-CD-ROM<br>- Internet-Präsenz<br>- Kundenzeitschriften |
| | **Aktions- und Veranstaltungs-kommunikation** | -Tag der offenen Tür<br>- Ausstellungen<br>- Events<br>- Diskussionsveranstaltungen<br>- Messe-PR<br>- Einweihung |
| **Intern-orientierte Instrumente** | | - Mitarbeiterzeitung<br>- Informationen für einzelne Mitarbeitergruppen<br>- Intranet-Angebot<br>- Hausmitteilungen<br>- Das schwarze Brett<br>- Firmenbroschüren für neue Mitarbeiter und Angehörige<br>- Mitarbeitergespräche<br>- Betriebsversammlungen |

*Abb. 1.28: Instrumente der Öffentlichkeitsarbeit*
*(Quelle: Unger, F., Fuchs, W. (1999), S.208)*

86 Vgl. Kotler, P., Bliemel, F. (1999), S. 1039 – 1048, dort insbesondere erfolgreiche Beispiele.

## 3.1.9 Event-Marketing

### 3.1.9.1 Kennzeichen und Ziele

Durch das übermäßige Angebot an Medien und der gleichzeitig abnehmenden Effizienz der Massenmedien möchte man mithilfe von zielgruppenspezifisch ausgerichteten Events die selektive Wahrnehmung der Konsumenten durch interessante und neuartige Darbietungen durchbrechen. Zu den verstärkt eingesetzten Instrumenten der „Below the Line"-Aktivitäten der Unternehmenskommunikation zählt das Event-Marketing. Durch die Kombination von emotionalen und physischen Reizen entsteht eine starke Aktivierung bzw. Aufmerksamkeit beim Zielpublikum.

Event-Marketing beinhaltet die Planung, Organisation und Kontrolle von Ereignissen, deren Ziel darin liegt, Veranstaltungen zu bestimmten Anlässen des gesamten Unternehmens (Unternehmenskommunikation) oder zu produkt- und markenspezifischen Anlässen (Produktkommunikation bei Produktlaunches bzw. -relaunches etc.) erlebnisorientiert zu gestalten. Deswegen ist Event-Marketing von vornherein ziel- und zielgruppenorientiert einzusetzen und ist ereignisbezogen. Als Ereignisse dienen meist Produktneueinführungen (z.B. Automobilindustrie), Betriebseinweihungen (z.B. Opelwerk), Betriebsjubiläen oder Firmenfusionen.[87]

Im Gegensatz zum Sponsoring werden hierbei eigene Veranstaltungen durchgeführt, während beim Sponsoring Veranstaltungen Dritter unterstützt werden. Damit lassen sich ganz bewusst Ziele in bestimmten Zielgruppen (z. B. Jugendliche) erreichen.

Ziele des Event-Marketings sind unter anderem die Erhöhung oder Schaffung von Bekanntheitsgrad, insbesondere bei Zielgruppen, die nur unter großen Streuverlusten durch klassische Werbeinstrumente erreicht werden. Zum anderen können auch spezifische Imagequalitäten durch die Auswahl der Events innerhalb der Zielgruppen kommuniziert werden. Event-Marketing ist auch zu den Medien der Direktwerbung zu zählen, da hier ein hohes Maß an Zielgruppendialogen im Vorfeld, während und nach der Veranstaltung aufgebaut werden kann. Der eigentliche Event stellt somit nur den Aufhänger für Werbekampagnen um den Event herum dar, beispielsweise die Verteilung von Einladungen, Pressearbeit und ähnliches.

Events können innerhalb der klassischen Werbekampagnen als Claims der Werbebotschaften aufgegriffen werden. Events, genauso wie Sponsoringmaßnahmen, erfordern ein hohes Maß an integrierter Kommunikation. Sie stellen nur ein Element einer Kampagne im Rahmen der Öffentlichkeitsarbeit, der Verkaufsförderung oder aber auch der klassischen Werbung dar (horizontale Integration). Auch zeitlich müssen Events integriert werden (vertikale Integration). Events müssen umfassend vorbereitet (Weckung von Interesse am Event), begleitet (begleitende Berichterstattung) und nachbereitet (Aufgreifen als Werbeclaim oder als Identifikationsanker) werden.

### 3.1.9.2 Zielgruppen und Instrumente

Als Zielgruppen kommen, ähnlich wie bei der Öffentlichkeitsarbeit, unternehmensinterne und -externe Teilöffentlichkeiten in Frage. Richten sich Events an die Handels- und

[87] Vgl. Auer, M., Dietrichs, F. A. (1993), S. 202.

Vertriebspartner, so handelt es sich um eine klassische Form der Verkaufsförderung, die so genannte „Dealer Promotion". Eine weitere sehr wichtige Zielgruppe kann die der Meinungsführer sein. Besonders bei Produktneueinführungen helfen Meinungsführer bei der Diffusion und Adaption von Innovationen.

Um Events zum Erlebnis werden zu lassen, ist es nicht nur angezeigt, ein ansprechendes Event-Thema zu finden, sondern auch in der Umsetzung bieten sich eine Vielzahl von multimedialen Darstellungsformen (Videopräsentationen, Live-Mitschnitte, Bühnen- und Lichtgestaltung, Dia-AV-Präsentationen) und künstlerische Performances (Showparts, Talkshows) an.

## 3.2 Strategische Instrumente

### 3.2.1 Übersicht

Entscheidungstatbestände, die den Einsatz strategischer Instrumente der Kommunikationspolitik betreffen, haben zum einen langfristige kommunikative Wirkungen, zum anderen beeinflussen sie das Erfolgspotenzial des Unternehmens oder des Produktes nachhaltig. Die Entscheidungen sind Grundsatzentscheidungen der Unternehmensstrategie, die kommunikativ nach innen (innerhalb der Unternehmensstruktur) und nach außen (gegenüber Kunden, Wertschöpfungspartnern und Wettbewerbern) umgesetzt werden und ein kommunikatives Gesamtbild ergeben sollen. Danach haben diese Instrumente konstitutiven Charakter, müssen konsequent und kontinuierlich eingesetzt werden, haben einen hohen Bindungsgrad und es gibt für ihren Einsatz Richtlinien, die einen Handlungsrahmen für den Einsatz aller anderen Instrumente bieten.[88]

Wie Abbildung 1.29 zeigt, sind strategische Instrumente der Kommunikationspolitik determiniert durch die Festlegung der grundsätzlichen Kommunikationsziele, der Definition der Hauptzielgruppen sowie der Auswahl der kommunikativen Leitinstrumente und der einzusetzenden operativen kommunikativen Instrumente.

Zu den zentralen strategischen Orientierungsentscheidungen gehören weiterhin die Festlegung auf eine Produkt- oder Unternehmenspositionierung und die Festlegung hinsichtlich der Markenpolitik (vgl. Kapitel 2).[89] Diese Grundsatzentscheidungen münden schließlich in eine Unternehmensidentität.

[88] Vgl. Becker, J. (1993), S. 474.
[89] Vgl. Bruhn, M. Zimmermann, A. (1993), S. 171.

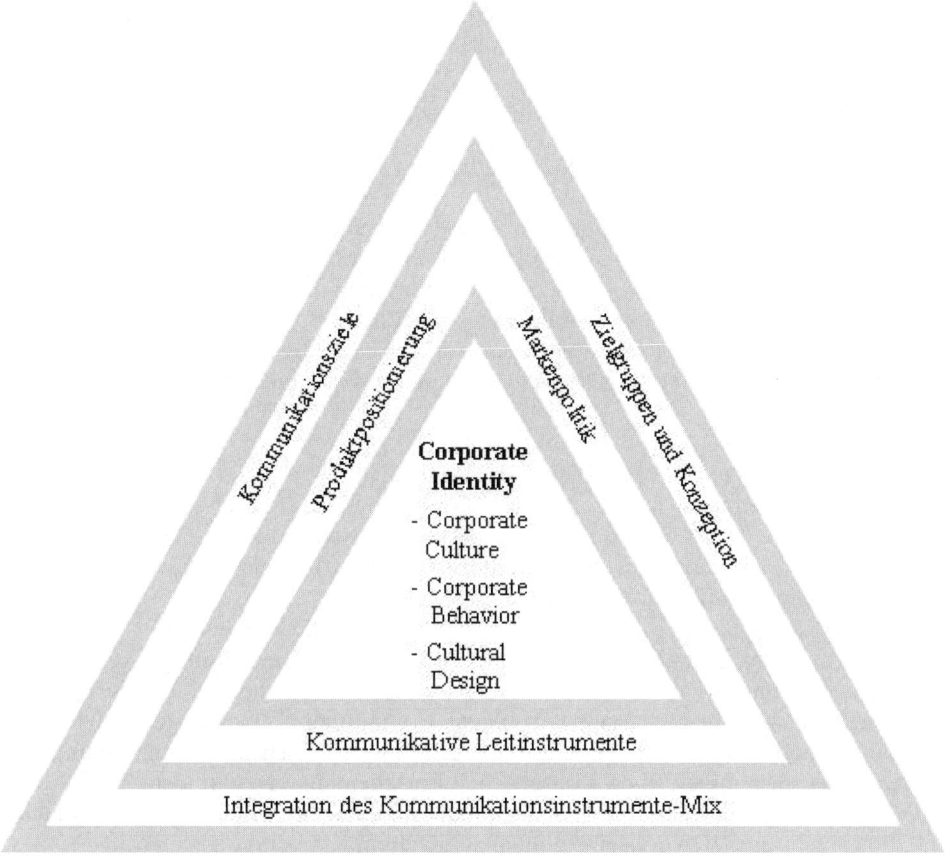


*Abb. 1.29: Instrumente der strategischen Kommunikationspolitik*

## 3.2.2 Unternehmensidentität

### 3.2.2.1 Grundgedanken und Schwerpunktthemen

Den Mittelpunkt einer integrierten Kommunikationspolitik bildet seit Beginn der 80er Jahre das Konzept der Unternehmensidentität (Corporate Identity bzw. „CI").

Den Blick auf die Bündelung und strategische Ausrichtung der kommunikativen Instrumente zu lenken, war bedingt durch zwei Entwicklungen:[90]

- Die Informationsüberlastung der Konsumenten und der kommunikative Wirkungsverlust durch die Medien.
- Die Erkenntnis, dass zu den strategischen Erfolgsfaktoren nicht nur die harten Aspekte der Unternehmensführung (Structure, Systems, Strategy), sondern gerade

[90] Vgl. Bruhn, M. (1997b), S. 104 ff.

auch die Soft Facts (Style, Staff, Superordinate Goals, Skills) einen entscheidenden Beitrag leisten (so genanntes 7-S-Konzept von McKinsey).[91]

Das Konzept der Unternehmensidentität hat zum Ziel, die kommunikativen Erscheinungsformen nach außen (externe Zielgruppen) und innen (Zielgruppen innerhalb der Organisation) auf der Grundlage einer langfristig zu definierenden Unternehmensidentität (CI) zu entwickeln.

Zwischen der Unternehmensidentität und der Persönlichkeitsidentität (Ich-Identität) werden dabei Parallelen gezogen. Die Identität eines Menschen ergibt sich durch einen schlüssigen Zusammenhang von Erscheinung, Worten und Taten.

In der Literatur wurden mit CI stets unterschiedliche Begriffe verbunden, was durch die Interessenlagen der Vertreter dieses Konzeptes begründbar ist. Es lassen sich folgende Schwerpunktthemen festlegen, die zusammen die CI eines Unternehmens ausmachen:[92]

- *Designorientierter Ansatz:* Dieser Ansatz stellt die formalen Erscheinungsformen eines Unternehmens in den Mittelpunkt der CI. Hierzu zählen der Firmen- oder Markenname, Logo, Produkt- und Verpackungsdesign, Firmenarchitektur, Personalkleidung, Präsentationsmaterial (Audio/Video, Print) sowie die Gestaltung sämtlicher Kommunikationsinstrumente.
- *Führungsorientierter Ansatz:* Dieser Ansatz stellt die einheitliche Steuerung der Willensbildung und -durchsetzung im Unternehmen in den Mittelpunkt der CI, um bei jedem einzelnen Mitarbeiter ein zielkonformes Verhalten zu erreichen. Im Unternehmen besteht gleichsam ein „Silent Commitment" über bestimmte Entscheidungsgrundsätze. Bei der Willensbildung hilft eine bestehende CI als Prämisse und Orientierungsrahmen eher Konsens bei Entscheidungen zu finden. Die Willensdurchsetzung führt durch die von Mitarbeitern getragene Unternehmensidentität und die gemeinsame Bewusstseinsbildung zu höherem Kooperationswillen.
- *Strategieorientierter Ansatz:* Bei diesem Ansatz stellt die Unternehmensidentität die Basisstrategie der Kommunikationspolitik dar und ist die Grundlage einer integrierten Kommunikation. Jede einzelne Kommunikationsmaßnahme (nach innen und außen), die sich sowohl auf die unterschiedlichen Marken, als auch auf das gesamte Unternehmen sowie auf die unterschiedlichen operativen Kommunikationsinstrumente (Verkaufsförderung, klassische Werbung, Direktmarketing usw.) bezieht, wird einheitlichen Leitlinien in sachlicher und zeitlicher Hinsicht unterzogen. Im weiteren Sinne liegen hier die Grundlagen der Positionierung der einzelnen Produkte und Marken in Bezug auf der Suche nach einem komparativen Wettbewerbsvorteil (KKV).

### 3.2.2.2 Aufgaben und Ziele

Corporate Identity befasst sich mit der strategisch geplanten und operativ eingesetzten Selbstdarstellung und Verhaltensweise eines Unternehmens nach innen (Systemmitglie-

[91] Vgl. Wolfrum, B. (1991), S. 28 ff., Bea, F. X., Haas, J. (1995), S. 15.
[92] Vgl. Meffert, H. (1998), S. 685 ff.

der) und nach außen (Stakeholder) auf Grundlage der Unternehmensphilosophie, langfristigen Unternehmenszielsetzungen und eines festzulegenden Soll-Imageprofils für das Unternehmen als Ganzes oder einzelner Marken. Die Darstellung aller Handlungsinstrumente des Unternehmens soll in einem einheitlichen Rahmen nach innen und nach außen wirken.[93]

Die Realisierung einer geschlossenen, widerspruchsfreien Unternehmensidentität zielt in der Außenwirkung auf die Steigerung der Effizienz der Marktkommunikation (integrierte Marktbearbeitung) und in der Innenwirkung auf die Steigerung der Mitarbeiterkommunikation (Motivation und Identität mit den Unternehmens- und Aufgabenzielen). Dabei ist die Koordinationsaufgabe zu lösen zwischen der Gestaltung einer einheitlichen Identität für das Gesamtunternehmen und den in dezentral geführten Organisationen sich zwangsläufig herausbildenden Identitäten einzelner Geschäftsfelder oder Marken.

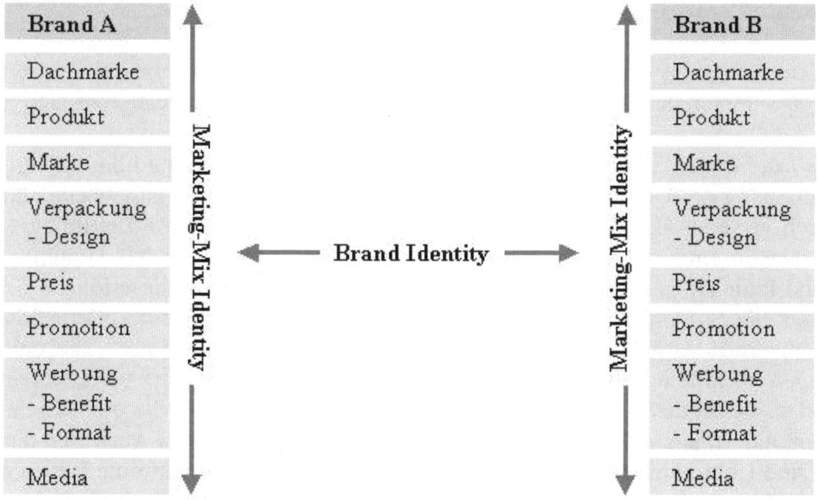


*Abb. 1.30: Brand Identity und Marketing-Mix Identity*
*(Quelle: Birkigt, K., Stadler, M. M., Funck, H. J. (1998), S. 164)*

- *Effizienz der Marktkommunikation:* Durch die Darstellung eines einheitlichen Erscheinungsbildes kann das Unternehmens- oder Markenimage prägnanter dargestellt werden, mit der Folge einer verbesserten Wiedererkennbarkeit des Unternehmens sowie seines Auftrages („Mission") durch die Außenwelt und eines höheren Identifikationspotenzials im Innenverhältnis des Unternehmens.
- *Motivationswirkung:* Identifizieren sich die Mitarbeiter mit ihrem Unternehmen und weiß jeder Einzelne, womit er sich genau identifiziert, so wird die Unternehmensidentität zur Handlungsmaxime, die zu einer Integration auch in Handlungsbereichen führt, die der formalen Organisation nicht zugänglich sind. Damit ist die Ein-

[93] Vgl. Birkigt, K., Stadler, M. M., Funck, H. J. (1998), S. 18.

flussnahme auf die Unternehmensidentität Führungsinstrument und Instrument der Unternehmenspolitik.

- *Koordination der Kommunikationsziele und Aktivitäten eines Unternehmens:* In Unternehmen mit eigenständigen Produktnamen wird mit jeder Produktneueinführung einer neuen Marke eine neue Identität geschaffen, die sich in ein bestimmtes Verhältnis zur Unternehmensidentität (Dachmarke, Unternehmensmarke) setzt und jeweils neu die Frage zwischen Individualität der Marke und Integration der Marke stellt.
  Dabei streben Product Identity, Brand Identity und Corporate Identity umso stärker auseinander, je branchenfremder die Produkte (neue Produkte) sind und je stärker ihre eigene Markenidentität ausgeprägt ist oder werden muss.[94] Diesem Problem unterliegen Unternehmen wie Procter & Gamble, mit unterschiedlichen Produktfeldern und Markenidentitäten (Dittmeyer's Valensina, Pampers, Ariel etc.).

### 3.2.2.3 Identitätsmix und Identitätsformen

Bei der Ausgestaltung der Unternehmensidentität stehen vier Ansatzpunkte zur Verfügung, die zusammen den Identitäts-Mix bilden und jeweils einzeln gestaltbar sind.

- *Corporate Design:* Die Aufgabe besteht in der Visualisierung und damit Vergegenständlichung der Unternehmens- oder Markenpersönlichkeit in ästhetische und symbolisch visuelle, akustische und haptische Komponenten.[95] Diese Leitlinien werden entweder in einem „Designhandbuch“ niedergelegt oder in der Markenphilosophie (Brand Philosophy) verankert, die zu einer langfristigen Werbelinie führen soll. Besonders bei Strategien, die dazu dienen, einer Marke oder einem Unternehmen ein Erlebnisprofil zu geben, müssen die „strategischen Schlüsselbilder“, die den langfristigen visuellen Auftritt bestimmen, in einem „Imagery-Paper“ niedergelegt werden. Das heißt, die visuellen und nicht visuellen Grundmotive, die den Erlebniskern bilden, und in den gesamten sprachlichen und nichtsprachlichen Auftritten der Marken- und Unternehmenskommunikation wiederzufinden sind, auf eine Linie zu bringen.[96] Corporate Design muss zwangsläufig auf der strategischen Grundentscheidung für die Markenpositionierung oder der Unternehmenspositionierung aufbauen (vgl. Kapitel 2).
- *Corporate Behavior:* Zielsetzung ist die schlüssige und widerspruchsfreie Ausrichtung aller Verhaltensweisen der Mitarbeiter innerhalb der Organisation (Führungsverhalten, Kooperations- und Informationsverhalten, Sozialverhalten etc.) an den Wertschöpfungspartnern (Verhalten gegenüber Lieferanten, Servicequalitätsanspruch gegenüber Kunden, Preisverhalten, Produkt- und Programmpolitik, strategische Grundausrichtung als Preis- oder Qualitätsführer etc.).[97] Diese Verhaltensleitlinien bauen auf spezifischen Geschäftsvorfällen auf, die im „Workflow“ der Geschäftsabwicklung regelmäßig (Grad der Standardisier- und Formalisierbarkeit) und unregelmäßig (Grad des Dispositionsspielraums jedes einzelnen Mitarbeiters) auftreten. Corporate Behavior greift als „ungeschriebenes Gesetz“, als Entschei-

---

[94] Vgl. Birkigt, K., Stadler, M. M., Funck, H. J. (1998), S. 17.
[95] Vgl. Birkigt, K., Stadler, M. M., Funck, H. J. (1998), S. 21.
[96] Vgl. Kroeber-Riel, W. (1993), S. 75.
[97] Vgl. Birkigt, K., Stadler, M. M., Funck, H. J. (1998), S. 20.

dungsleitlinie. Dies gilt vor allem bei Geschäftsvorfällen, die unregelmäßig auftauchen und insofern nur unzureichend standardisierbar, programmierbar oder formalisierbar sind. Meist sind das erfolgskritische Geschäftsvorfälle.

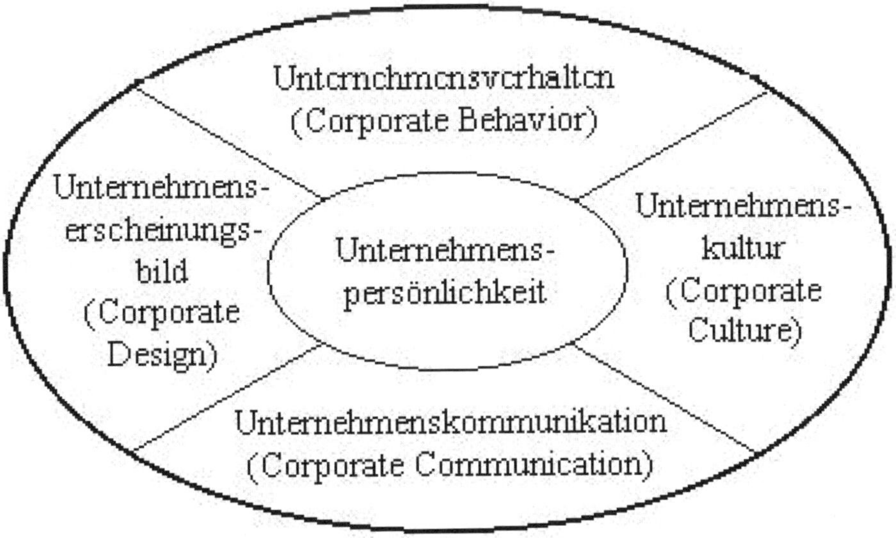


*Abb. 1.31: Identitätsmix*
*(Quelle: in Anlehnung an Birkigt, K., Stadler, M. M., Funck, H. J. (1998), S. 19)*

- *Corporate Communication:* Zielsetzung hierbei ist die Unterstützung der angestrebten Unternehmensidentität durch sachliche und zeitliche Ausrichtung aller operativen Kommunikationsinstrumente (nach innen und nach außen), mit dem Ziel, das Soll-Image bzw. das angestrebte Fremdbild zu erreichen. Sämtliche kommunikativen Äußerungen eines Unternehmens, die schlüssiges Verhalten, optischen Auftritt und verbalisierte Botschaftsübermittlungen betreffen, gehören im weitesten Sinne der Unternehmenskommunikation an und sollten sich widerspruchsfrei ineinander fügen.
- *Corporate Culture:* Unter Unternehmenskultur wird „...das Meinungs-, Normen- und Wertgefüge, welches das Verhalten der Führungskräfte und Mitarbeiter prägt..." verstanden.[98] Die Komponenten der Unternehmenskultur sind häufig das Ergebnis eines Identitätsfindungsprozesses, der bereits durch ein neues Design angestoßen werden kann. Meist gründet sich die Kultur auf die bislang erreichten Ziele, die angestrebten Ziele in der Zukunft und die Handlungsweisen im Sinne des Unternehmensverhaltens (Corporate Behavior).[99] Kultur ist ein gewachsenes Gut, welches den Erfolgs- oder bei veränderter Umwelt auch den Misserfolgsfaktor bilden kann. Kulturen lassen sich nur in Dekadenschritten umgestalten, visuelle Erscheinungsbil-

[98] Pümpin, C. (1987), S. 42.
[99] Vgl. Birkigt, K., Stadler, M. M., Funck, H. J. (1998), S. 18.

der aber innerhalb weniger Monate. Andererseits sind bestehende Kulturen nicht mit jedem angestrebten Fremdbild, das sich dann in der Unternehmenskommunikation und im Unternehmensdesign wiederfindet, kompatibel.
Stehen visuelle Erscheinungsmerkmale eines Unternehmens im Widerspruch zur bestehenden Unternehmenskultur, so wird diese Form der nicht vorhandenen „Authentizität" die Kompetenz mittelfristig im Außen- und im Innenverhältnis gefährden, und die Glaubwürdigkeit wird bei Mitarbeitern verloren gehen.

### 3.2.2.4 Operationalisierung von Identitätsgraden

Voraussetzung des zielgerechten Einsatzes der zur Verfügung stehenden Instrumente ist zunächst eine Diagnose der Ist-Identität, um in einem Folgeschritt einen Entwurf der Soll-Identität entwickeln zu können. Erst dann ist der Weg festzulegen, die Realisation der CI-Strategie zu planen und eine CI-Kontrolle und gegebenenfalls eine CI–Anpassung durchzuführen.

Ein Unternehmen besetzt eine Identität in dem Augenblick, wenn folgende drei Blickwinkel deckungsgleich sind:

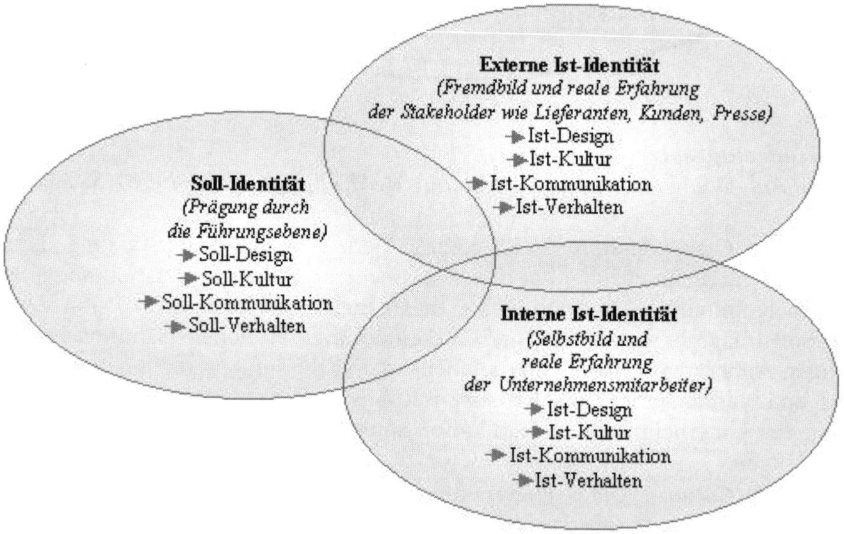


*Abb. 1.32: Grad der Unternehmensidentität*

- *Soll-Identität:* Die Soll-Identität wird durch die Führungsebenen geprägt oder vorgelebt. Dabei lassen sich die vier Komponenten Design, Kultur, Kommunikation und Verhalten isoliert untersuchen.
- *Externe Ist-Identität:* Hierbei handelt es sich um das Fremdbild sowie die realen Erfahrungen der „Stakeholder" wie Lieferanten, Kunden und Presse in Bezug auf Design, Kultur, Kommunikation und Verhalten sowie die Leistungen der angebotenen Produkte im Vergleich zum Wettbewerb.

- Interne Ist-Identität: Diese beinhaltet das Selbstbild und die realen Erfahrungen der Unternehmensmitarbeiter mit den Dimensionen Design, Kultur, Kommunikation und Verhalten sowie auch ihr Selbstverständnis hinsichtlich der Qualitätskomponenten der angebotenen Produkte.

Der Grad an Deckungsgleichheit der drei unterschiedlichen subjektiven Perspektiven kann als Indikator für die Unternehmensidentität herangezogen werden. Alle drei Felder sind auch empirisch zugänglich, sodass ein Maß für die Unternehmensidentität festgestellt und ein entsprechendes Stärken- und Schwächenprofil erstellt werden kann. Differenzen geben dann Vorgaben für die Veränderungsrichtung.

## 3.2.3 Integrierte Kommunikations- und Distributionskonzepte

### 3.2.3.1 Übersicht über die Instrumente

Integrierte Kommunikations- und Distributionskonzepte zielen weniger darauf ab, Imagequalitäten oder „Good Will“ bei den Zielgruppen aufzubauen, sondern vielmehr einen direkter Abverkauf zu erlangen.

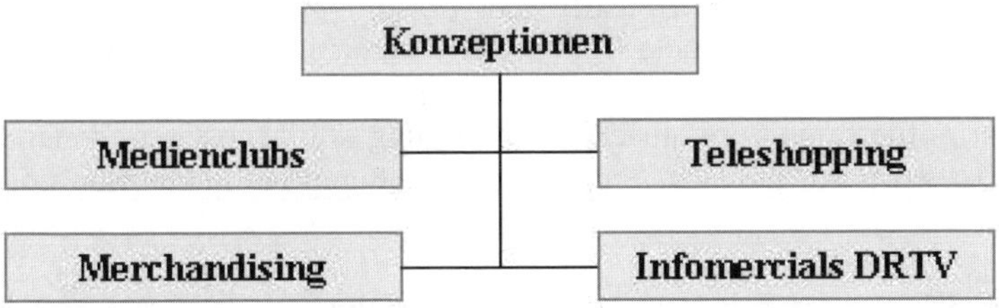


*Abb. 1.33: Integrierte Kommunikations- und Distributionskonzepte*

Der kommunikative Einsatz der Medien wird dabei einem direkten Vertriebskonzept untergeordnet. Als Ziel gilt, Interessenten und Neukunden direkt durch den medialen Einsatz zu generieren. Diese Ansätze beinhalten damit gesamte Geschäftskonzepte, die aus einer Integration von Distributionspolitik und Kommunikationspolitik bestehen.[100] Besondere Beachtung müssen diese Konzepte im Zuge des verstärkten Einsatzes von Onlinesystemen erhalten. Im Übrigen werden die integrierten Kommunikations- und Distributionskonzepte bereits in der aktuellen Literatur zum Direktmarketing im weiteren Sinne gezählt.

[100] Vgl. Bruhn, M. (1997a), S. 57 ff.

### 3.2.3.2 Communities und Kundenclubs

#### 3.2.3.2.1 Kennzeichen und Ziele

Da der Einsatz der klassischen Instrumente der Kommunikationspolitik nicht mehr ausreichenden Erfolg erzielt, werden neue Formen der Kundenakquisition und -bindung gesucht. Hierzu gehören alle Instrumente, die dazu dienen, die Abnehmer einer bestimmten Leistung (Zielgruppe) zu vernetzen (Networking) und im Idealfall daraus die so genannte „Community“ zu bilden. Der Schlüsselsatz des Verkaufens sollte für die zweite Hälfte der 90er Jahre lauten: „Es sind stabile Beziehungen zwischen verkaufendem Unternehmen und seinen Kunden aufzubauen und diese sorgsam zu pflegen, um sie zu erhalten.“[101] Vertrauen und Loyalität sind die wesentlichen Faktoren, den Kunden vom Gelegenheitskäufer zum Stammkunden aufzubauen. Die Bindung von Kunden an das Unternehmen und der Ausbau von Geschäftsbeziehungen mit einem Teil des bereits vorhandenen Kundenstamms sind ein wesentliches Ziel von Kundenclubs. Durch das Angebot besonderer Leistungen, neben dem Kernprodukt und der Mund-zu-Mund Propaganda der Mitglieder, sind Kundenclubs ein wichtiges Instrument zur Gewinnung von Neukunden.

Beispiele sind der Ikea Family-Club, die verschiedenen Medienclubs von Fernseh-/ Radiosendern und Automobilfabrikaten (VW Club etc.).

Der Kundenclub zählt zu den Instrumenten der Kundenkontaktprogramme.

Durch die Bereitstellung nutzenstiftender Leistungen in der Nachkaufphase soll die Mitgliedschaft im Kundenclub die Bindung des Kunden an das Unternehmen verstärken. „Ein Kundenclub ist eine zumindest kommunikative, von einem Hersteller, Händler oder Dienstleister initiierte und organisierte Vereinigung von Menschen, denen die Mitgliedschaft angetragen wird, mit dem Ziel der regelmäßigen Kontaktierung und Aktivierung derselben.“[102]

Im Wesentlichen werden folgende Ziele damit verfolgt:

- Schaffung einer Kommunikationsbeziehung zum Verbraucher, ohne primär den werblichen Zweck in den Mittelpunkt zu stellen.
- Aufbau und Pflege von Interessengruppen im Rahmen der Öffentlichkeitsarbeit.
- Vermittlung von Zusatznutzen und Differenzierungsmöglichkeit, weil das Kernprodukt kommodisiert ist und somit keine Differenzierungsvorteile bietet (Strom, Telekommunikationsleistungen, Fernseh- und Hörfunkprogramme, Luftverkehr etc.).
- Entwicklung eines Zusatzgeschäftes durch Sortimentserweiterung mit Leistungen, die dem Werte- und Lebensstilbereich der Zielgruppen entstammen (Merchandising).
- Aufbau von Kundenadressen, die aufgrund der Vielzahl von Informationen, die ein Kunde vor Aufnahme in den Club abgeben muss, auch hervorragend segmentierbar und für weitere Studien verwendbar sind. Daten aus den Angaben von Clubmitgliedern können gesammelt und mittels Data-Mining ausgewertet werden. Hieraus ergeben sich Rückschlüsse über die Zusammensetzung der Konsumentenschicht und

[101] Butscher, S. (1995), S. 14.
[102] Butscher, S. (1995), S. 9.

Kaufmotive. Darüber hinaus ermöglicht eine Database die individuelle und persönliche Ansprache des Kunden.

- Durchführung von Marktexperimenten bei den Clubmitgliedern (Renner und Neuheitentests bei bestimmten Katalogen). Aus den Abverkaufszahlen einer Auswahl von Kunden, die vor Aussendung von Katalogen und Werbemitteln mit Verkaufscharakter mit den Werbemitteln konfrontiert werden, lassen sich Rückschlüsse auf den Erfolg einzelner Sortimente ziehen. Darauf kann dann die Warendisposition erfolgen.

#### 3.2.3.2.2 Wesensmerkmale eines Clubs

Die Clubleistungen müssen für den Kunden von hoher Relevanz sein und bei der Entwicklung eines Konzeptes mittels einer Kundenbefragung erfasst werden.[103] Ein „an der Zielgruppe vorbei" konzipiertes Leistungsangebot ist die häufigste Ursache für den Misserfolg eines Clubs.[104] Für Mitglieder des Ikea Family-Clubs haben sich Transportversicherung und der Schlüsseldienst als erfolgreichste Serviceleistungen bewährt. Der Club „Best Hotels of the World" hält für seine Members vergünstigte Flug- und Hotelangebote bereit. Der Davidoff-Club bietet seinen Mitgliedern neben exklusivem Zutritt auf die Davidoff-Club-Yachten oder in das Davidoff-Club-Gästehaus auf Sylt auch bevorzugten Eintritt in Top-Discos und Clubs der europäischen Metropolen. Nur durch ständige Erneuerung und Erweiterung der Leistungen kann das Unternehmen einer gewissen „Clubmüdigkeit" der Mitglieder – die in der Regel nach etwa drei bis vier Jahren eintritt – entgegenwirken.[105]

Eine eigene Kundenkarte ist ein wichtiger Werbe- und Imageträger des Unternehmens und bietet dem Kunden „echten Zusatznutzen."[106] Sie sind meist in den Geldbörsen der Mitglieder, und hier steigern sie die emotionale Bindung an Kundenclub und Produkt, sichern dem Herausgeber beständig Aufmerksamkeit und sind zudem ein allzeit präsenter Werbeträger.[107] Im Rahmen eines Co-Brandings mit einem Kreditinstitut als eigentlichem Emittenden kann die Kundenkarte auch als Kreditkarte im Drei-Parteien-System ausgegeben werden. Da aber aufgrund der rechtlichen Situation keine Daten über das Kaufverhalten mit Kreditkarten erfasst werden dürfen, bietet diese Variante kaum Möglichkeiten zur Profilerstellung. Wird die Kundenkarte im Zwei-Parteien-System, also im Vertragsverhältnis zwischen Emittenden und Karteninhaber, nur mit einer Bezahlfunktion ausgestattet, so kann sie in der Regel nur beim emittierenden Unternehmen selbst eingesetzt werden. Hier entwickelt sie sich zu einem „komplexen Marketinginstrument, da neben soziodemografischen Daten auch das Kaufverhalten (Kauffrequenz und Kaufvolumen) erfasst werden kann. Als besonders erfolgreich stellt sich die Bezahlkarte des Ikea Family-Clubs dar. Ausgestattet mit einem „... Kreditrahmen von 3.000 – 10.000 Mark (...) steckte die rote Ikea-Kreditkarte nach einem Jahr bereits in den Portemonnaies von über 18.000 Family-Fans."[108] Die Datenbank wurde neben demografischen Daten

103 Vgl. Bergmann, K. (1998), S. 152.
104 Wiencke, W., Koke, D. (1994), S. 74.
105 Wiencke, W., Koke, D. (1994), S. 75.
106 Wiencke, W., Koke, D. (1994), S. 118.
107 Vgl. Wiencke, W., Koke, D. (1994), S. 50.
108 Wiencke, W., Koke, D. (1994), S. 154.

um konkrete Angaben zu Produktpräferenzen, durchschnittlichen Ausgaben und Nutzungshäufigkeit der Karte erweitert. Der Durchschnittsumsatz der Ikea-Card-Inhaber liegt um deutliche 40 bis 50 Prozent höher als der Umsatz, der mit Barzahlern getätigt wird.

Die Wesensmerkmale eines Clubs bestehen aus:[109]

- Privilegierung der Clubmitglieder gegenüber Nichtmitgliedern:
  - Sonderangebote auf bestimmte Produkte (Special Offer)
  - limitierte Auflagen von begehrten Produkten (Sammlerstücke)
  - Zugang zu besonderen Informationen (Hotline, Sonderservice)
  - Zugang zu Sonderveranstaltungen (Unterhaltung oder Fachinhalte)
  - Zugang zu gemeinsamen Unterhaltungs- und Informationsmedien (Clubzeitschrift)
  - Bildung von Gemeinsamkeit (Chat Rooms im Internet, vgl. hierzu Kapitel 4)
  - VIP Behandlung
- Legitimierung der Clubmitglieder durch Symbole:
  - Clubkarten mit oder ohne Zahlungsfunktion (Kreditkartenfunktion)
  - Service Cards, Co-Branding Cards, Kundenkreditkarten
  - Smart Cards (aufladbar), Closed Couple Cards (berührungsfrei lesbar), Remote Cards (fernauslösbar)
- Beiträge:
  - fester Mitgliederbeitrag
  - ohne Beiträge
- Kommunikation:
  - vom Unternehmen zum Kunden
  - Kunden untereinander

Kommunikation mit dem Kunden mittels Direct-Mailing ist eine wesentliche Clubleistung.[110] Um erhöhte Kundenbindung zu erreichen, ist dem Mitglied zu suggerieren, dass von Clubseite aus ein persönliches Interesse an ihm besteht. Persönlich gehaltene Kommunikation mit individueller Tonality ist hier unabdingbar. Die wichtigsten Instrumente zur Mitgliederkommunikation mittels Direct-Mailing sind kurzgefasste Mailings mit Informationen über aktuelle Leistungsangebote des Clubs, und mehrseitige Newsletter, die über das Informationsvolumen der Mailings hinausgehen und detaillierter über das Clubgeschehen informieren.

Das umfangreichste Kommunikationsinstrument ist ein mehrmals im Jahr erscheinendes Clubmagazin. An den Bedürfnissen der Zielgruppe orientiert und oft als Magalog (= Magazin und Katalog in einem)[111] gestaltet, bietet es über die bereits erwähnten Informationen hinausgehende, redaktionelle Beiträge über Produkte oder Dienstleistungen des Clubbetreibers. Im Rahmen des Cross-Media kann das Printprodukt auf die Internet-Präsenz des Unternehmens verweisen. Mit ihrer qualitativen Reichweite sind Clubmagazine interessante Werbeträger für branchenfremde Unternehmen. Hieraus erzielte Erlöse

---

109 Vgl. Wiencke, W., Koke, D. (1994).
110 Vgl. Wiencke, W. (1997), S. 335.
111 Vgl. Kreutzer, R. (1991b), S. 636.

können zur Refinanzierung der Clubleistungen herangezogen werden. Besonders erfolgreiche Clubzeitschriften sind zum Beispiel das „Harley-Davidson-Magazin" oder „go seven" vom ProSieben-Club.

Für den Dialog zwischen Mitglied und Clubbetreiber kann neben Leserbrief und E-Mail auch eine Telefonhotline eingerichtet werden. Mittels Freischaltung einer 0180-Nummer fallen beim Kunden keine Telefongebühren an und er kann somit spontan und unkompliziert den Dialog aufnehmen. Der Kunde reagiert, indem Fragen aufgeworfen, Meinungen kundgetan und Anregungen weitervermittelt werden. Derartige Daten fließen in die Kundendatenbank ein und schaffen eine immer größere Transparenz.

Vom Kunden geäußerte Reklamationen geben Aufschluss über dessen individuelle Bedürfnisse. Nur ein geringer Prozentsatz der Kunden wendet sich bei Unzufriedenheit an den Produkthersteller. Befragungen innerhalb des Clubs geben Aufschluss über die Zufriedenheit mit dem Produkt und den Serviceleistungen des Unternehmens. Durch die Loyalität zum Unternehmen kann bei einer Befragung mit hoher Kooperationsbereitschaft seitens der „Member" gerechnet werden. Nach Auswertung von Befragungen werden die Ergebnisse an die Mitglieder weitergeleitet.

Individuelles Eingehen auf Wünsche und Anregungen der Mitglieder vermitteln ihnen das Gefühl, „an der Lösung mitgewirkt zu haben",[112] was die Loyalitätsbildung weiter unterstützt. Besonders zufriedene Kunden können ausgewählt und zur Neukundenakquirierung mittels Mundpropaganda motiviert werden.

Ist der Kundenclub auf die Kommunikation von Business-to-Consumer ausgelegt, so ermöglicht die „virtuelle Community" auch den Dialog von Consumer-to-Consumer.

Zur Neukundengewinnung bietet das Managementmodell der virtuellen Community ein passendes Umfeld, da es dem Anbieter erleichtert, potenzielle Kunden und Informationen über sie zu sammeln. Durch vielfältige Produktinformationen verringert sich das Kaufrisiko für den Kunden und ermöglicht verstärkte Kaufneigung. Detailliertes Wissen über individuelle Bedürfnisse und bisherige Geschäftsaktivitäten erlaubt dem Anbieter, Produkte und Servicepakete auf einzelne Kunden zuzuschneiden.

„Sind Sie in der Zukunft Geschäftsinhaber und wollen Kunden haben und behalten, dann werden Sie Ihren Laden in einen elektronischen Treffpunkt umgestalten, zu dem Ihre Kunden kommen, um mit Ihnen und anderen Kunden einen Dialog zu führen."[113] Die virtuelle Community schafft thematische Umfelder, in denen sich Mitglieder über bestimmte Themen informieren und mit anderen Nutzern kommunizieren können.

Ausgehend von Basisinhalten über Produkt und Unternehmen steuern die Mitglieder mittels E-Mail, Chat oder Diskussionsforen Erfahrungen und Wissen zum Ausbau des Content bei. Die Möglichkeit zur Interaktion der Kunden ist eine wesentliche Erweiterung zum oben beschriebenen Kundenclub.

- *Chat:* Der Chat ist ein zentrales Element in einer Community. Benutzer können hier leicht Kontakte schließen. Als Sonderevent können vor großem Publikum Interviews mit Prominenten oder besonders interessanten Mitarbeitern, wie Produktentwicklern und Designern des anbietenden Unternehmens, arrangiert werden. In abge-

[112] Vgl. Pepper, D. (1993), S. 102.
[113] Vgl. Pepper, D. (1993), S. 394.

schlossenen Chat-Rooms sind interne Besprechungen mit Unternehmensrepräsentanten oder zwischen einzelnen Mitgliedern möglich. Nicht nur um störende Teilnehmer auszuschließen, sondern auch um gewährleisten zu können, dass ein Mitglied immer einen Gesprächspartner vorfindet, sollten Chats moderiert werden. Diese Aufgabe kann als Anreiz für besonders aktive Mitglieder ausgeschrieben werden. „Die Leute können in einem virtuellen Chat-Room zusammenkommen und für die Diskussion relevante Informationen abfragen und einbringen. Teilnehmer an einem Schwarzen Brett können Nachrichten abrufen und die Urheber befragen."[114]

- *Blackboard:* Das Blackboard bietet den Benutzern eine einfache und schnelle Möglichkeit, Inhalte in die Community einzubringen. Grüße, Veranstaltungshinweise und andere Inhalte können von einem Mitglied offen für alle anderen hineingestellt werden. Gerade neue Mitglieder können durch einen Eintrag auf sich aufmerksam machen, werden so schneller in die Gemeinschaft integriert und entwickeln sich zu Stammgästen.
- *Foren:* Diskussionsforen bilden den klassischen Kern des „Community-Gedankens". In diesen Foren findet der Meinungsaustausch unter den Mitgliedern statt. Hier können Kunden über Produkte und eigene Erfahrungen diskutieren. Dieser Teil der Community bietet Einsparungspotenzial für den Servicebereich erklärungsbedürftiger Produkte. Statt Mitarbeitern können sich die Mitglieder in Diskussionsforen untereinander Support liefern. Für Produktentwickler lassen sich hier wertvolle Informationen gewinnen.
- *Games:* Einfache Computerspiele erfreuen sich großer Beliebtheit bei Internetnutzern. Nicht zuletzt der große Erfolg des Moorhuhn-Spiels bestätigt diese Kohärenz. Spannende Spiele laden zu längerer Verweildauer innerhalb der Community ein. Durch eine inhaltliche Verbindung des Spielinhalts mit Produkten kann eine hohe Kontakthäufigkeit mit Produktname und Logo erreicht werden.
- *Shop:* Die „Virtuelle Community" bindet ihre Mitglieder emotional an ein Umfeld, das sich am konkreten Produkt oder am Unternehmen selbst orientiert, und schafft ein konsumfreudiges Klima. Das Markenlogo ist für den Nutzer während seiner gesamten Aufenthaltsdauer in der Gemeinschaft deutlich erkennbar. Innerhalb der Bereiche Blackboard und Forum werden die Vorzüge der Produkte ausgiebig diskutiert. Intelligente Benutzerführung lässt aus einem Mitglied in der „Community" einen Kunden des „Shops" werden. Durch Auswertung der Profile ist der Shopbetreiber in der Lage, automatisch Kundenstammanalysen durchzuführen und seine potenziell ertragreichsten Kunden zu selektieren. Per „Web-Tracking" kann das Angebot im Shop auf Schwachstellen und Optimierungsmöglichkeiten untersucht werden. Welche Ereignisse oder Veränderungen im Hinblick auf die Merkmale eines Produktes lösen beispielsweise ein bestimmtes Kaufverhalten aus? Welche Produkte werden miteinander verglichen, bevor eine Kaufentscheidung gefällt wird?[115] Produkte, die in den Warenkorb gelegt werden, geben Aufschluss über Familienstand, Einkommen und Alter des Käufers. Gewonnene Daten können mit bereits vorhandenen Profilen verglichen und vervollständigt werden. Hieraus lassen sich Angebote im Rahmen von Cross Selling-Aktionen ableiten. „Kommt der gleiche Kunde wieder in den Shop, wird er identifiziert, seine Vergangenheitsdaten (was hat er wann,

---

[114] Vgl. Hagel, J., Armstrong A. (1997), S. 43.
[115] Vgl. Hagel, J., Armstrong A. (1997), S. 166.

in welcher Kombination gekauft) werden geprüft und es wird ihm ein auf seine Interessen zusammengestelltes Warenangebot präsentiert.“[116] Ziel muss sein, die Kaufwahrscheinlichkeit zu erhöhen, die Kauffrequenz zu steigern und die Kaufneigung in markenstarken Segmenten zu fördern.[117]

Die „Virtuelle Community“ bietet neben Einsparungsmöglichkeiten ein großes Potenzial zur langfristigen Gewinnerzielung. Hier gewonnene Informationen können zur Marktforschung herangezogen werden und liefern neue Produktideen.

Die Clubangebote werden meistens zum integralen Bestandteil umfassender klassischer und dialogorientierter Werbekampagnen, wodurch einerseits für das Stammgeschäft neue Kunden geworben und andererseits Stammkunden fester an das Unternehmen gebunden werden. Teilweise können Clubmitglieder in Entscheidungen des Unternehmens und bei Produktentwicklungsprozessen eingebunden und die Mitglieder miteinander verbunden werden.

Kunden innerhalb eines aktiven Clubs entwickeln zum Unternehmen eine stärkere emotionale Bindung und treten nach außen als Meinungsführer auf (Multiplikatorwirkung). Im Zuge der Bemühungen, den Diffusions- und Adaptionsprozess für neue Produkte zu beschleunigen (Time to Market) kann die Clubidee auch zu einem strategischen Erfolgsfaktor werden.[118]

### 3.2.3.3 Teleshopping

#### 3.2.3.3.1 Kennzeichen und Formatierungen

Teleshopping gehört zu den Pionieranwendungen des interaktiven Fernsehens und damit zu den Instrumenten der Dialogkommunikation, dessen Ziel es ist, durch die Präsentation von Produkten in Broadcast-Medien, insbesondere dem Fernsehen, einen Abverkauf (Impulskauf) hervorzurufen.

Im novellierten Rundfunkstaatsvertrag von 1991, in den Übereinkommen des Europarates über das grenzüberschreitende Fernsehen (ERÜ) und in der EG-Fernsehrichtlinie von 1989 erfolgten die gesetzlichen Sanktionierungen auf nationaler und internationaler Ebene. Allesamt definieren Teleshopping als eine zum Rundfunk gehörende Sendeform. Demnach unterliegt Teleshopping dem Werbereglement („Spielart der Werbung“).

Als besondere Werbeform unterliegt die Ausstrahlung zeitlichen Beschränkungen. Es darf nur im privaten Rundfunk ausgestrahlt werden und anfänglich nur eine Stunde pro Tag. Reine Teleshoppingkanäle waren nicht im Rundfunkanstaltenvertrag vorgesehen.

Teleshopping ist eine Kombination von werblicher Ansprache mit der Möglichkeit eines spontanen Kaufaktes. Insofern müssen Teleshoppingsendungen eine unmittelbare Reaktion erzeugen. Die erste halbe Stunde entscheidet dabei über den Erfolg.

Folgende Formatvarianten des Teleshoppings stehen zur Verfügung:[119]

---

116 Vgl. Hubert, M. (2000), S. 10.
117 Vgl. Bachem, C. (2000), S. 6.
118 Vgl. Butscher, S. (1995).
119 Vgl. Ridder, Ch. M. (1995), S. 415 ff.; Geppert, D., Müller, S. (1996), S. 88.

- Verkaufsshow
- Infomercial
- Direct Response Advertising
- Interaktives Home Shopping.

3.2.3.3.2. Verkaufsshows bzw. Video Malls

Das Mutterland dieses Sendeformats sind die USA. Dort werden derartige Shows rund um die Uhr angeboten. Die Vorzüge neuer Produkte werden in angenehmer Clubatmosphäre live durch einen oder mehrere Moderatoren präsentiert. In stündlichen, projektbezogenen Sendungen präsentieren Moderatoren und Moderatorinnen mithilfe von Interviewgästen und Produktexperten (Präsenter) etwa 10 Artikel, 16 Stunden am Tag (H.O.T. Deutschland). Diese werden anschaulich vorgeführt und detailliert beschrieben. In regelmäßigen Abständen werden die Interaktionsmöglichkeiten (Telefon-, Fax- oder Internet-Adresse) eingeblendet.

*Abb. 1.34: H.O.T Schaufenster*
*(Quelle: eigene Veröffentlichung H.O.T.)*

Die Aufträge werden dann vom Shopping Kanal-Anbieter bearbeitet und über eine eigene Versandlogistik und ein eigenes Call-Center konfektioniert und versandt. Der Hersteller muss nur im Vorfeld der Sendung die geplanten Einheiten anliefern. Der Shopping Kanal-Anbieter übernimmt den Warenvertrieb nur in Kommission, sodass für ihn kein Lagerrisiko entsteht. Die Lieferung erfolgt innerhalb von drei Werktagen (im Beispiel H.O.T.) mit den üblichen Versandkonditionen.

Da es sich hierbei um Live Shows handelt, kann nachfrageorientiert die Sendungssteuerung erfolgen. Das Angebot, die Breite des Sendeplatzes sowie die Preisstellung lassen sich nach der aktuellen Nachfrage ausrichten. Erbringen bestimmte Produkte nicht die Planwerte während der einzelnen Sendeminuten, so werden sie aus dem Programm genommen und durch andere ersetzt. Die Formate werden nur durch drei 2 – 3minütige Werbeblöcke unterbrochen (HOT).

Der Anbieter kann teilweise Programmsponsoring betreiben, um die Produktaufmerksamkeit (Awareness) zu erhöhen. Innerhalb eines Stundenzyklus wird ein Einstiegsspot (Opener), ein Erinnerungsspot (Reminder) und eine Abschlusssequenz (Closer) geschaltet.

*Abb. 1.35: Sponsoring: Abfolge*
*(Quelle: MGM Media Gruppe München, 1999)*

Diese Formate leben von einem Stammpublikum und deswegen müssen Instrumente der Kundenbindung in das Programm eingebaut werden. Hierzu zählen Spielshows, Musikeinlagen, Verlosungen und Gespräche mit dem Zuschauer (Talk-Ins). Aufgabe dieser Unterhaltungsteile ist es, die Zuschauer im Programm zu halten, auch wenn sie am aktuellen Produkt kein Interesse haben. Über 40 Prozent der ca. 600.000 Kunden des Tele-Versandhauses H.O.T. sind Wiederbesteller.[120]

Erfolgsfaktor dieser Programme ist die Auswahl der Produkte. Zu den erfolgreichsten Produkttypen (Rennern) gehören in den USA sowie in Deutschland die Schmuckartikel. Sie haben eine hohe und direkte Produktrentabilität bzw. Deckungsbeiträge (DB 1), sind logistisch einfach zu handhaben und unterliegen keinem Vergleich mit Markenwaren. Darauf folgen technische Geräte (braune und weiße Ware) und Textilien. Das Umsatzpotenzial wird auf ungefähr 0,5 Milliarden € geschätzt. Der gesamte Versandhandel hat ein Volumen von 39 Milliarden US-Dollar. In den USA waren es im Jahr 1996 2,8 Milliarden US-Dollar.

Für die Produktion und Schaltung der Verkaufsshows berechnen einige Anbieter feste Beträge, andere lassen sich am Erfolg an den gelieferten und verkauften Waren beteiligen. Wiederum andere sehen sich als Versandhandelsunternehmen ohne Printkatalog und bieten nur im eigenen Namen und auf eigener oder fremder Rechnung an. In jedem Falle werden nur Waren auf Dauer im Sortiment aufgenommen, wenn sie pro Sendeminute eine bestimmte Mindestproduktrentabilität erzielen. Das Risiko für den Produktanbieter, Hersteller oder Vertriebslizenznehmer ist dann ausgeschaltet, wenn der Teleshoppinganbieter sich lediglich provisionieren lässt. Fallen jedoch feste Produktions- und Schaltkosten an, dann sinken zwar die variablen Provisionen, das Risiko steigt dafür im Gegenzug..

120 Vgl. o. V. MGM Media Gruppe München (1999).

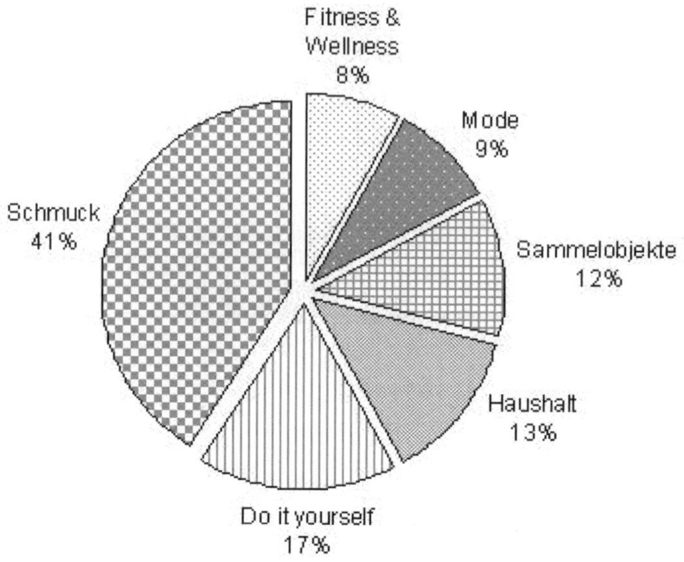


*Abb. 1.36: Anteile am Bestellaufkommen bei H.O.T*
*(Quelle: MGM Media Gruppe München, 1999)*

Für die Werbespots werden bei H.O.T. je nach Umfeldplatzierung und Jahreszeit zwischen 150 und 500 € für 30 Sekunden in Rechnung gestellt. Programmsponsoring kostet für 14 Sekunden zwischen 70 und 250 €. Die Preise sind im Frühjahr und im Herbst sowie sonntags am höchsten. Darüber hinaus sind die präferierten Zeiten zwischen 20:00 und 22:00 Uhr.
Die Anbietersituation ist zumindest in Deutschland überschaubar. In anderen europäischen Ländern zeigt sich ähnlich wie in den USA eine höhere Dynamik.

- H.O.T (Home Order Television): Gemeinsame Firma der Quelle-Gruppe (31 Prozent) und Thomas Kirch-Gruppe (33 Prozent), Dr. Kofler (7 Prozent) sowie HSN (29 Prozent) (nur Deutschland). Die technische Reichweite betrug in Deutschland im Juli 1998 8 Millionen Satellitenhaushalte und 6,5 Millionen Kabelhaushalte. Zusammen mit Österreich und der Schweiz sind es in der Summe 17,12 Millionen Haushalte.
- QVC (Quality, Value, Convenience)[121], Deutschland: Die technische Reichweite liegt bei 6,5 Millionen Kabelhaushalten und 8,5 Millionen Satellitenhaushalten. In Deutschland gibt es ca. 675.000 Kunden (1999). Täglich kommen rund 1.300 Neukunden hinzu. Das Calling-Volumen liegt pro Tag bei ungefähr 9.000 Anrufen (in der Spitze bis 19.000 Anrufe).
- HSN (Home Shopping Network): Marktführer in den USA.
- Value Vision: nur USA.

[121] Vgl. Stippel, P. (1997), S. 18 ff.

| Ihr Programm vom 22.11. bis 28.11.1999 | | | | | | | |
|---|---|---|---|---|---|---|---|
| Zeit | Mo. 22.11.99 | Di. 22.11.99 | Mi. 22.11.99 | Do. 22.11.99 | Fr. 22.11.99 | Sa. 22.11.99 | So. 22.11.99 |
| 0:00 | Silber & Edelsteine | Hausputz | Gold & Edelsteine | Spiel & Spaß | Träume aus Gold | Elektronische Geschenkideen | Designermode Brigitte Z. |
| 1:00 | Praktische Geschenkideen | Geschenkideen aus Gold | Geschenkideen unter 100,- DM | Diamonique Geschenkideen | Tolle Geschenke | Tolle Schmuck-Geschenke | Edelstein Geschenkideen |
| 2:00 bis 7:00 | „DAS BESTE VON QVC" | | | | | | |
| 7:00 | QVC am Morgen | QVC am Morgen | QVC am Morgen | QVC am Morgen | QVC am Morgen | Geschenke für die Familie | Silber und Edelstein |
| 8:00 | Tolle Geschenke | Diamonique Selection | QVC Auswahl | Geschenke für Familie und Freunde | Hausputz | Goldstücke | Designermode Brigitte Z. |
| 9:00 | Modetrends Vestino X | | Edelstein Geschenkideen | Träume aus Gold 333 | Fühl Dich Wohl | Geschenke für Computerfans | |
| 10:00 | Silberschmuck zum Kombinieren | Hausputz | | Kleinigkeiten zu Nikolaus | Goldstücke | Tolle Geschenke | Diamonique Matinee |
| 11:00 | Sammlerautos | Träume aus Gold | In der Küche mit QVC | Küchenhelfer unter 50,- DM | Praktische Geschenkideen | In der Küche mit QVC | Praktische Ideen |
| 12:00 | Geschenke für die Familie | Wishpearls Schätze des Meeres | Geschenke für die Familie | Sportine Elegance Neumeier | Capodimonte | Blautopas in Gold | Designermode Brigitte Z. |
| 13:00 | Geschenkideen aus Silber | Rund ums Haus | Perlkotin Gold | Geschenke für die Familie | Tolle Schmuck-Geschenke | Elektronische Geschenkideen | |
| 14:00 | Gesund und Schön | Kleinigkeiten zu Nikolaus | | Diamonique Plus | Kleinigkeiten zu Nikolaus | Geschenkideen für die Küche | Heimwerken |
| 15:00 | Plauener Spitze | Künstlerpuppen von Götz | Backen mit QVC | QVC Auswahl | Fühl Dich Wohl | Stein d. Monats Dezember | Shangri La |
| 16:00 | Geschenkideen mit Blautopas | Träume des Meer | Rund ums Haus | Sportine Elegance Neumeier | QVC Auswahl | Fühl Dich Wohl | Damenwäsche MOH |
| 17:00 | | Hausputz | Gold und Edelsteine | Geschenkideen unter 100,- DM | Kompositionen aus Gold | Geschenke für Familie und Freunde | Geschenke für Mütter |
| 18:00 | | Geschenkideen unter 100,- DM | Heimwerken | Modeschmuck Cecile Jeanne | | Diamonique Selection | Helfer für jeden Tag |
| 19:00 | Handgemalte Meisterwerke | | Praktische Geschenkideen | | Geschenke für die Familie | Schönheitssalon | Designermode Brigitte Z. |
| 20:00 | Gesund & Schön | Wishpearls Schätze d. Meeres | Edelstein Geschenkideen | Kleinigkeiten zu Nikolaus | Exclusive Schmuckstücke | Praktische Geschenkideen | |
| 21:00 | | Rund ums Haus | Entspannen mit Medisana | Schmuckstücke unter 200,- DM | Praktische Geschenkideen | Steinketten & Co. | Geschenke fürs Heim |
| 22:00 | Edelsteinromantik in Silber | Geschenke für Sie | Geschenke für Ihn | | Geschenke für Sie | | Träume aus Gold |
| 23:00 | Tolle Geschenke | Helfer für jeden Tag | Gold & Edelsteine | Tolle Geschenke | Geschenkideen aus Gold | Geschenke für die Familie | Mode zum Wohlfühlen |

*Abb. 1.37: Übersicht: Sendeformat des Shopping Senders QVC für Dezember 1999 (Quelle: Veröffentlichungen von QVC)*

### 3.2.3.3.3 Infomercial

Der Begriff Infomercial ist eine Wortschöpfung aus den beiden Begriffen Information und Commercial. Dieses Sendeformat besteht aus vorproduzierten Sendungen von 15 bis 60 Minuten Dauer. Ein oder mehrere Präsentatoren stellen ein Produkt oder eine Produktlinie allein oder in Zusammenarbeit mit Studiogästen vor. Sie werden meist halb- bis mehrstündig innerhalb eines Fernsehvoll-, Sparten- oder Zielgruppenprogramms eingebettet. Die Platzierung erfolgt in der Regel meist spät abends, nachts oder früh morgens. Als Lückenfüller werden diese Programme auch bei Ballungsraum-Fernsehanbietern ausgestrahlt.

Produktschwerpunkte sind meist höherwertige und erklärungsbedürftige Produkte. Es wird aber auch für einen Launch von Produktinnovationen genutzt. In den USA erzielte der Verkauf von Hellseherleistungen mit Lebenshilfe per Telefon für 4,95 US-Dollar den höchsten Umsatz (Psychic TV Network). Ansonsten ist die Angebotspalette vielfältig. Sie reicht von Produkten für Spezialhobbies bis zu Produkten im Haushalt mit Sonderfunktionalitäten und Fitness- sowie Sportgeräten. In den USA wurde ein Warenumsatz von 1 Milliarde US-Dollar im Jahre 1994 mit 275 verschiedenen Infomercials erzielt.

Ähnlich wie bei den Verkaufsshows müssen auch hier Programmelemente für die Kundenbindung eingearbeitet sein.[122] Hierzu dienen Gespräche mit Studiogästen, Showeinlagen sowie eine direkte Zuschaueransprache. Der Unterschied zu den Verkaufsshows liegt zum einen darin, dass die Sendungen vorproduziert sind und zum anderen darin, dass der Produktverkauf in eine Ratgebersendung eingebettet ist, in welcher der Zuschauer redaktionellen Zusatznutzen erhält (Sendung „Kochduell" mit speziellen Küchenprodukten).

Regelmäßig werden auch hier Response-Möglichkeiten (Telefon-, Faxnummer, Internetadresse) eingeblendet. Die Aufträge werden dann direkt von dem Hersteller selbst oder einem gemieteten Call-Center bearbeitet und über eine eigene Versandlogistik oder ein angemietetes Versandhaus konfektioniert und versandt.

Die Produktionskosten variieren in Abhängigkeit vom Bekanntheitsgrad des Präsentators. Eine 30-minütige Show kostet mindestens 50.000 €.

Infomercials werden meist in Fernsehrandzeiten gebucht. Die Anbieter müssen sowohl die Produktionen als auch die Schaltkosten für den Programmplatz bezahlen. Eine nationale Kampagne in den USA kostet für 30 Minuten je nach Reichweite 6 bis 10 Millionen US-Dollar.

#### 3.2.3.3.4 Direct Response Advertising

Hierbei handelt es sich um ein klassisches Werbesonderformat mit einer Dauer von 20 bis 60 Sekunden (maximal 120 Sekunden). Im Gegensatz zu klassischen Werbespots müssen diese Spots in einem einstufigen Prozess direkt verkaufen bzw. in einem mehrstufigen Prozesse zunächst Interessenten gewinnen, die weiteres Informationsmaterial (Katalog) oder Beratungsgespräche anfordern können. Hierbei dienen die Spots als Instrument zur Generierung von Interessenten.

Damit diese Spots Produkte direkt verkaufen, muss eine möglichst lange (mindestens 20 Sekunden) Reaktionsmöglichkeit eingeblendet werden (Telefonnummer) und in den Spots müssen die Vorteile des Produktes schnell kommuniziert werden. Für Direct Response Advertising eignen sich vor allem Produkte mit hohem Nutzwert und möglichst geringem Erklärungsbedarf.

Die Produkteignung für DRTV ist relativ begrenzt. Meist sind es Produkte von Verlagen (Time Life), Tonträger- und Filmindustrie (K-tel), Sammelartikel-Versender (Göde), Finanzdienstleiter (Allstate Direct Versicherung), Lotterieunternehmen und natürlich Partnervermittlungen sowie Telefonsex-Agenturen (Beate Uhse).

1994 belief sich der Umsatz auf 165 Millionen €, das sind 3,7 Prozent der Werbeaufwendungen im Fernsehbereich.

Die Bestellungen werden entweder von der werbetreibenden Firma direkt entgegengenommen oder es werden „Fullfillment Partner" hinzugezogen, die innerhalb weniger Sekunden über ihr Call-Center die Aufträge und Anfragen entgegennehmen. Jeder Kun-

[122] Vgl. Stippel, P. (1997), S. 20.

de, der in einer solchen Situation nicht telefonisch einen Mitarbeiter im Call-Center erreichen kann, ist dann ein verlorener Kunde.

Diese Werbeform lässt sich im Gegensatz zu 30 Minuten andauernden Infomercials relativ einfach in ein bestehendes Fernsehsendeformat einbinden. Auch diese Werbeform wird zumeist in der Nacht oder am frühen Morgen präsentiert, da dort die Schaltkosten geringer sind.

### 3.2.3.3.5 Interaktives Home Shopping

Diese Form integrierter Kommunikation und Distribution beruht darauf, dass der Konsument von zu Hause aus, entweder auf der PC-Plattform (E-Shopping) oder am digitalen Fernsehbildschirm, Produktangebote und Präsentationen aufrufen kann.

Betrachtet man die Anforderungen, die die Konsumenten an das Teleshopping stellen, so rangiert das Preis-/Leistungsverhältnis auf Platz 1 (23,2 Prozent der Nennungen), gefolgt von der Möglichkeit zur individuellen Suche nach Produkten mit 14 Prozent der Nennungen. Auf Platz drei kommt die Bestellmöglichkeit per Mausklick oder per Telefon oder über einen Rückkanal des Fernsehgerätes.

Die Konvergenz der Mediensysteme entwickelt sich im rasanten Tempo. Sowohl die Lösungen über PC und Internet, als auch über digitales Fernsehen eröffnen neue Formen des Kommunizierens und Verkaufens (vgl. Kapitel 4). Offen bleibt die Frage, ob das Internet ein Added Value des Fernsehens wird oder Fernsehen ein Added Value für das Internet. Unter marktstrategischen Gesichtspunkten der Anbietersituation wird davon auszugehen sein, dass zwei verschiedene Konvergenzszenarien um die Vorherrschaft ringen werden.

Es sprechen auch Argumente dafür, dass aufgrund der spezifischen Nutzungsituation beide Systeme aus der Sicht des Rezipienten ihren Stellenwert behalten werden. Daraus leiten sich unterschiedliche Programmgenres ab. Die „Desk Potatoes", die Internet-TV am Schreibtisch nutzen, bevorzugen eher non-fiktionale Inhalte und Nachrichten. Diese Nutzungssituation ist geprägt durch eine individuelle, zeitunabhängige und selektive Nutzung von möglichen TV-Inhalten. Die Nutzung von TV-Inhalten bei einer Internet-Situation wird eher als Zusatzangebot eines Internet-Providers wahrgenommen, vergleichbar mit Homebanking und E-Mail-Versand.

Die Nutzung im Wohnzimmer („Couch Potatoes") unterliegt einer sozialen Interaktion, ist zeitabhängig und eher unspezifisch. Internet ist dann eine Möglichkeit, schnell und bequem Zusatzinformationen abzurufen, meist in Bezug auf die aktuellen TV-Inhalte und eben auch zu bestellen.[123]

Es ist auch vorstellbar, dass es den hybriden Internet-User geben wird. Der gleiche User wird nach individueller Bedürfnisstruktur TV über das Internet am Schreibtisch und danach Internet-Dienste während der abendlichen TV-Nutzung über eine digitale „Set Top Box" in Anspruch nehmen.

Offensichtlich werden sich sowohl unterschiedliche Formate, unterschiedliche medienspezifische- und nutzungsspezifische Aufbereitungen sowie werbliche Darstellungsformen entwickeln. Dabei wird sich herausstellen, welche Präsentationsformen akzeptiert werden. Sicher ist jedenfalls, dass die Tendenz zu integrierten Kommunikations-

[123] Vgl. Hofmann, O. (1999), S. 21.

und Vertriebskonzepten deutlich zunehmen wird – besonders dann, wenn der „Couch Potatoe“-Zugang zum Internet als Bestell- und Zusatzinformationsdienst zum aktuellen Programm dienen kann. In einer derartigen Konstellation werden Präsentationsformen mit Interaktionsmöglichkeit deutlich zunehmen und Programminhalte werden einen hohen Anteil an Infomercial enthalten.

# 4. Kommunikationsmarkt

## 4.1 Budgetverteilung

### 4.1.1 Bedeutung der operativen Kommunikationsinstrumente

Die Bedeutung der einzelnen Instrumente der operativen Kommunikationspolitik für die Unternehmenskommunikation ist recht unterschiedlich. Die Unternehmen differenzieren dabei zwischen Leitinstrumenten, Integrationsinstrumenten, Kristallisationsinstrumenten und Folgeinstrumenten.[124]

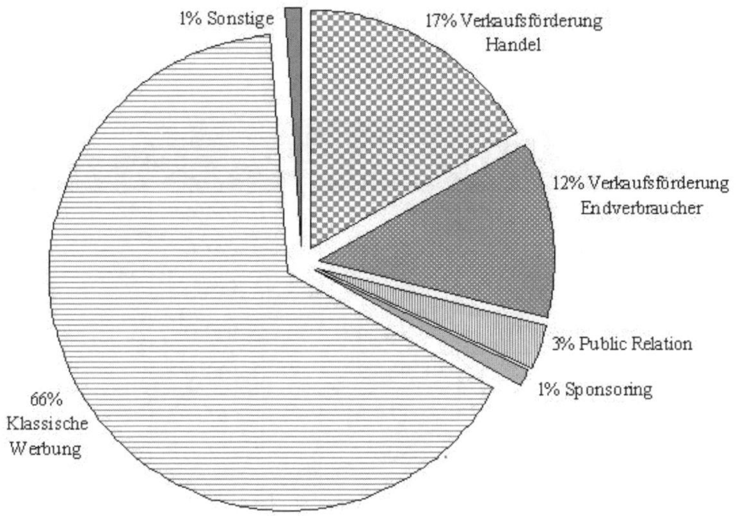


*Abb. 1.38: Aufteilung der Kommunikationsbudgets in der deutschen Markenartikelindustrie*
*(Quelle: Berndt, R. (1993), S. 13)*

- *Leitinstrumente:* Sie sind die zentralen Instrumente der Unternehmenskommunikation und werden als klassische Werbung bezeichnet („Above the line"). Sie besitzen eine maßgeblich strategische Bedeutung, weil sie maßgeblich gut die kommunikative Leitidee des Unternehmens bzw. des Produktes transportieren. Sie erhalten eine Führungsfunktion im Kommunikationsmix.
- *Kristallisationsinstrumente:* Sie nehmen eine kritische Rolle im Kommunikationsmix ein, weil sie in enger Wechselwirkung mit den anderen Instrumenten stehen (positive und negative Rückkopplungen). Hierunter fallen die Instrumente der Öf-

[124] Vgl. Bruhn, M. (1997a), S. 127 ff.

fentlichkeitsarbeit, der Verkaufsförderung und der internen Unternehmenskommunikation.

- *Integrationsinstrumente:* Sie lassen sich problemlos mit anderen Instrumenten kombinieren, haben im Vergleich zu den bislang genannten Instrumenten jedoch einen geringeren Einfluss auf die kommunikative Gesamtwirkung. Zu diesen Instrumenten zählen Sponsoring, Personal Selling und Event Marketing.
- *Folgeinstrumente:* Diese Instrumente werden meist in eine mehrstufige Kontaktschleife eingebaut und müssen sich nach den primär eingesetzten Kommunikationsinstrumenten ausrichten. Dies sind im Wesentlichen Messen und Ausstellungen sowie Direktmarketing. Die Bedeutung für die Werbebudgets der Unternehmen ist dementsprechend.

### 4.1.2 Marktvolumen und Marktanteile der Mediengattungen

Die komplexen Marktbedingungen in vielen Branchen kommen den Werbeträgern zugute. In den letzten 10 Jahren wuchsen die Werbeeinnahmen der Medien in Deutschland von 12,3 auf 21,3 Milliarden € (73 Prozent).

| Werbeträger | 1990 | 1999 | Werbewachstum in Prozent |
|---|---|---|---|
| Fernsehen | 2.858,2 | 8.444,4 | + 195 |
| Werbung per Post | 2.993,6 | 6.473,5 | + 116 |
| Außenwerbung | 681,5 | 1.333,3 | + 96[125] |
| Verzeichnis-Medien | 1.372,1 | 2.400,0 | + 75 |
| Anzeigenblätter | 1.965,3 | 3.408,0 | + 73 |
| Filmtheater | 214,6 | 337,1 | + 57 |
| Hörfunk | 908,7 | 1.351,5 | + 49 |
| Tageszeitungen | 8.062,7 | 11.864,9 | + 47 |
| Wochen- und Sonntagszeitungen | 353,7 | 511,1 | + 44 |
| Publikumszeitschriften | 3.060,7 | 3.924,4 | + 28 |
| Fachzeitschriften | 1.925,0 | 2.327,0 | + 21 |
| Zeitungssupplement | 217,1 | 143,4 | - 34 |
| Online-Angebote | ------ | 150,0 | ----- |
| Gesamt | 24.613,2 | 42.668,6 | + 73 |

*Abb. 1.39: Netto-Werbeeinnahmen erfassbarer Werbeträger (Quelle: o.V.: Werbung in Deutschland 2000, S. 24)*

[125] Wegen Präzisierung der Erhebungsmethode nur bedingt vergleichbar (Quelle: Zentralverband der deutschen Werbewirtschaft).

Die strukturelle Verschiebung zu Lasten der Printmedien gegenüber den klassischen elektronischen Medien (vor allem Fernsehen) fiel nur gering aus. Die Tageszeitungen halten ihren Marktanteil bei 28 Prozent (minus 5 Prozent gegenüber 1990). Die Publikumszeitschriften (von 13 Prozent in 1990 auf 9 Prozent in 1999) sowie Fachzeitschriften (von 8 Prozent in 1990 auf 5 Prozent in 1999) mussten ebenfalls einen Marktanteilsverlust hinnehmen. Die Fernsehsender konnten ihren Anteil auf 20 Prozent erhöhen. Das Direktmarketing konnte seinen Anteil ebenfalls erhöhen, nämlich auf 15 Prozent (12 Prozent in 1990). Der Hörfunkanteil fiel von 4 Prozent auf 3 Prozent.

Außenwerbung (3 Prozent) und Filmtheaterwerbung (1 Prozent) konnten ihre Anteile behalten. Insgesamt konnten sich die Umsätze aller Werbemedien steigern, lediglich mit unterschiedlicher Dynamik. Erstmals werden in der ZAW-Statistik die Werbeeinnahmen der Online-Dienste ausgewiesen. Sie beliefen sich im Jahre 1999 auf 75 Millionen €, das entspricht einen 300prozentigen Zuwachs gegenüber 1998.

### 4.1.3 Werbeaktivitäten einzelner Branchen

| Branchen Rangfolge 1999 | 1999 in Mio Mark | 1998 in Mio Mark | Vergleich 1998/99 in Prozent | Rangfolge 1998 |
|---|---|---|---|---|
| 1. Auto-Markt | 3.173 | 3.011 | + 5,4 | 1 |
| 2. Massenmedien | 2.674 | 2.464 | + 8,6 | 2 |
| 3. Telekommunikations-Netze | 2.314 | -- | -- | -- |
| 4. Handelsorganisationen | 1.893 | 1.871 | + 1,2 | 3 |
| 5. Schokolade & Süßwaren | 1.227 | 1.135 | + 8,1 | 5 |
| 6. Pharmazie Publikumswerbung | 1.028 | 1.033 | - 0,5 | 6 |
| 7. Banken & Sparkassen | 966 | 971 | - 0,5 | 7 |
| 8. Bier | 744 | 843 | - 11,7 | 8 |
| 9. Spezial-Versender | 721 | 722 | - 0,2 | 9 |
| 10. Versicherungen | 589 | 644 | - 8,5 | 10 |
| 11. Unternehmenswerbung (branchenübergreifend) | 544 | 372 | + 46,4 | 20 |
| 12. Buchverlage | 527 | 490 | + 7,4 | 14 |
| 13. Computer & Zusatzgeräte | 520 | -- | -- | -- |
| 14. Alkoholfreie Getränke | 488 | 493 | - 1,0 | 12 |
| 15. Reisegesellschaften | 487 | 445 | + 9,6 | 16 |
| 16. Waschmittel | 462 | 486 | - 4,9 | 15 |
| 17. Haarpflege | 453 | 436 | + 3,8 | 17 |
| 18. Energie-Versorgungsbetriebe | 400 | 134 | + 199,5 | 52 |
| 19. Kaffee, Tee, Kakao | 396 | 395 | + 0,5 | 18 |
| 20. Möbel & Einrichtung | 379 | 371 | + 2,1 | 21 |
| 21. Finanzanlagen & -Beratung | 356 | 271 | + 31,3 | 29 |
| 22. Putz- & Pflegemittel | 349 | 381 | - 8,6 | 19 |
| 23. Pflegende Kosmetik | 337 | 283 | + 19,1 | 28 |
| 24. Milchprodukte - Weiße Linie | 326 | -- | -- | -- |
| 25. Oberbekleidung | 309 | 329 | + 6,1 | 23 |

Rangfolge der Brutto-Medien-Investitionen 1999; Werte gerundet
QUELLE: Nielsen Werbeforschung S+P (Hamburg) / ZAW-Berechnung

*Abb. 1.40: Die werbestärksten Branchen in Deutschland*
*(Quelle: o. V.: Werbung in Deutschland 2000, S. 19)*

Eine Totalerhebung der werblichen Aktivitäten innerhalb der einzelnen Branchen und der einzelnen Unternehmen gibt es aufgrund des Wettbewerbsschutzes nicht. Trendhinweise vermittelt die Marktforschungsfirma A.C. Nielsen, die monatlich Daten über die Werbeinvestitionen der Branchen hochrechnet.

Zu den werbeintensivsten Branchen gehören mit Platz eins die Autoindustrie, gefolgt von den Massenmedien. Platz drei übernehmen die Anbieter von Telekommunikationsleistungen und Platz vier wird von den Handelsorganisationen eingenommen. Offensichtlich erhöht sich das Werbebudget einer Branche dann, wenn der Grundnutzen zunehmend auswechselbarer wird und eine Differenzierung nur noch durch Zusatznutzen oder emotional erfolgen kann.

Verlierer hierbei waren die Anbieter von alkholhaltigen Getränken. Der starke Einbruch der Werbebudgets wird mit der schlechten Ertragslage begründet.

Die strukturelle Verteilung der Werbebudgets, beispielsweise zwischen elektronischen und Printmedien, ist dabei recht unterschiedlich.

## 4.2 Werbeagenturen

### 4.2.1 Agenturmarkt und Agenturtypen

Werbeagenturen arbeiten als ausgelagerte Spezialabteilungen für Marketing, Kreation, Produktion und Media für werbetreibende Unternehmen.

Marktnähe und Kompetenz in speziellen Kommunikationsfragen sprechen für den Einsatz von Agenturen. Teilweise sind die Kosten für das Unternehmen geringer, als kommunikative Dienstleistungen durch eigenes Personal durchzuführen. Ein erheblicher Vorteil eines externen Dienstleisters liegt in seiner Distanz und Objektivität zum Unternehmen. Darüber hinaus kann man zumindest die Kreativagenturen wechseln, wenn ein „Burn Out" der Kreativität droht. Insofern gibt es vielfältige Schnittstellen zwischen Agentur und werbetreibenden Unternehmen. Die Anbindung an eine Agentur kann auf verschiedene Weise erfolgen. Zum einen können hauseigene Werbegesellschaften als „Profit Center" gegründet werden, zum anderen kann der Werbeetat vollständig an einen externen Dienstleister abgegeben werden. Eine weitere Möglichkeit, welche auch am häufigsten Anwendung findet, ist die Aufteilung der Aufgaben und der Etats zwischen Produktmanagement und einer oder mehreren Spezialagenturen.

Die Auswahl von Agenturen erfolgt über Ausschreibungsverfahren. Entweder werden nur Einzelpräsentationen gewünscht (Credentials) oder es werden Wettbewerbspräsentationen (Pitchs) durchgeführt. Bei international tätigen Unternehmen übernehmen die Agenturnetzwerke der Stammagentur die nationalen Werbeaktivitäten (Alignment).

Die Umsätze in der GWA (Gesamtverband Werbewirtschaft zusammengefasster Agenturen) beliefen sich auf 8,7 Milliarden € im Jahre 1999. Jeder Mitarbeiter betreut einen Etat von rund 0,75 Millionen € Umsatz mit steigender Tendenz.[126]

Als Einteilungskriterium für Agenturen eignen sich Qualität und Umfang der offerierten Leistung, oft aber auch das Agenturimage. In Abbildung 1.41 wird als Unterscheidungskriterium der Spezialisierungsgrad genommen.

Unternehmensberatungen erarbeiten ganzheitliche, maßgeschneiderte Strategien, die Grundlage für Detailkonzepte sind. Im Kommunikationsbereich beziehen sich ihre Leis-

[126] Vgl. o.V. (2000): ZAW, S. 171.

tungen sowohl auf die Planung und Realisation der Aktivitäten gegenüber dem Markt als auch (und besonders durch die Entwicklung neuer Informations- und Kommunikationstechnologien wie Intranet und Business TV) auf interne Kommunikation und Personalführung.

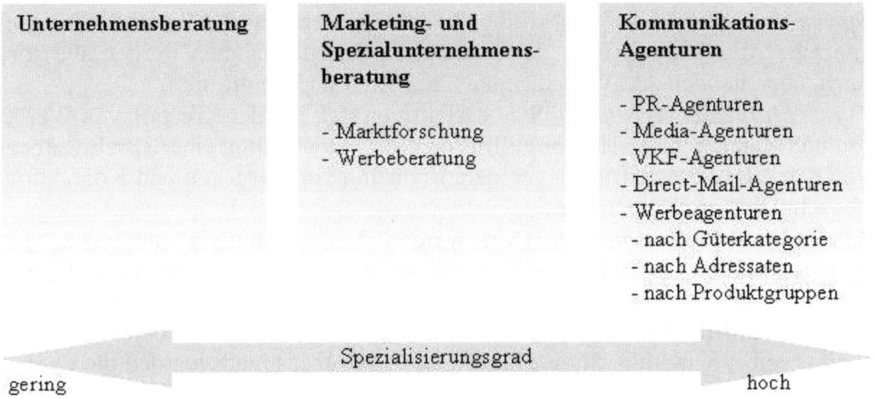


*Abb. 1.41: Anbieter von Beratungsleistungen im Kommunikationsbereich (Quelle: Dahlhoff, D. (1993), S. 120)*

In vielen Fällen bedienen sich die Berater und die Unternehmen bei spezifischen Teilaufgaben Spezialunternehmen, die im Bereich Marketing auf spezielle Themen fixiert sind. Das Produktmanagement kann sich dann „à la carte"-Dienstleistungen herauspicken und die „Einzelgewerke" selbst an spezialisierte Dienstleister vergeben. Entsprechend der operativen Instrumente der Kommunikationspolitik und dem Arbeitsprozess der Planung, Realisation und Kontrolle von marktgerichteten Aktivitäten werden die Agenturen wie folgt unterschieden:[127]

- *Klassische Werbeagenturen:*
  - Full Service (Entwicklung der Kommunikationsstrategie, kreative Leistung und Mediaschaltung)
  - Teilserviceagenturen (nur Mediaschaltung, nur Kreativleistung oder Abwicklung)
- *Kreativagenturen:* Diese Agenturen konzentrieren sich nur auf die Umsetzung der Werbebotschaften in Bild, Text und Ton. Sie bieten weder Marketing- noch Medienberatung an.
- *Media-/Schaltagenturen:* Ihre Bedeutung ist in den letzten Jahren stark gestiegen. Innerhalb eines Budgetrahmens ist es ihre Aufgabe, eine sachlich und zeitlich optimale Verteilung auf die einzelnen Werbeträger vorzunehmen. Mit einem zunehmend differenzierten Angebot an Werbeträgern im Print- und elektronischen Bereich wird der Bedeutungszuwachs begründet. Neben der Mediaplanung wird der Mediaeinkauf, die Mediaoptimierung und die Schaltungskontrolle durchgeführt.

[127] Vgl. Dahlhoff, D. (1993), S. 121 ff.

- *Verkaufsförderungsagenturen:* Diese Agenturen planen, realisieren und kontrollieren Verkaufsförderungsmaßnahmen am „Point of Purchase", bieten „Sampling" (Probenverteilung an Verbraucher am Wohnort oder an frequenzstarken Plätzen), Aktionen und weitere Kommunikationsmaßnahmen des Direktmarketings zum Verbraucher.
- *Sponsoring-Agenturen:* Sponsoring Agenturen vermitteln Kontakte oder kreieren spezielle Aktivitäten. Neben der Konzeption der Maßnahmen werden alle vor- und nachzubereitenden Aktivitäten geplant, realisiert und kontrolliert.
- *Direkt Marketing-Agenturen:* Sie beschäftigen sich mit der Kreation von Werbebriefen und Katalogen sowie dem Fullfillment der Abwicklung einer Direktwerbeaktion von der Adressbeschaffung, -veredelung bis hin zum Drucken und Konfektionieren der schriftlichen Werbemittel.
- *Event Marketing-Agenturen:* Dort werden Veranstaltungen entwickelt, geplant, realisiert und durchgeführt. Ihr Know-how bezieht sich zum einen auf die Kompetenz im Bereich Produktion, Regie sowie technischer Durchführung der Aktionen (Licht, Ton, Bild, Requisite) als auch auf die konzeptionelle Zusammenstellung des Events selbst (Catering, Showeinlagen etc.). Darüber hinaus werden die Events vor- und nachbereitet.
- *Öffentlichkeitsagenturen:* Diese Unternehmen unterstützen die Öffentlichkeitsarbeit des Unternehmens und übernehmen meist die Pressearbeit. Ihre Kompetenz liegt in der Beziehungspflege und in der textlichen, grafischen und audio-visuellen Präsentation der Inhalte.
- *Internetagenturen:* Diese Agenturen sind recht neu auf dem Werbemarkt. Sie kommen entweder aus dem grafischen Gewerbe oder der informationstechnologischen Industrie. Ihre Aufgaben bestehen in der Konzipierung von Internet-Auftritten und deren Vermarktung innerhalb des Internets sowie über klassische Medien. Darüber hinaus beschäftigen sich diese Agenturen mit der Optimierung des gesamten wirtschaftlichen Workflows im Rahmen des „E-Commerce". Besondere Bedeutung haben die Wertschöpfungsprozesse erfahren, die sich mit E-Shopping beschäftigen, z. B. als Versandhandel über das Internet.

### 4.2.2 Leistung und Gegenleistung

Am Anfang jeder Agenturzusammenarbeit steht eine möglichst genaue Aufgabenbeschreibung, das „Briefing". Je genauer die Zielsetzungen und die Rand- bzw. Nebenbedingungen darin festgelegt sind, desto besser kann das Ergebnis werden. Dieses Briefing liegt dann der Agentur und den internen Mitarbeitern als Pflichtenheft vor. Dieses schriftliche Briefing fixiert die Aufgaben und die Honorierung der Agentur. Vor allem wird der Entscheidungsprozess des Auftraggebers in Bahnen gelenkt, denn jede Verzögerung des Ablaufs, der durch den Auftraggeber bedingt ist oder jede zusätzliche Leistung wird dann extra in Rechnung gestellt. Inhaltskonflikte können beim Briefing vorzeitig aus dem Weg geräumt werden. Tief gehende und unangenehme Fragen in der Briefingphase gegenüber dem Auftraggeber lassen sich als Qualitätsmerkmal der Agentur werten.

Inhaltlich umfasst das Briefing eine detaillierte Beschreibung und Ausprägung der strategischen (vgl. Kapitel 2) und operativen (vgl. Kapitel 3) kommunikationspolitischen Entscheidungstatbestände.

Im Wesentlichen sollten folgende Punkte berücksichtigt werden:

- *Rahmenbedingungen:* Hierzu zählen die Analyse des Umfeldes im relevanten Markt, der Wettbewerbsstruktur sowie der komparativen Wettbewerbsvorteile des Produktes, die kommunikativ herausgestellt werden sollen. Schwerpunkte sind Überlegungen hinsichtlich der Positionierung und der Auswahl und Beschreibung (psychografisch, soziodemografisch, geografisch oder verhaltensorientiert) der anzusprechenden Zielgruppe.
- *Zielsetzungen:* Explizite Darstellung der angestrebten kommunikativen und ökonomischen Werbeziele in einem bestimmten Budgetplanungszeitraum. Hinzu muss geklärt werden, welche Objekte (Produkte, Marken und Organisationsteile) überhaupt kommunikativ unterstützt werden sollen.
- *Kampagnenformatierung:* Zeitlicher und sachlicher Grobentwurf der einzusetzenden kommunikativen Leit-, Kristallisations-, Integrations- und Folgeinstrumente sowie die hierfür geeigneten Medien und Medienkombinationen. Hinzu kommt der Entwurf der kreativen Plattform für die Gestaltung der einzusetzenden Werbemittel.
- *Budgetplanung:* Grobkalkulation der erforderlichen Budgetmittel zur Zielerreichung aufgrund der Kampagnenformatierung.
- *Werbeerfolgskontrolle:* Einarbeitung einer Werbeerfolgsprognose und eines Werbekontrollsystems.

Die Vergütung der Werbeagenturen kann auf verschiedene Weise erfolgen.[128] Sie unterliegt nicht, wie bei Freiberuflern häufig zu finden, verbindlichen Honorarrichtlinien. In den Einzelverhandlungen spielen neben Leistungsumfang und -qualität die geforderte Schnelligkeit und das Verhandlungsgeschick zentrale Rollen. Für die Kreativleistung gibt es Anhaltspunkte darüber, in welcher Kategorie sich Agenturhonorare für welche Leistungen bewegen. Informationen finden sich z. B. im Info-Verlag (Neuss), Allianz Deutscher Grafik Designer (AGD Braunschweig) oder der Creativ-Collection (Freiburg/Breisgau).[129]

- *Einzelabrechnung:* In Form von Einzelprojekten werden die Leistungen (Produktion eines TV-Spots, Beratung in der Mediaplanung, Primärmarktforschungsprojekt etc.) in einem Briefing umschrieben und honoriert.
- *Pauschale:* Hierbei wird ein bestimmter Leistungsumfang ein Jahr im voraus festgelegt und monatlich abgegolten. In der Praxis werden 12 bis 22 Prozent des Gesamtwerbeetats als Pauschale verrechnet. Alle anderen Provisionen der Agentur werden dem Kunden gutgeschrieben.
- *Provisionen:* Für vermittelte Streuaufträge erhalten die Agenturen von den Medien (Verlage, Funk- und Fernsehanstalten etc.) 15 Prozent Vermittlerprovision (Anzeigen-Expeditions-Provision, so genannte AE-Provision) auf den Nettopreis, der den Werbetreibenden in Rechnung gestellt wird. Dieser Nettopreis muss der Werbetrei-

[128] Vgl. Bruhn, M. (1997a), S. 228 ff.

[129] Vgl. Huth, R., Pflaum, D. (1993), S. 55 f.

bende entrichten, unabhängig davon, ob eine Agentur eingeschaltet ist. Dies ist der Grund, weshalb einige Werbetreibende eine eigene Hausagentur gründen und die AE-Provision über eine Drittfirma erhalten.
Bei großen Etats erhält der Werbetreibende einen Teil der Provision von der Agentur rückvergütet, da die Leistungen nicht proportional zum Etatvolumen steigen (Sliding Scale Commission). Reine Schaltagenturen erhalten nur 2,5 bis 3 Prozent Provision. Sie übernehmen dafür weder die Kreation noch die Produktion der Werbemittel. Deswegen nutzen vielen Unternehmen die Schaltagenturen und vergeben die Kreation und Produktion der Werbemittel einzeln.

- *Service-fee (typisches System in den USA):* Hierbei werden alle dem Kundenauftrag zurechenbaren Kosten dem Kunden weiterverrechnet. Nach Abzug der Provisionen erfolgt auf jede Rechnung ein Zuschlag (in den USA bei 17,65 Prozent). Mit dieser Methode werden sowohl externe Rechnungen als auch interne Arbeitskosten dem Kunden weitergegeben. Dabei werden kalkulatorische Stundensätze unterstellt und die Mitarbeiter müssen Stundenzettel führen. Der Kunde zahlt in diesem Falle lediglich für die tatsächlich erbrachten Leistungen.
- *Anreizgesteuerte Vergütungssysteme:* Zielsetzung ist es, die Motivation und die Leistungsbereitschaft der Agentur zu erhöhen. Die Agentur soll damit an den ökonomischen Zielgrößen der Werbekampagne teilhaben. Steigt beispielsweise das Absatzvolumen, dann erhöhen sich nach bestimmten Tarifstrukturen die Provisionssätze der Agentur an dem verwalteten Kommunikationsetat. Als geeignete Zielgrößen können auch Bekanntheitsgrad und Imageänderungen herangezogen werden, deren Realisierung im Gegensatz zum Absatzvolumen eher werbebedingt ist.

Zu den allgemeinen Geschäftsgepflogenheiten im Agentur-Kundenverhältnis gelten folgende Regelungen oder sollten stets Gegenstand der Vereinbarungen sein:

- *Leistungsumfang:* Die Leistungen umfassen Werbevorbereitung, -planung, -gestaltung, -text sowie Abwicklung des Gesamtprozesses inklusive Materialien, Reinzeichnung, Übersetzungen, Fahrtkosten, Spesen, Urheberrechtsübertragungen, technische Kosten wie Satz, Repro, Retusche, Fotoabzüge, Werkzeuge etc. Bei längerfristigen Aufträgen wird „à conto" gezahlt.
  Für die Realisierung müssen die vom Werbungtreibenden zur Verfügung gestellten Vorlagen frei von Rechten Dritter sein.
- *Treuepflicht:* Der Werbungtreibende beauftragt innerhalb des Vertragszeitraums keine andere Agentur für die gleiche Aufgabe. Im Gegenzug sichert die Agentur Konkurrenzausschluss zu direkten und indirekten Werbeobjekten des Kunden. Darüber hinaus gilt Schweigepflicht sowie die Sicherung datenschutzrechtlicher Bestimmungen.
  Die Nutzungsrechte für eingereichte Vorschläge gehen nicht automatisch an den Werbungtreibenden über. Deswegen dürfen die Inhalte und Ideen nicht anderweitig als zu den vertraglich vereinbarten Zwecken verwendet werden. Dies gilt auch für abgewandelte Formen und für die Arbeiten beauftragter Dritter (Freelancer). Werbeagenturen schaffen mit ihrer Arbeit geistiges Eigentum. Deswegen ist die Konzeption einer Kampagne eine eigenständige, schützenswerte Gesamtleistung, die die Einzelleistungen aus Idee, Bild und Text übersteigt. Das Urheberrechtsgesetz ist daher auf die Gesamtleistung anzuwenden. Die Auftraggeber vergüten lediglich die

Nutzungsrechte an der Kampagne. Eigentumsrechte, Urhebernutzungsrechte oder Sonderschutzrechte an eingereichten Entwürfen gehen nur dann an den Werbungtreibenden über, wenn diese ausdrücklich vertraglich geregelt sind. Dies gilt auch dann, wenn die nationale Kampagne international eingesetzt werden soll. Die Entwürfe selbst bleiben sogar in diesem Fall Eigentum der Agentur, denn Urheberrechte sind unveräußerlich, lang laufend und nur vererbbar. Unbedenklich bleiben Verwendungen für nicht erwerbswirtschaftliche Zwecke (Privatbereich, journalistische Berichterstattung etc.).

- *Gewährleistungspflicht:* Die Agentur lässt alle Arbeiten vor Schaltung durch den Auftraggeber freigeben. Für Fehler haftet sie nur bei grober Fahrlässigkeit oder Vorsatz. Sie zieht zu allen Aufgaben qualifizierte Mitarbeiter oder Drittfirmen hinzu und überwacht den Produktionsablauf. Für die wettbewerbsrechtliche Unbedenklichkeit einer Werbung trägt die Agentur Sorge. Künstlerische Lichtbildwerke sind urheberrechtlich geschützt, handwerkliche Lichtbilder dagegen nur leistungsgeschützt. Die Bildnisse von Personen bedürfen zur Veröffentlichung deren Einwilligung, wohingegen Bildnisse von Personen der Zeitgeschichte sowie Menschenansammlungen auch ohne deren Einwilligung veröffentlicht werden dürfen.
- *Vertragslaufzeiten:* Ein Agenturvertrag wird entweder für eine feste Laufzeit geschlossen oder verlängert sich automatisch, wenn nicht vorher fristgemäß gekündigt wird.

Durch ein „Re-Briefing“ werden die Vereinbarungen abgesichert und der kalkulierte Etat ist von dem werbetreibenden Unternehmen bereitzustellen. Meist steht als nächster Schritt die Entwicklung des Kreativkonzeptes an. Zunächst werden eine oder mehrere Basisideen entwickelt und in einem Storyboard (TV-Commercial), in einem Concept Board (Printwerbung) oder in einer Navigationsstruktur (Internetwerbung) vergegenständlicht.

Im Printbereich (Anzeigen, Werbebriefe, Kataloge) werden nach der Konzeptzeichnung (Rough) in Form einer Skizze (Scribble) der ausgearbeitete Entwurf (Rohlayout) entwickelt. In jeder Phase kann eine Endabnahme des Kunden erfolgen. Ist jedoch das Abstraktionsvermögen des Kunden gering, so ist ein Reinlayout erforderlich (Layout-Illustrationen, Stock Foto). Der Text einer Anzeige (Body Copy), die Platzierung der Bildmotive und die Abbinder (Slogans) sollten ausformuliert vorliegen. Abschließend wird ein Fotolayout erstellt, das bereits den naturgetreuen Eindruck der Anzeigen vermittelt. Vor der Realisation können weitere reinzeichnungstechnische Veränderungen für Umbrüche, Formatanpassungen etc. nötig werden. Abschließend werden die Druckvorlagen (z. B. pdf-Dateien) für die Druckereien erstellt. Letztlich werden im Printbereich vor Druckfreigabe Ausdrücke von diesen Filtern dem Auftraggeber zur Verfügung gestellt, die noch Feinkorrekturen erlauben (Farbabstimmung).

# Abbildungsverzeichnis

# Kapitel 2

## Grundlagen strategischer Kommunikationspolitik

# 1. Produkt- und Markenpositionierung

## 1.1 Grundlagen

Die Positionierung ist das Bestreben eines Unternehmens, sein Angebot so zu gestalten, dass es im Bewusstsein der Zielkunden einen besonderen, geschätzten und von den Wettbewerbern unterscheidbaren Platz einnimmt. Das Ziel der Positionierung von Produkten und Marken besteht demnach darin, bestimmte Produkteigenschaften so herauszustellen, dass das Produkt in der Wahrnehmung sowie im emotionalen Bereich und damit in der Psyche des Konsumenten eine dominierende Stellung bekommt. Gleichzeitig soll eine hinreichende Differenzierung gegenüber Konkurrenzprodukten möglich sein.[130]

Der Begriff Positionierung wurde 1972 von Al Ries und Jack Trout ins Gespräch gebracht. In einer Zeitschriftenveröffentlichung mit dem Titel „Das Zeitalter der Positionierung" und in dem nachfolgenden Buch „Positioning: The battle for your mind" wurde die Positionierung als kreativer Akt zur Unterstützung eines bereits existierenden Produktes dargestellt. Die Definition lautet dort:

„Die Positionierung beginnt bei einem Produkt. Das kann eine Ware, eine Dienstleistung, ein Unternehmen, eine Institution, ja selbst eine Person sein. Aber Positionierung ist nicht das, was man mit einem Produkt tut, sondern was man mit der Gedankenwelt des potenziellen Käufers tut. Das heißt, ein Produkt wird in der Gedankenwelt des potenziellen Käufers positioniert". [131]

Unternehmen, die auf einem weit abgegrenzten Massenmarkt tätig sind (Konsumgüter, Investitionsgüter, Dienstleistungen), werden feststellen, dass man die Bedürfnisse aller Kunden nicht im gleichen Maße befriedigen kann. Entweder haben die Konsumenten zu unterschiedliche Anforderungen an die Produkt- und Kommunikationsangebote, oder aber die Wettbewerber bedienen bestimmte Bereiche des Marktes optimaler als andere Anbieter. Statt in allen Bereichen den Wettbewerb aufzunehmen, sollte sich das Unternehmen im Rahmen des strategischen Managements auf die attraktivsten Marktsegmente konzentrieren, Produktkonzepte entwickeln und diese entsprechend kommunizieren. Positionierung bedeutet, mit der Marke bei bestimmten Produkteigenschaften einen dominierenden Platz anzustreben. Dabei sind folgende Fragen zu beantworten:

- Über welche Schritte kommt man zu einer Positionierung?
- Welche Positionierungsmerkmale sollten herausgestellt werden?
- Wie viele Merkmale sollten in der Kommunikationsstrategie herausgestellt werden?
- Welche Positionierungsanlässe gibt es?
- Welche innerorganisatorischen Konsequenzen leiten sich ab?

Die Positionierung gehört demnach zu den strategischen Grundentscheidungen der Unternehmensführung. Strategisch deswegen, weil eine zielgruppenorientierte Positionierung die Grundlage für den Aufbau von Erfolgspotenzialen darstellt und es sich hierbei um Grundsatzentscheidungen mit langfristiger Wirkung handelt. Erfolgreiche Produkt-

---

[130] Vgl. Becker, J. (1993), S. 169 ff.

[131] Vgl. Kotler, P., Bliemel, F. (1999), S. 502.

konzepte werden meistens über viele Jahre erfolgreich sein, unabhängig von Zeitgeisterscheinungen oder gesellschaftlichen Trends. Bei Entscheidungen über die Produktpositionierung mischen sich Entscheidungstatbestände der Produktpolitik mit denen der Kommunikationspolitik. Authentische Vermarktungskonzepte zielen auf den Produktnutzen, der objektiv den Produkten zu Grunde liegt, um ihn auch kommunikativ der Zielgruppe zu vermitteln. Bei der Positionierung geht es darum, Unterschiede herauszustellen – effektiv zu kommunizieren – dies ist dann die Aufgabe der Kommunikationspolitik.

## 1.2 Positionierungsanlässe

Im Wesentlichen finden sich vier Anlässe für eine Positionierung.[132] Es können mit alten oder neuen Positionen bestehende oder neue Produkte positioniert werden:

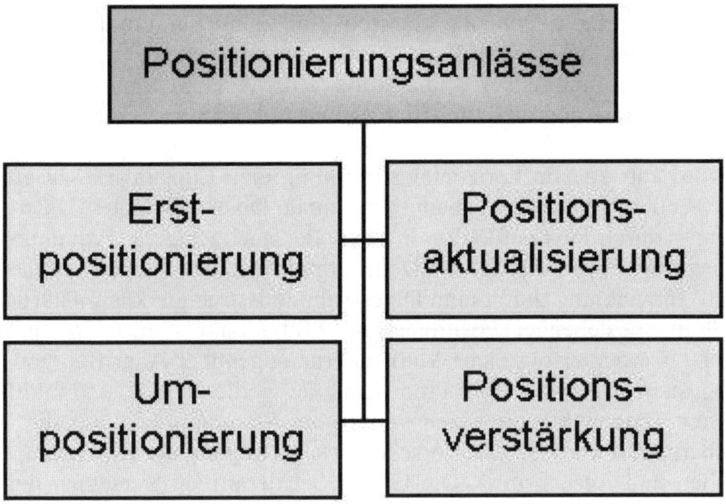


*Abb. 2.1: Positionierungsanlässe*
*(Quelle: Pepels, W. (1994), S. 104 ff.)*

- *Erstpositionierung (Launch) und Innovationsstrategie:* Unabhängig von historischen Zwängen kann ein neues Produkt, eine neue Produktvariante oder eine echte Innovation in einem neuen oder auch etablierten Markt positioniert werden. Hierbei handelt es sich um den ersten Schritt im Rahmen von Neuprodukt-Entwicklungsprozessen.[133]

[132] Vgl. Pepels, W. (1997), S. 82 ff.
[133] Vgl. Kotler, P., Bliemel, F. (1999), S. 507 ff.

Fehler, die an dieser Stelle gemacht werden, lassen sich meist nur schwer korrigieren.[134] Bei echten Innovationen, die nicht nur eine Betriebs-, sondern auch eine Marktneuheit darstellen, ist das Positionierungsproblem recht einfach zu lösen. Der Nutzen der Innovation steht dann im Mittelpunkt der Positionierung. Schwieriger gestaltet sich die Positionierung bei Betriebsneuheiten, da die Produkte in einem bestehenden Marktumfeld positioniert werden sollen. Meist sind es Produktmodifikationen oder Produktvarianten mit einem mehr oder weniger auswechselbarem Kernnutzen. In solchen Fällen geht es darum, entweder unbesetzte Marktnischen zu identifizieren, oder aber das eigene Produkt im Wettbewerbsumfeld derart zu positionieren, dass es auf eine ausreichende Anzahl von Interessenten und Kunden abzielen kann – und zwar deshalb, weil das Nutzenbündel des neuen Produktes die Bedürfnisse und Präferenzen der Zielgruppe eher befriedigt als bestehende Angebote oder aber völlig neue Konsumentensegmente für den Produktnutzen begeistern kann. Im Kern muss die Frage des Alleinstellungsanspruches (Unique Selling bzw. Advertising Proposition) beantwortet werden.

- *Positionsaktualisierung des Markenkerns und Penetrationsstrategie:* Hierbei steht im Mittelpunkt, eine bestehende Marktposition zu nutzen, um das Geschäft offensiv auszubauen. Eine bestehende Position wird auf ein neues Produkt übertragen. Der Markenwert (Bekanntheitsgrad und Good Will) einer Stammmarke wird meist zur Produktdifferenzierung und zur „Line Extension“ genutzt, um Randsegmente abzudecken.[135]

  Dabei wird entweder in horizontaler Richtung eine Einzelmarke zu einer Markenfamilie (Produkt-Range) ausgebaut (horizontale Diversifikation)[136] oder in vertikaler Richtung[137] durch Diversifikation in vor- oder nachgelagerte Produktmarken integriert. Dies kann etwa auch durch Lizenzvergabe erfolgen. Neben der Zielsetzung der Geschäftsentwicklung durch eine Diversifikationsstrategie kann natürlich auch eine Absicherung bestehender Positionen im Mittelpunkt stehen. Durch so genannte „Flankers“ werden erfolgreiche Markenkerne gegenüber Angriffen von Wettbewerbern abgesichert. Angrenzende Produktmärkte werden belegt, und mithilfe des Imagetransfers können Kompetenzen von einem Stammprodukt auf die Transferprodukte übertragen werden (z.B. Porsche mit Übertragung der Kompetenzen für Autos auf Brillen und Accessoires). Die Gefahr bei derartigen Strategien liegt häufig im Verlust der Glaubwürdigkeit und der damit verbundenen Tragfähigkeit bei der

---

[134] Die häufigsten Fehler sind eine falsche Einschätzung des Preis-/ Leistungsverhältnisses, falsche Marktabgrenzung und damit ein falsches Bild über die Stärken und Schwächen möglicher Wettbewerber und die Unterschätzung des Volumens an Kommunikationsbudget zur Erreichung der Marktanteilziele.

[135] Hierunter versteht man Produktdifferenzierungen einer Kernmarke, um die Bedürfnisse zielgruppenspezifischer abdecken zu können. Beispiele finden sich in vielen Konsumgütermärkten, z.B. die Marke Blend-a-med mit Produktdifferenzierungen für alternative Nutzenerwartungen hinsichtlich Parodontoseschutz, Kariesschutz, Zahnsteinschutz, die Geschmacksvariante Mint und Verwendungsformen Gel sowie Mundwasser. Ähnliche Strategien finden sich auch im Schokoladenmarkt wie die Markenführungen von Ferrero belegen.

[136] Eine horizontale Diversifikation konzentriert sich im Markenaufbau auf der gleichen Verwendungsstufe beim Konsumenten. Beispielsweise die Marke „Du darfst“ (Langnese) bietet Margarine, Wurst, Konfitüre und Joghurt unter dem Markendach an.

[137] Hierbei erfolgt die Diversifikation in unterschiedliche Märkte. Meist wird der Marken-„Good Will“ von einem Stamm- auf einen Zweitmarkt transferiert. Beispiel hierfür sind die Zigarettenmarken, die ihr Image in traditionelle Produktfelder fern von Rauchen transferieren (z.B. Reisebranche, Outdoor Ausrüstung u.ä.).

Stammmarke. Dem Konsumenten kann nicht mehr glaubhaft eine Kompetenzübertragung vermittelt werden. Dadurch leidet am Ende nicht nur das Profil der „Flankers", sondern auch das Profil der Stammmarke.

- *Neupositionierung (Relaunch) und Revitalisierung im Rahmen des Produktlebenszyklus:* Bei der Neu- bzw. Umpositionierung sollen bestehende Produktkonzepte neu erlebbar gemacht werden. Das Produkt soll für neue Zielgruppen revitalisiert oder meistens für eine jüngere Zielgruppe inhaltlich aufgefrischt werden. Für bestehende Produkte sollen demnach neue Positionen gesucht werden. Ein Relaunch wird vor allem in der Sättigungsphase eines Marktes erforderlich oder aber, wenn der erste Auftritt eines neuen Produktes (Launch) „floppte".
  Hauptziel ist dabei, den Produktlebenszyklus zu vitalisieren oder zumindest einem Verfall entgegenzuwirken. Dabei sollten meist nur geringe Produktmodifikationen (Face Liftings) vorgenommen werden, vielmehr steht das subjektive Neuerleben der Marke bei den bestehenden oder neuen Zielgruppen im Mittelpunkt. Kann die bestehende Angebotsposition nicht verändert werden, so kann versucht werden, die Einstellung der Zielpersonen zur gegebenen Position durch Vermittlung neuer kaufverhaltensrelevanter Eigenschaften zu verändern (z.B. Herausarbeitung neuer kognitiver bzw. leistungsbezogener oder emotionaler Aspekte des Angebotes). Relaunch kann aber auch bedeuten, dass ein bestehendes Produkt völlig durch ein neues Produkt abgelöst wird (z.B. grundlegender Modellwechsel in der Automobilindustrie).
  Das neue Erleben kann in Richtung eines Upgrades (qualitative Differenzierung und Leistungsvorteile) oder in Richtung Downgrading (verbessertes Preis-/Leistungs-Verhältnis) mit einer korrespondierenden Preispolitik erfolgen (z.B. Fairy Ultra Plus). In beiden Fällen geht es darum, auf die Präferenzen der anvisierten Zielgruppen differenzierter und individualisierter einzugehen, um damit ein höheres Maß an Zufriedenheit und Kundenbindung zu erreichen. [138]
- *Positionsverstärkung:* Hierbei steht im Mittelpunkt der Bemühungen, eine bestehende Marktposition defensiv abzusichern oder zu verteidigen. Dies erfolgt durch Verstärkung des Markenkerns im Sinne der Markenpflege und Markenprofilierung. Ein Markenkern muss ständig verstärkt werden, damit sowohl der Bekanntheitsgrad, als auch das Markenprofil bei den Zielgruppen nicht vergessen wird. Es geht hierbei darum, den gleichen Kernnutzen abwechslungsreich, neu und angepasst an dem aktuellen Gesellschaftsgeschmack und der Moderichtung zu kommunizieren. Durch stetige Herausarbeitung der Produktkompetenzen und einer systematischen Anpassung an die gesellschaftliche Dynamik kann die eigene Position langfristig wirksam gesichert werden.
  So genannte „starke Marken" haben über viele Jahre erfolgreich den Markenkern (gestalterisch angepasst) vermitteln können (z.B. Nivea, Persil u.a.).

## 1.3 Positionierungsschritte

Grundlage einer Positionierung bildet die Zielgruppenstrategie als Basis einer zielgruppenspezifischen Marktbearbeitung. Drei Schritte sind dabei vorzunehmen, Segmentie-

[138] Vgl. Unger, F., Fuchs, W. (1999), S. 115 f.

rung, Targeting und Positionierung (STP-Marketing), wie in Abbildung 2.2 zu ersehen ist:

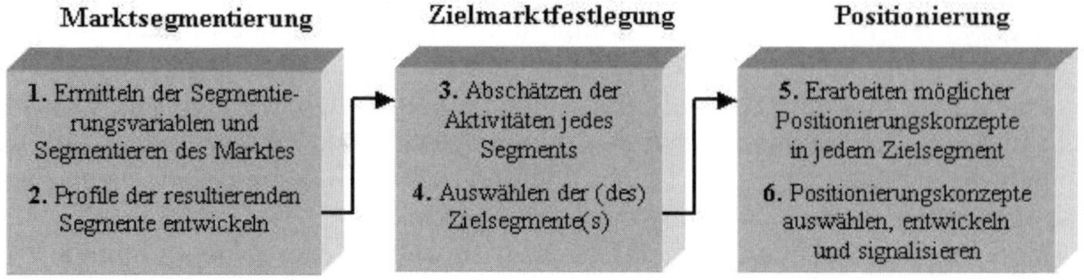


*Abb. 2.2: Vorgehensschritte bei einer Positionierung*
*(Quelle: Kotler, P., Bliemel, F. (1999), S. 426)*

## 1.3.1 Marktsegmentierung

Der erste Schritt einer Positionierung beginnt damit, den Markt in abgrenzbare Käufergruppen zu unterteilen, da sich die Verbraucher in einigen bis vielen Aspekten unterscheiden. Das Anliegen der Marktsegmentierung besteht darin, Nachfrager nach bestimmten Kriterien in Untergruppen aufzuspalten. Diese Konsumenten, innerhalb der jeweiligen Untergruppe, sollten sich in bestimmten Kaufverhaltensweisen zueinander ähnlicher sein als Konsumenten von anderen Gruppierungen. Insofern ist ein methodischer Aspekt, nämlich die Identifikation von Marktsegmenten, zu lösen und ein operativer/strategischer Aspekt, d.h. die Marketinginstrumente, segmentspezifisch einzusetzen.

Konsumenten unterscheiden sich sowohl in ihrer sozialen Umfeldsituation, als auch durch ihre psychologischen Strukturen sowie durch ihr Wohnumfeld voneinander. Entscheidend ist, dass mit solchen Merkmalen, nach denen Konsumenten individuell beschreibbar sind, ein unterschiedliches Konsum- und Mediennutzungsverhalten verbunden ist.
Für die Segmentierung von Märkten bieten sich in der Literatur und in praktischer Anwendung unterschiedliche Kriterien an.

Die Bedeutungen der aufgeführten Kriterien sind meist selbstsprechend. Anhand jedes einzelnen Kriteriums oder auch in jeder beliebigen Kombination lassen sich die Konsumenten segmentieren. Die Kriterienkataloge variieren jedoch nach Autoren. Hierzu wird auf die Spezialliteratur verwiesen.[139]

[139] Vgl. Freter, H. (1983), Böhler, H. (1977), Kaiser, A. (1978), Berekoven, L., Eckert, W., Ellenrieder, P. (1996), Martin, M. (1992).

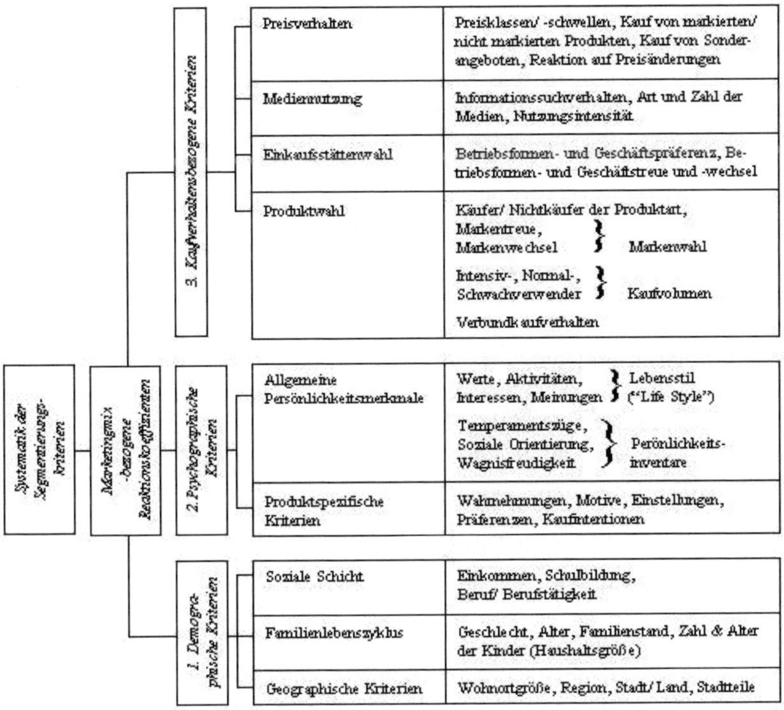


*Abb. 2.3: Marktsegmentierungskriterien*
*(Quelle: Becker, J. (1998), S.251 in Anlehnung an Freter, H. (1983), S. 46, Freter, H. (1995), S. 1807 ff., Böhler, H. (1977))*

Die Anforderungen, die an die Eignung der Kriterien zur Bildung aussagefähiger Marktsegmente gestellt werden, sind wie folgt:

- Die mithilfe des Kriteriums oder der Kriterien abgegrenzten Marksegmente sollten für die zu beantwortende Fragestellung eine Kaufverhaltensrelevanz besitzen (Postulat der Verhaltensrelevanz).
- Die so abgegrenzten Segmente sollten auch entsprechend segmentspezifisch bearbeitbar sein. Man sollte die Kundenschichten identifizieren und kommunikativ und distributiv erreichen können (Ansprechbarkeitspostulat).
- Sowohl die Bildung der Segmente, als auch deren Bearbeitung sollten einen geringeren Aufwand ergeben als die positiven zusätzlichen Erträge, z.B. durch Preisbündelung aufgrund der Segmentierung (Wirtschaftlichkeitspostulat).

## 1.3.2 Zielmarktfestlegung

Das Unternehmen muss nun für die Ermittlung der Attraktivität der einzelnen Marktsegmente einen Bewertungsmaßstab erarbeiten und wählt anschließend ein oder mehrere Marktsegmente für eine zielgruppenspezifische Marktbearbeitung aus.

Die Attraktivität eines Marktsegments lässt sich durch folgende Kriterien beurteilen:

- Marktvolumen
- Marktpotenzial bzw. Marktwachstum und prognostizierte Länge des Produktlebenszyklus
- Stabilität der Marktsegmente
- Erreichbarkeit mithilfe der Marketinginstrumente (kommunikativ und distributiv) und den damit verbunden Marktbearbeitungskosten
- Ressourcen des Unternehmens, um diese Segmente überhaupt bearbeiten zu können
- Markteintrittsbarrieren
- Mobilitätsbarrieren innerhalb des Wettbewerbsumfeldes
- Gesamtinvestitionsvolumen für die Marktbearbeitung
- Geschätztes Cash Flow Potential unter den prognostizierten Rahmenbedingungen

Letztlich muss die Entscheidung getroffen werden, wie viele und welche der methodisch abgegrenzten Marktsegmente bearbeitet werden sollen bzw. bei denen sich der Markteintritt lohnt. Dabei kann das Unternehmen den Markt auf unterschiedliche Weise ganz oder teilweise abdecken.

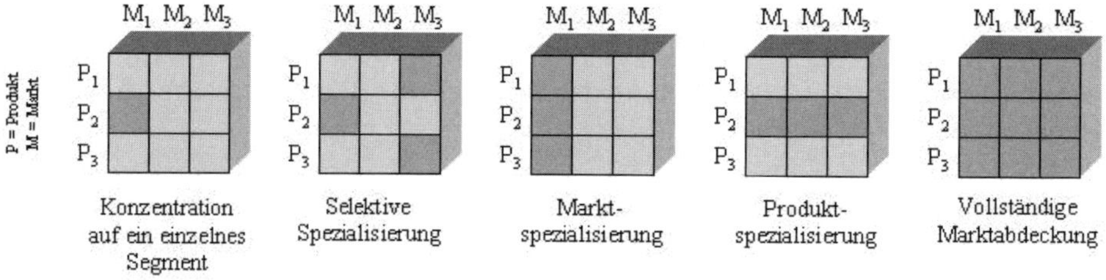


*Abb. 2.4: Fünf Muster der Zielmarktbestimmung (Quelle: Kotler, P., Bliemel, F. (1999), S. 458)*

- *Konzentration auf ein Marktsegment:* Das Unternehmen konzentriert sich mit einem Produkt auf einen Spezialmarkt und baut dort eine starke Position auf, die auf den besonderen Kenntnissen der Bedürfnisse des Zielsegments beruht. Des Weiteren können durch eine Spezialisierung in den Prozessen einige Kostenvorteile realisiert werden. Dieses Vorgehen ist typisch für kleinere und mittlere Unternehmen. Sie sind meistens nicht in der Lage, den Gesamtmarkt zu bearbeiten und konzentrieren sich auf attraktive Marktnischen. Die Konzentrationsstrategie kann auch eine Ausgangsplattform für eine spätere Ausweitung auf andere Marktsegmente darstellen.

Das Risiko einer solchen Marktbearbeitungsstrategie liegt darin, dass entweder das Segment keine ausreichende Stabilität aufweist und dementsprechend dahinschmilzt oder aber die Renditen anderer Wettbewerber locken, die aufgrund von Synergien aus anderen Bereichen das Marktsegment effektiver bearbeiten können.

- *Selektive Spezialisierung:* In diesem Fall möchte das Unternehmen die „Rosinen heraus picken" und mehrere nach objektiven Beurteilungskriterien attraktive Segmente auswählen, die im Kern keine Synergien (weder von der Verfahrensseite noch von der Marktseite her) besitzen. Der entscheidende Vorteil der konzentrierten Marktbearbeitung liegt im Risikoausgleich und im Aufbau tragfähiger Portfolios. Der Nachteil dieser Marktbearbeitungsstrategie liegt in der Verzettlung der Marktbearbeitungsbudgets, ohne Synergien nutzen zu können.
- *Produktspezialisierung:* Diese Strategie beruht auf Synergien im Produktionsbereich. Ein Produkt wird an mehrere unterschiedliche Kundengruppen/-segmente vermarktet. Mit kleineren Produktmodifikationen und einer individuellen Kommunikationsstrategie werden ähnliche Problemlösungen in völlig unterschiedlichen Märkten und Zielgruppen vermarktet. Hierdurch baut sich das Unternehmen seinen Good Will in einem spezifischen Produktbereich auf. Das Risiko dieser Strategie liegt darin, dass durch einen Technologiewechsel sämtliche Anwendungsfelder verloren gehen.
- *Marktspezialisierung:* Bei dieser Strategie konzentriert sich das Unternehmen auf die vorliegende Zielgruppe und versucht, deren Bedürfnisse möglichst umfassend zu befriedigen. Der „Good Will" des Unternehmens beruht in diesem Falle auf umfassenden Kompetenzen im Bereich der spezifischen Zielgruppe. Dies gilt als Carrier (Shuttledienst, „Träger") für unterschiedliche neue Produkte bei der gleichen Zielgruppe. Die Gefahr dieser Strategie liegt darin, dass die Zielgruppe aufgrund einer rückläufigen Nachfrageentwicklung an Kaufkraft verliert. Ist die Zielgruppe bereits in einem höheren Durchschnittslebensalter, dann verlieren die Kunden schnell an Kaufpotenzial (ca. ab dem 60. Lebensjahr besteht trotz höherer Kaufkraft nur selektiver Konsumbedarf im Bereich Gesundheit, Reisen u.ä.) und fallen als Käufer zu schnell völlig wieder aus, so dass die kumulierten Cashflows (zahlungswirksame Deckungsbeiträge) kaum die Neukundengewinnungskosten decken können.
- *Vollständige Marktabdeckung:* Diese Strategie beruht darauf, dass das Unternehmen bestrebt ist, alle Zielgruppen im relevanten Markt mit sämtlichen Produkten und Problemlösungen zu versorgen, die im weitesten Sinne benötigt werden. Diese Strategie ist aufgrund der benötigten Kapitalressourcen meist nur den marktführenden Unternehmen und den Großunternehmen vorbehalten. Der Gesamtmarkt kann dann auf zwei Arten abgedeckt werden:
  - Vollständige Marktabdeckung undifferenziert:
    In diesem Fall bietet das Unternehmen ein Produkt für den Gesamtmarkt an. Dabei liegt eine Konzentration in den Gemeinsamkeiten der Bedürfnisse vor. Der Marketing-Mix soll dann so konzipiert sein, dass eine möglichst große Anzahl von Konsumenten angesprochen werden kann. Diese Strategie setzt auf Massenvertriebswege und auf Massenwerbung. Die Vorteile einer solchen Strategie liegen in den Kostenvorteilen einer standardisierten Marktbearbeitung. Dies gilt sowohl für die Produktions- als auch die Kommunikationsprozesse. Ein derartiges Vorgehen korrespondiert im Grunde mit der Strategie der Kostenführerschaft, die in idealer Weise auf preissensiblere Marktsegmente ausgerichtet wer-

den sollte. Das Risiko dieser Strategie lässt sich mit dem Kernsatz „Irrweg zur Mitte" charakterisieren. Dies bedeutet, dass in solchen Märkten eine Vielzahl von Wettbewerbern ihre Kommunikationsstrategie auf die größten Märkte ausrichten und dort einen ruinösen Preiswettbewerb führen müssen, wohingegen attraktive Randsegmente oder Marktnischen völlig unbearbeitet bleiben.

- Vollständige Marktabdeckung differenziert:
  Diese Strategie bedeutet, dass das Unternehmen für jedes Marktsegment, das bearbeitet werden soll, unterschiedliche Marketingprogramme entwickelt. Im äußersten Fall werden die einzelnen Marktsegmente unter einer Dachmarke gebündelt. Diese Strategie korrespondiert mit einer selektiven Spezialisierung bzw. Qualitätsführerstrategie, die mit den unterschiedlichen Formen der Preisdifferenzierung einhergehen kann. Dieses Vorgehen führt zum einen zu einer höheren Kundenzufriedenheit und damit zur Kundenbindung, andererseits auch zu höheren Kosten im Bereich Produktmodifikation, Produktion, Lagerhaltung, Verwaltung und Kommunikation. Teilweise übersteigen die Kosten, die durch eine segmentspezifische Marktbearbeitung entstehen, die möglichen Umsatzzuwächse, so dass eine Segmentzusammenlegung sinnvoll sein kann (Counter-Segmentation).

- *Segment-Of-One Marketing im Rahmen der Dialogkommunikation:*[140] Diese Marktbearbeitungsstrategie beruht auf dem Gedanken, jeden einzelnen Kunden als individuelles Segment zu betrachten und entsprechend individuell zu bearbeiten (atomisierte Segmentierung). Diese Form der Marktbearbeitung führt zum Höchstmaß an Kundenbindung und Kundenzufriedenheit. Voraussetzungen hierfür sind Kundendatenbanken, die die individuellen Profile der Kunden vorhalten. Im Zuge der zunehmenden Vermarktung über Online-Vertriebskanäle wird eine vollständige Marktabdeckung auf Individualbasis denkbar. Sowohl die Produkte, die Preise als auch die Ansprechformen können sich dann individualisieren (Customization). Diese individuelle Form der Marktbearbeitung erfährt aufgrund der neuen Informations- und Prozesstechnologien zunehmender Beliebtheit. Schlüsselbegriff hierbei ist die maßgeschneiderte Massenfertigung (Mass Customization). Durch computerbasierte Informationssysteme, flexible Fertigungsstraßen und „just in time" Produktionen können die Produkte in kürzester Zeit in der vom Kunden gewünschten Form hergestellt werden. Prominentestes Beispiel ist die Firma Dell Computer, die über 14.000 unterschiedliche PC-Konfigurationen anbietet, mit der Folge, dass die Produktion eines PC erst nach Bestelleingang beginnt. Durch ein spezifisch geschultes „Call-Center" und mit den informationstechnischen Hilfswerkzeugen werden die kundenspezifischen Anfragen in Nutzenerwartungen und anschließend in Hardwarekonfiguration umgesetzt. Beim Individualmarketing kann der Kunde selbst an der Gestaltung des Produktes mitwirken. Weitere Beispiele finden sich in der Textilindustrie, wo die Maße des Kunden elektronisch erhoben werden und innerhalb von 24 Stunden ein maßgeschneidertes Produkt entsteht. Ähnliche Möglichkeiten werden in der Informations- und Unterhaltungsindustrie zunehmende Verbreitung finden (z.B. eine individuelle Zeitung, ein individuelles Fernsehprogramm oder individuelle Musiktitel etc.). Damit wird sich in vielen Branchen ein Wandel vom „Push-Prinzip", d.h. der Kunde bekommt Werbekontakte und kauft mögli-

[140] Vgl. Kotler, P., Bliemel, F. (1999), S. 430 f.

cherweise die Ware, zum „Pull-Prinzip“. Die Kunden holen sich die Informationen und konfigurieren ihren Bedarf selbst. Kommunikationskontakte werden dann nur fakultativ vom Kunden beansprucht. Das Internet und die vielfältigen E-Commerce-Anwendungen werden weite Bereiche der Austauschprozesse durch die neuen Formen der Selbstlenkung und Selbstbedienung erschließen (vgl. Kapitel 4).

### 1.3.3 Positionsfestlegung und Differenzierung

Die Festlegung der Positionierung erfordert eine integrierte Ausgestaltung des Marketing-Mixes, mit dem Ziel, hierdurch den Kunden einen Mehrnutzen zu vermitteln.
Als Instrumente stehen dabei neben der Kommunikationspolitik die Distributionspolitik und ganz wesentlich die Preis- und natürlich die Produkt- und Sortimentspolitik zur Verfügung. Die Festlegung einer Positionierung korrespondiert mit der Differenzierung gegenüber den Wettbewerbern im Marktsegment.

Die Differenzierungsmöglichkeiten sind branchenspezifisch unterschiedlich.

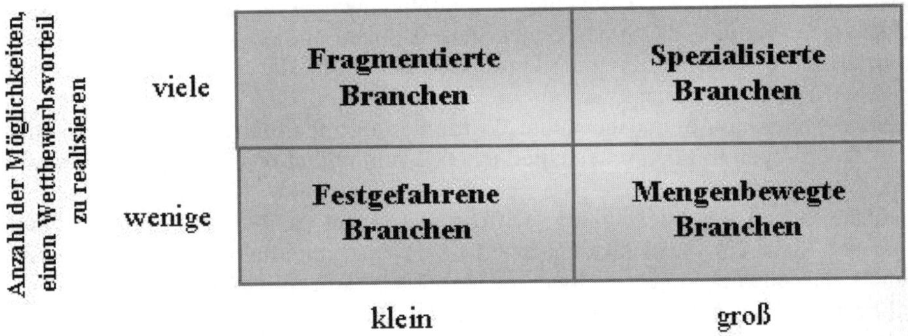


*Abb. 2.5: Differenzierungspotenziale*
*(Quelle: Boston Consulting Group, zitiert in Kotler, P., Bliemel, F. (1999), S. 472).*

- In mengenbewegten Branchen lassen sich wenige, aber sehr nachhaltige Wettbewerbsvorteile realisieren. Meist handelt es sich dabei um Größenvorteile, die in Kostenführer- und Preisführerstrategien umgesetzt werden. Die Rendite der Unternehmen korreliert mit dem jeweiligen Marktanteil. Für die Marktfolge bleiben meistens nur geringe Spielräume bei den Differenzierungsstrategien.
- In festgefahrenen Branchen gibt es nur wenige Möglichkeiten für Wettbewerbsvorteile, und ein Wettbewerbsvorteil ist meist nur von geringer Nachhaltigkeit. Der Kernnutzen sowie die Technologien sind kommodisiert und es existieren Qualitätsstandards. Dies gilt sowohl für die Produkt- als auch die Prozessqualitäten. Dadurch sind auch keine größenbedingten Kostenvorteile realisierbar. Differenzierungsmöglichkeiten bieten sich durch die Vermittlung von Zusatznutzen über eine emotionale Differenzierung oder durch eine Differenzierung im persönlichen Verkauf. Diese Branchen investieren überproportional in Servicemanagement und Kommunikationsbudgets.

- In fragmentierten Branchen gibt es zahlreiche Differenzierungsmöglichkeiten im Kern- und Zusatznutzenbereich. Jeder Differenzierungsansatz führt aber nicht zwangsläufig zu einer großen Nachhaltigkeit und zu überlegenen Wettbewerbsvorteilen. In diesen Branchen kommt sowohl die Differenzierung der Produktpolitik als auch der Kommunikationspolitik eine gleichrangige Bedeutung zu.
- In spezialisierten Branchen haben die Anbieter viele Möglichkeiten der Differenzierung und jede führt in dem anvisierten Marktsegment zu einem nennenswerten Wettbewerbsvorteil. Der Erfolg hängt nicht von der Unternehmensgröße ab, sondern beruht ausschließlich auf der Fokussierung auf einen spezifischen Nutzen eines anvisierten Zielmarktes.

Neben Kernnutzenbesonderheiten bieten sich vielfältige Möglichkeiten an, sich durch Zusatznutzenkomponenten zu differenzieren. Differenzierung ist dabei ein Vorgang, sich durch bestimmte Eigenschaften des Produktes vom Wettbewerb abzuheben. In manchen Branchen konzentriert man sich dabei auf Produkteigenschaften wie Ausstattungs-, Leistungs-, Qualitäts- und Zuverlässigkeitsmerkmale. In anderen Branchen spielen Design, Ästhetik und Styling eine wichtige Rolle und wieder andere Branchen stellen die Serviceleistungen wie Beratung, Convenience, Maintainance etc. in den Mittelpunkt. Letztlich lassen sich Produkte durch emotionale Zusatznutzen und emotionale Erlebniswelten differenzieren. Je nach Differenzierungsansatz bekommt die Kommunikationspolitik eine andere Rolle zugewiesen.[141]

In jedem Falle muss die ausgewählte Positionierung inhaltlich präzise und unterhaltsam den Zielgruppen mit den unterschiedlichen Kommunikationsinstrumenten vermittelt werden. [142]

Unabhängig von der Vielzahl der Differenzierungsmöglichkeiten muss aus marktstrategischer Sicht die Auswahl danach erfolgen, dass innerhalb des anvisierten Zielsegmentes das eigene Angebot einen im Vergleich zum Wettbewerb entscheidenden Vorteil besitzt. Denn nur die „Pool-Position“, also. im Produktmarkt die Nummer 1 bei den wichtigsten Kaufentscheidungskriterien zu sein, garantiert nachhaltige Überlebensfähigkeit. Jede Kommunikationsstrategie kann noch so operativ gelungen sein, wenn nicht die richtigen Inhalte kommuniziert werden – dann wird sich der Produkterfolg nicht einstellen. Die Floprate vieler Produkte beruht auf einer mangelhaften marktstrategischen Betrachtung. Die Produktpositionierungsmodelle, die nachfolgend dargestellt werden, bieten eine gute Möglichkeit, zumindest in etablierten Märkten, die der Marktforschung zugänglich sind, systematische Marktstrategien zu erarbeiten.

[141] Vgl. Kotler, P., Bliemel, F. (1999), S. 476 ff.
[142] Vgl. Durante, N. (2000), S. 129

# 2. Positionierung und Produktpositionierungsmodelle

Als Hilfsmittel zur Bestimmung der inhaltlichen Aspekte der Positionierung dienen die Produktpositionierungsmodelle; sie setzen auf dem verhaltenspsychologischen Konstrukt der Einstellungen an. Daraus werden unterschiedliche Marktmodelle abgeleitet, in denen gleichzeitig die Kundenerwartungen und die Stärken- und Schwächenprofile des Wettbewerbsumfeldes dargestellt werden.

## 2.1 Produktspezifische Einstellungen

### 2.1.1 Einstellungskonstrukt und Image

Eine zentrale Stellung bei Wirkungsmodellen zum Kaufverhalten nehmen die Einstellungen bzw. die Images ein. Zum einen gelten die Einstellungen als Vorsteuerungsgröße des Kaufverhaltens bzw. der Kaufabsicht. Zum anderen haben viele Bemühungen zur Repositionierung bzw. dem Relaunch zum Ziel, die Imagewerte einer Marke, eines Produktes oder eines Unternehmens auf eine zieladäquate Richtung hin zu beeinflussen. Insofern muss an dieser Stelle eine Abgrenzung beider Begriffe vorgenommen werden.

Einstellungen werden in aller Regel vom Ergebnis her (final) definiert, denn man hat entweder eine positive oder eine negative Einstellung gegenüber einem Objekt. Sie wird definiert als eine erlernte, relativ dauerhafte, psychische Neigung eines Individuums, gegenüber der Umweltstimuli positiv oder negativ zu reagieren.[143] Im Grunde sind es wertende Einschätzungen einer Person gegenüber einem Einstellungsobjekt (Person, Organisation, Marke, Religion bzw. Ideologie etc.), die aus einem Gemenge von gefühlsbetonter (emotionaler) bzw. verstandesbetonter (kognitiver) Einschätzungen bestehen. [144]

Der Begriff „Markenimage" geht auf einen Artikel von Gardner/Levy aus dem Jahr 1955 zurück. Deren Überlegungen beruhten darauf, dass Produkte neben ihren reinen physikalischen Komponenten vor allem psychologische Aspekte aufweisen und damit Gefühle, Vorstellungen, innere Bilder und eben auch Einstellungen der Konsumenten für das Kauf- und Markenwahlverhalten aufweisen. [145]

Nach wie vor besteht größere Definitionsunsicherheit bezüglich der Abgrenzung zum Begriff Einstellung. Die Standpunkte wechseln dabei :[146]

- Völliger Verzicht auf den Image-Begriff zugunsten des Einstellungsbegriffes,
- Trennung aufgrund von denotativen (Einstellung) und konnotativen (Image) Komponenten.

143 Vgl. Triandis, H. C. (1975), S. 2; Trommsdorff, V. (1975), S. 8, Six, B. (1975), S. 158 ff

144 Vgl. Meffert, H. (1998), S. 370

145 Vgl. Dobini, D., Zinkhan, G. M. (1990), S. 11

146 Zur Entwicklung unterschiedlicher Perspektiven bei der Abgrenzung der beiden Begriffe vergleiche Mayerhofer (1997); S. 49 ff.

- Paralleler Gebrauch beider Begriffe, wobei Einstellungen auf individuellem Niveau und Images auf aggregiertem Niveau erhoben werden.[147]

Im Kern beinhalten die beiden Größen sowohl kognitive als auch emotionale Komponenten und zeichnen daraus ein subjektives Vorstellungsbild der Konsumenten gegenüber einem Objekt, was durch die Interpretation geprägt wurde. In folgenden Ausführungen soll im Grunde von einem parallelen Gebrauch der beiden Begriffe ausgegangen werden.

Images eines Objektes sollen demnach eine aggregierte Summe der Einstellungen einer Zielgruppe gegenüber einem Einstellungsobjekt sein. Insofern beruhen die Imagewerte eines Unternehmens und die sich daraus ergebenden Positionierungen auf der direkten Einflussnahme der individuellen Einstellungen der Konsumenten. Die Zusammenhänge sollen an Hand folgender Abbildung (Abb. 2.6) verdeutlicht werden. Als Kommunikationsziel eignet sich eine Einflussnahme auf die individuellen produkt- bzw. markenspezifischen Einstellungen der Konsumenten innerhalb der anzusprechenden Zielgruppe. Als Ergebnis aller kommunikativen Anstrengungen, zusammen mit den Ausprägungen des übrigen Marketing-Mixes resultiert ein produktspezifisches Image innerhalb der Zielgruppe. Im Kontrast zum Wettbewerbsumfeld ergibt sich schließlich eine produkt- bzw. markenspezifische Positionierung. Diese Positionierung gehört dann zu den wettbewerbspezifischen Zielsetzungen, die Ausgangspunkt jeder kommunikativen Strategie sein können. Möchte man Werbekampagnen zur Verbesserung des Images durchführen, so gilt zunächst zu klären, welche Ausgangspositionierung vorliegt und welche einstellungsrelevanten Inhalte kommunikativ verändert werden müssen, um die gewünschte Sollpositionierung bzw. das Sollimage zu erreichen. Dabei sollte noch differenziert werden, ob die Veränderung innerhalb der Zielgruppe bei den Kunden oder bei den Interessenten bzw. den potenziellen Interessenten oder im Gesamtmarkt angestrebt werden soll.

| Konstrukt | Analyseperspektive | Beschreibung |
|---|---|---|
| Einstellung | Individuelle Konsumentenperspektive | Relativ stabile, systematisch organisierte und erworbene innere Bereitschaft eines Konsumenten auf bestimmte Einstellungsobjekte wie Produkte oder Marken, konsistent positiv oder negativ zu reagieren. Einstellungen sind demnach durch das subjektive innere Wahrnehmungsbild des Konsumenten über das Einstellungsobjekt geprägt und weichen häufige von den objektiven Eigenschaften des Einstellungsobjekts ab. |
| Image | Kollektive Konsumentenperspektive (Gesamtzielgruppe) | Mehrdimensionales Einstellungskonstrukt, bei dem die inneren Bilder über die einstellungsrelevanten Eigenschaften der Produkte bzw. Marken einzelner Konsumenten der Zielgruppe zu einem kollektiven Einstellungsbild (Imageprofil) zusammengefasst werden. Anschließend werden alle die |

[147] Vgl. Hofer (1991), S.14 f

| | | |
|---|---|---|
| | | zusammengefassten einstellungsrelevanten Eigenschaften aller Zielpersonen zu einem Messwert zusammengefasst, der dem Image des Einstellungsobjekts entspricht. |
| Positionierung | Unternehmensperspektive (Beeinflussung der Einstellungen und Images) | Der Versuch von Unternehmen, die positiven Einstellungen jedes einzelnen Konsumenten aus der Zielgruppe zu verstärken und negative Einstellungen zu verändern, mit dem Ziel, die individuelle Kaufwahrscheinlichkeit für die eigenen Marke zu erhöhen. Neben der Hervorhebung bestimmter einstellungsrelevanter Produkteigenschaften sollte sich das Angebot in ausgewählten (für den Konsumenten kaufentscheidenden) Kriterien gegenüber dem relevanten Wettbewerb abgrenzen. |

*Abb. 2.6: Abgrenzung Einstellungen, Images und Positionierung*

## 2.1.2 Einstellungen im Rahmen des Strukturmodells des Käuferverhaltens

### 2.1.2.1 Modellansätze

Um in der Kommunikationspolitik die angestrebten Ziele zu erreichen, ist das Wirkungsgefüge bei individuellen Kaufentscheidungen zu analysieren, um den richtigen Angriffspunkt identifizieren zu können. Hierbei spielen die unterschiedlichen psychologischen Konstrukte eine erhebliche Rolle bei der Erklärung und Prognose menschlichen Wahlverhaltens. Darüber hinaus vermögen sie Ansatzpunkte für gestalterische Optionen zur Positionierung der Produkte zu geben.

In der Literatur lässt sich das Kaufverhalten einerseits durch Partialmodelle, andererseits durch Totalmodelle erklären. Totalmodelle versuchen durch simultane Verarbeitung einer Vielzahl von Einflussgrößen des Kaufverhaltens die Qualität der Verhaltensprognosen zu erhöhen (prognostische Validität). Bei Totalmodellen steht meistens der ehrgeizige Versuch im Mittelpunkt, die Komplexität der Kaufentscheidungsprozesse durch Anwendung aller bzw. einer Vielzahl von Konstrukten zu erklären.[148]

Sie lassen sich in Struktur- und Prozessmodelle differenzieren. Bei Prozessmodellen werden die verschiedenen Phasen einer Kaufentscheidung betrachtet. Bei Strukturmodellen versucht man, durch die Analyse einzelner Konstrukte in Bezug auf das Kaufverhalten oder die Analyse unterschiedlicher Konstrukte untereinander, Antworten auf das Konsumentenverhalten zu bekommen. Totalmodelle führten bislang zu keinem befriedigenden Ergebnis. Deswegen liegen wissenschaftlichen Untersuchungen meist Partialmo-

[148] Unter Konstrukten werden nicht direkt beobachtbare psychologische Größen verstanden, die innerhalb eines interdependenten Gefüges zwischen Reizen und Verhalten vermitteln und für die Ausprägungen menschlichen Verhaltens ursächlich sind. Mithilfe empirischer Methoden sollen diese Konstrukte gemessen werden. Dabei haben die Methoden unterschiedliche Konstruktvalidität, weswegen die Ergebnisse bei der Prognose menschlichen Verhaltens (prognostische Validität) oft recht widersprüchlich sind.

delle zu Grunde, bei denen nur einzelne ausgewählte Größen des Kaufverhaltens unter Konstanthaltung der übrigen komplexen Einflussfaktoren untersucht werden.

Partialmodelle erheben dagegen keinen Anspruch das Kaufverhalten in der Gesamtheit erklären zu wollen. Das Ziel besteht darin, Antworten auf bestimmte Fragestellungen zu geben (z.B. wie alternative Werbemittelgestaltungen auf die Einstellung zum Produkt wirken u.ä.). Aus pragmatischer Sicht haben sowohl behavioristische Ansätze als auch neo-behavioristische Ansätze ihren Stellenwert.

Die behavioristischen Ansätze (SR-Modelle) analysieren in der Tradition der klassischen Verhaltensforschung die Abhängigkeiten einer Reaktion (z.B. Kauf oder Anforderung von Informationsmaterial) auf einen bestimmten Reiz (z.B. Werbebrief), ohne die psychologischen Gründe zu erforschen. In aller Regel werden mithilfe experimenteller Forschungsanordnungen alternative Reizkonstellationen erprobt, um Rückschlüsse im Rahmen der Werbeeffizienzmessung auf die optimale Gestaltung der Werbemittel zu ziehen.

Bei den neo-behavioristischen Modellen (SOR-Modelle) wird versucht, die Abläufe in der so genannten „Black Box" der menschlichen Psyche (Konstrukte) zu analysieren, um auch die Gründe für bestimmtes Verhalten erklären zu können (psychische Prozesse). Liegen Erklärungsmuster vor, so lassen sich diese optimaler in Werbestrategien umzusetzen. [149]

### 2.1.2.2 Strukturmodell des Käuferverhaltens (S-O-R)

*Abb. 2.7: Konstruktebenen des Kaufverhaltens*
*(eigene Darstellung nach Trommsdorff, V. (1993), S. 29)*

[149] Vgl. Meffert, H. (1998), S. 94 f.

Das Modell (Abb. 2.7) zeigt die einzelnen Konstruktbereiche im Rahmen eines Kaufentscheidungsprozesses. Dabei ist zu beachten, dass dieser Kaufentscheidungsprozess umso intensiver durchlaufen wird, je extensiver die Kaufentscheidung ist. Extensive Kaufentscheidungen sind durch ein hohes ökonomisches sowie soziales Risiko und durch Komplexität gekennzeichnet. Darüber hinaus nehmen häufig mehrere Personen Einfluss auf die Kaufentscheidung. [150]

2.1.2.2.1 Konstrukte

- *Wahrnehmungskonstrukt:* Voraussetzung für jedes sichtbare Verhalten (z.B. Kaufverhalten) oder unsichtbare Verhalten (z.B. aggressive Emotionen, Einstellungsänderung) ist die Wahrnehmung eines Reizes. Deswegen kommt der Gestaltung der Werbemittel eine so große Bedeutung zu. Es werden immer neue Ansätze entwickelt, um die Wahrnehmungswahrscheinlichkeit von verschiedenen Stimuli zu erhöhen.
- *Aktivierung bzw. Involvement:*[151] Jeder Stimulus kann nur dann verarbeitet werden, wenn er auf eine Aktiviertheit (Arousal) trifft. Der Grad der Bewusstheit bedingt die Stimulierung der nachfolgenden Konstrukte innerhalb eines psychischen Reizverarbeitungsprozesses. Diese Aktiviertheit ist je nach Tageszeit unterschiedlich. Es wird hierbei die tonische Aktivierung von der phasischen Aktivierung unterschieden. Die tonische Aktivierung zeigt den allgemeinen tageszeitlich bedingten Grad an Wachheit an, während die phasische Aktivierung durch äußere Reize (z.B. Werbespots) und durch innere Reize (z.B. Aufrufen innerer Bilder einer angenehmen emotionalen Situation) ausgelöst wird und die Leistungsbereitschaft für die Verarbeitung von Reizen erhöht. Weiterhin wird der Grad an Aktivierung auch durch das Ausmaß an Involvement des Konsumenten gegenüber Reizen beeinflusst. Wie an anderer Stelle noch ausführlich dargestellt wird, werden je nach Involvement die Konsumenten unterschiedlich durch den gleichen Reiz aktiviert bzw. der Versuch, Konsumenten durch die Werbemittelgestaltung zu aktivieren, muss entsprechend unterschiedlich sein.[152] Farbige Anzeigen und größere Anzeigen aktivieren generell besser als kleine und schwarz-weiße Anzeigen. Derartige Befunde werden empirisch untersucht und in der Gestaltung umzusetzen versucht. Stärker aktivierende Werbeanzeigen haben langfristig eine bessere Erinnerung.
- *Emotion bzw. Gefühlszustand:*[153] Hierbei handelt es sich um einen Zustand innerer Erregung, der wiederum durch äußere und innere Reize hervorgerufen werden kann. Im Gegensatz zur Aktivierung erfolgt bei der Emotionalisierung bereits eine erste kognitive Anreicherung in Form der Interpretation. Der Konsument kann dann zwischen positiven und negativen Emotionen unterscheiden und erlebt diese mehr oder weniger bewusst.[154] Die Techniken der Erlebnisvermittlung und der emotionalen Differenzierung der Produkte gehören heute zu den unterschwelligen Sozialtechni-

[150] Vgl. Meffert, H. (1993), S. 138 ff.
[151] Vgl. Trommsdorff, V. (1993), S. 40 ff.
[152] Vgl. Kroeber-Riel, W., Weinberg, P. (1996), S. 58 ff.
[153] Vgl. Trommsdorff, V. (1993), S.59 ff.
[154] Vgl. Kroeber-Riel, W., Weinberg, P. (1996), S. 100 ff.

ken der Produktpositionierung und -differenzierung und spielen auf gesättigten Märkten und in einer Erlebnisgesellschaft[155] eine bedeutende Rolle.

- *Motivation bzw. Aktualisierung von Motiven:*[156] Motivation ist ein Zustand der Handlungsorientierung, wobei ein Verhalten eingesetzt wird, um ein bestimmtes Ziel mit subjektiv hoher Wertigkeit (Valenz) zu erreichen. Es handelt sich hierbei um Emotionen und Triebe mit einer kognitiven Zielorientierung (Vorsatzhandlung). Durch die Präsentation eines Reizes werden unbewusste oder bewusste Motive des Konsumenten aktualisiert und eine entsprechende Begehrlichkeit ausgelöst. Erhält der Stimulus aus der subjektiven Sicht des Konsumenten hohe Instrumentalität zur Erreichung eines begehrlichen Ziels (z.B. positive Emotionen), so wird zwangsläufig ein Bedürfnis nach diesem Stimulus (z.B. ein schnelles Auto) geweckt. In der Verhaltenspsychologie hat das Klassifikationssystem menschlicher Motive von Maslow genauso zweifelhaften wie plausiblen Weltruhm erlangt.[157]

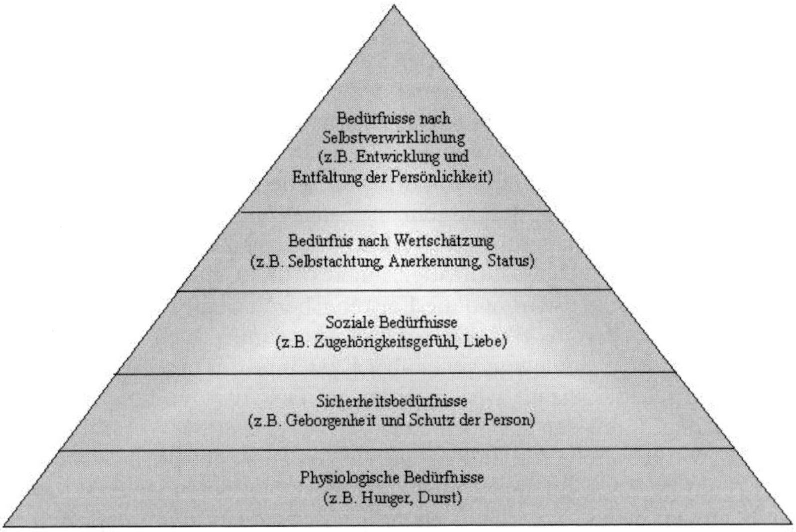


*Abb. 2.8: Bedürfnispyramide von Maslow*
*(Quelle: Steinmann, H., Schreyögg, G.(1997), S. 489)*

Dieser Ansatz gehört zu den Inhaltstheorien der Motivation. Es wird versucht der Frage nachzugehen, welche Inhalte Menschen motivieren. Menschen werden zu Handlungen motiviert, wenn ein Mangel an Befriedigung bei einem Bedürfnis auftritt und damit ein psychologisches Ungleichgewicht herrscht, das nach Ausgleich strebt (Spannungsreduktionstheorie).

Es werden fünf Klassen von Bedürfnisgruppen unterschieden, die hinsichtlich ihrer biologischen Dringlichkeit hierarchisch angeordnet sind.

---

155 Vgl. Schulze, G. (1992)

156 Vgl. Trommsdorff, V. (1993), S. 111 ff.

157 Vgl. Maslow. A. (1994) und Maslow, A. (1954), S. 388 f.

- *Physiologische Bedürfnisse:* Sie ergeben sich aus der Natur des Menschen und beinhalten Essen, Trinken, Schlafen, Wohnen und Fortpflanzung.
- *Sicherheitsbedürfnisse:* Sie drücken das Verlangen nach Schutz und Geborgenheit aus; ein Defizit kann die Befriedigung der physiologischen Bedürfnisse gefährden. Absicherung gegen Unfall, Krankheit und Invalidität stehen im Mittelpunkt.
- *Soziale Bedürfnisse:* Sie beinhalten die Motive nach Geselligkeit, Gemeinschaft, Zusammengehörigkeit.
- *Wertschätzungsbedürfnisse:* Sie spiegeln den Wunsch nach Anerkennung und Achtung durch andere Personen als auch Selbstachtung und Selbstvertrauen wider.
- *Selbstverwirklichungsbedürfnis:* Dieses Bedürfnis ist auf der obersten Stufe, weil es im Gegensatz zu den anderen Bedürfnissen nicht zu befriedigen ist (Wachstumsbedürfnis im Gegensatz zu den Defizitbedürfnissen). Inhaltlich verbergen sich dahinter die Motive nach Unabhängigkeit, nach Entfaltung der eigenen Persönlichkeit im Lebensvollzug durch eigene Leistungen.

Der Grad der Motivation bestimmt die Stärke und die Richtung des Verhaltens. Dabei streben Menschen bei den Defizitmotiven (Stufe 1–4) danach unbefriedigte Bedürfnisse zu befriedigen. Ein befriedigtes Bedürfnis hat demnach keine Motivationskraft. Je nach Lebenssituation befinden sich die Menschen in unterschiedlichen Bedürfnisstufen. Menschen werden gerade von dem nächsthöheren unbefriedigten Bedürfnis motiviert (Progressionsprinzip). Sind alle Bedürfnisse unterer Ebenen befriedigt, so bleibt letztlich nur noch das Selbstverwirklichungsmotiv übrig, was nach diesem Modell nie vollständig zu befriedigen ist. Die Verbindung zwischen Verhalten und Zielerreichung bei bestimmten Reizkonstellationen (Instrumentalität) zeigt bereits ein hohes Maß an Rationalität und den Einsatz von kognitiven Zusammenhängen und ist teilweise das Ergebnis von Sozialisationsprozessen. Die Motive selbst können dabei (wie Grundmotive) biologisch vererbt und triebgesteuert, aber bereits auch selbst wieder Ergebnis von Sozialisationsprozessen sein. Letztlich gibt es in einer sozial heterogenen Gesellschaft Segmente mit unterschiedlichen motivationalen Defiziten. Demnach kann die kommunikative Ansprache sich inhaltlich unterschiedlicher Motive bedienen und erreicht damit zwangsläufig unterschiedliche Zielgruppen mit dem kommerziellen Bedürfnisbefriedigungsangebot.[158]

- *Einstellungen:*[159] Hierbei handelt es sich um einen Zustand der Bereitschaft, sich in einer spezifischen Situation einem Objekt (Mensch, Marke, Ideen etc.) gegenüber konsistent positiv oder negativ zu verhalten. Einstellungen werden dabei auf Motive zurückgeführt und beinhalten, wie im Folgenden noch erläutert wird, eine Mischung aus Wissens- und Erfahrungsbestandteilen und emotional intuitiven Gefühlselement. Einstellungen sind Motivationen, die mit einer Objektbeurteilung verbunden sind. Bei der Entwicklung von Einstellungen ist der kognitive Anteil bereits sehr hoch. Der Einfluss des sozialen Umfeldes (z.B. Meinungsführerkonzeption) spielt dabei eine recht erhebliche Rolle.[160]

---

158 Vgl. Kroeber-Riel, W., Weinberg, P. (1996), S. 141 ff.
159 Vgl. Trommsdorff, V. (1993), S. 136 ff.
160 Vgl. Kroeber-Riel, W., Weinberg, P. (1996), S. 167 ff.

Darüber hinaus steuern Einstellungen aber auch Erwartungshaltungen, Emotionen und Motive der Wahrnehmung von Reizen („New Look“).[161]
Im Rahmen einer selektiven Wahrnehmung werden nur noch die Reize wahrgenommen bzw. so interpretiert, dass sie mit den bereits gelernten Einstellungen konsistent bleiben. Der Konsument nimmt nur solche Reize wahr, die seinen Bedürfnissen und Wünschen entsprechen. Dies ist auch der Grund dafür, dass eine Einstellungsänderung mithilfe kommunikativer Instrumente meist sehr aufwendig ist. Die Zielgruppe wird es vermeiden, durch kommunikative Inhalte sich in eine Situation der kognitiven Dissonanz versetzen zu lassen und dabei einen emotionalen Negativzustand zu riskieren. Kognitive Dissonanzen werden definiert als Vorhandensein von nicht zusammenpassenden Beziehungen zwischen bestehenden Erfahrungen und Informationen.[162] Dabei kann es sich um einfache und komplexe Wissenskomponenten über den Einstellungsgegenstand oder um wahrgenommene Affekte handeln. Dissonanzen treten nach Kaufentscheidungen und nach Aufnahme neuer Informationen auf (z.B. Testhefte).

Als Vermeidungsstrategien kommen in Frage:

- Völlige Ausblendung des Reizes, indem bestimmte Informationen von vornherein vermieden, nicht wahrgenommen oder verleugnet werden.
- Verdrängung von Widersprüchen und Inkonsistenzen aus dem Bewusstsein.
- Reduzierung der Inkonsistenzen durch Veränderung des Gewichts der kognitiven Wahrnehmungselemente oder durch selektives Verhalten.
- Umdefinition der die Inkonsistenz erzeugten Situation (z.B. Verharmlosung, Bagatellisierung und Schuldzuweisungen gegenüber Dritten oder generelles Anzweifeln des Wahrheitsgehalts der kommunikativen Botschaft).
- Das Element des Reizquelle wird subjektiv unterschiedlich intensiv wahrgenommen.[163]

Dieses Phänomen führt meist zu einer selbsterfüllenden Prophezeiung. Die Reize, die Inhalte senden, welche mit positiven Einstellungen belegt sind, werden deutlich positiver wahrgenommen, als Inhalte, die mit einer negativen Einstellung belegt sind. Dabei verfestigen sich Einstellungsmuster zu Vorurteilen. Je älter Menschen werden und je selbstbewusster, desto eher liegen derartige festgefahren Grundeinstellungen vor, die durch neue Informationen werblicher oder rein informativer Art kaum mehr umzukehren sind. Der Übergang zu Wertorientierung ist dann fließend.

- *Wertorientierung:*[164] Hierbei handelt es sich um ein konsistentes System von Einstellungen mit normativer Verbindlichkeit. Nicht nur produktspezifische Einstellungen, sondern auch Einstellungen gegenüber allen gesellschaftlichen und persönlichen Handlungs- und Verhaltensmustern umfassen das Konstrukt Wertorientierung eines Menschen. Die Werthaltungen sind hilfreich in der Marktsegmentierung, eine

[161] Vgl. Kroeber-Riel, W., Weinberg, P. (1996), S. 270.
[162] Vgl. Festinger, L. (1957).
[163] Vgl. Kroeber-Riel, W., Weinberg, P. (1996), S. 181 ff.
[164] Vgl. Trommsdorff, V. (1993), S. 163 ff.

Vielzahl von Verhaltensweisen zu prognostizieren (Prädiktorqualität). Besonders die Wertorientierungen werden sozialisiert und dies vor allem im primären Sozialisationskreis der Familie.

- *Persönlichkeit:*[165] Hierbei handelt es sich um einen ganzheitlichen Zustand eines Menschen, der sich aus einem komplexen und interaktiven Gefüge von Gefühls-, Wissens-, Motiv-, Einstellungs-, Werte- und Verhaltensmustern zusammensetzt und letztlich in der Gesamtheit die Individualität eines Menschen ausmacht. In einzelnen Facetten lassen sich die Menschen segmentieren und zu ähnlichen Typen zusammenfassen.

Die Konstruktebenen der individuellen Kaufentscheidung sind also eingebettet in die beiden Bereiche:

- Dominanz der Triebsteuerung und der Sozialisation
- Kognitive und emotionale Dominanz: Komplexe psychische Prozesse werden als emotional bezeichnet, wenn die Aktivierungskomponenten (Emotion, Motivation, Einstellung) vorherrschen. Komplexe psychische Prozesse werden als kognitiv bezeichnet, wenn die kognitiven Vorgänge (Wahrnehmung, Lernen, Sozialisierung) vorherrschen.

Konstruktebenen, die im Strukturmodell höher angesiedelt sind, sind demnach eher dominiert von emotionalen Aspekten sowie von Aspekten, die auf biologischen Grundmustern (Trieb und Instinkt) des menschlichen Verhaltens aufbauen. Die nachfolgenden Konstruktebenen beruhen dagegen mehr auf sozialisiertem Wissen und kognitiven Einflussgrößen.

#### 2.1.2.2.2 Lernprozesse

Bei der Vermittlung zwischen den Konstrukten kommt dem Prozess des Lernens bzw. der Informationsaufnahme und -verarbeitung eine unterschiedliche Rolle zu. Je stärker sich die Konstrukte von der gefühlsmäßigen bzw. affektiven Ebene entfernen, desto eher finden Lernprozesse statt, und affektive Grundhaltungen werden durch kognitive Inhalte modifiziert. Werbepsychologisch müssen die Voraussetzungen geklärt werden, unter welchen Bedingungen, bei welchen Zielgruppen die von Unternehmen gesendeten Reize und Werbebotschaften schnell, effizient und fehlerfrei gelernt werden können. Darüber hinaus spielen lerntheoretische Kenntnisse eine Rolle bei der emotionalen Differenzierung von Produkten, deren Anreicherung durch emotional belegte Erlebniswelten und ihre inneren Bilder.[166] Die Lerntheorie unterscheidet automatische Lernformen und komplexe Lernformen. Folgende Formen gibt es und werden auch sozialtechnisch angewandt:

[165] Vgl. Trommsdorff, V. (1993), S. 187 ff
[166] Vgl. Trommsdorff, V. (1993), S. 228 ff.

- *Kognitive Berieselung:* Häufig dargebotene Reize werden in kleinen Portionen unbewusst aufgenommen und bei häufiger Wiederholung gespeichert (Low Involvement-Lernen).
- *Mere Exposure:* Die Basishypothese ist hierbei, dass ein Gegenstand umso positiver beurteilt (positive Einstellungswirkung) wird, je häufiger man ihm ausgesetzt ist. Hat der Konsument jedoch das Gefühl, den Handlungsspielraum durch zunehmende Kontakthäufigkeit zu verlieren, so setzt automatisch Abwehr des Reizes (Reaktanz) und Widerspruch ein. Dies gilt bei jeden Beeinflussungsversuch, der von der Person als solcher so eingeschätzt wird.
- *Klassische Konditionierung:* Hier erfolgt eine Übertragung eines zu lernenden Stimulus (conditioned stimulus) auf eine zu lernende Reaktion (conditioned reaction) durch häufige gemeinsame Darbietung. Die zu lernende Reaktion wird in der Konditionierungsphase durch ein bereits gelerntes Reaktionsmuster (unconditioned stimulus) ersetzt, das gleichzeitig mit dem zu lernenden Stimulus präsentiert wird. Anwendung findet dieses Lernprinzip bei allen Formen emotionalen Differenzierung der Produkte. Beispielsweise wird ein neutrales Produkt wie karibischer Rum durch Präsentation in einem attraktiven Urlaubsumfeld und durch schöne Menschen mit dem entsprechenden Lebensgefühl „aufgeladen". In der Kaufsituation ruft dann diese Marke durch die vermittelten inneren Bilder ein karibisches Lebensgefühl hervor. Offen bleibt nur die Frage, ob sich der Konsument damit überhaupt identifizieren kann.
- *Instrumentelle Konditionierung:* Bei dieser Lernform wirkt das Belohnungsprinzip. Lernen wird durch die Konsequenzen des gelernten Verhaltens gesteuert. Als Prinzipien können die Verstärkung (Belohnung und Bestrafung von Verhalten), die Generalisierung, d.h. die Erfahrungen der einen Situation werden auf andere Situationen übertragen (Prinzip der schlechten und guten Erfahrung am Modellfall) und Diskriminierung (selektive Unterscheidung) genannt. Bei letzteren werden nur bestimmte Elemente des Verhaltens belohnt, mit der Folge, dass die Person selektiv mit differenziertem Verhalten antworten wird. Wird das Verhalten nur in bestimmten Situationen verstärkt, dann beschränkt sich auch das Verhalten auf bestimmte Situationen. Letztlich tritt nach einer bestimmten Zeit ein Gewohnheitsverhalten (Habitualisierung) ein. Dies bedeutet, dass bestimmte erlernte Verhaltensweisen zu Normen werden und trotz Ausbleiben des Verstärkungsprinzips das einmal gelernte Verhalten beibehalten wird.
- *Erwartungslernen:* Ein Verhalten tritt immer häufiger dann auf, wenn die Reaktion auf dieses Verhalten sowohl eine höhere Wertigkeit (Belohnungshöhe) hat als auch die Beziehung zwischen Verhalten und Reaktion als aufeinanderbezogen (kontingent) erlebt wird. Bestätigt der Freundeskreis ein bestimmtes Verhalten (z.B. durch Akzeptanz) und tritt diese Bestätigung immer nur dann auf, wenn das meist normkonforme Verhalten gezeigt wird (z.B. herrschenden Modestil tragen), dann wird die Person dieses Verhalten immer häufiger zeigen. Denn dieses Verhalten führt zum gewünschten Erfolg, nämlich in der Sozialgruppe akzeptiert zu werden.
- *Imitationslernen:* Durch Beobachtung ist die Übernahme ganzer Verhaltenskomplexe möglich, sofern die zu imitierende Person Aufmerksamkeit entfachen kann, attraktiv und kompetent erlebt wird oder aber durch die wahrgenommene Ähnlichkeit zum Lernenden als sympathisch empfunden wird (z.B. Meinungsführer und prominente Kommunikatoren).

- *Vergleichslernen:* Der Wert einer Belohnung oder Bestrafung wird mit dem Wert früherer Belohnungen und Bestrafungen verglichen oder mit den Belohnungen und Bestrafungen von Vergleichspersonen. Anschließend findet eine instrumentelle Konditionierung statt.
- *Kontingenzlernen:* Verhaltensweisen werden umso eher gelernt, je stärker die Einstellungen sind, die das Verhalten vermittelt und die mit den Konsequenzen des Verhaltens assoziiert werden (z.B. positive Emotionen).
- *Konsistenzlernen:* Durch Lern- und Erfahrungsprozesse entwickeln sich zusammenhängende Einstellungsgefüge, die entweder als konsonant oder dissonant erlebt werden. Inkonsistente Komponenten werden systematisch entfernt.

#### 2.1.2.3 Komponentenansatz

Im Rahmen der Positionierung von Produkten bzw. Marken spielt der Einstellungsbegriff eine herausragende Rolle. Sowohl für die Güte der Messung des Konstrukts Einstellung (Konstruktvalidität), als auch für die Verhaltensprognose (prognostische Validität) kommt der inhaltlichen Operationalisierung dieses Konstrukts eine bedeutende Rolle zu. Gleichgültig, welche Form der Operationalisierung von Einstellungen gewählt wird, immer entstehen sie aus der Verknüpfung von Teilen oder aus allen nachfolgenden Komponenten. Dabei sind Einstellungen ein Ergebnis des Zusammenwirkens und gegenseitigen Beeinflussens dieser Komponenten.[167]

- *Affektive Komponente:* Diese Komponente bezieht sich auf die gefühlsmäßige Bewertung von Umweltstimuli, d.h. von Objekten, denen gegenüber sich eine Einstellung entwickelt. Sie besteht aus Konstrukten, wie geweckten Emotionen oder Motivaktualisierung.
- *Kognitive Komponente:* Diese Komponente bezieht sich auf die Eigenschaften des Einstellungsobjekts, die im Gedächtnis der Person verankert sind und die sich durch eigene Erfahrungen oder durch Informationen von dritter Seite gebildet haben. Hierbei handelt es sich um kognitive Bewertungen von Umweltstimuli bzw. von Einstellungsobjekten.
- *Konative Komponente:* Diese Komponente bezieht sich auf die Verhaltensneigung des Konsumenten. Hierbei kommt der Grad zum Ausdruck, in welchem Maße das Einstellungsobjekt präferiert wird bzw. welche Kaufabsichten vorliegen.

#### 2.1.2.4 Operationalisierung und Messung

##### 2.1.2.4.1 Konstruktvalidität

Um von den gesuchten Dimensionen zu Messwerten zu kommen, sind die beiden Probleme der Operationalisierung und der Messung zu lösen. Diese Probleme treten vor allem bei Eigenschaften auf, die keinen unmittelbaren Bezug zu empirisch wahrnehmbaren Sachverhalten aufweisen. Dies trifft im besonderen Maße auf Einstellungen zu, die

---
[167] Vgl. Meinefeld (1977), S. 24

eine komplexe Klasse eines hypothetischen Konstrukts bilden. Diese drei oben vorgestellten Komponenten sollen dabei als Indikatoren dienen, anhand derer festgestellt werden kann, ob und wie weit das Konstrukt vorliegt. Sie sind demnach Indikatoren der Einstellung. Die Einstellung ergibt mithilfe von Integrationsregeln dann eine eindimensionale Variable, bzw. einen Index einer Person gegenüber einem Einstellungsobjekt bzw. den Mittelwert der Indices einer Mehrzahl von Personen, z.B. ein Marktsegment. Letzteres lässt sich dann als Imagewert interpretieren.

#### 2.1.2.4.2 Indikatoren

Im Kern lassen sich die Indikatoren von Einstellungswerten auf eindimensionale und mehrdimensionale Messmodelle zurückführen.
Eindimensionale Modelle setzen dann bei der Ermittlung des Einstellungswertes einer Person, gegenüber einem oder mehreren Einstellungsobjekten, auf nur eine der oben dargestellten Dimensionen, während mehrdimensionale Messmodelle auf mindestens einen weiteren der drei Dimensionen setzen. Demnach lassen sich Operationalisierungen sowohl aus der affektiven, der kognitiven sowie der konativen Dimension ableiten.

Historisch gesehen kann man unterschiedliche Vorgehensweisen erkennen. Diese Verfahren sind anwendbar sowohl auf allgemeine Einstellungen als auch auf produktspezifische Einstellungen. Messobjekte von Einstellungen können sein:

- *Allgemeine Einstellungen:* Allgemeine Einstellungen beruhen auf Einschätzungen der Versuchspersonen gegenüber gesellschaftlichen Strukturen wie zum Beispiel Religion, Politik, Konsum und Ökologie. Es handelt sich dabei eher um eine allgemeine Wertorientierung. Einstellungsanalysen dieser Art sind im Grunde Segmentierungen nach Wertemustern. Sie bilden auch die Grundlage für Lebensstil-Segmentierungsansätze (vgl. Kapitel 3).
- *Produktspezifische Einstellungen:* Bei produktspezifischen Einstellungen werden Einstellungen gegenüber einem konkreten Einstellungsobjekt (z.B. Person, Marke etc.) untersucht. Für die strategische Kommunikationspolitik bilden diese Einstellungsuntersuchungen die Grundlage.

##### 2.1.2.4.2.1 Messung der kognitiven Komponente durch Wahrnehmungsurteile (Performance Space)

Die kognitive Komponente lässt sich mittels Beurteilung der einzelnen Eigenschaften des Einstellungsobjektes (Wahrnehmungsurteile) durch die Konsumenten erheben. Sie wird durch den Rückgriff auf den mehrdimensionalen Vorstellungsraum, in dem die Versuchspersonen die Umweltstimuli einordnen, erfasst. Hierbei werden objektive Produkteigenschaften in ihrer subjektiven Interpretation durch die Konsumenten gemessen. In der Umsetzung bedeutet dies, dass den Konsumenten Eigenschaften des Produktes vorgelegt werden, die einen Nutzen darstellen können. Der Verbraucher beurteilt dann aus seiner subjektiven Sicht, in welchem Ausmaß die Eigenschaften bei dem zu beurteilenden Einstellungsobjekt zutreffen. Wie im Strukturmodell zum Käuferverhalten dargestellt wurde, beeinflussen Einstellungen und Vorwissen genauso wie grundsätzliche

Wertstrukturen die selektive Wahrnehmung und damit die Produktbeurteilung. In der realen Kaufentscheidung wirken die gleichen Einflussgrößen.

Zur Messung kommen direkte und indirekte Verfahren in Betracht. Bei den direkten Verfahren wird den Versuchspersonen eine Liste von Eigenschaften, Bildern bzw. Musik- oder Geschmacksproben vorgelegt und sie müssen beurteilen, in welchem Ausmaß das Einstellungsobjekt aus ihrer subjektiven Sicht diese Eigenschaft aufweist. Im Gegensatz zu den indirekten Verfahren wird hierbei eine differenzierte kognitive Auseinandersetzung mit den Produkteigenschaften erwartet. Die einzelnen Wahrnehmungsurteile können dann pro Versuchsperson zu einem Index verrechnet werden und dieser zeigt dann das Ausmaß, wie das Einstellungsobjekt entsprechend den ausgewählten Produkteigenschaften bewertet wird. Gleiches lässt sich mit den einzelnen Eigenschaften durchführen, sodass ein differenziertes Bild erkennbar wird, inwieweit die objektiven Eigenschaften (Solleigenschaften, die z.B. durch die Produktentwickler definiert wurden) mit der subjektiven Sicht der Verbraucher identisch sind.

Indirekte Verfahren messen die Wahrnehmungsurteile aufgrund von Aussagen über die Ähnlichkeit von Marken im relevanten Markt (z.B. Wettbewerbsprodukte). Dieses Verfahren nutzt die Methodik der Conjoint-Analyse und der mehrdimensionalen Skalierung (MDS), auf die an dieser Stelle nicht näher eingegangen werden soll.[168]

Sie werden deshalb auch als mehrdimensionale Einstellungsmodelle bezeichnet. Dies gilt besonders bei Modellen, die die kognitive und die emotionale Komponente gleichermaßen bei der Berechnung des Einstellungswertes mit einbeziehen. Marken können durch die befragten Personen mittels einer Reihe von kaufverhaltensrelevanten Merkmalen beurteilt werden.

#### 2.1.2.4.2.2 Messung der affektiven Komponente durch Präferenzurteile (Preference Space)

Häufig wird die Einstellung ausschließlich mit der affektiven Komponente gleichgesetzt. Zur Messung wird meist eine Vielzahl verbaler Gefühlsäußerungen der Befragten erfasst, die sich alle auf ein einziges, latentes (nicht beobachtbares) Kontinuum beziehen. Die Einstellung (Index) ergibt sich dann durch die mathematische Aggregation der Ausprägungen der einzelnen Itemwerte. Hinter diesen Ansätzen steht im Grunde das Persönlichkeitsbild eines mit starken Vorurteilen und globalen Wertpräferenzen behafteten Verbrauchers. An Stelle einer differenzierten, kognitiven Auseinandersetzung wird die emotionale Bewertung des Einstellungsobjektes in den Mittelpunkt gestellt. Zur Messung dienen projektive Verfahren sowie eine standardisierte Befragung. Ersteres bietet sich dann an, wenn die Auskunftspersonen nicht willens oder fähig sind, auf direkte Fragen zu antworten. Bei standardisierten Befragungen erhalten die Auskunftspersonen eine Liste von Items (Fragen, Bildvorlagen, Worte oder Behauptungen [Statements]).

#### 2.1.2.4.2.3 Messung der konativen Komponente durch Absichtsnennungen

Die Messung der konativen Komponente kann durch Beobachtung des Verhaltens (z.B. Kaufhandlung) oder durch Äußerung von Verhaltensabsichten (z.B. Kaufabsichtsnen-

168 Vgl. Martin, M. (2000), S. 160 ff.

nungen) erfolgen. Aus dem Grad der Kaufabsicht gegenüber einem Einstellungsobjekt wird dann auf die positive oder negative Einstellung rückgeschlossen.

Problematisch ist hierbei die Tatsache, dass die Verhaltensneigung das Ergebnis einer positiven Einstellung ist und damit nicht die Ursache. Insofern werden bei der Operationalisierung und Messung nur die kognitiven Komponenten als Indikatoren für die mehrdimensionalen Einstellungsmodelle dienen und die Einstellung bzw. die Kaufabsicht im Sinne der Kaufverhaltensmodelle die zu prognostizierende Größe darstellen. Die prognostische Qualität einer Einstellungsanalyse wird demnach daran zu messen sein, inwieweit es gelingt, die Kaufabsichten durch einen Einstellungswert zu prognostizieren.

##### 2.1.2.4.2.4 Messung der Einstellungs- und Imagewerte durch Zusammenführen der Einzelkomponenten (Joint Space)

Dieses Modell misst die Einstellung aus einer Kombination aus der subjektiven Wahrnehmung der Produkteigenschaften und ihrer subjektiven Bedeutung (Wert und Wichtigkeit). Dieses mehrdimensionale System wahrgenommener und bewerteter Produkteigenschaften wird anschließend, wie auch bei den eindimensionalen Modellen, durch eine Integrationsregel zu einem Einstellungswert aggregiert. [169]

#### 2.1.2.4.3 Modellvarianten

##### 2.1.2.4.3.1 Eindimensionale Modelle

Eindimensionale Verfahren versuchen Einstellungen zu erfassen, indem sie eine der Komponenten mittels geeigneter Indikatoren operationalisieren und messen. Dabei müssen die Untersuchungspersonen eine Folge von Fragen beantworten, die sich auf eine verborgene (latente) Dimension beziehen. Bei diesen Modellen stehen meistens die emotionalen Komponenten im Vordergrund. Eine kognitiv differenzierte Auseinandersetzung mit dem Einstellungsobjekt findet nicht statt. Deswegen werden Fragen verwendet, die sich schwerpunktmäßig auf emotionale Sachverhalte beziehen.

Im Wesentlichen findet man in den Marketingtheorien drei Skalierungsverfahren:

- Thurstone-Skalierung, „Methode der gleicherscheinenden Intervalle“: Affektive Komponente
- Likert-Skalierung, „Methode der summierten Einschätzung“: Affektive Komponente
- Guttmann-Skalierung: Konative Komponente

Da die Skalenkonstruktionen meist aufwendig sind und ihre Aussagefähigkeit häufig eingeschränkt ist, kommt in der praktischen Marketingpolitik den mehrdimensionalen Modellen eine größere Aussagefähigkeit zu.[170] Aus diesem Grund sollen im Folgenden nur kurz Konstruktion und Anwendung der Thurstone-Skala vorgestellt werden.

---

[169] Vgl. Rosenberg, M. J. (1956), S. 367 ff.

[170] Vgl. Berekoven, L; Eckert, W.; Ellenrieder, P.(1996): Marktforschung, S. 79 f.

a) Skalenkonstruktion

Aufstellung einer großen Zahl affektgeladener Behauptungen, „Statements" zum Einstellungsgegenstand im Rahmen eines „Brainstormings".

Vorlage der Statements einer größeren Zahl von Experten, die jedes Statement danach beurteilen, welches Ausmaß an positiver oder negativer Emotionalität damit verbunden ist. Dabei werden die Statements anhand einer Skala mit elf Ausprägungen ([1] sehr negativ bis [11 ] sehr positiv) eingestuft.

Es werden jeweils die Mittelwerte und die Streuungen, die sich durch die Einstufung der Experten für jedes Statement ergeben haben, ermittelt. Die Mittelwerte zeigen dann den Grad der positiven oder negativen Emotionalität und damit die assoziative Richtung jedes Statements an. Ausgewählt werden aber nur die Statements für die Skalenkonstruktion bzw. für die spätere Einstellungsmessung, die eine geringe Streuung aufweisen, bzw. bei denen die Einschätzung durch die Experten eindeutig in die gleiche Richtung weist (positive oder negative Haltung).

Aus den ursprünglichen 100 bis 200 Statements werden dann 22 für die Skalenkonstruktion ausgewählt, sodass für jede Ausprägung der Skala von 1 bis 11 jeweils 2 typische Statements zur Verfügung stehen.

b) Skalenanwendung

Die 22 Statements werden nun den Auskunftspersonen vorgelegt. Sie müssen den Statements entweder zustimmen oder sie ablehnen.

Stimmt eine Versuchsperson einem Statement zu, wird der Durchschnittswert aus den Expertenurteilen für den Grad der positiven oder negativen Emotionalität verwandt.

Der Einstellungswert jeder einzelnen Person errechnet sich als Mittelwert aus den um die Durchschnittswerte gewichteten Statements, bei denen die Versuchsperson zugestimmt hat.

#### 2.1.2.4.3.2 Mehrdimensionale Modelle

Mehrdimensionale Einstellungsmodelle gehen davon aus, dass jedes Einstellungsobjekt eine Vielzahl von Eigenschaften aufweist, die durch die Konsumenten wahrgenommen und beurteilt werden. Zu einer Kaufentscheidung kommt es für eine Marke dann, wenn eine positive Einstellung vorliegt. Die Einstellung ist bei diesen Modellen das Ergebnis der differenzierten Vorstellung von den Konsumenten über die Eigenschaften der Beurteilungsobjekte (kognitive Komponenten) und deren Bewertung (affektive Komponente).

#### 2.1.2.4.3.2.1 Semantisches Differenzial

Zur Messung einstellungsrelevanter Eigenschaften von Objekten wird dieses Verfahren im Marketing sehr häufig angewandt. Ursprünglich wurde dieses Verfahren zur Messung von Wortbedeutungen durch verschiedene siebenpolige Ratingskalen entwickelt.[171] Da-

[171] Vgl. Osgood, C. E., Suci; G. J., Tannenbaum, P. H. (1957)

bei wurden die Pole dieser Skalen mit gegensätzlichen Adjektivpaaren belegt, wodurch sich für das Verfahren auch der Begriff des „Polaritätenprofils" eingebürgert hat.
Der semantische Raum, der durch die gegensätzlichen Adjektivpaare gekennzeichnet wird, lässt sich auf drei latente Dimensionen zurückführen:

1. Dimension der Evaluation (Bewertungsskalen):
   Hierbei handelt es sich um Gegensatzpaare wie gut – schlecht, süß – sauer, harmonisch – disharmonisch.
2. Dimension der Stärke (Potenzskalen):
   Hierbei handelt es sich um Gegensatzpaare wie stark – schwach, hart – weich, groß – klein.
3. Dimension der Aktivität (Aktivitätsskalen):[172]
   Hierbei handelt es sich um Gegensatzpaare wie aktiv – passiv, langsam – schnell, laut – leise.

In der ursprünglichen Version beschränkten sich die Verfasser bei der Analyse von Einstellungen auf die Dimension der Evaluation [1)], da diese die affektiven Komponenten der Einstellung beinhaltet. Ein durchschnittlicher Messwert einer Person auf den wertenden Skalenbereichen wurde als Einstellungsmesswert interpretiert. [173]

Die Befragungspersonen müssen bei der Beurteilung eines oder auch mehrerer Einstellungsobjekte eine Bewertungsposition innerhalb der siebenstufigen Skala für jedes bipolare Item auswählen, von der sie glauben, es träfe am ehesten auf das Einstellungsobjekt zu. Anstelle von siebenstufigen werden häufig auch nur fünfstufige Skalen verwendet. Darüber hinaus muss darauf geachtet werden, dass jede der latenten Dimensionen mit gleich vielen Itempaaren belegt wird. Hiervon unabhängig entsteht ein Profil für jeden Befragten sowie ein Profil über die Gesamtheit der befragten Personen zur Beurteilung der Einstellungsobjekte.

**Exkurs: Vorgehen im Einzelnen:**

- *Festlegung relevanter Einstellungsdimensionen:* Hierbei sollte es sich um kaufverhaltensrelevante Tatbestände handeln, die an dem Grundgedanken eines komparativen Wettbewerbsvorteils festmachen. Die Merkmale sollten für die Zielgruppe wichtig sein, sie sollten wahrnehmbar und damit beurteilbar sein. Dabei stellen sich meist Merkmale aus dem Preis-/ Leistungsverhältnis, aus Qualität oder Service als dominierend heraus.

| Einstellungskriterien | sehr wichtig | wichtig | weniger wichtig | völlig unwichtig |
|---|---|---|---|---|
| Hochwertig Qualität und Verarbeitung | 63,4 | 20,6 | 10,7 | 5,3 |
| Große Auswahl | 45,8 | 33,2 | 15,1 | 5,9 |

[172] Vgl. Kotler, P., Bliemel, F. (1999), S. 934
[173] Vgl. Osgood, C. E., Suci; G. J., Tannenbaum, P. H. (1957), S. 189 f.

| | | | | |
|---|---|---|---|---|
| Günstige Preise | 74,3 | 19,4 | 3,0 | 3,3 |
| Freundlichkeit der Bedienung | 45,4 | 28,3 | 19,5 | 6,8 |
| Fachkundige Beratung | 50,4 | 31,1 | 12,5 | 6,0 |
| Modisch aktuelle Ware | 48,0 | 26,3 | 17,7 | 8,0 |
| Markenware | 30,3 | 26,4 | 29,6 | 13,7 |

*Abb. 2.9: Beispiel: Festlegung relevanter Einstellungsdimensionen (Quelle: Martin, M. (1991): Unveröffentlichte Studie zum Kaufverhalten im Discountschuhbereich). Darstellung in Prozent der Nennungen bei 1300 Befragten.*

- *Reduktion der Zahl der zu befragenden Dimensionen:* Damit die Befragten bei der Beurteilung der einzelnen Einstellungsobjekte bzw. Marken nicht überfordert bzw. nicht unnötig überflüssige (redundante) Eigenschaftspaare abgefragt werden, die im Grunde den gleichen Sachverhalt betreffen, sollten in den Pre-Tests mithilfe von Faktorenanalysen redundante Eigenschaften eliminiert werden.

| Einstellungskriterien | Faktor 1 | Faktor 2 | Faktor 3 |
|---|---|---|---|
| | Preis-/Leistungsfaktor | Faktor des Bedienungsservice | Faktor der modischen Aktualität |
| Hochwertige Qualität und Verarbeitung | **0,880** | | |
| Große Auswahl | **0,761** | | |
| Günstige Preise | **0,743** | | – 0,132 |
| Freundlichkeit der Bedienung | | **0,781** | – 0,125 |
| Fachkundige Beratung | | **0,765** | 0,177 |
| Modisch aktuelle Ware | – 0,152 | – 0,155 | **0,754** |
| Markenware | 0,139 | 0,202 | **0,676** |
| *Anmerkungen:<br>Extraktionsmethode: Hauptkomponentenanalyse.<br>Rotationsmethode: Varimax mit Kaiser-Normalisierung.<br>Rotation nach 4 Iterationen konvergiert und 3 Faktoren mit Eigenwert > 1 extrahiert.<br>Summen von quadrierten Faktorladungen für die Extraktion von 3 Faktoren: 61,62Prozent.<br>Ausweis von Faktorladungen über 0,10.* | | | |

*Abb. 2.10: Beispiel: Reduktion der Zahl der zu befragenden Dimensionen (Quelle: Martin, M.(1991): Unveröffentlichte Studie zum Kaufverhalten im Discountschuhbereich )*

- *Anwendung des Erhebungsinstrumentes auf eine repräsentative Gruppe von Mitgliedern aus der Zielgruppe:* Die Auskunftspersonen sollen jeweils vollständig die vorgelegten Einstellungsobjekte beurteilen. Dabei werden die Vorlagen der Eigenschaftspaare per Zufall variiert, damit kein Reihenfolgeeffekt entsteht. Zudem werden die Ausrichtungen der Pole verändert, sodass nicht die positiv erscheinenden Adjektive nur an einem Pol und die negativ assoziierten Adjektive an dem anderen Pol auftauchen.
- *Durchschnittswerte bilden und ein Polaritätenprofil erstellen:* Die Mittelwerte für jedes bewertete Einstellungsobjekt werden für jedes Eigenschaftspaar ermittelt und in eine Grafik übertragen. Ein Informationswert entsteht nur durch eine vergleichende Analyse. Zum Beispiel der Vergleich der Profile unterschiedlicher Marken im relevanten Markt oder unterschiedlicher Profile der gleichen Marke vor oder nach einer Repositionierung und der Einsatz von Kommunikationsbudgets. Auch der Vergleich einer Realmarke zu einer zu bewertenden Idealmarke durch die Auskunftspersonen kann eine Entscheidungshilfe liefern.
- *Ermittlung der Streubreite:* Die Mittelwerte zeigen zunächst die Richtung der Einstellungen der Befragten gegenüber den jeweiligen Einstellungsobjekten. Durch die Streubreite wird die Prägnanz des Profils erkennbar. Bei gleichen Mittelwerten liegt ein trennscharfes Profil dann vor, wenn die Befragten das Einstellungsobjekt einheitlich gleich oder ähnlich beurteilen. Ein zerstreutes (diffuses) Profil liegt dann vor, wenn bei den Befragten große Unterschiede in der Bewertung auftauchen. Neben der Tatsache, dass das Profil unscharf ist, kann der Grund auch darin liegen, dass unterschiedliche Segmente mit unterschiedlichen Wahrnehmungen bzw. Präferenzen untersucht wurden. Manche Unternehmen bevorzugen ein unscharfes Profil, um von unterschiedlichen Gruppen auch entsprechend unterschiedlich gesehen zu werden. Damit eröffnen sich Projektionen in das Produkt für Erwartungshaltungen unterschiedlicher Zielgruppen.
  Die strategischen Kommunikationszielsetzungen müssen dann im Einzelfall dennoch auf die Teilsegmente in dem anvisierten Gesamtmarkt definiert werden. Innerhalb der Subsegmente sollte trotz allem ein prägnantes Profil vorliegen. [174]
- *Integration zu Einstellungswerten:* Die Punktewerte lassen sich über alle Gegensatzpaare oder differenziert nach den latenten Hauptdimensionen addieren und somit kann für jeden Befragten ein Einstellungswert ermittelt werden. Der Vergleich zweier Stimuli bzw. präsentierter Marken lässt sich auch mithilfe der Euklid-Distanz ermitteln. Dabei ergibt sich als linearer Abstand zwischen zwei Stimuli im semantischen Raum ein Zahlenwert nach folgender Formel:[175]

  $D_{ij} = \Sigma\ a_{ij}$

  $a_i$ = Eigenschaft i

[174] Vgl. Kotler, P., Bliemel, F. (1999), S. 933 f.
[175] Vgl. Böhler, H. (1995), S. 112.

2.1.2.4.3.2.2 Modelle ohne Idealobjekt

a) Grundgedanken

Modelle dieser Art gehen auf Rosenberg und Fishbein[176] zurück. Dabei kommt der Operationalisierung der affektiven und kognitiven Komponenten eine erhebliche Bedeutung zu. Die Abfrageskalen unterscheiden sich meist nur in der Operationalisierung der affektiven Komponente. Die Daten werden mithilfe von Rating-Skalen bei den Befragten erhoben.

b) Traditionelle Abfragestruktur

- Kognitive Komponente „Strength of Belief": Abfrage erfolgt als wahrgenommene Wahrscheinlichkeit, sodass das Objekt „j" die Eigenschaft „k" besitzt. (1 = sehr wahrscheinlich und 6 = sehr unwahrscheinlich).
- Affektive Komponente „Evaluative Aspect of Belief":Abfrage nach der Bewertung der Eigenschaft „k" des Objektes „j". (1 = sehr gut und 6 = sehr schlecht).

Da bei den Befragten bei der Beurteilung der Wahrscheinlichkeit einige Interpretationsschwierigkeiten auftreten können[177], hat sich in der Praxis die Operationalisierung durch die „Adaequancy Value Importance"-Abfrage eingebürgert.

c) Adaequancy Value Importance-Abfrage

- Kognitive Komponenten „Adaequancy Value": Abfrage erfolgt, indem der Grad erhoben wird, nach dem das Objekt die jeweilige Eigenschaft (z.B. Wirtschaftlichkeit) besitzt. (1 = trifft voll zu und 6 = trifft nicht zu).
- Affektive Komponenten „Adaequancy Importance": Abfrage erfolgt hier an Stelle der Bewertung „gut oder schlecht" nach dem Grad der Wichtigkeit einer Eigenschaft (z.B. Wirtschaftlichkeit). (1 = sehr wichtig und 6 = sehr unwichtig).

d) Einstellungsmessung

Bei der Berechnung der Einstellungen geht man davon aus, dass die affektive und die kognitive Komponente multiplikativ verknüpft. Hierdurch ergibt sich für jede Eigenschaft eine Eindrucksdimension aller abgefragten Eigenschaften (von k = 1, ..., m).

$$E_j = \sum_{k=1}^{m} B_{jk} * a_{jk}$$

$E_j$ = Einstellungswert bei Objekt j

j = Objekte von 1...n

176 Vgl. Rosenberg, M. J. (1956) und Fishbein, M. (1966)
177 Vgl. Böhler, (1985), S. 115

k = abgefragte Eigenschaften von 1, ..., m

$B_{jk}$ = die wahrgenommene Wahrscheinlichkeit, inwieweit das Objekt j eine Eigenschaft k besitzt (kognitive Komponente bzw. Strength of Belief)

$a_{jk}$ = die Bewertung der Eigenschaft k an Objekt j (affektive Komponente bzw. Evaluative Aspect of Belief)

Durch die Addition der Eindruckswerte der einzelnen Eigenschaften ergibt sich dann die Gesamteinstellung E.

Die Gesamteinstellung E ist dann umso positiver, je höher die Punktwerte nach der Verrechnung der Aussagen in Bezug auf kognitive und affektive Aspekte bei den einzelnen Eigenschaftsausprägungen ausfallen. Auch hier können nur durch den Vergleich sinnvolle Aussagen getroffen werden. Zum Beispiel der Vergleich verschiedener Marken im relevanten Markt oder im Zeitreihenvergleich. Es lassen sich aber auch die Personen, die ein Objekt beurteilen, nach dem Ausmaß ihrer Einstellung analysieren und zu Segmenten zusammenfassen.

e) Aussagewert

Das Kernproblem bei der intensitätsmäßigen Abstufung liegt nicht bei den wahrgenommenen Eigenschaften der Einstellungsobjekte, sondern bei deren Bewertung. In aller Regel führen derartige Untersuchungen zu einer Bewertungsstruktur „je mehr, desto besser“, d.h. dass im Extrem alle Eigenschaften eher gleich wichtig sind. Bei den Modellen mit Idealobjekt soll dieses Problem gelöst werden, indem die idealen Eigenschaftsausprägungen erhoben werden und als affektive Modellkomponente einfließen.

## 2.1.2.4.3.2.3 Modelle mit Idealobjekt

a) Grundgedanken

Bei diesen Modellen wird die affektive Komponente dadurch erhoben, dass die Befragten zu den vorgelegten Produkteigenschaften jenes Ausmaß einer Eigenschaft angeben sollen, das sie als ideal empfinden.

Bei der direkten Abfrage müssen die Auskunftspersonen die ideale Merkmalsausprägung auf der Ratingskala ankreuzen. Werden die Auskunftspersonen hierdurch überfordert, kann die Abfrage auch indirekt erfolgen. Dann müssen die Befragten die am meisten präferierte Realmarke als Idealpunkt bewerten.

Die Position einer fiktive Marke im m-dimensionalen Merkmalsraum (meist kaufentscheidende Kriterien) der relevanten Produkteigenschaften repräsentiert damit für die Verbraucher ein subjektives hypothetisches Idealprodukt innerhalb eines relevanten Marktes bzw. einer Zielgruppe. Dieses Idealprodukt wird als Bezugsgrundlage genommen und spielt gleichzeitig die Rolle der affektiven Komponenten innerhalb des Gesamtmodells.

b) Berechnung

Die Eigenschaften spannen einen mehrdimensionalen Einstellungsraum auf. Sowohl die affektiven als auch die kognitiven Einschätzungen der Befragten erhalten in dem Raum einen individuellen Koordinatenpunkt. Die Einstellung des Konsumenten gegenüber einem beliebigen Einstellungsobjektes wird in diesem Raummodell durch Distanzen gemessen.

Mathematisch wird wie beim Cluster-Analyseverfahren die Ähnlichkeit mithilfe der „Minkowski-r-Metrik" operationalisiert, die meist in zwei Ausprägungen Anwendung findet.

$$E_j = [ \sum_{k=1}^{m} w_k ( B_{jk} - I_k )^r ]^{1/r}$$

$w_k$ = Bedeutungsgewicht der Eigenschaft k

$B_{jk}$ = wahrgenommene intensitätsmäßige Ausprägung der Eigenschaft k bei Objekt j (kognitive Komponente)

$I_k$ = idealempfundene intensitätsmäßige Ausprägung der Eigenschaft k (kognitive Komponente)

$E_j$ = Einstellungswert bei Objekt j

(j = 1, ..., n)
(k = 1, ..., m)
(r = 1, ..., ∞) (meist jedoch r = 1, r = 2)

- City Block Distanz (r = 1): Diese Distanz wird hierbei ermittelt durch die Addition der Achsenabschnitte.

$$E_j = \sum_{k=1}^{m} ( B_{jk} - I_k )^2$$

- Euklid Distanz (r = 2): Der Abstand zwischen dem Ideal- und Realmarken operationalisiert sich durch den Euklid-Abstand.

$$Ej = \sqrt{(Bjk - Ik)^2}$$

c) Einstellungsmessung

Ein Eindruckswert ergibt sich für jede Eigenschaft durch die Berechnung der Distanz zwischen dem Ideal- und dem Realprodukt. Je näher eine Realmarke bei der Idealmarke positioniert ist (d.h. je geringer die Distanz im mehrdimensionalen Eigenschaftsraum ist), desto positiver ist die Einstellung der betreffenden Personen zur Realmarke.

Maximal können beide Wertbereiche deckungsgleich sein, d.h. das Realobjekt hat Eigenschaftsausprägungen, die dem Idealobjekt entsprechen.

Das Modell könnte noch verfeinert werden, indem die einzelnen Eigenschaften unterschiedliche Bedeutungsgewichte in Bezug auf die Kaufentscheidungsrelevanz beim Verbraucher bekommen. Dies bedeutet, dass eine gleich große Distanz bei einzelnen Eigenschaften zwischen Real- und Idealmarke sich bei wichtigeren Eigenschaften auf die Einstellung negativer auswirkt als bei unwichtigeren Eigenschaften (Distanz wird mathematisch gestreckt). Da empirische Untersuchungen belegten, dass die Verwendung der Bedeutungsgewichte die Erklärungsfähigkeit des Einstellungsmodells kaum erhöhen konnte, soll nur darauf hingewiesen und im Folgenden nicht weiter beachtet werden.

### 2.1.2.5 Entwicklung eines Marktmodells anhand von Beispielen

Bei der Entwicklung psychologischer Marktmodelle zur Positionierungssuche und -überprüfung sowie der Ableitung von strategischen Aussagen für die kommunikationspolitische Inhalte sind folgende Schritte vorzunehmen.

#### 2.1.2.5.1 Abgrenzung des relevanten Marktes

Im ersten Schritt ist zu klären, in welchem Markt eine Positionierung durchgeführt werden soll. Die Marktabgrenzung nimmt eine Schlüsselfunktion im Rahmen der strategischen Unternehmensführung ein.[178] Wie bei der Marktsegmentierung generell, stellt sich die Frage, ob eine eher enge oder weite Marktabgrenzung Anwendung finden soll. Je nach Ergebnis werden einem Markt unterschiedliche Verbraucherzielgruppen mit unterschiedlichen Verhaltensmustern sowie Anbieter bzw. Absatzmittler und -helfer zugeordnet. Dadurch hängen die jeweiligen Wettbewerbsverhältnisse von der gewählten Marktabgrenzung ab. Das zu ermittelnde Marktmodell und die für die Positionierung gewonnenen Rückschlüsse hängen von der Auswahl der vorgegebenen Marken des relevanten Marktes ab.

#### 2.1.2.5.2 Ermittlung des Evoked Sets

Im zweiten Schritt ist festzulegen, welche Realmarken die Befragten in ihrem Kaufentscheidungsprozess bei der Befriedigung eines spezifischen Bedürfnisses betrachten.

Aus der Gesamtmenge der in einem relevanten Markt zur Auswahl stehenden Marken (Total Set) hat der jeweilige Verbraucher eine Auswahl von Marken im Gedächtnis repräsentiert (Awareness Set). Diese Marken sind ihm bei einer gestützten (z.B. Vorlage von Markenlogos) oder auch ungestützten Abfrage (z.B. Nennungen von Marken, die ein bestimmtes Problem lösen könnten) präsent.

---
[178] Vgl. Abell, D. F., (1980), S. 17 ff., Bauer (1989)

Der Konsument unterscheidet in dieser Phase in Marken, die ihm zwar bekannt sind, über die er aber weder genügend Informationen hat, noch tiefergehendes Interesse verbindet, von denen er aber weitere Informationen einholen möchte. Er empfindet diese Marken als unklar (Foggy Set). Die Marken, die ihm bekannt sind und bei denen bereits ausreichende Informationen zur Beurteilung vorliegen, werden im Bewertungsprozess näher betrachtet (Processed Set). Unter diesen Marken scheiden einige von vornherein aus (Reject Set) und andere Marken werden gewählt, die eventuell akzeptiert würden, wenn Leistung, Preis oder andere Rahmenfaktoren günstiger wären (Hold Set).

Die entscheidenden Marken sind jene, die in die engere Wahl kommen (Accept, Choice, Relevant bzw. Evoked Set). Über diese Marken fühlt sich der Konsument am besten informiert und hat das höchste Vertrauen in die eigene Informationsbeurteilung.[179]

| (1) | (2) | (3) | (4) | (5) | (6) |
|---|---|---|---|---|---|
| Habe noch nie etwas von dieser Marke gehört. | Habe schon von dieser Marke gehört, weiß aber nichts darüber. | Weiß etwas über die Marke, beabsichtige sie aber nicht zu kaufen. | Weiß etwas über die Marke, werde sie vielleicht einmal ausprobieren. | Kaufe die Marke gelegentlich. | Kaufe die Marke häufig. |
| Total set | | | | | |
| | Awareness set | | | | |
| | Foggy set | Reject set | **Relevant/accept/evoked set** | | |
| | | | | Choice set | |

*Abb. 2.11: Fragestellung zur Ermittlung des Evoked Set*
*(Quelle in Anlehnung an: Böhler, H. (1979), S. 263 und Kotler, P.; Bliemel, F. (1999), S. 340 f.)*

Aufgabe der strategischen Kommunikationsplanung ist es nun, bei möglichst vielen Konsumenten mit der eigenen Marke ins Evoked Set zu gelangen. Demnach ist es nicht ausreichend, den Bekanntheitsgrad der Marke zu erhöhen. Vielmehr muss es gelingen, die eigene Marke in die Endauswahl bei Kaufentscheidungen zu bringen.

Im Evoked Set befinden sich meist nur 3 bis 5 Marken, wobei eine Marke bereits präferiert bzw. genutzt wird. Deshalb muss das Unternehmen herausfinden, welche anderen Marken mit welchen Argumenten sich im Evoked Set der Konsumenten befinden und über welche Argumente ein Markteintritt möglich ist.

Deswegen müssen die Hintergründe für die Aufnahme und die Ablehnung im Relevant Set beleuchtet werden. Hierfür dient der zweite Schritt, nämlich die Analyse der relevanten Produkteigenschaften.

[179] Vgl. Kotler, P., Bliemel, F. (1999), S. 340 f.

2.1.2.5.3 Ermittlung der kaufverhaltensrelevanten Produkteigenschaften

Die Auswahl der Eigenschaften, die die Konsumenten bei der Bildung ihrer Einstellungen gegenüber den Einstellungsobjekten zu Grunde legen, bildet das Untersuchungsziel dieses Schritts. Die Qualität der Positionierungsergebnisse hängt direkt mit der Auswahl der Merkmale zusammen. Zur Ermittlung der einstellungsrelevanten Produkteigenschaften kommen folgende Verfahren in Betracht:

- *Experteninterviews:* Dieses Verfahren ist recht schnell, einfach und kostengünstig und beruht lediglich auf Expertenurteilen hinsichtlich der Bedeutung einzelner Eigenschaften für die Kaufentscheidung. Die Gefahr liegt darin, dass wichtige Merkmale jedoch durch die Experten übersehen werden. Eine Untersuchung bei Konsumenten erscheint dann häufig zu ergiebigeren Erkenntnissen zu führen.
- *Gruppeninterviews/Teilnehmerinterviews:* Dieses Verfahren gehört zum Standardrepertoire einer Marktforschungsstudie. Hierzu werden Konsumenten zu einer gemeinsamen Gruppensitzung geladen, die in dem zu betrachtenden Produktbereich Kauferfahrungen besitzen. Ein geschulter Moderator diskutiert in ungezwungener Atmosphäre mit der Gruppe über die Hintergründe ihrer Kaufentscheidung. Fishbein schlägt vor, dass jene 10 bis 12 Eigenschaften als einstellungsrelevant („salient") zu erachten sind, die von den Befragten am häufigsten mit dem Einstellungsobjekt assoziiert werden. [180]
- *Projektive Verfahren:* Dieses Verfahren wurde aus der klinisch orientierten Psychologie in die Werbeforschung übertragen und beruht auf Annahmen, dass die befragten Personen eigene Gedanken und Einstellungen auf eine Person oder ein Objekt übertragen, ohne sich dessen bewusst zu sein. Den Untersuchungspersonen werden meist unklare Situationen vorgegeben, und sie sollen diese Situationen dann beschreiben oder die Antworten dritter Personen abschätzen (Third Person Technique). Zu den Standardverfahren zählen dabei das Assoziationsverfahren, das Satzergänzungsverfahren oder der thematische Apperzeptionstest (TAT) bzw. der Picture-Frustration-Test (PFT). [181]
- *Ähnlichkeitsvergleiche von Marken und anschließende nicht metrische mehrdimensionale Skalierung (NMS):* Hierzu werden die Befragten gebeten, die zu beurteilenden Marken nach ihrer Ähnlichkeit in eine Reihenfolge zu bringen. Aus den Ähnlichkeitsdaten wird dann mithilfe der mehrdimensionalen Skalierung der mehrdimensionale Beurteilungsraum erstellt. Man erhält die latenten Beurteilungsdimensionen und die einzelnen Marken als Punkte in einem latenten Eigenschaftsraum. Zur Auswahl von relevanten Produkteigenschaften müssen dann diese Dimensionen interpretiert werden.
- *Repertory Grid:* Dieses Verfahren geht davon aus, dass eine Person im Laufe ihrer Entwicklung einen Bezugsrahmen zur Beurteilung unterschiedlicher Objekte entwickelt. Aus der Vielzahl von Marken werden drei Objekte ausgewählt und die Versuchspersonen gebeten, von den drei Objekten jeweils zwei Objekte auszuwählen, die ähnlicher und gleichzeitig unähnlicher zum dritten Objekt sind. Daraufhin muss der Befragte die Hintergründe seiner Entscheidung offenbaren. Diese Aufgabe wird

[180] Vgl. Fishbein, M. (1967), S. 395.
[181] Vgl. Berekoven, L., Eckert, W., Ellenrieder, P. (1996), S. 183 f.

für unterschiedliche Markentripel wiederholt, bis der Befragte keine neuen Unterscheidungsmerkmale mehr nennen kann.

Aus einer Vielzahl von Produkteigenschaften bildet der Konsument bei der Kaufentscheidung seinen kognitiven Beurteilungsraum, nach dem die einzelnen relevanten Marken bewertet werden. Da bei der Beurteilung bestimmte Produktdimensionen (z.B. Qualität) durch eine unterschiedliche Anzahl von Eigenschaften vertreten werden, erhalten bestimmte Dimensionen eine unterschiedliche Gewichtung. Stärker vertretene Dimensionen würden am Ende einen stärkeren Einfluss auf die Einstellungsberechnung nehmen.

Mithilfe einer Faktorenanalyse lassen sich zum einen die Dimensionalität und zum anderen die mit diesen Dimensionen korrelierenden Produkteigenschaften aufdecken, die von den befragten Personen zur Beurteilung der Marken herangezogen werden. Für jede einzelne Dimension sollte dann die gleiche Anzahl von kaufentscheidenden Produkteigenschaften in das psychologische Marktmodell einfließen. Dies bedeutet aber nicht zwangsläufig, dass auch alle kaufverhaltensrelevanten Dimensionen gefunden wurden. Zudem variiert die Dimensionalität des Raumes mit der kognitiven Komplexität der befragten Personen.

Durch diese Analyse werden sowohl die Art als auch die Anzahl der zur Beurteilung von Marken herangezogenen Eigenschaften sichtbar. Für die strategische Ausrichtung der Produktpolitik, aber auch für die Kommunikationspolitik werden die für die Kaufentscheidung implizit relevanten Beurteilungsmerkmale sichtbar und können für eine Positionierung herangezogen werden.

Dabei sollte stets eine Positionierung angestrebt werden, die bei den Kriterien ansetzt, die für die Konsumenten am kaufentscheidendsten sind. In den meisten Fällen ist diese Position bereits vom führenden Wettbewerber besetzt, sodass nur noch Positionen der zweiten oder dritten Wertigkeit übrig bleiben oder sich eine Doppelnutzenstrategie anbietet. [182]

Als weiterer Ansatzpunkt für die strategische Ausrichtung der Kommunikation bietet sich an, Zahl, Art und Gewicht der kaufverhaltensrelevanten Kriterien für die Kaufentscheidung kommunikativ zu verändern. Durch eine Veränderung der Dimensionierung der psychologischen Marktmodelle können bestehende Wettbewerbspositionen nachhaltig verändert werden.

Bei der Auswahl von kaufentscheidenden Kriterien, auf deren Grundlage inhaltlich die Positionierung aufbauen sollte, sind folgende Aspekte zu beachten:[183]

- *Kaufentscheidendes Merkmal:* Es sollte sich um ein Merkmal handeln, das dem Konsumenten wichtig ist und daher im Rahmen des Prozesses der Kaufentscheidung eine wichtige Rolle übernimmt (vgl. Preference Space).
  Bei der Auswahl mehrerer Merkmale sollten jene gewählt werden, die die höchste Wichtigkeit in den Augen der Konsumenten aufweisen. Im Falle der Belegung eines wichtigen Merkmals durch Konkurrenten sollten für die eigene Positionierung jene Merkmale gewählt werden, die zum einen eine noch freie Position darstellen und

[182] Vgl. Kotler, P., Bliemel, F. (1999), S. 497
[183] Vgl. Kotler, P., Bliemel, F. (1999), S. 474 ff.

zum anderen in der hierarchisch wichtigsten Eigenschaft einen möglichst hohen subjektiven Wert aufweisen.

- *Wahrnehmbarkeit:* Die ausgewählten Merkmale sollten wahrnehmbar und damit auch kommunizierbar sein. Positionen, die keine wahrnehmbare Differenzierung ermöglichen, sind demnach nicht tragfähig.
- *Nicht-Imitierbarkeit:* Die ausgewählten Merkmale sollten für Wettbewerber möglichst schwer imitierbar sein und im Sinne der Tragfähigkeit der Segmente auch eine gewisse Stabilität aufweisen.

#### 2.1.2.5.4 Erstellung der Positionierungsmodelle

Im letzten Schritt ist zu klären, wie die Wahrnehmungen und Präferenzen zu einem gemeinsamen Gesamteindruckswert verrechnet werden und damit ein Bewertungsmaßstab für die Einstellung gegenüber dem Einstellungsobjekt entsteht. Zwei Arten von mehrdimensionalen Raummodellen lassen sich auf Grundlage dieser Daten erstellen: Zum einen der Performance Space und zum anderen der Preference Space.

a) Performance Space

Die Einschätzungen der einzelnen Konsumenten gegenüber den zu beurteilenden Marken werden zu einem arithmetischen Mittelwert für jede einzelne Produkteigenschaft verrechnet und ergeben die jeweiligen Koordinatenwerte für die betrachteten Marken (Markenpositionen). Diese Werte werden für jede untersuchte Wettbewerbsmarke (Realmarken aus dem relevanten Markt) eingetragen und stellen die jeweilige Ist-Positionierung im Wahrnehmungsraum dar. Das Ergebnis ergibt dann die Wettbewerbsposition, die die subjektive Sicht der Konsumenten darstellt.

Für die strategische Kommunikationspolitik lassen sich subjektive Wahrnehmungen der eigenen Marke im Verhältnis zu Konkurrenzmarken bei den kaufentscheidenden Kriterien ableiten. Besteht eine Differenz aus der objektiven Beurteilung der eigenen realen Marke und der subjektiven Interpretation durch die Konsumenten, so leitet sich daraus ein Aufklärungsbedarf für die Kommunikationsstrategie ab. Das kommunikative Ziel liegt darin, die subjektive Wahrnehmung der Marke mit den objektiven Eigenschaftsausprägungen deckungsgleich zu bekommen. Liegen der eigenen Position dagegen tatsächlich entsprechende objektive Eigenschaften zu Grunde und werden die Wettbewerbsmarken dann bei kaufentscheidenden Kriterien entsprechend besser beurteilt, so handelt es sich um ein produktpolitisches Defizit der Marke, das nur bedingt mithilfe kommunikativer Maßnahmen verändert werden kann. Entscheidend ist zum einen, inwieweit sich die objektiven Produkteigenschaften im psychologischen Wahrnehmungsmodell der Konsumenten authentisch wiederfinden. Ein Defizit, bei dem die subjektive Wahrnehmung schlechter ausfällt als die objektiven Produkteigenschaften erwarten lassen, weist auf ein Kommunikationsproblem hin. Wenn die objektiven Eigenschaften schlechter sind, als im psychologischen Wahrnehmungsraum der Zielgruppe repräsentiert wird, so besteht die Gefahr der Unzufriedenheit im Fall eines Kaufaktes. Die Erwartungshaltung ist größer als der reale Nutzen der Marke.[184] In diesem Fall besteht primär produktpolitischer Handlungsbedarf.

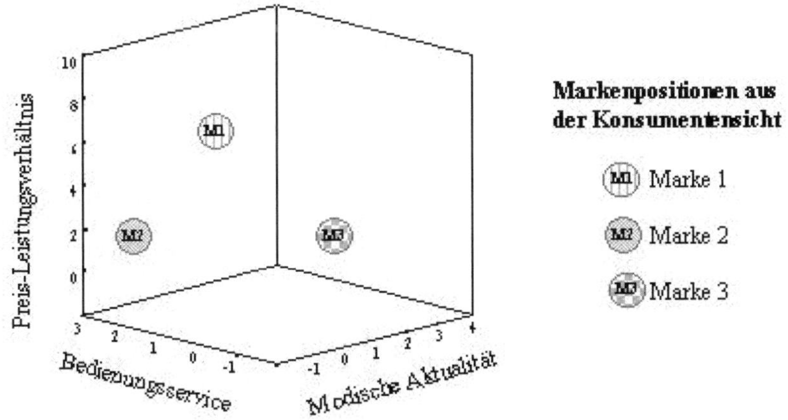


*Abb. 2.12: Positionierung der abgefragten Marken aus der Sicht der Konsumenten (arithmetisches Mittel der Wahrnehmungsräume für jede einzelne Marke) auf Grundlagen einer Faktorenanalyse der kaufentscheidenden bzw. einstellungsrelevanten Produkteigenschaften.*
*(Quelle: Martin, M. (1991): Unveröffentlichte Studie zum Kaufverhalten im Discountschuhbereich).*

Häufig schneidet die eigene Marke bei bestimmten Produkteigenschaften besser ab als die Wettbewerbsmarken. In diesem Fall können mithilfe der Kommunikationspolitik diese Eigenschaften zur Stabilisierung des Verbraucherverhaltens besonders hervorgehoben werden. Im Gegenzug können natürlich auch Eigenschaften, bei denen der Wettbewerb besser abschneidet als die eigenen Marken, kommunikativ heruntergespielt werden. Damit leiten sich Ansatzpunkte für vergleichende Werbung ab, und es wird der Versuch unternommen, Einfluss auf die Idealvorstellungen bzw. auf die Präferenzen der Konsumenten zu nehmen. Je mehr Einfluss auf die Präferenzen genommen werden soll, d.h. auf festgelegte Einstellungsmuster oder Wertstrukturen, desto aufwendiger gestaltet sich die Kommunikationspolitik. Dagegen können Wahrnehmungen noch relativ einfach verändert werden. Am Ende kommt es nicht nur darauf an, dass die eigene Marke bei möglichst vielen Eigenschaften besser als die Wettbewerbsmarken beurteilt wird, sondern, dass dies bei kaufentscheidenden wichtigen Merkmalen der Fall ist und das speziell auch bei der eigentlich anvisierten Zielgruppe. Deswegen erhalten die zielgruppenspezifischen Präferenzen eine besondere Bedeutung.

[184] Vgl. Kotler, P., Bliemel, F. (1999), S. 47 ff.

b) Preference Space

Hierdurch werden die Idealvorstellungen oder Präferenzen im Zielmarkt untersucht und die Konsumenten mit ihren individuellen Präferenzmustern im Eigenschaftsraum positioniert.

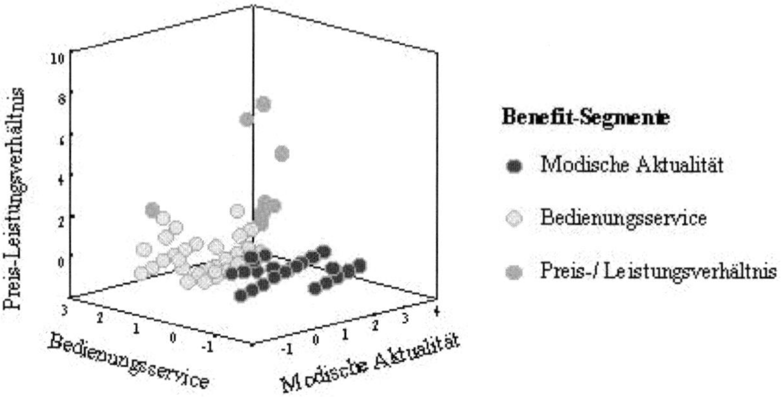


*Abb. 2.13: Positionierung der Konsumenten nach ihren Präferenzen auf Grundlage einer Faktorenanalyse der kaufentscheidenden bzw. einstellungsrelevanten Produkteigenschaften gegenüber einer Marke.*
*(Quelle: Martin, M. (1991): Unveröffentlichte Studie zum Kaufverhalten im Discountschuhbereich).*

Die Position der Konsumenten nach ihren Präferenzen oder Idealvorstellungen führt zu einer unterschiedlichen Verteilung im psychologischen Marktmodell. Aus den Punktehäufungen und Konzentrationen der Konsumentenpositionen lässt sich eine Reihe von marktstrategischen Aussagen ableiten. Zunächst zeigen die Konzentrationen Marktsegmente an. Meist werden mithilfe der Clusteranalysen Verbraucher mit ähnlichen Idealvorstellungen bzw. Präferenzen zu Marktsegmenten gebündelt.[185] Sofern derartige Idealpositionen noch nicht mit Wettbewerbsmarken belegt sind, handelt es sich hierbei um eine klassische Marktnische. Dort werden Präferenzen einer größeren Zahl von Verbrauchern durch ein aktuelles Angebot (Realpositionen) noch nicht befriedigt. [186] Dabei kann die Marktnische sowohl kleine als auch große Käufervolumina umfassen. Idealerweise sollte man Marktnischen mit einem größeren Marktvolumen identifizieren.

Ein kommunikationspolitisch aufwändiges Ziel kann darin liegen, die Idealvorstellungen der Konsumenten zu verändern. Dies läuft zwangsläufig auf die Veränderung der Bedürfnisse hinaus und ist, wie die Änderung von Einstellungen, meist nur schwer möglich.

---

[185] Vgl. Böhler, H, (1977)

[186] Vgl. Spiegel, B. (1961), S. 102 ff.

c) Joint Space Positionierung

Das Zusammenführen des Performance Space mit dem Preference Space kann auf zweierlei Wegen erfolgen:

- *Ermittlung von produktspezifischen Einstellungssegmenten:* Zur Ermittlung von Einstellungssegmenten können die Distanzen zwischen den Realpositionen und den Idealvorstellungen der Konsumenten bei den kaufentscheidenden Merkmalen ermittelt und die Distanzwerte jedes einzelnen Konsumenten im psychologischen Marktraum positioniert werden. Das Marktmodell weist Konsumenten mit positiver Einstellung (niedrige Distanzwerte) und Konsumenten mit negativer Einstellung (hohe Distanzwerte) aus.
- *Positionierung von Realmarken im Preference Space:* Hierzu werden im Raum die Präferenzen bzw. die Idealvorstellungen der Konsumenten in Bezug auf die betrachteten Fragestellungen positioniert. Dabei ermittelt sich die Markenposition aufgrund des arithmetischen Mittels der Wahrnehmungswerte aller Konsumenten bei den kaufentscheidenden Kriterien.

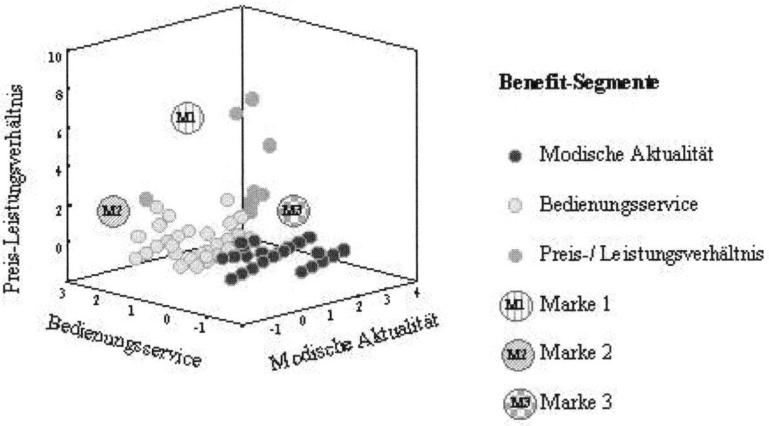


*Abb. 2.14: Positionierung der Marken im relevanten Markt auf Grundlage der Wahrnehmung der Konsumenten und Positionierung der Konsumenten nach ihren Nutzenerwartungen (Präferenzen).*
*(Quelle: Martin, M. (1991): Unveröffentlichte Studie zum Kaufverhalten im Discountschuhbereich).*

Durch produkt- und kommunikationspolitische Maßnahmen können die Realmarken näher an die Idealproduktsegmente herangeführt werden oder Produkte für eine Marktnische entwickelt bzw. bestehende Produkte in Richtung unterbesetzte Marktnische umpositioniert werden. Für markenpolitische Entscheidungen bietet sich dieses Modell auch an, um im Rahmen von Dachmarkenstrategien flankierende Marken zum Schutz der Kernmarke zu positionieren. Vorbeugende Positionierungen der eigenen Marke können vor Wettbewerbspositionierungen schützen.

2.1.2.5.5 Einschränkungen des Aussagewerts mehrdimensionaler Einstellungsmodelle für die strategische Kommunikationspolitik

Neben den offenkundigen theoretischen Vorzügen für die Diagnose der Markensituation und der Erstellung von Stärken- und Schwächeprofilen gibt es einige kritische Aspekte, die den Aussagewert für die Gestaltung der Markenpolitik beeinträchtigen, denn diese Modelle beruhen auf zwei Prämissen:

- *Relevanz der Einstellung als Indikator des Kaufverhaltens:* Einstellungen werden operationalisiert als Distanz zwischen Real- und Idealpositionen. Häufig ist die prognostische Validität von Einstellungen für das Kaufverhalten gering. Neben Einstellungen wirken eine Vielzahl weiterer Einflüsse (z.B. Gruppennormen, Verfügbarkeit des Produktes) auf das konkrete Kaufverhalten. Weiterhin gelten solche Modelle meistens nur für Produkte, die extensiven Kaufentscheidungen unterliegen und nicht für Produkte des Impulskaufverhaltens.
  Der Grad des Involvements spielt dabei eine wichtige Rolle. Bei Low Involvement-Produktkäufen ist das Erinnerungsvermögen des Konsumenten überfordert und ein Kaufverhalten, das auf Kaufentscheidungskriterien aufbaut, findet nicht statt.
  Im reinen Impulskaufverhaltensbereich erfolgt der Kauf aufgrund einer automatischen Reaktion auf eine Reizkonstellation, bei der die kognitiven Einflüsse meist gering sind oder höchstens nur einen unterschwelligen Beitrag leisten.
- *Einschränkung der Aussagefähigkeit des psychologischen Marktmodells:* Selbst dann, wenn die Messung der mehrdimensionalen operationalisierten Einstellungen valide erfolgen sollte, sind die konkreten Ausprägungen von Kaufentscheidungskriterien meist recht vage. Die Umsetzung eines Begriffes wie Servicequalität oder modernes Design ist im Einzelfall recht schwierig. Weiterhin orientieren die Verbraucher ihre Idealvorstellungen an den Eigenschaften des Marktführers. In diesem Falle würde eine Positionierung in der Nähe der Idealvorstellungen zwangsläufig zu einer „Me too-Strategie" führen und damit unter Umständen zu einem Verlust eines eigenständigen Profils. Die Folgerung ist, dass das Produktpositionierungsmodell keine neuen kreativen Problemlösungen hervorzubringen vermag, weil die Verbraucher nur einen etablierten Markt beurteilen und bereits bekannte Eigenschaften bewerten können.[187] Für echte Innovationen scheidet ein derartiger Ansatz dann zwangsläufig aufgrund der mangelnden Beurteilungsfähigkeit der Verbraucher aus. Teilweise ergeben sich dann auch phantasiearme Produktvarianten und auswechselbare gleichförmige Kommunikationsstrategien, die sich an den Präferenzen und Idealvorstellungen eines Durchschnittsverbrauchers orientieren.

[187] Vgl. Dichtl, E., Müller-Heumann, G. (1972), S. 249 ff

# 3. Markenstrategien

## 3.1 Grundgedanken

Bei der Entscheidung über den Einsatz strategischer kommunikationspolitischer Maßnahmen stellt sich die Frage, ob Produktkompetenzen oder Unternehmenskompetenzen oder auch beide gleichzeitig vermittelt werden sollen.

Die Beantwortung dieser Frage ist eng mit der Markenstrategie verknüpft. Es finden sich sowohl Strategien, die Deckungsgleichheit zwischen Unternehmens- und Produktprofilen kommunizieren als auch Strategien, die zwischen dem Produkt- und dem Unternehmensprofil unterscheiden. Im ersten Fall strahlen die Unternehmenskompetenzen auf die Produktkompetenzen und umgekehrt über. Insofern dürfen zwischen der Unternehmens- und der Produktkompetenz keine Widersprüche bestehen. Entstehen jedoch durch die Zuordnung der Produkte zu den unterschiedlichen Märkten Widersprüche, sind die Produkte innerhalb der einzelnen relevanten Märkte getrennt zu positionieren und es ist eine individuelle Markenstrategie zu bevorzugen. Gleiches gilt, wenn die herausgehobenen Kompetenzen innerhalb der einzeln bearbeiteten Produktmärkte unterschiedlich sind.

### 3.1.1 Aufgaben der Markenpolitik

Zu den Grundfragen der strategischen Kommunikationspolitik gehört die Gestaltung der Markenpolitik. Hierunter fallen alle Entscheidungstatbestände, die mit der Markierung von Produkten oder Dienstleistungen in Verbindung stehen.

Eine Marke beinhaltet ein in der Psyche des Konsumenten verankertes, unverwechselbares Vorstellungsbild (Fremdbild) von einem Produkt oder einer Dienstleistung. Dabei soll die markierte Leistung (Endprodukt oder auch Vorprodukte im Sinne des „Ingredient Branding“) in einem möglichst umfangreichen Absatzraum über einen längeren Zeitraum in gleichartigem Auftritt und gleichbleibender oder verbesserter Qualität angeboten werden.[188] Denn nur die Marken, bei denen der Verbraucher längere Zeit eine klare und in sich gefestigte Identität wahrnimmt, kann sich dauerhaft eine Kundenbindung entfalten und damit Markentreue manifestieren.

Die Markenidentität ist die widerspruchsfreie Summe aller Merkmale einer Marke, die die betrachtete Marke von konkurrierenden Marken im relevanten Markt dauerhaft unterscheidet und damit die Markenpersönlichkeit ausmacht.

Vor dem Hintergrund veränderter Wettbewerbsbedingungen, die sich wie folgt zusammenfassen lassen, gehören die Aufgaben der Präferenzbildung beim Konsumenten und der Markendifferenzierung gegenüber dem Wettbewerbern zu einem strategischen Erfolgsfaktor:

- Steigende Anforderungen an die Qualität der Marken im Sinne der Funktionalität, aber auch in Bezug auf die Erlebnisqualität.

[188] Vgl. Meffert, H. (1999), S. 784 f.

- Höhere Preissensibilität besonders bei Produkten mit „kommodisiertem" Kernnutzen.
- Markenpolarisierung von einfachen Gattungsmarken bis zu Exklusivmarken.
- Tendenz zu hybridem Kaufverhalten in unterschiedlichen Produktfeldern.
- Intensivierung des vertikalen Wettbewerbs zwischen Hersteller- und Handelsmarken bei gleichzeitigem „Trading Up" der Handelsmarken.
- Eintritt einer Vielzahl neuer Wettbewerber durch die Internationalisierung und Entwicklung von „Cross Culture Groups" (länderübergreifende homogene Zielgruppen).
- Zunehmende Angebote im elektronischen Handel.

### 3.1.2 Markenpolitische Zielsetzungen

Die Ziele der Markenpolitik lassen sich wie folgt zusammenfassen:

- Differenzierungsmöglichkeit gegenüber dem Wettbewerb und Präferenzbildungsmöglichkeit beim Konsumenten (Vertrauensbildung durch Reputation und Bekanntheit).
- Orientierungshilfe und Entwicklung von Markentreue und Wiederkauf.
- Aufbau eines preispolitischen Spielraums durch den Qualitäts- und Profilierungsvorteil etablierter Marken, sowie der Beweis für Kompetenz in einem spezifischen Themenumfeld (Qualitätsvermutung).
- Durchsetzung einer „Pull"-Strategie gegenüber dem Handel.
- Umsetzung einer differenzierten Marktbearbeitung durch zielgruppenspezifische Markenführung.
- Steigerung des Unternehmenswertes durch Markeneigentum (insbesondere im Bereich E-Commerce).
- Element einer Strategie der Qualitätsführerschaft.
- Positiver Imagetransfer auf das Unternehmensfremdbild im Rahmen der Unternehmensidentität.
- Bündelung von „Cross Culture Groups".

### 3.1.3 Kennzeichen von Marken

Zwischen reinen Gattungsmarken und echten Premiummarken gibt es graduelle Unterschiede bei den in Abbildung 2.15 dargestellten Kriterien.

Der Markenbegriff im engeren Sinne trifft damit nicht auf alle markierten Waren zu. Bei echten Marken im engeren Sinne handelt es sich meistens um Marken, die die Qualitätsführerposition anstreben und eine strategische Entwicklungslinie zu Premiummarken aufzeigen.

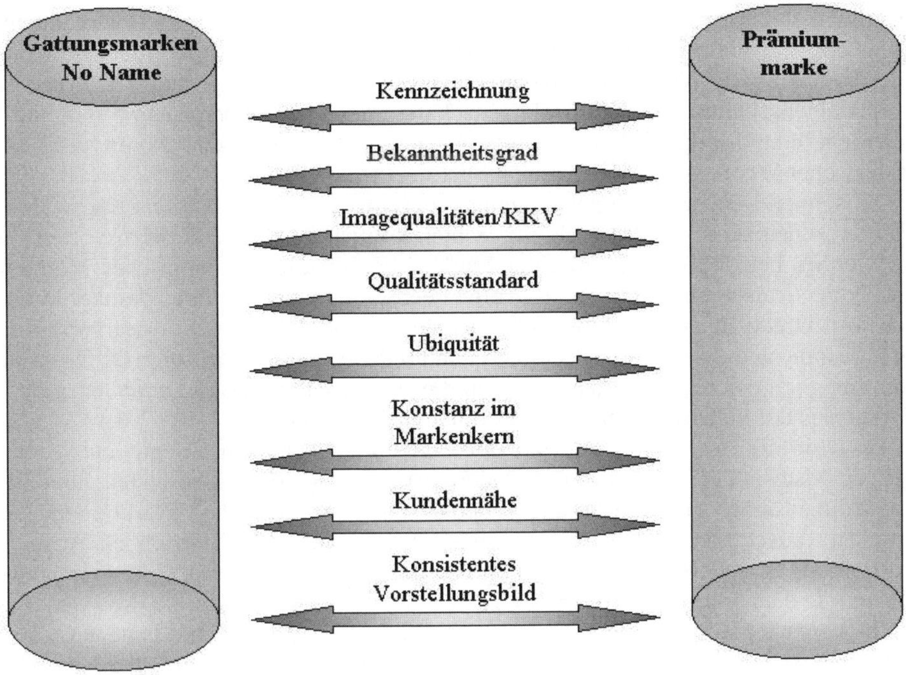


*Abb. 2.15: Dimensionen markenpolitischer Dimensionen*

Die Merkmale variieren in Bezug auf die folgenden Dimensionen:

Alle Marken sind gekennzeichnet, um die Wiedererkennbarkeit zu gewährleisten. Sie besitzen meist eine einheitliche Farbgebung, ein Markensujet, einen Markennamen und häufig ein einprägsames Design am Produkt oder an der Verpackung.

Premiummarken sind meist überall erhältlich, sie verfolgen einen Qualitätsanspruch und damit einen eindeutigen komparativen Wettbewerbsvorteil. Darüber hinaus ist der komparative Wettbewerbsvorteil (KKV) im gesamten Markt oder in ausgewählten Zielgruppen des relevanten Marktes sehr hoch.

Ein weiteres Merkmal von Premiummarken ist ihre Konstanz im Markenauftritt. Dies bedeutet, dass ein konsistentes Vorstellungsbild über viele Jahre bei den Kunden vermittelt wird und damit eine Konstanz im Markenkern vorhanden ist.

In den letzten Jahren waren Premiummarken im Zuge des Qualitätsmanagements durch ein hohes Maß an Kundennähe gekennzeichnet. Dieses Maß an Kundennähe entsteht durch systematische Analyse der Erwartungshaltungen der Zielgruppe und durch eine kontinuierliche Verbesserung des Kern- und Zusatznutzens der Marke, ohne die Konstanz des Markenkerns zu beeinträchtigen.

Im Rahmen der strategischen Kommunikationspolitik ist damit die Gratwanderung zwischen einer langfristig angelegten Markenführung und einer regelmäßigen Modernisierung unter Konstanz des Markenkerns einzugehen.

Der Prozess der Markenpositionierung beruht auf den grundlegenden Ansätzen der generellen Positionierung. Für jede Zielgruppe, die ein ausreichendes Absatzvolumen bzw. -potenzial bildet, kann somit eine eigene Marke kreiert werden. Die Analyse der jeweiligen Bedürfnisstruktur sowie deren Einstellungen erlaubt dem Unternehmen anschließend die Identifikation konkreter Problemlösungsalternativen, die den Kriterien eines komparativen Wettbewerbsvorteils genügen sollten. Gelingt dies zum einen durch Produkteigenschaften, die den Idealeigenschaften der Zielgruppen entsprechen und liegt außerdem eine Markendifferenzierung gegenüber Konkurrenzangeboten vor, ist ein strategischer Wettbewerbsvorteil realisierbar.

Die schnelle Diffusion von Forschungs-, Produkt- und Produktions-Know-How erschwert zunehmend die Entwicklung echter komparativer Wettbewerbsvorteile, eine Profilierung bei objektiv technischen Markeneigenschaften (strategischer Markenkern bzw. Nutzenversprechen) sowie den Aufbau echter Leistungsvorteile. Darüber hinaus ist eine fortschreitende Annäherung vieler Konkurrenzprodukte an die Idealvorstellungen der Konsumenten erkennbar, mit dem ernüchternden Ergebnis, dass eine Differenzierung kaum möglich erscheint und dadurch sich die Austauschbarkeit (Kommodisierung) von Marken aus der Sicht der Konsumenten zunehmend erhöht.

Aus dem Produktpositionierungsmodell ergibt sich als Gegenstrategie, entweder strategische Nischen (Tendenz zur Spezialisierung) zu suchen und zu besetzten, neue Eigenschaftsdimensionen (Unique Selling Proposition) im strategischen Marktmodell einzubeziehen oder aber einen psychologischen Zusatznutzen (Unique Advertising Proposition) zu schaffen, der meist kommunikativ vermittelt wird (z.B. Prestigewerte, Lebensstile oder außergewöhnliche Erlebnisdimensionen).

Ein weiteres Merkmal von Marken ist die Markenintegration. Dies bedeutet, dass alle Marketing-Mix-Instrumente auf die Erfordernisse der Markenpersönlichkeit abgestimmt werden müssen.

## 3.2 Strategien der Markenführung

Zur Durchsetzung der Marktbearbeitungsstrategien auf Grundlage der Marktsegmentierung und der Positionierung bieten sich einige Optionen an (Abb. 2.16):

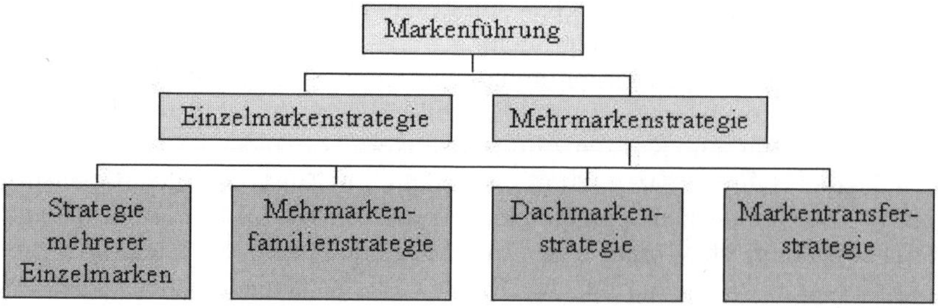


*Abb. 2.16: Optionen der Markenführung*

### 3.2.1 Einzelmarkenstrategie

Bei der Einzelmarkenstrategie wird für jedes zu bearbeitende Marktsegment eine Individualmarke aufgebaut und jedes Marktsegment individuell bearbeitet. Durch den Aufbau eines Markenportfolios können breite Marktbereiche bzw. -segmente durch individuelle Marken abgedeckt werden. Dabei verschwindet die Unternehmensidentität hinter den singulären Produktmarken. Typische Beispiele für die Umsetzung dieser Strategie sind die Unternehmen Ferrero (Marken wie Nutella, Duplo, Raffaelo etc.) oder Procter & Gamble (Marken wie Ariel, Meister Proper und Pampers) sowie das Verlagshaus Gruner & Jahr (Titel wie Impulse, Schöner Wohnen, Capital, Geo etc.).

Die Vorteile dieser Strategie sind:

- Aufbau eines individuellen Markenkerns und -profils durch Abstimmung des Bedürfnisprofils (Idealvorstellungen) mit dem Problemlösungsprofil der Marke (Eigenschaften des Produktes).
- Ausrichtung des Marketing-Mix auf spezifische Erwartungshaltungen und Problemlösungen.
- Kostendegressionseffekte bei der Bearbeitung großer Marktsegmente.
- Weder positive noch negative Ausstrahlungseffekte auf die übrigen Marken, da jede Marke ein eigenständiges Markenimage aufweist.
- Vermeidung von negativen Ausstrahlungseffekten bei Marken, die in unterschiedlichen Produkt-/Marktsegmenten angesiedelt sind.
- Geringerer Koordinationsbedarf bei der Implementierung einer konsistenten Kommunikationspolitik, da keine Abstimmungsprozesse mit den Kommunikationsstrategien der Schwestermarken nötig sind.

Die Nachteile dieser Strategie sind:

- Schwierigkeiten besonders in der Markteinführungsphase, da keine Partizipation von einer Stammmarke möglich ist (z.B. Bekanntheitsgrad, Good Will).
- Zu geringe Medien- und Produktmodifikationsetats durch die Zersplitterung auf verschiedene Singulärmarken.
- Die Singulärmarke muss alle Marketingaufwendungen in allen Phasen des Produktlebenszyklus tragen. Dies ist der Übergang zu einer Gattungsmarke, wenn eine zu dominante Profilierung eintritt (z.B. Tesa für Klebeband, Tempo für Papiertaschentücher, Uhu für Klebstoffe).

### 3.2.2 Mehrmarkenstrategie

Bei dieser Strategie werden innerhalb eines Produkt-/Marktsegments mindestens zwei Marken parallel geführt. Dabei versucht jede Marke eine breitere Marktabdeckung zu bekommen. Gleichzeitig profiliert sich jede einzelne Marke durch eine eigenständige kommunikations- und produktpolitische sowie preispolitische Eigenständigkeit. Diese Markendifferenzierung muss glaubwürdig sein und ein Bedürfnis bei den Verbrauchern wecken. Erfolgreiche Beispiele sind der VW Konzern im Bereich der Mittelklasse (VW, Seat, Škoda), Eckes im Markt der Weinbrände (Attache, Chantré, Mariacron) oder Philipp Morris im Zigarettenmarkt (Marlboro, Benson & Hedges, Merit), Unilever im Markt für Fette (Rama, Flora Soft, SB, Sanella, Bonella, Du darfst, Becel, Lätta).

Vorteile dieser Strategie:

- Verhinderung des Markteintritts von Wettbewerbern.
- Bessere Ausschöpfung des Gesamtmarktvolumens.
- Leistungsmotivation durch die Konkurrenz im eigenen Haus.
- In Märkten bei Low Involvement -Kaufverhalten sowie niedriger Kundenbindung werden Markenwechsel durch das eigene Markenportfolio und dementsprechend durch Produktdifferenzierungen aufgefangen.
- Führung von Kampfmarken für einen aggressiven Wettbewerb und Absicherung der Kernmarken.
- Aufbau von „Flankers“ zur Abdeckung von Marktnischen im Umfeld der Kernmarke.
- Jede neue Marke sichert dem Unternehmen im Handel neue Regalfläche.

Nachteile dieser Strategie:

- Jede Markteinführung einer neuen Marke führt zu Umsatzkannibalisierung bei bestehenden Marken des eigenen Hauses.
- Der Kannibalisierungseffekt ist größer als der Umsatzzuwachs durch die neue Marke, wenn vom Verbraucher die Unterschiede nicht mehr wahrnehmbar sind.
- Erhöhter Koordinationsbedarf, da die Positionierung sämtlicher Marken im Markenportfolio simultan vorgenommen werden muss. Innerhalb der Marken besteht schließlich ein hohes Maß an wechselseitiger Verbundenheit.
- Zersplitterung der Budgets und der übrigen Ressourcen auf eine Vielzahl von Marken in gleichen Produkt-/ Marktsegmenten.
- Gefahr der Übersegmentierung. Der Markt besteht im Grunde aus nicht so vielen Untersegmenten mit unterschiedlichen Idealvorstellungen. Ein Nutzenzuwachs ist durch eine differenzierte Marktbearbeitung im gleichen Markt dann nicht zu erwarten.

### 3.2.3 Markenfamilienstrategie

Bei dieser Strategie werden mehrere Produkte in unterschiedlichen oder verwandten Produktmärkten unter einer Marke geführt. Ein direkter Bezug zum Unternehmen kann, muss dabei aber nicht, vorgenommen werden. Beispiele sind Nivea (z.B. Nivea Körpermilch, Sonnencreme, Shampoo, Duschgel, Allzweckcreme) oder Axel Springer (Bild, Bild der Frau, Bild am Sonntag, Sport Bild, Auto Bild).

Es können aber auch parallel verschiedene Markenfamilien geführt werden. Diese Markenfamilien können ähnlich der Mehrmarkenstrategie in verschiedenen Produktmärkten, aber durchaus im gleichen Produktmarkt, angesiedelt sein. Unilever (Markenfamilie Livio bei Dressings, Unox bei Suppen und Du darfst bei dem Produktmarkt der kalorienreduzierten Ernährung), Kraft Jacobs Suchard (Markenfamilien Milka, Côte d'Or im Schokoladen-Segment), Schwarzkopf (Marken Taft, News).

Wichtig für eine solche Strategie ist, dass das Marketing-Mix für die einzelnen Produkte innerhalb einer Markenfamilie abgestimmt ist. Dies gilt für den gemeinsamen Markenkern und die Qualitäts- sowie Preisansprüche. Jede einzelne Marke kann durchaus ein eigenständiges Profil aufweisen, muss jedoch den gemeinsamen Kernnutzen (Nutzenversprechen) widerspruchsfrei tragen können. Deswegen sind sehr enge Vorgaben und Grundsätze für die einzelnen Marken einer Markenfamilie durchzusetzen. Ansonsten besteht die Gefahr, dass sich der gemeinsame Markenkern auflöst und ein diffuses Image entsteht, das zu negativen Ausstrahleffekten einzelner Submarken innerhalb der Markenfamilie führt.

Vorteile dieser Strategie:

- Verminderung des Flop-Risikos bei Neuprodukteinführungen durch Partizipation am Good Will der Markenfamilie bei Verbraucher und Handel.
- Kostenvorteile durch Nutzung von Synergien in der Markteinführung.
- Kommunikationskonzepte können sich auf die Markenfamilie konzentrieren.
- Einfluss der Folgeprodukte auf die Stammmarken durch Neuprodukteinführungen (z.B. Verjüngung).
- Gegenseitige Stärkung der Singulärmarken und Absicherung der einzelnen Positionen.

Nachteile dieser Strategie:

- Gefahr negativer Ausstrahleffekte von Marken innerhalb der Markenfamilie auf die Stammmarke bzw. auf die Schwestermarken.
- Gefahr des „Bad Will"-Transfers tritt bei Neuprodukteinführungen ein, die nicht zur Markenfamilie passen, d.h. die strategischen Grundausrichtungen (Qualität- bzw. Preisführung) gehen bei einigen Produkten der Markenfamilie auseinander.
- Die einzelnen Produkte einer Markenfamilie können nicht auf ein einheitliches Nutzenversprechen aufbauen, sodass keine Affinität innerhalb der Markenfamilie möglich ist.
- Die Markenimages bei einzelnen Marken der Markenfamilie gehen bei kaufentscheidenden Kriterien auseinander, sodass ein diffuses Image der gesamten Markenfamilie entsteht (z.B. Dimension Umweltfreundlichkeit).
- Hoher Abstimmungsbedarf bei den Komponenten des Marketing-Mix der einzelnen Marken einer Markenfamilie.
- Erhöhter Abstimmungsbedarf bei Führung von mehreren Markenfamilien.

### 3.2.4 Dachmarkenstrategie

Unter der Dachmarkenstrategie versteht man die Subsumierung aller Produkte eines Unternehmens unter eine Marke. Als Markenname setzt sich meist der Firmenname (z.B.

Renault, Apple, IBM, Microsoft, Kodak, Pelikan, Pfanni) oder der Name des Unternehmensgründers (z.B. Porsche, Rodenstock, Hennessy) durch.

Bei langlebigen Konsumgütern (braune und weiße Ware) sowie bei Dienstleistungen wird die Dachmarkenstrategie meist präferiert (z.B. Allianz, American Express, McKinsey) und gehört zu den Erfolgsfaktoren der Unternehmen.
Dabei ist mehr noch als bei der Markenfamilienstrategie auf eine gemeinsame Kompetenzplattform der singulären Produkte, die unter einer gemeinsamen Marke laufen, zu achten.

Vorteile dieser Strategie:

- Senkung des Flop-Risikos bei Neuprodukteinführungen, da die neuen Produkte am „Good Will" der Dachmarke bei den Verbrauchern und dem Handel partizipieren.
- Aufbau einer unverwechselbaren Unternehmens- und Markenidentität, die sich beide gegenseitig stärken können.
- Schonung der Kommunikationsbudgets durch Konzentration auf die Dachmarke.
- Die Positionierungen der Singulärprodukte können die Dachmarke in der Summe stützen und am gemeinsamen Kern partizipieren.

Nachteile dieser Strategie:

- Markenerosion, wenn die Verbraucher den Kompetenzanspruch für alle Produkte unter der Dachmarke nicht mehr akzeptieren. Dies tritt dann ein, wenn die einzelnen Produkte in unterschiedlichen Produkt-Märkten, in unterschiedlichen Segmenten mit unterschiedlichen Kaufentscheidungen positioniert sind (Dachmarken-Deprofilierung).
- Verbraucher akzeptieren den Kompetenzanspruch nur bis zu einem gewissen Grad.
- Gefahr des „Bad Will" Transfers von einzelnen Produkten auf die Dachmarke, besonders dann, wenn die Qualitätspositionierung unterschiedlich ist. (z.B. Problem bei der Markteinführung der A-Klasse für DaimlerChrysler).

Einige Firmen erlitten derartige Markenerosionen, weil eine Kombination von Dachmarkenstrategie- und Markenfamilienstrategie-Kommunikation vermittelt werden sollte. Beispiel ist hier Melitta, die unter der Dachmarke heterogene Bereiche bündelte wie Produkte der Kaffeezubereitung (Kaffee, Filter, Kaffeemaschinen), Frischhaltefolien und Müllfolien. Nunmehr wurden für die einzelnen Geschäftsfelder eigene Dachmarken aufgebaut: Melitta für Produkte rund um den Kaffee, Toppits für Produkte um den Bereich Lebensmittelfolien, Swirl für Produkte um den Staubsauger und Aclimat für Produkte der Luftreinigung sowie Cilia für Teefilter.

Eine ähnliche Strategie verfolgt auch der Nahrungsmittelkonzern Dr. Oetker und hat unter der Dachmarke sowohl eine Markenfamilienstrategie (gutes Backen, feine Desserts, junge Küche, moderne Kost, perfektes Einmachen etc.), als auch zum Teil Einzelmarkenstrategien für die einzelnen Produkte entwickelt.

### 3.2.5 Imagetransferstrategie

Mithilfe dieser Strategie soll versucht werden, das Erfolgspotenzial eingeführter Marken (Stammmarke) eines bestehenden Produktbereiches auf eine Transfermarke eines neuen Produktbereiches zu übertragen. Die Imagekomponenten, die mit dem Markennamen des Stammproduktes verbunden sind, sollen dann auf neue Produkte in völlig neuen Produkt-/Marktkombinationen übertragen werden.[189] Auch hier gilt, wie bei der Markteinführung im Rahmen einer Dachmarkenstrategie oder Markenfamilienstrategie, dass mit Erfolg dann zu rechnen ist, wenn eine imagemäßige Ähnlichkeit zwischen Stamm- und Transfermarke gegeben ist. Das bedeutet, dass bei bestimmten Kaufentscheidungskriterien die gleichen Positionen vorzufinden sind. Diese Affinität ist in diesem Fall umso wichtiger, da in unterschiedlichen Produktmärkten operiert wird. Von daher besteht eher die Gefahr, dass die Konsumenten die Markenkompetenz nicht in einen anderen Produktmarkt transferieren.

Erfolgter Markentransfer kann auf drei Formen geschehen:

- *Klammer durch Argumente (KKV):* Die Affinität bzw. die gemeinsame Imageklammer kann dabei auf sachbezogenen (Denotationen) oder emotionalen bzw. vermutungsbezogenen Assoziationen (Konnotationen) bei bestimmten Produkteigenschaften beruhen.[190]
  - ➢ Beispiele für eine sachbezogene Klammer (Konnotation) beim Auto sind: Schnelligkeit, Qualität, Sparsamkeit.
  - ➢ Beispiele für eine emotionale Klammer (Denotation) beim Auto sind: Prestige, Exklusivität, Luxus.

  Die Merchandising-Artikel des Hauses Volvo (Bekleidung, Kinderspielzeug) bauen demnach eher auf konnotativen Imageklammern auf, während die von Jaguar eher auf denotativen Elementen aufbauen (Brillen, Reisegepäck, Schreibgeräte).
- *Klammer im Marktauftritt:* Neben der Vermittlung einer imagebezogen Ähnlichkeit kann der gemeinsame Marktauftritt der Stamm- und Transferprodukte innerhalb der Kommunikations-Kampagne (z.B. Benetton bei der Platzierung von Modeartikeln, Brillen und Uhren innerhalb einer Anzeige) oder am Point-of-Purchase (z.B. Camel-Produkte im Bereich Schuhe und Kleidung in den Camel-Shops) die Ausgestaltung der Strategie sein.
- *Klammer durch gemeinsame Lebenswelt:* Auch das Herausstellen übereinstimmender Erlebniswelten, Lebensstile oder Verwendungsumfelder kann eine Grundlage für einen Imagetransfer sein (z.B. Verwendungsumfeld Autofahren bei Michelin, Autoreifen und der Guide Michelin-Führer, gemeinsame Erlebniswelt der Freiheit bei Marlboro Zigaretten und Freizeitkleidung sowie bei unkonventionellen Lebensstilen und Trendorientierung bei Swatch Uhr mit Swatch Auto). [191]

Vorteile einer solchen Strategie:

---

[189] Vgl. Aaker, D. A. (1990), S. 47 ff.
[190] Vgl. Hätty, H. (1989), S. 82
[191] Vgl. Mayer, A., Mayer, R. U. (1987), S. 109 ff.

- Geringe Markteintrittsrisiken durch Nutzung eines „Marken-Good Will".
- Überwindung von Markteintrittsbarrieren sowie Mobilitätsbarrieren beim Eindringen in neue Produktmärkte.
- Kognitive Entlastung der Verbraucher und Orientierung im Rahmen der extensiven Kaufentscheidungen, da bereits kognitive Erfahrungswerte vom Stammprodukt vorliegen.
- Positiver Image-Rücktransfer von den Transferprodukten auf die Stammmarke, weil hierdurch das Assoziationsumfeld der Stammmarke erweitert oder lediglich gestärkt wird (z.B. Mövenpick konnte das Restaurant- und Hotelgeschäft durch Erfolge bei Eiscreme und Saucen stärken).
- Umgehung von Werbeverboten für das Stammprodukt (z.B. Merchandising-Aktivitäten der Zigarettenindustrie mit Camel Shop, Marlboro Reisen etc.).
- Reduzierung der Kosten für die Markenbildung, sodass der Markenaufbau für die Transfermarke bereits auf dem Bekanntheitsgrad der Stammmarke sowie der argumentativen Plattform aufbauen kann.
- Synergien bei den Medienetats, da für Stamm- und Transfermarken gleichzeitig geworben werden kann.

Nachteile einer solchen Strategie:

- Negativer Image-Rücktransfer vom Transferprodukt auf das Stammprodukt, sofern die Klammern weder glaubhaft sind, noch auf objektiven Produkteigenschaften beruhen.
- Verlust der Markenidentität, wenn Stamm- und Transfermarke unterschiedliche Zielgruppen ansprechen oder sich in ihren Imagekomponenten zu stark unterscheiden.
- Markenerosion und Verlust der Glaubwürdigkeit durch zu viele und zu schnell aufeinander folgende Markentransfers (Gefahr des Licencings).
- Hoher Koordinationsbedarf der Transfermarken und der Marken, die in Lizenzen vergeben werden. Besonders muss auf gleichbleibende Qualitätsstandards, selektive Distribution und Preisniveau geachtet werden. Marken wie Hugo Boss und Gucci unterlagen durch nicht ausreichende Koordination dieser Markenerosion und litten unter dem daraus folgenden Glaubwürdigkeits- und Kompetenzverlust.

Vor jedem Markentransfer ist das Transferpotenzial einer Marke festzustellen und die imagemäßigen Gemeinsamkeiten sind festzulegen (Ähnlichkeitsmessung im Rahmen der Produktpositionierungsanalyse). In jeder Marke offenbaren sich Grenzen des Transfers, die bei der Überschreitung zwangsläufig zu Kompetenzverlusten sowohl bei der Transfermarke als auch beim Stammprodukt führen.

# 4. Involvement

## 4.1 Involvementkonstrukt

Das Konstrukt Involvement hat innerhalb der Konsumentenforschung, aber auch bei der Planung des kommunikativen Auftritts einen zentralen Stellenwert erlangt. Es werden der Informationserwerb, die Informationsaufnahme und der Informationsverarbeitungsprozess sowie der Kaufentscheidungsprozess in High- und Low Involvement-Käufe bzw. -Situationen kategorisiert.

Involvement bezeichnet die Ich-Beteiligung einer Person bzw. das prinzipielle Engagement sich für eine(n) bestimmten Sachverhalt, Reiz oder Fragestellung zu interessieren oder zu motivieren und damit auseinanderzusetzen.[192] Darüber hinaus gibt es Situationen, die von höheren und anderen Situationen sowie von einem niedrigeren Involvement geprägt sind und dadurch den Informationsverarbeitungsprozess nachhaltig verändern. Im Rahmen des S-O-R-Modells (vgl. Kap. 2.1.2.2.) gilt das Konstrukt Involvement als eine Vorsteuerungsgröße für Aufmerksamkeit. Der Grad an Aufmerksamkeit und aktiver Hinwendung gegenüber einem Reiz steht demnach in direkter Beziehung zum Involvementgrad.

## 4.2 Komponenten des Modells der Wirkungspfade

Für die Erklärung der Werbewirkung soll im Folgenden das Modell der Wirkungspfade dienen. Nicht jede Werbung führt bei unterschiedlichen Konsumenten zur gleichen Wirkung. Neben der unterschiedlichen Zugehörigkeit der Konsumenten zu Segmenten (soziodemografisch, soziologisch, geografisch oder psychografisch), die naturgemäß mit unterschiedlichen Präferenzmustern und Problemlagen korrespondieren, ist das Involvement eine weitere Wirkungsgröße des Käuferverhaltens und dabei insbesondere der Werbewirkung. Lassen sich je nach Involvement unterschiedliche Werbewirkungsmuster abgrenzen und hinlänglich begründen, so können die kommunikativen Reize auch so gestaltet werden, dass eine optimale Werbewirkung eintritt.

Das Modell der Wirkungspfade besteht aus drei Modellkomponenten: den Wirkungsdeterminanten, den Wirkungskomponenten und den Wirkungsmustern.

### 4.2.1 Wirkungsdeterminanten

Unter Wirkungsdeterminanten werden Rahmenbedingungen definiert, unter denen die Werbung unterschiedliche Wirkung entfaltet. Neben der Auswahl der Medien und ihren spezifischen Übertragungsmodalitäten sind folgende Determinanten von besonderer Bedeutung, durch deren Zusammenspiel die Werbewirkung in der modernen Werbeforschung erklärt wird.

---

192 Vgl. Kroeber-Riel, W., Weinberg, P. (1996), S. 360 f. Trommsdorff, V. (1993), S. 41

*Abb. 2.17: Beispiel rein informativer Werbung*

#### 4.2.1.1 Reizunterschiede und die Art der Werbung

Wie bereits im Produktpositionierungsmodell deutlich wurde, werden zur Einstellungsbildung sowohl kognitive als auch affektive Komponenten durch die Konsumenten verarbeitet. Insofern werden Konsumenten sowohl kognitiven, informativen als auch affektiv emotionalen Reizen ausgesetzt. Jede Reizqualität wirkt auf den Organismus unterschiedlich.

##### 4.2.1.1.1 Informative Werbung

Unter informativer Werbung (Abb. 2.17) wird eine Werbestrategie verstanden, die sich darauf beschränkt, dem Rezipienten sachliche Informationen zu vermitteln. Diese Inhalte beziehen sich meist auf die Kernnutzenbestandteile des Angebots, bzw. auf die Kaufentscheidungskriterien des Produkts, auf denen der komparative Wettbewerbsvorteil aufbaut (z.B. Preis, Leistung, Firmengröße, Angebotsbedingungen etc.). Auch Widersprüche, gedankliche Konflikte oder Überraschungen, die die Informationsverarbeitung stimulieren, können den kognitiven Reizen zugeordnet werden.

##### 4.2.1.1.2 Emotionale Werbung

Unter emotionaler Werbung wird eine Werbestrategie verstanden, die sich darauf beschränkt, emotionale Reize zu präsentieren, bei denen die Konsumenten entweder erlernte Assoziationen oder ererbte biologische Reaktionen zeigen. Reize können dabei Bilder, Traumlandschaften oder emotional angereicherte Worte (semiotische Wirkungsmuster) sein, auf jeden Fall wird hiermit eine innere Erregung (Aktivierung) ausgelöst, die eine Hilfestellung zur Informationsverarbeitung darstellt. Dabei kann sich der Reiz direkt auf das Werbeobjekt beziehen. Der Reiz (meist emotional) kann aber auch nur in räumlichem oder zeitlichem Zusammenhang mit dem Werbeobjekt präsentiert werden (emotionale Konditionierung), sodass ein Imagetransfer vom produktunabhängigen, emotionalen Reiz auf das Produkt übertragen wird. Dabei findet ein kommunikativer Lernprozess statt, mit dem Ergebnis, dass das unspezifische Produkt die gleiche Reizreaktion beim Konsumenten hervorruft wie die ursprüngliche spezifische emotionale Reizkonstellation.

##### 4.2.1.1.3 Gemischte Werbung

Neben den beiden Extremtypen gibt es Mischformen der Werbestrategie. Diese Werbung macht meistens den größten Teil der Werbestrategien aus und arbeitet stets nach dem gleichen Grundmuster:

- Appellieren an ein Bedürfnis beim Konsumenten,
- Senden eines emotionalen Reizes und
- Zeigen, dass das Angebot geeignet ist, dieses zu befriedigen.[193]

[193] Vgl. Kroeber-Riel, W., Weinberg, P. (1996), S. 590.

*Abb. 2.18: Beispiel rein emotionaler Werbung*

*Abb. 2.19: Beispiel gemischter Werbereize*

#### 4.2.1.2 Involvementunterschiede der Empfänger und der Involvementgrad der Rezipienten

Stark involvierte Konsumenten reagieren auf die gleiche Werbung anders als weniger involvierte. Es wird dabei unterschieden in Reaktionsinvolvement und persönliches Involvement.

Werbung kann selbst auf das Involvement des Konsumenten einwirken, indem sie durch ihre Reizauswahl zur Aktivierung stimuliert (Reaktionsinvolvement). Das personenspezifische Involvement beinhaltet das Involvement eines Konsumenten vor dem Kontakt mit der Werbung. Diese Form des Involvements wird bestimmt durch die persönlichen Eigenschaften des Konsumenten sowie seinem Interesse am beworbenen Produkt und die Situation der Reizaufnahme (Medien-/Situationsinvolvement). Darin verbergen sich im Rahmen der Intermediaselektion auch die Unterschiede hinsichtlich der medienspezifischen Wirkung.

a) Low Involvement-Informationsaufnahme und Verarbeitung bei geringer Aufmerksamkeit

In solchen Situationen nehmen die Konsumenten die Werbung eher passiv und desinteressiert auf und verbinden keinerlei Absicht mit den aufgenommenen Informationen. Meist erfolgt keine kognitive Auseinandersetzung mit den dargebotenen Reizen.

b) High Involvement-Informationsaufnahmen und Verarbeitung bei hoher Aufmerksamkeit

Diese Konsumenten sind aufmerksam, nehmen die Werbung aktiv auf und setzen sich mit ihren Inhalten auseinander. Damit haben sie ein deutlich höheres Aktivierungsniveau als die gering involvierten Konsumenten.

### 4.2.2 Wirkungskomponenten

Hierunter werden die einzelnen Bausteine verstanden, die in dem Modell der Wirkungspfade die Werbewirkung hervorrufen. Zum einen handelt es sich dabei um die durch die Werbung angesprochenen Antriebskräfte im Rahmen des S-O-R-Modells sowie die hierdurch bewirkte gedankliche Steuerung des Verhaltens.

Dabei beinhalten in dem Modell folgende Vorgänge spezifische Aufgaben:

- *Werbekontakt:* Kontakt bedeutet, dass die werblichen Reize von den Sinnesorganen überhaupt wahrgenommen werden, unabhängig davon, ob die Wahrnehmung bewusst oder unbewusst erfolgt. Dabei können drei unterschiedliche Situationen der Kontaktaufnahme vorliegen:
  - Medieninvolvement: Der Rezipient ist prinzipiell aufnahmebereit und hat eine aufmerksame Haltung gegenüber der Werbung.
  - Reaktionsinvolvement bzw. Orientierungsreaktion: Der Rezipient ist gegenüber der Werbung nicht aufmerksam, wendet sich einer einzelnen Werbesendung ak-

tiv zu (z.B. durch lautere Abmischung der Werbeblöcke im Fernsehen durch die Fernsehsender).

- Kein Medieninvolvement: Der Rezipient ist passiv und ist der Werbung nur deswegen ausgesetzt, weil er gerade ein bestimmtes Medium nutzt. Dies gilt vor allem für die Tagesbegleitmedien.

Gleichgültig welche Situation vorliegt, in allen Fällen kommt ein Kontakt und damit ein Werbereiz zustande. Werbewirkung tritt auch ein, wenn die Reize der Werbung nur nebenbei, flüchtig und ohne Aufmerksamkeit aufgenommen werden. Lediglich die Wirkungsintensität ist unterschiedlich. Die medienspezifische Gestaltung sollte sich zur Steigerung der Wirkung nach den unterschiedlichen Situationen ausrichten.

- *Aufmerksamkeit:* Die Aufmerksamkeit ist ein Grad für jede Form der Verarbeitung von Reizen. Sie wird durch den Grad des Involvements sowie durch das Reaktionsinvolvement gesteuert, welches durch die Werbung an sich erreicht werden kann.
- *Emotionale Prozesse:* Die werblichen Reize verursachen zunächst emotionale Wirkungen und motivieren zu einem Verhalten gemäß des S-O-R-Modells der Kaufverhaltensforschung. Beide aktivierenden Vorgänge (Emotionalisierung und Motivation) werden unter emotionalen Prozessen zusammengefasst.
- *Kognitive Prozesse:* Werbliche Reize werden kognitiv wahrgenommen, verarbeitet und im Lang- und Kurzzeitgedächtnis gespeichert. Die kognitiven Prozesse sorgen dafür, dass die durch die Werbung angesprochenen Emotionen und Motivationen der Empfänger in rationale Schemata überführt werden und die werblichen Reize einer kognitiven Interpretation im Rahmen des Kaufverhaltensprozesses unterzogen werden.
- *Einstellung:* Wie bereits beim Produktpositionierungsmodell dargestellt wurde, sind Einstellungen eine Vorsteuerungsgröße für das Kaufverhalten. Sie entwickeln sich aus einem Wirkungszusammenhang von den emotionalen und kognitiven Prozessen und steuern die Kaufabsicht.
- *Kaufverhalten:* Das Kaufverhalten stellt das Kernziel der Werbung dar. Jedoch ist ein direkter Zusammenhang zwischen der Werbung, ihrer medienspezifischen Gestaltung und dem Kaufverhalten nur schwerlich nachweisbar. Als moderierende Faktoren gelten unter anderem die Kaufkraft bzw. die Kauffähigkeit des Konsumenten, der aktuelle Bedarf sowie die aktuelle Verfügbarkeit des Produktes.

In Abbildung 2.20 werden die in dem Modell der Wirkungspfade enthaltenen Wirkungskomponenten und ihre möglichen Verknüpfungen dargestellt.

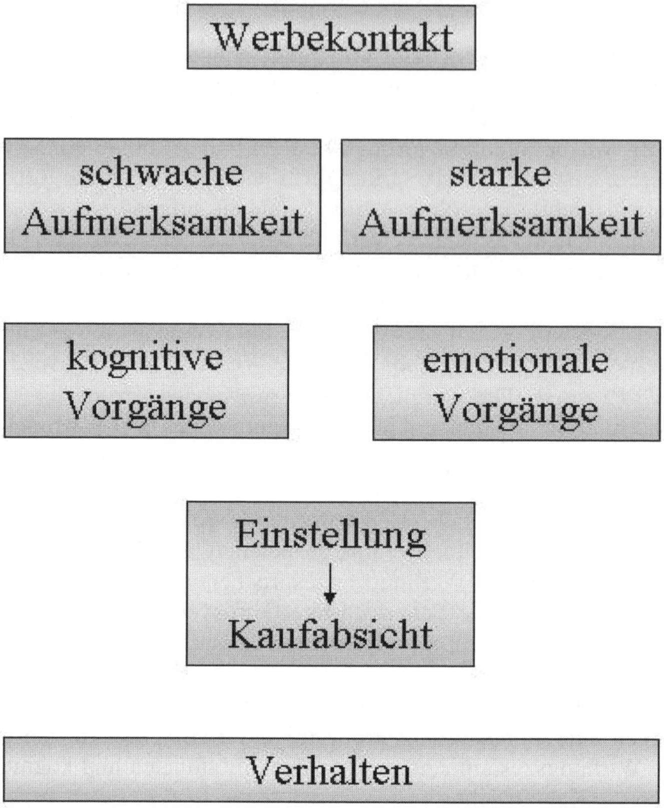


*Abb. 2.20: Grundmodell der Werbewirkung*
*(Quelle: Kroeber-Riel, W. Weinberg, P. (1996), S. 587)*

### 4.2.3 Wirkungsmuster und Wirkungspfade der Werbung

Durch die Kombination dieser beiden Wirkungsdeterminanten lassen sich Situationen kombinieren aus informativer Werbung bei stark und schwach involvierten Konsumenten, aus emotionaler Werbung bei stark und schwach involvierten Konsumenten sowie aus gemischter Werbung, die auf stark oder schwach involvierte Konsumenten trifft. Jede Konstellation stellt damit eine spezifische Wirkungsbedingung dar.

Im Modell der Wirkungspfade werden im Folgenden die Wirkungsmuster in ihren Teilwirkungen bei den einzelnen Wirkungskomponenten (Konstrukte im Rahmen des S-O-R-Modells) beschrieben (von der Aufmerksamkeitswirkung bis hin zum Kaufverhalten). Jedes Muster verdeutlicht die Erfolgsstrategie einer Werbung unter spezifischen Bedingungen.

#### 4.2.3.1 Wirkungsmuster informativer Werbung bei High Involvement

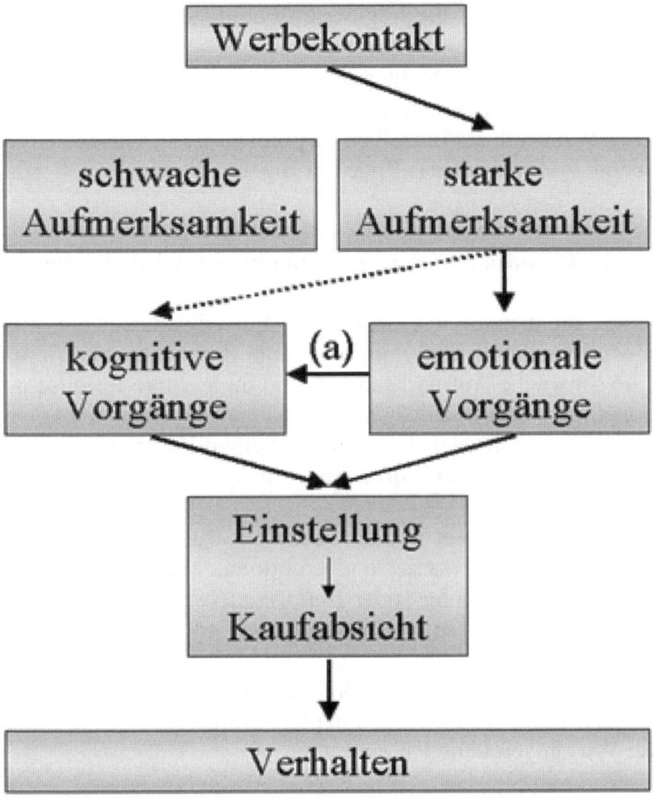


*Abb. 2.21: Wirkungspfad der informativen Werbung bei involvierten Konsumenten (Quelle: Kroeber-Riel, W., Weinberg, P. (1996), S. 596)*

Die sachlichen Informationen (besonders wenn es sich um umfangreiche Argumentationen handelt) führen nur dann zu einem nennenswerten kommunikativen Erfolg, wenn die Empfänger involviert sind. Wie in Abbildung 2.21 wiedergegeben wird, führt das Wirkungsmuster einer informativen Produktwerbung zu einer starken Grundaufmerksamkeit, Aktivierung kognitiver Prozesse und Veränderung von Einstellungen und damit zur Kaufabsicht. Darüber hinaus zeigt die gestrichelte Linie, dass auch bei dieser Werbeform emotionale Begleitreaktionen aufgrund des Involvements stattfinden. Deswegen sollten die vermittelten Informationen auch die Bedürfnisse der Konsumenten ansprechen, mit der Folge, dass die Rezipienten auch durch die informativen Reize aktiviert werden. Somit ist die Voraussetzung für eine effiziente Verarbeitung und Speicherung der Informationen geschaffen. Je geringer diese affektive Begleitreaktion (je geringer das Involvement), desto geringer ist auch die Chance einer effektiven Informationsverarbeitung.

Sozialtechnische Gestaltungsempfehlung für die Werbung:

- Auswahl und textliche Gestaltung der Informationen, sodass sie den Motiven der Empfänger entsprechen (zielgruppenspezifische Motivauswahl).
- Abstimmung der Inhalte auf die kognitiven Fähigkeiten der Rezipienten (zielgruppenspezifische Semiotik).
- Befolgung der Regeln für eine überzeugende Argumentation. Hierzu zählen u.a. eine Pro-und-Contra-Argumentation in der Botschaftsgestaltung sowie ein Climax-Aufbau bei der Auswahl der einzelnen Argumente (kaufentscheidendste und wichtigste Argumente kommen an das Ende der Botschaft).

#### 4.2.3.2 Wirkungsmuster informativer Werbung bei Low Involvement

Sind die Rezipienten nicht involviert, so ist das Wirkungsmuster ein völlig anderes als bei involvierten Zielpersonen. Eine umfangreiche Informationsvermittlung ist nicht möglich. Durch die schwache Aufmerksamkeit und die geringe Bereitschaft, umfassende Argumente aufzunehmen und abzuwägen, werden nur wenige, leicht verstehbare und merkbare Informationen verarbeitet. Es wird auf keinen Fall möglich sein, ein umfangreiches Produktwissen sowie darauf aufbauende einstellungsändernde Vorgänge zu vermitteln.

Die werbliche Wirkung entsteht bei schwacher Aufmerksamkeit über einen Werbekontakt, durch den kognitive Prozesse und emotionale Peripheriereaktionen ausgelöst werden. Kaufverhalten (z.B. Probier- oder Impulskaufverhalten) entsteht dann eher zufällig durch Präsentation der Ware am Verkaufsort. Die Einstellungsbildung selbst erfolgt erst nach dem Kauf.

„Low Involvement-Konsumenten" benötigen zum Lernen von Informationen stets mehr Kontakte als stark involvierte Konsumenten. Durch mehrere kommunikative Kontakte werden zwei Wirkungen dennoch eintreten:

- Konsumenten werden sich den Produktnamen, die Marke, und die ein oder andere wesentliche Produkteigenschaft inhaltlich merken können. Weitere Informationen werden ausgeblendet.
- Lediglich die Wiederholung einer Botschaft bzw. ein wiederholtes Auseinandersetzen („Pure Exposure") mit einer Information genügt, um sie bzw. den gemeinten Gegenstand sympathisch zu finden (sofern keine widersprüchlichen Informationen dem entgegenstehen). Dies bedeutet, dass Konsumenten offensichtlich sogar absichtslos und vielleicht unbemerkt mit einem Markennamen konfrontiert werden und danach Sympathie gegenüber dieser Marke empfinden.[194] Im Modell der Wirkungsmuster ist diese Wirkung an den gestrichelten Linien erkennbar.

In der konkreten Kaufsituation (z.B. Konfrontation mit dem Produkt) genügt dann entweder das Wiedererkennen der Marke oder der Konsument wird eine flüchtig behaltene Produkteigenschaft wiedererkennen. Möglicherweise findet er den Markennamen durch das Wiederholungslernen sympathisch. Einem Konsumenten ohne ein festes Präferenzmuster genügt die Sympathie als Orientierungshilfe gegenüber der beworbenen Marke.

---

[194] Vgl. Zajone, R. B. (1989), S. 151 ff.

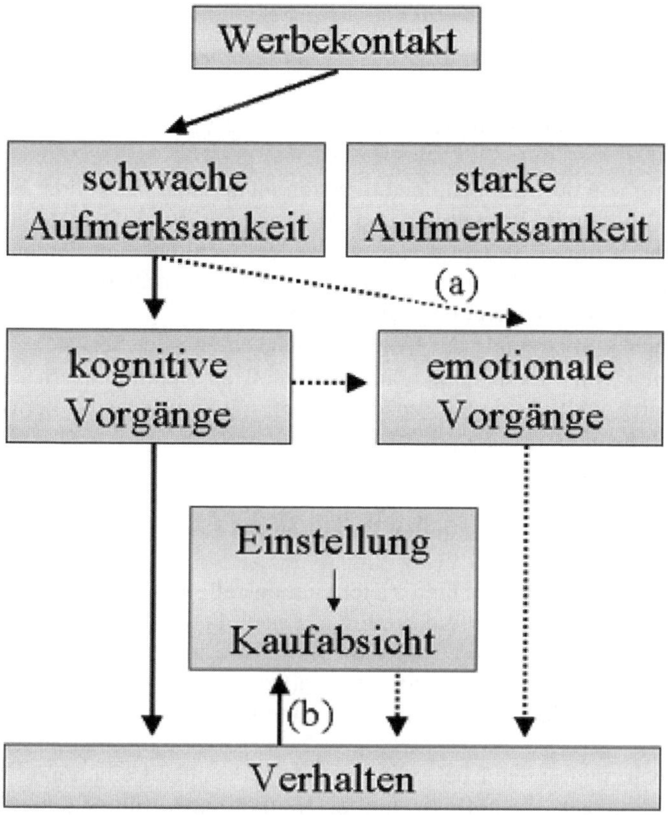


*Abb. 2.22: Wirkungspfad der informativen Werbung bei wenig involvierten Konsumenten (Quelle: Kroeber-Riel, W., Weinberg, P. (1996), S. 598)*

Trotz geringem Grundinteresse kann dann ein Impulskauf für die beworbene Marke hervorgerufen werden.

Die Einstellungsbildung selbst erfolgt erst nach dem Kaufverhalten und den damit verbundenen Produkterfahrungen. In der Nachkaufphase werden die Informationen über das Produkt selektiv gesammelt, und es werden Produkteigenschaften wahrgenommen und mit den werblichen Versprechen verglichen. Hierdurch entsteht eine differenzierte Markenbeurteilung und eine Einstellungsbildung.

In der Phase der Produktverwendung kann sehr häufig eine Unzufriedenheit auftreten, da die Idealvorstellungen, die sich parallel mit der Verwendung einer Produktalternative zwangsläufig entwickeln, nicht in dem gewünschten Ausmaß vorzufinden sind.

Schließlich beruhte die Kaufentscheidung nicht auf Argumenten, die einem extensiven Kaufentscheidungsprozess entstammten. Darüber hinaus liegen keine vergleichenden Informationen über Wettbewerbsmarken vor, sodass sich die Anspruchshaltung auf einem idealen und nicht realem Niveau befindet.

Bei Produktneueinführungen können dadurch zunächst die Wiederkaufraten einbrechen und ein Wechsel zu Konkurrenzprodukten ist denkbar, wobei nunmehr der Konsument eher stark involviert und im Stande sein wird, die Kaufentscheidung bewusster zu treffen.

Sozialtechnische Gestaltungsempfehlung für die Werbung:

- Vermittlung von nur wenigen, leicht verständlichen und merkbaren Informationen.
- Gefällige Werbemittelgestaltung und Aufmachung der Informationen, da sich der Konsument in dieser Situation eher von Nebensächlichkeiten leiten lässt. Die Haltung gegenüber einer Marke hängt dann eher von peripheren und gefühlsmäßigen Eindrücken als von den Kaufargumenten ab.
- Aktive Nachkaufbetreuung des Konsumenten (After Sales Service).
- Verwendung von Medien mit höherem Anteil an Stammnutzern, da die gleichen Konsumenten häufiger angesprochen werden müssen, um eine Lernwirkung zu erzielen (vgl. Kap. 2.1.2.2.2.).

#### 4.2.3.3 Wirkungsmuster emotionaler Werbung bei Low Involvement

Bei Low Involvement-Konsumenten bietet sich anstelle informativer Werbung eher die emotionale an. Diese Form der Werbung wirkt nach dem Prinzip der emotionalen bzw. der klassischen Konditionierung.[195] Bei dieser Lernform ist es nicht wichtig, dass sich die Konsumenten aufmerksam dem Stimulus zuwenden. Eine Lernwirkung tritt auch ein, wenn die Werbung absichtslos, flüchtig und ohne kognitive Anteilnahme aufgenommen wird.

Die Werbewirkung erzeugt bei geringer Aufmerksamkeit eine emotionale Wirkung, die Einstellungen positiv beeinflusst und zu Kaufverhalten führen kann. Dieser Prozess bildet auch die Grundlage der Erlebniswerbung, die zur emotionalen Produktdifferenzierung führt, bei dem der Marke eine emotionale Bedeutung beigemessen (emotional aufgeladen) wird.

Durch eine häufige Wiederholung der Werbung wird auch hier eine emotionale Bindung zur Marke bzw. zum Markennamen eintreten. Darüber hinaus werden auch direkt oder über die emotionalen Stimuli kognitive Vorgänge ausgelöst, die zur kognitiven Anreicherung der Einstellung zum Produkt beitragen (gestrichelte Linie).

Einstellungen bilden sich primär über die Mechanismen der klassischen Konditionierung, aber sie lassen sich auch durch emotionale Werbung (auch ohne jede Produktinformation) ändern bzw. verbessern.[196] Nach der Theorie der klassischen Konditionierung kann eine direkte Beziehung zwischen einer konditionierten Emotion und dem Verhalten hergestellt werden. Dies konnte für typische Impulskäufe nachgewiesen werden (gepunktete Linie im Modell der Wirkungspfade).[197] Durch die Darbietung eines Markennamens innerhalb eines emotionalen Umfeldes lässt sich bereits die Einstellung zu der

[195] Vgl. Behrens, G. (1991), S. 274 ff.
[196] Vgl. Kroeber-Riel, W., Weinberg, P. (1996), S. 135.
[197] Vgl. Weinberg, P. (1981)

Marke verändern, ohne eine einzige Information über die sachlichen Eigenschaften der Marke zu vermitteln.[198]

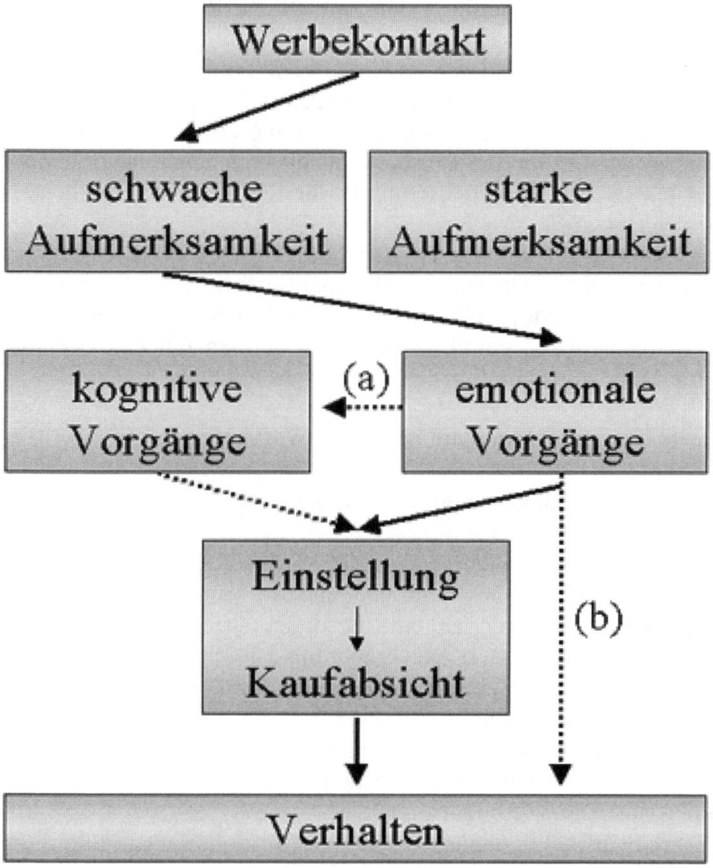


*Abb. 2.23: Wirkungspfad der emotionalen Werbung bei wenig involvierten Konsumenten (Quelle: Kroeber-Riel, W., Weinberg, P. (1996), S. 602)*

**Exkurs: Modell der emotionalen bzw. klassischen Konditionierung**

Lerntheorien beruhen auf dem S-R-Paradigma. Danach wird Lernen als gesetzmäßige Verknüpfung zwischen den beobachtbaren Reizen (S = Stimulus) und den beobachtbaren Reaktionen (R = Reaktion) dargestellt. Der Lernprozess bei der emotionalen Konditionierung bzw. Produktdifferenzierung beruht auf dem Kontiguitätsprinzip. Danach wird Lernen als Ergebnis des Auftretens zweier Reize definiert.

198 Vgl. Kroeber-Riel, W., Weinberg, P. (1996), S. 131.

Wird ein neutraler Reiz (ein Reiz, der für den Konsumenten zunächst keine Bedeutung hat und demnach auch keine Reaktion auslöst wie z.B. eine unbekannte Marke) häufiger zusammen mit einem unbedingten Reiz dargeboten (ein Reiz, der aufgrund einer angeborenen Reiz-Reaktions-Verknüpfung eine unbedingte Reaktion auslöst), so löst nach einer gewissen Zeit der neutrale Reiz die gleiche Reaktion hervor wie der unbedingte Reiz. Der neutrale Reiz wird dadurch zu einem konditionierten Reiz. Er löst eine konditionierte Reaktion aus, die er vorher nicht ausgelöst hat. Eine unbekannte Marke wird durch diesen Mechanismus emotional aufgeladen und erfährt eine emotionale Differenzierung durch die konditionierten Reize, wenn diese angenehme Erlebnisse darstellen. Grundlage der klassischen Konditionierung ist die räumliche und zeitliche Nähe (Kontiguität) der beiden Reize.[199]

Auf dieser Grundlage können auch Konditionierungen höherer Ordnung aufbauen. Konditionierungen höherer Ordnung sind Konditionierungen, die nicht mehr nur auf unbedingten Reizen, sondern bereits auf selbst konditionierten Reizen beruhen. Stellt die Werbung wiederholt eine („neutrale") Marke zusammen mit einem emotionalen Reiz dar, so kann die Marke eine emotionale Erlebniswert erhalten.

Sozialtechnische Gestaltungsempfehlung für die Werbung:

- Präsentation des Produktes und des Markennamens zusammen mit emotionalen (meist angenehmen) Reizen.
- In Abhängigkeit vom Involvement ist die Zahl der Kontakte zu gestalten, bis eine assoziative Verknüpfung des neutralen und des emotionalen Reizes eintritt. Die emotionale Konditionierung ist eine besonders geeignete Sozialtechnik, passive Konsumenten zu beeinflussen. Die Erkenntnis ist empirisch abgesichert, sodass nur eine geringe Zahl von Wiederholungen nötig sind, selbst bei Low Involvement-Bedingungen der Konsumenten.[200]
- Der Erfolg der emotionalen Konditionierung ist auch unabhängig davon, ob zugleich noch Informationen über das Produkt vermittelt werden. Ein klassisches Beispiel ist die Marlboro-Werbung.
- Unter bestimmten Bedingungen lässt sich auf Informationen völlig verzichten. Dies gilt für Produkte, die nicht (mehr) erklärungsbedürftig sind und eine Low Involvement-Situation (der Konsument interessiert sich für Produktinformationen recht wenig) zugrunde liegt, weiterhin in Situationen, bei denen die sachlichen Eigenschaften der konkurrierenden Marken aus subjektiver Sicht der Konsumenten etwa gleich bewertet werden.
- Emotionale Reize müssen eine bestimmte Mindeststärke haben.
- Die Verknüpfung zwischen dem emotionalen Reiz und der Marke muss für den Konsumenten wahrnehmbar sein und in zeitlicher Nähe erfolgen.
- Es muss eine bestimmte Stetigkeit in den Wiederholungen auftreten. Die gewählten Bildtexte und Tonmotive sollten selten gewechselt werden und eine bestimmte Mindestkonstanz aufweisen (Design-Richtlinie).

---

199 Vgl. Kroeber-Riel, W., Weinberg, P. (1996), S. 328 ff.
200 Vgl. Kroeber-Riel, W., Weinberg, P. (1996), S. 131.

- Die vermittelten Erlebnisse müssen mit den sämtlich vermittelten Erlebnissen und den emotionalen Eindrücken aller kommunikationspolitischen Maßnahmen harmonieren.
- Die vermittelten Erlebnisse müssen mit der Unternehmensphilosophie harmonieren (CI-Konformität).
- Die Erlebnisposition muss dem Prinzip des komparativen Konkurrenzvorteils (KKV) folgen und sollte demnach nicht bereits besetzt sein oder mit den Erlebnissen des Wettbewerbs austauschbar sein.
- Die ausgewählten Erlebnisse sollten der präferierten Lebenswelt der Zielgruppe entnommen werden. [201]

#### 4.2.3.4 Wirkungsmuster emotionaler Werbung bei High Involvement

Die emotionale Werbung löst vorrangig emotionale Prozesse aus. Dies führt bereits ohne Darbietung weiterer Produktinformationen zu positiven Einstellungen. Bei involvierten Konsumenten wird eine selektive Produktbeurteilung induziert. Die emotionalen Prozesse führen damit zu einer kognitiven Verarbeitung.

- *Indirekte Wirkung:* Beim Konsumenten tritt ein so genannter „Hallo-Effekt" ein. Die emotionalen Bilder, zusammen mit den bereits gespeicherten Produktinformationen, aktualisieren meistens positive Produkteigenschaften.
- *Direkte Wirkung:* Die hervorgerufenen emotionalen Eindrücke werden mit Produkteigenschaften assoziiert. Der Werbemittelkontakt wird bei starker Aufmerksamkeit verarbeitet und verursacht zunächst emotionale und anschließend kognitive Vorgänge. Beide zusammen beeinflussen die Einstellung des Konsumenten. Im Gegensatz zu Low Involvement Konsumenten sind High Involvement-Konsumenten gedanklich aktiv und alle Stimuli schlagen sich in die direkte Wahrnehmung der Produkteigenschaften nieder. Teilweise verändern auch emotionale Reize und Erlebnisse die Idealvorstellungen der Konsumenten.

Sozialtechnische Gestaltungsempfehlungen:

- Untersuchungen belegen, dass schon wenige Kontakte genügen, um eine positive Einstellung zu erreichen oder zu festigen.
- Das Risiko bei stark involvierten Konsumenten liegt darin, das sie gegenüber emotionalen Reizen eine Reaktanz (inneren Widerstand gegenüber Beeinflussung) aufbauen. Manche Bildmotive provozieren dann einen Widerspruch und einen Aufbau von Gegenargumenten – besonders, wenn die Motivwahl nicht im sachlichen Zusammenhang mit den Produkteigenschaften steht.

---

[201] Vgl. Kroeber-Riel, W., Weinberg, P. (1996), S.137 f.

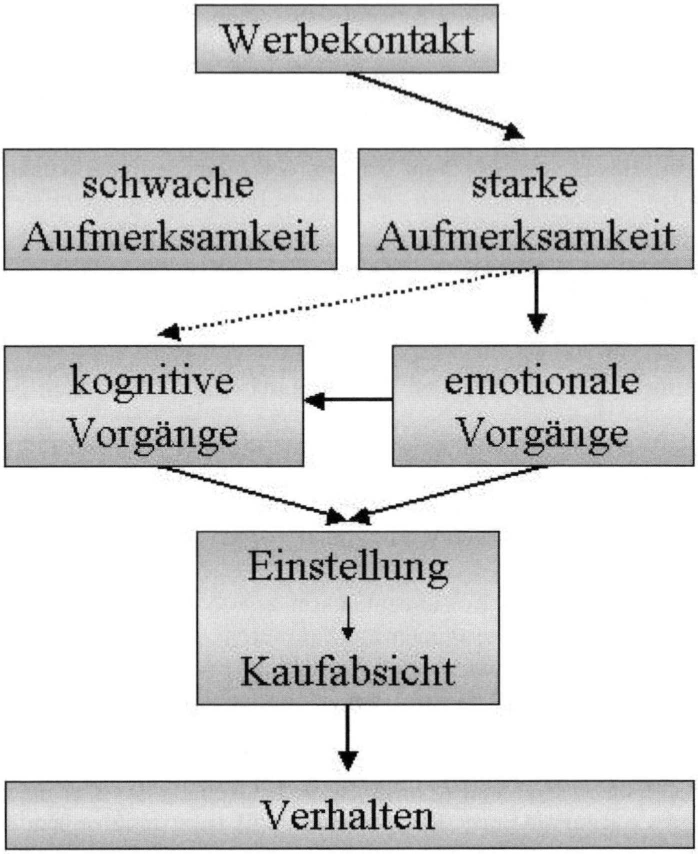


*Abb. 2.24: Wirkungspfad der emotionalen Werbung bei stark involvierten Konsumenten (Quelle: Kroeber-Riel, W., Weinberg, P. (1996), S. 601)*

In der Praxis findet man häufig die Doppelstrategie. In unterschiedlicher Stärke und Zusammensetzung werden Informationen und emotionale Erlebnisse innerhalb der Werbemittelgestaltung integriert. Hierdurch verbinden sich die dargestellten Wirkungspfade der Werbung. Die Interaktion beider Anspracheformen kann funktionale aber auch disfunktionale Wirkungen entfachen.

Eine disfunktionale Wirkung ist der Ablenkungs- bzw. Kannibalisierungseffekt durch emotionale Reize. Selbst bei stark involvierten Konsumenten wird als erstes das Bildmotiv wahrgenommen. Dadurch wird der Konsument von den textlichen Informationen abgelenkt. Insofern sollten die kognitiven Informationen in der Werbemittelgestaltung sehr nahe an den emotionalen Schlüsselreizen positioniert werden. Dies gilt vor allem für die zentralen Informationen wie Markenzeichen und jede Form der Absenderkennung.

Ein weiterer zu berücksichtigender Effekt ist der Kontexteffekt. Zunächst werden Texte in Abhängigkeit von den umgebenden Bildern unterschiedlich interpretiert. Gleiches gilt in umgekehrter Richtung auch für die Bilder. Nur Bilder werden aufgrund geringerer kognitiver Anstrengungen im Vergleich zu textlichen Informationen schneller verarbeitet. Dies führt zu asymetrischen Werbewirkungen, wenn die Emotionen durch Bilder vermittelt werden und die kognitiven Inhalte durch Texte bzw. Sprache.

Diese Erkenntnisse führen im Grunde zu drei Idealtypen einer kommunikativen Positionierung innerhalb der Werbestrategie, die im Folgenden kurz dargestellt werden.

# 5. Kampagnenformatierung

## 5.1 Nutzenkonzept

In Märkten, in denen Mangel oder Monopole vorherrschen, müssen sich die Unternehmen nicht anstrengen, ihre Kunden zufriedenzustellen. Anders verhält sich dies in Märkten, in denen die Kunden eine große Auswahl von tendenziell austauschbaren Produkten gegenüberstehen (Käufermärkte). In diesen Märkten müssen die Anbieter produktpolitisch den Qualitäts- und den Werterwartungen der Kunden genügen. Damit stellt sich die Frage, wie die Konsumenten ihre Produktwahl treffen. Konsumenten, zumindest bei extensiven Kaufentscheidungen, werden das Produkt bevorzugen, das den höchsten Wertgewinn bzw. Nettonutzen bietet. Die Konsumenten bilden Erwartungshaltungen bei kaufentscheidenden Produktkriterien, die im Produktpositionierungsmodell als Idealvorstellungen operationalisiert wurden. Nach dem Kauf werden dann die Produkterfahrungen mit den Erwartungshaltungen abgeglichen und es stellt sich dann entweder Zufriedenheit ein, wenn die Erwartungshaltungen den Produkterfahrungen entsprechen oder aber Unzufriedenheit, wenn die Erwartungshaltungen höher als die Produkterfahrungen gegenüber einigen kaufentscheidenden Kriterien waren. Daraus leitet sich der Kunde für Folgekäufe seine Verhaltenskonsequenzen ab (Wiederkauf, Abwanderung oder Beschwerde).[202]

Abbildung 2.25 zeigt die Güteabwägung bei der Angebotsbewertung von verschiedenen Produkten.

Der Kunde wird zunächst das Produkt bzw. die Problemlösung kaufen, wenn folgendes Ergebnis eintritt:

- Der Wertgewinn bzw. der Nettonutzen ist positiv, d.h. wenn die Wertsumme größer als die Kostensumme ist.
- Der Konsument wird die Marke innerhalb eines relevanten Marktes bevorzugen, die den subjektiv höchsten Wertgewinn mit sich bringt.

Der Wertgewinn stellt das monetäre Äquivalent für den Nettonutzen dar, nämlich die Differenz aus dem positiven Nutzen aller Wertelemente und dem negativen Nutzen aller Kostenelemente, die durch den Kaufakt sofort erwartet oder in Folge vorweggenommen werden.[203]

Die Wertsumme eines Produktes besteht aus dem grundsätzlichen Problemlösungspotenzial, dem Kernnutzen eines Produktes (z.B. Haltbarkeit, bestimmte Produkteigenschaften etc.) sowie den produktbegleitenden Dienstleistungen (Service, Garantien, Lieferungs-/Zahlungsbedingungen etc.). Weiterhin werden Zusatznutzenkomponenten im psychologischen Entscheidungsmodell mitbilanziert. Hierbei kann es sich um Besonderheiten des Verkaufpersonals handeln, aber vor allem um einen psychologischen Mehrwert, den emotionalen Zusatznutzen eines Produktes (z.B. Aura, Design, Geruch, Haptik, soziale Geltungsmotive, Zugehörigkeitsmotive etc.).

---

[202] Vgl. Kotler, P., Bliemel, F. (1999), S. 52 ff.

[203] Vgl. Kotler, P., Bliemel, F. (1999), S. 51

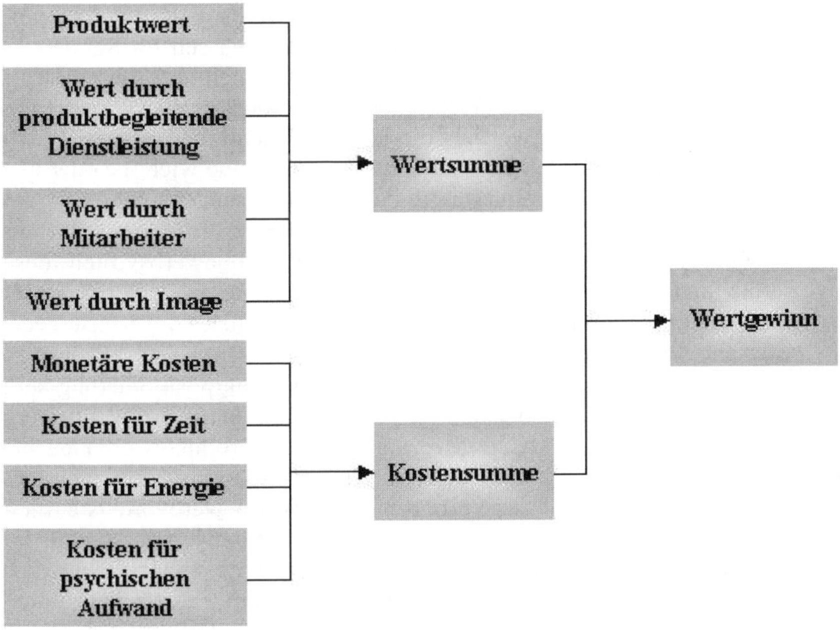


*Abb. 2.25: Angebotsbewertung durch den Konsumenten (Quelle: Kotler, P., Bliemel, F. (1999), S. 49)*

Diesen Wertgewinnen stehen die Kosten gegenüber. Hierzu zählen im Wesentlichen der für das Produkt zu entrichtende Preis, der physische und psychologische Aufwand der Produktauswahl, die Produktlogistik sowie die Produkt-Inbetriebnahme. Unter psychologische Kosten fallen auch die Kosten, die ein Kunde aufbringen muss, um ein neues Produkt innerhalb des eigenen sozialen Umfeldes (Peergroups) zu etablieren bzw. im eigenen psychologischen Selbstkonzept zu integrieren.

Kommunikativ lässt sich vor allem durch den Einfluss auf die psychologischen Wert- und Kostengrößen die Bilanz bei der Ermittlung des Nettonutzens beeinflussen.

## 5.2 Strategischer Markenkern

### 5.2.1 Kernnutzen

Im Produktpositionierungsmodell wurden kaufentscheidende Kriterien unterstellt, die zum einen die Idealvorstellungen des Konsumenten, zum anderen die Realbeurteilung des Warenangebots beeinflussten. In jedem Produktmarkt haben die präferierten Produkteigenschaften unterschiedliche Wichtigkeit bei der Kaufentscheidung.

Eine tragfähige Positionierung sollte dabei auf Eigenschaften bauen, die einen komparativen Konkurrenzvorteil ermöglichen (KKV).

Eigenschaften, die einen KKV bilden, müssen dabei folgende Kriterien erfüllen:

- *Relevanz für die Kaufentscheidung:* Das Kriterium bzw. die Kriterien, auf deren Grundlage das Produkt positioniert werden soll, müssen im Rahmen der Kaufentscheidung der Zielgruppe eine wichtige Rolle übernehmen. Sie müssen im Produktpositionierungsmodell hohe Wichtigkeit haben. Idealerweise setzt die Positionierung auf dem Kriterium auf, welches die höchste Wichtigkeit besitzt. Wettbewerbsvorteile bei Kriterien, die bei der Kaufentscheidung keine wichtige oder nur eine untergeordnete Rolle spielen, sind für die Positionierung ungeeignet.
- *Wahrnehmbarkeit:* Das ausgewählte Positionierungskriterium sollte aus der Sicht des Konsumenten wahrnehmbar sein, d.h. der Wettbewerbsvorteil muss kommunizierbar und im Entscheidungskalkül des Konsumenten einbindbar sein. Wettbewerbsvorteile, die nicht kommunizierbar sind, können vom Konsumenten nicht berücksichtigt werden.
- *Nicht-Imitierbarkeit:* Kriterien, auf denen die Produktpositionierung aufbaut, sollten vom Wettbewerb nicht so schnell imitierbar sein, damit der Wettbewerbsvorsprung möglichst bis zur Amortisationszeit eines neuen Produktes erhalten bleibt. Da die Marktpenetration meist eine gewisse Zeit erfordert und ein nicht unerhebliches Kommunikationsbudget zur Vermittlung des Wettbewerbvorteils aufgewendet werden muss, ist eine zeitliche Sicherstellung des Wettbewerbvorsprungs zwingend nötig. Dabei sind Produkteigenschaften, die einen Leistungsvorteil verkörpern, am ehesten nicht imitierbar, wenn sie entweder einem Patentschutz unterliegen oder durch Prozessoptimierung sowie durch Erfahrungsvorteile entstanden sind. Auch die Besetzung eines emotionalen Erlebnisses zusammen mit einem hohen passiven oder aktiven Bekanntheitsgrad ist ein Grund für Nicht-Imitierbarkeit einer Positionierung.

In gesättigten Märkten erfolgt die Differenzierung der Produkte nicht mehr über die objektiven Produkteigenschaften, sondern über den emotionalen Zusatznutzen. Dabei ist zu unterscheiden, dass Erlebniswerte sowohl einen Hauptnutzen darstellen können (z.B. der Einsatz von Duftstoffen bei Parfüms und Reinigungsmitteln) als auch gleichzeitig ein emotionaler Zusatznutzen damit verbunden sein kann. Entweder soll der Duft helfen, die Produkteigenschaften zu unterstreichen (z.B. Frischegeruch bei Reinigungsmitteln) oder aber ganz spezifische Erlebnisse vermitteln. Das Angebot soll dann ein eigenständiges, emotionales Profil durch den Einsatz von spezifischen Bildern, Texten, Gerüchen oder Design erhalten. [204]

### 5.2.2 Emotionaler Zusatznutzen

Die emotionale Erlebnisvermittlung spielt in gesättigten Märkten die entscheidende Rolle.[205] Werbung und Produktdesign müssen zur Positionierung und zur Gesinnung eines individuellen Profils auf Erlebnisstrategien zurückgreifen und den dementsprechenden emotionalen Zusatznutzen offerieren. Die Differenzierung erfolgt dann nicht mehr über Produkteigenschaften, sondern über Erlebnisprofile.[206]

---

204 Vgl. Kroeber-Riel, W., Weinberg, P. (1996), S. 116 f.
205 Vgl. Konert, .F.-J. (1986), Weinberg, P. (1992)
206 Vgl. Kroeber-Riel, W., Weinberg, P. (1996), S. 124 f.

Mehrere Ursachen können hierfür ausgemacht werden:

- *Austauschbarkeit:* Immer mehr Märkte sind in der Sättigungs- und Stagnationsphase. Die Produkte sind vom Kernnutzen bzw. von den zentralen Produkteigenschaften her austauschbar geworden. Die Eigenschaften, auf denen die Wettbewerbspositionen beruhen, unterscheiden sich kaum voneinander. Die sachliche objektive Produktqualität ist zu einer Selbstverständlichkeit geworden.
- *Erlebnisgesellschaft:* Die grundlegenden Bedürfnisse sind befriedigt, höhere Bedürfnisschichten im Sinne der Maslowschen Bedürfnispyramide werden verhaltensbestimmend. Dazu gehören Bedürfnisse nach sinnlicheren Anregungen und Selbstverwirklichung sowie nach einem verfeinerten emotionalen Erleben. Der Konsum wird unter entfremdeten Bedingungen der Arbeits- und Lebenswelt zu einer Möglichkeit für emotionales Erleben und für emotionale Ersatzhandlungen. Die funktionalen Produkteigenschaften, also der Kernnutzen der Produkte, verliert innerhalb einer Erlebnisgesellschaft an Bedeutung. [207]
  Mit einer immer stärkeren Vermittlung von emotionalen Erlebnissen durch Konsumgüter greift das Marketing auch die Dynamik gesellschaftlicher Veränderungen auf und verfestigt so die Erlebnisschemata, die zunehmend zum Orientierungsstandard für die Erwartungshaltungen und dem Verhalten der Konsumenten werden. Dadurch erhalten diese gesellschaftlichen Prozesse auch eine kulturelle Prägung. [208]
  Güter bestehen zu einem unterschiedlichen Grad aus materiellen und immateriellen Komponenten. Konsumiert werden zunehmend die immateriellen Teile. Die angebotenen Produkte oder Dienstleistungen werden weniger wegen ihres sachlichen und funktionalen Nutzens, sondern immer mehr wegen ihres immateriellen Nutzens gekauft. Konsumerlebnisse stellen den emotionalen Nutzen dar, der einen Beitrag zum individuellen Lebensstil und zur Lebensqualität leisten muss.
- *Selektiver und individueller Konsum:* Die Erlebnisorientierung wird als grundlegender Wertewandel der Gesellschaft gesehen. Konsumenten möchten sich emotional verwirklichen und die Individualität in der Gegenwart zum Ausdruck bringen. Dies gilt für viele Lebensbereiche (z.B. politische Mitverantwortung, Fitness-Orientierung, Umweltschutz, Kulturausrichtung und auch im selektiven Konsum) – Konsum als Instrument zur Verwirklichung eines unabhängigen und selbstständigen Lebensstils („ich bin so frei mit Nescafé").
- *Demonstrativer Konsum:* Es werden auch die Konsumenten angesprochen, deren Ziel darin liegt, einen demonstrativen Konsum vorzuzeigen. Konsumenten instrumentalisieren die Marken, indem deren Profile genutzt werden, um sie auf die Persönlichkeitsprofile des Konsumenten zu transferieren. Es findet ein Imagetransfer der Marke auf die Persönlichkeit statt. In diesem Fall besteht die Gefahr, dass emotionale Erlebnisse zu gesellschaftlichen „Ersatzwerten" mutieren.

[207] Vgl. Schulze, G. (1992)
[208] Vgl. Kroeber-Riel, W., Weinberg, P. (1996), S. 126 f.

### 5.2.3 Zahl der besetzten Nutzenpositionen

Um sich zu positionieren, muss das Unternehmen nicht nur entscheiden welche, sondern auch wie viele Unterschiede bei der Zielgruppe herausgestellt werden sollen. Bei der Zahl der herauszustellenden Nutzen gibt es unterschiedliche Auffassungen mit entsprechenden Vor- und Nachteilen.

- *Einfach-Nutzen-Positionierung (Unique Selling Proposition):* Das Unternehmen sollte für die Marke nur einen Nutzen herausstellen. Innerhalb der Zielgruppe sollte möglichst intensiv, eindeutig und konsequent kommuniziert werden, so dass die Marke bei dieser Produkteigenschaft, die mit einem spezifischen Nutzen korrespondiert, die „Nummer Eins"-Position einnimmt (Position 1 im relevant set bei einer Produkteigenschaft). Käufer neigen dazu, die Nummer Eins besser als alle anderen Marken im Gedächtnis zu behalten. Zu den wichtigsten Positionen gehören beste Qualität (Qualitätsführerstrategie), niedrigster Preis (Preisführungsstrategie), beste Dienstleistungsqualität, fortschrittlichste Technik oder bestes Preis-/Leistungsverhältnis.
- *Doppelt-Nutzen-Positionierung:* Eine doppelte Nutzenpositionierung kann erforderlich werden, wenn mindestens zwei Wettbewerber die gleiche Position anstreben oder aber alle entscheidenden Positionen bereits belegt sind. Sofern beide Nutzenangebote kompatibel sind, belegt das Unternehmen durch die Kombination zweier Nutzenversprechen eine Marktnische (z.B. Volvo mit Sicherheit und Langlebigkeit). Bestimmte Nutzenerwartungen bzw. Idealvorstellungen treten bei bestimmten Konsumenten gleichzeitig auf. Für diese Konsumenten macht es Sinn, eine doppelte Nutzenposition anzustreben.
  Manchmal können auch zwei unterschiedliche Marktsegmente durch eine doppelte Nutzenpositionierung angesprochen werden. Gelingt dies, so lassen sich zwei Segmente unter einer Marke zusammenlegen.
- *Dreifach-Nutzen-Positionierung:* Teilweise präferieren bestimmte Verbraucher gleichzeitig mehrere Nutzen. Das Problem dabei ist zum einen, den Verbrauchern überzeugend darzustellen, dass die Marke in allen Nutzenkomponenten eine führende oder die führende Position einnimmt. Zum anderen besteht in Low Involvement-Märkten das Problem, die Vielzahl der Informationen dem Konsumenten zu vermitteln. Meist scheitern bereits Einfach-Nutzenvermittlungen an der Bereitschaft der Konsumenten, sich mit Produkten auseinander zu setzen. Diese Strategie kann dazu führen, dass mehrere kleine Segmente zu einem Segment zusammengelegt werden können. Dennoch bleibt es riskant zu behaupten, dass die eigene Marke in mehrfacher Hinsicht der Konkurrenz überlegen ist. Damit besteht die Gefahr des Verlustes an Glaubwürdigkeit sowie an einer eindeutigen Positionierung. Besonders problematisch ist es, wenn die Dreifach-Nutzen-Positionierung auf drei Kernnutzen aufsetzt. Einfacher ist es, wenn eine Kernnutzenpositionierung zusammen mit zwei Zusatznutzenpositionen kommuniziert wird.[209]

[209] Vgl. Kotler, P., Bliemel, F. (1999), S. 496 f.

## 5.3 Werbestrategische Alternativen

Die Kommunikationspolitik kann zwei Dimensionen folgen, wie folgende Abbildung 2.26 aufzeigt.

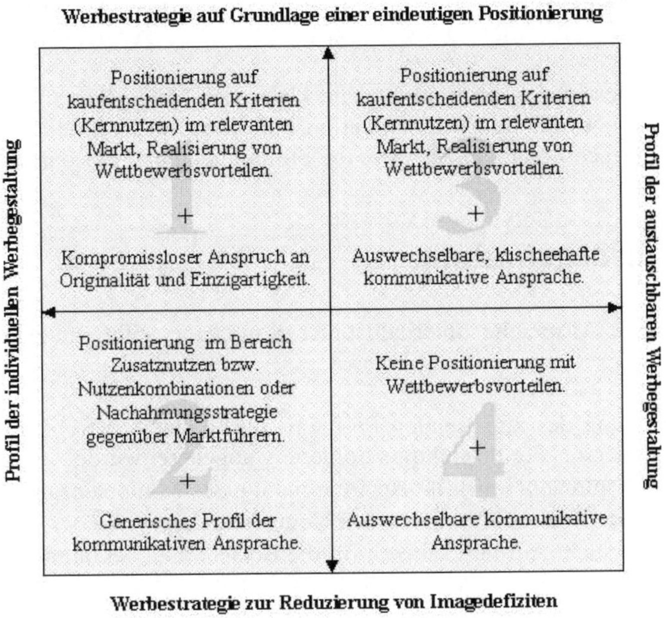


*Abb. 2.26: Werbestrategische Alternativen (eigene Darstellung)*

Zum einen kann eine Positionierung auf eine eindeutige, langfristige Strategie aufsetzen oder sie kann lediglich als Instrument dienen, akute Imagedefizite auszugleichen. Auf der anderen Seite kann ein klares, inhaltlich abgegrenztes formales und emotionales Profil angestrebt werden, oder die kommunikative Ansprache unterliegt einem hohen Maß an Austauschbarkeit.

- *Quadrant 1:* Ideal wäre es, wenn die Produkt- und Kommunikationspolitik einen kompromisslosen Anspruch an Originalität und Einzigartigkeit realisieren könnte, bei gleichzeitiger Positionierung kaufentscheidender Kriterien, die einen KKV darstellen. So genannte starke Marken belegen eine derartige Position meist über viele Jahre hinweg erfolgreich.
- *Quadrant 2:* In diesem Fall gelingt es dem Unternehmen zwar nicht, einen KKV zu besetzen, weil die Kernnutzenpositionen entweder besetzt oder bereits auswechselbar geworden sind. Dies gilt meist für Massenmärkte, die sich in der Stagnationsphase befinden. In diesem Fall ist eine Erfolgsstrategie darin zu finden, dass in der kommunikativen Ansprache Originalität zu finden ist und ein individuelles emotionales Profil bzw. ein generisches Erlebnis die Positionierung trägt. Gegebe-

nenfalls ist auch eine Positionierung, die lediglich durch Aktualität gekennzeichnet ist, erfolgreich.

- *Quadrant 3:* Diese Situation ist dadurch gekennzeichnet, dass das Unternehmen produktpolitisch einen KKV belegen konnte, jedoch kommunikationspolitisch konnte der objektive Nutzen nicht in einen subjektiven Nutzen bei der Zielgruppe umgesetzt werden. Die verwendeten Motive sind klischeehaft und damit ist eine an sich gute Wettbewerbsposition durch eine auswechselbare Kommunikationsstrategie gefährdet.
- *Quadrant 4:* Diese Situation umreißt eine klassische Misserfolgsstrategie. Hierbei liegt kein KKV vor und die Kommunikationspolitik ist mit Vorurteilen behaftet, die Bildmotive auswechselbar, genauso wie die Stimmungen und Erlebnisse.

## 5.4 Anspruchsbegründung

Jede kommunikative Ansprache innerhalb einer Kampagne sollte folgende fünf Elemente beinhalten:

- Claim: Darstellung des zu lösenden Problems und damit der Kompetenzanspruch des Produktes, der aus der Produktpositionierung abgeleitet wurde
- Reason Why: Argumentationshilfe zur Begründung des Kompetenzanspruchs
- Proof: ergänzende Beweisführung für den Kompetenzanspruch
- Eye Catcher: versucht Aufmerksamkeit für die Botschaft zu bekommen
- Markierung: Darstellung des Absenders der Botschaft zwecks Zuordnung des Kompetenzanspruchs

Als Claim sollten Kriterien dienen, die folgende Eigenschaften besitzen:

- Wesentliche Produkteigenschaft
- Wahrnehmbare Produkteigenschaft
- Dauerhafte Produkteigenschaft
- Einzigartige Produkteigenschaft
- Bezahlbare Produkteigenschaft
- Technisch realisierbare Produkteigenschaft

Meist werden folgende Kompentenzansprüche bzw. Kernnutzenpositionen verwendet:

- Beste Qualität
- Beste Dienstleistung
- Niedrigster Preis
- Höchster Wert
- Fortschrittlichste Technik
- Bestes Preis-/Leistungsverhältnis

Als emotionaler Zusatznutzen dienen meist folgende Erlebnisprofile:

- Erfolg und Leistung
- Prestige und Exklusivität
- Abenteuer und Ungebundenheit
- Erotik und Sinnlichkeit
- Jugendlichkeit
- Sportlichkeit und Aktivität
- Genuss und Lebensfreude
- Gesundheit, Frische und Natur
- Traumwelt und Exotik
- Überraschung und Humor
- Bequemlichkeit und Sicherheit
- Freundschaft und Geselligkeit
- Geborgenheit und trautes Heim
- Sachlichkeit und Straightness
- Tradition und Zuverlässigkeit
- Individualismus[210]

## 5.5 Idealtypen der Positionierung und Differenzierung

Für die kommunikative Umsetzung der strategischen Positionierung in eine Unique Advertising Proposition (UAP) stehen verschiedene Grundoptionen zur Verfügung, die natürlich im Wechselspiel von der Nutzenanalyse des eigenen und des Konkurrenzangebotes und den Erwartungen, Einstellungen und Motiven der Zielpersonen zu sehen sind. Dabei ist zu berücksichtigen, dass ein Unternehmen innerhalb des relevanten Marktes mit gleichen oder ähnlichen kommunikativen Strategien wie der Wettbewerb den Markt bearbeiten kann (Me too-Strategie) oder bewusst einen differenzierten Ansatz wählt.

### 5.5.1 Informative Positionierung

Diese Strategie vermittelt die Vorteile des Angebots durch Herausstellung der Angebotseigenschaften, die im besonderen Maße der Befriedigung zielgruppenspezifischer Bedürfnisse dienen und einen komparativen Wettbewerbsvorteil darstellen. Auf einen emotionalen Appell verzichtet diese kommunikative Ansprache bewusst, weil die Zielgruppen aktuelle unbefriedigte Bedürfnisse haben. Diese Form der kommunikativen Positionierung gilt als traditionelle Positionierung und beruht auf den Erkenntnissen des Produktpositionierungsmodells. Sie folgt der traditionellen Denkhaltung, mit sachlichen Informationen zu überzeugen.

Die Voraussetzungen für eine erfolgreiche informative Positionierung in gesättigten Märkte sind meistens begrenzt und lassen sich wie folgt klassifizieren:

[210] Vgl. Kroeber-Riel, W., Weinberg, P. (1996), S. 115.

- *Marktstruktur:* Wenig entwickelte Märkte, auf denen die angebotenen Güter auf noch wenige oder unbefriedigte Bedürfnisse stoßen, haben ein großes Marktpotenzial während des Produktlebenszyklus zu erwarten. Mit zunehmendem Übergang von der Markteinführungs- und Wachstumsphase in die Marktsättigungs- bzw. Reifephase tendiert die Werbung zu emotionalen Anspracheformen und emotionalen Appellen an die Bedürfnisse.
- *Innovationsgrad:* Je innovativer die Produkte und je neuartiger die Eigenschaften bei bereits eingeführten Produkten sind, desto eher lassen sich informative Differenzierungen vornehmen. Voraussetzung ist jedoch, dass die innovativen Angebote die Informationsbedürfnisse der Zielgruppe wecken können. Informative Werbung reduziert das wahrgenommene Risiko beim Kauf von Produkten und greift demzufolge am ehesten bei Produkten, die einem extensiven Kaufentscheidungsprozess unterliegen. Um die Marktentwicklung überhaupt beeinflussen zu können, ist es in der Markteinführungsphase oft zwingend, den Konsumenten inhaltlich die Problemlösung des Produktes zu vermitteln und überhaupt ein bestimmtes Anspruchsniveau hinsichtlich des Preis-/Leistungsverhältnisse zu verankern.
- *High Involvement:* Grundlage für informative Werbung ist sowohl das hohe Involvement der Zielgruppe gegenüber den Produkten und Problemlösungen als auch das hohe Güter-Involvement. Das sind Güter, die bei der Zielgruppe besonders starkes Interesse auslösen.

Dennoch befinden sich alle Konsumenten unter Zeit- und Entscheidungsdruck und werden durch Informationen überlastet. Deswegen sollten möglichst viele Hilfestellungen bei einer schnellen gedanklichen Verarbeitung der Informationen zur Verfügung gestellt werden. Dies geschieht durch Informationstechniken, die eine schnelle und selektive Informationsaufnahme und -nutzung ermöglichen. Beispielsweise durch Verwendung von sachlichen Bildern an Stelle von Texten, Auflockerung der Texte durch Gliederungen und Hervorhebungen sowie einen hierarchischen Aufbau wie die Navigationsstruktur bei Internet-Auftritten. Informationen müssen kurz, einprägsam und unterhaltsam sein. Man sollte nicht einfach über das Produkt und seine Vorteile sprechen, sondern die Vorteile durch geschickte Bilder und Handlungsabläufe inszenieren.[211] Dabei gilt auch wieder der Grundsatz, dass weniger mehr bedeutet.

### 5.5.2 Emotionale Positionierung

Bei der emotionalen Positionierung wird das Sachprofil durch ein Erlebnisprofil ersetzt. Dies bedeutet, dass das Produkt und der Produktnutzen in der emotionalen Erfahrungs- und Erlebniswelt der Zielgruppe verankert werden müssen. Auch hierbei ist es für die Differenzierung wichtig, dass andere Erlebnisse vermittelt werden als die der Konkurrenz. Darüber hinaus muss die Erlebniswelt konsistent im gesamten Marketing-Mix und der Unternehmensphilosophie miteinfließen. Die Vermittlung von Erlebnissen erfolgt primär über Bilder, die in der Lage sind, innere Gedächtnisbilder bei der Zielgruppe zu aktualisieren, um damit eine emotionale Produktdifferenzierung zu erreichen.

[211] Vgl. Kroeber-Riel, W. (1993), S. 61 ff.

### 5.5.2.1 Voraussetzungen

Die Voraussetzungen für eine erfolgreiche emotionale Positionierung sind gesättigte Märkte mit inhaltlich auswechselbarem bzw. kommodisiertem Kernnutzen. Sie lassen sich wie folgt klassifizieren:

- *Marktstruktur:* In der Marktsättigungsphase sind die Produkte in ihren technischen und funktionalen Eigenschaften ausgereift und qualitativ ähnlich. Informationen über das Angebot wirken auf die bearbeiteten Zielgruppen trivial. Selbst das Design der Produkte bietet dann kaum mehr Raum zur Differenzierung.
- *Innovationsgrad:* Produkte, deren Innovationsgrad generell gering ist und bei denen eine funktionale bzw. inhaltliche Differenzierung kaum glaubhaft möglich ist, können demnach nur emotional differenziert werden. Was das Produkt bzw. die Dienstleistungen attraktiv macht, sind weniger die technisch funktionalen Eigenschaften, sondern die Fähigkeit der Produkte, sinnliche und emotionale Erlebnisse zu vermitteln und einen Beitrag zum Lebensgefühl im Rahmen des herrschenden Zeitgeistes zu leisten – Produkte als Ausdruck eines Lebensstils, als Quelle von Lebensqualität und als Symbol für die Zugehörigkeit zu sozialen Gruppen und damit als sinn- und identitätsstiftend.
- *Involvement:* Je geringer die ökonomische oder soziale Bedeutung des Produktkaufs ist, desto unwirksamer wird die informative Positionierung. Bei geringem Involvement lassen sich Emotionen in der begrenzten und selektiven Aufnahmesituation des Konsumenten schneller und effektiver kommunizieren.

### 5.5.2.2 Erlebniskonzeption und strategische Schlüsselbilder

Der Erfolgfaktor der Positionierungsalternative hängt davon ab, in welchem Maße es gelingt, ein Erlebnisprofil zu entwickeln, das auf den Lebensstil und die Wertorientierung der entsprechenden Zielgruppe abgestimmt ist. Die Entwicklung eines solchen Profils ist ein komplizierter Prozess[212], der eine Vielzahl von Gefahren mit sich bringt, denen die informative Positionierung nicht ausgesetzt ist. Kardinalfehler ist dabei die nicht konsistente Einbeziehung aller Marketinginstrumente in die Erlebnisvermittlung und ein sich daraus ergebender Widerspruch zwischen der Erlebnisvermittlung und der realen Produkterfahrung. Insgesamt kommt es darauf an, ein authentisches Produkt- und Erlebnispaket zu schnüren, bei dem der Konsument vom ersten Kontakt mit dem Angebot bis hin zur Inanspruchnahme zusammenhängende Eindrücke erhält.

Ausgehend von einem Erlebniskonzept, das sich für die Positionierung eines Anbieters eignet, wird im Umkehrung traditioneller Produktentwicklungsprozesse nach Produkten und Programmen gesucht, die zum Erlebniskonzept passen. Dieses Erlebniskonzept bildet dann den markenpolitischen Rahmen, der Grundlage für unterschiedliche Diversifikationsrichtungen sein kann unter Nutzung des Imagetransferpotenzials der Stammmarke.[213]

---

[212] Vgl. Kroeber-Riel, W. (1993), S. 77 ff.
[213] Vgl. Mayer, A., Mayer, R.U. (1987)

Am wirksamsten können emotionale Erlebnisse durch Verwendung von Bildern vermittelt werden. Die Bilder werden als innere Bilder bzw. Gedächtnisbilder beim Konsumenten schneller verankert als Argumente. Die Auswahl der verwendeten Bilder muss langfristig erfolgen und die Frage beantworten, welche Bilder die Vorstellungswelt der Zielgruppenmitglieder bzw. der allgemeinen Umwelt in den nächsten 5 bist 10 Jahren prägen sollen. Diese Bilder werden als strategische Schlüsselbilder (key visuals oder Leitbilder) definiert, die den kommunikativen Gesamtauftritt langfristig prägen. Neben den visuellen Grundmotiven ist es zudem sinnvoll, auch akustische Grundmotive festzulegen. Beides bildet dann den Erlebniskern, der alle sprachlichen und nicht sprachlichen Auftritte der Marken auf eine Linie bringt. Die Entwicklung solcher Marken- oder Firmenbilder, die in einem „Imagery-Papier" verankert werden, ist demnach eine strategische Kernaufgabe und keinesfalls nur eine Gestaltungsfrage, obwohl die Wirkung eines Erlebniskonzeptes letztlich von der visuellen Umsetzung abhängt. Sprachliche Konzeptionen lassen sich in Bildern mit völlig unterschiedlichen Wirkungen unterbringen. Erlebnisse, wie die Vermittlung von Frische, Natur und Reinheit (z.B. Biermarkt), lassen sich in vielfältigen Formen umsetzen und vermitteln zwangsläufig unterschiedliche Emotionen.[214]

Lebensstilstudien und Analysen zum Wertesystem der Zielgruppe bieten vielfältige Ansatzpunkte für eine emotionale Positionierung. Auch durch eine emotionale Differenzierung können komparative Konkurrenzvorteile gefunden werden. Dies bedeutet, dass das eigene Angebot an emotionalen Erlebnissen und Erfahrungen einen attraktiveren Beitrag zum Lebensstil der Abnehmer leisten soll als die Konkurrenzangebote.

### 5.5.3 Positionierung durch Aktualität

Ziel dieser Strategie ist es, durch einen auffallenden und aufmerksamkeitsstarken Auftritt des Markennamens die Aktualität der Marke zu erhöhen. Hierbei werden weder Informationen noch emotionale Erlebnisse vermittelt, sondern es wird lediglich ein besonders auffallender Auftritt inszeniert. Es geht nur darum, kurz und prägnant die Marke im Gedächtnis zu verankern, indem sich die Konsumenten mit der Kommunikation auseinander setzen.

Dieser Ansatz beruht auf den Grundgedanken der „Agenda Setting-These" der Massenkommunikationsforschung.[215] Danach liegt der Erfolg der Massenkommunikation weniger in der Beeinflussung von Meinungen und Einstellungen, sondern darin, das Zielpublikum dazu zu bringen, etwas auf die Tagesordnung zu bringen und sich gedanklich mit bestimmten Themen (Agenda) zu beschäftigen. Ziel der Marktkommunikation ist demnach nicht zu versuchen, Einfluss auf Inhalte (wie Menschen über etwas denken) zu nehmen, sondern nur Einfluss auf ihre Themenauswahl (worüber Menschen denken und sprechen).[216] Auf eine einfache Formel gebracht heißt das, „man muss die Lufthoheit über die Stammtische der Republik gewinnen", um erfolgreich zu sein. Unter diesen Bedingungen wirkt auch das Konzept der mehrstufigen Kommunikation (multi-step-flow), das an anderer Stelle vorgestellt wurde, am idealsten.

---

214 Vgl. Kroeber-Riel, W. (1993), S. 68 ff.
215 Vgl. Schenk, M. (1987), S. 194 ff.
216 Vgl. Kroeber-Riel, W. (1993), S. 83.

Die Voraussetzungen für eine erfolgreiche Strategie, Produkten und Dienstleistungen Aktualität zu verleihen, lassen sich wie folgt klassifizieren:

- *Marktstruktur:* Die Strategie der Aktualitätspositionierung eignet sich für Märkte, die bereits ihre Aufbauphase verlassen haben und sich eher in der Sättigungsphase befinden. Der Konsument kann sich auf die Qualität verlassen, die Produkte sind ausgereift. Markenunterschiede werden gleichgültiger und die Marken austauschbarer. Darüber hinaus haben jene Unternehmen Vorteile, die bereits eine hohe passive Markenbekanntheit aufweisen und die entweder Sachkompetenz oder emotionale Kompetenz vermitteln konnten. Diese Unternehmen können dann durch die Aktualität zusätzlich die aktive Markenbekanntheit erhöhen und im Relevant Set des Konsumenten damit einen präferierten Platz einnehmen.
- *Mediensituation:* Positionierungen durch Aktualität sind auch ein Ergebnis einer spezifischen Mediensituation (Informationsüberlastung und Informationskonkurrenz). Sowohl die nachlassende Werbewirkung in klassischen Medien als auch die sich dadurch erhöhenden Werbebudgets zwingen dazu, kürzere und prägnantere Werbebotschaften zu kommunizieren. Darüber hinaus zeichnet sich eine langfristige Aufgabenteilung im Kommunikations-Mix ab. Klassische Broadcast-Medien, wie gerade Fernsehen, übernehmen Aufgaben der Aktualität und andere Medien, wie die der Dialogkommunikation, übernehmen die Aufgaben der Vermittlung von Informationen und Emotionen. Dies zeichnet sich vor allem bei erklärungsbedürftigen Produkten und im Investitionsgüterbereich ab.
- *Involvement:* Für Produkte und Dienstleistungen, die bei geringem Involvement gekauft werden, genügt häufig die Aktualität als Anstoß für die Kaufentscheidung. Denn die Kaufentscheidung setzt in diesem Falle wenig bzw. kein Wissen über die Produkteigenschaften voraus, sondern nur einen geringen emotionalen Erlebniswert. Einstellungen werden bekanntlich erst nach dem Kauf gebildet. Die Aktualität wird dann zum eigentlichen Positionierungsziel. Die Aufgabe der Werbung ist es dann, durch bloße Wiederholungen die Marke ins Bewusstsein der Verbraucher zu bringen und Vertrautheit und damit Sympathie zu erzeugen.[217]

Ziel dieser Strategie ist nicht die passive, sondern die aktive Markenbekanntheit zu erhöhen. Messbar daran, wenn man die Zielgruppe beispielsweise fragt; „Welche Marke fällt Ihnen ein, wenn Sie an Bier denken?" Dabei spielt die Reihenfolge der Nennungen sowie die Reaktionszeit zwischen den einzelnen Markennennungen eine entscheidende Rolle. Jede Stufe ist beim Konsumenten durch einen Markennamen besetzt. Je höher der Anteile der Befragten ist, die die Marke an Platz eins nennen und je schneller die Marke einfällt, desto eher liegt eine entsprechende aktive Bekanntheit vor.

Aktualitätswerbung wird in der Regel mehr oder weniger immer ein wenig Information und emotionale Komponenten enthalten, die die Markenwahrnehmung und die Markenpräferenz darüber hinaus beeinflussen.

Aktualitätswerbung setzt bestimmte Anforderungen an die werbliche Umsetzung, damit die Marke eine stärkere gedankliche Präsenz erfährt und bevorzugt als Alternative wahrgenommen wird:

---

[217] Vgl. Assael, H. (1984), S. 80 ff.; Baker, W., Hutschinson, J.W., Moore, D., Nedungadi, P. (1986), S. 637 ff.

- *Auffälligkeitspostulat:* Auffälligkeit wird durch starke emotionale und kognitive Aktivierung erreicht. Weiterhin ist eine hohe mediale Präsenz nötig. Wichtige Medien sind Außenwerbung und Sportwerbung ergänzend zu den klassischen Broadcast-Medien.
- *Marke im Mittelpunkt:* Markenname und Markenzeichen müssen deutlich erkennbar sein. Keine Szenen oder Bilder dürfen von der Marke ablenken. Deswegen sollte die Marke selbst Hauptdarsteller sein.
- *Postulat der Prägnanz:* Verwendung von konstanten Sujets, die die Wiedererkennbarkeit medienübergreifend erhöhen. Zudem die Verwendung von Bildern und akustischen Signalen, die mit der Marke verknüpft werden und als Präsenzsignale (z.B. Milka-Lila-Kuh) dienen. Präsenzsignale sind ein emotionalisierter Ersatz der nüchternen Markensujets, erhöhen die Sympathie und emotionalisieren ein sachliches Produktangebot. Darüber hinaus können auch abstrakte Produkte dadurch personalisiert und weiter differenziert werden.[218]

[218] Vgl. Kroeber-Riel, W. (1993), S. 82 ff.

# Abbildungsverzeichnis

# Kapitel 3

## Operatives Kommunikationsmanagement

# 1. Integrationserfordernisse

## 1.1 Betriebliche Gesamtplanung

Die kommunikationspolitischen Ziele leiten sich aus der unternehmerischen Absatzplanung ab (z.B. Absatz- und Umsatzziele zur Deckung der Unternehmensfixkosten) und sind mit der Planung der übrigen operativen Teilpläne des Unternehmens abzustimmen (z.B. Finanzplanung für die Werbebudgets).

Unternehmen verfolgen meist unterschiedliche Ziele, die sich anhand von Zielhierarchien strukturieren lassen. Dabei muss zwischen den strategischen und den operativen Unternehmenszielen unterschieden werden.

Typische Inhalte von obersten Unternehmenszielen sind:

- Streben nach Gewinn bzw. Gewinnmaximierung.
- Streben nach Größe bzw. Unternehmens- und Umsatzwachstum.
- Streben nach Erreichung oder Erhaltung eines technischen Leistungsprofils zur Sicherstellung eines komparativen Wettbewerbsvorteils (bezogen auf Prozesse oder Produkte).
- Streben nach Stabilität innerhalb der Organisation (konfliktfreies und effizientes Zusammenarbeiten) und gegenüber der Außenwelt, den Bezugsgruppen bzw. den „Stockholdern".
- Streben nach Schutz der Umwelt.[219]

Aus den obersten Unternehmenszielen leiten sich die Ziele für die betrieblichen Funktionsbereiche ab.

Im Allgemeinen ist der Minimumfaktor in Käufermärkten der Absatzbereich. Aus diesem Grund dominieren auch die Absatzziele die Zielsetzungen der übrigen Funktionsbereiche (z.B. Produktions-, Beschaffungs- sowie Finanzplanung). Absatzziele sind mit dem höchsten Realisierungsrisiko behaftet, weil Markttatbestände häufig nur geschätzt und Marktveränderungen meist nur unzureichend prognostiziert werden können. Eine planungsgerechte Realisierung der Absatz- und Umsatzziele bestimmt den Gesamterfolg maßgebend.

Innerhalb der einzelnen Marketinginstrumente sind entsprechende Konkretisierungen der Unternehmensziele vorzunehmen. Die kommunikationspolitischen Ziele sind dabei abgeleitete Zielsetzungen. Die Kommunikationspolitik hilft zu verkaufen, während die Instrumente der Produkt- und Sortimentspolitik sowie die Preis- und Kontrahierungspolitik das Preis-/Leistungsverhältnis zu bestimmen helfen und damit entsprechend den Nettonutzen definieren, der die Grundlage für die Kaufentscheidung des Konsumenten bildet. Analog zu jedem Planungsprozess beginnt auch die Planung zur Umsetzung der strategischen kommunikativen Ziele mit der Festlegung des sachlichen, zeitlichen und intensitätsmäßigen Einsatzes der operativen Instrumente und der hierfür notwendigen Kommunikationsmedien.

[219] Vgl. Kubicek, H. (1981), S. 458 ff.

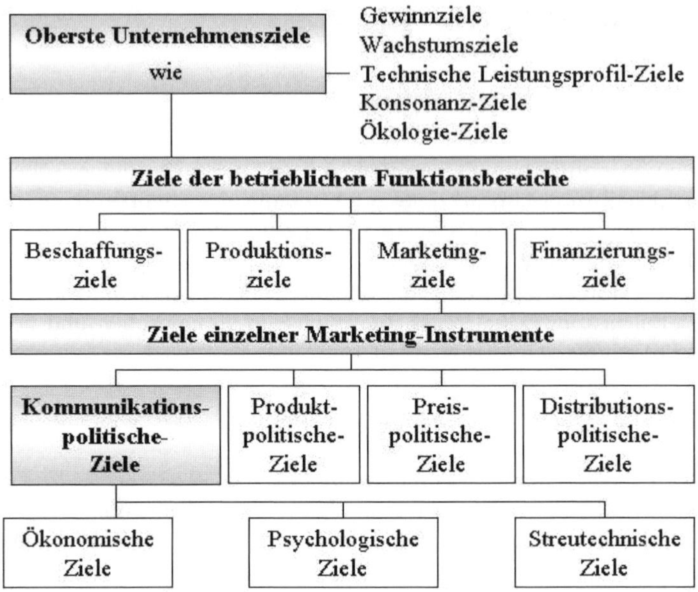


*Abb. 3.1: Zielhierarchien in privatwirtschaftlichen Unternehmen (Quelle: Berndt, R. (1992), S. 9)*

## 1.2 Bezugsobjekte der Kommunikationsplanung

Da in Unternehmen stets begrenzte Ressourcen vorhanden sind, gilt es bei dem Versuch, die gesteckten Ziele zu erreichen, eine Priorisierung der Aktivitäten vorzunehmen.

Im Wesentlichen geht es hierbei um die Frage, für welches Objekt ein kommunikativer Auftritt erarbeitet werden soll. Dabei lassen sich im Zuge der unternehmerischen Entscheidungen zur Markenpolitik als Werbeobjekte entweder das gesamte Unternehmen bzw. einzelne selbstständige strategische Geschäftsfelder oder jeweils einzelne Produkte auswählen. Daneben sind Entscheidungen über Einzel- oder kooperative Formen der Unternehmenswerbung zu treffen.[220] (Vgl. hierzu die Ausführungen in Kapitel 1).

Bei der Produktwerbung steht die Förderung des Absatzes einzelner Produkte oder Produktgruppen im Mittelpunkt. Dabei lässt sich zwischen Werbung für materielle Wirtschaftsgüter (z.B. Sachleistungswerbung im Consumer- und Business-to-Business-Bereich) oder Werbung für immaterielle Wirtschaftsgüter (z.B. Dienstleistungswerbung) unterscheiden. Produktwerbung ist meist auf der Ebene der Geschäftsfelder (Business-Strategie) angesiedelt. Dagegen ist die Unternehmenswerbung im Entscheidungsbereich der Konzernspitze, der Holding (Corporate-Strategie) angesiedelt.

Gegenstand der Unternehmenswerbung ist die Vermittlung von Informationen und Positionierungsprofilen des gesamten Unternehmens. Stellt das Unternehmen entweder

[220] Vgl. Altobelli, C.,F. (1993), S. 255 ff.

die Dachmarke dar oder tritt es selbst als Kommunikator für die Vermittlung von Leistungsvorteilen auf, so fallen Unternehmens- und Produktwerbung zusammen. Sind Unternehmenswerbung und Produktwerbung für einzelne singuläre Marken des Unternehmens unterschiedlich, so besteht ein Integrationsbedarf sowohl zwischen der Kommunikationspolitik für einzelne Marken und der Kommunikationspolitik für das Unternehmen als auch zwischen den einzelnen Marken selbst, um das Entstehen eines widersprüchlichen Unternehmensimages zu verhindern.

Meist besteht die Arbeitsteilung darin, dass die Produktwerbung sich auf die Vermittlung von produktspezifischen Leistungsvorteilen konzentriert und den vorhandenen komparativen Wettbewerbsvorteil vermitteln hilft. Die Unternehmenswerbung hat dann nur noch eine Klammerfunktion für die unterschiedlichen Produktmarken, um ein gemeinsames Vertrauenspotenzial zu unterstreichen. Häufig beginnt sie sich zu verselbstständigen und für das Unternehmen in der Gesamtheit ein einheitliches Profil herauszuarbeiten. Begründet wird dies damit, dass die Kommunikationspolitik für das Gesamtunternehmen die strategischen Entscheidungen vorbereiten oder im Nachhinein legitimieren soll.

Der Einsatz der Unternehmenswerbung ist von Branche zu Branche unterschiedlich. Spitzenreiter sind die Dienstleistungsbranchen (z.B. Finanzdienstleister, Verkehrs- und Energieversorgungswirtschaft). Bei zunehmender Kommodisierung des Kernnutzens vieler Produkte in den Augen der Verbraucher bleibt als einziges Wahlkriterium das Image der Herstellerfirma.[221] Auch bei ständig wechselnden oder zu vielfältigen Leistungsprogrammen scheint die Unternehmenswerbung erfolgreicher zu sein. Darüber hinaus ist Unternehmenswerbung ein Instrument der Öffentlichkeitsarbeit. Die Öffentlichkeit hat oft eine allgemeine Informationsfunktion über Unternehmen (soziale, ökologische, wirtschaftliche, personalpolitische Themen sowie über Forschungstätigkeiten und Auslandsaktivitäten), die jenseits von produktspezifischen Informationen angesiedelt sind. Meist werden die Kompetenzen des Unternehmens wie bei der Produktwerbung auch in einer spezifischen Kernaussage zusammengefasst.

Themen der allgemeinen Leistungsfähigkeit sowie der wirtschaftliche Status werden vor Aspekte der Unternehmensphilosophie, -ziele oder des gesellschaftlichen Status gestellt. Die Kampagnenziele sind mehrheitlich auf Bekanntheitsgraderhöhung und Verbesserung bestimmter Imagequalitäten, meist Vertrauenserhöhung bei einem aktuellen Vertrauensdefizit in der Bevölkerung, abgestellt.

Kampagnen zur Unternehmenswerbung nutzen meist größere Anzeigen (doppelseitig) und werden als Dialogkommunikationsmedium gestaltet, damit die Zielgruppen weiteres Informationsmaterial (z.B. Broschüren, Firmenberichte, Videos) anfordern können. Auch die meisten Internet-Präsenzen sind als Unternehmenswerbung konzipiert und weniger als Produktwerbung.

## 1.3 Phasen einer integrierten Kommunikationsplanung

Analog allgemeiner Managementprozesse besteht auch die operative Planung der Marktkommunikation aus einem systematischen Entscheidungsprozess. Dabei stehen die Planung, Kontrolle, Organisation und Führung aller kommunikationspolitischen Aktivi-

[221] Vgl. Demuth, A., Garbett, T. F., Richter, G. (1984)

täten im Mittelpunkt, mit deren Hilfe bestimmte strategische, operative oder kommunikative Ziele für die jeweiligen Werbeobjekte erreicht werden sollen. Alle bewusst gestalteten kommunikativen Prozesse sind Mittel zum Zweck einer nachhaltigen Unterstützung der strategischen Unternehmensführung im Innen- und Außenverhältnis[222]. Mittelbar sollen damit im Rahmen einer integrierten Betrachtungsweise die strategischen und operativen Gesamtunternehmensziele erreicht werden.

### 1.3.1 Situationsanalyse

Ausgangspunkt ist die kommunikative Situationsanalyse sowie die Analyse der Unternehmens- und Marketingstrategie. Zu einer umfassenden Analyse der strategischen Ausgangsposition für einzelne Produkte, Marken, strategische Geschäftsfelder und deren strategischen Entwicklungslinien gehören Erkenntnisse über Marktvolumen, Marktpotenzial, Marktanteile oder Stellung im Produktlebenszyklus. Daraus leiten sich die jeweiligen Wettbewerbsstrategien ab. Weiterhin gehört hierzu die Untersuchung des Ist-Image des Unternehmens, der einzelnen Produkte und strategischen Geschäftsfelder bei den einzelnen zu umwerbenden Zielgruppen sowie des kommunikativen Verhaltens der Wettbewerber im relevanten Markt.

Darüber hinaus müssen die Prämissen und Rahmenbedingungen des aktuellen kommunikativen Handels regelmäßig auditiert werden:

- Verfahrens-Audit,
- Strategie-Audit,
- Kommunikationsmix-Audit,
- Organisations-Audit.

### 1.3.2 Strategische Kommunikationsplanung

In diesem Teilschritt werden Positionierungsziele bei den Hauptzielgruppen festgelegt:

- Externe Zielgruppen bzw. Marktzielgruppen (aktuelle und potenzielle Kunden und Interessenten auf Absatzmärkten)
- Interne Zielgruppen bzw. Systemmitglieder innerhalb der Wertschöpfungskette (z.B. Mitarbeiter, Handelspartner, Lieferanten u.a.)
- Zielgruppen der globalen Umwelt bzw. Stockholder (z.B. Politiker, Medien, Gewerkschaften, Bürgerinitiativen, staatliche Instanzen u.a.)[223]

Nur durch klar und präzise formulierte Ziele, die sowohl widerspruchsfrei als auch zielgruppenorientiert (Arbeitnehmer haben andere Erwartungshaltungen als die Kunden) sein sollten, kann sichergestellt werden, dass sich die Maßnahmen der verschiedenen Kommunikationsinstrumente in die gewünschte Richtung bewegen.

[222] Vgl. Steinmann, H., Zerfaß, A. (1995), S. 18.
[223] Vgl. Hermanns, A., Püttmann, M. (1993), S. 27

Abgeschlossen wird dieser Schritt mit der Ableitung der Kernbotschaften sowie den Hauptkommunikationsinstrumenten (z.B. Leitmedien, „Above the Line"-Kommunikationsinstrumente) und der Folgeinstrumente (Ergänzungsmedien, „Below the Line"-Kommunikationsinstrumente).

Leitinstrumente lassen sich dadurch charakterisieren, dass ihnen eine größere strategische Bedeutung zur Erreichung der Positionierungsziele zukommt.

## 1.3.3 Operative Kommunikationsplanung

Nach Festlegung der kommunikativen Richtlinien für die Unternehmenskommunikation lassen sich die operativen Aufgaben der einzelnen Funktionsabteilungen ableiten. Auf der operativen Planungsebene müssen die Einzelinstrumente ihre spezifischen kommunikativen Aufgaben erfüllen. Diese Richtlinien bilden das verbindende Element zwischen der operativen Umsetzung und der Unternehmensstrategie.

Hierzu werden Handlungsalternativen erarbeitet, Wirkungen abgeschätzt sowie die erforderlichen Budgets festgelegt und die Möglichkeiten der Kontrolle der Kommunikationspolitik präzisiert. Die Hauptaufgaben sind bei diesem Schritt die Gestaltung und Produktion der Werbemittel für die einzelnen Kommunikationsinstrumente sowie die Festlegung des Aktivitätsniveaus bei der Mediabelegung.

## 1.3.4 Kommunikative Integration

Integrierte Unternehmenskommunikation dient dazu, die differenzierten kommunikativen Quellen der internen und externen Unternehmenskommunikation als Einheit darzustellen, um bei allen Zielgruppen ein konsistentes Erscheinungsbild herzustellen.[224]

### 1.3.4.1 Ziele der kommunikativen Integration

Die Ziele, die durch die Integration der Instrumente erreicht werden sollen, beziehen sich auf die Vermittlung eines klaren, widerspruchsfreien und einheitlichen Unternehmens- bzw. Markenbildes bei internen und externen Zielgruppen. Durch Nutzung kommunikativer Synergien kann die Effizienz des Kommunikationsetats erhöht und die Qualität eines jeden Kundenkontakts verbessert werden. Die Wiedererkennung wird gesteigert, der Lernerfolg erhöht und die Irritation eines unterschiedlichen kommunikativen Auftritts vermindert.

Durch aktive Einbindung auch der internen Zielgruppen in eine unternehmerische Kommunikationsstrategie kann ein Identifikationspotenzial geschaffen werden. Interne Zielgruppen sind nicht nur Produktionsfaktoren, die motiviert werden sollten, sondern sie sind sowohl Kunden als auch Multiplikatoren zu den externen Zielgruppen und damit zwangläufig auch Zielgruppe der Marktkommunikation.

Letztlich werden durch Kontinuität und Konstanz des kommunikativen Auftritts sowie der Widerspruchsfreiheit bei Öffentlichkeitsarbeit und der leistungsbezogenen Dar-

[224] Vgl. Bruhn, M. (1995), S. 12

stellung der Angebote insgesamt die Kompetenz und Glaubwürdigkeit des Unternehmens erhöht.

### 1.3.4.2 Dimensionen der kommunikativen Integration

Kommunikationspolitische Maßnahmen müssen sachlich, formal, inhaltlich und zeitlich aufeinander abgestimmt werden:

- *Sachliche Integration:*
  - Abstimmung der internen und externen Kommunikation. Integration der leistungsbezogenen Marktkommunikation und des generellen kommunikativen bzw. kulturellen Verhaltens innerhalb der Organisation (Unternehmensidentität).
  - Abstimmung der Marktkommunikation unterschiedlicher Werbeobjekte, Marken und strategischer Geschäftsfelder im Zuge der Markenführung.
  - Abstimmung des Einsatzes der einzelnen kommunikativen Instrumente inhaltlich, formal und zeitlich.
- *Formale Integration:* Gestalterische Abstimmung des äußeren Erscheinungsbildes und Vereinheitlichung des Auftritts durch verbindende Gestaltungsprinzipien wie Markenzeichen, Logos, Schrifttypen, Schriftgrößen, Hausfarben, etc. (Corporate Design). Hinzu kommt eine medienspezifische formale Abstimmung des äußeren Erscheinungsbildes.
- *Inhaltliche Integration:* Thematische Abstimmung der kommunikativen Werbebotschaften auf die einzelnen zu bearbeitenden Marktsegmente im Zuge der aktuellen und zukünftigen Marktbearbeitungsstrategien. Die je nach Medium unterschiedlich kommunizierenden Werbebotschaften sollten im Kern in die gleiche Richtung zielen und die gleichen Eindrücke vermitteln. Dabei ist auf Widerspruchsfreiheit und eine gegenseitige Verstärkung zu achten; z.B. durch Verwendung durchgängiger Kernbotschaften (Slogans) und Schlüsselbilder (Key Visuals).[225]
- *Zeitliche Integration:*
  Zum einen werden die verschiedenen Instrumente, die zum Einsatz gelangen sollen, zeitlich abgestimmt (z.B. mehrstufige Kommunikationskonzepte der Dialogkommunikation, Verhältnis zwischen Leitmedien und taktischen Medien, „Below-" und „Above the Line"-Aktivitäten, etc.). Hiermit lassen sich Wirkungssynergien erzielen. Zum anderen geht es um eine Kontinuität des kommunikativen Auftritts. Ständige Veränderungen der Kampagnen gefährden den Markenkern und verhindern das Etablieren eines klaren Unternehmens- und Markenbildes. Letztlich muss der Instrumenteneinsatz im Zuge der Strategie einer dynamischen Markterschließung Möglichkeiten offen lassen, neue oder bislang vernachlässigte Zielgruppen zu erschließen.

[225] Vgl. Kroeber-Riel, W. (1993a)

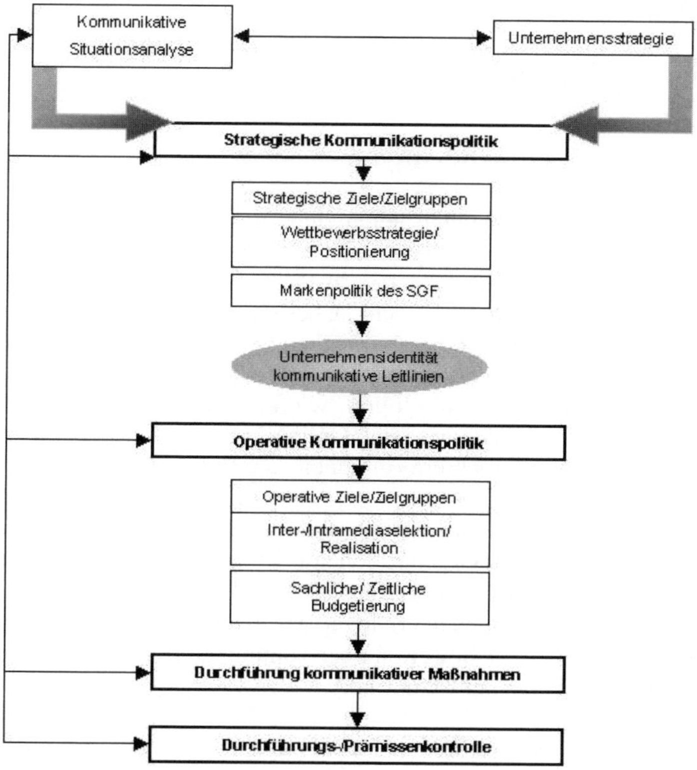


*Abb. 3.2: Phasenmodell der Planung der integrierten Kommunikation (Quelle: Unger, F., Fuchs, W. (1999), S. 18).*

# 2. Planungsschritte

## 2.1 Werbezielplanung

### 2.1.1 Aufgaben und Anforderungen

Aus der betrieblichen Gesamtplanung leiten sich auch für die Kommunikationspolitik Zielsetzungen ab. Kommunikative Ziele resultieren aus den Marketingzielen und diese wiederum aus den operativen Zielvorgaben in Bezug auf Umsatz- und Absatzentwicklung sowie den strategischen Zielvorgaben. Dabei ist der Kommunikationsbereich eines Unternehmens ein Unterfunktionsbereich des Funktionsbereichs Absatz und Marketing. Innerhalb dieses Funktionsbereichs lassen sich Ziele wiederum für die einzelnen operativen Instrumente der Kommunikationspolitik, wie klassische Werbung, Öffentlichkeitsarbeit, Verkaufsförderung, Direktmarketing, Online-Marketing etc. ableiten (vgl. Kapitel 1). Alle Sachziele haben dabei mehrere Aufgaben zu erfüllen:

- *Koordinations- und Kommunikationsfunktion:* Systematische Ausrichtung aller Handlungen innerhalb einer Organisation auf den gewünschten Sollzustand.
- *Entscheidungsfindung:* Verbindlichkeit eines objektiven und nachvollziehbaren Maßstabs bei der Auswahl von alternativen Maßnahmen.
- *Evaluation der Ergebnisse:* Bewertung der kommunikativen Maßnahmen durch den Vergleich zwischen Soll- und Istzustand.[226]

Damit die Ziele ihre Aufgaben erfüllen können, müssen bestimmte Voraussetzungen bei der Zielformulierung beachtet werden:

- *Postulat der Eindeutigkeit:* Für alle Mitarbeiter, die an dem Erstellungsprozess eines kommunikativen Kontaktes zur Zielgruppe (interne Mitarbeiter, Agenturen und Verarbeitungsunternehmen) beteiligt sind, müssen die Normwerte eindeutig interpretierbar sein. Damit Missverständnisse möglichst vermieden werden, sollten die Zielvorgaben folgendes beinhalten:
  - Zielinhalt (z.B. Was soll bei welcher Zielgruppe erreicht werden?)
  - Zielausmaß (z.B. Welcher Zielerreichungsgrad wird angestrebt?)
  - Postulat der operationalen Formulierung:
    - ➢ Messbarkeit: Die Werbeerfolgsmessung kann mithilfe der Instrumente der Marktforschung und dem darauf aufbauenden Soll-Ist-Vergleich erfolgen.
    - ➢ Realisierbarkeit: Zielausmaß sollte auf Grundlage realistischer Planungen aufbauen, z.B. Zeitreihenwerte, Benchmarkingwerte, Marktvolumensschätzungen.
    - ➢ Aktualität: Berücksichtigung in der Zielplanung von ständig neuen Informationen über aktuelle Entwicklungen und veränderte Prämissen, ohne den normativen Charakter eines Ziels zu gefährden (Prinzip der rollierenden Planung).

[226] Vgl. Aaker, D.A., Batra, R. Meyers, J. (1992), S. 79 ff.

- ➢ Durchsetzbarkeit: Ziele können nicht unabhängig von ihren Wegen zur Zielerreichung bestimmt werden. Sie müssen hinsichtlich Zeit- und Ausmaß mit den gegebenen Ressourcen durchsetzbar sein.
- ➢ Transparenz: Die Werbeerfolgskontrolle muss objektiv nachvollziehbar sein.[227]

- *Postulat der Kompatibilität (Abgestimmtheit):* Ziele müssen innerhalb des Unternehmens auf Kompatibilität mit anderen Zielen sowie den vorhandenen Ressourcen (z.B. Budgets und Human Ressources) abgestimmt sein. Dabei müssen Zielkonflikte gelöst werden, die in folgenden Bereichen auftreten können:
  - ➢ Zwischen einzelnen Produktbereichen und Marken (Verhältnis der Produktmarken untereinander oder Verhältnis der Produktmarken zu Dachmarken)
  - ➢ Zwischen einzelnen Funktionsbereichen des Kommunikationsbereichs (Funktionsbereich Verkaufsförderung und klassische Werbung mit ihren unterschiedlichen Zielsetzungen)
  - ➢ Zwischen einzelnen Marketinginstrumenten (z.B. Verkaufsförderung für Produkte mit einem Wettbewerbsnachteil im Preis-/Leistungsverhältnis).
  - ➢ Zwischen dem Funktionsbereich Marketing und anderen unternehmerischen Funktionsbereichen (Zielkonflikte treten dabei besonders bei den Bereichen elektronische Datenverarbeitung und den Produktbereichen auf).

Im Grunde geht es darum, die Folgen zu analysieren, die durch eine kommunikative Maßnahme ausgelöst werden. Beispielsweise können nach einem Werbeanstoß mithilfe eines Werbebriefs die Funktionsbereiche Kundenbetreuung mit einem Spitzenbedarf rechnen, der bis vier Tage nach Kontakt mit der Zielgruppe eintritt. Diese Response muss zeitlich in der Personalplanung berücksichtig werden, damit keine Engpässe in der Kundenbetreuung auftreten.

## 2.1.2 Arten von Werbezielen

In der Literatur wird zwischen ökonomischen und nicht ökonomischen Werbezielen unterschieden.

### 2.1.2.1 Ökonomische Werbeziele

Ökonomische Werbeziele können sich auf die Verbesserung der Umsatzsituation und Reduzierung der Kostensituation beziehen.

- Absatzsteigerungsziele:
  - Absatzmengenziele
  - Umsatzziele
  - Erhöhung oder Stabilisierung des Preisniveaus
  - Marktanteilsziele

[227] Vgl. Rogge, H.-J.(1990), S. 46.

- Wiederkaufratenziele
  - Erstkaufratenziele
  - Penetrationsziele (Käuferreichweite)
  - Kaufintensitätsziele
- Kostensenkungsziele :
  - Nutzung von Mengendegressionseffekten
  - Nutzung von Erfahrungskurveneffekten
  - Ausgleich von saisonalen Schwankungen

Die Erreichung eines von beiden Zielen führt zwangsläufig zu einer Verbesserung des Gewinns. Daraus resultieren folgende Ertragsziele:

- Werbeertrag
- Werbegewinn
- Werberentabilität

Als Effizienzmaßstab für kommunikative Maßnahmen sind ökonomische Ziele eher ungeeignet, da das Erreichen von ökonomischen Zielen von Faktoren mitbestimmt wird, die sich außerhalb der kommunikativen Entscheidungsbereiche befinden. Der Erfolg hängt unter anderem von den übrigen Marketinginstrumenten ab (z.B. Preispolitik, Distributionspolitik, Produkt- und Sortimentspolitik) und wird nur zum Teil durch das kommunikationspolitische Instrumentarium bestimmt. Beispielsweise ist die Preiselastizität der Nachfrage bei typischen Konsumgütern 10 bis 20 mal so hoch wie die Werbeelastizität.[228] Dies bedeutet, dass mit einer 1 %-igen Preissenkung die 10-fache Wirkung wie mit einer 1 %-igen Erhöhung des Werbeetats möglich ist.

Kommunikative Maßnahmen unterliegen zudem einer Vielzahl exogener Einflüsse, wie Wetter, Konjunktur und Saisons, die schwerlich zu kontrollieren sind. In der Direktwerbung sind Responseraten aufgrund eines Werbekontakts mit schriftlichen Werbemitteln bei schönem Wetter bis zu 30 Prozent geringer als bei schlechtem Wetter. Zudem können die Aktivitäten des Wettbewerbs eigene Maßnahmen beeinflussen (z.B. aggressiver Preiswettbewerb).

Weiterhin ist der Einsatz kommunikativer Instrumente stets mit Zeitverschiebungen („Time Lag-Effekt)" verbunden. Dies bedeutet, dass die Gesamtwirkung kommunikativer Maßnahmen (sofern überhaupt exakt mess- und zuordnungsbar) ihre Wirkung über einen längeren Zeitraum entfaltet.

Kommunikative Maßnahmen, die direkt dem Abverkauf dienen, zeigen meist typische zeitliche Verlaufsmuster. Ein Verkaufskatalog zeigt, je nach Seitenumfang, eine Verkaufswirkung bis zu sechs Monaten nach Zustellung, wohingegen sich Wirkungen auf Präferenzen und Einstellungen schwer messen lassen und längerfristige Folgewirkungen haben.

Die Folge ist, dass eine eindeutige Abgrenzung der Erfolge und Misserfolge der Kommunikationspolitik zu den einzelnen kommunikativen Aktivitäten kaum möglich ist. Erfolg ist bekanntlich stets im Verhältnis zum Anspruchsniveau zu sehen und dies wiederum hat mit dem Grad zu tun, inwiefern bestimmte Ziele realistisch, utopisch oder zu weich formuliert werden. Dennoch werden als erstes die Verantwortlichen der Kom-

[228] Martin, M. (2000b), S. 60 f.

munikationsbereiche bei Misserfolgen in Unternehmen „haftbar“ gemacht. Nur Ziele, die durch die Marktkommunikation erreichbar sind, können als Maßstab für die Qualität der Arbeit einer Kommunikationsabteilung im Grunde herangezogen werden und dies sind am ehesten die kommunikativen Ziele.

#### 2.1.2.2 Kommunikative Werbeziele

Kommunikative Werbeziele stellen darauf ab, bestimmte Mindestkontaktzahlen im gesamten Markt zu realisieren, damit eine bestimmte Werbewirkung überhaupt einzutreten vermag. Der Zielerreichungsgrad lässt sich relativ leicht nachvollziehen.

Zu den Zielen zählen insbesondere:

- Reichweitenziele einer Werbekampagne
- Kontaktmengenziele pro Zielgruppenangehörige
- Share of Voice-Ziele
- Share of Mind-Ziele

#### 2.1.2.3 Psychologische Werbeziele

Die Marktkommunikation hat die Aufgabe, auf den Konsumenten im Vorfeld einer Kaufentscheidung (z.B. Impulskaufverhalten) den Konsumenten für den Markenkauf zu gewinnen (persuasive Funktion).

Bis ein ökonomisch messbares Ergebnis eintritt, durchläuft der werbliche Reiz eine Vielzahl psychologischer Prozesse, die zum Teil durch die Kommunikationsarbeit des Unternehmens beeinflusst werden können.

Kommunikative Botschaften müssen wahrgenommen, verarbeitet und gespeichert werden.

Zur Planung und Analyse der Kommunikationsgestaltung und -wirkung wurden in der Vergangenheit unterschiedliche Stufenmodelle entwickelt. Das Bekannteste ist die so genannte AIDA-Formel (A = Attention, I = Interest, D = Desire, A = Action). Die verschiedenen Wirkungsstufen müssen vom Konsumenten nacheinander durchlaufen werden, bis eine endgültige Verhaltenswirkung eintritt. An diesem Modell ist erhebliche Kritik geäußert worden, weil der Wirkungsverlauf deterministisch vorgegeben sein soll. In der Realität wird der Konsument je nach Involvementgrad unterschiedliche Stufen unterschiedlich intensiv durchlaufen. Auf jeder Stufe kann ein Scheitern der kommunikativen Wirkung begründet sein.

Zur Ableitung kommunikativer Ziele wird der Gesamtprozess des Kaufverhaltens in einzelne Teilkomponenten aufgespalten. Hierzu soll Rückgriff auf das S-O-R-Modell (vgl. hierzu ausführlich Kapitel 2) genommen und besondere Beachtung den psychologischen Konstrukten geschenkt werden. Diesem Modell wird kein deterministischer Wirkungsverlauf unterstellt, lediglich die Tatsache, dass unterschiedliche Konstrukte in unterschiedlichen Situation bei unterschiedlichen Zielgruppen unterschiedliche Wirkung entfachen. Die einzelnen Konstrukte gelten als Vorsteuerungsgrößen des Kaufverhaltens, deswegen können sie auch als kommunikative Zielgrößen genutzt werden.

Bei der Entwicklung von Werbebotschaften soll allen Konstrukten Rechnung getragen werden und in der Zielformulierung für das Agenturbriefing bzw. für die Gestaltung der Werbebotschaft Eingang finden. Als eines der wichtigsten kommunikativen Ziele dient das Einstellungskonstrukt (vgl. hierzu ebenso Kapitel 2), das für die kommunikative Positionierung der Produkte genutzt werden kann.

Im Kern lassen sich acht unterschiedliche Bereiche identifizieren, die als kommunikative Ziele herangezogen werden können:[229]

- *Wahrnehmungsziele von Botschaften:* Voraussetzung für Informationsaufnahme ist deren Wahrnehmung.
- *Aktivierungsziele:* Voraussetzung für die Informationsverarbeitung und Durchsetzung gegenüber medialen Überangebot.
- *Verarbeitungsziele:* Bewertung und Speicherung von Botschaften und deren Messung in Form der Werbeerinnerung.
- *Aktualisierung von Emotionen, Motiven und Wertmustern:* Grad der Überstimmung zwischen den geweckten und angesprochenen psychologischen Mustern mit den psychologischen Mustern der Zielgruppe.
- *Bildung von Einstellungen aufgrund der Botschaft:* Bildung und Veränderung von Einstellungen und Images als Vorsteuerungsgröße für das Kaufverhalten.
- *Lernwirkung:* Verankerung der Botschaftsinhalte im Kurz- und Langzeitgedächtnis. Als operative Ziele kommen die Markenbekanntheit und die Informationen über die Marke in Frage.
- *Kaufabsichten:* Entwicklung von Kaufmotivation und Produktpräferenzen und deren explizite Messung.
- *Zufriedenheit:* Bewertung der Kaufhandlung nach dem Kaufakt, Erfahrungsbildung durch Produktverwendung und Änderung bzw. Stabilisierung der Einstellungen.

## 2.2 Zielgruppenanalysen

Leitlinie aller kommunikationspolitischen Entscheidungen bilden die Ergebnisse umfangreicher Analysen hinsichtlich der ausgewählten und anzusprechenden Zielgruppen.

Die Bestimmung der Marktsegmente und die Auswahl der Zielgruppen ist Gegenstand der strategischen Kommunikationspolitik bzw. der strategischen Unternehmensführung. Deswegen wurde dieser Punkt im Kapitel 2 bereits behandelt. Im Bereich der operativen Kommunikationsplanung geht es bei Zielgruppenanalysen im Grunde um zwei Fragestellungen:

- Welche Medien sind geeignet, diese Zielgruppen möglichst erschöpfend und kostengünstig zu erreichen?
  Dieses Anliegen korrespondiert mit der Frage nach der Minimierung des Streuverlustes bei der Schaltung von Werbemitteln in Kommunikationsmedien. Viele Segmentierungskonzepte führen zwar zu kaufverhaltensrelevanten Zielgruppen, die An-

[229] Vgl. Irle (1975), S. 30 ff.

sprache der so abgegrenzten Zielgruppen ist jedoch zu aufwendig, weil keine entsprechenden Medien zur streuverlustminimalen Ansprache zur Verfügung stehen. Dabei erhält der Begriff der „Affinität" zwischen Produkt- und Medienzielgruppen eine zentrale Rolle.

- Welche Besonderheiten und Charaktermerkmale zeichnen die anzusprechende Zielgruppe aus?
  Je besser das Zielgruppenverständnis, desto erfolgreicher werden die kommunikativen Botschaften (Kernbotschaft, Inhalte und Gestaltung) ihr Ziel erreichen. Die Gestalter der kommunikativen Botschaften können sich dabei einem Fundus soziologischer und psychologischer Merkmale bedienen, durch die ein hohes Maß an Wiedererkennbarkeit der Botschaften durch die anzusprechende Zielgruppe garantiert ist. Es gilt auch hier, dass die wahrgenommene Ähnlichkeit, sofern sie nicht als negativ empfunden wird, die selektive Wahrnehmung der kommunikativen Botschaften verbessert und die Sympathie zur Marke erhöht. Die Qualität einer Werbekampagne ist dementsprechend nicht eine Frage des guten Geschmacks oder gar ästhetischer Erwartungen, sondern einzig und alleine eine Frage, inwieweit die Zielgruppe sich in der Anspracheform wiedererkennt und die verwendeten Motive und Subjects deren Psychogramm entsprechen.

### 2.2.1 Affinität der Werbeträger- und Produktzielgruppen

In der empirischen Sozialforschung und in der Statistik allgemein wird der Begriff der Affinität meist zur Bezeichnung der Gleichartigkeit, Ähnlichkeit von statistischen Gesamtheiten verwendet. In der Kommunikationsplanung geht es darum, ein zusätzliches Qualitätsmerkmal zur Beurteilung der Kontaktqualität eines Mediums zu haben. Gleichzeitig dient der Begriff als Maß zur Beurteilung von Fehlstreuungen. Bei Fehlstreuungen handelt es sich um kommunikative Kontakte über den belegten Werbeträger mit Personen, die nicht der definierten Zielgruppe angehören.

Die Affinität stellt den prozentualen Anteil der Reichweite bei Zielpersonen an der gesamten Reichweite eines Werbeträgers dar. Dieser Wert wird auch als Affinitätsindex in Relation zum Anteil der Zielgruppe an der Gesamtbevölkerung ausgewiesen.

$$\text{Affinität} = \frac{\text{Anteil einer bestimmten Zielgruppe in der Nutzerschaft eines Mediums}}{\text{Anteil dieser Zielgruppe an der Gesamtbevölkerung}}$$

Hohe Indexwerte (größer als 100) deuten auf ein Medium hin, das überproportional die anvisierte Zielgruppe erreicht und umgekehrt. Viele Medien (Massenmedien) erreichen sehr viele Personen wie beispielsweise „general interest"-Zeitschriften. Dafür ist der Anteil der spezifisch anzusprechenden Zielgruppe gering. Anders verhält es sich bei Werbeträgern, die sich speziell an die anzusprechende Zielgruppe richten wie beispielsweise „special interest"-Zeitschriften. In diesem Fall ist die Fallzahl der erreichten Personen meist geringer, jedoch der Anteil der Zielpersonen dementsprechend höher. Betrachtet man die absolute Zahl der erreichten Zielpersonen, so kann in beiden Fällen das gleiche Ergebnis denkbar sein. Im ersteren Fall ist der Anteil der irrelevanten Personen höher, dafür aber auch die generelle Zahl der angesprochenen Personen. Im letzteren

Beispiel verhält es sich umgekehrt. Letztlich entscheidet über die Eignung eines Werbeträgers das Preis-/Leistungsverhältnis. Der Werbetreibende muss dementsprechend entscheiden, was ihm Kontakte in der Zielgruppe sowie außerhalb der Zielgruppe wert sind. Kontakte außerhalb der Zielgruppe haben zwar eine geringere Wahrscheinlichkeit eines Kaufaktes als bei Personen innerhalb des Zielgruppenkreises – sie sind aber nicht gleich Null.

Ziel sollte dennoch sein, Werbeträger auszuwählen, die eine hohe Affinität zwischen der Produktzielgruppe und der Zielgruppe des Werbeträgers aufweisen. Dieser Zusammenhang soll anhand folgender Grafik (Abb. 3.3) verdeutlicht werden. Beide Kreise stellen Zielgruppen dar. Die Größe der Kreise definiert das jeweilige Marktvolumen. Der Kreis A stellt die Zielgruppe des Werbeträgers und der Kreis B die Zielgruppe des Werbetreibenden dar.

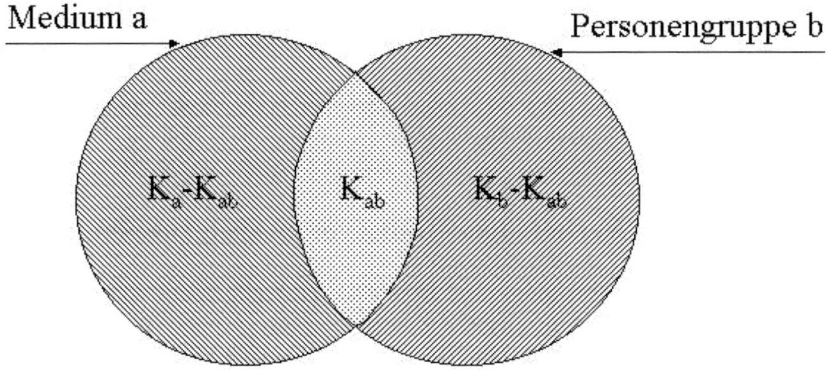


*Abb. 3.3: Zusammenhang zwischen Anzahl der Kontakte, Umfang der Zielgruppe und Zahl der Zielgruppenkontakte*
*(Quelle: Koschnick, W.J. (1995) , S. 37)*

Dabei bedeuten:

$K_a$ = Zahl der Kontakte bei einer Belegung des Werbeträgers A (z.B. Leser einer Zeitschrift)
$K_b$ = Zahl der Zielgruppenmitglieder der Marke B (z.B. Marktvolumen)
$K_{ab}$ = Zahl der Kontakte mit Personen der Zielgruppe der Marke B
$A_{ab}$ = Affinität von Medium A mit der Personengruppe B. Dabei gilt

$$A_{ab} = \frac{K_{ab}}{K_a}$$

Dieser Wert kann zwischen Null und Eins liegen. 1 würde dabei völlige Deckungsgleichheit darstellen, während man mit einer Belegung bei 0 keine einzige Person aus der Zielgruppe der Marke B erreichen würde.

## 2.2.2 Segmentierungskonzepte und ihr Aussagewert für die Werbemittelgestaltung sowie für streuverlustminimale Ansprache

### 2.2.2.1 Kaufverhaltensrelevanz und mediale Erreichbarkeit

Zur Beurteilung der Affinität müssen die Beschreibungsmuster der Produktzielgruppe und der Medienzielgruppe identisch sein. In der Praxis heißt das, beide Zielgruppenanalysen müssen nach dem gleichen Set von Segmentierungsmerkmalen abgegrenzt und beschrieben werden. In aller Regel werden die Produktzielgruppen unabhängig von der Beschreibung der Medienzielgruppen vorgenommen. Letzteres ist Aufgabe der Verlage, Sendeanstalten und anderer Anbieter von medialer Werbepräsenz. Häufig klaffen die Zielgruppenbeschreibungen auseinander und es wird nach Wegen gesucht, die Studien zusammenzuführen.

Bei der Segmentierung des Endverbrauchermarktes wird unterschieden in allgemeine und spezifische Verbrauchermerkmale.[230] Unabhängig vom Produkt werden die Konsumenten nach geografischen, soziodemografischen und psychografischen Merkmalen (allgemeine Einstellungen, Lebensstile und Wertemuster) klassifiziert. Aufgrund der Plausibilität und der Anwendungsbreite der Ergebnisse findet diese Form der Segmentierung häufig auch bei den Typologisierungen der Nutzerschaften von Medien Anwendung. Schließen sich die Produktsegmentierungen nach solchen Typologisierungen der Hörer, Seher und Leser der Medien an, so lassen sich Affinitäten zur Produktzielgruppe des Werbetreibenden herstellen. Die Darstellung von „Demotypen“ oder „Lifestyletypen“ gehört zum Standardverkaufsrepertoire der unterschiedlichen Verlage und damit sind diese Segmente medial entsprechend gut erreichbar. Für die Prognose des Kaufverhaltens eignen sich besser Ansätze, die anhand spezieller Verhaltensmerkmale gegenüber einer bestimmten Produktklasse segmentiert werden können. Hierzu zählen insbesondere die produktspezifischen Einstellungsmodelle, Segmentierungen nach Nutzenerwartungen, sowie die realisierten Kauf- und Verwendungsverhalten, die in die Überlegungen der Positionierungsmodelle im Kapitel 2 eingeflossen sind. Deren großer Nachteil liegt darin, dass eine streuverlustminimale Erreichbarkeit der abgrenzten Segmente kaum realisierbar ist.

Schließlich können die vielfältigen Medienanbieter ihr Angebot nicht nach individuellen produktspezifischen Segmentierungen der unterschiedlichsten Werbepartner ausrichten. Deswegen fließen in den Positionierungsstudien auch allgemeine Verbrauchsmerkmale als passive Kriterien ein. Lassen sich die durch spezifische Verbrauchsmerkmale gebildeten Segmente (aktive Variable) auch durch andere Merkmale zutreffend beschreiben, so finden sich sowohl Ansatzpunkte für eine zielgruppenbezogene Werbemittelgestaltung als auch für eine Werbeträgerplanung. Auf der Seite der Verlage findet zunehmend eine Entwicklung in Richtung „Single Source“-Studien statt. Dabei wird versucht, sowohl das medienspezifische als auch das produktspezifische Verhalten gleichzeitig innerhalb einer Markt- und Medienforschungsstudie zu erfassen, um eine möglichst hohe Deckungsgleichheit zwischen Produkt- und Medienzielgruppe zu erreichen. Dies ist aber nur bei der Segmentierung der Märkte nach bestimmten Produktklassen und nur sehr oberflächlich möglich.

[230] Vgl. Kotler, P., Bliemel, F. (1999), S. 436.

Im Folgenden sollen kurz wichtige Trennvariablen und ihre Anwendungsbreite vorgestellt werden.

### 2.2.2.2 Geodemografische Segmentierung

Geografische Merkmale beziehen sich auf die Region, den Wohnort und die Ortsgröße mit ihrer individuellen Bevölkerungsdichte, Gebietsstruktur und Kaufkraft. Dabei wird zwischen der makrogeografischen und mikrogeografischen Segmentierung unterschieden:

- *Makrogeografische Segmentierung:* Diese Segmentierung kann nach strukturräumlichen (im Wesentlichen Kriterien wie Bundesland, Städte, Landkreise und Gemeinden) und funktionsräumlichen Gesichtspunkten differenziert werden.[231] Darüber hinaus bieten die unterschiedlichen Gliederungsebenen der Postleitzahl weitere geografische Ansatzpunkte. Der bekannteste Ansatz und die von zahlreichen Markt- und Medienforschungsinstituten angewandte Gliederungslogik geht auf das Marktforschungsinstitut A.C. Nielsen zurück, nämlich die Nielsengebiete (1 bis 7) mit den Nielsen-Ballungsräumen 1 bis 13.

| ACNielsen Gebiete | ACNielsen Standard-Regionen | ACNielsen Ballungsräume |
|---|---|---|
| **Gebiet 1:** Hamburg, Bremen, Schleswig-Holstein, Niedersachsen | **Nord:** Schleswig-Holstein, Hamburg<br>**Süd:** Niedersachsen, Bremen | **1** Hamburg<br>**2** Bremen<br>**3** Hannover |
| **Gebiet 2:** Nordrhein-Westfalen | **Ost:** Westfalen<br>**West:** Nordrhein | **4** Ruhrgebiet |
| **Gebiet 3a:** Hessen, Rheinland-Pfalz, Saarland | **Ost:** Hessen<br>**West:** Rheinland-Pfalz, Saarland | **5** Rhein-Main<br>**6** Rhein-Neckar<br>**7** Stuttgart |
| **Gebiet 3b:** Baden-Württemberg | **Nord:** Reg. Bez. Stuttgart, Karlsruhe<br>**Süd:** Reg. Bez. Freiburg, Tübingen | |
| **Gebiet 4:** Bayern | **Nord:** Ober-, Mittel-, Unterfranken, Oberpfalz<br>**Süd:** Ober-, Niederbayern, Schwaben | **8** Nürnberg<br>**9** München |
| **Gebiet 5:** Berlin | | **10** Berlin |
| **Gebiet 6:** Mecklenburg-Vorpommern, Brandenburg, Sachsen-Anhalt | | **11** Halle/Leipzig<br>**12** Chemnitz/Zwickau<br>**13** Dresden |
| **Gebiet 7:** Thüringen, Sachsen | **West:** Thüringen<br>**Ost:** Sachsen | |

*Abb. 3.4: Nielsen-Gebiete*
*(Quelle: Meffert, H. (1998), S. 182)*

[231] Vgl. Martin, M. (1992), S. 21 ff.

- *Mikrogeografische Segmentierung:* Hierunter versteht man die Aufteilung der Konsumenten nach kleinräumigen Einheiten, meist Nachbarschaftsgebieten. Diese Gebiete sind Teilmengen von kleineren Gemeinden oder Stadtteilen und bestehen aus 30 bis 300 Haushalten bzw. Wohnungen. Soziologisch liegt diesem Ansatz die Idee der Nachbarschaftsaffinität zugrunde, die besagt, dass Menschen mit ähnlichem sozialen Status (soziales Niveau) und demografischen Status (z.B. Lebensphase) in ähnlichen regionalen Wohngebieten leben. Diese Erkenntnis, die erstmals empirisch unter Leitung von Prof. Dr. Böhler der Universität Bayreuth in Zusammenarbeit mit der AZ Bertelsmann auch für Deutschland nachgewiesen wurde, belegte den Stellenwert des kleinräumigen Wohnortes für die Prognose des Kaufverhaltens für eine Vielzahl von Produktgruppen.[232] Diese marketingspezifische Erkenntnis wurde historisch durch soziologische Forschungen bereits Anfang des 19. Jahrhunderts belegt und wird in der soziologischen Literatur unter dem Begriff der Segregation nach sozialen und demografischen Gesichtspunkten ausführlich diskutiert. [233] Grundlage der Analyse der sozialgeografischen Struktur innerhalb eines Wohngebiets ist eine Sammlung von geografisch verfügbaren Informationen aus sekundärstatistischen Quellen (z.B. Kraftfahrzeugstatistik des Kraftfahrtbundesamtes bei dem Produkt Regio Select Bertelsmann) und primärstatistischen Quellen, nämlich die geografische Aufbereitung von Kaufverhaltensinformationen. Im Wesentlichen handelt es sich hierbei um Adresslistensammlungen von Versandhandelsunternehmen. Einige Anbieter bewerten Wohngebiete durch Vorort-Begehungen. Im Ergebnis werden bei allen angebotenen Systemen die Wohngebiete segmentiert und nach sozialgeografischen Typen klassifiziert.[234] Die Analyse beruht dann darauf, dass Kundendaten mit den gespeicherten und nach Zielgruppen sortierten geografischen Daten verknüpft werden. Dadurch erhalten die eigenen Kunden ein sozialgeografisches Profil. Die Neukundengewinnung erfolgt dann im Restpotenzial der Kunden mit einem ähnlichen sozialgeografischen Muster. Für die Marktkommunikation liefern nur die Instrumente der Dialogkommunikation ausreichend zielgruppenspezifische Differenzierbarkeit.

Der Vorteil der makrogeografischen Segmentierung ist ihre breite sekundärstatistische Verfügbarkeit. Viele Unternehmen grenzen ihre Absatzgebiete nach regionalen Schwerpunkten und entsprechend regionalen Absatzzielen ab. Darüber hinaus bieten viele Verlage lokale bzw. regionale Teilbelegungen an. Man betrachte z.B. die Entwicklungen zum Ballungsraumfernsehen sowie die lokalen Fenster im normalen Fernsehprogramm. Sie stellte aber nur indirekte Bezüge zum Kaufverhalten her, während die mikrogeografische Analyse einen Übergang zu demografischen und Lebensstilmustern der Bevölkerung schafft. Durch die Zuweisung eines Konsumenten zu einem mikrogeografischen Segment lassen sich Rückschlüsse auf das Konsum- und Informationsverhalten ziehen. Darüber hinaus lassen sich mikrogeografische Datenbanken auch mit den Markt- und Mediaforschungserhebungen verknüpfen. Im folgenden Beispiel werden die Kernleser zweier Zeitschriften ermittelt, welche aufgrund der Mediaforschungsuntersuchung der AG.MA ebenfalls sozialgeografisch verortet und den Sozialtypen der Oberschicht, Mittelschicht und sozialen Randgruppen der Klassifikation der Regio Select Bertelsmann

232 Vgl. Martin, M. (1987), (1988 a), (1988b), (1989), (1990)
233 Vgl. Martin, M. (1992), S. 42 ff.
234 Vgl. Kirchgeorg, M. (1995), Bertl, W. (1988), Martin, M. (1993)

gegenübergestellt wurden. Gleichzeitig wird dem Leserprofil das Produktprofil eines PKW-Herstellers eines Modells der gehobenen Mittelklasse gegenübergestellt. Offensichtlich ist das sozialgeografische Profil der Kernleser der Wirtschaftszeitschrift dem Produktprofil der PKW-Marke am ähnlichsten.

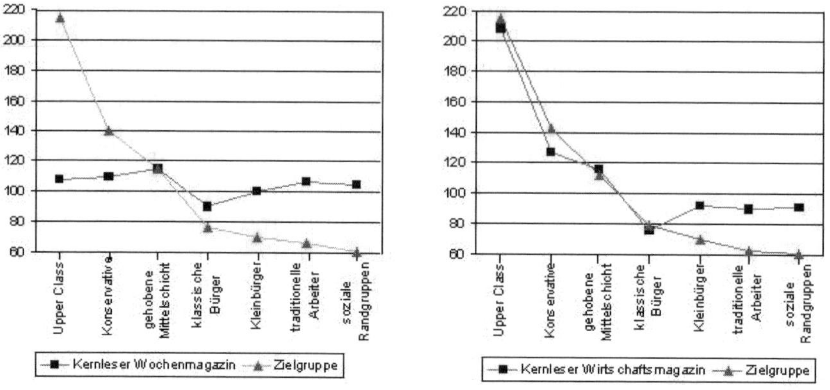


*Abb. 3.5: Affinitätsprofile der Zielgruppe PKW-Marke und Kernleser zweier Zeitschriften*
*(Quelle: Weppler, K. (1991), S. 491)*

Auf diese Weise lassen sich Affinitätsranglisten erstellen. Für dieses Beispiel wurden 12 Werbeträgerrangreihen gebildet nach den Prinzipien Affinität des Regionalprofils der Produktzielgruppe und der Medienzielgruppe sowie nach quantitativen und qualitativen Tausenderpreisen.[235] Es zeigen sich in der Rangbildung der einzelnen Kanditatenmedien deutliche Unterschiede, je nachdem welches Bewertungskriterium für die Eignung eines Mediums für den operativen Werbeeinsatz herangezogen wird.

| **Printtitel** | **Regional-affinität** | **Quantitativer TKP** | **Quantitativer TKP Rang** | **Qualitativer TKP** | **Qualitativer TKP Rang** |
|---|---|---|---|---|---|
| Capital | 1 | 31,46 | 11 | 29,66 | 11 |
| Geo | 2 | 24,35 | 10 | 23.73 | 10 |
| Wirt-schaftswo-che | 3 | 72,73 | 12 | 68,13 | 12 |
| Spiegel | 4 | 13,37 | 7 | 12,96 | 7 |
| Auto/Motor/ Sport | 5 | 21,68 | 9 | 21,37 | 9 |

235 Berechnet wurde der Preis für 1000 Kontakte für eine Schaltung eines Werbeträgers für einen 1/1 Seite, vierfarbig, ohne Rabatte.

| | | | | | |
|---|---|---|---|---|---|
| Stern | 6 | 12,16 | 5 | 12,05 | 4 |
| Gong | 7 | 9,75 | 1 | 9,67 | 1 |
| Bunte | 8 | 11,74 | 3 | 11,71 | 3 |
| Brigitte | 9 | 18,45 | 8 | 18,49 | 8 |
| Hörzu | 10 | 10,75 | 2 | 10,81 | 2 |
| Quick | 11 | 12,68 | 6 | 12,81 | 6 |
| TV Hören und Sehen | 12 | 11,84 | 4 | 12,10 | 5 |

*Abb. 3.6: Rangreihung einer Kandidatenliste von Printmedien nach Affinität der mikrogeographischen Zielgruppe, quantitativer und qualitativer Tausenderpreis (Quelle: Martin, M.(1992), S. 353).*

### 2.2.2.3 Soziodemografische Segmentierung

Diese Kriterien sind die klassischen Beschreibungsmerkmale für Zielgruppen. Sie finden sich in nahezu allen Markt- und Medienforschungstudien wieder. Merkmale wie Alter, Geschlecht, Familienstand, Haushaltsgröße sowie Zahl und Alter der Kinder sind demografische Kriterien. Ausbildung, Berufstätigkeit, Einkommen gehören zu den sozioökonomischen Kriterien. Gelegentlich werden hieraus neue Beschreibungsvariablen gebildet wie das Segmentierungsmerkmal soziale Schicht und der Familienlebenszyklus.

- *Indikator soziale Schicht:* Die Bezeichnung „Schicht" legt ein Über- und Unterordnungssystem der Gesellschaft zugrunde und lässt sich nur indirekt über eine Kombination von mehreren sozioökonomischen Variablen (Einkommen, Ausbildung und Berufssituation) messen. Es werden anhand eines eindimensionalen Merkmals Unterschichten, Mittelschichten und Oberschichten abgegrenzt.[236] Die Übergänge sind in der Realität fließend. Dieses Merkmal hat in den USA eine größere Bedeutung erlangt, während sich in Deutschland mit dem traditionellen Schichtindikator nur selten gesellschaftsbezogene Marktsegmente mit ähnlichen Wertvorstellungen, Interessen, Lebensstilen und Verhaltensmustern ermitteln lassen. Die soziologische Stellung der Schicht hat sich im Laufe der Jahre geändert und die Erfassungproblematik führte zu mangelhaften Ergebnissen. Dennoch zeigen sich bei der Prognose des Kaufverhaltens zwei Erscheinungen, die den Schichtindikator zweidimensional erscheinen lassen sollten: zum einen der finanzielle Spielraum zur Realisierung eines spezifischen Lebensstils und zum anderen die Intellektualisierung des Konsumverhaltens. Dahinter können sich teilweise Kriterien der Ausbildung und der Berufssituation verbergen. Dadurch lassen sich unterschiedliche Konsumansprüche mit dem gleichen finanziellen Spielraum kombinieren.

[236] Vgl. Trommsdorff, V. (1993), S. 201 ff.

*Abb. 3.7: Intellektualierungs- und Finanzierungsgrade des Konsums*

In den Ansätzen zur mikrogeografischen Segmentierung von Wohngebieten finden sich anhand der Wohnsituation durchaus schichtspezifisch unterschiedliche segregierte kleinräumige Wohngebietssegmente. Dort variiert nach typischen Mustern auch ein schichtspezifisches Verbrauchsverhalten (große Wohnungen, teure Autos, anspruchsvoller Konsum gegenüber kleinen Wohnungen, unattraktiven Wohngebieten, Gebrauchtwagen- und Bedarfsdeckungskonsum an Stelle von hedonistischen Konsum).

- *Indikator Familienlebenszyklus:* Dieser Indikator beschreibt die Phase, die ein Mensch in zeitlicher Abfolge seines Lebens idealtypisch durchläuft. Er bildet sich durch eine Kombination aus den Merkmalen Alter, Familienstand, Berufstätigkeit, Anzahl und Alter der im Haushalt lebenden Kinder heraus.[237] Er ist ein Unterzyklus zum normalen Lebensszyklus eines Menschen unter Eingliederung von Familie im Lebensablauf. Zusätzlich wird nach Alter des Familienvorstandes und der Kinder unterschieden. Die einzelnen Phasen und ihre Operationalisierungen unterscheiden sich je nach Verfasser und nach Zielsetzung der Untersuchungen. Aufgrund demografischer Durchschnittszahlen lassen sich folgende Phasen grob unterscheiden:
  - Phase 1: unverheiratet, jung (bis 26 Jahre)
  - Phase 2: verheiratet mit jungen Kindern (bis 36 Jahre, Kind bis 10 Jahre)
  - Phase 3: verheiratet mit mehreren, auch älteren Kindern (bis 46 Jahre, ältestes Kind bis 20 Jahre)
  - Phase 4: verheiratet, Kinder außer Haus oder noch in Ausbildung, teilweise geschieden (bis 72 bzw. 79 Jahre, nämlich durchschnittliche Lebenserwartung).[238]

Jede Phase repräsentiert eine bestimmte Konstellation von Einflussgrößen, die sich durch eine spezifische Kombination von demografischen Variablen darstellen lässt. Jeder Faktor isoliert und in Kombination betrachtet stellt einen Einfluss auf das Kaufverhalten in bestimmten Produkt- und Preisklassen dar. Insbesondere bei der Kaufinten-

[237] Vgl. Wells, W. D., Gubar, G. (1966)
[238] Vgl. Kroeber-Riel, W., Weinberg, P. (1996), S. 437 ff.

sität offenbart sich eine inverse U-Kurve. An den Randbereichen der jungen und der älteren Singles bricht die Konsumneigung stark ein.

Neuere Phaseneinteilungen geben den Familienbegriff zugunsten des Haushaltsbegriffs auf. Insbesondere der hohe Anteil von Singlehaushalten in jüngeren (unter 35 Jahren) und älteren Lebensphasen (über 64 Jahren) rechtfertigt dies.

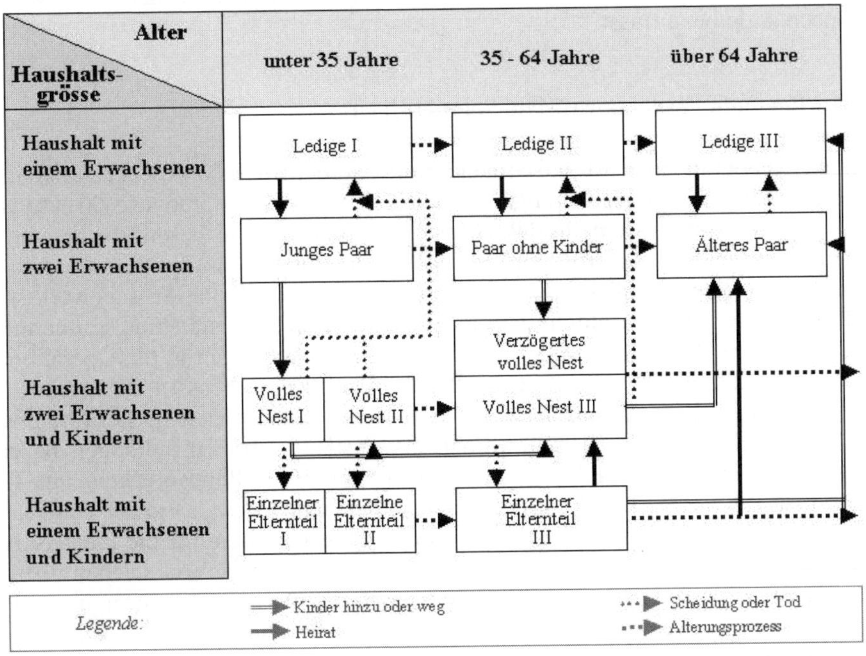


*Abb. 3.8: Schematische Darstellungen des grundlegenden Familienlebenszyklus (Quelle: Kroeber-Riel, W., Weinberg, P. (1996), S. 441 zitiert nach Gilly, Enis (1982), S. 247).*

Die Vorteile dieser Kriterien liegen in ihrer einfachen Erfass- und Messbarkeit. Darüber hinaus weisen die so gebildeten Segmente eine hohe zeitliche Stabilität auf und Veränderungen (z.B. Alter) lassen sich gut prognostizieren.[239] Ihr entscheidender Vorteil liegt in der vergleichbaren Abfrage in nahezu allen Markt- und Mediaforschungsstudien, sodass sich diese Kriterien zur Bildung von Affinitäten im Mediennutzungsverhalten eignen. Ihr Nachteil zeigt sich häufig in einer mangelhaften prognostischen Relevanz für das Kaufverhalten. Im Einzelfall muss jedoch deren Einfluss auf das Kaufverhalten geprüft werden. Sie spielen bei einer Vielzahl von Produktklassen eine wichtige Rolle als Trennvariable. Besonders hinter dem Merkmal Alter verbirgt sich ein typisches Sozialisationsergebnis mit unterschiedlichen Werte- und damit Verbrauchsmustern. Gleiches gilt für das Merkmal Familienlebenszyklus. Nichts ändert die Lebenssituation und damit die Verbrauchssituation als Kinder in unterschiedlichen Altersklassen (z.B.

[239] Vgl. Freter, H. (1983), S. 58.

Produkte rund um Haus und Wohnung, Versicherungen und spezifischer Kinderbedarf etc.).[240]

Die Segmentierung nach sozio-ökonomischen Kriterien erweist sich als schwierig, weil zum einen die Erfassung meist weder vollständig noch ehrlich erfolgt (die Verweigerungsquote bei der Angabe von Einkommen liegt bei über 50 Prozent). Zum anderen hat das laufende Einkommen häufig im Vergleich zum ererbten Besitz eine mehr untergeordnete Bedeutung.[241] Das für Konsumzwecke frei verfügbare Einkommen wird hierdurch nachhaltig beeinflusst. [242]

### 2.2.2.4 Allgemeine psychografische Segmentierung

Bei der psychografischen Marktsegmentierung werden die nicht beobachtbaren Konstrukte des Käuferverhaltens herangezogen, um den Markt in homogene Strukturen aufzuteilen. Dabei kommt dem Produkt Einstellung und dort insbesondere den produktgruppen- bzw. produktspezifischen Einstellungen zur Erklärung und Prognose des Kaufverhaltens eine erhebliche Bedeutung zu (vgl. Kapitel 2). Ihr Aussagewert ist dabei vor allem darauf zurückzuführen, dass das Konstrukt eine Vorsteuerungsgröße menschlichen Verhaltens darstellt. Darüber hinaus fließen Einstellungen in die Operationalisierung des psychografischen Marktsegmentierungsansatzes Lebensstil direkt ein und bei dem Ansatz der Segmentierung indirekt noch Nutzenerwartungen (Benefit Segmentation). [243] Allgemeine Einstellungen werden als unspezifische Einstellungen bezeichnet und es werden generelle Haltungen zu bestimmten Einstellungsobjekten aus Gesellschaft, Staat, Politik, Religion, Ökologie usw. untersucht. Diese Form der Untersuchung führt meist zu übergeordneten Typologisierungen, die vor allem für die kreative Ausgestaltung von Werbebotschaften von Bedeutung sein können.[244] Von solchen übergeordneten Einstellungen wird dann auf produktspezifische Verhaltensmuster im Analogieschluss rückgeschlossen. Im Einzelfall ist jedoch die Prognose des Kaufverhaltens recht widersprüchlich. Ihre besondere Bedeutung erhalten diese Marktsegmentierungsansätze im Zusammenhang mit der Segmentierung nach Lebensstilen.[245] Mithilfe von Lebensstilanalysen lassen sich eine ganze Gesellschaft, aber auch einzelne Konsumenten charakterisieren. Vielfach werden auch ganze Produktkonzeptionen auf bestimmten Lebensstilsegmenten aufgebaut. Die Operationalisierung des Lebensstils beruht meist auf einer Kombination von Kriterien des beobachtbaren Verhaltens (Konsum-, Mediennutzungsverhalten) sowie allgemeiner Persönlichkeitszüge wie Meinungen, allgemeine Einstellungen und Wertemuster. Dabei erfolgt die Messung mithilfe zweier Konzeptionen:

- *Finale Messung:* Der Lebensstil wird durch die Erfassung aller vom Konsumenten ge- und verbrauchten Güter bestimmt. Der Grundgedanke dabei ist, dass sich der Lebensstil und in Teilen die Persönlichkeit in den Produkten materialisiert, mit denen sich Menschen umgeben. Damit zeigt sich der Lebensstil am Konsumergebnis und die Prognose setzt auf einen Analogieschluss des bisherigen Kaufverhaltens an.

240 Vgl. Kotler, P., Bliemel, F. (1999), S. 438 ff.
241 Vgl. Meffert, H. (1998), S. 186.
242 Vgl. Trommsdorff, V. (1993), S. 195 f.
243 Vgl. Freter, H, (1983), S. 75, Meffert, H. (1999), S. 188, Stegmüller, B. (1995), S. 195.
244 Vgl. Böhler, H. (1977), S. 97
245 Vgl. Engel, J.F., Blackwell, R.D., Miniard, P.W. (1993), Drieseberg, T.J. (1995), Michmann, R.D. (1991)

- *Kausale Messung:* Dieser Ansatz ermittelt Lebensstil aus der Messung einer Kombination von Aktivitäten (A), Interessen (I) und Meinungen (O) der Konsumenten. Dabei sind Meinungen relativ stabile Wertestrukturen und dienen einer grundsätzlichen kognitiven Orientierung. Interessen sind eher emotionale Verhaltensdispositionen und die Aktivitäten messen beobachtbares Verhalten.
  Aufgrund der Vielfältigkeit der Lebensstilmessung ist ein breites Spektrum von Studien für die Produktpositionierung und für die Mediaplanung entstanden. Einer der Ansätze mit höchster Marktbreite ist der Milieu-Ansatz des SINUS-Instituts in Heidelberg. Seit 1979 wird die deutsche Bevölkerung regelmäßig segmentiert und die aktuellen Werte- und Sozialschichtgruppen werden aufgezeigt. Theoretisch beruht dieser Ansatz auf dem Lebensweltbegriff[246] und soll die Veränderungen innerhalb der Gesellschaft erfassen. Folgende Grafik (Abb. 3.9) zeigt die Sozialstruktur sowie das Volumen der einzelnen Segmente. Diese Lebensstilkarte lässt sich durch produkt- und medienspezifische Profile ergänzen, sodass gleichsam innerhalb einer Studie Affinitätsmaße zwischen den Schwerpunktsegmenten des Produktanbieters und den entsprechende präferierten Mediengruppen dargestellt werden können.

Die Kaufverhaltensrelevanz wird unterschiedlich beurteilt. Dennoch haben Produktanbieter, bei denen das Kaufverhalten „High Involvement-Bedingungen" unterliegt (vgl. Kapitel 2), ihre Produktkonzeptionen darauf aufgebaut (z.B. Porsche, FIAT etc.).[247] Außerdem können diese Typologien mit der Produktnutzung unterschiedlicher Produktgattungen, aber auch mit Marken verbunden werden, sodass eine produktspezifische Typologie und damit eine nachweisbare Kaufverhaltensrelevanz entsteht. Weitere bekannte Lebensstilstudien sind die Typologie-Outfit-Studie 3 des Spiegel-Verlages, die das Modebewusstsein der Bevölkerung in den Mittelpunkt der Analysen stellt, die gesellschaftlichen Schichten jedoch plakativ darstellt.[248] Traditionelle Lebensstile wie das Arbeitermilieu und kleinbürgerliche Milieu werden von gehobenen Lebensstilen und den modernen Lebensstilen abgegrenzt und mit Wertestrukturen belegt.[249]

Zusammenfassend lässt sich feststellen, dass für die Beschreibung der Konsumenten eine Vielzahl von Ansätzen zur Verfügung steht. In vielen Fällen werden diese Methoden zur Beschreibung bestehender Zielgruppen herangezogen. Darüber hinaus besteht immer wieder die Absicht, abgegrenzte Segmente mit ihrem Mediennutzungsverhalten zu beschreiben. Bei Lebensstilansätzen bildet die Mediennutzung häufig ein dem jeweiligen Typus bestimmendes Merkmal. Insofern lassen sich auch stets Affinititäten zwischen Produkt- und Mediennutzungsprofilen erstellen, die zum Zwecke haben, die Affinität zwischen Produkt- und Mediennutzung zu ermitteln und damit Streuverluste der Media-Etats zu minimieren.

---

246 Unter Lebenswelt werden alle gesellschaftlichen Bereiche verstanden, mit denen eine Person täglich agiert, und die maßgeblichen Einfluss auf deren Einstellungen und Werte sowie dessen Persönlichkeit ausüben.

247 Vgl. Haley, R. I. (1985), S. 12.

248 Vgl. Trommsdorf, V. (1993), S. 203 ff.

249 Vgl. Spiegel-Verlag (1994), S. 34-36

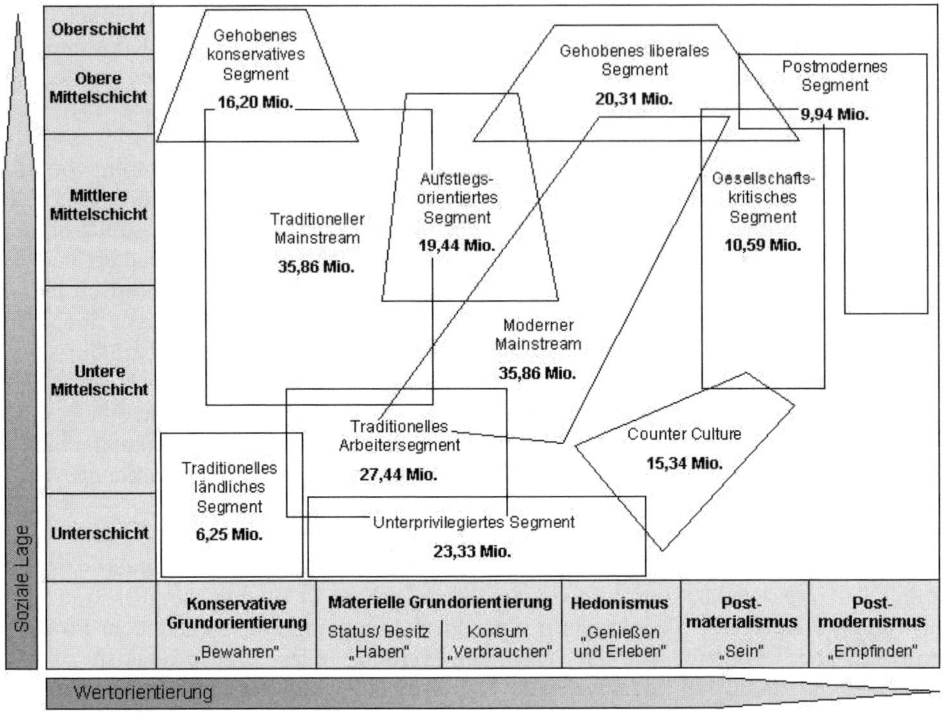


*Abb. 3.9: Lebensstilsegmente in Westeuropa 1997*
*(Quelle: SIGMA Institut, Mannheim, zitiert in Meffert, H. (1998), S. 194).*

# 2.3 Werbebudgetplanung

## 2.3.1 Entscheidungstatbestände

Eine der schwierigsten Aufgaben im Prozess der operativen Kommunikationspolitik ist die Bestimmung der Höhe des Kommunikationsbudgets. Es umfasst alle finanziellen Mittel, die für die Marktkommunikation zur Verfügung gestellt werden bzw. notwendig sind, die angestrebten strategischen sowie operativen Ziele zu erreichen. Meist handelt es sich hierbei um eine Jahresplanung mit Schwerpunkt auf den Verkaufsspitzen zu Weihnachten und im Frühjahr, wobei damit bereits eine sachliche und zeitliche Aufteilung der finanziellen Mittel verbunden ist.

### 2.3.1.1 Strategische Relevanz von Werbebudgets

Die Höhe der Werbebudgets variiert von Branche zu Branche, aber auch innerhalb der Branche von 1 Prozent bis über 50 Prozent des Umsatzes.[250] Entscheidend dabei ist,

[250] Vgl. Simon, H.; Möhrle, M. (1993), S. 303

inwieweit die einzelnen Branchen ihren Wettbewerbsvorteil aus einen produktimmanenten Kernnutzen ziehen oder aber lediglich darauf aufbauen, möglichst hohe „Awareness“ am Markt zu erzielen. Je auswechselbarer der Grundnutzen, desto höher wird zwangsläufig der Etat für Kommunikation ausfallen müssen.

- *Erfolgsstrategie 1: Maximale Awareness und höchster Marktanteil bei auswechselbarem Kernnutzen.*
  Diese Erfolgsstrategie beruht auf dem Aufbau eines möglichst hohen Bekanntheits- und entsprechend hohem Distributionsgrades, weil die Produkte selbst vom Kernnutzen her austauschbar sind. Die Kaufentscheidung unterliegt „Low Involvement“-Bedingungen und wird situativ beeinflusst. Der Konsument entscheidet sich dann für die Produkte, die ihm möglichst sympathisch sind. Dies sind meist diejenigen mit dem höchsten Werbedruck und der höchsten Verbreitung im Handel (Distributionsgrad). In diesem Fall ist natürlich das Werbebudget auf das des führenden Wettbewerbers auszurichten (z.B. klassische Konsumgüterindustrie, Kosmetikbranche mit Werbebudgetanteilen von bis zu 50 Prozent des Umsatzes).
- *Erfolgsstrategie 2: Aufbau eines produktimmanenten Wettbewerbsvorteils (KKV).*
  Diese Strategie setzt auf überzeugende Preis-/Qualitätsrelationen und korrespondiert mit einer Qualitätsführerstrategie. Dabei ist das Werbebudget zweitrangig (z.B. Industriegüter; dort liegt das Werbebudget unter 10 Prozent des Umsatzes).

Letztlich kommt es auf das gesamte Geschäftskonzept an. Unternehmen, die ausschließlich direkt vertreiben, werden zwangsläufig ein höheres Kommunikationsbudget haben müssen, als diejenigen, die stationär vertreiben. Bei letzteren werden höhere Budgetanteile im Standortaufbau und in der Standortsicherung liegen. Direkt vertreibende Organisationen werden erhebliche Mittel in die Außendienststeuerung, Provisionierungen oder aber in das Direktmarketing investieren müssen.

### 2.3.1.2 Sachliche Verteilung der Werbebudgets

#### 2.3.1.2.1 Zuordnung zu den Werbeobjekten

Die Zuordnung der Werbebudgets auf die einzelnen Werbeobjekte (Produkte, Artikel, Marken, Dachmarken, strategische Geschäftsfelder) ist eine strategische Grundfrage, die sich aus Überlegungen der Geschäftsentwicklungspläne ableiten lässt. Im Rahmen des Portfoliomanagements werden Geschäftsfelder oder Marken positioniert und nach den Faktoren des relativen Wettbewerbsvorteils und Wachstumspotenzials klassifiziert. Dabei gelten bestimmte Geschäftsfelder bzw. Marken als ausbauwürdig, andere als eher eliminationsverdächtig bzw. sollten sie ohne größere Investitionen abgeerntet werden. Diese Erkenntnisse korrespondieren meist mit den Entwicklungsstadien, in denen sich die Produkte befinden (Produktlebenszykluskonzeption). Produkte in früheren Entwicklungsphasen benötigen Budgets zum Aufbau des Marktes, wohingegen die Budgets zur Verteidigung der Marktanteile eher rückläufig sein können.

Die Allokation der einfließenden „Cashflows“ auf die Marktkommunikation für die einzelnen Marken im Portfolio eines Unternehmens unterliegt demnach hochgradig strategischen Grundüberlegungen in Bezug auf die Entwicklungspläne eines Unternehmens.

2.3.1.2.2 Zuordnung zu den operativen Instrumenten der Marktkommunikation

Budgetierungsfragen sind beim Instrument der klassischen Werbung am intensivsten diskutiert worden (zur Abgrenzung der Instrumente vgl. Kapitel 1). Bei der Budgetierung der übrigen Instrumente, insbesondere der so genannten „Below the Line“-Aktivitäten, orientiert man sich häufig an verfügbaren Restmitteln. Die Unternehmen verteilen ihre Kommunikationsbudgets je nach Branche und Geschäftskonzept unterschiedlich auf die einzelnen Instrumente der Marktkommunikation (klassische Werbung, Verkaufsförderung, Öffentlichkeitsarbeit und persönlicher Verkauf sowie Direktmarketing). Gesicherte Erkenntnisse über den „Königsweg“ der Aufteilung liegen dabei nicht vor. Selbst Branchenvergleichswerte helfen nur bedingt weiter, weil die Unternehmen unter Kommunikationsbudgets unterschiedliche Instrumente fassen. Eine einheitliche sachliche Abgrenzung der einzelnen Budgetposten wäre dabei Grundvoraussetzung. Aktuelle Entwicklungen zeigen teilweise eine Verlagerung der Budgets von den klassischen Instrumenten („Above the Line“) hin zu den neuen Kommunikationsinstrumenten („Below the Line“), die teilweise bereits 50 Prozent des Gesamtbudgets betragen.

2.3.1.2.3 Zuordnung zu den Kostenarten

| Budgetgruppen | Aktivitäten | | |
|---|---|---|---|
| Beratung | Zielgruppen-/ Wettbewerbsforschung | | |
| | Konzeption/ Kreation | | |
| | Mediaforschung | | |
| | Werbeerfolgskontrolle | | |
| | Projektkoordination (Traffic) | | |
| Werbemittelproduktion | | Print | Bewegtbild |
| | Konzeptentwurf | Conceptboards/Rough/ Scribble | Treatments |
| | Konzeptausarbeitung | Roh-/ Feinlayout | Storyboards |
| | Realisierung Bild | Standbildaufnahmenbzw.- Auswahl | Bewegtbildaufnahmen |
| | Realisierung Text | Sloganentwicklung/ Body Copy | Sloganentwicklung |
| | Realisierung Ton | ----------------------- | Komposition |
| | Produktion | Reinzeichnung/LithosDruck | Rohfilmschnitt/ Abmischung |
| Schaltkosten | Entwicklung von Schaltplänen | | |
| | Durchführung der Werbeträgerschaltung/Abrechnung | | |

*Abb. 3.10: Kostenarten bei der Ermittlung der Werbebudgets*

Werbebudgets setzen sich mehrheitlich aus den Produktions- und den Schaltkosten zusammen. Dabei nimmt die Position der Schaltungen den höchsten Anteil ein. „Artwork" bzw. Kreation und Konzeption werden meist von Agenturen pauschal mit den gesamten Schaltbudgets verrechnet (AE-Provisionen).

2.3.1.2.4 Räumliche Zuordnung

In räumlicher Hinsicht lassen sich die Werbebudgets international (Ländermärkte) oder auch national (Regionalmärkte) unterschiedlich verteilen. Die Zielgruppenanalyse kann beim Ausweis unterschiedlicher geografischer Verbreitungsmuster helfen. Häufig trifft man bei der Diffusion der Neuprodukteinführungen auf einen Prozess, der sich über einen Ballungsraum sukzessive in die ländlichen Regionen ausbreitet. Dieser Diffusionsprozess findet sich bei vielen Produkten wieder und muss dementsprechend bei der Budgetverteilung Berücksichtigung finden. Andererseits konzentriert sich das Versandhandels- sowie das Online-Order-Geschäft schwerpunktmäßig auf ländliche Regionen. Dort ist der Verbreitungsgrad von stationären Geschäften geringer als in den Ballungsräumen und dementsprechend der Bedarf an Versandhandel höher. Zur Verteilung der Werbebudgets nach geografischen Gesichtspunkten können die Kriterien Penetrationsgrad mit bestehenden Kunden (Gesamthaushalte abzüglich der Zahl der Ist-Kunden) bzw. Restpotenzial (Anteil der Zielgruppenhaushalte abzüglich Zahl der Ist-Kunden) herangezogen werden. Voraussetzung für die zielgruppen- und potenzialspezifische Marktbearbeitung ist wiederum, dass die Werbeträger auch entsprechend geografisch selektiv zur Verfügung stehen (z.B. Tageszeitungsbeilagen oder Werbebriefe).

Im Folgenden soll jedoch zunächst der Frage nachgegangen werden, wie die Unternehmen ihre Entscheidungen über die Höhe des Kommunikationsbudgets festlegen. Für die Lösung dieses Problems sind in der Praxis eine Vielzahl von Verfahren und Modelle entwickelt worden. Die Hauptproblematik liegt jedoch darin, dass der genaue Zusammenhang zwischen der Höhe der Werbeausgaben und ihrer jeweiligen Wirkung auf den Umsatz bzw. anderer ökonomischer sowie nicht ökonomischer Zielsetzungen nicht exakt bestimmbar ist (z.B. fehlende Werbewirkungsverläufe). Die Gründe liegen zum einen an der „Time-Lag"-Wirkung der Werbung, sodass eine zeitliche Zuordnung schwer möglich ist. Zum anderen werden bei Instrumenten der klassischen Kommunikation kaum konsequente Werbeerfolgsmessungen durchgeführt. Darüber hinaus haben neben den quantitativen Faktoren wie Schaltvolumen und die damit verbundene Reichweite qualitative Größen wie die kreative Umsetzung einen erheblichen Einfluss auf den Erfolg.

## 2.3.2 Dominanz der heuristischen Ansätze (Praxisregeln)

In der Kommunikationspraxis werden meist heuristische (Orientierungs- und Richtlinienmethode) und kaum mathematisch-theoretische Verfahren eingesetzt. Am häufigsten finden Verfahren Anwendung, die das Werbebudget im Verhältnis zum Umsatz festlegen.[251]

[251] Zentes, J., (1982), Kall, D. (1996), S. 46

| ENTSCHEIDUNGSGRUNDLAGE | PROZENTSATZ DER NENNUNGEN |
|---|---|
| Prozentsatz vom geplanten Umsatz | 10 |
| Prozentsatz vom vergangenen Umsatz | 38 |
| Prozentsatz vom geplanten Gewinn | 2 |
| Werbezielabhängigkeit | 8 |
| Sonstige | 2 |
| Keine besondere Verfahren/ Intuition | 24 |
| Kein Etat | 16 |

*Abb. 3.11: Entscheidungsgrundlagen der Etatbestimmung*
*(Quelle: Rogge, H. J. (1996), S. 162 zitiert aus Unger, F., Fuchs, W. (1999), S. 308.)*
*(Basis 50 Befragungen)*

### 2.3.2.1 Budgetierung nach finanzieller Tragfähigkeit

Die Bestimmung des Werbebudgets geht bei diesem Ansatz von einer gewissen Tragfähigkeit der einzelnen Werbeobjekte bzw. des gesamten Unternehmens aus. Hierdurch wird vermieden, dass Kommunikationsbudgets bestimmt werden, worunter das Unternehmen Schaden leiden kann.

Werden pro verkaufter Einheit eines bestehenden oder auch neuen Produktes ein bestimmter Betrag für Marktkommunikation als variabler Kostensatz bereits in den Verkaufspreis kalkuliert, so bleibt zumindest ein kalkulierter Deckungsbeitrag übrig. Probleme treten dann auf, wenn durch den kalkulierten Werbekostenanteil der Verkaufspreis über dem Marktpreis liegt. Außerdem ist das Problem der Werbewirkung nach wie vor nicht geklärt. Die Bestimmung des Werbekostenanteils beruht auf einer Schätzung der nötigen Kontakte sowie der Umwandlung von Kontakten in Neukunden. In der Direktwerbung werden auf diese Weise Kosten pro Neukunde aus Erfahrungswerten budgetiert (Cost per Order bzw. CpO-Werte). Durch die Multiplikation der Zahl der angestrebten Sollkunden in der Planungsperiode mit den CpO-Werten ergibt sich das erforderliche Werbebudget. Gleiches Vorgehen gilt für die Gewinnung eines neuen Interessenten (Cost per Interest bzw. CpI-Werte). Meist ist die Umwandlungsquote stabil und empirisch nachweisbar, sodass der finanzielle Aufwand für die Sollzahl der Interessenten und der Neukunden relativ genau bestimmbar ist. Die Sollzahl der zu gewinnenden Kunden hängt dann von den Geschäftsentwicklungsplänen und Absatzzielschätzungen ab.

Wenn aber das Erreichen bestimmter Ziele ein bestimmtes Budget erfordert, das jedoch nicht finanzierbar ist, so muss entweder die Strategie geändert werden (z.B. Veränderung des Nettonutzens der Produkte und folglich höherer Responsequoten) oder aber es müssen Möglichkeiten geschaffen werden, das verfügbare Kommunikationsbudget zu erhöhen (z.B. Preiserhöhung bei den zu verkaufenden Produkten und damit höhere Deckungsbeiträge). Je nach Preis-/Qualitätsposition sind natürlich für unterschiedliche Marken und Produkte dementsprechend unterschiedliche Werbekostenanteile zu planen.

Die vorgestellten Methoden beruhen genauso auf Fortschreibungen der Werte aus der Vergangenheit oder aber auf Erfahrungswerten.

#### 2.3.2.2 Budgetierung nach Umsatz oder Gewinnsituation

Das verbreitetste Verfahren setzt das Werbebudget in Verbindung mit Umsatz- oder Gewinngrößen.

Als Bezugsgrundlage kann dabei der Umsatz der vergangenen Perioden (gewichtete oder ungewichtete Durchschnittsumsätze), der aktuelle Umsatz der letzten Periode oder der Planumsatz für die nächste Planperiode dienen. Teilweise richtet man sich nach den branchenüblichen Prozentsätzen.[252]

Die Vorteile dieses Verfahrens sind:

- Einfache Handhabung
- Marktstabilisierung, wenn innerhalb der Branche nach den gleichen Prinzipien vorgegangen wird.

Die Nachteile dieses Verfahrens sind:

- Umkehrung des Ursache-/Wirkungszusammenhangs, denn der Umsatz sollte Ergebnis des Werbebudgets sein und nicht das Werbebudget das Ergebnis des Umsatzes. Die Ansicht, dass sich finanzstarke Unternehmen Kommunikation leisten können, ist weit verbreitet. Die Überlegung, die dem zugrunde liegt, ist, dass man sich Kommunikation leisten muss und weniger, dass Kommunikation etwas leisten kann.
- Fluktuation der jährlichen Budgets je nach Finanzlage des Unternehmens und die damit unmöglich werdende kontinuierliche, integrierte Marktbearbeitung.
- Umsatzrückgänge werden durch Reduktion des Kommunikationsbudgets noch verstärkt. Dagegen werden Phasen der Auslastung und starker Umsatzzuwächse noch durch erhöhten Werbedruck verschärft (prozyklisches Vorgehen).
- Die Verteilung der Werbebudgets wird von der Wachstumsstärke der einzelnen Produkte, Marken, Geschäftsfelder losgelöst. Dementsprechend wird in stagnierende Geschäftsfelder mit hohem „Cashflow" mehr investiert als in Wachstumsgeschäfte („Stars" oder „Question Marks" im Rahmen des Portfolios der Boston Consulting Group).[253]
- Spezifische Wettbewerbssituationen einzelner Marken und Geschäftsfelder bleiben unberücksichtigt. Vorgaben aus dem Markt (z.B. Markteintritt neuer Wettbewerber) oder dem Unternehmen (z.B. Produkteinführungssituationen ) fließen nicht in die Budgetplanung ein.

---

252 Kotler, P., Bliemel, F. (1999), S. 951 f.

253 Vgl. Macharzina, K. (1995), S.291 ff.

- Neue Produktbereiche erhalten kaum Wachstumschancen, da sie im Sinne der sachlichen Zuordnung der Budgets auf die einzelnen Werbeobjekte bislang keine Umsätze auf sich vereinigen können. Folglich können sie auch keine Werbebudgets beanspruchen.

Die Vor- und Nachteile gelten auch für Verfahren, die als Bezugsgröße den Gewinn nehmen. Dabei ist aufgrund der Bewertungsspielräume, der Höhe und dem Ansatze nach mit noch größeren Schwierigkeiten zu rechnen als bei dem Prozent-/Umsatzverfahren.

#### 2.3.2.3 Fortschreibungsmethode

Bei diesem Verfahren werden die Budgets des vergangenen Jahres unverändert fortgeschrieben oder dynamisiert und um eine allgemeine Zuwachsrate (z.B. Inflationsrate) erhöht. Sofern von stabilen Umweltsituationen ausgegangen werden kann und die Planansätze optimal waren, führt diese Budgetierung zu sinnvollen Ergebnissen. Die Sinnhaftigkeit des Budgetansatzes wird hierdurch aber nicht auf den Prüfstand gestellt. Ineffizienz in der Budgeterstellung wird genauso wenig erkannt bzw. wie neuen Bedingungen Rechnung getragen werden kann. Durch eine systematische Werbeerfolgskontrolle lassen sich die Werbeetats nach Effizienz in Bezug auf Zielerreichung überprüfen. Problematisch sind solche Ansätze dann, wenn am Ende des Jahres Budgets ausgegeben werden müssen, damit im nächsten Jahr nicht der Anspruch an ein gleichermaßen hohes Budget verloren geht.

#### 2.3.2.4 Budgetierung nach Wettbewerbsverhalten

2.3.2.4.1 Wettbewerbs-Paritäts-Methode

Bei diesem Verfahren orientiert man sich an den durchschnittlichen Ausgaben des Wettbewerbs in der Vergangenheit. Hierbei wird unterstellt, dass die Marktbedingungen für alle Wettbewerber innerhalb eines relevanten Marktes gleich sind und dass der Marktanteil letztlich von dem Werbedruck abhängt. Messgrößen sind dabei „Share of Advertising“, „Share of Voice” sowie „Share of Mind“. Bei allen Formen der Budgetaufstellung spielt das Werbebudget des Wettbewerbs eine zentrale, aber nicht ausschlaggebende Rolle. Problematisch bei diesem Ansatz sind folgende Aspekte:

- Keine Aussagen über die Qualität der kommunikativen Bemühungen der Konkurrenz.
- Nicht ausreichende Datengrundlage. Im Bereich der klassischen Werbung ist die Ermittlung der Konkurrenzwerte über Brancheninformationsdienste wie Schmitt & Pohlmann (S&P) noch einfach möglich. Für Budgets „Below the Line“ (Direktmarketing, Sponsoring, Öffentlichkeitsarbeit etc.) liegen dagegen kaum brauchbare Vergleichswerte vor.
- Prognostizierbarkeit des Wettbewerbsverhaltens in der Zukunft.

- Kaum Berücksichtigung der aktuellen Marktsituation sowie der eigenen unternehmerischen Zielsetzungen (z.B. Produktneueinführungen etc.). Daher ist diese Methode sehr reaktiv.

2.3.2.4.2 Marktanteilsmethode

Hierbei wird unterstellt, dass ein lineares Verhältnis von Marktanteil und Kommunikationsanteilen innerhalb einer Branche vorliegt. Um den eigenen Marktanteil zu halten, ist deswegen ein eindeutig bestimmbares Mindestwerbebudget notwendig. Möchte man den Marktanteil um einen bestimmten Prozentsatz erhöhen, so ist der entsprechende Kommunikationsanteil um den gleichen Prozentsatz zu erhöhen. Diese lineare Beziehung lässt sich jedoch meist nicht nachweisen. Je geringer der Marktanteil, desto überproportional höher werden die kommunikativen Anstrengungen sein müssen, um Marktanteilsgewinne zu bekommen. Bei neuen Produkten ist davon auszugehen, dass in den ersten Jahren der Anteil doppelt so hoch sein muss wie der angestrebte Marktanteil.[254]

## 2.3.3 Werbedruck

Der Werbedruck wird durch die Häufigkeit der kommunikativen Ansprache der Zielgruppe definiert. Die Zahl und die Häufigkeit erreichter Personen (Reichweitenwerte) wird zur Messgröße für die Bestimmung des Werbebudgets. Hinter dem Werbedruck stehen verhaltenspsychologische Größen und der Gedanke, dass nur durch das Erreichen einer kritischen Größe überhaupt am Markt Verhaltenwirkungen auftreten können. Um eine Botschaft durchzusetzen, ist eine Minimalkontakthäufigkeit pro Person nötig. Bei der Gestaltung des Mediaplans ist dementsprechend darauf zu achten, dass pro Person eine möglichst gleich verteilte Kontakthäufigkeit auftritt. Zur Überzeugung von Konsumenten ist eine werbliche Ansprache von sechs bis sieben Kontakten notwendig und die Gesamtwirkung hängt dabei von folgenden Faktoren ab:

- *Zielsetzung:* Wenn Konsumentenverhalten verändert werden soll (Veränderung der Präferenzmuster bzw. Erlernen von wichtigen Produkteigenschaften), ist hierfür ein besonders hoher Werbedruck erforderlich. Der Werbedruck muss zunächst die Kraft der Gewohnheit überwinden und dem Wettbewerbsdruck widerstehen. Das Verhalten zu stabilisieren oder zu intensivieren, ist dementsprechend mit geringerem Werbedruck zu realisieren. Bekanntes wird immer einfacher aufgenommen als Unbekanntes. Insofern hat jede Innovation mit höheren Marktwiderständen zu kämpfen. Nur echte Innovationen können sich ohne größeren Werbedruck durchsetzen.
- *Kommunikationsinhalte:* Je mehr Inhalte vermittelt werden, desto höher sollte der Werbedruck sein. Textlastige Werbebotschaften und kognitive Positionierungen müssen zwangsläufig zu höherem Werbedruck führen.
- *Produktspezifisches Involvement:* Im Low Involvement-Fall wird von einem s-förmigen Wirkungsverlauf auszugehen sein. Dies bedeutet, dass eine bestimmte Kontaktfrequenz überschritten werden muss, damit die Werbebotschaft überhaupt wahrgenommen wird. Nach Überschreiten dieser kritischen Kontaktgröße schnellt

[254] Vgl. Peckham, J-O. (1969), Rothschild, M. L. (1969)

die Wirkung überproportional in die Höhe. Die kritische Schwelle liegt etwa bei 10 bis 12 Werbemittelkontakten. Dabei darf natürlich keine größere Vergessenswirkung zwischen den Kontakten eintreten (mehrere Kontakte pro Tag sind meist besser als nur kurze Abstände zwischen den Kontakten). Bei Konsumenten, die ein hohes produktspezifisches Involvement besitzen, kann von einen degressiven Wirkungsverlauf ausgegangen werden. Werbewirkung setzt relativ schnell ein, verliert aber mit zunehmendem Werbedruck an Wirksamkeit.[255]

- *Werbeträgereinfluss:* Je intensiver die Zielgruppe den Werbeträger nutzt (meist bei hohem produktspezifischen Involvement), desto weniger OTC-Werte (Opportunity to Contact) sind für einen Werbemittelkontakt nötig. Die Wahrnehmung der Werbemittel in klassischen Werbeträgern ist meist oberflächlich (geringes Medieninvolvement). Um diese zu kompensieren, ist eine hohe Schaltfrequenz erforderlich. Für die Mediaplanung gelten Relationen von 6:2:1. Sechs Schaltungen führen zu zwei OTC-Werten und zu einem echten Werbemittelkontakt.

Drei Vergleichsmöglichkeiten stehen bei der Beurteilung des Wettbewerbsdrucks im relevanten Markt zur Verfügung. Daraus leiten sich für die Werbezielplanung entsprechende Sollvorgaben für den eigenen Werbedruck ab. Insbesondere bei klassischer Werbung (Broadcast-Werbung) sollte das Unternehmen einen zur Konkurrenz vergleichbaren Werbedruck aufrechterhalten.[256]

- *Share of Advertising (SOA):* Hierbei handelt es sich um das eigene Werbevolumen im Verhältnis zum gesamten Werbevolumen der Konkurrenten im relevanten Markt. Eine Modifizierung dieser Kenngröße kann erfolgen, indem das Werbevolumen des größten Wettbewerbers zugrunde gelegt wird (Relative Share of Voice). Implizit geht man davon aus, dass es eine Beziehung zwischen Marktanteil und Werbedruck gibt und dass die Werbewirkung durch das Wettbewerbsverhalten mitbestimmt wird. Ist ein nicht marktführendes Unternehmen Führer beim SOA-Wert, so kann daraus auf eine aggressive Marketingstrategie geschlossen werden. Um die relative Position zu erhalten, sollte dementsprechend der eigene Werbedruck an den Marktvorgaben ausgerichtet werden.
- *Share of Voice (SOV):* Da Werbebudgets mehr oder weniger effizient verteilt werden können, ergänzt diese Kenngröße die vorstehend genannte „Share of Advertising". Hierbei werden die Summen aller Werbekontakte (qualitative Bruttoreichweite, d.h. innerhalb der angestrebten Zielgruppe) als Maß genommen. Rechnerisch werden die Bruttoreichweiten innerhalb der Zielgruppe mit der durchschnittlichen Kontaktzahl multipliziert und im Verhältnis zu den Zahlen der Wettbewerber (oder des führenden Wettbewerbers) gestellt (absoluter oder relativer SOV-Wert). Als Zielgröße und als späterer Erfolgsmaßstab werden die Anteile des eigenen Werbebudgets im Vergleich zu den insgesamt erreichten Kontaktchancen innerhalb einer Zielgruppe herangezogen. Da aber die Zielgruppenbeschreibungen zwischen den Wettbewerbern innerhalb des gleichen relevanten Marktes dennoch differieren können, lassen sich die einzelnen Werte für die betrachteten Wettbewerber nicht unbedingt vergleichen. Ein besserer SOV-Wert ist demnach noch keine Garantie für eine

255 Vgl. Unger, F. u.a. (1999), S. 53 f.
256 Unger, F. u.a. (1999), S. 54 f.

bessere Mediaplanung. Beispielsweise kann ein hoher SOV-Wert aus einer hohen Reichweite und niedrigen Kontaktzahl entstammen. Bei niedrig involvierten Personen führt dies zwangsläufig zu einem zu geringen kundenspezifischen Werbedruck und die Kampagne kann daran scheitern.

- *Share of Mind (SOM):* Dieser Wert stellt die erzielten OTC-Werte (Opportunity to Contact) zu denen der Konkurrenzunternehmen innerhalb der jeweils anvisierten Zielgruppe in Beziehung. Bei der Berechnung dieses Kennziels gehen zum einen die Bruttoreichweite innerhalb der Zielgruppe und zum anderen die jeweiligen OTC-Werte ein. Ein höherer Anteil Share of Voice bei niedrigen OTC-Werten kann schlechter sein als eine niedrige Bruttoreichweite innerhalb der Zielgruppe, dafür aber mit einem hohen OTC-Wert. Die Wahrscheinlichkeit, dass aus einem Werbeträgerkontakt ein Werbemittelkontakt wird (OTC-Wert), unterscheidet die Werbeträger erheblich.

## 2.3.4 Ziel-Aufgaben-Methode

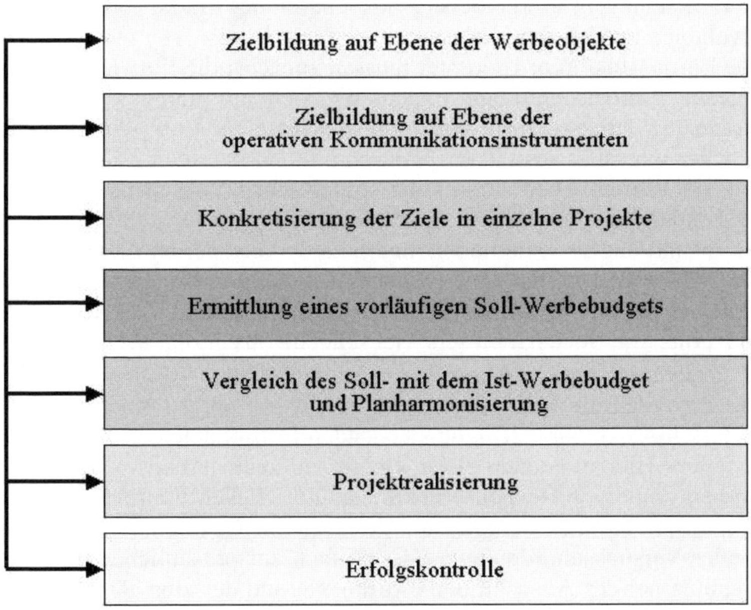


*Abb. 3.12: Schritte der Ziel-Aufgaben-Methode*

Die Ziel-Aufgaben-Methode beruht auf einem entscheidungsorientierten Ansatz, bei dem der Ausgangspunkt der Budgetierung die zu realisierenden Ziele sind. Durch die zunehmende Konkretisierung und Operationalisierung der Oberziele in Partialziele entstehen sukzessive und in mehreren Iterationen operationalisierte Unterziele. Dabei werden die Aufgaben und die dafür anfallenden Kosten festgelegt. Aus der Summe der Kosten ergibt sich das Gesamtbudget. Entscheidend dabei ist, dass im Vorfeld die Ziele festgelegt werden. Im Rahmen der sich anschließenden Erfolgskontrolle können der

Zielerreichungsgrad gemessen und daraus Folgerungen zur Optimierung der Folgeplanungen gezogen werden. Bei dieser Art der Budgetierung besteht ein Zwang zur Herausarbeitung der Zusammenhänge zwischen den Kommunikationsausgaben, der Art und der Anzahl der erzielten Kommunikationskontakte (allgemeine oder innerhalb der angestrebten Zielgruppe und gemessen in Gross Rating Points bzw. GRPs), Erstkäufern und Wiederholungskäufern.[257]

Das Budget für die kommunikativen Maßnahmen sollte so hoch sein, dass der Grenzertrag daraus gleich dem Grenzertrag aus anderen Marketingaufwendungen ist.

- *Schritt 1: Zielbildung auf der Ebene der Werbeobjekte*
  Aus den Unternehmenszielen werden die Marketingziele abgeleitet. Diese Ziele müssen für die einzelnen Werbeobjekte (z.B. Einzelmarken, Dachmarken, Produktgruppen bzw. strategische Geschäftsfelder) konkretisiert werden. Darüber hinaus müssen jeweils die anvisierten Zielgruppen definiert werden. Bei der Ermittlung dieser Einzelziele für die Werbeobjekte müssen spezifische Einflußfaktoren berücksichtigt werden.
  - Interne Einflussfaktoren: Hierbei handelt es sich um Budgetrestriktionen, strategische Zielsetzungen, Produktlebenzyklusphasen der Marke sowie das geschätzte Marktvolumen und Marktpotenzial etc..
  - Externe Einflussfaktoren: Hierunter müssen zunächst die Entwicklungen des Makroumfeldes Berücksichtigung finden, die sich auf die gesamtwirtschaftliche Nachfrage und damit auch auf bestimmte Sektoren der Volkswirtschaft mit unterschiedlicher Intensität auswirken. Weiterhin fallen hierunter Faktoren der Mikroumwelt. Im Wesentlichen sind es die strategischen Vorgehensweisen des Wettbewerbs und der daraus abgeleitete Werbedruck.
    Weiterhin sind die Besonderheiten innerhalb der anvisierten Zielgruppen von Bedeutung, insbesondere das Involvement der Zielgruppe spielt eine erhebliche Rolle. Höher motivierte Kunden sind mit deutlich weniger Werbedruck ansprechbar und lernen die Botschaften sehr viel schneller als gering involvierte Kunden.
- *Schritt 2: Zielbildung auf der Ebene der operativen Kommunikationsinstrumente*
  Im Schritt 2 werden die Marketingziele konkretisiert und in Kommunikationsziele für die unterschiedlich zur Verfügung stehenden Instrumente der Marktkommunikation transferiert. Hierbei ist zum einen wichtig, ein realisierbares Zielniveau zu definieren und aufgrund von Responsefunktionen eine Ziel-/Mittelrelation zu ermitteln. Diese Responsefunktionen beruhen auf Vergangenheitswerten, auf Ergebnissen experimenteller Versuchsanordnungen oder einfach auf persönlicher Erfahrung. Zum anderen sollten bei der Auswahl der Instrumente und der zugehörigen Medien ihre medienspezifischen Besonderheiten und Wirkungsmuster (Inter- und Intramediaselektion) Berücksichtigung finden.
- *Schritt 3: Konkretisierung der Ziele in einzelne Projekte*
  Hierbei werden die Einzelinstrumente ausgewählt und unter dem Gesichtspunkt einer integrierten Kommunikationsstrategie sachlich und zeitlich koordiniert eingesetzt. Dabei werden für die klassischen Instrumente (z.B. klassische Massenwerbung) in Abhängigkeit der Inter- und Intramediaselektion die Zahl der erfolgreichen Kontakte festgelegt, um das vorgegebene Kommunikationsziel zu erreichen. Die

[257] Vgl. Kotler, P., Bliemel, F. (1999), S. 954.

Gesamtmenge der erforderlichen Werbekontakte wird in „Gross Rating Points" (GRP) gemessen. Ein GRP ist das Maß für die Kontaktmenge, die bei einem Prozent der Zielgruppe zu durchschnittlich einem Werbekontakt führt. Je mehr Kontakte im Durchschnitt pro Konsument aufgrund spezifischer Lernkurven nötig sind und je höher der Anteil der zu erreichenden Konsumenten innerhalb der Zielgruppe ist, desto größer wird der GRP.

- *Schritt 4: Ermittlung eines vorläufigen Sollbudgets*
  In diesem Schritt werden die vorläufigen Budgets zusammengestellt. Sie bestehen aus Einzelkosten und Gemeinkosten der Kommunikationsmaßnahme. Einzelkosten der Kommunikationsmaßnahme sind Kosten einzelner Projekte, Schaltkosten für die angestrebten Kontakte bzw. GRPs sowie die Produktionskosten der Werbemittel. Als Gemeinkosten kommen Beratungsleistungen, Researchleistungen sowie die Kosten der eigenen Kommunikationsabteilungen hinzu.
- *Schritt 5: Planharmonisierung*
  Die ermittelten Sollbudgets werden anschließend mit dem Istbudget verglichen. Treten Abweichungen auf, so sollte entweder das Zielniveau korrigiert oder höhere Budgetansätze zur Verfügung gestellt werden. Dreh- und Angelpunkt bleibt auch hier die Responsefunktion, die eine Hypothese aus dem Kommunikationsbudget, konkretisiert in Kontakte und Projekte, sowie den daraus zu erwartenden ökonomischen[258] oder nicht ökonomischen Ergebnissen bildet[259].
- *Schritt 6: Projektrealisierung*
  In dieser Phase müssen die Einzelmaßnahmen zeitlich und sachlich geplant und entsprechende Meilensteine festgelegt werden. Dabei werden die Werbemittel gestaltet, produziert und die Schaltpläne verabschiedet.
- *Schritt 7: Erfolgskontrolle*
  Durch Überprüfung der Zielerreichungsgrade sollen für spätere Budgetierungsprozesse die möglichen Fehler vermieden und Responsefunktionen für eine exaktere Planung erarbeitet werden.

Vorteile dieses Verfahrens:

- Offenlegen der Ursache-/Wirkungszusammenhänge zwischen den kommunikativen Maßnahmen und ihrer absatzpolitischen Wirkung. Es muss stets berücksichtigt werden, dass zwischen dem Kommunikationsbudget und seinen ökonomischen Wirkungen (z.B. Interessentenrate, Neukäuferrate, Wiederkäuferrate, Bekanntheitsgradsteigerung, Erhöhung der Sympathiewerte, Lernerfolg bei der Vermittlung des KKV, etc.) zusammen mit den übrigen Marketingmixinstrumenten ein fördernder oder wirkungsreduzierender Einfluss eintreten kann. Kommunikationspolitik als Sprachrohr des Unternehmens kann nur den Verkauf unterstützen. Die Produktqualität und der vermittelte Nutzen des eigenen Produktes im Vergleich zu Wettbewerbsprodukten im relevanten Markt (Preis-/Leistungsverhältnis) ist für den Verkauf ursächlich. Schwächen in der Produkt- und Sortimentspolitik, Kontrahierungspolitik sowie auch der Distributionspolitik können durch Kommunikations-

[258] Gewinnung von Neukunden, Umwandlungsquoten zwischen Interessenten zu Kunden, Gewinnung von Interessenten, Intensivierung des Abverkaufs bei Stammkunden

[259] z.B. Veränderung der Einstellungen und damit der Produktpositionierung

budgets höchstens kurzfristig kompensiert werden. Damit ist Kommunikationspolitik eine abgeleitete Größe der gesamten Marketingpolitik bzw. des strategischen Managements des Unternehmens.

- Nutzung umfangreicher Analyse-Instrumente zur Beurteilung der Werbewirkungsfunktionen. Interne und externe Einflussfaktoren haben eine fördernde oder behindernde Rolle. Zu den internen Faktoren zählen Produktlebenszyklus des Werbeobjekts und kommunikative Einzelziele. Externe Einflussfaktoren sind im Wesentlichen Faktoren der Makroumwelt (Konsumneigung, Beschäftigungsgrad, etc.) und Mikroumwelt (Marktsituation mit den Entwicklungen bei den Nachfragerzielgruppen und dem Wettbewerb). Demnach sind nicht nur Anpassungen an Veränderungen der Rahmenfaktoren des Marktes möglich, sondern für eine realistische Ziel- und Maßnahmenplanung notwendig. Etatplanungen sind kein einmaliger Prozess, sondern in einen permanenten Kontrollvorgang eingebettet.
- Analyse der qualitativen sowie quantitativen Wirkung der einzelnen Kommunikationsinstrumente sowie der hierfür eingesetzten Trägermedien, die die Botschaften an die ausgewählten Zielgruppen herantragen sollen.
- Mit der Aufteilung des Gesamtbudgets in Einzelmaßnahmen und Einzelprojekte können die spezifischen Einflüsse anderer Marketinginstrumente besser berücksichtigt werden und eine Verursachungsrecherche eine Zuweisung der Kosten sowie der Ergebnisse ermöglichen.
- Das Werbebudget ist Ergebnis eines Planungsprozesses. Dadurch werden Ziel-/ Mittelrelationen und durch die Erfolgskontrollen Fehlplanungen erkennbar und gegebenenfalls noch frühzeitig korrigierbar. Wenigstens können die Erfahrungen aus gemachten Fehlern in die Folgeaktionen einfließen.
- Berücksichtigung der jeweiligen Umfeldsituation (Makro-/Mikroumwelt) für die einzelnen Werbeobjekte (Marken, SGFs etc. ).

Nachteile dieses Verfahrens:

- Für eine exakte Planung der Kommunikationsmaßnahmen (Inhalt und Ausmaß) ist die Kenntnis von Responsefunktionen für unterschiedliche Instrumente zwingend. Diese Kenntnis liegt aber in vielen Fällen nicht vor. Für das Kommunikationsinstrument der klassischen Werbung sind die Wirkungszusammenhänge am umfangreichsten analysiert worden. Gleiches gilt für die Instrumente der Dialogkommunikation. Für andere Kommunikationsinstrumente, insbesondere der Öffentlichkeitsarbeit, des Eventmarketing sowie des Sponsoring sind die Wirkungszusammenhänge meist wenig erforscht.
- Häufig bestehen Budgetrestriktionen im Vergleich zu den erforderlichen Mitteln zur kommunikativen Umsetzung der Ziele. Dadurch können höhere Kommunikationsbudgets nachvollziehbar begründet werden.

Die Budgetierung wird in der Konsumgüterindustrie meist durch ein Markenteam erarbeitet. Zu dem gehören Produktmanager, Produktgruppenmanager, Manager aus Verkauf und Handelsmarketing sowie Produktion, Rechnungswesen und natürlich Marktforschung. Die Teamzusammensetzung ändert sich gemäß organisatorischer Spezialisierung der Kommunikationsaufgaben. Dabei spielen politische Aspekte und Machbarkeit eine größere Rolle als theoretische Modelle. Zunächst wird in einem „Bottom Up"-Verfahren eine umfassende Situationsanalyse vorgenommen, dann werden Strategie sowie Marketingziele festgelegt. Daraus leiten sich die prognostizierten Umsätze sowie Erträge ab. Primär werden die „Above the Line“-Aktivitäten wie klassische Werbung und Verkaufsförderung (Consumer-/Dealer Promotion) geplant. Dabei haben die handelsgerichteten Budgets gegenüber der klassischen Mediawerbung Priorität (Marktmacht im Handelskanal). Vertriebskosten werden „en block“ zunächst generell fortgeschrieben. Die Grundorientierung erfolgt nach Vorjahreswerten und erfährt je nach Wettbewerbslage Modifikationen. Die vorläufigen Budgetwerte werden dann durch die Geschäftsleitung modifiziert, die in Abhängigkeit der Unternehmenszielsetzungen Marken im Markenportfolio eher fördern oder eher zurückfahren möchten. Ein Teil der Budgetmittel wird für taktische Einsätze zurückbehalten. Wird gegen Ende des Geschäftsjahres sichtbar, dass bestimmte Ziele nicht erreichbar waren, werden Kommunikationsbudgets gestrichen oder in Kommunikationsprojekten investiert, die erfolgreich verlaufen sind. Die Werbeerfolgsanalysen erfolgen meist nur unsystematisch und die gewonnen Erfahrungen verbleiben nur in den Köpfen der Produktmanager. [260]

Allgemein lassen sich bestimmte systematische Muster der Budgetverteilung feststellen:

- Die Verteilung der Budgets auf einzelne Kommunikationsinstrumente unterliegt bestimmten Modeerscheinungen und Zyklen. Zu beobachten ist eine Verlagerung der Budgets von den klassischen Medien auf die Dialogkommunikationsmedien (z.B. Mail- und Telefonmarketing-Aktionen).
- Sind die Produkte in der Einführungs- und Wachstumsphase und liegt ein starkes Marktwachstum vor, so wird die klassische Mediawerbung gegenüber der Verkaufsförderung bevorzugt.
- Marktführer, Unternehmen mit hohen Deckungsbeiträgen sowie Unternehmen, die eine Produktdifferenzierungsstrategie verfolgen, geben überproportional viel für Werbung aus.
- In Relation zum Umsatz erfordern Unternehmen mit hohem Marktanteil geringere Werbeaufwendungen zur Erhaltung des Marktanteils. Ebenfalls sind die Kosten pro erreichtem Kunden geringer. [261]
- Bei hoher Wettbewerbsintensität werden verstärkt Verkaufsförderungsbugets zum Einsatz gebracht.
- Die Bedeutung von Verkaufsförderung wächst in Organisationen, bei denen das Management kurzfristig orientiert ist und der Vertrieb politisch bedeutungsvoll bzw. die Handelsmacht gegenüber den Herstellerunternehmen dominant ist.
- Verkaufsförderung hat nur geringen Einfluss auf die langfristige Einstellung der Verbraucher gegenüber dem Produkt. Der Einfluss ist auf Einstellung und Marktanteil meist nur von kurzer Dauer. Dagegen ist die Wirkung von klassischer Medienwerbung auf Marktanteil und Einstellungsbildung langfristig wirksam. Die kurzfristige Wirkung ist dagegen gering. [262]

---

[260] Vgl. Kotler, P., Bliemel, F. (1999), S. 954 ff.

[261] Vgl. Kotler, P., Bliemel, F. (1999), S. 981.

[262] Vgl. Low, G. S., Mohr, J. J. (1992), S. 92 ff.

- Bei Repositionierung und bei Vermittlung umfangreicherer Botschaftsinhalte müssen mehr Kontakte geplant werden als im Falle der Vermittlung einer emotionalen Positionierung.
- Je substituierbarer der Kernnutzen des Produktes ist, desto eher liegen die Vorteile in einer breiten Marktpräsenz mit eindeutigem Unique Advertising Proposition (UAP).
- In Märkten mit hohen Werbeaufwendungen und viel „Werbegetöse" muss entsprechend mehr geworben werden, um überhaupt wahrgenommen zu werden.

## 2.4 Werbeträgeranalyse und -planung

Unabhängig von den Kommunikationszielen oder den verfügbaren operativen Instrumenten der Marktkommunikation (vgl. Kapitel 1) müssen für den medialen Transport der Kommunikationsbotschaften zur Verfügung stehende Trägermedien ausgewählt werden. Dabei kann man unterscheiden in Trägermedien, die ausschließlich für den Transport von Werbeinhalten bestimmt sind (z.B. Außenwerbeflächen) und Trägermedien, die unter anderem auch Werbung beinhalten, dennoch einen eigenständigen kommunikativen Anspruch in Bezug auf Unterhaltung oder Information besitzen (z.B. Zeitungen). Darüber hinaus muss im Zuge der Digitalisierung der Inhalte und der Konvergenz der einzelnen Mediensysteme in dialog- und monologorientierte bzw. in klassische und neue Medien unterschieden werden. Alle Medien dienen als Instrument zum Transport von Inhalten (Content). Sie besitzen einen eigenen Nutzen, eine eigene Zielgruppe und damit eine eigenständige Positionierung. Das durch das jeweilige Medium angesprochene Publikum und die jeweilige Rezeptionssituation bestimmen den Transportwert des Mediums. Aufgabe der Mediaanalyse und der darauf aufbauenden Mediaplanung ist die Auswahl der geeigneten Medien in sachlicher Hinsicht (welche Medien) und in zeitlicher Hinsicht (in welcher Reihenfolge). Zur Beurteilung der Leistungsfähigkeit der einzelnen Medien greift man auf die Instrumente der Markt- und Mediaforschung zurück.

Der Erfolg der kommunikativen Aktivitäten hängt von vielen Faktoren ab. Einer der entscheidendsten Faktoren ist die Art und Weise der Verbreitung der Werbebotschaften über Trägermedien. Nicht nur die Zielgruppe wird durch die Auswahl der Werbeträger festgelegt, sondern auch die Höhe der für Schaltungen aufgewendeten Werbebudgets. Zur Erreichung der ökonomischen und kommunikativen Werbeziele hat die Mediaplanung entscheidenden Einfluss. Dabei sollen entweder bei einem gegebenen Kommunikationsbudget eine maximale kommunikative Wirkung bei der anvisierten Zielgruppe oder aber ein bestimmtes Werbeziel möglichst kostengünstig erreicht werden.

Die Mediaselektion teilt sich in die beiden Bereiche der Inter- und Intramediaselektion auf. Während die Intermediaselektion die Auswahl der Werbeträgergruppe zum Untersuchungsgegenstand hat (z.B. monolog- versus dialogorientierte Medien), ist die Aufgabe der Intramediaselektion die Auswahl einzelner Medien einer Werbeträgergattung sowie deren Schaltungsfrequenzen (z.B. Auswahl von Zeitschriften) zu analysieren.

## 2.4.1 Intermediaselektion

Die Intermediaselektion befasst sich mit der Analyse einzelner Werbeträgergruppierungen und prüft ihre Eignung zur Erreichung spezifischer kommunikativer Ziele. Aus der Vielzahl der Werbeträger werden jene ausgewählt, denen eine hohe Chance unterstellt wird, die Werbebotschaft effektiv an die Zielgruppe zu transportieren. Dabei zeigen sich bei den einzelnen Werbeträgergruppen Unterschiede in ihren Stärken und Schwächen. Um eine sinnvolle Auswahl treffen zu können, wurden für die Intermediaselektion Kriterienkataloge entwickelt, anhand derer die einzelnen Werbeträger beurteilt werden können. Es geht also darum, wie ein Kontakt mit einem Pressemedium (visuell), der Kontakt mit dem Radio (akustisch) und der Kontakt mit dem Fernsehen (audiovisuell) zu bewerten ist. Das methodische Problem des Intermedialvergleichs liegt darin, Maßstäbe zu entwickeln, mit deren Hilfe die über verschiedene Werbeträgergattungen erzielbaren Kontakte auf einen Nenner gebracht werden können. Die intermediale Gewichtung stößt auf große Schwierigkeiten, weil es an Vergleichsmaßstäben und an fundierten empirischen Untersuchungen fehlt.

Dabei werden zwei Schritte unterschieden:

*Schritt 1: Grundsätzliche Eignung zur Erreichung der kommunikativen Ziele anhand qualitativer Kriterien (Kontaktqualität):*

- *Mediennutzerqualität und Zielgruppenabdeckung:* Dahinter verbergen sich Zielgruppenmerkmale typischer Nutzer einer Werbeträgergattung. Eine wichtige Rolle spielen dabei die demografischen und psychografischen Segmentierungsmerkmale (z.B. die Zielgruppe der Kinobesucher zeigt ein spezifisches Profil). Darüber hinaus kommt in Bezug auf die Werbewirkung der Funktion des Werbeträgers eine erhebliche Bedeutung zu. Die Glaubwürdigkeit des Trägermediums strahlt auf die Glaubwürdigkeit der Werbebotschaften ab. Deswegen kommt eher informativen Werbeträgern eine höhere Bedeutung zu als Werbeträgern, die ein Unterhaltungsziel verfolgen.
- *Verfügbarkeit:* Viele Medien haben zwar eine ausreichende Mediennutzerqualität, sind jedoch nicht kurzfristig verfügbar und können nur langfristig in den Schaltplänen aufgenommen werden (z.B. Außenwerbeflächen). Ein weiteres Merkmal der Verfügbarkeit ist die Erscheinungsweise. Je nach Periodizität des Mediums offenbaren sich unterschiedliche Möglichkeiten der zeitlichen Planung des Mediaeinsatzes.
- *Selektivität des Mediaeinsatzes:* In vielen Fällen möchte der Werbetreibende das Medium nicht flächendeckend und vollständig einsetzen, sondern bevorzugt eine Selektion nach geografischen Gesichtspunkten oder bestimmte Belegungssplits nach bestimmten weiteren Segmentierungsgesichtspunkten.
- *Umfeldplatzierung:* Für die Steigerung der Werbewirkung wird neben der Möglichkeit der generellen Mediaauswahl die Platzierung innerhalb des redaktionellen Umfelds als Optimierungsgesichtspunkt in den Mittelpunkt gestellt. Das redaktionelle Umfeld hat Einfluss auf die Zusammensetzung der Leser. Eine Effizienzsteigerung wird immer dann möglich, wenn die Werbebotschaften in ein redaktionelles Umfeld eingebettet sind, das der Zielgruppe des Werbetreibenden entspricht (z.B. Themenplatzierung im Fernsehprogramm).

- *Situation der Mediennutzung:* In vielen Medien haben die Werbemittel nur eine flüchtige Chance, wahrgenommen zu werden, während in anderen Medien eine intensive Auseinandersetzung erfolgen kann. Je nach Zielgruppe lässt sich dabei in Mediengruppen unterscheiden, bei denen eine hohes mediales Involvement (z.B. ADAC Motorwelt) oder ein niedriges mediales Involvement (z.B. Programmzeitschriften) vorliegt. Eine wesentliche Rolle bei der Wahrnehmung der Werbebotschaften spielt die Situation, in der das Medium genutzt wird. Viele Medien (z.B. Zeitungen) werden in hektischer Atmosphäre genutzt und teilweise liegen Ablenkungen durch Nebenbeschäftigungen vor. Eine wiederholte Kontaktaufnahme findet meist nicht statt.
- *Planbarkeit:* Für eine Vielzahl von Medien fehlen ausreichende Planungsdaten. Der Werbetreibende hat keine Grundlage zur Beurteilung des Preis-/Leistungsverhältnisses. Die traditionellen Massenmedien werden regelmäßig durch anerkannte Markt-/Medienstudien erfasst. Für den Bereich der Print-Werbeträger ist dies die AG.MA und für den Bereich der elektronischen Werbeträger die AFG. (vgl. Kap. 2.4.3.1.).
- *Gestaltungsadäquanz:* Die in Frage kommenden Medien müssen in der Lage sein, die spezifische Gestaltungsform der Werbekampagne umsetzen zu können.
- *Imagequalitäten und Glaubwürdigkeit des Mediums:* Die Imagequalitäten des Mediums strahlen auf die Werbebotschaften aus. Zeitungen haben im Vergleich zu Zeitschriften eine höhere Glaubwürdigkeit, weshalb auch Werbung unterschiedlich wahrgenommen wird.

*Schritt 2: Wirtschaftlichkeit der Werbeträgergruppe anhand ihrer Kommunikationsleistung und den quantitativen ökonomischen Kriterien:*

- Die Kosten für 1.000 werbliche Kontakte (Tausendkontaktpreise) unterscheiden sich recht erheblich. Sie lassen sich meist nicht mit qualitativen Kriterien rechtfertigen. Zu den teueren Werbeträgergattungen zählen die Tageszeitungen und viele Online-Werbeträger. Vergleichsweise günstiger sind die traditionellen Massenmedien wie Fernsehen.
- Einen zusätzlichen Kostenfaktor stellen die Produktionskosten der Werbemittel dar. Print-Werbemittel lassen sich ungleich günstiger produzieren als Audio-/Video-Medien für Fernseh- und Kinospots.

Vergleicht man nun anhand einiger Kriterien die angebotenen Medien, so lassen sich je nach Werbeziel einige präferieren und andere fallen von vorne herein aus. Der Werbetreibende hat bei der Beurteilung ein Abwägungsprozess zwischen rein qualitativen und quantitativen Größen vorzunehmen.

Eine Übersicht über die Kriterien der Mediaselektion bietet Abbildung 3.13. Sie erhebt weder nach den Kriterien, noch nach den einzelnen beurteilten Medien einen Anspruch auf Vollständigkeit. Der Werbetreibende ist gezwungen, sich für die individuellen Belange ein entsprechendes Scoringverfahren zu entwickeln und die verfügbaren Medien zu bewerten.

| Bewertungskriterien | Beschreibung |
|---|---|
| Funktion für den Nutzer | Anteil Information und Unterhaltung, hohes oder niedriges Medieninvolvement, breite oder tiefe Themenbehandlung, lokale, regional, globale Bezüge, special- oder general interest-Medium |
| Situation der Mediennutzung | Entspannte oder angespannte Rezeptionssituation, aktives Medium oder Begleitmedium, Nutzung im Tages-/ Wochenablauf, Häufigkeit und Intenstität des Kontakts, Ablenkungsmöglichkeiten in der Nutzungssituation, Intensität der Nutzung |
| Erscheinungsweise | Tägliche, wöchentliche, 14-tägige, monatliche, Erscheinungsweise, Mindestbelegungszwänge |
| Sachliche Verfügbarkeit | Vorausbuchungen, Vorlaufzeiten für Schaltungen, Selektionsmöglichkeiten |
| Zeitliche Verfügbarkeit | Basismedium mit hoher Kontaktdichte oder Begleit- bzw. Ergänzungsmedium |
| Planungs-Grundlagen | Allgemein anerkannte Medienforschungsstudien (MA, AWA, VA, IVW, GfK-Fernsehforschung, Plakatanschlagsanalyse), lediglich Medienanbieteranalysen |
| Selektions-Möglichkeiten | Soziodemografische, psychografische und geografische Zielgruppen, Platzierung in redaktionellen Umfeldern und themenspezifische Platzierung |
| Darstellungsmöglichkeiten | Umfang der Inhaltsvermittlung, Multimedialität, Stand-/Bewegtbilddarstellung, Farbigkeit |
| Bedeutung für die Kommunikationsziele | Strategische Ziele durch Veränderung von Einstellungen und Images, Steigerung des Bekanntheitsgrades und Markenaufbau oder taktische Verkaufsförderungsziele, Kampagnenintegrationsmöglichkeiten |

*Abb. 3.13: Kriterien zum Intermedia-Vergleich*

## 2.4.2 Intramediaselektion

Ziel der Intramediaselektion ist es, eine Auswahl zwischen den verschiedenen Werbeträgern einer Mediagattung bzw. Werbeträgergruppe zu treffen, nachdem eine grundsätzliche Entscheidung für eine bestimmte Kategorie bereits aufgrund des Intermediavergleichs getroffen wurde. Neben der grundsätzlichen Auswahl einzelner Werbeträger einer Mediagattung stehen die Analyse der Konsequenzen unterschiedlicher Schaltfrequenzen des gleichen Mediums im Mittelpunkt der Untersuchungen. Auch hierbei spielen sowohl qualitative als auch quantitative Größen eine Rolle. Zu den qualitativen Haupteinflussgrößen gehören ähnliche Kriterien, die bereits bei der Intermediaselektion herangezogen wurden.

Die Mediaforschung hat eine Reihe von Bewertungsansätzen zur Beurteilung der Werbeträgerleistung entwickelt. Sie alle geben Hilfestellung, die Werbemittelkontaktchance bei einer Schaltung zu beurteilen. In der Praxis weisen die Mediauntersuchungen aber nur die Werbeträgerkontaktchancen aus, die dann Grundlage für die Werbeträgerplanung sind.

### 2.4.2.1 Reichweitenwerte

#### 2.4.2.1.1 Ausgewählte Kenngrößen

Das zentrale Maß für die Leistungsfähigkeit der einzelnen Werbeträger sind die Reichweitenwerte. Dabei ist in quantitative und qualitative Reichweitenwerte zu unterscheiden. Zudem muss nach Kontaktqualitäten differenziert werden. Bei der Erhebung von Reichweiten lässt sich zwischen der Reichweite eines Trägermediums und der Reichweite des entsprechenden Werbemittels unterscheiden. Die Medienindustrie ist naturgemäß am Ausweis der Leistungsfähigkeit des Werbeträgers interessiert, und die werbetreibende Industrie möchte über einen Maßstab zur Beurteilung der Kontaktchance des einzelnen Werbemittels bei einer entsprechenden Schaltung in einem Werbeträger verfügen. Die Praxis der Mediaforschung vermittelt zwischen beiden Interessenlagen. Insofern muss bei der Beurteilung der ausgewiesenen Reichweitenwerte einzelner Medien immer deren methodischer Hintergrund und deren Abfragetechnik beachtet werden. Die Mediaforschung hat dabei eine Reihe von Begriffen eingeführt, die Unterschiedliches methodisch beschreiben.

- *Kontaktwahrscheinlichkeit (Opportunity to see, Opportunity to hear, Opportunity to contact):* Ein Kontakt ist medientechnisch dann erreicht, wenn dieser mit dem Medium bei den Sehern, Hörern, Lesern, Usern oder allgemein den Nutzern erfüllt ist. Dabei lassen sich die Werbemittelkontakte nur aufgrund von Untersuchungen zur Kontaktqualität auf Basis von Wahrscheinlichkeiten schätzen. Im Mittelpunkt dieser Werte steht der Kontakt mit dem Medium (Werbeträgerkontakt). Wie oft und wie intensiv die Werbung im Werbeträger wahrgenommen wird, ist nur schätzbar. Die OTS-Chance (Opportunity to see) drückt die Möglichkeit aus, dass es zu einem Werbemittelkontakt kommt.
- *Heft-Kontakt (LpA-Wert):* Hiermit wird die Chance bewertet, dass eine Zielperson eine durchschnittliche Ausgabe eines Insertionstitels zur Hand nimmt und darin blättert oder liest. Offen bleibt auch hier, wie intensiv das Lesen erfolgt.
- *Seiten-Kontakt (LpS-Wert):* Dieser Wert beschreibt die Chance, dass eine Zielperson eine durchschnittliche Seite einer durchschnittlichen Titelausgabe eines Insertionsmediums aufschlägt und Informationen aufnimmt (allgemeine Kontaktchance bzw. Wahrscheinlichkeit, dass ein Leser das Werbemittel wahrnimmt).
- *Seiten-Mehrfach-Kontakt (SMK):* Hierdurch wird die Chance beschrieben, dass eine Zielperson eine durchschnittliche Seite eines durchschnittlichen Teils eines Insertionsmediums mehr als einmal aufschlägt.
- *Kontakthäufigkeit:* Hierunter werden die Anzahl der Kontakte erfasst, die ein Nutzer mit einem Medium oder einem kompletten Mediaplan hat.

- *Durchschnittskontakte pro erreichter Zielperson:* Dieser Wert zeigt die Anzahl der Kontaktchancen innerhalb eines Mediaplans, die im Durchschnitt auf die erreichten Personen entfallen. Dividiert man also die Bruttoreichweite durch die Nettoreichweite, so erhält man den OTC-Wert (Durchschnitts-OTS bzw. OTH-Wert).

$$\text{OTS} = \frac{\text{Bruttoreichweite (Kontaktzahl)}}{\text{Nettoreichweite (Kontaktzahl)}}$$

  Diese Zahl bringt die Kontaktchancen zum Ausdruck, die innerhalb eines Mediaplans im Durchschnitt auf die erreichten Personen entfallen. Da es sich hierbei um einen Durchschnittswert handelt, ist es bedeutsam, auch die Streubreite der OTC-Werte zu betrachten. Bei der Beurteilung der Lernwirkung von Werbebotschaften, ist von einer Mindestkontaktzahl auszugehen. Insofern hilft dieser Wert bei der Beurteilung der Lernchance durch einen Streuplan. Natürlich kann eine Person 15 Kontakte bekommen und eine andere nur einen Kontakt, im Mittel ergibt sich ein OTC-Wert von 8. Die eine Person erhält zu viele Kontakte und bei der anderen Person tritt keine Lernwirkung auf. Aus diesem Grunde handelt es sich um eine „Quantitative Reichweite".
  Bei geringer Streuung kann davon ausgegangen werden, dass der Durchschnitts-OTC-Wert tatsächlich mehrheitlich bei dem angesprochenen Zielpublikum bei diesem Streuplan eingetreten ist
- *Quantitative Reichweite:* Die quantitative Reichweite ist die Zahl der Personen, die durch die Belegung eines Mediums oder durch einen Streuplan insgesamt erreicht wurde, dies unabhängig von der Qualität der Zielpersonen. Dabei zählt jeder Kontakt gleichwertig. Zu unterscheiden ist dabei zwischen Brutto- und Nettoreichweite.
  - Bruttoreichweite: Hierbei handelt es sich entweder um:
    - die absolute Zahl der Seher, Hörer oder Leser eines Mediums bei einer einfachen Belegung oder
    - die Summe der Reichweiten bei einer mehrfachen Belegung eines Mediums oder die Summe der Reichweiten unterschiedlicher Medien.

  Dabei ist jeder einzelne Werbeträgerkontakt zu einer Person als Reichweite ausgewiesen ohne in Frage zu stellen, ob es sich hierbei um unterschiedliche oder die gleichen Personen handelt. Ebenfalls unbedeutend ist bei dieser Maßzahl die Anzahl der Personen, die unterschiedliche Medien parallel nutzen (Überschneidungen) und damit mit der Werbebotschaft mehrfach in Kontakt kommen. Eine Person, die mehrfach erreicht wird, fließt dementsprechend mehrfach in die Berechnung ein.
  - Nettoreichweite: Die Nettoreichweite eines Mediaplans stellt auf die Zahl der erreichten Personen ab. Unabhängig davon, wie oft ein Rezipient erreicht wird, zählt er nur einmal bei der Ermittlung der Nettoreichweite. Im Kern geht es darum, zu ermitteln, wie viele neue Leser, Hörer, Seher oder User bei mehrfacher Schaltung eines Werbeträgers oder Schaltung mehrerer Werbeträger mindestens einmal erreicht wurden.
- *Tausenderkontaktpreis (TKP):* Diese Maßzahl stellt bei Mediaplänen die Leistungsfähigkeit des Mediums den entsprechenden Belegungskosten gegenüber. Der TKP sagt aus, was es kostet, 1000 Personen mithilfe der ausgewählten Trägermedien ei-

nes Mediaplans zu erreichen. Dabei handelt es sich nicht um einen effektiven Kontakt, sondern lediglich um eine Kontaktchance.

$$\text{TKP} = \frac{\text{Einschaltpreis} \bullet 1000}{\text{Bruttoreichweite (Kontaktmenge)}}$$

Der quantitative Tausenderkontaktpreis geht entsprechend dem Gedankengut der quantitative Reichweite davon aus, dass es gleichgültig ist, ob es sich bei dem Kontakt um eine Person handelt, die nur einen Kontakt hatte oder um eine Person mit mehreren Kontakten. In beiden Fällen werden die Kontakte aufsummiert und den entsprechenden Schaltkosten gegenübergestellt. Auch bei der Berechnung dieser Kenngröße zur Beurteilung von Mediaplänen spielen die Überschneidungen (extern/intern) keine Rolle.
Eine Modifikation stellt der Tausendernutzerpreis (TNP) dar. Er sagt aus, was 1000 Personen der zu erreichenden Zielgruppe kosten, unabhängig davon, wie oft diese Personen einen Kontakt mit dem Werbeträger hatten.

$$\text{TNP} = \frac{\text{Einschaltpreis} \bullet 1000}{\text{Nettoreichweite (Personenanzahl)}}$$

Diese Kennziffern wurden bislang für quantitative Reichweitenwerte ermittelt (brutto/netto). Natürlich lassen sich neben den quantitativen Tausenderkontaktpreisen bzw. Tausendernutzerpreisen auch qualitative Werte ausweisen. In diesem Fall werden die Reichweiten (brutto/netto) um den Anteil der erreichten Zielpersonen gewichtet. Die Preise steigen dann, weil der Anteil der erreichten Zielpersonen meist geringer ist als die quantitative Gesamtreichweite.

- *Qualitative Reichweite:* Im Gegensatz zur quantitativen Reichweite geht es bei dieser Maßzahl darum, herauszuarbeiten, wie viele Kontakte in der anvisierten Zielgruppe erreicht wurden. All die quantitativen Reichweitenwerte könnten entsprechend dem Anteil der Zielgruppenmitglieder gewichtet werden. Bei der Streuplanung bleibt jedoch offen, welchen Wert ein Kontakt mit einer Zielperson und welchen Wert ein Kontakt mit einer Person, die nicht der Zielgruppe angehört, hat. Im Allgemeinen geht man in der Streuplanung davon aus, dass nur ein Kontakt mit der Zielgruppe einen vollständigen Wert hat. Empirische Untersuchungen im Direktmarketing weisen für Kontakte bei Mitgliedern der Zielgruppe und bei Nichtmitgliedern der Zielgruppe unterschiedliche Reaktionswerte aus. Dies bedeutet, dass im Grunde jeder Kontakt eine Reaktionschance hat (unabhängig von der Zielgruppenaffinität des Kontakts), die Reaktionschance ist aber graduell unterschiedlich.

#### 2.4.2.1.2 Überschneidungen

Überschneidungen innerhalb von Mediaplänen treten immer dann auf, wenn entweder das gleiche Medium mehrfach in einer zeitlichen Reihenfolge oder unterschiedliche

Medien parallel bzw. zeitlich gestaffelt geschaltet werden. Im Kern geht es dabei um die Frage, wie viele Mediennutzer durch das gleiche oder durch unterschiedliche Medien mehrfach erreicht werden.

- *Interne Überschneidungen:* Bei internen Überschneidungen handelt es sich um die Zahl der Nutzer, die bei *verschiedenen Ausgaben desselben Mediums* (z.B. monatliche Ausgaben bei der ADAC Motorwelt) auch mehrfach erreicht werden. Würde man die ADAC Motorwelt 12 mal im Jahr schalten, würde ein Teil der Leser auch 12 Werbeträgerkontakte und damit auch Werbemittelkontaktchancen haben. Natürlich werden auch einige Leser nur einmal diesen Titel nutzen, sodass nur ein Kontakt möglich wird. Diese internen Überschneidungen sind verantwortlich für die individuellen Kumulationswerte der einzelnen Werbeträger.
- *Externe Überschneidungen:* Bei externen Überschneidungen handelt es sich um die Zahl der Nutzer einer Ausgabe eines Mediums (z.B. Nutzung des Sterns als Abonnementenzeitung), die gleichzeitig Ausgaben verschiedener Werbeträger (der gleichen oder anderer Medienkategorien) nutzen.
- *Kumulationen:* Durch die mehrfache Belegung eines Mediums in zeitlicher Abfolge entstehen kumulative Reichweitenwerte, die medienspezifisch unterschiedliche Ausprägungen haben. Die Medien unterscheiden sich erheblich in der Struktur ihrer Nutzer. Es gibt Medien, die eine gleichbleibende Nutzerschaft bei aufeinander folgenden Ausgaben haben und andere, deren Nutzerschaft erheblich fluktuiert. Im Zeitschriftenbereich sind Titel mit Stammpublikum eher Abonnementen-Zeitschriften und Titel mit eher Gelegenheitspublikum Kaufzeitschriften.

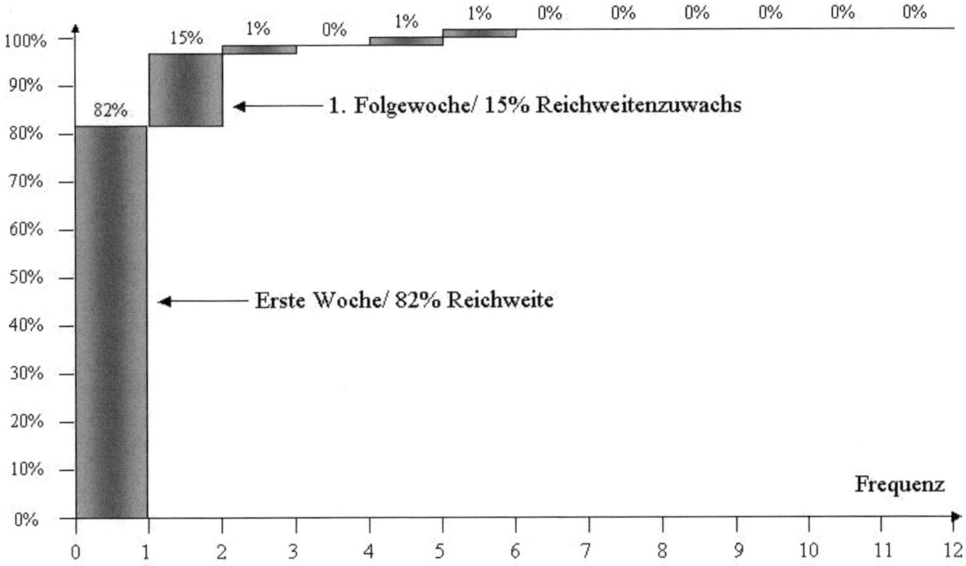


*Abb. 3.14: Beispiel des Reichweitenwachstums durch mehrere Schaltungen eines Mediums mit regelmäßiger Nutzerschaft*

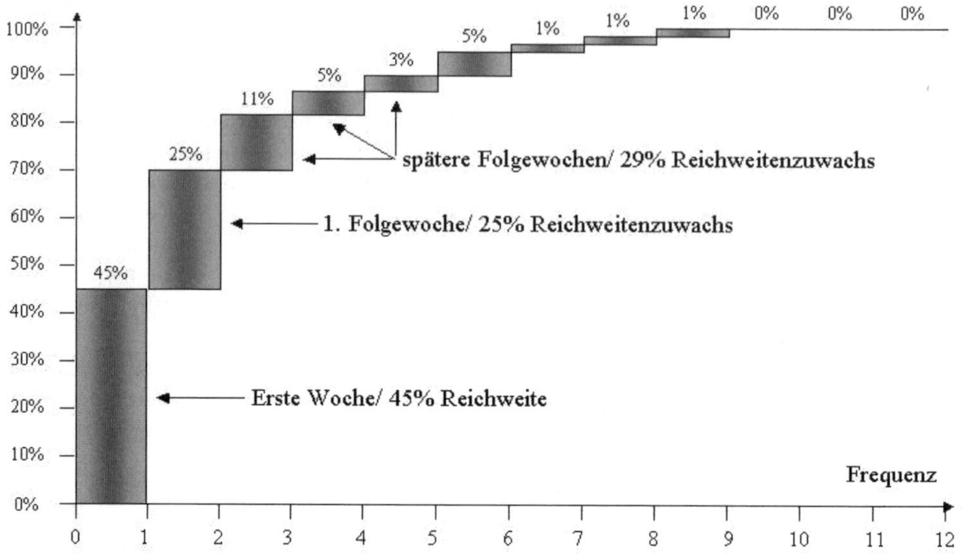


*Abb. 3.15: Beispiel des Reichweitenwachstums durch mehrere Schaltungen eines Mediums mit unregelmäßiger Nutzerschaft*

2.4.2.1.3 Folgerungen

Für die Streuplanung lassen sich eine Reihe vom Empfehlungen ableiten.

- *Kumulationswirkungen:* Der Zusammenhang zwischen Reichweiten- und Kontaktmengenwachstum lässt sich anhand der beiden Kumulationsgesetze verdeutlichen:

  1. Kumulationsgesetz: Starkes Reichweitenwachstum bedingt schwaches Kontaktwachstum.

  2. Kumulationsgesetz: Starkes Kontaktwachstum bedingt schwaches Reichweitenwachstum.

  Eine Programmzeitschrift mit meist regelmäßiger Nutzerschaft wie „Hörzu" erreicht bei 12 Schaltungen einen geringeren Reichweitenzuwachs von netto 27 Prozent (27 Prozent zusätzliche neue Leser mit mindestens einem Kontakt im Vergleich zu einer einfachen Belegung), aber einen hohen OTS-Wert. Eine Frauenzeitschrift wie „Brigitte" erreicht mit einem wechselnden Publikum einen hohen Reichweitenzuwachs von 161 Prozent, aber dagegen geringe OTS-Werte. Je nach Werbezielsetzung und Marktsituation sind dementsprechend die Streupläne auszurichten. Folgende Einflussgrößen spielen dabei die entscheidende Rolle:
- *Zielsetzung:* Wenn Konsumentenverhalten verändert werden soll (Veränderung der Präferenzmuster bzw. Erlernen von wichtigen Produkteigenschaften), dann sollte der Schwerpunkt des Medienplans auf Medien mit geringen Reichweitenzuwächsen

und einem höheren Kontaktwachstum liegen, damit die Werbebotschaft gelernt werden kann. Sollen die Mediapläne nur bestehende Verhaltens- und Präferenzmuster stabilisieren oder nur eine Erinnerungswirkung erzielen, so sollten Werbeträger mit hohem Reichweitenzuwachs ausgewählt werden. Soll neben der Vermittlung von Imagequalitäten des Produktes ein direkter Abverkauf erzielt werden (Direct Response TV/Direct Response Advertising), sollten ebenfalls verstärkt Werbeträger mit hohem Reichweitenzuwachs in den Streuplan aufgenommen werden.

- *Kommunikationsinhalte:* Je mehr Inhalte vermittelt und damit von der Zielgruppe gelernt werden sollen, desto höher sollte das Kontaktmengenwachstum sein. Werden eher Bildmotive oder Emotionen vermittelt, sollten Medien mit höherem Reichweitenzuwachs im Streuplan aufgenommen werden.
- *Produktspezifisches Involvement:* Im Low Involvement-Fall wird von einem s-förmigen Wirkungsverlauf auszugehen sein. Dies bedeutet, dass eine bestimmte Kontaktfrequenz überschritten werden muss, damit die Werbebotschaft überhaupt wahrgenommen wird. Dies spricht für Werbeträger mit geringen Reichweiten, aber gegen hohe Kontaktmengenzuwächse. Nach Überschreiten der kritischen Kontaktgröße schnellt die Wirkung überproportional in die Höhe. Die kritische Schwelle liegt etwa bei 10 bis 12 Werbemittelkontakten. Dabei darf natürlich keine größere Vergessenswirkung zwischen den Kontakten eintreten (mehrere Kontakte pro Tag sind meist besser als nur kurze Abstände zwischen den Kontakten). Bei Konsumenten, die ein hohes produktspezifisches Involvement besitzen, kann von einen degressiven Wirkungsverlauf ausgegangen werden, sodass diese Konsumenten deutlich geringere Kontaktvolumina benötigen, um die Werbebotschaft zu lernen (vgl. Kap. 2.4.2. Wirkungspfade der Werbung).[263]
- *Werbeträgereinfluss:* Je intensiver die Zielgruppe den Werbeträger nutzt (meist bei hohem produktspezifischen Involvement), desto weniger OTC-Werte sind für einen Werbemittelkontakt nötig.

## 2.4.3 Planungsdaten

Um die Leistungsfähigkeit der unterschiedlichen Werbeträger im Bereich der Massenkommunikation bzw. des „Broadcasting" beurteilen zu können, sind umfangreiche Medienforschungsstudien notwendig. Neben individuellen Studien der einzelnen Verlage und der Anbieter von Werbeschaltplätzen gibt es Studien mit höherem, objektivem Anspruch. Aufgrund der Interessensituation sind Medienstudien der Verlage eher interessengeleitet, da natürlich die eigenen Verlagsprodukte mithilfe von Medienforschungsdaten als Werbeträger von Werbebotschaften unterschiedlicher Zielgruppen als besonders geeignet dargestellt werden sollen. Die nachfolgenden Standardservices erheben dagegen aufgrund ihrer Auftraggeberstruktur Anspruch auf ein höheres Maß an Objektivität. Sie dienen deshalb auch als Grundlagenstudie für die Planung von Medienetats sowie Schaltkosten der einzelnen Werbeträger.

Diese Zielsetzungen, die durch solche Studien verbunden werden, liegen im Wesentlichen darin:

[263] Vgl. Unger, F., Fuhr, W. (1999), S. 53 f.

- *Ermittlung der Zielgruppenaffinität:* Bei der Auswahl der einzusetzenden Werbeträger (Teile, Sender, Flächen) sollte der Grad an Affinität zwischen der Produktzielgruppe und deren Mediennutzungsverhalten möglichst hoch sein. In diesem Fall reduzieren sich die Fehlstreuungen.
- *Ermittlung des Coverage innerhalb der anvisierten Zielgruppe:* Mithilfe des Mediaplans sollen möglichst alle anvisierten Zielgruppen erreicht werden.
- *Ermittlung der Kontaktintensität innerhalb der Zielgruppe:* Mithilfe des Medienplans sollten ausreichende Durchschnittskontakte zur Erzielung von Lernwirkungen realisierbar sein.
- *Preis-/Leistungsverhältnis:* Der Medienplan sollte möglichst niedrige TKPs beinhalten.

Werden in den Studien Marktdaten und Mediendaten gemeinsam erfasst, sodass man auf Grundlage dieser Studie sowohl Zielgruppenanalysen als auch Mediennutzungsanalysen durchführen kann, so spricht man von „Single-Source-Studien". Werden zudem mehrere bzw. alle Mediengattungen abgefragt, so handelt es sich um „Multi-Media-Studien" oder „All-Media-Analysen".[264] Da Auskunftspersonen natürlich nur begrenzt zeitlich belastbar sind, reduziert sich zwangsläufig die Untersuchungstiefe. Deswegen haben unterschiedliche Studien auch unterschiedliche Schwerpunkte in der Themenbehandlung. Manche Studien gehen im Bereich Medien in die Tiefe, etwa zu Lasten des Produktnutzungsverhaltens. Andere Studien fragen sehr breit ab, verlieren dadurch aber Aussagefähigkeit in vertieften Themenfeldern.

### 2.4.3.1 Standardservices

#### 2.4.3.1.1 Medienanalyse der AG.MA

Im Auftrag der Arbeitsgemeinschaft Media-Analyse e.V., die sich aus Vertretern der Markenartikelindustrie, den Anbietern von Werbeplätzen (öffentlich-rechtliche und private Programmveranstalter, Verlage) und Vertretern der Werbeagenturlandschaft sowie aus Verbänden zusammensetzt, wird in der Bundesrepublik jährlich eine große Analyse zum Medienverhalten durchgeführt. Hierbei handelt es sich um eine „Single-Source-Studie" zum Medienverhalten im Bereich der Print-Werbeträger (Pressebranche). Zudem werden für die elektronischen Werbeträger (elektronische Branche) die Daten der AFG (vgl. Kap. 2.4.3.1.4.) hinzukommen. Es gibt pro Jahr zwei Befragungswellen (Frühjahr und Herbst), die von unterschiedlichen deutschen Marktforschungsinstituten gemeinsam durchgeführt werden.[265] Zweimal im Jahr erscheinen Trendberichte über die einzelnen Werbeträger.

Die Grundgesamtheit besteht aus den Privathaushalten (Personen ab 14 Jahren) der Bundesrepublik am Ort ihrer Hauptwohnung. Es handelt sich um eine mehrstufige Zufallsauswahl, wobei die Pressemedienbranche 25.914 Fälle umfasst.

[264] Vgl. Pepels, W. (1997), S. 223.

[265] Erhebende Institute waren Basisresearch GmbH, GfK Medienforschung, GFM-Etats, IFAK Institut, Infratest, INRA Deutschland, Marplan, Media Markt Analysen GmbH.

In der Media-Analyse werden die Leistungsdaten folgender Medien ermittelt:

- Publikumszeitschriften
- Supplements
- Tageszeitungen
- Konpress
- Lesezirkel
- Kino
- Hörfunk
- Fernsehen

Die Reichweite bei Publikumszeitschriften, Tageszeitungen, Werbefunk und Kino wird durch persönliche Interviews mithilfe umfangreicher Fragebögen ermittelt. Die Reichweite beim Fernsehverhalten wird aus den 4.400 Panelteilnehmern des GfK-Telemeters abgeleitet.

Der inhaltliche Schwerpunkt der AG.MA liegt in einer Ermittlung der Reichweitenwerte der einzelnen Werbeträgergattungen und innerhalb einer jeden Gattung der einzelnen erhobenen Medienmarken (Zeitschriftentitel, Tagungszeitungstitel, Hörfunk- und Fernsehsender). Neben den absoluten Reichweiten werden auch Reichweitenkumulationen sowie Überschneidungen ausgewiesen. Ansatzpunkte für eine verhaltensbezogene Segmentierung sind kaum vertreten. Zur Beschreibung der Rezipienten und zur Ermittlung qualitativer, zielgruppenspezifischer Reichweiten dienen in erster Linie soziodemografische Segmentierungskriterien wie Alter, Geschlecht, Beruf, Einkommen, Religion.

Eine Übersicht über die erhobenen Zielgruppendaten liefert folgende Übersicht (Abb. 3.16).

| Segmentierungsmerkmale | Merkmalsausprägungen |
|---|---|
| Geschlecht | 2 |
| Altersklasse | 14 |
| Familienstand | 5 |
| Lebensphasen | 6 |
| Haushaltsgröße | 9 |
| Anzahl Kinder unter 14 | 3 |
| Schulbildung/-abschluss | 4 |
| Tätigkeit des Befragten | 12 |
| Beruf des Befragten | 18 |
| Beruf des Haushaltsvorstands | 18 |
| Monatliches Nettoeinkommen | 12 |
| Wohnortgröße | 5 |
| Nielsengebiet | 12 |

| | | |
|---|---|---|
| Demotypus | | |
| | Haushalts-Typ | 12 |
| | Männer-Typ | 12 |
| | Frauen-Typ | 12 |
| Führerscheinbesitz | | 2 |
| Besitz im Haushalt | | 35 |
| Tiere im Haushalt | | 5 |
| Gartenbesitz | | 2 |
| Einkaufshäufigkeiten | | 5 |
| Einkaufen in bestimmten Betriebsformen | | 9 |
| Wohndauer | | 6 |
| Wohnungsart | | 4 |
| Urlaub/Fernreisen | | 8 |
| Alter des Hauses | | 7 |

*Abbildung 3.16: Zielgruppendaten der Media-Analyse (Auszug)*
*(Quelle: Unger, F., Durante, N.-V., Gabrys, E., Koch, R., Wialersbacher, R. (1999), S. 84)*

Durch Segmentierung einer Reihe von soziodemografischen Daten werden auch Typologien ermittelt. Die so genannten Demotypen charakterisieren die typisch deutsche Konsumentenstruktur und das entsprechende Mediennutzungsverhalten.

2.4.3.1.2 Allensbacher Werbeträgeranalyse (AWA)

Ähnlich wie die AG.MA ermittelt die Allensbacher Werbeträgeranalyse (AWA) seit 1959 im Auftrag von 90 Verlagen und Fernsehsendern das Mediennutzungsverhalten. Diese Studie beruht auf ca. 20.000 mündlichen Interviews bei Deutschen ab 14 Jahren, die nach dem Quotenverfahren repräsentativ ausgewählt wurden. Das Besondere dieser Studie ist, dass im Rahmen einer „Single-Source-Studie“ sowohl Mediennutzungsverhalten als auch Kauf- und Verwendungsverhalten in einer Vielzahl von Produktbereichen abgefragt werden. Darüber hinaus werden Hinweise über gesellschaftspolitische und soziokulturelle Faktoren (Analyse des Makroumfeldes) gegeben.

Folgende Werbeträger werden innerhalb der AWA erfasst:

- Publikumszeitschriften, Magazinsupplements von überregionalen Zeitungen und Zeitschriften (224 Titel)
- Stadtillustrierte (4 Titel/Kombinationen)
- Wochen-/Monatszeitungen (7 Titel)

- Ausgewählte Kundenzeitschriften (13 Titel)
- Überregionale Abonnementstageszeitungen und Kaufzeitungen (6 Teile)
- Regionale Abonnementstageszeitungen und Kaufzeitungen
- Anzeigenblätter
- Öffentlich-rechtlicher und privater Hörfunk
- Werbefernsehen in öffentlich-rechtlichen und privaten Sendern
- Kinobesuch
- Plakat-/Außenwerbeflächen

Als Segmentierungskriterien wurden sowohl soziodemografische als auch Kriterien des beobachtbaren Konsumentenverhaltens ermittelt. Die besondere Stärke liegt im Bereich des Kaufverhaltens.

Im Bereich des Kaufverhaltens werden die Untersuchungspersonen darüber hinaus noch nach Besitz, Kauf, Kaufabsicht und Entscheidersituation bei multipersonellen Kaufentscheidungen befragt. Dabei werden umfangreiche Fragen zu den Bereichen Finanzdienstleistungen, Food und Non-Food, Haus und Wohnen, Telekommunikation PKW u.a. gestellt.

Folgende Themen- oder Produktbereiche können als Berichte abgefragt werden:

- Soziodemografie
- Politik-/Konsumverhalten
- Einstellungen, Interessen und Konsumneigung
- Sport, Freizeit und Kultur
- Urlaub und Reisen
- Geld, Kapitalanlagen, Versicherungen
- Haus und Wohnen
- Unterhaltungselektronik, Fotografie
- Computer und Telekommunikation
- Kraftfahrzeuge
- Mode, Körperpflege und Kosmetik
- Haushalt
- Nahrungsmittel, Getränke und Tabakladen
- Gesundheit
- Beruf
- Medien und Werbung

Konkretes Markenwahlverhalten wird dagegen nicht abgefragt. Dies erfolgt in Ad Hoc-Studien oder wird in der Verbraucheranalyse vorgenommen.

#### 2.4.3.1.3 IVW

Die Informationsgemeinschaft zur Feststellung und Verbreitung der Werbeträger (IVW) kontrolliert nach objektiven Maßstäben die Verbreitung ausgewählter Werbeträger. Die Verbreitungsdaten dienen als Abrechnungsgrundlage zwischen Werbetreibenden, Werbeagenturen und Medienanbietern. Seit 1955 arbeitet die IVW als rechtlich selbstständiger Verein. Mitglieder können sowohl Medienunternehmen, werbetreibende Unternehmen, Agenturen, Verbände als auch sonstige natürliche und juristische Personen werden, die Interesse an der Tätigkeit der IVW haben.

Die Verlage, die sich den Prüfungskriterien der IVW unterziehen, dürfen das Prüfungszeichen „IVW“ in ihren Vermarktungsunterlagen führen. Damit erhält der entsprechende Titel einen offiziellen Leistungswert, der sich in Schaltpreisen realisieren lässt.

Die kontrollierten Bereiche der IVW erstrecken sich auf folgende Felder:

- Feststellung der nachgewiesenen Auflage bei Zeitungen, Zeitschriften, Adressbüchern, Handbüchern und derartigen periodischen Presseerzeugnissen.
- Feststellung der verkauften Auflagen von Tageszeitungen und deren regionale Verbreitungen.
- Feststellung der nachgewiesenen Anschlagstellen sowie der Werbemöglichkeit in und an Verkehrsmitteln bei Unternehmen für Plakatanschlag, Verkehrsmittel- und Großflächenwerbung.
- Feststellung der nachgewiesenen Besuchszahlen bei Filmtheatern.
- Feststellung der ordnungsgemäßen Ausstrahlung von Werbespots in Hörfunk und Fernsehen.
- Feststellung der nachgewiesenen Auflage bei Anbietern von periodischen elektronischen Datenträgern (z.B. CD-ROM).
- Feststellung der nachgewiesenen Zugriffe bei Anbietern von Online-Werbeträgern.

Für die kleinräumige Nutzbarkeit der Tageszeitungen als Werbeträger dient die Verbreitungsanalyse Tageszeitungen. Sie weist für alle deutschen Gemeinden auf vierteljährlicher Basis die verkauften Auflagen der teilnehmenden Zeitungen aus (aggregierbar auf jede höhere geografische Bezugsgröße).

Diese Informationen werden ergänzt durch geografische Segmentierungsmerkmale: Zuordnung zu Bundesland, Regierungsbezirk, Kreisname, Kreiskennzahl, Gemeindenamen, Postleitzahlen, Zahl der deutschen Einwohner (gesamt und ab 14 Jahren) und Zahl der deutschen Haushalte, durchschnittliche Haushaltsgröße.

Dann folgen eine namentliche Bezeichnung der Teilbelegungseinheiten und der Werum-MA-Tageszeitungscode der jeweiligen Belegungseinheit, für die ein Grundpreis im Anzeigentarif ausgewiesen ist. Hierdurch ist eine Anreicherung mit den leseranalytischen Daten der AG.MA möglich. [266]

#### 2.4.3.1.4 Analyse elektronischer Werbeträger der AFG

Das Fernsehnutzungsverhalten wird auf Basis elektronisch gewonnener Daten ermittelt. Die Arbeitsgemeinschaft Fernsehforschung hat die Gesellschaft für Markt- und Mediaforschung AG (GfK) beauftragt, auf Grundlage eines Panels eine tagesgenaue Analyse des Fernsehverhaltens durchzuführen. 6.000 Haushalte mit etwa 15.000 Personen sind mit ihrem Fernsehgerät an das so genannte „GfK-Meter“ angeschlossen. Dieses Gerät misst sämtliche Aktivitäten am und vor dem Fernsehgerät und meldet diese Daten täg-

[266] Vgl. Unger, F., Durante, N.-V., Gabrys, E., Koch, R., Wailersbacher, R. (1999), S. 101 ff.

lich an die Zentralrechner der GfK. Damit lassen sich im Wesentlichen sekundengenau die Reichweitenwerte der genutzten Fernsehprogramme der Panelhaushalte ermitteln. Da diese Struktur ein repräsentatives Abbild der deutschen Bevölkerung darstellt, können diese Werte auch hochgerechnet werden. Darüber hinaus werden die Nutzung von Telespielen, BTX, Videotext, Videoaufzeichnungen von Spielfilmen und eine Reihe weiterer Aktivitäten im Bereich der elektronischen Medien aufgezeichnet. Für die Programmanalyse von Fernsehprogrammen und für die Leistungsfähigkeit einzelner Werbeblöcke im Programmumfeld werden hierdurch wertvolle Analysedaten geliefert.

Das „People-Meter“ dient zusätzlich dazu, das individuelle Fernsehverhalten zu messen. Die einzelnen Haushaltsmitglieder können sich durch Bedienung einer Taste über eine Infrarot-Fernbedienung im Programm an- und abmelden. Damit ist das Ein-, Aus- und Umschaltverhalten bei dem Fernsehkonsum und die An- und Abwesenheit einzelner Personen sekundengenau nachweisbar. Auch dieses Instrument leidet unter methodischen Störanfälligkeiten. Denn die Qualität der Ergebnisse wird bestimmt durch das Verhalten der Panelteilnehmer. Gerade bei Werbeinseln ist zu erwarten, dass das „Zapping“ nicht exakt in die Messsysteme eingegeben wird.

#### 2.4.3.1.5 Verlagsservices

##### 2.4.3.1.5.1 Verbraucheranalyse

Auftraggeber dieser Studie sind die Verlagshäuser Springer AG Marktforschung und die Verlagsgruppe Bauer Media-Marketing/Forschung. Hierbei handelt es sich um eine „Single-Source-Studie“, die ca. 20.000 Personen (ab 14 Jahren) umfasst und teils mündlich durch Interviewer und teils schriftlich durch die Auskunftspersonen selbst erhoben wird. Die Erhebung ist rollierend aufgebaut und die Auswahl der befragten Personen erfolgt repräsentativ nach dem „Random Route“-Verfahren.[267]

Die abgefragten Segmentierungsmerkmale sind soziodemografisch und beziehen sich auf das realisierte Kauf- und Mediennutzungsverhalten sowie auf generelle Einstellungen und Interessen.

Einbezogene Medien sind:

- Wöchentliche Zeitschriften
- 14-tägige Zeitschriften
- Monatliche Zeitschriften
- Supplements
- Überregionale Zeitungen
- Lesezirkel
- Regionale Tageszeitungen
- Konpresse
- Roman- und Rätselhefte
- Elektronische Medien

[267] Bei diesem Auswahlverfahren wird ein Starthaushalt in einem Bezirk repräsentativ ausgewählt und jeder x-te Haushalt wird dann befragt.

- Plakatstellen (hinterleuchtet).

Abfrageschwerpunkte sind die Freizeitinteressen und Konsumbereiche, wobei das Markenwahlverhalten (gestützt) innerhalb der einzelnen Konsumbereiche mit abgefragt wird.

| | |
|---|---|
| Allgemeiner Sport | Tageszeitungen lesen |
| Wandern | Zeitschriften lesen |
| Rad fahren | Fernsehsendungen sehen |
| Ski fahren | Videofilme sehen |
| Wassersport | Ins Kino gehen |
| Tennis | Stricken, Häkeln, Selberschneidern |
| Sportveranstaltungen besuchen | Gartenarbeit, Pflanzen |
| Partybesuche, Freunde | Fotografieren, Filmen |
| Auto fahren | Videofilmen |
| Motorrad, Moped, Mofa fahren | Camping, Zelten |
| Mit Auto/Motorrad beschäftigen | In die Kneipe gehen, Stammtische |
| Heimwerken, do it yourself | Ausgehen (Tanz, Disko, Bar) |
| Musik hören | Beruflich fortbilden |
| Pop-, Schlagerkonzerte besuchen | Arbeiten für den Beruf erledigen |
| Theater, Oper, Konzert besuchen | Joggen |
| Essen gehen | Reiten |
| Bücher lesen | Sammeln |

*Abb. 3.17: Freizeitinteresse: Abfrage in der Verbraucheranalyse (Auszug) (Quelle: Unger, F., Durante, N.-V., Gabrys, E., Koch, R., Wialersbacher, R. (1999), S. 97)*

| Warenhauptgruppen | Warengruppen |
|---|---|
| Alkoholfreie Getränke | Säfte, Mineralwasser, Energiegetränke, Cola, Limonaden, etc. |
| Alkoholische Getränke | Bier, Wein, Sekt, etc. |
| Alkoholische Getränke | Spirituosen |
| Dienstleistungen | Finanzdienstleistungen, Reisen, Restaurants, Einkaufsstätten |
| Foto, Film | Hardware und Material |

| | |
|---|---|
| Gesundheit | Pharmazeutika, Stärkungsmittel, Diätnahrung, etc. |
| Haushaltsgeräte, Möbel | Weiße Ware (Major/Minor Domestic Appliances), Möbel, Garten- und Heimwerkergeräte |
| Körperpflege | Körper-, Mund-, Haarpflege, Hygiene, etc. |
| Haushaltsartikel, -pflege | Wasch-, Putz- und Reinigungsmittel, Klebstoffe, Kinderartikel, etc. |
| Kosmetika | Pflegende und dekorative Mittel, Parfum, etc. |
| Nahrungsmittel | Convenience-Produkte |
| Nahrungsmittel | Frühstücksprodukte |
| Nahrungsmittel | Milchprodukte |
| Nahrungsmittel | Brote, Beilagen, Nährmittel, etc. |
| Nahrungsmittel | Speisefette, Öle, etc. |
| PKW-Bedarf | Reifen, Öle, Kraftstoffe, Telematik, etc. |
| Süßwaren | Schokolade, Riegel, Eis, Pralinen, Knabberartikel, etc |
| Tabakwaren | Zigaretten, Zigarren, Tabak, etc. |
| Unterhaltungselektonik | Braune Ware wie TV, Video, DVC, Fax, Handy, etc. |
| Mediennutzung | FFF, Print, Lese- und Fernsehnutzungsverhalten |
| Demografie | Personen-, Haushaltsmerkmale, etc. |
| Qualitative Merkmale | Freizeitinteressen, Marken-, Preisbewusstsein, Einstellungen, Werte, etc. |

*Abb. 3.18: Konsumbereiche*
*(Quelle: Unger, F., Durante, N.-V., Gabrys, E., Koch, R., Wialersbacher, R. (1999), S. 98)*

2.4.3.1.5.2 Typologien der Wünsche (TdW)

Diese Studie wird vom Verlagshaus Burda veröffentlicht und kombiniert als „Single-Source-Studie" Verhaltensanalysen über Print-[268], Funk - und Fernsehmedien.

Die Grundgesamtheit dieser Untersuchung stellt die deutschsprachige Bevölkerung in Privathaushalten ab 14 Jahren (49,99 Mio. Einwohner in den alten und 12,74 Mio. Ein-

[268] Es werden im Bericht Print Daten zu 130 Zeitschriften, 10 überregionale Tageszeitungen und regionale Tageszeitungen erhoben.

wohner in den neuen Bundesländern) dar. Die repräsentative Auswahl von 10.000 Auskunftspersonen wird mündlich und schriftlich (Haushaltsbuch) befragt. Neben dem Medienverhalten und soziodemografischen Daten wird das Markenwahlverhalten bei 1.200 Marken aus ca. 390 Produktbereichen untersucht. Darüber hinaus werden eine Reihe von psychografischen Kriterien ermittelt, die sich auf Einstellungen, Interessen, Wünsche und Ziele beziehen.

Es werden Statements zu folgenden Bereichen erhoben, die der vertieften Kommunikationsplanung dienen:

- Themeninteressen in Zeitschriften
- Mediennutzung in Zeitschriften
- Beliebtheit von Fernsehgenres
- Konsumneigung
- Werbeaffinität
- Produktinteresse
- Interessen bei Ernährung, Gesundheit, Umwelt
- Generelle Einstellungen, Verhaltensweisen
- Freizeitinteressen

Besondere Qualität erhält diese Studie durch ihre Fusionierungsmöglichkeiten.

a) Fusionierung mit den Daten der AG.MA

Hierdurch ist eine vertieftere Analyse des Mediennutzungs- und des allgemeinen Produktnutzungsverhaltens möglich.

b) Fusionierung mit der Sinus-Milieu-Studie

Die Sinus-Milieu-Studie gehört zu den bekannten Lebensstilanalysen, auf deren Grundlage Produktpositionierung aufbaut. Sie klassifiziert die deutsche Bevölkerung nach Lebensweise und Lebensauffassung. Neben Operationalisierungen des Lebensstils nach Aktivitäten, Interessen und Meinungen gehen in diese Studie auch grundlegende Orientierungen und Alltagseinstellungen zu Themen wie Arbeit, Freizeit und Familie sowie Geld und Konsum ein. Durch diese Fusion ist es möglich, die Markt- und Mediadaten milieuspezifisch auszuwerten.

## 2.5 Werbemittelgestaltung

### 2.5.1 Kommunikatorenplanung

Die Kommunikatorenplanung beruht auf Erkenntnissen über die Wirkung einer beeinflussenden Kommunikation, die auf den „Yale Studies in Attitude and Communication“

aufbauen.[269] Erfolgreiche Kommunikation hängt neben den Gestaltungselementen der Botschaft, der Zielgruppeneignung, des Übermittlungskanals letztlich von Eigenschaften des Senders bzw. der Kommunikatoren ab.[270]

Zur Übermittlung einer Nachricht können neben dem Unternehmen auch die Marke oder Personen, die Unternehmen und Marken repräsentieren sollen, herangezogen werden (Kommunikatoren). Sie modifizieren die Kommunikationswirkung, sodass ihrer Auswahl eine besondere Stellung zukommt. Ihre Bedeutung und die Relevanz ihrer Eigenschaften wächst bei Kaufentscheidungen unter „Low Involvement" Bedingungen, dagegen sinkt die Wirkung der Kommunikatoren und die Bedeutung der Botschaft selbst steigt bei Kaufentscheidungen unter „High Involvement" Bedingungen.

Die Eignung eines Kommunikators wird durch folgende Kriterien bestimmt:

- *Glaubwürdigkeit:* Dieses Kriterium wird häufig überschätzt. Denn eine fehlende Glaubwürdigkeit, kompetent für ein Produkt zu werben, ist für die Kommunikationswirkung kontraproduktiv. Eine vorhandene Glaubwürdigkeit sichert jedoch nicht automatisch den Kommunikationserfolg. Die Bedeutung der Glaubwürdigkeit steigt mit einem sinkenden Involvementgrad gegenüber dem Produkt. Die extensive Kaufentscheidung wird dann durch Attributierung von Glaubwürdigkeit gegenüber dem Kommunikator ersetzt.[271] Darüber hinaus ist Glaubwürdigkeit dann von Bedeutung, wenn die Botschaftsempfänger zunächst gegenüber den Botschaftsinhalten negativ eingestellt sind und der Konsument zum Markenwechsel motiviert werden soll.
- *Kompetenz:* Zu viel Kompetenz des Senders führt häufig beim Empfänger zum Gefühl ausgeliefert und damit manipulierbar zu sein. Wie in der Führungstheorie im Mitarbeiterverhältnis sollte auch im persönlichen und medialen Verkaufsgespräch der Sender eine höhere Kompetenz als der Empfänger haben, jedoch in einem akzeptierten Rahmen. Im Business-to-Business-Bereich und bei Zielgruppen von Fachleuten wird natürlich vom Empfänger eine möglichst hohe Kompetenz erwartet.
- *Attraktivität:* Kommunikatoren (Botschaftssender) werden von der Zielgruppe umso attraktiver beurteilt, je mehr Ähnlichkeiten wahrgenommen werden. Die Theorie der sozialen Vergleichsprozesse beruht auf Festinger. Er konnte nachweisen, dass Menschen andere Personen als attraktiv wahrnahmen, wenn sich ein nicht allzu großes abweichendes Verhalten zeigte. Ähnlichkeit bei Eigenschaften wie Kompetenz, physiologischer Attraktivität (besonders bei Schönheitsprodukten), Einkommen oder Leistungsvermögen führte zur Wahrnehmung von Sympathie.[272] Gemessen kann diese Attraktivität unter dem Gesichtspunkt der Zielgruppenaffinität werden.
- *Zielgruppenaffinität:* Unter dem Blickwinkel der Zielgruppenorientierung spricht jeder Kommunikator eine unterschiedliche Zielgruppe an. Deswegen ist bei der Auswahl von Kommunikatoren immer auf die Affinitität in den Eigenschaften und Sympathiewerten zwischen der Zielgruppe des Kommunikators und der eigenen Produktzielgruppe zu achten. Beliebte Stars können als Kommunikatoren im „Low Involvement"-Kaufentscheidungsbereich jederzeit eingesetzt werden, sofern sie als sympathisch eingestuft werden. Im Bereich der „High Involvement"-Kauf-

[269] Vgl. Hovland, C.I., Meadell, W., Kelley, H.H. (1953), Hovland, C.I., Weiss, W. (1951), Janis, I.L., Hovland, C.I., Field, P.B., et al (1959), Sherif, M., Hovland, C.I. (1961)

[270] Vgl. Shannon, C., Weaver, W. (1948)

[271] Vgl. Heesacker, M., Petty, R.E., Cacioppa, J.T. (1983)

[272] Vgl. Festinger, L. (1954)

entscheidung müssen beliebte Stars und Sportler (Testimonial Advertising) immer gleichzeitig auch eine Kompetenz in Bezug auf das beworbene Produkt mitbringen. Gefahren bestehen auch darin, dass die Kommunikatoren als zu identisch wahrgenommen werden. Dann treten keinerlei Einstellungsänderungen auf, weil der Sender dem Empfänger im Grunde nichts Neues sagt. Sinnvoll ist die Auswahl eines solchen Kommunikators dann, wenn das Kommunikationsziel in einer Einstellungsstabilisierung liegt.

- *Unterstellte Beeinflussungsabsichten des Senders (Unternehmen, Marke etc.):* Marktkommunikation hat zum Ziel, Personen systematisch zu beeinflussen. Wird diese Beeinflussungsabsicht deutlich, so scheitert die Beeinflussung von Einstellungen, Meinungen oder offenem Verhalten, und das Gegenteil, nämlich Reaktanz bzw. Widerstand gegenüber dem Beeinflussungsversuch, tritt auf.[273] Jede tatsächliche, vermutete oder für die Zukunft erwartete Einschränkung oder entsprechende Bedrohung der subjektiv wahrgenommen Entscheidungsfreiheit führt zu einem inneren Spannungszustand, der wieder reduziert werden will. Die Motivation der Freiheitswiederherstellung wird als psychologische Reaktanz definiert.[274]
- *Erkennbarkeit und die Orientierungsreaktion:* Die schnelle Wiedererkennbarkeit des Kommunikators in die daraus folgende Orientierungsreaktion erhöht zwangsläufig die Werbewirkung. Die Wirkung des Werbespots wird also auch durch die Auswahl des Kommunikators bestimmt.

## 2.5.2 Definition und Arten

Werbemittel dienen dem Transport von Werbebotschaften mithilfe von Werbeträgern. Je nach Werbeträger stehen unterschiedliche Werbemittel zur Verfügung. Bei Werbemitteln in den klassischen Insertionsmedien handelt es sich um unterschiedliche Anzeigenformen. Werbemittel bei den elektronischen Massenmedien sind die klassischen Hörfunk- und Kinospots. Die kreative Umsetzung der Werbebotschaften ist eng mit den grundsätzlichen Gestaltungsmöglichkeiten der Werbemittel verbunden. Damit stehen medienspezifische Gestaltungsformen bei der kommunikativen Umsetzung von Werbebotschaften im Mittelpunkt der nachfolgenden Überlegung. Neben den medienspezifischen Gestaltungsoptionen finden sich generelle Prinzipien, wie die Werbemittel inhaltlich zu gestalten sind. Im Folgenden sollen einige Aspekte herausgegriffen werden.

## 2.5.3 Gestaltspsychologie und Gestaltgesetze

### 2.5.3.1 Grundgedanken

Die Gestaltspsychologie ist Teil der Wahrnehmungspsychologie und diese wiederum Teilgebiet der Allgemeinen Psychologie, welche sich mit der Analyse von Wahrneh-

[273] Vgl. Brehm, S.S., Brehm, J.W. (1981)
[274] Vgl. Unger, F., Fuchs, W. (1999), S. 490 ff.

mungsprozessen beschäftigt.[275] Die theoretischen Grundlagen wurden für das Gebiet der Wahrnehmung erarbeitet und später auf weitere Bereiche der Psychologie, insbesondere der des Gedächtnisses, des Denkens, des Lernens, der Entwicklung und Handlung übertragen. Die Gestaltspsychologie teilt sich in die Gestalttheorie und die Gestaltgesetze auf. Die Gestalttheorie beschäftigt sich mit der Anwendung gestaltspsychologischer Erkenntnisse auf die Neurophysiologie und ist für kommunikative Fragestellungen von geringerem Interesse. Demgegenüber erklären die Gestaltgesetze (Gestaltfaktoren), durch welche Faktoren die Wahrnehmung bestimmt wird und durch welche Stimuli, auf welche Weise, die Einheit oder Gruppierung in räumlich-zeitlicher Präsentation wahrgenommen werden. Dabei lässt sich die Grundhypothese der Gestaltspsychologie auf einen Kernsatz zusammenfassen:

„Das Ganze ist mehr als die Summe seiner Teile". Dieser Gedanke wird auch als Übersummenaktivität bezeichnet. Im übertragenen Sinne gibt es viele Beispiele. Die Wirkung eines Orchesters ist mehr als die Summe einzelner Musikinstrumente, genauso wie die Leistung eines Teams mehr sein kann als die Einzelleistungen.

Dabei ist der Untersuchungsgegenstand das „Gestalten", d.h. ein Ganzes, das zu seinen Teilen in bestimmter Relation steht. Das Ganze bzw. die Gestalt werden vom Menschen als eine Einheit der Kommunikation wahrgenommen.

#### 2.5.3.2 Gestaltgesetze

Die Gestaltgesetze sind anhand einfacher optischer Figuren entwickelt worden, die aus einfachen Punkten und Strichen bzw. Linien bestanden. Untersuchungsziel war herauszuarbeiten, welche Gesetzmäßigkeiten sich bei der individuellen Wahrnehmung feststellen lassen und welche Aspekte dabei förderlich sind, damit Personen selbstständige Einheiten (Gestalten) erfassen. Diese Gesetzmäßigkeiten dienen zur Orientierung innerhalb einer Umwelt. Sie sind besonders dann nützlich, wenn in einer reizüberflutenden Umwelt kommunikative Inhalte effektiv vermittelt werden sollen. Neben der Übertragung der Erkenntnisse der Gesetze des Sehens auf die Gestaltung von Botschaften, war Untersuchungsgegenstand auch die Übertragung auf andere Wahrnehmungsfelder (z.B. Akustik) und auf eine integrierte Kommunikation.[276]

Die Gestaltspsychologie besteht aus einem allgemeingültigen Gesetz (Gesetz der guten Gestalt bzw. Prägnanzprinzip) sowie weiteren 114 speziellen Gestaltgesetzen, die mehr oder weniger Ausprägungen des allgemeinen Prägnanzprinzips darstellen.[277] Die wichtigsten Gesetze sollen im Folgenden vorgestellt werden. Sie finden Anwendung auf alle medialen Darstellungsformen und sind demnach medienunspezifische Richtlinien.

##### 2.5.3.2.1 Gesetz der guten Gestalt – „Das Prägnanzprinzip"

Dieses Gesetz verfügt über einen Allgemeinheitsanspruch, unabhängig von spezifischen Erfahrungseinflüssen sowie im Hinblick auf die Wahrnehmungswirkung. Gute Gestalten

---

[275] Die wissenschaftlichen Grundlagen wurden zwischen 1930 und 1980 gelegt. Vgl. Ehrenfels von, C. (1890), Wertheimer, M. (1925), Koffka, K. (1935), Köhler, W. (1928), Metzger, W. (1936, 1963, 1966).

[276] Vgl. Bruhn, M (1995), S. 24 ff,

[277] Vgl. Wertheimer, M. (1925) (1923), Köhler, W. (1928), Metzger, W. (1936), Katz (1969), Helson (1933).

werden immer leicht wahrgenommen, wenn sie bestimmte Gestalteigenschaften aufweisen:

„Die gegebenen Elemente schließen sich (...) stets so zusammen, dass möglichst einfache, einheitliche (nach Material und Form möglichst glatte, ungebrochene, organische) möglichst dichte (geballte), geschlossene, auf Dauer möglichst fest (...), ferner möglichst symmetrische, gleichgewichtige, gleich breite, konzentrische usw. (...), endlich möglichst vollständige und untereinander (...) gleichartige Ganzgebilde entstehen.“[278]

Die kommunikative Leistung einer Botschaft über ein Unternehmen oder eine Marke wird umso prägnanter wahrgenommen, je mehr folgende Attribute gelten:

- Regelmäßigkeit
- Symmetrie
- Geschlossenheit
- Einheitlichkeit
- Ausgeglichenheit
- maximale Einfachheit
- Knappheit

Diese Prinzipien müssen in ähnlicher Weise durchgängig durch das gesamte Instrumentarium der operativen Kommunikationspolitik angewandt werden.

Die Prägnanz des Markenbildes in der Wahrnehmung der Konsumenten ist demnach ein Erfolgsfaktor für starke Marken. Sie bezieht sich dabei sowohl auf gestalterische Umsetzung der inhaltlichen Aussagen als auch auf die Aussagen selbst.

#### 2.5.3.2.2 Gesetz der Gleichartigkeit – „Gleichheits-/Ähnlichkeitsprinzip“

Bei Vorlage verschiedener Elemente besteht stets die Tendenz, Einzelelemente zu Gruppen zusammenzufassen. Primär werden ähnliche Elemente zu Gruppen zusammengefasst und unähnliche Elemente ausgesondert. Dabei kann sich die Ähnlichkeit auf unterschiedliche Eigenschaften beziehen (Größe, Form, Farbe). Treten Unterschiede auf, werden die einzelnen Elemente ausgesondert und als getrennte Bilder (Imagery) gespeichert. Darin begründet sich der Anspruch an das Corporate Design, nach einem ähnlichen formalen Aufbau aller kommunikativen Botschaften (Formen, Farben, Layoutstrukturen, Typografie etc.). Dieses Gesetz ist Voraussetzung der nachfolgenden Gesetze. Erst wenn diese erfüllt sind, kommen die folgenden Gestaltgesetze zum Tragen.

#### 2.5.3.2.3 Gesetz der Nähe – „Dichteprinzip“

Bei verschiedenen Reizen versucht das Individuum, eine Zusammenfassung der einzelnen Teile zu einem Ganzen vorzunehmen. Dabei wird das Auge die Abstände zwischen den einzelnen Teilen möglichst gering halten wollen, um die Abstände zwischen räumlichen, zeitlichen oder qualitativ ähnlichen Reizen möglichst gering zu halten und hohe Dichte wahrzunehmen. Menschen nehmen demnach ähnliche Reize, die nahe beieinan-

[278] Metzger, W. (1963), S. 109.

der sind, als Einheit wahr. Deswegen sollten Logos, Slogans, Bilder möglichst als eine zusammengefasste Einheit präsentiert werden. Die Folge wird sein, dass die Einzelreize nach einer bestimmten Kontaktfrequenz als Einheit wahrgenommen und die Botschaften gelernt werden. Diesem Prinzip unterliegt auch der Imagetransfer. Hierbei werden unspezifische Reize mit spezifischen Reizen verknüpft. Die spezifischen Reize können dabei natürliche Triebe (z.B. Erotik, Kinder-Schema) oder erlernte Reize sein (z.B. Testimonial Advertising oder Sportsponsoring). Die räumliche und zeitliche Kongruenz führt dann zwangsläufig zu einem einheitlichen Erleben und es tritt der Imagetransfer-Effekt auf.

2.5.3.2.4 Gesetz der Geschlossenheit – „Prinzip der Gestaltfestigkeit“

Geschlossene Flächen werden eher als Einheit wahrgenommen als offene Flächen. Geschlossene Linienführungen werden ebenfalls leichter als Einheit wahrgenommen. Markensubjects, Zeichnungen und Piktogramme sollte demnach eher geschlossene Strukturen bilden.[279]

2.5.3.2.5 Gesetz der Erfahrung

Nach diesem Gesetz werden Einheiten eher wahrgenommen, wenn sie dem individuellen Erfahrungsbereich entstammen. Elemente fügen sich dann schnell zu Gestalten, wenn sie aus anderen Lebensweltbereichen bereits bekannt sind. (z.B. Wörter, Zeichnungen, Piktogramme, Natur, Lebensstile). Demnach sind kommunikative Inhalte stets aus der zielgruppenspezifischen Lebenswelt zu entnehmen. Die kundenorientierte Sprache und Bilderwelt sollte zum Inhalt der Botschaft und der Gestaltung der Werbemittel herangezogen werden.

Weiterhin wird durch Kontinuität auch Vertrautheit geschaffen und die vermittelten Inhalte werden in die Erfahrungswelt des Konsumenten transferiert. Dadurch werden die kommunikativen Inhalte schneller wahrgenommen.

## 2.5.4 Gestaltungsmittel Musik

Musik ist geeignet bei elektronischen Medien (Hörfunk-/Fernsehwerbung und teilweise bei Werbung in Online-Medien), um die Aufmerksamkeit zu erhöhen, den Konsumenten zu stimulieren und sogar positive Assoziationen bzw. Emotionen auszulösen. Sie löst bestimmte Stimmungen aus und dient im Rahmen integrierter Kommunikation dem Wiedererkennungswert der Werbebotschaften bzw. der beworbenen Marke. Werbebotschaften sollten demnach an spezifische Klangerlebnisse gebunden werden.

Folgende Aufgaben kann Musik in der Marktkommunikation erfüllen:[280]

[279] Vgl. Kroeber-Riel, W., (1993), S. 78.
[280] Vgl. Tauchnitz, J. (1990), S. 4

- Gliederungshilfe der textlichen Aussagen
- Hilfestellung bei der Aufnahme und Verarbeitung sowie Speicherung sprachlicher und emotionaler Reize
- Differenzierung der Werbebotschaften und eigenständiger werblicher Auftritt
- Schaffung von zusätzlichem Unterhaltungswert
- Schaffung von Klangbildern
- Klammerfunktion für integrierte Marktbearbeitung

Empirische Studien zeigen widersprüchliche Ergebnisse hinsichtlich der Wirkung einer musikalischen Untermalung der kommunikativen Botschaften. Sicher ist nur, dass die Aufmerksamkeit erhöht und die emotionale Ansprache intensiviert werden kann. Der Einfluss auf die Verbesserung der Verarbeitung der werblichen Botschaften ist dagegen nicht nachgewiesen. Wie alle emotionalisierenden Reize kann auch Musik die zu vermittelnden Inhalte durch die emotionale Überlagerung kannibalisieren und von der eigentlichen Werbebotschaft ablenken. In Low Involvement-Situationen kann Musik die Aufmerksamkeit erhöhen. Positiver Einfluss auf allgemeine Einstellungen zur Werbung und zum Aufbau von Sympathie zu den beworbenen Produkten ist denkbar, aber bei der Vermittlung von kognitiven Inhalten ist Musik eher hinderlich.

Im Produktpositionierungsmodell in Kap. 2.2.1.2. wirkt demnach Musik einstellungsverbessernd über die affektive Komponente und neutral bis disfunktional bei der kognitiven Komponente der Einstellungsbildung. Um den Kannibalisierungseffekt zu vermeiden, sollte die ausgewählte Stimmung für die Musikuntermalung in die Erlebniswelt integriert werden, die durch die Werbebotschaft vermittelt werden soll.[281] Dies gilt vor allem bei der Werbestrategie der emotionalen Differenzierung der Produkte. Musik kann ganz spezifische Erlebniswerte unterstreichen. Bei einer Differenzierung, die auf den Kernnutzen abstellt und eher rationale Botschaften vermitteln möchte, ist Musik dem Werbeziel abträglich.

Einige Ergebnisse sollen kurz vorgestellt werden:

- *Studien mit disfunktionalem empirischem Beweis:* Negative Korrelation zwischen Musikuntermalung und Einstellungsänderung.[282] Keine signifikanten Unterschiede in Bezug auf Werbewirkung (Recall, Kaufabsicht, Lernleistung, Übersättigung) zwischen TV-Spots mit und ohne Musikuntermalung (experimentelle Versuchsanordnung, bei denen 40 TV-Spots mit und 10 TV-Spots ohne Musikuntermalung vergleichend untersucht wurden).[283]
  Kein Einfluss auf Erinnerungsleistung der Inhalte der Hörfunkspots.[284]
- *Studien mit funktionalem empirischem Beweis:* Werbung mit Musikuntermalung wird als weniger störend empfunden.[285] Positiver Einfluss auf Sympathie und Einstellung bei musikalisch untermalten Hörfunkspots.[286]

---

281 Vgl. Busch, R., Dögl, R., Unger, F. (1997), S. 336.
282 Vgl. Haley, R.I., Richardson, J. Baldwin, M.M. (1984)
283 Vgl. Stout, P.A., Leckenby, J., D. (1988)
284 Vgl. Hagemann, H. W., Schürmann, P. (1988)
285 Vgl. Aaker, D.A., Bruzzone, D.E. (1981)
286 Vgl. Hagemann, H. W., Schürmann, P. (1988)

Eigenständige Marken-/Produktprofilierung bei der affektiven Komponente der Einstellung durch unterschiedliche Musikuntermalung (experimentelle Versuchsanordnung).[287]

Hintergrundmusik bildet eine positive Einstellung zur Werbung heraus und darüber hinaus auch zu den beworbenen Produkten (geringere Reaktanz).[288]

### 2.5.5 Bild-Text-Relation

Die Informationsüberlastung einer multimedialen Welt steht der Informationsaufnahme und -verarbeitung entgegen. Die Informationsüberlastung wird als Belastungsfaktor gesehen, führt zu selektiver Informationsaufnahme, zunehmendem Desinteresse des Rezipienten und zur Abnahme der Glaubwürdigkeit. Selbst bei involvierten Mediennutzern bei „Special Interest-Zeitschriften" bzw. Fachzeitschriften werden die Inhalte der Werbemittel nur oberflächlich wahrgenommen.[289] In der Folge besteht ein immer größerer Zwang zu einer Botschaftsgestaltung mit aktivierenden, einfachen und bildbetonten Elementen, die sich an den vorhandenen generellen Einstellungen, Werten, Lebensstilen und Bedürfnissen der Zielgruppe ausrichtet. Aus diesem Grunde steht bei der Gestaltung der Werbemittel immer die Frage im Raum, welchen Stellenwert sollten bildliche oder textliche bzw. emotionale oder rationale Anteile enthalten. Man kann davon ausgehen, dass Bilder zwar emotional und kognitiv verarbeitet werden, dass jedoch zwischen Emotion und Bildverarbeitung eine engere Beziehung besteht als zwischen emotionaler und verbaler Verarbeitung von Inhalten. Demnach wirken Bilder eher auf die emotionalen Komponenten der Informationsverarbeitung und sind hilfreich bei der Beeinflussung von Präferenzen sowie Einstellungen im Rahmen der Markenbildung.[290]

Eine besondere Bedeutung bei der Vermittlung von Emotionen durch Bilder erhalten die Gedächtnisbilder der Konsumenten, die emotionale Eigenwerte besitzen. Die Imagery-Forschung beschäftigt sich mit diesen Fragen. „Imagery" bezieht sich auf innere Bilder, die Menschen gedanklich produzieren. Die Imagery-Forschung beschäftigt sich mit der Frage der gedanklichen Entstehung, Verarbeitung und Speicherung von inneren Bildern.[291] Sie hat in den letzten Jahren in der Werbeforschung starke Beachtung gefunden. Die Stimuli, die zu inneren Bildern führen können, sind in erster Linie visuell. Jedoch können auch musikalische, klangliche und geschmackliche Reize, aber auch Wortsymbole zur Aktualisierung von inneren Bildern und den entsprechenden Bildassoziationen beitragen. Die Wirksamkeit von Bildern ist dabei dennoch höher als von Worten, da bei ersterer keine zusätzliche Decodierung stattfinden muss. Die Überlegenheit der Bildverarbeitung hinsichtlich Gedächtnisleitung und Beeinflussungsmöglichkeiten gegenüber dem verbalen Lernen gilt weitgehend als abgesichert.[292]

Im Rahmen der Imagery-Forschung werden zwei Imagery-Formen unterstellt:

---

287 Vgl. Tauchnitz J. (1990), S. 155 ff.
288 Vgl. Tauchnitz, J. (1990), S. 177.
289 Vgl. Kroeber-Riel, W. (1988), S. 182 f.
290 Vgl. Kroeber-Riel, W. (1986), S. 84.
291 Vgl. Kroeber-Riel, W. (1986), S. 81
292 Vgl. Kroeber-Riel, W. (1986), S. 84

- Gelernte Wahrnehmungsbilder (Gedächtnisbilder)
- Aktuelle Wahrnehmungsbilder (Ergebnis des aktuellen Reizes).

Je enger die Wahrnehmungsbilder mit den Gedächtnisbildern korrespondieren, desto erfolgreicher wird die Werbebotschaft verarbeitet. Folglich werden Werbebotschaften von bekannten Marken und Werbebotschaften, die der Bilderwelt der Zielgruppe entsprechen, am effektivsten verarbeitet. Die Verarbeitung beider Imagery-Formen wird durch die Farbigkeit, Lebendigkeit, Intensität und Struktur der Bildelemente gefördert.[293]

Es sollten Wahrnehmungsbilder vermittelt werden, die eine klare, verständliche Symbolik aufweisen und natürlich die Positionierungselemente des Angebots implizit oder explizit vermitteln (vgl. Kapitel 2: Strategische Positionierung) und letztlich in die Wahrnehmungsschemata der Zielgruppe passen.[294] Je klarer, angenehmer und vertrauter die vermittelten visuellen Vorstellungsbilder sind, desto erfolgreicher. Je vielfältiger und umfangreicher die Assoziationen sind, desto höher ist die Eindrucksstärke eines Reizes, gleichzeitig aber auch die Gefahr diffuser Eindrucksqualitäten und diffuser Wahrnehmungsbilder. Die Folge ist Austauschbarkeit und Kannibalisierung der Markenwirkung durch die überlagernden Wahrnehmungs- und Gedächtnisbilder.

Der Erfolg der Wirkung von inneren Bildern beruht auf der Auswahl der Bilder, aber auch der Textmotive.

Im Wesentlichen bieten sich folgende Klassen an:

- *Motive und Erlebniswelten:* Auswahl von Bildsubjects, die aus der realen Lebens- und Erfahrungswelt bzw. einer idealisierten Lebens- und Erfahrungswelt entnommen wurden. Bei der Auswahl dieser Motive spielen die psychografischen Marktsegmentierungsansätze eine entscheidende Rolle. Die unterschiedliche Operationalisierung von Lebensstilen Wertemustern helfen, zielgruppenspezifische Bildmotive zu finden. Gleiches gilt für die Auswahl der ansprechenden Motive, die bewusst oder unbewusst Antriebsgrundlage für Verhalten sind. Sowohl die Lebenswelten als auch die verhaltensrelevanten Motive sind schichtspezifisch auszuwählen.
- *Schlüsselreize:* Schlüsselreize werden automatisch und sofort in einer eindeutigen Art und Weise verarbeitet. Sie sind kulturspezifisch und wecken innerhalb des Kulturkreises schnell und wiederkehrend die gleichen Assoziationen.[295]
- *Archetypen:* Urbilder oder Urvorstellungen, die dem Menschen genetisch weitergegeben wurden und allen Menschen seit „Urzeiten“ gemeinsam sind. Sie finden sich wieder in Märchen, Mythen und Religionen sowie in der Kunst. Deren Bedeutungsinhalte waren zu allen Zeiten und in allen Kulturen identisch.[296]
- *Symbolische Sinnformeln:* Hierunter wird die Gesamtheit des theoretischen Wissens eines Kulturkreises verstanden, das sich auf die Moralvorstellungen, die Wertemuster, die Glaubensgrundsätze, die Sprichwortweisheiten, Legenden und Mythen bezieht.[297]

---

293 Vgl. Unger, F. Fuchs, W. (1999), S. 140
294 Vgl. Kroeber-Riel, W. (1993), S. 133.
295 Vgl. Kroeber-Riel, W. (1993), S. 31
296 Vgl. Genius, H. N.(1983)
297 Vgl. Dieterle, G.S. (1992), S. 20-55.

- *Wortreize:* Bilder sind zwar Wortreizen als Stimulus der Vermittlung von Inhalten überlegen, dennoch zeigen Erfolge mancher Werbestrategien, dass auch Slogans durch ihre starke sprachliche Ausgestaltung prägnante innere Bilder hervorzubringen vermochten und teilweise in die „Alltagssprache" Eingang finden konnten. Die Sprache kann ebenso wie das Bild Assoziationen wecken, Stimmungen auslösen und erlebnisbetont wirken. Voraussetzung ist, dass es sich um kurze Sätze handelt, einfache Satzgefüge und bildgebende Motive, die über den Weg der „emotionalen Konditionierung" aufgeladen wurden und damit zu den Gedächtnisbildern führten. Konkrete Wortreize sind abstrakten Wortreizen vorzuziehen. Bei den konkreten Wortreizen sind jene vorzuziehen, die eine direkte Verbindung mit einem Vorstellungsbild herstellen und möglichst geringe kognitive Begleitreaktionen zur Interpretation erfordern. Beispiele für erfolgreiche Wortreize sind: „Nicht immer, aber immer öfter" (Clausthaler), „Bauknecht weiß, was Frauen wünschen", „Nichts ist unmöglich – Toyota".

Folgende Möglichkeiten der Bild-/ Textkommunikation bieten sich an:

- Direkte Übersetzung eines Wortreizes in ein Gedächtnisbild
- Kombinierte Darstellung von Markenschriftzug und Bildern
- Bildhafte Darstellung eines Schriftzugs

Die Argumente für eine Wirkungssteigerung von Bildern bei den Werbemitteln verführen dazu, völlig auf Text bzw. kognitive Inhalte zu verzichten. Verbale, textliche und visuelle Reize werden in unterschiedlichen Codierungssystemen verarbeitet, wobei deren Interaktion zu einer insgesamt höheren Verarbeitungsleistung und damit intensiveren Kommunikationswirkung führt.

- Bilder und Texte werden zunächst in zwei getrennten Systemen verarbeitet. Im Imagery-System werden Bilder im nonverbalen Code verarbeitet und gespeichert, die Texte dagegen in einem verbalen Code im linguistischen System.
- In der zweiten Verarbeitungsstufe tritt eine Interaktion auf. Die verbal benannten Bilder und die Texte führen zu einer bildhaften Vorstellung.
- In der letzten Stufe führt das zu einer assoziativen Einheit.[298]

Sinnvollerweise werden Bilder und Text kombiniert. Die Bilder sollten die zentralen Botschaften vermitteln, und die textlichen Informationen sollten diese stützen und für weniger involvierte Zielpersonen (vgl. Kapitel 2) umfangreichere Inhalte vermitteln.

Bei der Reihenfolge Bild-Text soll die Lernleistung höher sein als bei umgekehrter Reihenfolge.[299] Insofern sollten die Texte im unteren Teil des Werbemittels auftauchen. In westlichen Kulturen verläuft die Informationsaufnahme bei Werbemitteln von links oben nach rechts unten (vgl. Verfahren der Blickaufzeichnung).

---

[298] Vgl. Paivio, A. (1971), (1975), (1977)

[299] Vgl. Schrattenecker, E. (1987), S. 184

Emotionale Bildelemente beeinflussen neben der emotionalen gerade auch die sachliche Produktbeurteilung positiv.[300] Voraussetzung ist hierfür jedoch, dass die Bildmotive im sachlichen Bezug zum Produkt stehen müssen. Die inkonsistente Wirkung der emotionalen Bildmotive auf die Produktbeurteilung ist der Risikofaktor, der systematisch in experimentellen Versuchsanordnungen der Werbeerfolgsprognosen jeweils überprüft werden soll.

Zwischen den Text- und Bildbotschaften sollten möglichst geringe Widersprüche auftauchen. Widersprüchliche Informationen werden eher selektiert und ausgeblendet. Dies steht im Gegensatz zu der Überlegung, dass durch einen bewussten Gegensatz Spannung und damit Aufmerksamkeit im Rahmen des SOR-Modells ausgelöst werden kann und damit hilfreich für eine Informationsverarbeitung ist. Um die Synergien zwischen Bild und Text optimal zu nutzen, sollten die Bilder redundant betextet werden und dem Bildinhalt entsprechen.[301] Eine Steigerung der Wirkung ist möglich, wenn die Kombination von Text- und Bildinhalten nicht nur konsistent wirkt, sondern darüber hinaus mit den vorhanden Gedächtnisinhalten korrespondiert. Durch diese Kombination vermindert sich die Gefahr des Missverstehens, die durch widersprüchliche Gestaltung bzw. durch bloße Präsentation von Bildinhalten entstehen könnte. Die Erinnerungsleistung kann nachweislich gesteigert werden, wenn Markenbezeichnung, Text- und Bildbestandteile, Slogans etc. zu einer Einheit verschmelzen.[302]

Primär sollte das Bildmotiv (Aussage und Senderkennung/Markensubjects) dominieren, dann die Headline und schließlich der Text.[303] Das Bild wird stets als erstes wahrgenommen und muss so gestaltet sein, dass Aufmerksamkeit für die übrigen Informationen entsteht. Danach muss die Headline (oder Sublines) den Betrachter zum Lesen des Textes hinführen. Der Text sollte leicht verständlich sein und je nach Werbemittel innerhalb weniger Sekunden kommunizieren. Möglichst an den Fixationspunkten – den Punkten des Bildes, bei denen der Betrachter beginnt, die Bildinformation zu decodieren und an denen er kurz stoppt –, sollten die Senderkennungen (Markennamen und Markensubjects) angebracht sein. Wenigstens ein Drittel der Betrachtungszeit sollte darauf gerichtet sein.

Sowohl die Texte als auch die Bildmotive sollten explizit und implizit die Positionierung des Produktes vermitteln, entweder als rationaler oder als emotionaler Nutzenvorteil. Auf jeden Fall sollten die ausgewählten Motive der Bilderwelt und der Erfahrungswelt der Zielgruppe entsprechen. Die gewählten Reiz- und Schlüsselworte sollten Assoziationen mit den gewünschten Produkteigenschaften wecken. Dies gilt insbesondere bei der Auswahl des Markennamens. (z.B. Livio mit Olivenöl und Vileda mit Lederwischtüchern etc.).

Zusammenfassend lassen sich folgende Vor- und Nachteile erkennen:

Vorteile der Bilder gegenüber Texten:

- Erwecken von Aufmerksamkeit.
- Wirkung in „Low Involvement"-Situationen.

[300] Vgl. Mitchell, A. A., Olson, J. C. (1981)
[301] Vgl. Winterhoff-Spurk, P., Schitt, R. (1985)
[302] Vgl. Schmitt, B., Tavasoli, N., Millard, R.T. (1993)
[303] Vgl. Kotler, P., Bliemel, F. (1999), S. 988.

- Erhöhung der Lernwirkung durch geringeren Aktivierungsbedarf und Verarbeitung einer größeren Menge an Informationen in geringerer Zeit.[304]
- Geringere Vermeidungsmöglichkeit durch die Zielgruppe aufgrund eher automatischer Wahrnehmung.
- Impliziter Transport von rationalen Informationen, insbesondere der Produktpositionierung.
- Vermittlung größerer Informationsmengen emotionaler und rationaler Art als Texte.
- Geringere kognitive Aktivität und damit auch geringe Möglichkeiten für innere Gegenargumentation. Visuell präsentierte Produktinformationen werden leichter akzeptiert.[305]
- Positiver Transfer von emotionalen Bildkomponenten auf die rationale Produktbeurteilung.[306]

Nachteile der Bilder gegenüber Texten:

- Reduktion der gedanklichen Auseinandersetzung mit den Inhalten (Kannibalisierung der Kommunikationsziele)
- Oberflächliche Informationsverarbeitung.

## 2.5.6 Anspracheformen

### 2.5.6.1 Rationale Anspracheform

Rationale Inhalte wie Qualität, Preis-/Leistung, Service, Wirtschaftlichkeit etc. wenden sich an den rational abwägenden Konsumenten. Hintergrund sind die individuellen Kaufentscheidungsprozesse, die zu einer Abwägung der Kosten- und Nutzenrelation von alternativen Produkten führen, sofern ein Bedarf für das entsprechende Produkt vorhanden ist. Involvierte Kunden reagieren auf rationale Ansprachefomen besser als gering involvierte Personen. Involvierte Kunden beginnen vor ihrer Kaufentscheidung Informationen zu sammeln und zu werten. Sie vergleichen die Angebote und entwickeln einen impliziten Nutzwert in jeder Produktalternative. Es wird jenes Produkt bevorzugt, das im Vergleich zum Wettbewerb bei den wichtigsten Kaufentscheidungskriterien den höchsten Nutzwert stiftet. Da stets davon ausgegangen wird, dass Menschen rational entscheiden, besteht häufig eine Tendenz, Werbebotschaften mit rationalen Argumenten zu überfrachten. Eine Sonderform der rationalen Ansprachefom sind demoralische Appelle. Sie richten sich an das Gerechtigkeitsgefühl der Konsumenten und werden besonders gerne zur Unterstützung gesellschaftlicher Anliegen eingesetzt (z.B. Umweltschutz, Spenden, Diskriminierung, Gleichberechtigung u. v. m.).[307] Der gesamte ökologische Markt mit Textilien und Hartwaren leitet seine Positionierung aus dem moralischen Anspruch ab.

---

[304] Vgl. Childes, T.L., Houston, M.J. (1984), Holbrook, M.B. , Moore, W.L. (1981), Konert, F.-J.(1986), S. 78-81

[305] Vgl. Konert, F.-J. (1986), S. 69

[306] Vgl. Mitchell, A. A., Olson, J. C. (1981)

[307] Vgl. Kotler, P., Bliemel, F. (1999), S. 940

Die Wirkung einer Botschaft wird neben ihrem Inhalt auch durch ihren Aufbau bestimmt. Verschiedene Kommunikationsmöglichkeiten bieten sich dabei an.

#### 2.5.6.1.1 Argumentationsreihenfolge

Hierbei geht es darum, ob die stärksten und überzeugendsten Argumente am Anfang (Climax Order) oder am Ende (Anti Climax Order) der Botschaft stehen sollten. Bei einem Publikum, das dem Werbeträger nicht entrinnen kann (z.B. bei den Werbespots in Kinos) kann eine dramaturgische Steigerung durch eine Anti Climax Order erreicht werden. Bei Medien, die nur selektiv genutzt werden, wie Zeitungen, Zeitschriften, aber auch das Werbefernsehen, kann durch eine Climax Order Interesse und Aufmerksamkeit geweckt werden. Bei Low Involvement-Medien verfolgt das Zielpublikum die Botschaft meist nicht bis zum Ende, sodass das argumentative Abflachen am Ende nicht auffällt. Bei hoch involvierten Zielpersonen in High Involvement-Medien sollte die Anti Climax Order verwendet werden. Der argumentative Höhepunkt wird ans Ende der Botschaft verlagert. Dieses Publikum verfolgt die Botschaft bis zum Ende und die letzten Argumente prägen sich meist am stärksten ein (Recency Effekt).

#### 2.5.6.1.2 Explizite und implizite Schlussfolgerungen

Hierbei geht es um die Frage, ob die Werbebotschaft explizit eine Schlussfolgerung ziehen oder diese Folgerung dem Zielpublikum selbst überlassen werden sollte. Offensichtlich sprechen neuere Studien für die Verwendung einer impliziten Schlussfolgerung. Die Botschaft sollte die Frage aufwerfen und die Schlussfolgerung dem Zielpublikum überlassen. Folgende Argumente sprechen für eine implizite Schlussfolgerungstechnik:

- Eine scharf umrissene Schlussfolgerung verengt die Marktpositionierung. Eine gewisse Mehrdeutigkeit des kommunizierten Stimulus führt zu einer weiteren Zielmarktdefinition.
- Nur bei Produkten, dessen Verwendungszweck eindeutig ist, ist eine explizite Schlussfolgerung angebracht.
- Explizite Schlussfolgerungen werden als Manipulationsversuch gewertet, und bei niedriger Glaubwürdigkeit des Kommunikators führt dies zwangsläufig zu Reaktanz und Abwendung vom Produkt.
- Bei persönlichen Themen gelten Problemlösungen in einer expliziten Schlussfolgerung als Einmischungsversuch des Kommunikators.
- Ein intelligentes Publikum fühlt sich unterfordert und verärgert, wenn der Kommunikator offensichtliche Aspekte noch zu erörtern versucht. [308]

[308] Vgl. Engel, J.F., Blackwell, R.D., Minard, P.W. (1986), S. 477

#### 2.5.6.1.3 Einseitige oder zweiseitige Argumentation

Hierbei geht es um die Grundfrage, ob nur einseitig argumentiert werden soll, oder aber auch zweiseitig. Bei zweiseitiger Argumentation werden neben Vorteilen des Produktes auch Nachteile genannt. Ein Zielpublikum mit negativer Grundhaltung zum Produkt kann durch eine zweiseitige Argumentation überzeugt werden. Die Kontra-Argumente werden dabei zuerst genannt, um das Publikum argumentativ zu entwaffnen, um am Ende die Pro-Argumente zu kommunizieren.

Die Glaubwürdigkeit der Botschaft steigt in den Augen eines hoch involvierten und intelligenteren Zielpublikums, wenn zweiseitig argumentiert wird. Auch hier sollten die Pro-Argumente am Ende präsentiert werden (Endeffekt/Recency Effekt). Bei einem niedrig involvierten Publikum sollten die positiven Argumente (Pro-Argumentation) am Anfang der Werbebotschaft stehen (Anfangseffekt/Primacy-Effekt). Würden sie am Ende stehen, hätte der Rezipient bereits die Kommunikation abgebrochen.[309] Grundsätzlich sollte man Gegenargumente mit berücksichtigen, wenn davon auszugehen ist, dass das Zielpublikum mit Gegenwerbung in Kontakt kommt. [310]

#### 2.5.6.1.4 Vergleichende Werbung

Nachdem die vergleichende Werbung in Deutschland seit 1931 grundsätzlich verboten war, ist sie seit Ende 1997 erlaubt. Das Europäische Parlament und der Rat der Europäischen Union haben am 06.10.1997 mit der Richtlinie 97/55/EG den Mitgliedsstaaten aufgetragen, das Recht der vergleichenden Werbung neu zu regeln. Damit ist es grundsätzlich möglich, auf die Mitbewerber in einem Vergleich unter namentlicher Nennung Bezug zu nehmen. Es bieten sich weiterhin folgende Spielräume an:

- Vergleich nicht identischer Produkte, sofern sie aus der Sicht der Verbraucher austauschbar sind (reaktive Austauschbarkeit). Dies gilt für Vergleiche zwischen Markenprodukten und „no-name“-Produkten mit Markenprodukten.
- Vergleich unterschiedlicher Produkte, die zwar nicht gleichartig sind, denen aber der gleiche Verwendungszweck zugrunde liegt.

Je mehr Informationen eine vergleichende Werbung beinhaltet, desto überzeugender wird diese wirken. Deswegen wird gerne auf Ergebnisse durchgeführter Untersuchungen verwiesen. Gerade Unternehmen, die neu in einen Markt eindringen, können unter Verweis auf Vergleichswerte gegenüber etablierten Produkten Marktbarrieren einfacher überwinden. Dennoch gibt es Grenzen der vergleichenden Werbung, die beachtet werden müssen und die durch die aktuelle Rechtsprechung konkretisiert werden.

Zu den Grenzen gehören folgende Tatbestände:

- Irreführungsverbot

[309] Vgl. Kotler, P., Bliemel, F. (1999), S. 943
[310] Vgl. Hovland, C.I., Lumsdaine, A.A., Sheffield, F.D. (1948), Belch, E. (1983), S. 21-26, Schenk, M. (1987), S. 52

- Gebot der Bedarfs- und Zweckidentität
- Beschränkung der Werbung auf Waren und Dienstleistungen
- Gebot der Vermeidung von Verwechslungen
- Gebot der Vermeidung von Herabsetzungen und Beschimpfungen
- Gebot der gleichen Ursprungsbezeichnung
- Verbot der Rufausbeutung
- Verbot der Nachahmung bzw. der Imitation[311]

### 2.5.6.2 Affektive Anspracheformen

Durch emotionale Appelle sollen negative oder positive Gefühle ausgelöst werden. Sie sollen zum einen aktivieren und einen Nährboden der Aufmerksamkeit für die rationalen Appelle bilden. Zum anderen sollen die ausgelösten Gefühle auf das Produkt übertragen werden und zum Kauf motivieren (emotionale Differenzierung). Im Falle von Angstappellen soll das Problembewusstsein der Verbraucher angesprochen werden.
Bei den zu weckenden Gefühlen gibt es negative und positive Formen.

- *Negative Formen:*
  - Schuld, Scham
  - Angstgefühle
- *Positive Formen:*
  - Abenteuer, Freiheit, Exotik etc.
  - Eine Sonderform positiver erlebnisbetonter Anspracheform beruht auf Märchen, Mythen, Sagen, Legenden und Fabeln. [312]

#### 2.5.6.2.1 Angstappelle

Werbebotschaften sollen den Konsumenten aktivieren, die Inhalte wahrzunehmen und zu verarbeiten. Eine Hypothese der Sozialtechnik der kommunikativen Gestaltung ist die Frage nach dem Wirkungsgrad von Angstappellen. Studien haben offensichtlich ergeben, dass die Verhaltenswirkung von Angstappellen unabhängig von dem Grad der Angstvermittlung sind. Weder extrem starke noch schwache Angstappelle zeigen eine höhere Wirkung als gemäßigte Angstappelle. Die Ursache liegt in der ambivalenten Wirkung der Botschaften mit Angstappellen.

Grundsätzlich gilt, dass Angst, ein menschlicher Grundtrieb, die Aktivierung und damit die Hinwendung zur Werbebotschaft fördert.

Ist jedoch das durch die Angst erzeugte Bedrohungsniveau zu hoch, dann verdrängt das Individuum die Tatsache und sowohl der Kontakt mit der Werbebotschaft wird vermieden als auch die Inhalte werden bagatellisiert, verleugnet, selektiv wahrgenommen, insbesondere wenn die Handlungsempfehlung ein so schwer wiegendes Angstproblem nicht lösen kann.

---

[311] Vgl. Thelen, C. (2000), S. 3 ff.
[312] Vgl. Dieterle, G.S. (1992), S. 102 ff.

Wenn Angstappelle verhaltenswirksam sein sollten, dann sollten die Problemlösungen überzeugend und glaubhaft sein, denn förderlich sind nur glaubwürdige Absender. Deswegen lassen sich kompetente Testimonials hierzu benutzen. Verliert der Kommunikator die Glaubwürdigkeit, dann werden die Rezipienten die Appelle leugnen, ignorieren oder herunterspielen. Hat der Kommunikator bei Zielgruppen hohe Glaubwürdigkeit, dann können Angstappelle zu Einstellungsänderungen führen.[313]

#### 2.5.6.2.2 Erlebniswelten

Die emotionalen Anspracheformen bauen auf emotionalen Erlebniswerten der Zielgruppen auf. Es sind sinnliche Produkt- oder emotionale Konsumererlebnisse, die in der Gefühls- oder Erfahrungswelt der Konsumenten verankert werden und einen Beitrag zur Lebensqualität leisten sollen.[314] Lebensqualität ist das Ausmaß an subjektiv erlebter Zufriedenheit mit bestimmten Lebensbedingungen. Diese Anspracheform erhöht nicht nur die Aufmerksamkeit, sondern hinterlässt bleibende Eindrücke, die die Vorstellungen über die Marken oder Produkte beeinflussen:[315] Es kommt demnach darauf an, im Vorfeld der Kommunikationskampagnen zu erkunden, welche emotionalen Appelle bei der Zielgruppe höchste Wertrelevanz besitzen.

| | | |
|---|---|---|
| Abenteuer | Fürsorge | Selbstverwirklichung |
| Abwechslung | Geborgenheit | Sicherheit |
| Aktiv sein | Gemütlichkeit | Spannung |
| Ausgeglichenheit | Genuss | Spaß |
| Attraktivität | Geselligkeit | Stärke |
| Ausgewogenheit | Gesundheit | Tradition |
| Begeisterung | Heimweh | Traumwelt |
| Behaglichkeit | Hochmut | Traurigkeit |
| Dankbarkeit | Humor | Trautes Heim |
| Dynamik | Kummer | Treue |
| Eifersucht | Lebensfreude | Tropen |
| Eigenwilligkeit | Lebenskraft | Überlegenheit |
| Entspannung | Leidenschaft | Übermut |
| Erholung | Mitgefühl | Unabhängigkeit |
| Erleichterung | Mut | Urlaub |
| Erotik | Natürlichkeit | Urwüchsigkeit |

313 Ray, M.L., Wilkie, W.L. (1970), S, 55-56 zitiert aus Kotler, P., Bliemel, F. (1999), S. 941 f.
314 Vgl. Konert, F.-J. (1996), Weinberg, P., Konert F.-J. (1984), S. 313
315 Vgl. Busch, R., Dögl, R., Unger, F. (1997), S. 334

| | | |
|---|---|---|
| Erschöpfung | Niedergeschlagenheit | Verachtung |
| Exklusivität | Nostalgie | Verehrung |
| Exotik | Phantasien | Verlangen |
| Extravaganz | Prestige | Vertrautheit |
| Familienglück | Romantik | Verzweiflung |
| Fortschritt | Ruhe | Wärme |
| Freiheit | Schadenfreude | Zufriedenheit |
| Frische | Sehnsucht | |

*Abb. 3.19: Auswahlliste von vermittelbaren Erlebniswerten (Quelle: Niebecker, B. (1990), S. 165 f).*

## 2.5.7 Formatierungsbesonderheiten

### 2.5.7.1 Audio-/Video-Produktionen

2.5.7.1.1 Medienspezifische Besonderheiten

Im Gegensatz zu fiktionalen Audio-/Video-Produktionen und Kurzfilmen sind bei der Produktion von Werbespots den medienspezifischen Besonderheiten ihres Einsatzgebietes Fernsehen oder gegebenenfalls auch Kino Rechnung zu tragen.

- *Unterhaltungswert:* Einmal gilt es, die Werbespots so zu gestalten, dass sie mindestens einen so hohen Unterhaltungswert wie das Fernsehprogramm besitzen, ohne die eigentlichen Kommunikationsziele aus dem Auge zu lassen. Durch Originalität kann Werbung Sympathie gewinnen und die Gefahr des „Wear Out Effects" sinkt. „Mich stört Werbung nicht, was mich anödet, sind die Sendungen drum herum."[316]
- *Kommunikationstiefe:* Aufgrund der hohen Schaltungskosten haben Werbespots eine Dauer von 7 bis maximal 60 Sekunden. Die Tendenz zu kürzeren Werbespots kann im Laufe der letzten Jahre verstärkt nachgewiesen werden. Mehrheitlich liegen die Spotlängen bei 20 Sekunden. Dies entspricht insgesamt rund 500 Bildern bei etwa drei bis vier Einstellungen, meist Close-Ups, um Details deutlich darstellen zu können. Hinzu kommt, dass die verschiedenen Szenen durch schnelle Schnittfolgen verbunden werden müssen. Dabei gehen verfügbare Betrachtungszeiten für die einzelnen Einstellungen an die Grenzen des Wahrnehmbaren. Eine nicht richtig verstandene Aussage ist nicht wiederholbar und eine nicht aufmerksam verfolgte Szene ist bis zur nächsten Ausstrahlung verloren. Längere Spots (30 Sekunden) werden als glaubhafter, interessanter und attraktiver beurteilt. Bei einer Länge über 30 Sekunden werden sie dagegen wieder schlechter beurteilt.[317] 15-Sekunden-Spots verlieren gegenüber 30-Sekunden-Spots etwa 20 Prozent ihrer Wirksamkeit (Studien im Auf-

[316] Crosby, J. (1984), S. 41 zitiert nach Robert Hilliard
[317] Vgl. Unger., F, Durante, N.-V., Gabrys, E., Koch, R., Wailersbacher, R. (1999), S. 133

trag der Arbeitsgemeinschaft der ARD-Werbegesellschaften). Unter dem Gesichtspunkt der Schaltkosten sind mehrere kurze Spots jedoch sinnvoller als eine geringere Zahl längerer Spots.

- *Reduktion:* Aufgrund der begrenzten Kommunikationszeit ist eine Konzentration auf die wichtigsten und zentralen Kernaussagen aus der strategischen Produktpositionierung besser als eine inhaltliche Überfrachtung. Für die Aufmerksamkeit, die allgemeine Bewertung der Spots und die Lernleistung sind klare Schlüsselszenen, konsistente Zusammenhänge sowie klare und prägnante Gestaltung unabdingbar. Gute Werbung reduziert den Signalumfang, bis nichts mehr weggelassen werden kann, ohne dass dabei die Kernbotschaft leiden würde. Wird die Botschaft prägnant und widerspruchsfrei vermittelt, so kommuniziert ein derartiger Werbespot auch bei deutlich geringerer Aufmerksamkeit.
- *Aufmerksamkeit:* Während des gesamten Spots muss die Aufmerksamkeit aufrechterhalten und das Interesse immer neu geweckt werden. Dramaturgisch sind die ersten (Primacy Effect) und letzten (Recency Effect) Sekunden von besonderer Bedeutung. Der Anfang dient dazu, die notwendige Aufmerksamkeit für die Informationsverarbeitung im Rahmen des S-O-R-Modells aufzubauen. Der Rezipient aus der Zielgruppe muss aus einer Low Involvement- in eine High Involvement-Situation gebracht werden und sich persönlich angesprochen fühlen. Der Schluss kann einen letzten Eindruck vermitteln und entweder zur Handlungsaufforderung animieren (z.B. Telefonieren bei DRTV-Spots) oder sorgt dafür, die zentrale Botschaft im Gedächtnis zu verankern. Je stärker bestimmte Elemente eines Werbespots den Betrachter aktivieren, umso besser wird die eintretende Erinnerungsleistung für die folgenden Inhalte. Die Aktivierung wird durch Ansprache verschiedener Emotionen erzeugt, die bereits an anderer Stelle vorgestellt wurden. Im Übrigen wird die Lernleistung der zentralen Botschaft durch die Integration der aktivierenden Elemente mit den zentralen Lernbotschaften (Positionierungszielen) gesteigert.[318]

| |
|---|
| Leistung und Erfolg |
| Prestige und Exklusivität |
| Ungebundenheit, Freiheit und Abenteuer |
| Erotik, Sinnlichkeit und Sex |
| Genuss, Lebensfreude und Hedonismus |
| Traumwelt und Exotik |
| Sportlichkeit und Aktivität |
| Jugendlichkeit, Dynamik und Gesundheit |
| Frische und Natur |
| Überraschung und Humor |
| Gemütlichkeit und Bequemlichkeit |
| Freundschaft und Geselligkeit |

[318] Vgl. Keitz von, B. (1983), S. 29 ff.

| |
|---|
| Geborgenheit und trautes Heim |
| Kühle Sachlichkeit und Distanz |
| Tradition, konservative Werte und Zuverlässigkeit |
| Progressivität, Ambivalenz und Veränderung |

*Abb. 3.20: Ausdrucksmöglichkeiten für Emotionen (in Anlehnung an Armer, A. A. (1997), S. 166 und Kroeber-Riel, W., Weinberg, P. (1996), S. 115.)*

- *Kognitive Dissonanz:* Hierbei handelt es sich um ein subjektives, negatives Gefühl (Stressgefühl), das nach einer Handlung, einer Entscheidung beim Verbraucher eintritt, wenn er zwangsweise die negativen Aspekte seiner Entscheidung erkennt und die negativen gegenüber den positiven Argumenten überbewertet. Damit steht zumindest kurzfristig die Handlung im Widerspruch zu den Kaufentscheidungsargumenten. Um diese negative Emotion abzubauen, suchen die Menschen selektiv nach Informationen, die ihre Entscheidung bzw. Handlung rechtfertigen und sie werden selektiv Informationen ausblenden, die der Handlung bzw. Entscheidung widersprechen würden. Die Pro- und Kontra-Argumente werden (sofern Kontra-Argumente zugelassen werden) psychologisch unterschiedlich gewichtet.[319] Konsumenten, die sich in einer solchen Situation befinden, sind meist hoch involviert. Werbespots (insbesondere bei vergleichender Werbung) zielen meist darauf ab, Konsumenten von dem beworbenen Produkt zu überzeugen und zum Markenwechsel zu bewegen. Dadurch lösen sie eine kognitive Dissonanz aus, die zu Reaktanz und Ausblendung der Informationen führen kann. Deswegen sollten die Werbespots auf keinen Fall der Zielgruppe vermitteln, dass sie in der Vergangenheit falsch gekauft haben könnten. Vielmehr sollten die Spots die neuen und einzigartigen Eigenschaften betonen und suggerieren, für einen Markenwechsel wäre gerade jetzt der einzig richtige Zeitpunkt.

#### 2.5.7.1.2 Kampagnenformatierung

Die Kampagnenformatierung stellt die Schnittstelle zwischen konzeptioneller Sichtweise und kreativ-pragmatischer Umsetzung dar. Es geht um die Frage, wie die angestrebte Produktpositionierung sich konkret auf dem Werbemittel präsentiert, um effizient ihr Ziel zu erreichen.

Bei der Kampagnenformatierung für die Werbespots lässt sich schematisch folgendes Vorgehen finden:

- Darstellung des Problems und der möglichen Folgen entweder isoliert oder in Verbindung mit einem ungeeigneten neutralen bzw. einem Wettbewerbsprodukt („Aufmerksamkeitshook“). Hieraus leitet sich der Angebotsanspruch ab (Claim). Hier wird angedeutet, was das beworbene Produkt besser kann als das andere Produkt. Dieser Claim, der auch ein komparativer Wettbewerbsvorteil sein kann oder

[319] Vgl. Festinger, L. (1957)

ein USP, findet sich häufig auch bei den Kampagnenabbindern als feste Leistungszusage wieder (Slogans).[320]

- Präsentation einer Problemlösung bzw. des Kernnutzens durch die zu bewerbende Marke, dem „richtigen Produkt". Das Nutzenversprechen „Benefit" stellt den Vorteilsanspruch dar, den das Produkt einnehmen möchte und definiert damit das Preis-/ Leistungsverhältnis (Reason Why). Gute Werbung stellt als Botschaftsziel immer den Benefit in den Mittelpunkt der Ansprache.
- Demonstration der Problemlösung, Dramatisierung des Nutzenversprechens (Proof) bzw. Begründung für die Nutzenstiftung, Anreicherung durch Zusatznutzenelemente in Abhängigkeit von der sozio-emotionalen Motivationslage der Zielgruppe (z.B. soziale Belohnung, Prestige etc.)
- Auswahl der Darsteller, der Szenen und der Darstellungsorte nach Erfahrungen der Lebenswelt der Konsumenten (z.B. Tonalität) bzw. verhaltensbestimmenden Motiven.
- Kreative Klammerungen für integrierte Kommunikationswirkungen. Als Stilkomponenten finden sich folgende Gestaltungsmittel:
  - Tonalität (Tone of Voice): Form der Zielgruppenansprache (eher abstrakt wissenschaftlich oder eher umgangssprachlich) und semantische Auswahl der Worte innerhalb des Selbstverständnisses des Kommunikators (eher distanziert, arriviert oder kollegial, freundschaftlich).
  - Visualität (Key Visuals): Zum einen handelt es sich um Schlüsselbilder, die den Angebotsanspruch (Claim) visualisieren sollen (Big Pictures). Solche Subjects sollen besonders einprägsam sein, um den Angebotsanspruch auf eine Szene, die sowohl den Nutzen als auch den Nutzenbeweis darstellen kann (z.B. Apfelbiss in der Blend-a-med-Kampagne) zu projizieren. Die Wirkung wird meist akustisch durch ein entsprechendes Knacken beim Apfelbiss verstärkt (Acoustic Device). Zum anderen handelt es sich hierbei um Sympathiefiguren, die als Erkennungszeichen medienübergreifend auftauchen und Element des Markenzeichens werden können (z.B. Milka Lila Kuh, der Bär von der Bärenmarke Kondensmilch).
  - Logos: Das Logo fasst als wichtiges Botschaftselement die Absendersignalisierung zusammen und wird inhaltlich durch die Kampagnen mit inneren Bildern bei den Rezipienten angereichert. Hierbei kann es sich um Wort-, Zahlen-, Bild- oder kombinierte Reihen handeln. Es findet sich am rechten oder linken unteren Rand und sollte zumindest bei dem geringsten Kontakt mit dem Werbemittel wahrnehmbar sein. Meist wird es mit dem Slogan räumlich verbunden. Sinnvoll ist die Positionierung des Logos auch an den Fixationspunkten eines Bildes, da dort die höchste Aufmerksamkeit herrscht. Bei Werbespots sollte das Logo möglichst lange präsentiert werden.
  - Jingles: Neben einer emotionalen Untermalung der Werbespots haben Jingles besondere Bedeutung bei den eher passiven Fernsehzuschauern, die mit geringer Aufmerksamkeit das Programm verfolgen. Durch Jingles können Aufmerksamkeit und Wiedererkennung erreicht werden. Jingles lassen sich auch im Hörfunk einsetzen. In diesem Falle werden innere Bilder, die durch audiovisuelle Darstellungsformen vermittelt wurden, durch akustische Signale aktualisiert. Gelegentlich werden Werbejingles auch Hitparadenrenner bzw. Hitparadenrenner zu

[320] Vgl. Pepels, W. (1997), S. 90

Produktjingles. Beispiele für erfolgreiche Jingles sind Aral-Kampagne, Langnese-Kampagne.

- Corporate Design: Komponenten zur Unterstützung der Wiedererkennbarkeit.
- Layoutraster: Prägnante und medienunabhängige Seitenaufteilung nach Ordnungsprinzipien der Gestaltspsychologie. Diese Struktur wird durchgängig durch alle Werbemittel eingehalten und in CD-Booklets für alle Medien definiert.
- Text-/Bildanordnung (z.B. Cache-Technik bei AV-Produktionen).
- Typografie: Auswahl und Anordnung von Schriften nach Zeichensatz, Stil, Punktgröße.
- Farbabstimmung: Festlegung der Hausfarben nach HKS oder Pantone-Farbskalen bzw. in DTP-Color-Management-Systemen definiert. Man unterscheidet die Farben nach Schrift-, Bild-, Auszeichnungs- oder Fondteilen. Dabei sollen die unterschiedlichen Anmutungsqualitäten und Farbbedeutungen Beachtung finden.
- Fotostil: Bilder und Bildsequenzen können optisch unterschiedlich arrangiert werden. Je nach Regisseur und Fotograf lassen sich bestimmte stilistische Besonderheiten erkennen, die dem werblichen Auftritt einen subtilen Unique Advertising Proposition (UAP) verleihen können.
- Slogan: Ähnlich wie Logos und Jingles setzen sich Slogans bei hinreichender Penetration in den Köpfen der Zielgruppen durch und werden zum Teil in den Alltagswortgebrauch eingebaut. Die Slogans stellen den Angebotsanspruch dar, der sich aus der Produktpositionierung ableitet. Er fasst alle Nutzenversprechen in eine Kernaussage zusammen und repräsentiert je nach Markenstrategie die Firmen- oder die Produktmarke. (z.B. Produktslogan: „Nicht immer, aber immer öfter", Clausthaler Unternehmensslogan, „Alle reden vom Wetter, wir nicht.", Deutsche Bahn).

#### 2.5.7.1.3 Treatmentbehandlung

In den verschiedenen Phasen der Vorteilsdemonstration bieten sich unterschiedliche Treatmentbehandlungen an, die im Folgenden kurz vorgestellt werden sollen.

- *Slice of Life-Technik:* Hierbei wird bei einer „Geschichte" aus dem Leben der Zielgruppe (z.B. Familienszene, Dialog unter Freunden, Ehepartnern oder Eltern und Kinder) der Produktnutzen vorgestellt. Die kurzen Szenen aus dem Alltag können die angesprochenen Zielpersonen auch nachvollziehen. Personen außerhalb der Zielgruppen brauchen diese Geschichten nicht nachvollziehen zu können (Customer Self Selection). Meist wird ein Produktprotagonist (Produktpräsenter) einem Produktantagonisten (Zweifler) gegenübergestellt. Im Handlungsverlauf tritt dann die Überzeugung mithilfe der Nutzenbestandteile, die zur Problemlösung verhelfen, auf. Dabei soll der Konflikt glaubwürdig vorgetragen und die Sprache der Zielgruppe gewählt werden.
- *Product in Use:* Ein Kommunikator aus der Zielgruppe (stellvertretend) verwendet das Produkt und stellt die Vorteile und die Leistungsergebnisse des beworbenen Produktes in aktuellen Problemsituationen vor (z.B. Reinigungsmittel für die Küche, verwendet durch eine typische Hausfrau und Mutter). Gelegentlich stellt eine De-

monstrationsperson nüchtern die Produktvorteile vor, indem sie die Wirkung oder Anwendung des Produkts in einer realitätsnahen Situation schildert und genau erläutert, wie sie welche Probleme lösen konnte (Demonstrator-Technik).

- *Testimonial Advertising:* Varianten benutzen an Stelle eines Kommunikators aus der Zielgruppe einen erfahrenen Produktverwender, der sich zu dem Produkt bekennt und es selbst nutzt und damit Glaubwürdigkeit ausstrahlt. In Frage kommen dabei:
  - Authentische Verbraucherzeugen, z.B. Ärzte wie Herr Dr. Best, mit der entsprechenden Zahnbürstenmarke oder Ärzteehefrauen,
  - Authentische Verwender, z.B. Trägerin von Always Ultra von Procter & Gamble,
  - Experten als künstliche Verbraucherzeugen, z.B. Herr Bürgi, der für Calgon geworben hat,
  - Künstliche Verwender, z.B. Mon Cheri-Freundeskreis,
  - Prominente (Celebrity), die als Verwender oder Verwenderzeuge besonders glaubhaft die Vorteile des Produktes darstellen können.
- *Side by Side-Technik:* Hierbei tritt das beworbene Produkt einen Leistungstest gegenüber einem meist anonymisierten Wettbewerbsprodukt an. In bestimmten Problemkonstellationen wird dann die Überlegenheit des beworbenen Produktes gezeigt. Die Umsetzung erfolgt häufig mithilfe der „Split-Screen-Technik“. Dabei wird der Bildschirm in zwei Hälften aufgeteilt und die Leistungsergebnisse des einen Produktes auf der einen Bildseite mit denen des beworbenen Produktes auf der anderen Bildhälfte in verschiedenen Anwendungssituationen gezeigt (z.B. Waschmittelwerbung).
- *Torture-Test:* Bei dieser Treatmentalternative wird das Produkt Extremanforderungen unterworfen und bewiesen, dass es sogar diesen Anforderungen gerecht werden kann und logischerweise auch in Normalsituationen reüssiert. Durch die Präsentation einer ungewöhnlichen Situation tritt als Nebeneffekt erhöhte Aufmerksamkeit auf (z.B. PKW-Werbung „Autos fahren Sprungschanzen oder Rennrodelbahnen auf und ab“).
- *Before/After-Technik:* Ausgangspunkt ist die Darstellung eines allgemein vorhandenen und verzwickten Problems. Das beworbene Produkt konnte dennoch im zweiten Teil des Spots dieses Problem lösen (z.B. Kaffeewerbung – nach Verwendung des beworbenen Produktes wird die Gastfreundlichkeit der Hausfrau gelobt, die vorher in Zweifel gestellt wurde).
- *Bigger than Life-Technik:* Hierbei werden das Problem und der Produktnutzen bewusst überzogen und die Produktleistung dramatisiert dargestellt.
- *Symbolic Demonstration-Technik:* Der Produktnutzen wird nicht direkt bei der Problemlösung dargestellt, sondern es werden Analogien aus anderen Bereichen der Natur, Technik u.ä. übernommen. Anwendung findet diese Technik bei Produkten, die immaterieller Natur sind, bei denen eine Darstellung zu unästhetisch oder sozial nicht akzeptabel wäre (Nutzen nicht direkt darstellbar). Häufig nutzt man auch Computersimulationen, um komplexe Vorgänge vereinfacht darzustellen.
- *Emotionalisierungs-Technik:* Hierdurch soll das Produkt im Kontext mit emotionalen Reizen präsentiert werden, damit eine emotionale Differenzierung stattfindet. Verwendung findet diese Technik bei Produkten, deren Grundnutzen austauschbar oder nicht vorhanden ist. Es werden lediglich positive Emotionen und Gefühle ver-

mittelt, die sich mit dem Markennamen verbinden sollen. Klassische Reize sind Kinder, Tiere, Erotik, Familien, Natur etc.

- *Lifestyle-Technik:* Bei dieser Technik soll das Produkt in eine typische Lebensstil-Umgebung der Zielgruppe eingebaut werden (Trends). Diese Technik wird auf die Ansprache sozialer Motive (Zugehörigkeit) abgestellt und das beworbene Produkt als Ausdrucksmittel des Lebensstils präsentiert. Gleichzeitig dient es als kohäsionsstiftendes Mittel für Mitglieder dieser angesprochenen sozialen Gruppe bzw. Lebensstilgruppe und als Erkennungszeichen zur sozialen Differenzierung gegenüber anderen sozialen Gruppierungen.

#### 2.5.7.1.4 Arbeitsschritte zur Entstehung von Werbespots

Die Entstehung eines oder mehrerer Werbespots folgt dem allgemeinen Prozess der Ideenproduktion, der Konzeption und der Realisation (IKR-Prozess). Die Phase der Ideenentwicklung lässt sich durch kreative Techniken der intuitiv kreativen Verfahren (Brainstorming etc.) und durch analytische Verfahren (z.B. morphologische Kasten) unterstützen. Liegt eine Reihe von tragfähigen Ideen vor, so werden sie in einem „Exposé“ beschrieben, in dem der spätere Handlungsablauf des Werbespots verbalisiert wird. Daraufhin folgt die Entwicklung des „Treatments“. Dabei wird der Werbespot in einzelne Szenen oder Einstellungen aufgeteilt. Jede Szene wird mit Text und Ton sowie technischen Vorgaben für die Kameraführung beschrieben. Anschließend folgt die Entwicklung des Drehbuchs, bei dem jede einzelne Einstellung detailliert mit Bildeinstellung, Tonuntermalung sowie Text sekundengenau definiert wird. Das Drehbuch entscheidet über den Erfolg der Werbespot-Produktion und dient der Produktionsfirma als Grundlage für die Endabnahme beim Auftraggeber. Präsentiert werden die Werbespots dem Kunden zur Auswahl anhand von „Storyboards“. Storyboards beschreiben anschaulich das Drehbuch für Kunden, die vom Filmgeschäft wenig Ahnung haben und meist auch nur über ein geringes Vorstellungsvermögen verfügen.[321]

Die Entwicklung dieses Spots beruht auf umfassenden Analysen des Psychogramms der Kunden. Die Kaufentscheidung für das Produkt Merlin, einem Dampfreiniger des Hauses Tien Versand, stellt eine familiäre Kaufentscheidung dar. Die typische Familiensituation wird am Frühstückstisch am Samstagmorgen beschrieben. Das Rollenverhältnis der Zielgruppe ist traditionell, der Mann arbeitet und die Frau versorgt die Familie. Dennoch besteht bei der Frau eine gewisse Unzufriedenheit, weil die gesamte Reinigungsarbeit an ihr hängen bleibt. Dies wiegt umso schwerer, weil in der Wertorientierung der Sauberkeit ein hoher Stellenwert einräumt wird. Studien haben ergeben, dass Dampfreinigen im Gegensatz zum Staubsaugen eine Beschäftigung ist, die Männern Spaß macht. Deswegen wurde im Treatment die Schuss- Gegenschusstechnik gewählt, die zum einen die belastende Situation der Hausfrau bei der Hausreinigung darstellt, mit der impliziten Erkenntnis, dass im Grunde weder Mann noch Kinder helfen. Auf der anderen Seite wird die Gedankenwelt des Mannes dargestellt, bei der deutlich wird, dass er sich auf die Reinigung sowohl des Haushalts als auch seines Autos mithilfe des Dampfreinigers Merlin freut. Im Ergebnis findet sich dann durch die Produktnutzung eine glückliche Familie mit einer neuen Arbeitsteilung unter dem Sauberkeitsdiktat einer wertkonservativen Denkweise.

---

[321] Vgl. Unger, F., Fuchs, W. (1999), S. 163 ff.

Familie Richter sitzt am Frühstückstisch in einem geräumigen Zimmer.

Mutter Richter zählt sichtlich genervt
die für den Tag anstehenden Aufgaben des Hausputzes auf.

Vater Richter hört verständnisvoll und interessiert seiner Frau zu.

Klein Stefan hält sich die Ohren zu ...

Vaters Augen werden mit jeder aufgezählten Arbeit glänzender.

Reinigung des Autos ...

Fenster putzen ...

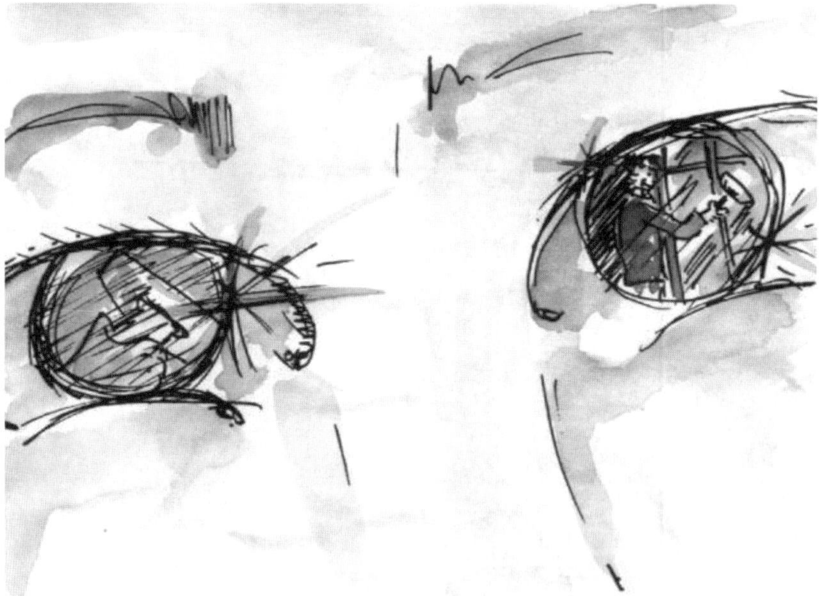

... und alles zusammen mit seinem Freund Merlin,
der sich in seinen glänzenden Augen spiegelt.

Vater zu Mutter:
„Mein Freund Merlin und ich übernehmen diese Kleinigkeiten ...“

„Macht ihr Euch nur einen schönen Tag !“

Alle Mitglieder der Familie sind begeistert.

*Abb. 3.21: Storyboard für einen Direct Response Advertising Commercial (Quelle: Konzept, Idee und Entwurf: Arbeitsgemeinschaft Aymar, Schiffler, Martin, Wiesbaden für den Tien Versand, Wiesbaden, Nordhorn 2000).*

### 2.5.7.2 Schriftliche Werbemittel

Die Darstellungsmöglichkeiten bei schriftlichen Werbemitteln im Vergleich zu Audio-/ Videoproduktionen sind eher gering. Die Botschaft muss auf den Produktpositionierungen aufbauen. Lässt man die Gestaltung von Produktkatalogen und kleineren Broschüren außer Acht, so konzentrieren sich die Gestaltungsfragen bei schriftlichen Werbemitteln auf die Formen der Anzeigen und die Gestaltung der Plakate im Bereich Außenwerbeflächen. Anzeigen in Publikumszeitschriften, Fachzeitschriften und Tageszeitungen unterliegen den gleichen wahrnehmungspsychologischen Gesichtspunkten. Das Verhältnis der Auswahl von rationalen und emotionalen Inhalten hängt dabei vom Involvementgrad der Zielgruppe ab. Die Auswahl der Headline erfordert gerade bei dieser Darstellungsform viel Geschick.[322] Es werden sechs Grundtypen unterschieden:

- Nachrichtenstil: „Das erste Waschmittel mit vollständig abbaubaren Tensiden."
- Fragestil: „Haben Sie heute schon geschweppt?"
- Erzählstil: „Das ist doch nichts für Männerabende, sagte er. Eine Stunde später war nur noch ein einziges Mon Cheri übrig."
- Aufforderungsstil: „Ruf doch mal an!"
- 1-2-3-Stil: „Tausend ganz legale Steuertricks."
- Wie-Was-Warum-Stil: „Wie Sie mehr aus Ihrem Kapital machen."

Formale Gestaltungselemente wie Größe der Anzeige, Farbigkeit und Verwendung von Bildmaterial sind Erfolgsfaktoren und Kosteneinflussgröße zugleich. Dabei gilt: je größer und je bunter die Anzeige, desto eher besteht die Chance auf deren Wahrnehmung. Die Mehrkosten hierfür müssen mit dem Mehrnutzen abgewogen werden. Wahrnehmungspsychologisch spielen in entsprechender Reihenfolge das Bild, die Headline und der angebotene Text eine Werbewirkungsrolle. Das Bild wird als erstes wahrgenommen und muss daher so gestaltet werden, dass sowohl die Anzeige wahrgenommen als auch die Positionierung grafisch umgesetzt wird. Als nächstes soll die Headline den Leser zum Lesen der Anzeige motivieren. Schließlich muss der Text zielgruppenspezifisch gestaltet sein, meist leicht verständlich und mit prägnanten Worten den Kern des Angebots schnell vermitteln.

Selbst eine optimal gestaltete Anzeige wird von den Nutzern eines Werbeträgers nur zum geringen Anteil beachtet. Von denen, die die Anzeige wahrgenommen haben, kann sich nur ein geringer Anteil an einen wesentlichen Punkt aus der Headline erinnern. Ein noch geringerer Anteil kann sich an den Markennamen erinnern (dieser sollte an den Punkten auftauchen, der innerhalb der Anzeige am meisten aktiviert wird). Nur ein geringer Anteil liest schließlich den Text.[323]

---

322 Vgl. Kotler, P., Bliemel, F. (1999), S. 987
323 Vgl. Kotler, P., Bliemel, F. (1999), S. 988

## 2.6 Timing-Strategien

Neben der inhaltlichen Gestaltung der Werbebotschaften und der sachlichen Aufteilung der Werbebudgets auf die einzelnen Werbeträger ist deren zeitliche Verteilung erfolgskritisch.

### 2.6.1 Werbebudgets in den Lebenszyklusphasen

Der Produktlebenszyklus zeigt den Lebensverlauf von Innovationen. Das Verlaufsmuster von Produkten und Marken kann dabei mit und ohne Relaunch sehr kurzfristig sein (z.B. Musikgeschäft) oder sich über viele Jahre entwickeln. Unabhängig von der Länge des Verlaufs zeigen sich regelmäßige Erscheinungen. Nach der Innovationsphase folgt die Wachstumsphase, die von der Stagnations- bzw. Sättigungsphase abgelöst wird. Jeder Lebenszyklus endet schließlich mit der Degenerationsphase bzw. der Versteinerungsphase auf mittlerem Umsatzniveau bei einer spezifischen Stammzielgruppe.[324] In jeder Phase des Produktlebenszyklus erhält das Kommunikationsbudget eine unterschiedliche Bedeutung. Die Zielsetzungen, die mit den Kommunikationsbudgets verfolgt werden, verändern sich ebenfalls zwangsläufig.

In der Innovations- bzw. Markteinführungsphase geht es darum, mithilfe der kommunikativen Instrumente entweder den Markt für das neue Produkt aufzubauen oder für die eigene Marke Marktanteile zu gewinnen. Die späteren Phasen sind dadurch gekennzeichnet, dass Produktdifferenzierungen und die entsprechenden Positionierungen an die Zielgruppen herangebracht werden. In der Sättigungsphase geht es in erster Linie darum, die Marktposition in einem nicht mehr wachsenden Markt zu erhalten. Schließlich erhöht sich der Bedarf an kommunikativen Budgets in der Reifephase zur Stabilisierung der eigenen Position und zur Erkämpfung der Marktführerposition. Gelingt dies nicht, so ist es Aufgabe der Kommunikationspolitik, bei stagnierenden Marktentwicklungen die Position zu halten oder aber eine Rückzugsstrategie zu flankieren (Harvesting). Unter dem Gesichtspunkt der Markenführung müssen unterschiedliche Intensitätsmaße der Kommunikationspolitik in die Investitionsrechnungen der Produkte aufgenommen werden. Die Kommunikationsbudgets stellen damit eine endogene Größe dar, mit deren Hilfe die Entwicklungen des Produktlebenszyklus durch das Unternehmen beeinflusst werden können. Dabei ist die Höhe des Werbebudgets kein Garant für eine Erfolgsstrategie. Die Qualität der Werbung, der Kernnutzen der Produkte und das Wettbewerbsverhalten sind die beeinflussenden Faktoren.

### 2.6.2 Zeitliche Verteilung der Werbebudgets

Im Rahmen der zeitlichen Verteilung der Werbebudgets stehen zwei Fragen im Mittelpunkt. Zum einen geht es darum, dass Werbebudgets in Beziehung zur Bedarfssituation stehen und zum anderen, welche Werbewirkung bei der Zielperson in Abhängigkeit von der Zahl der Kontakte eintritt.

---

[324] Vgl. Kotler, P., Bliemel, F. (1999), S. 565 ff.

### 2.6.2.1 Wirkungskurven

Der Zusammenhang von Kontakthäufigkeit und der jeweiligen Werbewirkung lässt sich mithilfe von Wirkungskurven (Response Functions) darstellen. Diese Wirkungskurven beruhen auf den unterschiedlichen Lerntheorien und lassen sich in lineare und nichtlineare Wirkungskurven unterscheiden. In der Praxis wird von degressiven Lernkurven ausgegangen, die eine abnehmende Wirkung von Werbekontakten unterstellen.[325]

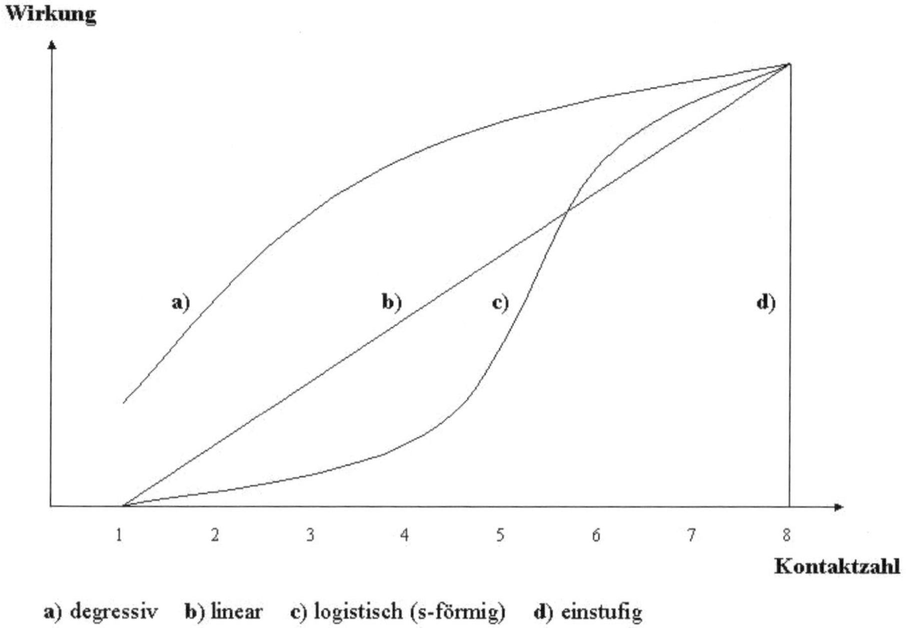


*Abb. 3.22: Wirkungskurven*
*(Quelle: Meffert, H. (1998), S. 761)*

Diese Ergebnisse zeigen, dass sich mit zunehmender Kontakthäufigkeit der Erinnerungswert verbessert. Der Zuwachs an Erinnerung nimmt mit zunehmender Kontakthäufigkeit ab. Bei zeitlich gleichmäßiger Verteilung wirkt der systematische Lernvorgang dem Vergessensvorgang entgegen.

In der Gestaltung der Mediapläne ist davon auszugehen, dass zwischen drei und fünf Kontakten nötig sind, um eine Werbewirkung zu erzielen. Dies bedeutet, dass rein rechnerisch bei einer anzusprechenden Zielgruppe von 1 Million Personen (Nettoreichweite) dann mindestens 3 Millionen Bruttokontakte nötig wären, um eine bestimmte Lernwirkung zu erzielen. Dabei wäre die Prämisse, dass alle Personen das geschaltete Medium regelmäßig nutzen.

Vielfach können durch vermehrte Wiederholungen der gleichen Werbespots nicht nur Lernwirkungen, sondern auch „Wear out"-Effekte beobachtet werden.[326] Rezipienten

---
[325] Vgl. Schweiger, G. (1975), S. 152 ff., Bender, M. (1976), S. 117 ff., Schmalen, H. (1992), S. 152
[326] Vgl. Mayer, H. (1990), S. 152; Mayer, H. (1993)

können entweder Abwehrreaktionen entwickeln (Reaktanz) oder es treten Ermüdungserscheinungen auf. Eindeutig könnten solche Effekte nicht nachgewiesen werden. Die Unternehmen versuchen im Rahmen ihrer Corporate Identity-Strategie die Motive der Werbebotschaften zu ändern, um deren Attraktivität aufrechtzuerhalten.

Deswegen sollten Werbekampagnen neben konstanten Elementen einen Spielraum für variable Gestaltungselemente offen lassen. Aus der Gestaltungsperspektive bieten sich für ein Grundmotiv, dass die Positionierung vermitteln soll, durchaus auch Variationen an. Diese Variationen sollten von vornherein Grundlage einer Werbekampagne sein.

### 2.6.2.2 Kontaktverteilung

Die bekannteste Untersuchung unternahm Zielske, der einer 13 mal wöchentlichen Schaltung von Anzeigen eine auf das ganze Jahr verteilte Kampagne in vierwöchentlichem Abstand gegenüberstellte. Als Zielgröße diente der gestützte Erinnerungswert, der folgendes Ergebnis aufzeigt.

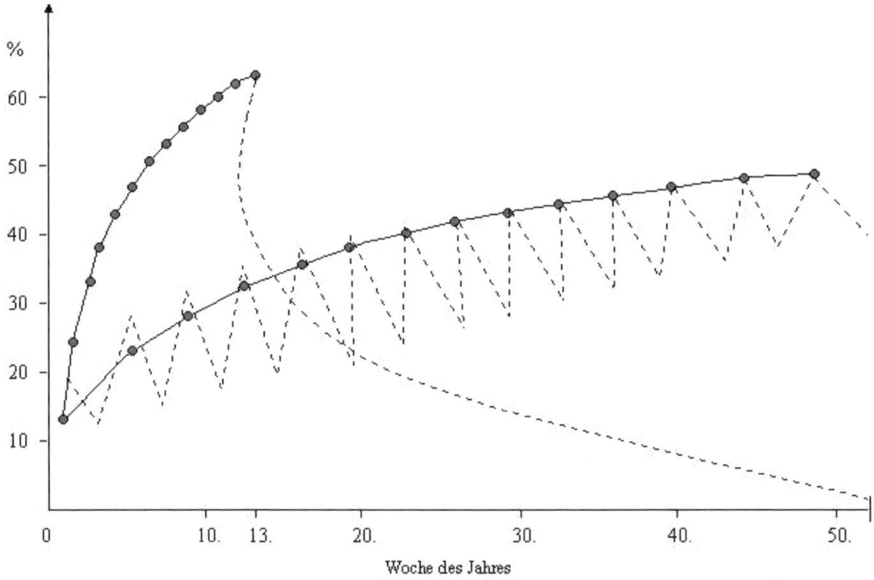


*Abb. 3.23: Erinnerungswerte bei unterschiedlicher zeitlicher Verteilung einer bestimmten Kontaktzahl*
*(Quelle: Zielske, H. A. (1959))*

Ein Teil des Werbebudgets muss zur Kompensation der Vergessenswirkung aufgewendet werden. Dieser Teil wird auch als Erhaltungswerbung bezeichnet. Grundsätzlich stellt sich die Frage, ob das Werbebudget kurzfristig zur Erzielung hoher Erinnerungswerte konzentriert oder pulsierend verteilt werden soll. Im letzteren Falle ist eine höhere langfristige Erinnerungswirkung zu Lasten einer kurzfristigen realisierbar.

Die Methode der Pulsation führt zur Optimierung der Wirkung des Werbebudgets. Die Kombination aus zeitweise intensiveren und anschließend temporär weniger intensiven Werbeansprachen kann vorteilhaft sein. Zunächst wird eine Werbebotschaft über intensivere Kontakte innerhalb der Zielgruppe durchgesetzt (z.B. ganzseitige 4-farbige Anzeigen, 30-Sek.-TV-Spots). Ist die Botschaft durchgesetzt, dann wird die Intensität reduziert. Die Reduktion kann dabei bei der Spotlänge, bei den Anzeigenformaten oder in Bezug auf Farbigkeit erfolgen. Obwohl die Wirkungen verkürzter Werbeformen überproportional schlechte Wirkungsmuster aufweisen, können sich in diesem Fall die Kunden auch durch die Kurzspots mit der bereits durchgesetzten Marke identifizieren. Folglich entfalten die Spots dann dennoch fast die gleiche Wirkung wie bei intensiverer Ansprache.

Voraussetzung für diese Strategie ist, dass zum einen die Zielgruppenmitglieder ausreichend viele Kontakte hatten, um die Werbebotschaft zu lernen und zum anderen, dass der zeitliche Abstand zwischen intensiverer und weniger intensiver Werbung gering ist, damit der Vergessenseffekt noch nicht eingetreten und die vorher gelernte Botschaft noch abrufbar ist. Nach einer gewissen Zeit sollte dann wieder die Präsentation der Werbebotschaft intensiver erfolgen.[327]

#### 2.6.2.3 Saisonalität der Werbebudgetverteilung

Von besonderer Bedeutung ist die Verteilung des Werbebudgets nach saisonalen Gesichtspunkten. So ist sowohl vor Weihnachten als auch vor Ostern mit einem erhöhten Werbeaufkommen zu rechnen. Dies führt zum einen zu erhöhten Schaltkosten in diesem Zeitraum, zum anderen zu einer Reduzierung der Werbewirkung, da zu viele Werbetreibende um die Gunst der Konsumenten werben. Deswegen kann es sinnvoll sein, antizyklisch zu werben. Dies bedeutet, die eigenen Budgets in den Urlaubsmonaten oder zu werbeschwachen Zeiten zum Einsatz zu bringen. Die Entscheidung darüber hängt von dem spezifischen Kauf- und Nutzungsverhalten der Zielgruppe ab.

## 2.7 Copy-Strategie

Die strategischen Vorgaben werden durch die Produktpositionierung und die daraus abgeleiteten Marktbearbeitungsstrategien vorgegeben. Sie bilden den Rahmen für die gesamte Marktkommunikation, um die Einzelaktivität so aufeinander abzustimmen, dass die vorgegebenen Positionierung- und Kommunikationsziele möglichst eindeutig und ohne Irritationen der Zielgruppe vermittelt werden können. Ein integrierter und zeitlich sowie sachlich abgestimmter Einsatz fördert die Lernleistung der Botschaftsinhalte und steigert die Gesamtwirkung des Werbebudgets. Die Copy-Strategie stellt das „Drehbuch“ der Kommunikationskampagnen dar und sollte die Vorstufe der konkreten Visualisierung und Verbalisierung der Botschaften sein. [328]

Die Copy-Strategie fokussiert den Kern der Kommunikationsinhalte, ohne den kreativen Rahmen zu sehr zu verengen. Durch die konsequente Umsetzung dieses Kerns ergibt

[327] Vgl. Unger, F., u.a. (1999), S. 55 f., Unger, F., Fuchs, W. (1999), S. 153 ff.
[328] Vgl. Huth, R. Pflaum, D. (1991), S. 85

sich dennoch eine Konstanz im Auftritt über einen festgelegten Zeitraum und über unterschiedliche Kommunikationsinstrumente sowie eingesetzte Werbeträger hinweg. Innerhalb des Gestaltungsbereichs sollte stets auf die Wiedererkennbarkeit geachtet werden. In der Literatur besteht keine Übereinstimmung darüber, was unter der Copy-Strategie verstanden werden soll. Es gibt weite und eher enge Auffassungen. Im Grunde sollte sie möglichst umfassend dargestellt werden, damit die an der Umsetzung beteiligten Mitarbeiter und Agenturen eine umfangreiche und exakte Beschreibung ihres Leistungsbeitrags vorliegen haben.[329]

Folgende Elemente sollte die Copy-Strategie mindestens beinhalten:

- *Kommunikationsziele (Targets):* Präzise Definition der Ziele nach Inhalt, Ausmaß und Zeitbezug für die ausgewählten Zielgruppen und präzise Definition der Zielgruppe anhand ihrer aktiven und passiven Merkmale.
- *Produktversprechen (Consumer Benefit oder Claim):* Ableitung der zentralen Argumente (Ein- oder Mehrnutzenpositionierung), die aus dem Produktpositionierungsmodell abgeleitet werden und einen komparativen Wettbewerbsvorteil (KKV) oder wenigstens eine Unique Selling Proposition (USP)[330] bzw. Alleinstellungsanspruch verkörpern soll (vgl. Kapitel 2). Es handelt sich um das Versprechen an die Zielgruppe, ein bestimmtes Problem zu lösen oder eine bestimmte Erwartungshaltung durch das Produkt zu befriedigen. Es stellt den gemeinsamen Nenner und die Dachaussage für alle formulierten und kreativ umgesetzten Botschaften dar. Es liefert die Begründung dafür, weshalb Kunden der Zielgruppe gerade dieses und kein anderes Produkt kaufen sollen.
  Sind alle Kernnutzenpositionen (KKV) im relevanten Markt durch Wettbewerber belegt, so können entweder Mehrfachnutzenpositionen gesucht werden oder es kann mithilfe einer emotionalen Differenzierung eine Nutzenposition aufgebaut werden, die eher die affektiven Komponenten des Produktpositionierungsmodells anspricht.
- *Marktbearbeitungsstrategien:* Werden unterschiedliche Zielgruppen zur weiteren Abdeckung des Marktes (vgl. Marktbearbeitungsstrategien im Kapitel 2) angesprochen, müssen unterschiedliche Kernbotschaften entwickelt werden, die sich möglichst nicht gegenseitig behindern und widerspruchsfrei sein sollten. Ebenfalls müssen bei mehrstufigen Kommunikationsstrategien unterschiedliche Kernbotschaften entwickelt werden.
- *Anspruchsbegründung (Reason Why):* Hierdurch soll das Produktversprechen glaubwürdig begründet werden. Dies kann durch Einbindung glaubhafter Kommunikatoren, überzeugende Argumentation oder aber auch durch emotionale Anspracheformen erfolgen. Je involvierter die Zielpersonen sind, desto eher lassen sich rationale Argumente in größerer Anzahl vorbringen. Je weniger involviert die Konsumenten sind, desto eher müssen emotionale Begründungen herangezogen werden – auch dann, wenn diese rational nicht nachvollzogen werden können.
- *Stilfestlegung (Tonality):* Durch Festlegung einer bestimmten Tonality, die die Kommunikationsbotschaften senden soll, wird dem kreativen Freiraum Grenzen gesetzt.

[329] Vgl. Unger, F., Fuchs, W. (1999), S. 120 ff.
[330] Vgl. Kotler, P., Bliemel, F. (1999), S. 940.

- *Corporate Identity:* Zum einen bestimmen die Vorgaben des Corporate Designs, eine CI-Strategie (vgl. Kapitel 2), die Umsetzung der Werbebotschaften. Zum anderen werden in „Imagery-Papers“[331] die Stimmungen, Atmosphären, Anmutungsqualitäten, strategischen Schlüsselbilder (Key Visuals oder Leitbilder) und Emotionen für die Kommunikation festgelegt und die zu weckenden „inneren Bilder“ bestimmt. Hierdurch wird der geschmackliche und unverwechselbare Rahmen festgelegt, innerhalb dessen kreative und inhaltliche Spielräume möglich sein können.[332]

## 2.8 Werbeerfolgskontrolle

### 2.8.1 Untersuchungsfelder

Der letzte Schritt eines Planungsprozesses schließt mit der Erfolgskontrolle ab. Die Messung der Kommunikationsleistung bezieht sich auf den Zielerreichungsgrad und die Wirtschaftlichkeit der getroffenen operativen Maßnahmen. Wie bei der Ausgestaltung der Werbeziele, so finden sich bei der Werbeerfolgskontrolle ökonomische, kommunikative sowie psychografische Zielgrößen, die durch das eingesetzte Kommunikationsbudget, die geschalteten Medien sowie die Ausgestaltung der Werbemittel erreicht werden sollten.[333]

Dabei wird zwischen der Werbewirkungsmessung und der Werbeerfolgsmessung unterschieden:

- Die Werbewirkungsmessung untersucht der Grad des Erreichens von qualitativen, meist psychografischen Werbezielen (Kognition, Affektion und Konnotation) und öffnet damit den Einblick in die entsprechenden emotionalen und kognitiven Reaktionen, die Kaufverhalten beeinflussen.[334] Kommunikative Wirkungen bauen systematisch auf gelerntem Wissen auf und sollten durch ein hohes Maß an Konstanz gekennzeichnet sein. Dennoch sollte sich die Kommunikationsleistung ständig verbessern. Die Werbewirkungsmessung gibt Hilfestellung, welche Variationen denkbar sind, um in kleinen Schritten das Werbebudget zu optimieren.[335]
- Die Werbeerfolgsmessung dagegen fasst den Grad des Erreichens der quantitativen Werbeziele (Umsatz, Gewinn) ins Auge. Beide Fragestellungen stehen in einer Mittel-Zweck-Relation. Ohne eine Werbewirkung kann auch kein Werbeerfolg eintreten. Er muss aber trotz einer Werbewirkung nicht direkt eintreten.[336]

Des Weiteren lassen sich die Verfahren nach dem Zeitpunkt der Untersuchung unterscheiden:

[331] Vgl. Kroeber-Riel, W. (1993), S. 75
[332] Pickert, M. (1994), S. 83
[333] Vgl. Mayer, H. (1990), S. 22 ff.
[334] Vgl. Unger, F., Fuchs, W. (1999), S. 512 ff.
[335] Vgl. Unger, F., Fuchs, W. (1999), S. 509
[336] Vgl. Pepels. W. (1997), S. 274

- Es gibt Ansätze, die vor dem Einsatz des Kommunikationsinstruments verwendet werden (Pre-Test-Verfahren) und der Wirkungsprognose dienen.
- Die Verfahren, die erst nach dem Einsatz des Kommunikationsinstruments zum Zuge kommen (Post-Test), dienen der Wirkungskontrolle bzw. Wirkungsdiagnose. Letztere sind insofern unbefriedigend, da die Werbebudgets bereits aufgebraucht sind.[337] Deswegen erfreuen sich die Pre-Test-Verfahren größerer Beliebtheit.

Aus beiden dargestellten Anknüpfungspunkten ergeben sich vier unterschiedliche Untersuchungsfelder und entsprechende Methoden zur Erarbeitung von Aussagen hinsichtlich der Optimierung der kommunikativen Leistungen. Kein Verfahren ist geeignet, die Wirkung insgesamt zu messen. Jedes Untersuchungsverfahren und jedes Untersuchungsdesign ist nur in der Lage, ganz bestimmte Dimensionen zu überprüfen. Weiterhin muss berücksichtigt werden, dass die Aussage je nach eingesetzten Medien unterschiedliche Qualität aufweisen kann. Ein erfolgreiches Untersuchungsergebnis im Vorfeld einer Werbekampagne zeigt zumindest, dass keine gravierenden Fehler vorliegen. Je systematischer die Fehlersuche betrieben wird, umso größer ist die Chance, dass die angestrebten Werbeziele auch tatsächlich erreicht werden. Eine Garantie für den Erfolg stellt die Medienforschung jedoch auch nicht dar, da Erfolge ein Ergebnis eines integrierten abgestimmten Marketing-Mixes darstellen. Produkte, die vom Preis-/Leistungsverhältnis her nicht wettbewerbsfähig sind, können auch durch die kreativste und optimierteste Kommunikationskampagne nur erschwerlich verkauft werden.

| | **Kontrolle** | **Prognose** |
|---|---|---|
| **Erfolg (ökonomische Ziele)** | Werbeerfolgs-kontrolle | Werbeerfolgs-prognose |
| **Wirkung (psychographische Ziele)** | Werbewirkungs-kontrolle | Werbewirkungs - prognose |

*Abb. 3.24: Untersuchungsfelder der Werbeeffizienzmessung*
*(Quelle: Pepels, W. (1996), S. 118)*

- Die Werbeerfolgskontrolle dient der Überwachung der ökonomischen Effizienz der Zielerreichung, meist in Form der Absatzwirkung.
- Die Werbeerfolgsprognose dient der Vorhersage der ökonomischen Effizienz der Zielerreichung, meist ebenfalls in Form der Absatzwirkung.
- Die Werbewirkungskontrolle dient der Überprüfung der psychografischen Effizienz der Zielerreichung, meist in Form der Einstellungs-, Positionierungs- bzw. Imagewirkungen.

[337] Vgl. Meffert, H. (1998), S. 772 ff.

- Die Werbewirkungsprognose dient der Vorhersage der psychografischen Effizienz der Zielerreichung, meist in Form der Einstellungs-, Positionierungs-, bzw. Imagewirkungen.

## 2.8.2 Ansätze der Werbewirkungsprognose[338]

### 2.8.2.1 Explorative Verfahren

Explorative Verfahren gehören zu den nicht standardisierten Erhebungsmethoden der Marktforschung und stehen meist am Anfang jeder Marktstudie, um Hypothesen über den zu erfragenden Sachverhalt zu erlangen. Diese Verfahren treten in der Kommunikationsforschung in drei Ausprägungsformen auf. Hierbei handelt es sich um das Tiefeninterview, die Gruppendiskussion und das Verfahren des Gedankenprotokolls.

- *Tiefeninterviews:* Hierbei präsentiert ein psychologisch geschulter Moderator Einzelpersonen Werbestimuli. Anschließend wird anhand eines Gesprächsleitfadens ein Tiefeninterview geführt, das meist auf Tonband aufgezeichnet wird. Die Versuchsperson muss sich mit der Anmutung des beworbenen Produkts und des spezifischen Umfeldes auseinander setzen. Systematisch werden die Hintergründe dieser Anmutung erschlossen und es wird versucht, unerschlossene Schichten des Bewusstseins zu beleuchten und bestimmte Wert- und Motivationsstrukturen zu erkennen (Laddering-Theorie).
- *Gruppendiskussionen:* Zielpersonen, Käufer des Produktes oder aus den Produktklassen manchmal auch Experten werden hierbei zu einem „Round-Table-Gespräch" von 60 bis 90 Minuten Dauer geladen. Die Rekrutierung erfolgt durch schriftliche oder telefonische Einladung von Kunden aus der Kundendatenbank oder sie werden auf der Straße oder anderen hoch frequentierten Plätzen (z.B. Messen) angesprochen. Auch hier übernimmt ein psychologisch geschulter Moderator die Gesprächsmoderation. Anhand eines Gesprächsleitfadens wird die Gruppe von 4 bis 8 Teilnehmern durch thematisch zu dem zu analysierenden Werbemittel befragt. Der Vorteil zum Einzelinterview liegt darin, dass die Teilnehmer sich gegenseitig zu Stellungnahmen motivieren und ein Gespräch entsteht, das auf gegenseitigen Assoziationen aufbaut. Ein geschickter Moderator kann diese gruppendynamischen Effekte nutzen, um ein umfassendes psychologisches Muster hinsichtlich Einstellungen, Verhaltensweisen, Werten, Motiven etc. bei dem durch das Werbemittel vorgegebenen Produkt zu erkennen. Gruppendiskussionen sind schnell durchführbar, kostengünstig und geben umfassende Einblicke durch die unvoreingenommene Sichtweise der Zielpersonen. Es besteht lediglich die Gefahr, dass Meinungsführer die Gruppe dominieren. Da nicht jede Gruppendiskussion erfolgreich verläuft, werden stets mehrere Diskussionsblöcke durchzuführen sein, sodass man am Ende Meinungsäußerungen von ca. 50 Personen in 5 bis 8 Gruppendiskussionen zusammenfassen kann.
- *Gedankenprotokoll:* Bei diesem Verfahren werden die Versuchspersonen aufgefordert, die bei der Auswahl, Wertung und Entscheidung über Werbebotschaften zu

[338] Vgl. Pepels, W. (1997), S. 196 ff.

Produktangeboten subjektiven Meinungen systematisch zu Protokoll zu geben. Dadurch soll der Versuch unternommen werden, das Entscheidungsverhalten transparent werden zu lassen und spontane Eindrücke zu erkennen. Dieses Verfahren setzt relativ geringe Anforderungen an die Versuchspersonen.
Alle Verfahren leiden unter der biotischen Situation. Sie sind nicht repräsentativ und werden vom Moderator beeinflusst. Zudem liegt allen Aussagen ein erheblicher Bedeutungsspielraum zu Grunde und die wirklich emotionalen Hintergründe werden zu Gunsten der rationalen Argumente (bewusstseinsgesteuerter Filter) nicht genannt, weil sie entweder nicht bewusst und erschließbar sind oder einfach verleugnet werden.

#### 2.8.2.2 Apparative Verfahren

Apparative Verfahren versuchen mithilfe von technischen Instrumenten bestimmte Aspekte der Wahrnehmung und Aktivierung zu messen. Je nach Reizqualität wird das Gehirn unterschiedlich aktiv. Die Beeinflussbarkeit durch unterschwellige Werbung als Werbung, die nicht bewusst wahrgenommen wird, konnte bislang nicht nachgewiesen werden.[339]

Folgende Verfahren finden dabei Anwendung:

a) Aktualgenetische Untersuchungsverfahren:

Diese Verfahren arbeiten mit Erschwernis der Wahrnehmungsmöglichkeit des Reizes. Die Hypothese ist, dass sich bestimmte Formen, Farben, Muster im Zuge auch der Gestaltgesetze wahrnehmungspsychologisch besser durchsetzen. Da Werbung stets nur Bruchteile von Sekunden Wirkungschancen bekommt, ist es wichtig, dass die Werbemittel sich auch bei solch erschwerten Situationen wahrnehmungspsychologisch durchsetzen können.

- *Tachistoskop:* Mithilfe dieses Instruments werden Werbemittel extrem kurzzeitig (unterhalb 1/20 Sekunde) den Versuchspersonen präsentiert. Die Präsentation erfolgt über einen Diaprojektor mit einen Schnellverschluss. Das menschliche Auge kann dann nur noch Konturen wahrnehmen, aber bewusst keine festen Gestalten. Sukzessive wird nun die Darbietungszeit gestreckt, bis die Werbevorlage identifiziert werden kann. Die Gestaltung des Werbemittels gilt dann umso besser, je kürzer die Zeitspanne zur Identifizierung des dargestellten Inhalts ist.[340]
- *Anglemeter:* Hierbei werden Werbemittel perspektivisch verzerrt dargestellt (Seiten-, Drauf oder Druntersichtweise) und die Wahrnehmung wird analysiert.
- *Perimeter:* Die Werbemittel werden am Rande des Sichtfelds der Augen positioniert, was der Situation des Passierens einer Außenwerbefläche entsprechen soll.
- *Sichtspaltdeformation:* Hierbei wird nur ein kleiner Ausschnitt des Gesamtmotivs erkennbar (Schlüssellocheffekt). Man kann ähnlich wie bei Gameshows auch hier

339 Vgl. Brand, H.W. (1978)
340 Vgl. Unger, F., Fuchs, W. (1999), S. 538 ff.

sukzessive ein weiteres Motivteil sichtbar werden lassen, bis die Versuchsperson das Motiv identifizieren kann.

- *Formatierung:* Die Werbemittel werden hierbei zur Simulation unterschiedlicher Betrachtungsabstände in verschiedenen Abständen den Testpersonen präsentiert.

Alle die Werbemittel sind am optimalsten gestaltet, deren Motive unter den ungünstigsten Bedingungen noch am zutreffendsten identifiziert werden können. Daraufhin werden die Gestaltungselemente optimiert.

b) Psychomotorische Untersuchungsverfahren:

Dieses Verfahren versucht, die unwillkürlichen und damit vom Bewusstsein nicht oder kaum steuerbaren Reaktionen des Menschen auf bestimmte Reize zu messen. Untersucht wird damit meist die Aktivierung des Menschen auf bestimmte Reize. Die Hypothese hierbei ist, dass diese Körperreaktionen im Gegensatz zu verbalen Äußerungen validere Aussagen hinsichtlich Aktivierung wiedergeben.

- *Pupillometer:* Nach Vorlage eines Werbemittels werden die Veränderungen der Pupillengröße im Gegensatz zum Normalzustand gemessen. Eine Größenveränderung deutet immer auf Aktivierung und emotionale Informationsverarbeitung hin. Unklar bleibt dabei die emotionale Qualität. Die negative oder positive Richtung lässt sich dann wieder nur durch Befragung feststellen.
- *Psychogalvanometer:* Nach Präsentation eines Reizes (z.B. Vorlage eines Werbemittels) wird der Hautwiderstand gemessen und mit dem Hautwiderstand im Normalzustand verglichen. Im Falle einer physischen Aktivierung wird sich infolge der Schweißabsonderung auf der Hauptoberfläche das Spannungsverhältnis verändern, was ebenfalls auf eine Aktivierung hindeutet. Viel Schweiß bedeutet Widerstand und demnach Abfall der Stromstärke. Hierzu werden Elektroden an der Handinnenfläche oder den Fußsohlen angebracht. Dieses Messverfahren ist deswegen nicht reliabel, weil die durch Aktivierung ausgelöste Spannungsveränderungen gegenüber dem Grundhautwiderstand gering sind und vielfältige Faktoren das Messergebnis beeinflussen können.[341]
- *Gehirnstrommessung:* Bei diesem Verfahren werden Messsonden auf der Kopfhaut angebracht und die Hirnströme gemessen. Erfolgt eine geistige Aktivierung, so ändern sich die Hirnströme. Auf dem Aufzeichnungsgerät erscheinen dann Betawellen mit höherer Frequenz und geringerer Amplitude. Dieses Verfahren wird auch in der Medizin angewandt und mit einem Elektro-Enzyphalogramm (EEG) durchgeführt.
- *Atemvolumen-/Pulsfrequenz-/Blutdruckmessung:* Bei höherer Aktivierung erhöhen sich sowohl die Atemfrequenz als auch Pulsschlag und Blutdruck. Mittels Infrarot-Thermometer werden schließlich die Veränderungen der Körpertemperatur im Zuge der Aktivierung gemessen.
- *Physiologische Veränderungen:* Im Falle einer Aktivierung wird durch Muskelanspannung und erhöhte Atemfrequenz die Stimmfrequenz beeinflusst. Sie zeigt auf einfache und valide Weise Aktivierung an. Auch die Lidschlagfrequenz weist auf

[341] Vgl. Kroeber-Riel, W., Weinberg, P. (1996), S. 65-69; Keitz von, B. (1986), S. 107-110; Meyer-Hentschel, G. (1983), S. 20-22

Aktivierung hin. Durch Elektromyografie werden Muskelveränderungen im Gesicht gemessen und mit normierten Muskelkonstellationen verglichen, bei denen im Falle einer Veränderung die psychische Interpretation bekannt ist. Letztlich kann auch der Speichelfluss über eine Mundsonde gemessen werden. Veränderungen weisen vor allem bei Nahrungsmittelwerbung auf den vermittelten „Appetite Appeal" hin.
- *Polygraphie:* Diese Methode ist als „Lügendetektor" bekannter. Sie besteht aus einem Methodenmix aus paralleler Messung von Atmung, peripherer Durchblutung, Pulsfrequenz sowie Hautwiderstandsmessung.

All diese Verfahren werden unter Laborbedingungen durchgeführt, was die Aussagefähigkeit beeinträchtigt. Darüber hinaus lassen sich nur sehr starke Aktivierungsreize reliabel messen und Zusammenhang zwischen Körperreaktion und Werbewirkung ist fraglich.

c) Mechanische Verfahren:

Dieses Verfahren gehört zu den Erhebungsmethoden der Beobachtung und wird vergleichsweise häufig zur Anwendung gebracht. Um eine Beeinflussung der Versuchspersonen zu vermeiden, bleibt der Moderator im Hintergrund und die Versuchspersonen werden über das Untersuchungsziel meist im Unklaren belassen.

- *Blickaufzeichnungsgerät (Eye Mark Recorder):* Durch eine Brille werden die Pupillen der Versuchsperson fixiert und der Blickverlauf bei der Betrachtung eines Werbemittels registriert. Nur ein Anteil von 2 Prozent des Gesichtsfelds wird wirklich scharf wahrgenommen, so genanntes foveales Sehen. Der Rest wird nur peripher wahrgenommen. Die Augenbewegungen bestehen aus Sprüngen, den Saccaden und den Fixationen. Während einer Fixation wird ein bestimmter Punkt für sehr kurze Zeit konstant erfasst und die Informationen werden verarbeitet. Das Gerät zeichnet sowohl die Fixationen als auch die Übergänge (Saccaden) bzw. den Blickverlauf auf. Aus der Reihenfolge der betrachteten Gestaltungsobjekte, aus der Gesamtdauer der Betrachtung und der Betrachtung einzelner Elemente sowie den Wiederholungen lassen sich Rückschlüsse bei der Optimierung von Anzeigen, Werbebriefen und Internet-Darstellungen ziehen.[342] Dadurch wird erkennbar, welche Gestaltungselemente wahrgenommen werden und wie der Blickverlauf bei der Betrachtung ist.
- *Compagnon-Verfahren:* Bei diesem Verfahren werden Versuchspersonen in eine Warteraumsituation gebracht und können während ihrer Wartezeit in Zeitschriften blättern. Diese Zeitschriften enthalten mehrfach die zu testenden Werbeanzeigen. Während der Zeitschriftennutzung werden die Versuchspersonen mit versteckter Videokamera aufgezeichnet und ihr Blickverlauf während der Auseinandersetzung mit den Zeitschriften und den Werbeanzeigen grob untersucht. Im Gegensatz zur Blickaufzeichnung lassen sich nur Makroeffekte analysieren, nämlich welche Seiten einer Zeitschrift wie lange aufgeschlagen werden. Die Analyse der genauen Mikroeffekte verschließt sich bei diesem Verfahren. Auch hierbei muss die Versuchsperson im Nachhinein befragt werden, weil beispielsweise eine lange Hinwen-

[342] Vgl. Unger, F., Fuchs, W. (1999), S. 530 ff.

dung zu einer Anzeige nicht nur auf Attraktivität, sondern auch auf Unverständnis rückschließen lässt.[343]

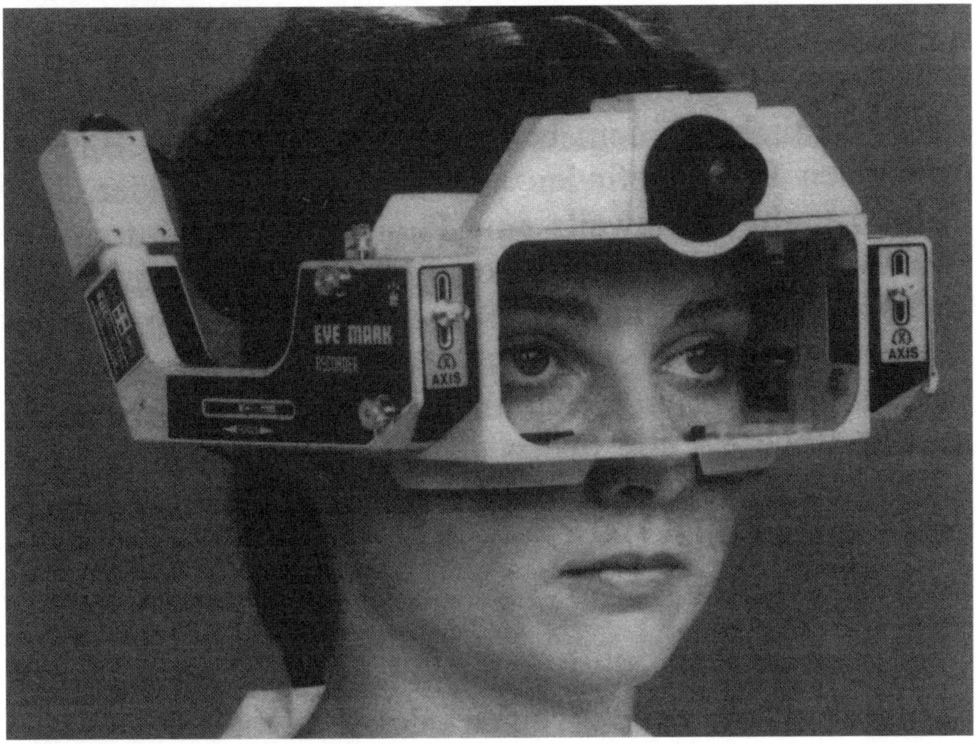


*Abb. 3.25: Blickaufzeichnung nach dem NAC Eye Mark Recorder 4*
*(Quelle: Unger, F., Fuchs, W. (1999), S. 532)*

- Beobachtung hinter Einwegspiegeln: Versuchspersonen können durch eine einseitig verspiegelte Glasscheibe unauffällig beobachtet werden. Dadurch lassen sich umfassende Verhaltensmuster wie beispielsweise die Mimik und Gestik im Umgang mit bestimmten Werbemitteln untersuchen. Die Versuchspersonen können dabei fotografiert oder durch Video aufgezeichnet werden.
- Programm-Analysator: Dieses Untersuchungsinstrument besteht aus zwei „Joysticks", mit deren Hilfe die Versuchspersonen ihr Gefallen oder Missfallen zum Ausdruck bringen können. Bei der Darbietung von Werbespots oder auch nur Standbildern in kurzer Sequenz hintereinander können die Versuchspersonen ihre momentane Wahrnehmungs- und Empfindungsqualität signalisieren.
- Geeignet ist dieses Verfahren zur Untersuchung von Werbespots. Dabei lassen sich im Zeitverlauf auch Veränderungen der Empfindungsqualität identifizieren und damit die Einstellungen, welche positive und/oder negative Reaktionen hervorrufen. Diese Methode lässt sich auch anwenden, wenn den Befragten nur die Möglichkeit gegeben wird, ihre Empfindensqualität in einen Fragebogen einzutragen. Darunter

343 Vgl. Unger, F., Fuchs, W. (1999), S. 535 ff.

leidet jedoch die Spontanität, es kann aber eine größere Fallzahl von Versuchspersonen einfacher befragt werden. Dieses Verfahren eignet sich zur Untersuchung des Spannungsbogens bei fiktionalen Filmproduktionen. Dabei wird an entscheidenden Stellen der Film angehalten und die Befragten werden gebeten, ihr aktuelles Stimmungsbild abzugeben. Folgende Abbildung (Abb. 3.26) zeigt bei einem 90-minütigen Kriminalfilm die Zu- und Ablehnung nach dem jeweiligen „Plot Point" bei 380 Versuchspersonen. Offensichtlich fällt innerhalb der ersten 15 Minuten der Stimmungsbogen ab und steigt anschließend wieder an. Insgesamt wird das Produkt leicht positiv auf einer Bewertungsskala von –5 und +5 gesehen. Dramaturgisch können nun die Szenen und Einstellungen überarbeitet werden, die ursächlich für diese Entwicklungen waren. Natürlich können mithilfe dieser Methoden dann umfangreichere Fragen hinsichtlich schauspielerischer Leistung, Anmutungswirkung der Musik, der Bilder etc. beantwortet werden.

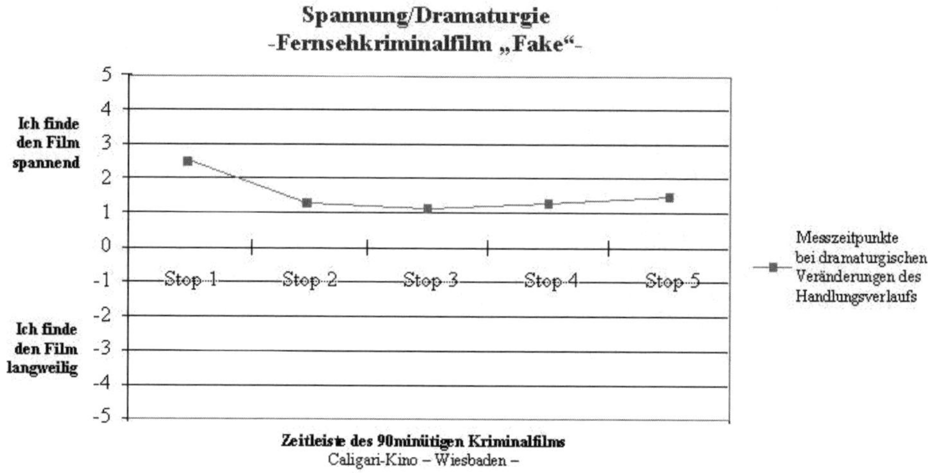


*Abb. 3.26: Spannungsbogen des Kinoproduktes „Fake"*
*(Quelle: Eigene Studien in Zusammenarbeit mit der Taunus Film Produktion Wiesbaden)*

- *Antwortzeitmessung:* Hierbei handelt es sich um ein computergestützes Verfahren, bei dem die Zeit ausgewertet wird, die zwischen der Frage zu einem präsentierten Reiz und der entsprechenden Antwort vergeht. Die Zeitdifferenz gilt als Indikator für den Überzeugungsgrad. Dabei weist eine schnelle Reaktion auf einen höheren Überzeugungsgrad und eine eindeutigere Stellungnahme hin.
- *Verklebungstechnik:* Versuchspersonen erhalten ein Testheft mit Anzeigenseiten. Die einzelnen Anzeigenseiten sind leicht verklebt worden, sodass ohne Anwesenheit eines Beobachters herausgefunden werden kann, welche Seiten der entsprechenden Zeitschrift aufgeschlagen wurden.

- *Lichtschranke:* Mithilfe von Lichtschranken durch Infrarotmessung werden die Abstände und die Passierfrequenz gemessen, die Personen beim Passieren von Werbemitteln haben. Der Abstand kann als Indikator entweder für ein Interesse am Werbemittel oder als Indikator für Unverständlichkeit genutzt werden.

d) Projektive Verfahren:

Häufig sind die Antworten der Versuchspersonen nicht aufrichtig. Aus sozialen und psychologischen Gründen werden bestimmte Meinungen und Grundhaltungen nicht frei geäußert. Einfacher ist es dann, wenn die Versuchspersonen die Möglichkeit bekommen, ihre Meinungen und Grundhaltungen in Drittpersonen zu projizieren.

- *Thematischer Apperzeptions-Test (TAT):* Die Versuchspersonen bekommen Bilderserien vorgelegt über typische Kauf- und Konsumsituationen im Zusammenhang mit dem beworbenen Produkt. Die Bilder können dabei unterschiedlich realitätsnah bzw. -fern, verschwommen oder klar sein. Sie können aber auch nur Konturen und Schemata zeigen. Die Versuchsperson wird nun gebeten eine Geschichte zu erzählen, die aufzeigt, in welcher Weise das zu bewerbende Produkt darin einbezogen wird, welche Rolle es zugewiesen bekommt und welche implizite Wertung damit verbunden ist.
- *Picture Frustration-Test (PFT):* Es wird in Form von Karikaturen ein Dialog zwischen zwei Personen dargestellt. Dieser Dialog stellt einen Konflikt dar, der sich auf die Problemlage des zu bewerbenden Produkts bezieht. Die dargestellten Personen kommunizieren über Sprechblasen, wobei eine Sprechblase leer ist. Dort kann die Versuchsperson die eigene Stellungnahme auf die dargestellte Person projizieren. Auch hierbei wird der Stellenwert des Produktes in der spezifischen Situation sichtbar.
- *Einkaufslisten-Test:* Bei diesem Verfahren werden den Versuchspersonen zwei Einkaufslisten vorgegeben, die bis auf das zu bewerbende Produkt identisch sind. Die Versuchspersonen müssen anschließend die einkaufende Person charakterisieren. Da es sich hierbei um eine experimentelle Versuchsanordnung handelt, können Unterschiede in der Einschätzung nur auf das zu bewerbende Produkte zurückzuführen sein. Legendär wurde dieser Ansatz bei der Analyse der Absatzschwächen des damals neu eingeführten Produktes „löslicher Kaffee“ der Firma Nestlé. Hintergrund waren Schwächen in der Erstkaufrate, obwohl die Produkt-, Geschmacks- und Kampagnentests erfolgreich verlaufen waren. Nach Anwendung dieses projektiven Verfahrens offenbarte sich, dass Hausfrauen Warenkörbe, die löslichen Kaffee beinhalteten, mit Frauen assoziierten, die schlampig waren und dem damaligen häuslichen Tugenden nicht entsprachen. Insofern konnten latente Motivationsstrukturen durch Anwendung dieses Verfahrens offen gelegt werden.

e) Assoziative Verfahren:

Bei diesen Verfahren werden spontane und unbeeinflusste Verbindungen zwischen den präsentierten Reizen (Werbemitteln) und den vorhandenen Gedächtnis- und Gefühlsinhalten im individuellen Erlebnisumfeld provoziert. Diese Verfahren eignen sich auch für die Suche nach tragfähigen Erlebniswelten zur emotionalen Differenzierung der Produkte.

- *Personenzuordnungstest (PZT):* Der Versuchsperson werden bekannte Personen, Tiersymbole, Zitate, Automarken und andere emotional bzw. inhaltlich belegte Reize vorgelegt. Sie haben nun die Aufgabe, eine Zuordnung der vorgelegten Bilder zu den zu analysierenden Marken vorzunehmen.
- *Wortassoziationstest (WAT):* Die Versuchspersonen werden aufgefordert, zu bestimmten Reiz- und Schlüsselwörtern, die im Zusammenhang zu dem beworbenen Produkt stehen, Begriffe, die ihnen hierzu spontan einfallen, zu nennen. Der Versuch wird meist unter Zeitdruck durchgeführt, damit auch wirklich die spontansten Eindrücke offenbart werden.
- *Satzergänzungstest (SET):* Bei dieser Methode werden Satzanfänge mit dem beworbenen Produkt vorgegeben, und die Versuchspersonen müssen diese Sätze dann vervollständigen.
- *Produktpersonifizierungstest (PIT):* Hierbei müssen die Versuchspersonen das Stärken- und Schwächenprofil in Analogie zu menschlichen Eigenschaften von den zu bewerbenden Produkten und Konkurrenzprodukten spontan aufstellen. Damit erhalten Produkte ein ähnliches Eigenschaftsprofil wie Personen.
- *Farbtest/Musiktest:* Bei diesem Test werden Produkten spontan bestimmten Farben zugeordnet. Die Auswertung beruht auf Erkenntnissen der Farbpsychologie. Ein ähnlicher Ansatz besteht in der Assoziation der Produkte mit Musiksequenzen.
- *Lückentest:* Ähnlich dem Satzergänzungstest werden hierbei Satzlücken bei der Beschreibung der Produkte gelassen. Die Versuchspersonen sind nun aufgefordert, die Satzlücken durch beschreibende Adjektive oder Attribute zu füllen.

f) Verfahren der Ad-Hoc-Marktforschung:

Die Marktforschung hat zur Prognose der Werbewirkung von Werbemitteln umfangreiche Ansätze entwickelt, die es ermöglichen, die Durchsetzungsfähigkeit sowie die motivationale Schubkraft vor Werbeschaltungen hinreichend zu prüfen.

Durchsetzungsfähigkeit bedeutet, dass die betrachteten Werbemittel in der Wahrnehmung der Versuchsperson einen präferierten Platz im Umfeld vielfältiger Werbeschaltungen einnehmen.

Die emotionale Schubkraft zeigt dagegen die Verhaltenswirkung der Werbemittel nach einem oder mehreren Kontakten bei der Zielgruppe. Verhaltenswirkung wird dabei entweder als Veränderung einstellungsrelevanter kognitiver oder emotionaler Größen oder aber als Veränderung der Kaufabsichten gemessen.

Diese Untersuchungen werden im Studio durchgeführt. Hierzu werden mindestens 50 Versuchspersonen, entweder zu einer gemeinsamen Veranstaltung oder individuell vor einem Fernsehgerät, eingeladen. Die Untersuchungsziele beziehen sich aus der Sicht der Versuchspersonen auf die Beurteilung des Fernsehprogramms. Die Beurteilung der Werbespots wird nicht als Fragestellung vorgestellt.

Die Versuchspersonen bekommen abwechselnd während der maximal 90-minütigen Untersuchung eine Mischung aus Fernsehprogramm und eingebundenen Werbeblöcken zu sehen. Das methodische Design wird auf folgender Abbildung 3.27 dargestellt.

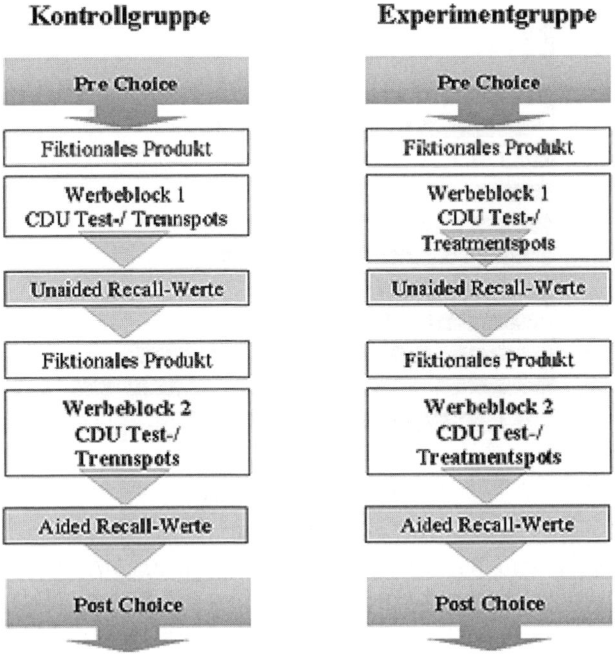


*Abb. 3.27: Experimentelle Versuchsanordnung zur Analyse von Werbespots (Quelle: Studie von Dr. Martin & Partner in Zusammenarbeit mit HMS Carat, Wiesbaden)*

Bei diesem Ansatz werden zwei Phasen unterschieden:

In Phase 1 werden vor Ausstrahlung des Testprogramms zunächst generelle Fragen zu den beworbenen Produkten, Einstellungen und Präferenzen abgefragt (PreChoice). Dann folgt das Programm mit den eingebundenen Werbeblöcken, in denen der zu untersuchende Testspot zu finden ist. Nach Abschluss dieser Phase werden die Versuchspersonen aufgefordert, sich ungestützt an die Werbespots zu erinnern (Unaided Recall).

Im Ergebnis wird damit die Durchsetzungskraft des Werbespots innerhalb eines normalen Fernsehprogramms untersucht. Spots, an die sich die Probanden als erstes erinnert (Klasse 1), haben die höchste Durchsetzungskraft im Gegensatz zu Spots, die erst an vierter Stelle (Klasse 4) oder überhaupt nicht genannt wurden. Eigene Untersuchungen haben ergeben, dass nur 30 Prozent der Versuchspersonen bei sieben präsentierten Spots sich an mehr als 3 erinnern können. Die Erinnerungsleistung selbst fünf Minuten nach Präsentation der Spots und einem ablenkenden Fernsehprogramm lässt mit zunehmenden Alter zusätzlich erheblich nach.

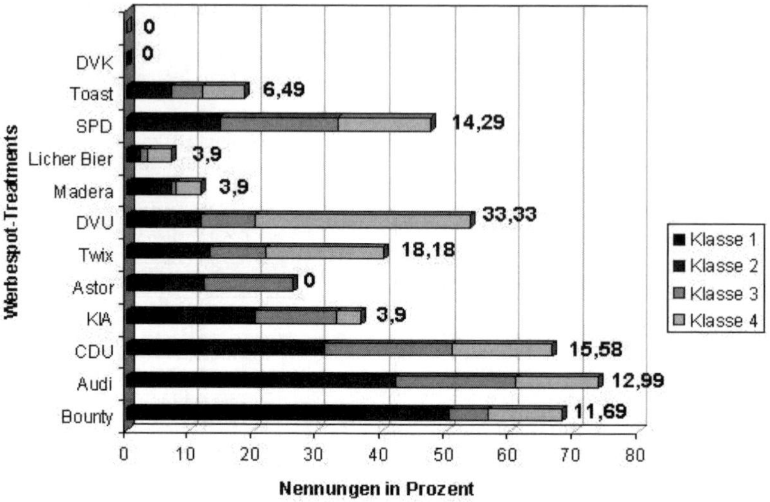


*Abb. 3.28: Unaided Recall-Werte unterschiedlicher untersuchter Werbespots (Quelle: Studie von Dr. Martin & Partner in Zusammenarbeit mit HMS Carat, Wiesbaden)*

Die Grafik zeigt, dass die Spots für Bounty und für Audi die höchste Durchsetzungskraft aufweisen. Der untersuchte CDU-Spot hat dagegen eine geringe Durchsetzungskraft. Betrachtet man die Durchsetzungskraft kumuliert bis zur Klasse 4 (ungestützte Nennung spätestens an 4. Stelle), dann gewinnt der CDU-Spot an Durchsetzung, ebenso wie der SPD-Spot.

In Phase 2 wird ein anderes Programm wieder durch die gleichen Werbespots unterbrochen. Im Anschluss daran werden die Versuchspersonen aufgefordert, sich gestützt, d.h. unter Nennung der einzelnen Spots, sich an sie zu erinnern (Aided Recall). Darüber hinaus werden die gleichen Fragen wie vor dem Versuch hinsichtlich des zu bewerbenden Produktes, Einstellungen und Präferenzen bzw. Kaufabsichtsnennungen gestellt (Post Choice). Haben sich Einstellungen, die kognitiv und affektiv differenziert abgefragt werden, Kaufabsichten oder Präferenzen zu Gunsten des Produkts geändert, dann hat der Werbespot auch eine motivationale Schubkraft entwickelt und zeigt Werbewirkung in die gewünschte Richtung.

Wie der Abbildung 3.28 zu entnehmen ist, lässt sich das methodische Design noch dahingehend modifizieren, dass eine experimentelle Versuchsanordnung zur Wirkung kommen kann. Hierbei werden die Versuchspersonen per Zufall in zwei unterschiedliche Gruppen aufgeteilt. Beide Gruppen durchlaufen den gleichen Versuchsaufbau, lediglich ein Treatmentfaktor wird verändert. In diesem Falle handelte es sich um die Wahlkampfwerbung der CDU zur Bundestagswahl 1998. Es wurden die unterschiedlichen Wahlkampfspots generell untersucht und zudem die Wirkung der Wahlkampfspots radikaler Parteien im Wahlwerbeblock der CDU-Werbespots. Dabei konnte nachgewiesen werden, dass sich in der Kontrollgruppe (in dieser Gruppe wurden die Versuchspersonen neben Werbespots unterschiedlicher Anbieter die Spots der CDU und SPD gezeigt) eine positive emotionale Schubkraft für die CDU ergab. In der Experimentgruppe verkehrte sich die positive in eine deutlich negative Schubkraft. In dieser Gruppe wurde anstelle der SPD-Wahlkampfspots ein Spot radikaler Parteien eingebunden. Sonst blieben alle Faktoren zwischen Experiment- und Kontrollgruppe gleich.

Anders ausgedrückt, durch eine radikale Bedrohung wurden die Befragten derartig sensibilisiert, dass der CDU Kompetenzen abgesprochen wurden. Insofern ist der Nachweis erbracht worden, dass das werbliche Umfeld Einfluss auf die Wahrnehmung ausübt.

Das bekannteste standardisierte Analyse-Instrument zur Werbewirkungsprognose ist das Produkt Ad*vantage der GfK Marktforschungs AG in Nürnberg, die ähnliche methodische Designs nutzt, um Werbespots vor Markteinführung zu untersuchen, um gegebenenfalls gestalterische Änderungen vornehmen zu lassen oder aus einer Reihe vorproduzierter Spots die besten herauszusuchen bzw. diese einem spezifischen Programmumfeld zuzuordnen. Unter der Marke Ad*vantage können neben Werbespots auch Radiospots oder Anzeigen untersucht werden.

Bei Anzeigen werden die Versuchspersonen aufgefordert, einen Folder mit Werbung der Konkurrenzprodukte und der zu bewerbenden Produkte durchzublättern, während auch hier ablenkende Fragen gestellt werden. Gemessen werden Einstellungen und Präferenzen vor und nach Kontakt mit den Werbemitteln.

Für die Werbemittelwirkungsprognose steht eine Reihe weiterer Spielarten der Untersuchungsdesigns zur Verfügung.

- *Theatre-Test:* Hierbei handelt es sich um einen quasiexperimentellen Versuchsaufbau ohne Kontrollgruppen.[344] Die Besucher eines Kinos werden vor der Veranstaltung gebeten (Pre Choice), aus einer Liste vorgegebener Produkte solche auszuwählen, die sie später als Gewinnprämien mitnehmen würden. Nach der Vorstellung und der Präsentation der Werbespots müssen die Versuchspersonen die Wahl nochmals durchführen (Post Choice). Präferenzänderungen können dann auf die zwischenzeitlich vorgeführten Werbespots zurückgeführt werden.
- *Studio-Test:* Bei diesem Design werden den Versuchspersonen 10 Spots präsentiert und es wird anschließend die Erinnerungsleistung (Recall) abgefragt. Dabei zeigt sich wieder die Durchsetzungsfähigkeit einzelner Spots.
- *Storyboard-Test:* Bei dieser Untersuchung werden nicht fertige Werbespots beurteilt, sondern Produktionen in der Vorphase der Fertigstellung. Dabei lassen sich unterscheiden: Drafts, d.h. illustrierte Szenen des Werbespots, Animatics, ein bereits animiertes Story Board und Stealomatics, bereits geschnittene Werbespots, die noch nicht fertig montiert sind und in denen einzelne Szenen und Einstellungen noch ohne größeren Aufwand verändert werden können.
- *Impact-Test:* Die Erinnerungswerte an einzelne Elemente von Werbemitteln werden hierbei vertieft untersucht. Fragegegenstand sind Inhalte der Anzeige, was dem Befragten beim Betrachten der Anzeige spontan durch den Kopf ging sowie die Eindrucksqualität.[345]
- *Advertising Workshops:* Hierbei handelt es sich um eine klassische Gruppendiskussion (Focus Gruppe), deren Focus auf der Diskussion von Werbemittelentwürfen

344 Kap. 2.8.3.1. Bei einem echten Experiment muss eine Reihe von Bedingungen des methodischen Aufbaus vollständig erfüllt sein. Wird mindestens eine Bedingung verletzt, so handelt es sich um einen quasiexperimentellen Versuchsaufbau.

345 Vgl. Unger, F., Fuchs, W. (1999), S. 546 ff.

liegt. Modifikationen dieses Ansatzes lassen sich unter den assoziativen Verfahren fassen.

- *Putzfrauen-Test:* Dieses simple Verfahren nutzt das Wissen der Stammtische oder in diesem Falle der Putzfrauen. Es werden einfache Menschen im Umfeld willkürlich ausgewählt und nach ihrer subjektiven Einschätzung hinsichtlich der Werbeentwürfe befragt (Likes/Dislikes und spricht mich an oder nicht an).

## 2.8.3 Ansätze der Werbeerfolgsprognose[346]

Aufgabe der Werbeerfolgsprognose ist es, das ökonomische Werbeerfolgsziel zu prognostizieren. Um den Werbeerfolg auch exakt der Werbemaßnahme zuordnen zu können, bieten sich experimentelle Versuchsanordnungen an.

### 2.8.3.1 Experimentelle Versuchsanordnungen

Der klassische Ansatz wissenschaftlichen Arbeitens beruht auf der experimentellen Versuchsanordnung. Die Aufgabe von Experimenten ist die Überprüfung einer Kausalhypothese, wobei eine oder mehrere unabhängige Variable(n) durch den Experimentator bei gleichzeitiger Kontrolle aller anderen Einflussfaktoren variiert werden, um die Wirkung der unabhängige(n) Variablen auf die abhängige(n) Variable(n) messen zu können (Böhler 1985, S. 33). Im Rahmen der Erforschung des Werbeerfolgs von Werbemitteln liegt zunächst die Kausalhypothese vor, die aus der Behauptung besteht, dass unterschiedliche werbliche Konzeptionen zu einer unterschiedlichen Nachfrageentwicklung führen. Insofern wird der Einfluss der unabhängigen Variablen „Werbekonzeption" auf die abhängige Variable „Absatzmenge" bzw. „Marktanteil" überprüft. Der Experimentator variiert hierfür die Kampagne (Experimentfaktor) und kontrolliert zugleich alle übrigen Störfaktoren, die ebenfalls Einfluss auf die Absatzmenge ausüben könnten. Zur Kontrolle der Störfaktoren bieten sich experimentelle Versuchsanordnungen an.

a) Echte Experimente

Kennzeichen von echten Experimenten sind: Aufteilung der Versuchspersonen in Experiment- und Kontrollgruppe, wobei beide Gruppen strukturgleich sein sollten (Quotenmodell oder Zufallsmodell). Zuweisung der Personen auf Experiment und Kontrollgruppe per Zufall (Randomisierung); Vorhermessung und Nachhermessung der zu beobachtenden Größen und Überprüfung eines Treatmentfaktors (in unserem Falle die Werbekonzeption).

Echte Experimente lassen sich im Direktmarketing und im Versandhandel besonders gut durchführen, weil die Reaktion (z. B. Katalogabfrage bzw. Bestellung) direkt gemessen und der Kampagne zugeordnet werden kann. Hierbei besteht die Möglichkeit, alle Faktoren zu kontrollieren und unterschiedliche Werbemittel oder Werbekonzepte zu überprüfen. Jede Form der Direktwerbung (z.B. Werbebriefversand, Direct Response Advertising etc.) eignet sich hierfür. Die Identifizierung der Reagierer und Zuordnung zu

[346] Vgl. Pepels, W. (1996), S. 150 ff; Kamenz, U. (1997), S. 92 ff.

den spezifischen Werbemitteln ist die Grundvoraussetzung der Messung des Werbeerfolgs der unterschiedlichen Kampagnen. Sie erfolgt über eingedruckte Codes im Werbemittel oder durch spezifische Endziffern der Telefonnummern, die in den Werbespots gezeigt werden. Dieser Ansatz wird in der Literatur unter dem Akronym BuBaW (Bestellung unter Bezugnahme der Werbemittel) beschrieben.[347] Da alle Prinzipien für echte Experimente erfüllt sind, können aufgrund der Marktreaktion (Response) auf bestimmte Werbeaktionen die Unterschiede direkt den unterschiedlichen Werbekonzeptionen zugeordnet werden.

b) Typische Versuchsordnungen:

- *Vorher-Nachher-Messung mit Kontrollgruppe:* Diese Versuchsanordnung wird als klassisches Experiment bezeichnet. Man teilt nach repräsentativen Gesichtspunkten das Sample, seien es z.B. Handelspanelteilnehmer oder aber Verbraucherpanelteilnehmer, in eine Experiment- und eine Kontrollgruppe auf. Die Teilnehmer der Kontrollgruppe werden keiner Werbung ausgesetzt. Die Kunden der Experimentgruppe erhalten als Treatmentfaktor die zu messende Werbekonzeption. Nach einer bestimmten Zeit werden die Treatmenteffekte berechnet. Veränderungen der Verhältnisse vor und nach dem Experiment lassen sich demnach eindeutig der geschalteten Werbung zuweisen. Bei Verbraucherpanelhaushalten lässt sich das Markenwechselverhalten als Indikator der Werbewirkung heranziehen. Ähnliche Versuchsanordnungen können auch unter Laborbedingungen durchgeführt werden. Hierzu werden Kunden in ein fiktives Geschäft geladen und können direkt ihren Bedarf an Konsumgütern decken. Je nach Zugehörigkeit zu einer Experiment- oder Kontrollgruppe werden die Konsumenten mit unterschiedlichen Werbekonzepten im Vorfeld des Einkaufs konfrontiert.
- *Zeitreihendesign:* Bei diesem Design werden Marktanteile und Absatzvolumina im Zeitablauf in einem oder mehreren Testmärkten (lokal, regional) gemessen. Treatmentfaktor sind unterschiedliche Werbekampagnen. Um deren Wirkung auf den Absatz zu messen, werden die Absatzvolumina oder Marktanteile vor und nach Änderung der Preisstellung verglichen. Dieses Design gehört zu den quasiexperimentellen Versuchsanordnungen, da die Kontrolle der Störfaktoren durch das Fehlen einer Experiment- und Kontrollgruppe nicht möglich ist. Wenn eine der oben dargestellten Bedingungen für echte Experimente nicht erfüllt ist, dann handelt es sich gleich um ein quasiexperimentelles Design.[348]

c) Aussagewert:

Experimentelle Versuchsanordnungen liefern bei Zeitreihen- oder Querschnittsanalysen brauchbare Ergebnisse. Dies kann unter völlig normalen Marktbedingungen (Marktexperiment) genauso wie in Laborsituationen erfolgen (z.B. Verkaufsbusse). Sofern die Bedingungen echter Experimente erfüllt sind, können bei Anwendung des Treatmentfaktors Werbekonzeptalternativen die gemessenen Verhaltensergebnisse bei den Versuchspersonen eindeutig auf den „Treatmentfaktor" (in diesem Falle Werbekonzept) bezogen und

[347] Vgl. Pepels, W. (1997), S. 291

[348] Vgl. Böhler, H. (1985), S. 44

daraus Rückschlüsse zur Optimierung bzw. Zielpositionierung der Werbekonzeption gezogen werden.

Die Validität ist demnach recht hoch, gleiches gilt für die Reliabilität. Dieser Ansatz lässt sich gleichermaßen für fertig produzierte Kampagnen als auch für neue Produkte in Laborsituationen einsetzen. Als sekundärstatistischer Ansatz im Versandhandel oder mit Scannerkassen im stationären Handel sind diese Methoden sehr preiswert anzuwenden. Als Primärerhebung in der Anordnung „Testmarkt" oder „Laborexperiment" sind sie dagegen recht aufwendig.

### 2.8.3.2 Marktexperimente

a) Regionaler Testmarkt

In einem gut abgrenzbaren Marktgebiet wird das zu bewerbende Produkt unter werblicher Unterstützung bzw. höherer werblicher Intensität probeweise verkauft. Das ausgewählte Marktgebiet kann dann als Experimentgruppe dienen, während ein anderes Gebiet als Kontrollgruppe herangezogen werden kann. Dort wird das Produkt ohne entsprechende werblicher Unterstützung verkauft. Aus dem Vergleich der Absatzwirkungen beider Gebiete lassen sich Rückschlüsse auf den Werbeerfolg ziehen. Dieses Vorgehen wird meist im Zuge der Neuprodukteinführungen präferiert. Werden nur Modifikationen im Kommunikations-Mix (Mediaselektion, Copy-Strategie, Werbeintensität) untersucht, so dient der übrige Markt, in dem das Produkt traditionell distribuiert und beworben wird, als Kontrollgruppe und das ausgewählte Marktgebiet als Experimentgruppe. Als bevorzugte regionale Testmärkte eignen sich Berlin, das Saarland, Großräume sowie kleinere Bundesländer. Voraussetzung hierbei ist, dass die Struktur des Gebiets, das als Experimentgruppe gilt, strukturgleich (Wettbewerbs-, Handels- und Nachfragerstruktur) mit dem Gebiet, das als Kontrollgruppe dient, oder aber mit dem gesamten Marktgebiet ist. Ansonsten lassen sich die Ergebnisse weder interpretieren noch für den Gesamtmarkt hochrechnen. Weitere Voraussetzung ist, dass die werblich zum Einsatz kommenden Medien eine entsprechende geografische Selektion zulassen. Strukturgleichheit ist in der Realität meist nicht erfüllt, sodass die Ergebnisse stets mit Vorsicht interpretiert werden müssen. Zudem sind regionale Testmärkte teuer und die eigene Werbestrategie wird vor Gesamtmarkteinführung von der Konkurrenz wahrgenommen (z. B. Einsatz taktischer Instrumente der Preis- und Kommunikationspolitik). Meist werden Testmarktergebnisse durch das Konkurrenzverhalten bewusst beeinflusst. Geeignete Testmärkte sind häufig überstrapaziert. Aus all diesen Gründen hat die Marktforschung Ersatzverfahren entwickelt.

b) Testmarktsimulationsverfahren

Dieses Verfahren bildet möglichst wirklichkeitsgetreu die Marktrealitäten in Studios ab. Die angeworbenen Versuchspersonen werden zunächst in Einzelinterviews in Bezug auf produktbezogene Einstellungen und Verhaltensweisen befragt. Danach werden sie mit den Werbemitteln konfrontiert, die in möglichst wirklichkeitsnahen Situationen präsentiert werden (beispielsweise in Werbeblöcken eines realen Fernsehprogramms oder in Anzeigenfoldern, die in Wartesaalsituationen genutzt werden können etc.). Anschließend erfolgt die Kaufsimulation im Wettbewerbsumfeld. Die Konsumenten müssen unter Anrechnung von Gutscheinen in einem realen nachgebildeten Supermarkt Produkte mit eigenem Geld erwerben. Im Nachkaufinterview werden die Kauf- und Nichtkaufgründe der beworbenen Marke und der Konkurrenzmarken im „Relevant Set“ diskutiert.

Nichtkäufer erhalten das beworbene Produkt gratis zur Prüfung. Sie werden einige Tage später über ihre Erfahrungen befragt. Sowohl die Erstkäufer als auch die Nichtkäufer, die das Produkt kostenlos zur Probe nutzen konnten, werden in der letzten Phase auf Wiederkaufverhalten befragt. Darüber hinaus werden die Kunden hinsichtlich der Produktbeurteilung und dem Einfluss der Werbung auf das Kaufverhalten im Einzelnen untersucht. Aus den Erst- und Wiederkaufraten lassen sich dann Marktanteilshochrechnungen vornehmen (Parfitt Collins-Modell) und Schwächen im Produkt- und Kommunikations-Mix aufdecken. Die Testmarktsimulation gibt es in drei unterschiedlichen Ausprägungen:

- *Storetest:* Zu dieser Untersuchung werden 20 bis 50 Geschäfte in einem abgegrenzten Gebiet angeworben, in denen probeweise die Produkte unter Einsatz neuer Werbekampagnen verkauft werden. Möchte man diesen Ansatz unter den Bedingungen eines echten Experiments durchführen, dann sollte als Kontrollgruppe eine ähnliche Anzahl strukturgleicher Geschäfte in die Untersuchung aufgenommen werden, bei denen jedoch keine oder die konventionelle werbliche Unterstützung stattfindet. Die Datenerfassung der Abverkäufe lässt sich vereinfachen, wenn bei dieser Untersuchung Geschäfte Eingang finden, die bereits einem Handelspanel angeschlossen sind.
- *Mini-Markttest:* Umfassendere Informationen über die Werbewirkung lassen sich durch einen Minitestmarkt durch den so genannten „Single Source-Ansatz“ erhalten. Neben den Abverkaufszahlen der Handelsbetriebe werden dabei zusätzlich die Reaktionen der Nachfrager auf die Treatmentfaktoren erfasst. Eine repräsentative Auswahl der Bevölkerung ist in einem Verbraucherpanel innerhalb des entsprechenden Untersuchungsgebiets angeschlossen. Aus einer Datenquelle können die verkauften Waren des Handels und die eingekauften Waren bei den Verbrauchern gemessen werden. Dadurch erschließen sich die Vorteile eines Verbraucher- und eines Handelspanels. Es lassen sich dabei neben Aussagen hinsichtlich der Kommunikationswirkung auch Aussagen ableiten, die im Zusammenhang mit dem gesamten Marketingmix stehen. Die angeschlossenen Konsumenten kaufen mithilfe einer Kreditkarte in den entsprechenden Geschäften ein, sodass die Werbewirkung auf einzelne Konsumenten verursachungsgerecht zugeordnet werden kann. Neben den allgemeinen Panelproblemen, auf die an dieser Stelle nicht im Einzelnen eingegangen werden soll, liegen die Probleme meist darin, dass die Steuerbarkeit des medialen Einsatzes nicht auf derartig kleine Testgebiete ausgerichtet werden kann. Die Auswahl der zu untersuchenden Kommunikationskonzepte ist zu gering und erlaubt deswegen häufig keine Rückschlüsse auf die Wirkung im gesamten Markt.
- *Elektronischer Mikrotestmarkt:* Die umfassendste Steuerbarkeit ermöglichen zwei Mikrotestmärkte-BehaviorScan der GfK in Bad Kreuznach und Telerim in Buxtehude. Hierbei handelt es sich um eine Kombination unterschiedlicher Ansätze:
  - Haushaltpaneldaten zur Erfassung des Konsumentenkaufverhaltens (Handscanner zur Erfassung der gekauften Produkte) sowie der Konsumentendemografie und -psychografie.

- Handelspaneldaten, die den Abverkauf der Produkte über Scannerkassen (EAN-Codes) und angeschlossenem Warenwirtschaftssystem messen und an die Zentralrechner weitergeben können.
- Geografisch selektierbare Einsätze der TV-Werbung (Set Top Boxen), der Print-Werbung (Anzeigen-Splits) sowie der Proben- und Handzettelverteilung.

Diese Testmärkte bilden unter realen Bedingungen das Kaufverhalten ab, und es lassen sich unterschiedliche Kampagnenkonzepte vor Gesamtmarkteinführung untersuchen sowie Hintergründe des Kaufverhaltens, der Erstkauf- und Wiederkaufrate erforschen.[349] Die Haushalte im Testgebiet können in Experimental- und Kontrollgruppen aufgeteilt werden, da jeder Haushalt verkabelt ist und demnach individuell sein Fernseh- bzw. Werbeprogramm erhalten kann. Eine Untersuchung mithilfe dieses technisch aufwändigen Single Source-Ansatzes beläuft sich auf ca. 100.000 Euro.

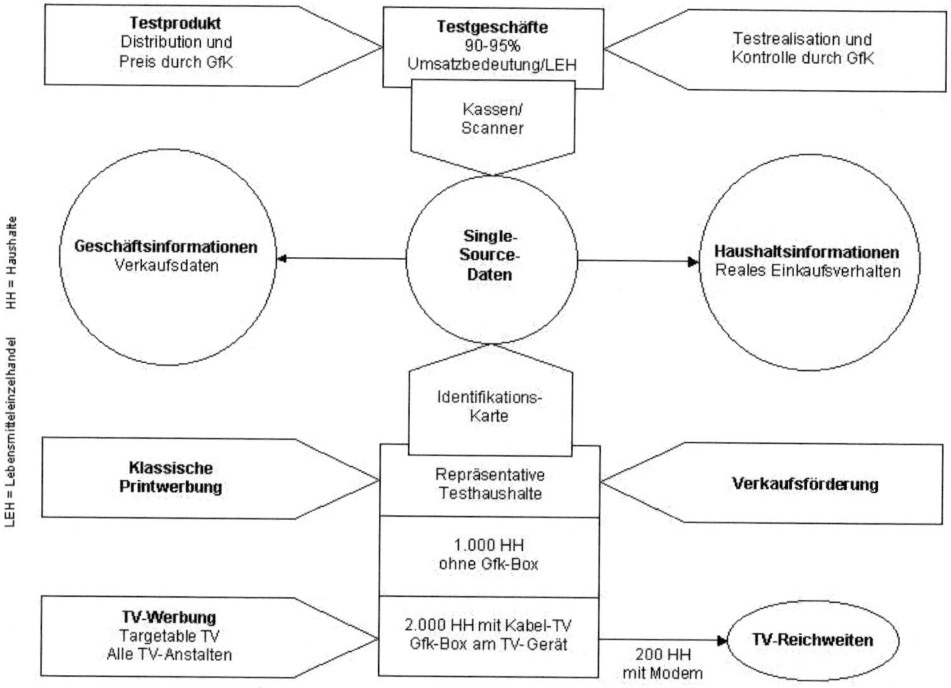


*Abb. 3.29: Aufbau des elektronischen Mikrotestmarkts „BehaviorScan"*

Dieser eignet sich vor allem für Food-Produkte und Fast Moving Goods. Produkte mit kleinen Zielgruppen können aufgrund der Fallzahlenbegrenzung nicht abgebildet werden. Im Übrigen sind diese Gebiete übertestet und ein Einfließen von Konsumenten außerhalb der Testgebiets ist nicht ausgeschlossen. Zur Prognose des absatzwirtschaftlichen Erfolgs entscheidet häufig bei Gesamtmarkteinführung das Handelsverhalten. Den-

[349] Vgl. Hammann, P., Erichson, B. (1994); Vöhl-Hitscher, F. (1994); Litzenroth, H.A. (1996)

noch lassen sich die Wirkungen der Marktkommunikation zunächst isoliert davon bewerten. Qualitative Aussagen (Likes/Dislikes) über die Werbekampagnen werden jedoch nicht erhoben. Hierzu müssen zusätzliche Instrumente der „Ad Hoc"-Forschung zum Einsatz kommen.

### 2.8.4 Ansätze der Werbewirkungskontrolle[350]

Zur Messung des Zielerreichungsgrades bei psychografischen und kommunikativen Zielen werden sowohl meist Instrumente der Ad Hoc-Marktforschung als auch der Panelmarktforschung benutzt. Sie beruhen alle auf einer Empfängeranalyse. Mit unterschiedlichen Fragestellungen wird untersucht, ob das Werbemittel, die beworbene Marke und die beworbenen Inhalte beim Empfänger angekommen sind und darüber hinaus, wie hoch die Quote der erreichten Personen (unter den befragten Personen) war. Diese Verfahren erlauben, die Ergebnisse auch auf die Grundgesamtheit hochrechnen zu können. Deswegen müssen die Voraussetzungen von repräsentativ angelegten Erhebungen erfüllt sein. Da die Erhebungen schnell erfolgen müssen, werden meist telefonische Interviews zur Anwendung kommen.

#### 2.8.4.1 Empfängeranalyse mittels Ad Hoc-Marktforschung

Die Ad Hoc-Marktforschung untersucht zu einer einmaligen Fragestellung bei einer individuell hierfür ausgewählten repräsentativen Gruppe der Grundgesamtheit bestimmte Aspekte.

a) Recall/Recognition:

Recall-Tests haben zum Ziel, die Erinnerung einer Zielperson an das aktuell beworbene Produkt zu untersuchen. Erhoben werden meist telefonisch die so genannten Erinnerungen über die einzelnen Kommunikationsinhalte. Dabei unterscheidet man in der Vorgehensweise Aided Recall, bei der dem Befragten durch mögliche Markennennungen eine Unterstützung der Erinnerungsleistung zukommt, und der Unaided Recall, bei dem der Befragte sich ohne stützende Hilfestellungen an bestimmte Werbeinhalte erinnern soll. Beim kontrollierten Recognition-Test werden den Vorgaben zusätzlich fingierte Werbemittel beigefügt, um die vorkommenden Fehlangaben und Fehlordnungen einer gestützten Abfrage zu quantifizieren. Beim traditionellen Recognition-Test (Wiedererkennung) werden die Globalwerte der Wiedererkennung aufgebrochen. Den Versuchspersonen werden die Werbemittel vorgelegt und gemeinsam mit dem Interviewer inhaltlich besprochen. Nach der Klassifikation von Starch werden Fragen gestellt, ob die Versuchsperson das Werbemittel überhaupt gesehen hat (Noted), ob das beworbene Produkt richtig gesehen und mit Vorstellungen verknüpft wurde sowie die Intensität der Werbemittelnutzung (Read Most) bewertet.[351]

---

[350] Vgl. Pepels, W. (1996), S. 236 ff.
[351] Vgl. Unger, F., Fuchs, W. (1999), S. 545 ff.

b) Day after Recall (DAR)

Die Versuchspersonen werden einen Tag nach Kontakt mit dem Werbemittel befragt. Dabei lässt sich das Vorgehen unterscheiden nach Print-Tests (Print-DAR) und TV-Tests (TV-DAR). Beim Print-Test erhalten die Versuchspersonen eine Zeitschrift zur Durchsicht zugeschickt und es wird in dem Nachinterview die Werbeerinnerung abgefragt. Dabei wird die Zeitschrift seitenweise mit dem Interviewer durchgegangen. Beim TV-Test wird die Erinnerung der am Vortag ausgestrahlten Spots abgefragt. Problematisch ist die hohe Quote derjenigen, die entweder das entsprechende Programm oder überhaupt nicht fern gesehen haben. Zudem ist eine genaue Erinnerung, welcher Spot wann gesehen wurde, kaum möglich.

c) Same Day Recall (SDR)

In diesem Fall werden kurz nach Ausstrahlung (zumindest am gleichen Tag) die Versuchspersonen telefonisch nach ihrer Werbeerinnerung befragt.

d) Controlled Exposure Day After Recall (CEDAR)

Dieses Verfahren baut auf der Stimulation eines Kontakts mit Werbespots im Fernsehen im Studio auf. Die Versuchspersonen erhalten einen Werbeblock mit dem zu untersuchenden Werbespots im Studio vorgeführt. Einen Tag später werden sie dann nach ihren Erinnerungswerten befragt. [352]

e) Advisor

Bei diesem Verfahren werden die Versuchspersonen ebenfalls vorrekrutiert und zur gezielten Fernsehnutzung motiviert. Am Folgetag oder am gleichen Tag der Werbeaussendung werden sie hinsichtlich der Wahrnehmung zu den Werbespots befragt.

Mithilfe dieser Forschungsanordnungen lassen sich umfangreiche kognitive und emotionale Inhalte abfragen. Einstellungsänderungen, Meinungen, Produktkenntnis und Präferenzen sind Folgen kognitiver Kommunikationswirkungen. Darüber hinaus werden Sympathiewerte und die richtige Zuordnung der Werbung zum Sender überprüft. Häufig findet eine Fehlzuordnung statt. Meist wird Werbung dem Marktführer oder dem Unternehmen mit aktuell höchstem Werbedruck unterstellt.[353]

### 2.8.4.2 Empfängeranalyse mittels Tracking-Marktforschung

Bei Tracking-Studien handelt es sich um ein Forschungsdesign, bei dem die gleichen Personen in regelmäßigen Abständen zu den gleichen Themen befragt oder beobachtet werden (Panels). Durch diese Forschungsanordnung lassen sich Veränderungen im Zeitablauf erfassen. Werden nach jeder Befragungs- bzw. Beobachtungsperiode die

352 Vgl. Unger, F., Fuchs, W. (1999), S. 551
353 Vgl. Unger, F., Fuchs, W. (1999), S. 558 ff.

Personen gewechselt, so handelt es sich um eine Wellenerhebung. Die Personen, die fluktuieren, bleiben hinsichtlich bestimmter Marktsegmentierungsmerkmale strukturgleich und sind auch repräsentativ mit der Grundgesamtheit.

Dieses Instrument kontrolliert als standardisierter Informationsdienst die Werbewirkung der eigenen Marken und der Konkurrenzmarken. Untersuchungsziele sind wiederum die Erinnerungsleistung (Recall) und die Durchsetzungsfähigkeit und Eindruckswirkung im Werbeumfeld (Impact). Diese Informationsdienste werden von verschiedenen Marktforschungsfirmen angeboten: Beispielsweise der GfK-Werbeindikator, der Werbewirkungskompass (IPA), Wirkungsmodell (Sample), Werbetracking-Versicherungen (Infratest), Getas Impact Profil, Niko-Werbe-Index, Media und Advertising Diagnosis System (RSG) etc. Sie bieten alle aufgrund ihres Zeitreihendesigns einen Überblick über den aktuellen Werbedruck und das Konkurrenzverhalten in Abhängigkeit der zeitlichen Entwicklung.

Die Anwendung dieser Verfahren erfolgt für alle wichtigen Mediagattungen mit unterschiedlichen Erfolg. Bei Kinowerbung werden die Besucher sofort im Kino befragt oder einen Tag später, nachdem die Telefonnummern erhoben wurden. Bei Außenwerbeflächen gestaltet sich diese Erhebungsform recht schwierig, entweder durch Plakatabfrage anhand erinnerter Werbewege (Gfk und der DSR sowie der G-Wert von AC Nielsen) oder durch Passantenbefragung hinter den entsprechenden Anschlagstellen.

### 2.8.4.3 Kontaktanalysen

Die Kontaktanalyse misst die Kontakte bei der Zielgruppe, die aufgrund des geschalteten Mediabudgets potenziell möglich gewesen wären. Die Messverfahren unterscheiden sich dabei zwischen einzelnen Mediengattungen.

- *Insertionsmedienbereich:* Die Informationsgemeinschaft zur Feststellung und Verbreitung der Werbeträger (IVW) prüft die Auflagenzahl der angeschlossenen Verlage. Dies entspricht im Grunde der technischen Reichweite eines Werbemittels bei einem spezifischen Werbeträger. Die Zahl stellt einen recht „harten" Wert für die Medialeistung dar, da verbindliche Vorschriften hinsichtlich der Auflagenmeldungen bestehen. Die Richtigkeit dieser Informationen wird auch stichprobenartig überprüft. Das IVW-Gütesiegel ist ein Markenzeichen für die Qualität der Medialeitung von Verlagsprodukten.
- *Bereich der elektronischen Massenmedien:*
  - Fernsehen: Bei der Ermittlung der technischen Reichweite beim Empfang von Programmen muss zwischen der terrestrischen Reichweite (Antennenempfang), Kabelempfang und Satellitenempfang unterschieden werden. Zu allen Empfangsmöglichkeiten werden regelmäßig Marktdurchdringungswerte ausgewiesen. Entscheidend ist jedoch die quantitative Reichweite einzelner Programme. Nur hierdurch wird die Kontaktchance mit dem Werbemittel beschrieben. Hierzu hat die GfK Nürnberg im Auftrag der AFG ein Fernsehpanel mit ca. 5.200 Haushalten (14.800 angeschlossenen Personen) aufgebaut. Jedes Empfangsgerät ist mit einem Zusatzgerät ausgestattet, das zwischen Antennenbuchse und TV Gerät geschaltet ist. Hierdurch wird die Aktivität des Fernsehgeräts elektronisch kontrolliert. Es wird gemessen, ob das Fernsehgerät ein- oder ausgeschaltet ist, welches

Programm aktiviert wurde und zusätzlich sekundengenau Uhrzeit, Datum und daraus ableitbar die Dauer der Programmnutzung. Jede Person im Haushalt muss sich vor der Fernsehnutzung ein- und nach Beendigung ausloggen. Dabei können bis zu sieben Personen und ein Gast registriert werden.
Demografische Daten der Panelteilnehmer stehen natürlich generell zur Verfügung. Ergänzend lassen sich auch Telespiel-, Videotext-, Online- oder Homecomputernutzung auf ähnliche Weise erheben. Die Daten werden über Datenfernübertragung täglich von den Decodern auf die Zentralrechner der GfK übertragen und ausgewertet. Diese Daten stehen den Fernsehanstalten damit jeden Morgen (9:30 Uhr) zur Programmkontrolle und den Werbetreibenden zur Reichweitenkontrolle der Werbeblöcke zur Verfügung.
Vielfältige Sonderanalysen ermöglichen eine genaue Transparenz der Seherstruktur (z.B. Zielgruppenanalysen der Programmnutzer, Gain & Loss-Analysen etc.). Für eine programmspezifische Werbespotplatzierung steht also ausreichend viel Informationsmaterial zur Verfügung. Neben den bekannten Schwächen aller Panels kann davon ausgegangen werden, dass diese Daten ein genaues Abbild der Fernsehnutzung und damit auch der Nutzung der Werbespots abgeben. Insbesondere die Reichweiten innerhalb der Werbepausen sind für die Ermittlung der Werbemittelkontaktwahrscheinlichkeit recht aufschlussreich. Methodische Verfeinerungen dieser Ansätze sind in der Erprobungsphase. Anstelle des Ein- oder Ausloggens kann durch die Ermittlung der Wärmeausstrahlung der Zuschauer im Einzugsbereich der Sendegeräte sichergestellt werden, dass die Panelteilnehmer sich auch wirklich vor dem Gerät aufhalten (passive Pocket Meter). Darüber hinaus lassen sich Spy Cams am TV-Gerät installieren, damit der Grad der Aufmerksamkeit bildlich festgehalten werden kann (z.B. C-Box).
- Hörfunk: Technische Möglichkeiten wie im Fernsehen gibt es im Hörfunk erst in der Erprobungsphase (z.B. Audiometer). Hörfunknutzung ist schließlich nicht ortsgebunden. Panelteilnehmer müssen deswegen ein so genanntes „Wearable Meter“ am Körper tragen oder zusätzlich den außer-Haus-Radiokonsum per Selbstaufschreibung ausweisen. Sichere Ergebnisse liefert das Wearable Meter. Es identifiziert über die Senderkennung (Audiokennung) die Reichweiten. Diese Instrumente können auch zur Messung der Fernsehsender genutzt werden, sodass eine Single Source-Studie möglich wäre.

#### 2.8.4.4 Ansätze der Werbeerfolgskontrolle[354]

Die Werbeerfolgskontrolle schließt den Planungskreislauf der operativen Kommunikationsplanung mit der Gegenüberstellung von investierten Mitteln in Marktkommunikation und dem ökonomischen Ergebnis ab. Bei der Ermittlung von Effizienzkennziffern können Umsatzzahlen oder Deckungsbeiträge den investierten Werbebudgets gegenübergestellt werden. Da ökonomische Ergebnisse nicht eindeutig den Werbebudgets verursachungsgerecht zuzuordnen sind, bedient man sich für die Werbeerfolgskontrolle unterschiedlicher Verfahren.

---

[354] Vgl. Pepels, W. (1996), S. 133 ff.

a) Absatz- und Umsatzstatistiken

Die Daten des internen Rechnungswesens können erste Auskunft über die Folgen eines Werbebudgeteinsatzes liefern. Werden die Umsatz- und Absatzzahlen im Form eines Zeitreihendesigns ausgewertet und wird festgestellt, dass nach Erhöhung des Werbebudgets sofort oder nach einem bestimmten Time Lag die Absatzzahlen sprunghaft in die Höhe gegangen sind, so lässt sich diese Entwicklung auf die Kommunikationspolitik zurückführen. Umfangreichere Analysen lassen sich dann nur mithilfe der Ad Hoc-Forschung durchführen, wenn die Neukunden hinsichtlich ihrer Kaufentscheidung untersucht werden. Voraussetzung hierfür ist die adressbezogene Kenntnis der Neukunden.

b) Trackingforschung

Eine wichtige Quelle zur Analyse der Werbeerfolgs bilden wiederum die Verbraucherpanels, die die unterschiedlichen Märkte (Food, Non Food, Financial Services etc.) repräsentativ erheben und die Marktstruktur regelmäßig abbilden. Jeder Panelteilnehmer erfasst seine Einkäufe durch Eingabe der EAN-Codes auf den Verpackungen mithilfe eines Hand-Scanners. Die Daten werden gesammelt und für den Gesamtmarkt hochgerechnet. Darüber hinaus geben die Panelteilnehmer weitere Informationen ab, aus denen Rückschlüsse gezogen werden können. Durch das Markenwechselverhalten aufgrund des Einsatzes einer Werbekampagne kann die Werbewirkung abgelesen werden. Untersuchungsfragestellungen wie die Wirkung der Werbung auf die Verwendungshäufigkeit bei Stammkunden, Abwerbung von Gelegenheitskunden, bei welchen Wettbewerbern im relevanten Markt oder die Aktivierung von Neukunden, können individuell ausgewertet werden.

c) BuBaW-Verfahren

Bei diesem Verfahren werden die direkten Abverkäufe aufgrund einer Werbekampagne gemessen. Es bietet sich bei allen Formen des Direktmarketings an. Dabei lassen sich die Bruttokontakte beim Versand von schriftlichen Werbemitteln aufgrund der Abrechnung der Post genau bestimmen. Nach einem Wirkungszeitraum von 14 Tagen bis 6 Monaten zeigen sich dann die Kundenreaktion und der Reaktionsverlauf. Die Zahl der Bestellungen abzüglich der Retouren und der Zahlungsausfälle ergibt den Nettoumsatz der Werbeaktion. Werden hiervon die Einkaufspreise der verkauften Artikel abgezogen, so ermittelt sich der Deckungsbeitrag 1, von dem die aktionsspezifischen Werbekosten gedeckt werden müssen. Zieht man diese Kosten vom Deckungsbeitrag 1 ab, so erhält man den Deckungsbeitrag 2 als werbespezifisches Bruttoergebnis. Aus diesen Erfahrungswerten lassen sich für Folgeaktionen schließlich Break Even-Absatzzahlen abschätzen. Hierbei handelt es sich um einen Sollabsatz, bei dem die aktionsspezifischen Werbekosten sowie die Einkaufskosten der verkauften Artikel gedeckt sind. Dieser Wert definiert auch den Sollresponse, der sich aus dem Verhältnis von ausgesendeten Werbemitteln und der Zahl der Käufer ergibt. Leider wird bei einer genauen Berechnung des Erfolgs in der Praxis immer wieder festgestellt, dass die Direktwerbung für die Neukundengewinnung meist keine positiven Ergebnisse erbringt. Erst die mehrfache Kontaktierung von Neukunden bringt aufgrund höherer Reaktionszahlen in den Folgeperioden ein positives Gesamtergebnis. Investitionen in Neukunden sind meist zunächst verlustbringend. Diese Berechnungsweise lässt sich für alle Werbeeinsätze nutzen, bei denen eine direkte Bestellmöglichkeit eingeräumt wird. Können Kunden die Produkte jedoch über andere Vertriebswege des Unternehmens beziehen, so sind die Abgrenzung und die sachliche Zuordnung auf eine spezifische Werbekampagne meist recht schwierig.[355]

---

[355] Vgl. Pepels, W. (1996), S. 278 ff.

# Abbildungsverzeichnis

# Kapitel 4

## Dialogkommunikation mit Online-Medien

# 1. Markt der Online-Medien

Im Zuge der Entwicklung einer international verflochtenen Wirtschaft gehören die unterschiedlichen Technologien der Übertragung von Informationen und Kommunikationsinhalten zu den zentralen Kompetenzen von Unternehmen.

Bereits heute zeigen sich die Konturen einer zukünftigen Informationsgesellschaft, die durch die Verbreitung der Nutzung unterschiedlicher Online-Medien im privaten sowie im geschäftlichen Bereich denkbar sein werden. Im Zuge der Konvergenz der Technologien im Bereich der Information und Kommunikation sowie der Universalität der Rationalisierungschancen in allen Unternehmensbereichen ist bei der Gestaltung der Online-Medien darauf zu achten, welche unternehmerischen Zielsetzungen erfüllt werden sollen. Online-Medien werden alle Branchen durchdringen und der Grad der Veränderung wird durch die größten Unternehmen der Branche bestimmt. Im Gegensatz zu den klassischen Medien sind Online-Medien multifunktional. Sie dienen als Kommunikations- und gleichzeitig auch als Distributionsinstrument.

## 1.1 Realisierungsformen des E-Commerce

Für unterschiedliche Ansätze, Online-Medien nutzbringender einzusetzen, wird in jüngster Zeit der Oberbegriff E-Commerce verwendet. Dieser beinhaltet mitunter sehr unterschiedliche Sachverhalte, und ihm wird eine vielversprechende Zukunft vorhergesagt. Eine einheitliche Definition existiert hierfür jedoch bislang nicht. Clement, Peters und Preiß bezeichnen E-Commerce als „die digitale Anbahnung, Aushandlung und/oder Abwicklung von Transaktionen zwischen Wirtschaftssubjekten“.[356] Picot, Reichwald und Wigand verstehen darunter „jegliche Art wirtschaftlicher Tätigkeit auf Basis elektronischer Verbindungen“.[357]

Im folgenden Kapitel soll Marketing mit Online-Medien als ein umfassendes Instrument der Marktkommunikation (Kunden, Konkurrenz und Wertschöpfungspartner) definiert werden, welches auf Grundlage elektronischer Netzwerke digitale Signale interaktiv einsetzt, um damit unterschiedliche Ziele des Marketings in Phasen der Geschäftsanbahnung und Geschäftsabwicklung zu erreichen.

Die Chancen und Risiken des E-Commerce im weiteren Sinne und des Internets im engeren Sinne ergeben sich aus dem Slogan „anywhere, anybody and anytime“[358] sowie „anything.“

- *Anywhere:* Ein Online-Auftritt kann für jede beliebige Marktabgrenzung geplant werden. Gleichgültig, ob es sich beim Sender der Informationen um einen multinationalen Konzern, ein Klein- oder mittleres Unternehmen (KMU) oder eine Privatperson handelt, können sich die Online Aktivitäten auf den Weltmarkt ausrichten. Lediglich zur Regelung von Zugriffsrechten von dritter Seite auf die Onlinepräsen-

[356] Vgl. Clement, M., Peters, K., Preiß, F.J. (1998), S. 12
[357] Vgl. Picot, A., Reichwald, R., Wigand, R.T. (1996)
[358] Vgl. Link, J., Tiedtke, D. (Hrsg.), S. 2.

zen können proprietäre Zugriffsräume[359] geschaffen und beliebig abgrenzbare Märkte definiert werden.

- *Anybody:* Die Markteintrittsbarrieren im Online-Bereich (insbesondere im Internet) sind sowohl im Vergleich zum Aufbau eines Versandhandelsgeschäftes als auch im Falle des stationären Vertriebs unvergleichlich geringer. Damit verlieren die Wettbewerbsvorteile, die auf Grundlage von benötigtem Kapital für einen Markteintritt benötigt werden, ihre Bedeutung. Lediglich die Wettbewerbsvorteile, die aufgrund des Markenkerns vorhanden sind, bleiben nicht nur erhalten, sondern werden der einzige Wettbewerbsvorteil neben den logistischen Qualitäten im Falle des Direktvertriebs (E-Commerce) sein.
  Dadurch steigen die Investitionssummen zwangsläufig auch. Dies wurde aber in der Beurteilung der Geschäftsmodelle des „Neuen Marktes" häufig unterschätzt.
- *Anytime:* Bei den Servicedimensionen enthält das Internet einen entscheidenden Fortschritt, da grundsätzlich keine Ladenschlussprobleme existieren. Kommunikation und Transaktion sind damit jederzeit möglich.
- *Anything:* Unterschiedliche Markt- und Transaktionsbereiche werden unterschiedlich von den Online-Medien betroffen. Dabei treten die kommunikativen Ziele beim Einsatz von Online-Medien (z.B. Suche nach Neukunden oder Intensivierung der Beziehungen zu Ist-Kunden) zu Gunsten von transaktionsorientierten Zielen (z.B. automatisierte Bestellabwicklung oder Abwicklung von tertiären Prozessen über die Plattform des Internet) in den Hintergrund. Insofern betrifft die Frage des Einsatzes der Online-Medien in der Marktkommunikation, mehr als bei anderen Instrumenten die gesamten organisatorischen Prozesse eines Unternehmens.

An Hand folgender drei Dimensionen (Abb. 4.1) sollen vielfältige Perspektiven des E-Commerce-Ansatzes erfasst und somit eine Themenabgrenzung ermöglicht werden.

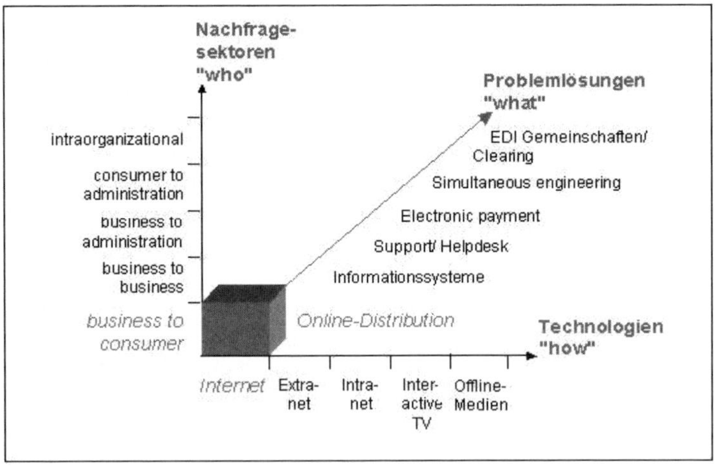


*Abb. 4.1: Marktabgrenzung E-Commerce*

[359] Hierbei handelt es sich um Nutzergruppen, die aufgrund bestimmter Voraussetzungen Zugangsrechte auf bestimmte Daten eingeräumt bekommen (Extra- bzw. Intranetlösungen).

*Dimension 1: Anwenderdialog und Nachfragesektoren – Wer nutzt E-Commerce?*

Die interaktive Nutzungsmöglichkeit von Online-Medien kann Kommunikationspartner aus unterschiedlichen gesellschaftlichen Sektoren betreffen und damit unterschiedliche Aufgaben, die über diese neuen medialen Plattformen abgewickelt werden können.

- Anwenderdialog innerhalb einer rechtlich und organisatorisch selbstständigen Organisation (intra-organisational)
- Anwenderdialog zwischen verschiedenen kommerziell ausgerichteten Organisationen (Business to Business)
- Anwenderdialog zwischen kommerziell ausgerichteten Organisationen und privaten Personen (Business to Consumer)
- Anwenderdialog zwischen kommerziell ausgerichteten Organisationen und der öffentlichen Verwaltung (Business to Administration)
- Anwenderdialog zwischen der öffentlichen Verwaltung und den privaten Personen (Consumer to Administration).

| **Handelsbereiche** / **Marktsegmente** | **Electronic-Commerce** | |
|---|---|---|
| | Geschäftliche Nutzung Business-to-Business Bereich | Private Nutzung Business-to-Consumer Bereich |
| *Closer-User-Groups* **Intranet** **Extranet** | - Geschäftsabwicklungen<br>- globaler Wettbewerb<br>- Kommunikationsmedium<br>- Informationsmedium<br>- Beschleunigung von Geschäftstransaktionen | - Recherche, Information<br>- Homebanking<br>- e-mail<br>- Online-Dienste<br>- Ticket- und Reisebuchung |
| *Öffentliches Netz* **Internet** | - Vertriebskanal<br>- Verkauf von Waren/ Dienstleistungen<br>- Online-Marketing<br>- Marktforschungsinstrument<br>- Neukundengewinnung<br>- Imageverbesserung<br>- Wettbewerbsvorteile<br>- Reduktion von Transaktionskosten | - Produkt-/ Preisvergleiche<br>- digitale Bestellung von Produkten/ Dienstleistungen<br>- Produkt-/ Firmen-Informationen<br>- e-mail-Kontakt zum Hersteller<br>- Electronic-Shopping<br>- Unterhaltungsmedium (Chatten, Surfen, Spielen) |

*Abb. 4.2: Einsatzmöglichkeiten des E-Commerce anhand von Beispielen (Quelle: Hermanns, A., Sauter, M. (1999), S. 23).*

*Dimension 2: Anwendungsfelder und Problemlösungen – Wozu kann E-Commerce genutzt werden?*

Im Gegensatz zu den anderen Medien vereinigen Online-Medien, und hier vor allem das Internet, die Qualitäten eines Informations-, Kommunikations- und Transaktionskanals in sich. Es ist Medium und Marktplatz zugleich.

- Informationen sind dabei Inhalte, die einem Nutzer online und ohne weitere Einschränkungen zugänglich sind und die er nach eigenen Vorgaben aktiv auswählen kann.
- Kommunikation wird in Abkehr vom traditionellen Verständnis als ein dialogischer Austausch von Informationen zwischen Botschaftssender und Botschaftsempfänger definiert.
- Transaktionen bezeichnen Prozesse der Bestellannahme, -durchführung und -abwicklung. Sie sind damit von direkter Umsatzrelevanz.

Folgende Anwendungsfelder finden sich für die Umgestaltung der Marketingfunktionen durch das E-Commerce[360]:

- Kommunikationsmix
  - ➢ Organisation extern:
    - Unternehmens- oder Markenkommunikation (z.B. individualisierte Kommunikation und Information
    - Öffentlichkeitsarbeit (z.B. Pressedienst)
  - ➢ Organisation intern:
    - Wissens-/Informationsmanagement (z.B. zentrale Archive)
    - Effizienzsteigerung der Arbeitsabläufe (z.B. Workflow-Integration)
- Produkt-/Sortimentsmix
  - ➢ Erhöhung des Servicegrades (z.B. support help desks)
  - ➢ Interaktive Produktentwicklung (z.B. simultaneous engineering)
  - ➢ Mass Customization (z.B. individualisierte Produkte)
- Kontrahierungsmix
  - ➢ Preisdifferenzierung (z.B. Ermittlung von Marktsegmenten mit unterschiedlicher Preissensibilität)
  - ➢ Nichtlineare Preisbildungen (z.B. Bonusprogramme)
  - ➢ Yield Pricing (z.B. Internetauktionen)
  - ➢ Auftragsabwicklung (z.B. elektronischer Bezahlvorgang)
- Distributionsmix
  - ➢ Vertriebsunterstützung (z.B. Computer Aided Selling „CAS")
  - ➢ Verkauf (z.B. Merchandising, Versandhandel)
  - ➢ Integrierte Produktion und Distribution (z.B. Computer Integrated Manufacturing „CIM")

360 Vgl. Bachem, C., Mösdorf, T. (1999), S. 87 f.

*Dimension 3: Technologien – Wie wird E-Commerce technisch realisiert?*

Als technische Realisierungsformen auf der PC-Plattform stehen das Internet sowie unterschiedliche proprietäre Systeme (z.B. Extranet und Intranet) als Alternativen zur Verfügung. Darüber hinaus wird die Fernsehplattform mit interaktivem Fernsehen in bestimmten Bereichen einen Bedeutungszuwachs erfahren.

Im Folgenden werden sich die Ausführungen schwerpunktmäßig mit der unternehmensexternen Kommunikation auf Grundlage der Internetplattform beschäftigen. Die Schwerpunkte werden dabei auf der Unternehmens- bzw. Markenkommunikation sowie auf ausgewählten Aspekten der Distribution liegen. Dabei unterscheiden sich die Fragestellungen nur geringfügig bezüglich der Frage, ob es sich bei dem Internet-Auftritt um eine Business to Business (B2B) oder Business to Consumer-Plattform (B2C) handelt.

## 1.2 Internet

### 1.2.1 Entwicklung

Die Verbindung von Telekommunikation und Informationstechnologie bildet durch den Zusammenschluss mehrerer Computer zu einem Netzwerk den Ausgangspunkt aller Realisierungsformen der Online- und Multimediakommunikation.

Der Ausgangspunkt für die Entwicklung des bekanntesten Netzwerks Internet war 1965 ein Forschungsvorhaben in den USA. Zwei Ziele standen dabei im Mittelpunkt:

- Erarbeitung einer Lösung für das US-Verteidigungsministerium im Zuge des Kalten Krieges, um die Computersysteme bei Ausfall einzelner Rechner, z.B. durch einen atomaren Angriff, vor dem Totalausfall schützen zu können.
- Durch die heterogenen Systemplattformen waren Datenaustausch und die Kommunikation der Rechner untereinander erschwert, sodass einheitliche Datenaustauschprotokolle entwickelt werden sollten.

Das 1960 gegründete und 1969 in Betrieb genommene ARPAnet gilt als die Urform des Internets. Mit diesem Netz und seinen Protokollen konnten Rechner erstmals unabhängig voneinander Daten austauschen. Fiel ein Rechner aus, so wurden die Daten automatisch über eine andere Netzwerkstrecke umgeleitet. Bis heute gibt es keine zentrale Verwaltungsstelle, sodass die Aktivitäten im Internet völlig unkontrollierbar bleiben. Das Internet besteht im Grunde nur aus einem Netzwerk von Computern, zwischen denen Daten aufgrund eines gemeinsamen Übertragungscodes ausgetauscht werden. Das Internetprotokoll (IP) sorgt also nur für den fehlerfreien Transport der Daten an den richtigen Ort. Durch das flexible und fehlertolerante Netzwerkprotokoll IP wurde das Netz in seiner Qualität und Datenübertragung maßgeblich verbessert und erfuhr dadurch eine gesteigerte Nachfrage nach Vernetzung und Aufbau zivil nutzbarer Netze. 1986 entstand das Hochleistungsnetz NSF-Net, das weiter ausgebaut werden konnte.

Die verschieden arbeitenden Dienste unterscheiden sich in ihrem Erscheinungsbild und in ihrer Bedienungsoberfläche. Das bedeutete zunächst, dass sich die Nutzer mit verschiedenen Befehlsstrukturen auseinander setzen mussten, wenn sie mit unterschiedlichen Diensten arbeiten wollten. Damit stellte sich das Internet zunächst nur als Kommunikationsmedium für Wissenschaftler und Spezialisten dar. Die erste Massenverbreitung setzte 1991 ein, als weite Teile des Internets unter einer speziellen Oberfläche, der WWW-Oberfläche, vereinheitlicht wurden.[361] Für die multimediale Nutzung des Internets bildete die Entwicklung des WWW als grafische, hypertextbasierte Oberfläche für interaktive und multimediale Navigation im Internet den entscheidenden Durchbruch.[362]

Das Internet ist eine weltweite Verknüpfung von Computern und dient zur weltweiten Beschaffung von Informationen mit unterschiedlichsten Inhalten. Dabei werden eine Vielzahl bestehender Informationsquellen und potenzieller Nutzer miteinander verbunden. Somit bietet das Internet die entscheidenden Vorteile der ständigen Verfügbarkeit abgelegter Informationen zu jeder Zeit und von jedem Ort der Welt aus und die Möglichkeit, mit den Nutzern Kontakt aufzunehmen.[363]

Dabei eröffnet das Internet breite Wege von der Information zur Kommunikation, der durch interaktives Handeln fast so intensiv werden kann wie ein persönliches Gespräch.[364] Für immer mehr Unternehmen wächst die Möglichkeit, spezielle Zielgruppen im World Wide Web zu erreichen. Dazu zählen auch eigene oder potenzielle Mitarbeiter, denn es lässt sich ein Trend der erhöhten Nutzung der Netze durch Angestellte feststellen.[365] Diese können zumeist auch vom internen Firmennetz auf externe Web-Seiten des eigenen Unternehmens zugreifen.

Durch den anhaltenden Boom der Online-Medien werden weltweit täglich neue Teilnetze lokaler, regionaler oder überregionaler Anbieter in das Internet integriert.[366] Hindernisse liegen heute allerdings noch in den unzureichenden Übertragungskapazitäten, die besonders bei großen Datenmengen wie der Bewegtbildkommunikation zu qualitativen Mängeln führen.[367]

Im Rahmen der Marktkommunikation wird das Internet bei der Gestaltung des kommunikativen Dialogs zwischen Organisation und Endverbraucher eine ergänzende Funktion zur klassischen Kommunikationsarbeit übernehmen. Internet-Auftritte von Unternehmen gehören mittlerweile zum Standardkanon professioneller Marktkommunikation.

### 1.2.2 Dienste

Die Dienste, die auf dem Internet aufbauen, sind ebenfalls spezielle Protokolle, die spezifische Funktionen zur Verfügung stellen. Die wichtigsten sind:

- WWW
- E-Mail
- Mailing-Listen

[361] Das Word Wide Web (WWW) wurde vom Europäischen Labor für Teilchenphysik in Genf entwickelt und stellt eine Sammlung von Dokumenten dar, auf die unter einer einheitlichen Oberfläche zugegriffen werden kann. Vgl. Unger, F. u.a. (1999), S. 303 f.

[362] Vgl. Bruhn, M. (1997), S. 3

[363] Vgl. Seimert (1998), S. 11

[364] Vgl. Klöfer (1999) in: Krzeminski, Zerfaß (Hrsg., 1999) S. 98

[365] Vgl. o. V. (1997), (1998a), S. 73

[366] Vgl. Pradel (1997), S. 103

[367] Vgl. Nusch, Guntrum in: Krzeminski, Zerfaß (Hrsg., 1998), S. 197

- Newsgroups
- Chat
- FTP

#### 1.2.2.1 WWW

Der Ursprung des WWW war die Seitenbeschreibungssprache HTML, die 1989 für das Intranet des Kernforschungszentrums Cern in der Schweiz entwickelt wurde. Ziel war es, den beteiligten Wissenschaftlern Informationen schnell und einfach zugänglich zu machen. Es sollte die Möglichkeit bestehen, Textbestandteile als Verweise auf andere Dokumente zu definieren[368]. Das World Wide Web ist heute *die* Internet-Anwendung schlechthin. Durch das Prinzip der Hypertextverknüpfungen kann der Benutzer per Mausklick durch das Informationsangebot in Form von Texten, Bildern, Ton, Video und Animationen steuern. Es ermöglicht, multimedial aufbereitete Informationen zu präsentieren.

#### 1.2.2.2 E-Mail (elektronische Post)

Per E-Mail können jegliche Datenformate, vor allem schriftliche Nachrichten, von Benutzer zu Benutzer sehr schnell und zuverlässig in der ganzen Welt übertragen werden.

#### 1.2.2.3 Mailing-Listen

Mailing-Listen sind E-Mail-Verteiler. Sie dienen dem Austausch von Nachrichten innerhalb einer Gruppe von Abonnenten. Wer sich bei einer Mailingliste anmeldet, bekommt alle Nachrichten, die an die Liste gesandt werden, automatisch per E-Mail zugesandt. Wenn es freigegeben ist, kann auch jeder Abonnent eine Mail an alle eingetragenen Benutzer versenden. Diese Form von 1:n-Verteilung eignet sich für die Verbreitung von Nachrichten, Fragen und Antworten und teilweise auch Werbung.

Die Zusendung von E-Mails bedarf der expliziten Zustimmung des Empfängers (Permission Marketing).[369]

#### 1.2.2.4 Newsgroups

Im Gegensatz zu Mailing-Listen werden die Informationen in Form von Beiträgen in einem Informationssystem zentral gespeichert und sind meist öffentlich zugänglich. Die Benutzer können selbst auswählen, welche Beiträge sie lesen wollen. Die klassische Form der Newsgroups findet sich im Usenet wieder, einem eigenständigen Bereich des Internets. Newsgroups werden auch als Diskussionsforen bezeichnet, die häufig in grafisch ansprechender Form in WWW-Seiten integriert werden. In solchen Diskussionsfo-

---

[368] Vgl. Bergmann, C. (1997) in: Internet Professionell (11/97), S. 30.

[369] Vgl. Schwarz, T. (2001)

ren können Themen diskutiert und bearbeitet werden. Einzelne Foren können beispielsweise durch einen Tutor moderiert werden, der die Inhalte vor der Freigabe redaktionell bewerten kann oder Diskussionen in eine gewünschte Richtung lenkt.

#### 1.2.2.5 Chat

Chat ist ein Werkzeug für schriftliche Online-Diskussionen in (beinahe) Echtzeit. Alle Teilnehmer sitzen gleichzeitig vor ihren Rechnern und ihre Textbeiträge erscheinen fast ohne Verzögerung auf allen Bildschirmen. Die ursprüngliche Form des Chats ist der IRC (Internet Chat Relay). Es gibt auch hier Möglichkeiten, so genannte Chatrooms in die grafische Oberfläche einer WWW-Seite zu integrieren. Im Gegensatz zu den Diskussionsforen handelt es sich um eine synchrone Kommunikation, in dem beispielsweise ein Moderator mit mehreren Teilnehmern ein Thema erörtert. Im Rahmen der explorativen Marktforschung lassen sich diese Chats nutzbringend im Marketing einsetzen.

#### 1.2.2.6 FTP

Das „File-Transfer-Protocol“ dient der Übertragung von Dateien. Einzelne Dateien oder Programme können auf einem FTP-Server zur Verfügung gestellt werden. Die Benutzer können sich beliebige Daten herunterladen.

Zusätzlich können auch eigene Inhalte eingestellt werden. Die Möglichkeiten der Kommunikation und Zusammenarbeit im Internet können dadurch an Umfang zunehmen. Ergänzt wird diese Form der internen und externen Unternehmenskommunikation durch weitere Medien:

- Videoconferencing in Form von bilateraler und multilateraler Kommunikation
- Voice-over-IP, die Möglichkeit, über das Internet zu telefonieren
- Application-Sharing und Whiteboards, das gleichzeitige Arbeiten durch mehrere Personen an einem Dokument
- Virtuelle Chatrooms, welche das gleichzeitige Bewegen und Kommunizieren mehrerer Personen in einem virtuellen Raum in Form von so genannten „Avataren“ ermöglicht.

Der größte Vorteil dieser beschriebenen Formen der Informationspräsentation und der Kommunikationsmöglichkeiten liegt im offenen Standard des Internets. Jeder Benutzer kann weitgehend plattformunabhängig mit einem Webbrowser mit überschaubaren, technologischen Rahmenbedingungen an den angebotenen Diensten teilnehmen. Er benötigt hierzu nur einen entsprechenden Zugang über einen ISP (Internet Service Provider) zum Internet.[370]

[370] Vgl. Bienert, P. (1998), S. 382 ff.

### 1.2.2.7 Intelligente Agenten

Diese aus der „Künstlichen Intelligenz" stammenden Programme sollen den Benutzer bei der Informationsrecherche im Internet unterstützen. Durch ihre „Intelligenz" sind sie in der Lage, mit einer gewissen Autonomie komplexe Aufgaben zu übernehmen. Es handelt sich dabei um eine persönliche Unterstützung, d.h. der Agent passt sich an die Bedürfnisse und Anforderungen eines bestimmten Benutzers an. Dabei ist er auch in der Lage, die Interessen, Gewohnheiten und Vorlieben des Benutzers zu lernen, und somit immer besser und gezielter zu agieren. *Nicholas Negroponte* vergleicht die Tätigkeiten solcher Agenten mit denen eines Butlers oder persönlichen Sekretärs.[371]

Intelligente Agenten können nach dem Grad ihrer Intelligenz unterschieden werden, mit dem sie die delegierten Aufgaben ihrer Benutzer ausführen. Dies können z.B. einfache Regeln sein, aus denen sie ihre Schlussfolgerung ziehen, die Modellierung eines komplexen Benutzermodells oder gar die Fähigkeit selbstständig zu lernen. Dabei können sie sich selbstständig, hinsichtlich der Ziele des Benutzers und der zur Verfügung stehenden Ressourcen, ihrer Umgebung anpassen. Die Agenten sind in der Lage, je nach Grad ihrer zugewiesenen Autonomie und Autorität, mit anderen Agenten anderer Benutzer zu kommunizieren, zu interagieren und gemeinsam Aufgaben zu lösen.[372]

## 1.3 Proprietäre Systeme

Hierbei handelt es sich um allgemein nicht öffentlich zugängliche Internet-Serviceprovider und um Plätze, die nur mit Anmeldung zugänglich werden. Der unterschiedliche Grad an Proprietät entsteht durch die unterschiedlichen Selektionsbarrieren. Ein angemeldeter User kann demnach lediglich dem Zwang zur Registrierung unterliegen oder aber auch bestimmte Eigenschaften erfüllen (z.B. individuell vernetzte Geschäftsverbindungen in Form von Intranets).

### 1.3.1 Interne Unternehmenskommunikation durch Intranets

Große Chancen und Möglichkeiten für die unternehmenseigenen Mitarbeiter liegen insbesondere auch in der firmeninternen Nutzung der WWW-Technologien.[373] Diese unternehmensinternen Netzwerke können in sich geschlossen oder auch an externe Netze, in der Regel an das Internet, angeschlossen sein.[374] Intranets profitieren von den Multimedia-Entwicklungen im WWW, die analog übertragen werden können. Kann ein schon vorhandenes Netz von Unternehmens-PCs genutzt werden, ist der Einstieg relativ einfach und kostengünstig.[375]

Das Intranet als betriebsinternes Kommunikationssystem hilft dem Adressaten, schnell zu finden, was ihn interessiert, gleichzeitig kann er auf das aufmerksam gemacht

---

[371] Vgl. Negroponte, N., S. 186 ff.

[372] Vgl. Römer, Quendt und Stenz in: CT Magazin für Computertechnik (3/96), S. 156ff.

[373] Vgl. Reim, L. in: Brossman, Fieger (Hrsg., 1997), S. 47

[374] Vgl. Bruhn, M. (1997), S. 14

[375] Vgl. Seimert (1998), S. 184

werden, was aus der Sicht des Informationsgebers für ihn wichtig ist. Durch weiterführende Informationen können vertiefende Zusatz- und Hintergrundinformationen angeboten werden, die jederzeit ergänzt oder aktualisiert werden können.[376] Die Qualität der Informationsübertragung ist im Intranet gegenüber dem Internet wesentlich höher einzustufen, da die nötige Übertragungskapazität für den Zeitraum der Nutzung freigehalten werden kann. Insgesamt verbessert das Intranet die Kommunikation im Unternehmen.[377] Es ist stark dialogorientiert. Traditionelle Hierarchien der Informationsvermittlung werden durch das Intranet aufgehoben, wodurch der Aufbau lokaler Handlungskompetenzen maßgeblich begünstigt wird. Somit wandelt sich die Informations-Bringschuld des Unternehmens in eine Holschuld der Mitarbeiter, durch die alle Informationen schnell, weltweit und rund um die Uhr unmittelbar verfügbar und abrufbar sind.[378] Durch die so genannten Firewalls als eine Art Filter zwischen Internet und Firmennetzwerk eingeschaltet, wird verhindert, dass ein unberechtigter Zugriff auf Unternehmensdaten erfolgen kann.[379] Eine Zwischenlösung stellen die Extranets dar, mit deren Hilfe organisationsexterne Wertschöpfungspartner in einem gemeinsamen Informationspool und Kommunikationsprozess integriert werden können.

## 1.3.2 Externe Unternehmenskommunikation durch proprietäre Angebote dritter Unternehmen

Ihre Bedeutung für die Marktkommunikation erhalten die proprietären Angebote dritter Unternehmen für die eigene Marktkommunikation vor allem aus drei Gründen:

- *Frequenz:* Es handelt sich dabei meist um stark frequentierte Internet-Auftritte, die sich deswegen als Plattform für die eigene Unternehmenskommunikation anbieten. Es besteht deswegen die Möglichkeit, am Internet Good Will mitzupartizipieren.
- *Redaktionelle Qualität:* Diese Dienste bzw. Internetangebote erfüllen eine redaktionelle Funktion. Der Vorteil für den User liegt darin, dass er ein inhaltlich aufbereitetes, zielgruppenkonformes Informations-, Kommunikations- und Dienstleistungsangebot erhält, welches einen klar definierten und im Vorfeld kommunizierten Nutzen darstellt.
- *Selektivität:* Werden an die Zugangsberechtigung neben der Registrierung noch weitere Voraussetzungen geknüpft, werden die User die Anforderungen an Marktsegmente optimal erfüllen, da sie nach den Selektionskriterien segmentierbar und in homogene Strukturen unterteilbar sind.

### 1.3.2.1 Internet-Serviceprovider und proprietäre Online-Dienste

Kunden und Interessenten wählen sich über einen von ihnen ausgesuchten, kommerziellen Internet-Serviceprovider, gleichgültig welchen Rechner sie benutzen, ins Internet ein.

[376] Vgl. Klöfer in: Krzeminski, Zerfaß (Hrsg.) (1998), S. 98
[377] Vgl. Seimert (1998), S. 180
[378] Vgl. Nusch, Guntrum in: Krzeminski, Zerfaß (Hrsg., 1998), S. 199
[379] Vgl. Pradel (1997), S. 129

Der Provider stellt dem Kunden eine Software zur Verfügung, die eine automatische Verbindung zwischen dem Rechner des Kunden und dem des Providers herstellt. Startet der Kunde die Software, wird automatisch der Rechner des Providers aufgerufen, der dann die Weiterleitung ins Internet übernimmt.[380]

Im Vergleich zu Internet-Serviceprovidern bieten die proprietären Online-Dienste neben dem reinen Internetzugang weitere Dienstleistungen (Added Value Services) an. Im Abonnement gegen eine feste Grundgebühr und variable Nutzungsentgelte, die sich aus zeit- bzw. datenmengenabhängigen Kosten und den Verbindungskosten zusammensetzen, werden bestimmte Dienste wie Telebanking, Reisebuchungen, Nachrichtendienste im Preis inklusive angeboten und zu einem Kommunikations- und Informationswarenkorb gebündelt. Darüber hinaus bieten alle Anbieter ein Gateway zum offenen Internet, und der User kann sich damit direkt in das globale Netz einwählen. Da sich der Wettbewerb unter den Anbietern verschärft hat, werden viele Dienstleistungen kostenlos angeboten: Germany.net hat z.B. ein Werbekonzept entwickelt, bei dem der Kunde einen kostenlosen Internetzugang erhält, der Internet-User aber beim Wechsel von einer „Homepage" zur nächsten von einer Werbeseite unterbrochen wird (sog. Scharnierwerbung bzw. Advertising Breaks, kurz AdBreaks). Darüber hinaus werden die Netzaktivitäten des Users ständig überwacht und für die Werbewirtschaft genutzt. Bezahlt werden vom Kunden nur die Telefongebühren bis zum nächsten Einwahlknoten. Dagegen muss das werbetreibende Unternehmen die AdBrakes proportional zur Zahl der Kontakte (AdClicks) bezahlen.[381]

Die bedeutendsten Online-Dienste sind:

- CompuServ
- T-Online
- AOL
- Microsoft Network
- Germany.net (Arcor)
- EuNet
- Europe Online
- Mobilcom (freenet).

### 1.3.2.2 Exponierte Online-Werbeplätze

Weitere exponierte Online-Plätze, die sich als Werbeplätze lohnen, sind zum einen die Suchmaschinen, zum anderen die Online-Angebote von Verlagen und Fernsehsendern.

#### 1.3.2.2.1 Suchmaschinen

Zu den Hauptaktivitäten der Internet User zählt das „Browsen" im offenen Netz und damit die unstrukturierte Suche nach Information und Unterhaltung. Damit die Suche

---

380 Vgl. Wolff, D. (1996), S. 1 ff.

381 Vgl. o.V. (1997a), o.V. (1997 b)

gezielt ablaufen kann, bieten Softwareunternehmen, aber auch Online-Dienste Suchmaschinen an, mit deren Hilfe das Internet nach Schlagworten und Suchbegriffen durchforstet werden kann. Ihre Vorteile bestehen für die Marktkommunikation aus zwei Aspekten:

- *Frequenz:* Als frequentierter Platz dienen Werbeplätze der Unternehmenskommunikation.
- *Gatekeeper-Funktion:* Suchmaschinen sind im Grunde Datenbanken, die viele Adressen von WWW-Seiten und Teile derer Inhalte verwalten. Sind in den Datenbanken charakteristische Begriffe der Website gespeichert, so ist die Wahrscheinlichkeit groß, dass ein User bei Eingabe eines speziellen Suchbegriffes direkt auf die Website des anbietenden Unternehmens gelangt. Die Zugänge sind dabei sowohl über einen konkreten Firmennamen als auch über ein charakterisierendes Merkmal möglich. Insofern bekommen die Suchmaschinen zunehmend Bedeutung bei der netzinternen Vermarktung eigener Websites.

Die bedeutendsten Suchmaschinen sind:

- Yahoo
- Google
- AltaVista
- Fireball
- Webcrawler
- Lycos
- Hotbot
- Excite

#### 1.3.2.2.2 Medienangebote

Das rasante Wachstum der Online-Angebote spiegelt sich besonders bei den Online-Angeboten der deutschen Großverlage und der TV-Sender wider. 1995 begann der Spiegel als Online-Pionier, heute haben nahezu alle Verlage (national sowie lokal) eigene Internetangebote. In den USA zeigten Studien, dass im Bereich der Serien, Shows oder auch Magazine die WWW-Präsenz ein Mittel zur Zuschauerbindung darstellt.[382]

Meist handelt es sich bei den Angeboten von Verlagen um Volltext-Publikationen der Printausgaben oder nur um Abstracts. Zum einen sollen sie die Kernprodukte im Verkauf unterstützen, andererseits eigene Produktfelder im Internet werden. Bislang sind die Angebote bis auf die Verbindungsentgelte kostenfrei. Modelle der Finanzierung sehen mittelfristig vor, die Informationen in Online-Angeboten zu niedrigeren Preisen als die Printprodukte anzubieten bzw. im Falle des Verbundkaufes sollen nur geringe zusätzliche Kosten anfallen.

Umfeldgebundene Angebote, wie die von Fernsehsendern oder Programmzeitschriften, gehen mittelfristig den Weg des E-Commerce im nationalen Bereich oder bauen

[382] Vgl. Werner, A., Stephan, R. (1997), S. 90 ff.

Shopping Malls für regionale Marktplätze auf, um das Internetangebot über das klassische Produktgeschäft zu refinanzieren.

Häufig werden im regionalen Bereich so genannte „Public Private Partnerships" eingegangen. Exponierte Internet-Präsenzen von Bundesländern oder Stadtverwaltungen werden kommerziell von privaten Organisationen betrieben, die Inhalte für die öffentlichen Hände werden kostenfrei aufbereitet und die Vermarktung erfolgt dann über Kooperationen und den Verkauf von Werbeplätzen.

## 1.4 Adaptions- und Diffusionsprozesse zur Prognose des Entwicklungszyklus im Internet

Die Entwicklungsgeschichte neuer Technologien zeichnete sich immer durch typische Verbreitungsprozesse (Diffusion) aus. Die Diffusionsforschung beschäftigt sich wissenschaftlich mit der zeitlichen Verbreitung von Innovationen in Märkten sowie den verhaltenswissenschaftlichen Hintergründen. Die Verbreitung in weitere Bevölkerungsschichten findet mittels der Adaption (Annahme) der Innovationen durch einzelne Individuen statt. Vereinfacht ausgedrückt, beinhaltet der Diffusionsprozess die Marktdurchsetzung und Akzeptanz neuer Technologien durch breite gesellschaftliche Verwendung. Alle neuen Technologien durchlaufen solche Entwicklungsphasen, jedoch unterschiedlich schnell. Nach dem Grad der bereits erfolgten Diffusion einer Innovation werden drei verschiedene Verbreitungsphasen (Innovations-, Adaptions- und Diffusionsphase) von der ersten Kenntnisnahme bis zur Durchsetzung neuer Technologien im Markt unterschieden:

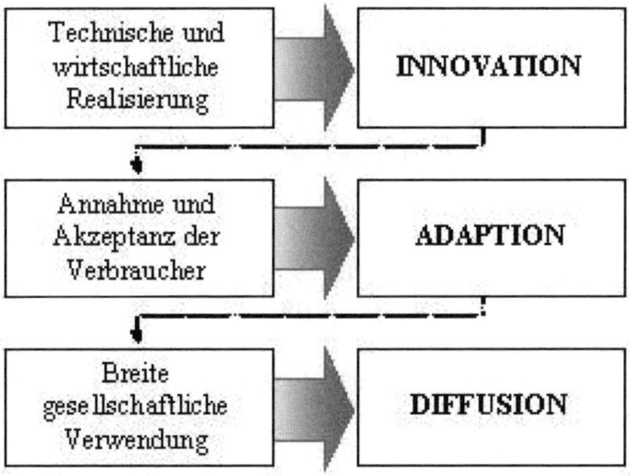


*Abb. 4.3: Erklärungsmodell zur Verbreitung von Techniksystemen*[383]

[383] Eigene Erstellung in Anlehnung an Gablers Wirtschaftslexikon, 13. Auflage, (1995), S. 1630

Aus solchen Überlegungen lassen sich für die Prognose der Entwicklungsdynamik neuer Technologien (wie auch des Internets) zwei Anhaltspunkte ableiten:

- Abschätzung der quantitativen Reichweite der Nutzer im Zeitablauf bzw. Grad der Ausschöpfung des Gesamtmarktvolumens, und
- Einschätzung der qualitativen Reichweite der User, da innerhalb der einzelnen Adaptions- und Diffusionsphasen unterschiedliche Zielgruppen vorzufinden sind.

## 1.4.1 Quantitative Reichweitenentwicklung

Die Diffusion des Internets vollzieht sich dabei offensichtlich deutlich schneller als vergleichbare mediale Innovationen der Wirtschaftsgeschichte. Diffusionszeiträume neuer Medien von der Marktreife bis zur ihrer Marktdurchdringung in Deutschland waren dabei recht unterschiedlich.[384] Das Telefon benötigte etwa 60 Jahre, das Radio 38 Jahre, das Fernsehen 13 Jahre, das Faxgerät 12 Jahre von der Entwicklung bis zur Marktdurchdringung von 50 Mio. Menschen. Beim Internet sind es 5 Jahre gewesen.

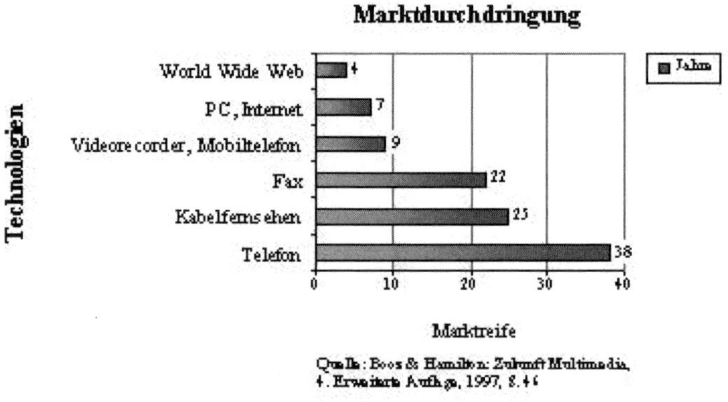


*Abb. 4.4: Entwicklungsdynamik beim Internet (Zeitraum bis zur Marktdurchdringung von 10 Mio. Kunden im Massenmarkt weltweit)*

Wie viele Menschen Zugang zum Internet haben, es nutzen und in welchem Umfang, kann nur geschätzt werden, obwohl sich viele Marktforschungsinstitute mit dieser Frage beschäftigen. Dabei schwanken die Ergebnisse von Studie zu Studie, pendeln sich aber auf einen Wert von ca. 100 Millionen Menschen weltweit ein. Die Entwicklung der quantitativen Reichweite belegt diesen Innovations- und Diffusionsprozess.

Der Anteil der Internet-User an der bundesdeutschen Bevölkerung ab 14 Jahren betrug im Mai/Juni 2001 38,8 Prozent (24,77 Millionen Menschen). Im Vergleich zum Vorjahr, hier lag der Anteil der Online-Nutzer bei 28,6 Prozent (18,25 Millionen Perso-

[384] Vgl. o. V. (1999a), S. 1

nen ab 14 Jahren), entspricht dies einem Anstieg von 36 Prozent. Dies lässt erkennen, dass das Wachstum auf dem Sektor Internet deutlich schwächer wird: War zwischen 1997 und 2000 noch ein Zuwachs von 60 bis 70 Prozent zu erzielen, so ist zu erwarten, dass die Zuwachsraten der nächsten Jahre bei höchstens 15 bis 25 Prozent liegen werden. Damit folgt auch der Diffusionsprozess dem typischen s-förmigen Verlauf.

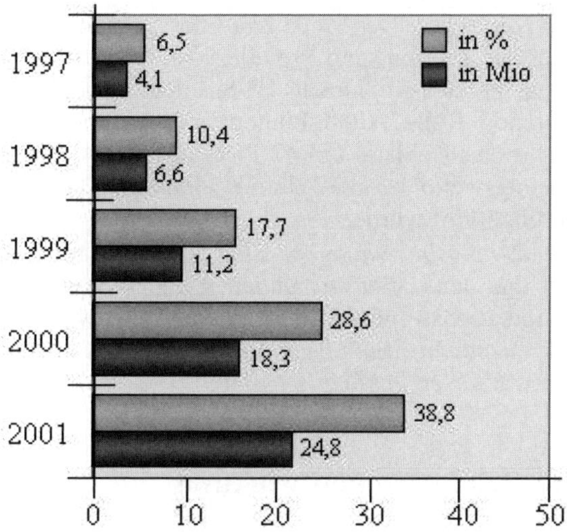


*Abb. 4.5: Entwicklung der Online-Nutzung in Deutschland (Quelle: ARD/ ZDF-Online-Studie 2000, in: Mediaperspektiven (2001, S. 383)*

Wie bei Innovations- und Diffusionsprozessen üblich, zeigen die Nutzerzahlen am Anfang zunächst unterproportionale und später überproportionale Zuwachsraten. Ab dem Jahr 2000 wird von unterproportionalen Zuwachsraten auszugehen sein, bis die Obergrenze der Marktpenetration erreicht sein wird. Diese ist bei aktuellem technologischen Standard bei der Zahl derjenigen anzusetzen, die Zugang zu einem internetfähigen PC haben.

Die Obergrenzen des Marktvolumens für Internetzugänge sind bei gegebener technischer Plattform auf Basis der Personal-Computer (PC) zum einen durch den Ausstattungsgrad der privaten Haushalte mit PCs und zum anderen mit dem beruflichen Zugang begrenzt. Betrachtet man die gegenwärtige Entwicklung, so hat das Internet zu Anfang des Jahres 2000 die Penetrationsphase abgeschlossen und steht am Anfang des Marktwachstums.

Sicherlich werden die Zuwachsraten wieder an Dynamik gewinnen, wenn der Internetzugang auch über die technische Plattform des gewöhnlichen Fernsehgerätes möglich sein wird. Erst dann werden die kaufaktiven Schichten für E-Commerce erschlossen.

Die Steigerung der Zuwachsraten in den Jahren 1998 und 1999 lässt sich heute durch drei Faktoren erklären:

- *Internet als General Interest Medium:* Anfänglich wurde das Internet von der Klientel der Computer- und EDV-Profis geprägt und ausschließlich zum Daten- und Kommunikationsaustausch zwischen Unternehmen benutzt. Durch einfachere Zugangsmöglichkeiten und einheitliche Oberflächenstrukturen können auch Computerlaien das Internet nutzen. Dabei hat sich das Internet von einem Special-Interest-Medium für Wissenschaftler und Technik-Begeisterte zum General-Interest-Medium für größere Teile der Bevölkerung entwickelt.[385] Der Nutzungszuwachs ist insbesondere auf die speziell interessierten privaten Anwender zurückzuführen – es droht dadurch eine Informationselite.

- *Preisverfall der Hardware:* Der Preisverfall der Computertechnologie im Jahr 1997 und die Senkung der Telefon- und Providerkosten durch die Deregulierung des Telekommunikationsmarktes im Januar 1998 spielten in Deutschland eine entscheidende wegbereitende Rolle. Allein binnen eines halben Jahres stieg die Reichweite der Online-User in Deutschland um 40 Prozent auf 8,4 Millionen an.[386] Dies ergab die dritte Befragungswelle des GfK-Online-Monitors[387], die von November 1998 bis Januar 1999 durchgeführt wurde.
- *Kollektive Vermarktungsbemühungen:* Eine Vielzahl von Firmen vermarkten ihren Internet-Auftritt und den damit verbundenen neuen Vertriebsweg aktiv über traditionelle Kommunikationswege wie Fernsehen, Außenwerbeträger oder Radio. Dieser Werbedruck erschließt neben Technik-Innovatoren auch bereits Mehrheiten im Rahmen der Innovationsprozesse.

## 1.4.2 Qualitative Reichweitenentwicklung

Die Beurteilung der qualitativen Reichweitenentwicklung ist wie bei anderen Werbeträgerformen auch im Internet bedeutungsvoll, um zu beurteilen, in welchem Ausmaß eine Affinität zwischen der eigenen Zielgruppe und den Usern des Internets vorhanden ist. Gerade bei dem Versuch, das Internet als Vertriebsform zu nutzen, wird man immer wieder feststellen, dass es Angebote (netzaffine Güter) gibt, die den Bedarf des typischen Netz-Users treffen (z.B. elektronische Bauteile der Firma Conrad Electronic bzw. EDV-Bedarf der Firma Vobis). Auf der anderen Seite werden vermutlich Kunden des Ateliers „Goldener Schnitt" mit einem Durchschnittsalter von über 60 Jahren eher weniger im Internet vertreten sein.

### 1.4.2.1 Adaptionstypen

Bei der Analyse der typischen Internet-User und der Prognose des Marktpotenzials für Internetapplikationen lassen sich die Erkenntnisse der Adaptions- und Innovationsforschung nutzen und Analogien ableiten.

Der Adaptions- bzw. Annahmeprozess beginnt dort, wo der Innovationsprozess des Unternehmens abgeschlossen ist. Es handelt sich um einen geistigen Prozess, der beschreibt, wie die potenziellen Kunden auf die Innovation aufmerksam werden, wie sie diese nutzen, und schließlich, ob sie diese annehmen oder ablehnen. In diesem Prozess durchläuft der Verbraucher fünf Phasen:

[385] Vgl. o. V. (1999a), S. 1.
[386] Vgl. o. V. (1999b), S. 36.
[387] Vgl. http://www.gfk.de/website/mefo/onmo3.htm

- Wahrnehmung der Innovation,
- Interesse an der Innovation und Informationssammlung,
- Bewertung und Abwägung zur Nutzung,
- Ausprobieren und Erfahrungssammlung,
- Annahme, d.h. der Verbraucher beschließt, die Innovation in vollem Umfang regelmäßig zu nutzen.[388]

Im folgenden Diffusionsmodell (Abb. 4.6) werden die Diffusionsphasen und die Adoptertypen gegenübergestellt.

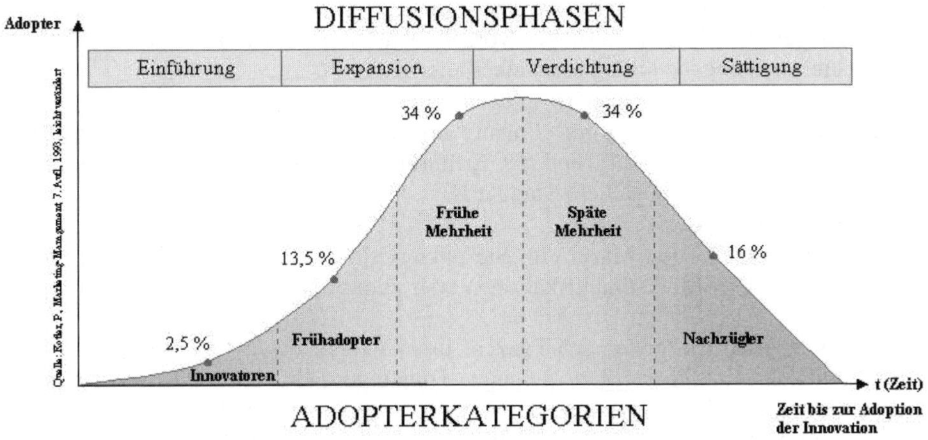


*Abb. 4.6: Adopterkategorien und Diffusionsphasen*

Die jeweilige Annahmezeit bestimmt nicht nur den Verlauf der Diffusion, sondern bietet auch die Möglichkeit, die Käufer zu segmentieren. Dabei kann der heterogene Gesamtmarkt in relativ homogene Kundengruppen eingeteilt werden, wie z.B. nach folgenden Kriterien:

- soziodemografische und kulturelle Merkmale, wie z.B. Alter, Geschlecht, Bildungsstand, Status und Einkommen, u.a.
- verhaltenspsychologische Merkmale, wie z.B. Einstellungen gegenüber technologischen Neuerungen, sowie Nutzungsverhalten, Convenience,[389] u.a.
- konsumanalytische Merkmale, wie z.B. Nutzen, Kompatibilität, Komplexität und Risiko- und Innovationsbereitschaft.

Entsprechend den beschriebenen Merkmalen können fünf verschiedene Nutzertypen in der Gesellschaft, so genannte Adoptertypen, prozentual segmentiert werden. Für Adopterkategorien werden folgende Begriffsmodalitäten und Charakterisierungen verwendet:

[388] Vgl. Kotler, P., Bliemel, F. W. (1995), S. 530 ff.

[389] Convenience (engl.) bedeutet Bequemlichkeit. Es ist ein wissenschaftlicher Ausdruck, der in Zusammenhang mit der Marketing- und Konsumentenforschung verwendet wird.

- *Innovatoren (2,5 %) oder Trendsetter*
  sind diejenigen Konsumenten, die von sich aus an Neuheiten interessiert sind und als frühzeitige Käufer und Nutzer auftreten. Sie messen der Technik einen hohen Stellenwert in ihrem Leben bei, sind innovations- und risikofreudig und können mit den „Kinderkrankheiten" der Technik leben.
- *Frühe Adoptoren (13,5 %)*
  nutzen die Innovation aus wirtschaftlichen Vorteilen und aus persönlichem Interesse. Sie erwarten von der Technologie einen radikalen Wandel vom Alten zum Neuen.
- *Frühe Mehrheit (34 %)*
  Sie besorgen sich vor der Nutzung ausführliche Informationen und ziehen Standardisierungen den Spezialisierungen vor. Sie warten auf eine „ausgereifte" Technologie, sind beratungsbedürftig und sicherheitsorientiert.
- *Späte Mehrheit (34 %)*
  Sie sind generell unsicher im Umgang mit neuen Technologien, preissensitiv und nutzen diese lediglich aufgrund der Erfahrungen ihrer sozialen Bezugsgruppe. Sie warten auf eingeführte sichere Standards.
- *Nachzügler (16 %)*
  treten als letzte in den Markt ein. Sie nutzen die Technologie nur aus Notwendigkeit, z.B. für berufliche Qualifikationen oder zum Schreiben einer Diplomarbeit.

Innovatoren werden die ersten 2,5 Prozent unter denen, die im Verlauf der Diffusion irgendwann zum Käufer werden, genannt. Diejenigen, die nach den Innovatoren im Markt auftreten und die Innovation nutzen, werden als Imitatoren bezeichnet.

Mit Kenntnis der Merkmale dieser Konsumenten kann in der Markt- und Konsumentenforschung bis zu 60 Prozent richtig vorhergesagt werden, welcher Adopterkategorie im zu untersuchenden Markt jemand angehört. So kann festgestellt werden, ob jemand die Innovation grundsätzlich akzeptiert oder ablehnt.[390]

Die aktuelle Entwicklung des Internets ist gekennzeichnet durch einen Übergang der Diffusion von den Innovatoren und der früheren Mehrheit zur späteren Mehrheit, deren Zielgruppenmerkmale mit dem typischen Internetnutzer-Profil übereinstimmt.

Mit zunehmender Diffusion wird das Zielgruppenpotenzial der Internetnutzer mit dem der bundesweiten Bevölkerung übereinstimmen.

#### 1.4.2.2 Empirische Ergebnisse

Das Durchschnittsalter der deutschsprachigen World Wide Web-Nutzer in den Jahren 1995 bis 1998 hat sich von 29 auf 35,5 Jahren erhöht.[391] Zu ähnlichen Ergebnissen kommt auch die Allensbacher Computer- und Telekommunikations-Analyse 1998 (ACTA).[392]

Da bei der ACTA '98 jedoch die Altersgrenze der befragten Personen auf 64 Jahre festgelegt wurde und man bei beiden Studien von unterschiedlichen Zielgruppen-

[390] Vgl. Geppert, D. (1996), S. 61 ff.
[391] Vgl. o. V. (1999a), S. 1.
[392] Vgl. Rominski, D. (1999), S. 98 ff.

Definitionen ausging sowie unterschiedliche Erhebungszeiträume ansetzte, sind die Analysen nur bedingt miteinander vergleichbar.

Bei beiden Analysen werden die Internet-Nutzer als Untergruppe der Online-Nutzer angesehen, da nicht alle Abonnenten eines Online-Dienstes den Internet-Zugang in Anspruch nehmen. Übereinstimmend werden jedoch von beiden Instituten die Zahl der reinen Online-Nutzer mit 0,4 Millionen angegeben.

| | ACTA '98 | GfK-Online-Monitor 3. Erhebungswelle |
|---|---|---|
| Erhebungsbasis | Deutsche Wohnbevölkerung im Alter von 14 – 64 Jahren (51 Mio.) | Deutsche Wohnbevölkerung im Alter von 14 – 59 Jahren (44,3 Mio.) |
| Erhebungszeitraum | Februar – August `98 | November `98 – Januar `99 |
| Zielgruppen-Definition | Online-Nutzer: Personen, die bereits einen oder mehrere Online-Dienste oder das Internet nutzen, um sich Informationen abzurufen oder Dienste in Anspruch zu nehmen. | Nutzer: Nur jemand, der über einen Access verfügt und gleichzeitig proprietäre Dienste eines Providers und/oder das WWW zumindest gelegentlich nutzt. |
| Zahl der Online-Nutzer | 6,0 Mio. | 8,4 Mio. |
| Davon Internet-Nutzer | 5,6 Mio. | 8,0 Mio. |

*Abb. 4.7: Gegenüberstellung ACTA 1998 und GfK-Online-Monitor, 3. Erhebungswelle (Quelle: http://www.gfk.de; O. V.: Zehn Millionen Nutzer noch in diesem Jahr, in: w & v new media report 4/1999, S. 36.)*

Keine der ausgewerteten Studien gibt ein allgemeingültiges Käuferprofil bekannt. Lediglich anhand der gesamten Internet-Klientel kann ein Durchschnittsprofil des typischen Internet-Nutzers erstellt werden, worauf Rückschlüsse zum Profil des Online-Einkäufers gezogen werden können. Insgesamt ist der typische Internet-Nutzer im deutschsprachigen Web:

- überwiegend männlich (72 %),
- relativ jung (zwischen 20 und 39 Jahre alt, 34 %),
- formal hoch gebildet (62 % haben Abitur oder Universitätsabschluss),
- berufstätig (63 %) und
- hat ein durchschnittlich hohes Einkommen (33,7 % haben ein monatliches Bruttoeinkommen von 5.000 DM oder mehr zur Verfügung).

Insgesamt lässt sich dabei feststellen, dass Frauen mit 28 Prozent eine Minderheit, jedoch mit steigender Tendenz, darstellen.

### 1.4.3 Nutzungsverhalten im Internet

Aus Verbrauchersicht wird das Internet in erster Linie als Kommunikationsinstrument (E-Mail) und als Informationsquelle genutzt.

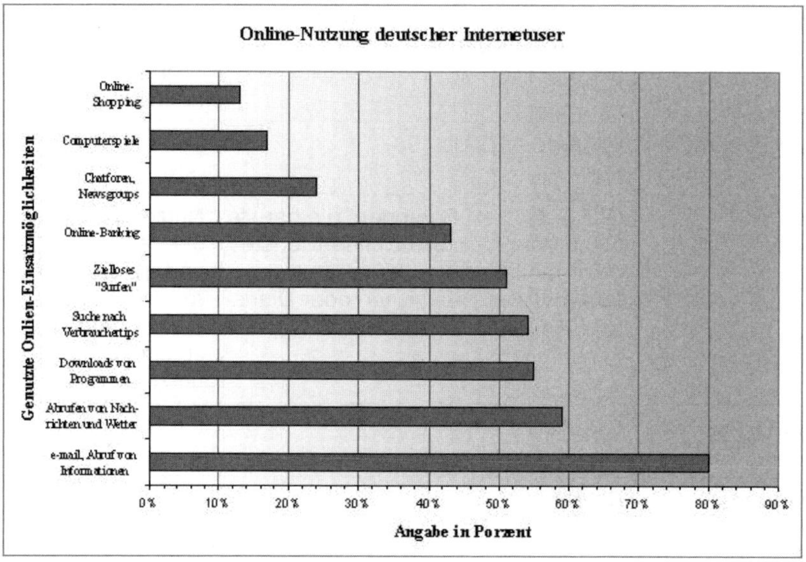


*Abb. 4.8: Nutzungsarten des Internet*
*(Quelle: ARD/ZDF-Online-Studie, in: Mediaperspektive 8/98, S. 428.)*

Das E-Shopping hat nach wie vor noch keinen dominanten Stellenwert. Im ersten Quartal 1998 nutzten 13 Prozent aller Internet-Teilnehmer das WWW zum E-Shopping. Hochgerechnet entspricht das ca. 900.000 potenziellen Kunden, die bereits einmal via Internet ein Produkt gekauft haben. Andere Studien gehen von rund 1,4 Millionen Nutzern aus, die elektronisch einkaufen. Allerdings sind sich alle Studien einig, dass die Mehrheit der Nutzer, ca. 3,4 Millionen Menschen, sich im Internet lediglich über Produkte in Online-Shops informieren, Preisvergleiche vornehmen, um dann das präferierte Produkt letztendlich im Laden zu kaufen.

Im Vergleich zur Online-Shopping-Nutzung in den USA kann man feststellen, dass mehr als viermal so viele Nutzer, nämlich 16 Millionen, bereits elektronisch Waren und andere digitale Leistungen im Internet bestellen.

# 1.5 Anbietersituation

## 1.5.1 Domain-Entwicklung

Nach den Ergebnissen der Untersuchung „Electronic Commerce Enquete“ sind 77,5 Prozent der deutschen Unternehmen bereits im Internet mit eigener Homepage präsent. Hinzu kommen 15,1 Prozent, die in den folgenden ein bis zwei Jahren ihr Unternehmen im Internet präsentieren wollen.[393] Dabei wird der Internet-Auftritt als wichtiges Kriterium für die Innovationsfähigkeit eines Unternehmens gesehen, und folglich konzentrierte sich in der Innovationsphase die Industrie auf eine Internet-Präsenz mit Schwerpunkt zur Veröffentlichung von Firmen- und Produktinformationen oder zur Imageverbesserung ihres Unternehmens im Allgemeinen.

Die Zahl der Anbieter mit ihren entsprechenden Domains steigt deshalb rapide an. Das Deutsche Network Information Center (NIC) ermöglicht die Übersicht über die Entwicklung der Domains „.de“ seit Januar 1994. So wuchs die Anzahl der Domains unter „.de“ seit Januar 1998 von rund 112 000 auf 506 017 bis Ende April 1999. [394]

Diese Zahl ergibt sich aus der Summe der reservierten Domains (= 1291), den Domains mit Mailzugang (= 150 008) und den Domains mit vollem IP-Zugang und Namensserver-Unterstützung (= 354 718). Eine Unterscheidung nach Branchen ist laut Auskunft des Network Information Centers nicht möglich.

## 1.5.2 Online-Shops im WWW

Zahlreiche Online-Studien und Strukturerhebungen beschäftigen sich mit den Themen Internetnutzung, E-Commerce und E-Shopping. Allerdings weichen die einzelnen Ergebnisse meist sehr stark voneinander ab und stellen lediglich Orientierungsmaßstäbe dar.

Von den Unternehmen, die bis zum Jahre 1998 im Internet präsent waren (78 Prozent aller deutschen Unternehmen) sind lediglich 16 Prozent mit einem Online-Shop vertreten und bieten ihren Kunden eine elektronische Direktbestellung an. Der prozentuale Anteil aller Shop-Anbieter, die zusätzlich zum stationären Laden über einen Online-Shop verfügen, liegt bei 33,9 Prozent. Lediglich 19 Prozent der befragten Unternehmen (N = 66), haben ausschließlich ein „virtuelles Geschäft“ im WWW.

## 1.5.3 Volumen des elektronischen Handels

Die Einschätzungen bezüglich des Volumens im elektronischen Handel fallen zwischen Business to Business (B2B) und Business to Consumer (B2C) unterschiedlich aus. Im Business to Business-Bereich scheint der Durchbruch bereits vollzogen zu sein, während die Entwicklungen im Business to Consumer-Bereich noch ambivalent beurteilt werden. Schätzungen zufolge sollen deutsche Unternehmen und Dienstleister über das Internet

393 Vgl. o. V. (1999a), S. 25.
394 Http://www.nic.de.

und andere Datennetze im Jahr 1997 innerhalb des gesamten E-Commerce bereits Waren im Wert von mehr als 900 Millionen Mark verkauft haben. Laut US-Marktforschungsunternehmen Forrester-Research stiegen die weltweiten Umsätze per Internet-Handel von knapp einer Milliarde Mark im Jahr 1996 auf 16 Milliarden im Jahr 1997. Verantwortlich für diesen „Boom" waren die Verkäufe zwischen Unternehmen im Business-to-Business-Bereich, auf die 85 Prozent der Umsätze entfallen. Allein in Deutschland entfiel ein Gesamtumsatz von abgesetzten Waren über den Vertriebskanal Internet von 200 Millionen US-Dollar. Übertragen auf den Welthandel lag der Anteil an Internet-Bestellungen der gesamten Einzelhandelsbranche im Jahr 1997 noch bei unter 1 Prozent. Deutschland hat gegenüber dem führenden Internet-Land USA einen Rückstand von ca. 2 Jahren.[395]

| | 1998 | 1999 | 2000 | 2001 |
|---|---|---|---|---|
| Business trade | 879 | 7.208 | 19.285 | 56.713 |
| Consumer retail | 165 | 372 | 1.296 | 4.568 |
| Content | 124 | 335 | 966 | 3.081 |
| **Total** | **1.168** | **7.915** | **21.547** | **64.362** |

*Abb. 4.9: E-Commerce im Internet im Jahre 2001 (in Mio. US $).*
*(Quelle: Forrester Research 1998b, S. 8)*

Für das Jahr 2002 wird im Business to Business-Bereich ein Volumen von 500 Mrd. $ erwartet. Eine Studie der Boston Consulting Group geht davon aus, dass im Jahre 2003 14 Prozent des Handels im Business to Business-Bereich über das Internet abgewickelt werden.[396]

Im Business to Consumer-Bereich wird für das Jahr 2002 ein Volumen von 100 Mrd. $ vorausgesagt.[397]

Um eine Aussage über die Warenumsätze treffen zu können, sei an erster Stelle darauf hingewiesen, dass verlässliche Internet-Verkaufszahlen noch nicht vorliegen. Die Umsätze werden i.d.R. von den meisten Unternehmensberatungsinstituten lediglich geschätzt und hochgerechnet.

Aus der wachsenden Bereitschaft zu Einkäufen im Internet wird ein überproportionales Wachstum im E-Commerce zu erwarten sein. In Europa werden sich die Umsätze von 7,9 Mrd. US $ (1999) auf über 21,5 Mrd. (2000) und auf 64,4 Mrd. US$ (2001) entwickeln.

[395] Vgl. o. V. (2000a)
[396] Vgl. o. V. (2000b)
[397] Vgl. Hensler, H. (1998)

## 1.6 Media-Analysen

Für die Planung des Internet-Auftritts liefern unterschiedliche Studien Informationen über quantitative und qualitative Tatbestände und Marktveränderungen im Internet. Im Wesentlichen stehen folgende Studien regelmäßig zur Verfügung:

### 1.6.1 W3B-Studie

Hierbei handelt es sich um eine Erhebung unter den deutschsprachigen Online-Usern, deren Ergebnisse zweimal im Jahr veröffentlicht werden. Der Schwerpunkt dieser Studie liegt in ihrer hohen Fallzahl und der Breite der Abfrage von Informationen über Einstellungen und Nutzungsverhalten (85 bis 100 Einzelfragen).

- Soziodemografie der User (z.B. Alter, Bildung, Einkommen)
- Nutzungsverhalten (z.B. Intensität, Zeitpunkte)
- Nutzungsziele (z.B. Aktivitäten)
- Bekanntheit, Akzeptanz und Nutzung von Marketingaktivitäten im Internet (z.B. Bekanntheitsgrad und Nutzungsintensität)
- Nutzung von Online-Auftritten von Printmedien, TV-Sendern und Suchmaschinen
- Nutzung von Marketingaktivitäten von Online-Anbietern (z.B. Werbebanner-Nutzung, Online-Shopping).[398]

Der Erhebungszeitraum ist jeweils sechs Wochen, die Grundgesamtheit stellen alle deutschsprachigen Personen im Internet dar. Der Fragenkatalog, der aus einem Standardteil und einem individuellen Teil besteht (Fragen von Internet-Anbietern über die Bekanntheitsgrade der eigenen Webpräsenz etc.), wird anonym ausgefüllt und online zur Auswertung an das Institut Fittkau & Maaß in Hamburg weitergegeben. Obwohl die Studie mithilfe von Maßnahmen der Öffentlichkeitsarbeit, über unterschiedliche Print- und Online-Medien sowie Hyperlinks mit den zu frequentierenden Seiten aktiv vermarktet wird und zu 16.000 bis 20.000 auswertbaren Fragebögen führt, ist sie jedoch für die Internet-User nicht repräsentativ.

### 1.6.2 GfK/ARD Online-Studie

Die Entwicklung der Internet-Nutzung in Deutschland sowie der Umgang der Internet-Nutzer mit den präsentierten Inhalten bilden seit 1997 die beiden zentralen Fragestellungen der ARD/ZDF-Online-Studien. Sie werden zweimal jährlich im zweiten Quartal durchgeführt. Die Grundgesamtheit bilden die bundesdeutschen Online-Nutzer ab 14 Jahren. Um diese Grundgesamtheit abzubilden, wurden bei der Studie1 des Jahres 2001 2530 Personen aus der ADM-Auswahlgrundlage [399] für Telefonstichproben gezogen, von denen 1001 Personen dem Kriterium Online-Nutzer entsprachen.

[398] Vgl. Fittkau, S., Maaß, H. (1997 ), S. 4 ff sowie im Internet unter http://www.W3B.de

[399] ADM: Arbeitskreis Deutscher Marktforschungsunternehmen

Erhebungsziel dieser Studie ist die Ermittlung planungsrelevanter Basisdaten. Hierzu zählen im Einzelnen die Struktur der Nutzer, die Nutzungszeiten, Anschaffungsmotive und genutzte Daten, die die Wechselwirkung zwischen den klassischen und den neuen Medien dokumentieren. Hinzu kommen jeweils quantitative und qualitative Sonderanalysen zu ausgewählten Themen. Im Kern stellt diese Studie eine im Zeitablauf vergleichbare Entwicklung der Internetgemeinde in Deutschland dar. Für die Bestimmung der quantitativen Reichweite sowie der strukturellen Zusammensetzung der Internet-Nutzer liefert diese Studie wertvolle Hilfen.[400]

[400] Vgl. Eimeren, B.v., Gerhard, H., Frees, B. (2001): ARD/SDF-Online-Studie 2001: Internetnutzung stark zweckgebunden. In: Mediaperspektiven 8/2001, S. 382-397.

# 2. Aufbau von „Corporate Sites“

Mit dem Auftritt im Internet lassen sich grundsätzlich zwei Zielsetzungen verfolgen. Zum einen können rein kommunikative Ziele unterstützt werden, beispielsweise durch Darstellung des Unternehmens oder die vom Unternehmen angebotenen Produkte. Zum anderen können darüber hinaus auch Produkte verkauft werden, die entweder online (z.B. Vertrieb einzelner Musiktitel) oder offline (klassischer Versand) distribuiert werden. Im folgenden Kapitel sollen zunächst grundlegende Aspekte der Kommunikation im Internet beleuchtet werden, bevor ausgewählte Aspekte des E-Shoppings hinzukommen.[401]

## 2.1 Planung des Internet-Auftritts

Wie jedes andere Kommunikationsinstrument bedarf auch der Internet-Auftritt einer systematischen Planung. Dabei kann die Unternehmenskommunikation im WWW in drei Aktivitätsfelder unterschieden werden:

- Aufbau einer eigenständigen Unternehmenspräsenz („Web-Site“, „Homepage“) und die damit verbundenen Anfangsinvestitionen.
- Betreuung und Pflege (Aktualisierung und Betreuung der Interaktivität der User) und die damit verbunden Folgeinvestitionen (Total Costs of Ownership).
- Website Promotion, d.h. der aktiven Verkaufsförderung für den eigenen Internet-Auftritt. Dies geschieht zum einen, um von der Zielgruppe im Netz gefunden zu werden, und zum anderen, um die Reichweite des eigenen Auftritts zu erhöhen.

Die Abbildung 4.10 soll die Entscheidungstatbestände bei der Planung eines Internet-Auftritts verdeutlichen.

### 2.1.1 Grundsatzentscheidungen

#### 2.1.1.1 Internet-Auftritt als Chefsache

Zunächst sollte eine Grundsatzentscheidung hinsichtlich einer zeitlich und inhaltlich umrissenen Strategie der Online-Präsenz entwickelt und in einem Pflichtenheft verankert werden. Betrachtet man zum einen die erheblichen Chancen (z.B. Straffung von Arbeitsprozessen, weltweiter Direktvertrieb etc.) und zum anderen die damit verbundenen Initialisierungs- und Pflegekosten, so sollte zumindest für die Projektierungsphase der Online-Auftritt zur Chefsache erklärt werden. In den meisten Fällen wird dieses Thema an Praktikanten und Assistenten eher lieblos vergeben. Neben der Festlegung der innerorganisatorischen Kompetenzen und der Bereitstellung ausreichender Budgets stellt sich die Grundsatzfrage des „Make or Buy“.

[401] Vgl. Albers, S., Clement, M., Peters, K., Skiera, B. (1999), S.11

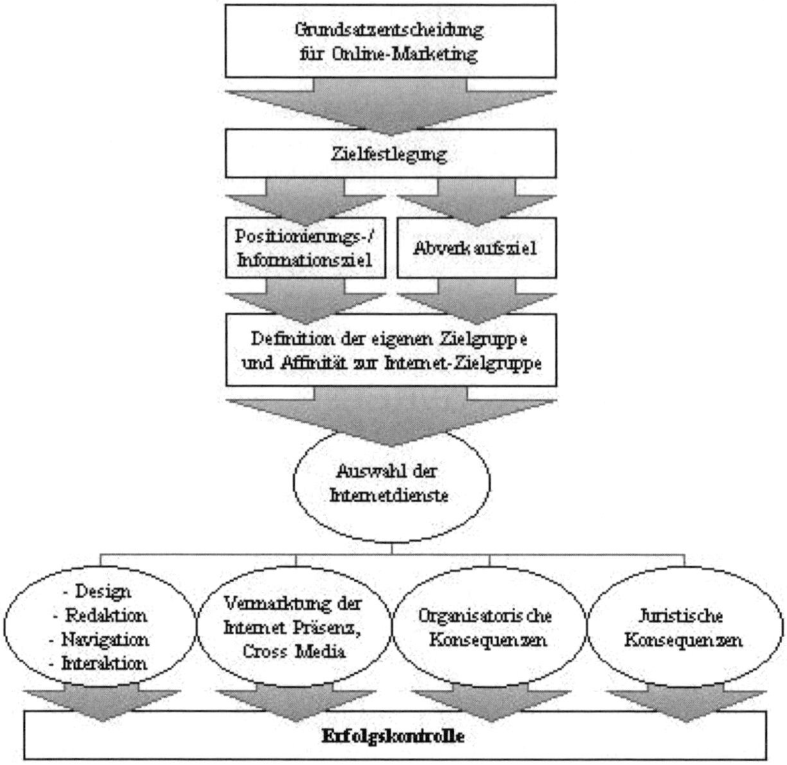


*Abb. 4.10: Planungsphasen und Entscheidungstatbestände einer Internet-Präsenz (Quelle: eigene Darstellung)*

### 2.1.1.2 Markenpolitische Perspektive

Es lassen sich zunächst Internet-Auftritte unterscheiden, die das Gesamtunternehmen präsentieren (Corporate Site) und Internet-Auftritte, die isoliert oder ergänzend die einzelnen Produktmarken (Brand Site) vorstellen sollen. Die Entscheidung hierüber hängt mit der grundsätzlichen Markenführung zusammen. Eine Singulärmarke bedarf eher einer eigenständigen Internet-Präsenz als eine Marke, die Element einer Dachmarkenstrategie darstellt (vgl. Kapitel 2). Es lassen sich dabei drei unterschiedliche Vorgehensweisen unterscheiden:

- *Corporate Site:* Eine reine Corporate Site dient in erster Linie den Zielen der Öffentlichkeitsarbeit (vgl. Kapitel 1). Die Leistungsfähigkeit des Unternehmens wird ohne Angebot nennenswerter Interaktionsmöglichkeiten den unterschiedlichen Interessengruppen vorgestellt. Für Kommunikationszwecke werden zum Teil nur Firmenadresse und Telefon- bzw. Faxnummer angeboten. Bei dieser Form der Online-Präsentation handelt es sich, wie bei klassischen Broadcast-Medien auch um eine

„point to multipoint-Kommunikation ohne Response-Möglichkeit. Der Nutzen, der dem User angeboten wird, reduziert sich auf Auswertung mehr oder weniger umfangreicher Informationen über das Unternehmen. Diese Darstellung lässt sich mit den rationalen Bereichen von Firmenbroschüren bzw. Geschäftsberichten vergleichen.

- *Marketing Site:* Diese Darstellungsform beinhaltet konkrete Marketingziele, die mit dem Auftritt verbunden werden. Zu den allgemeinen Unternehmensinformationen werden Informationen zu dem Leistungsprogramm des Unternehmens angeboten (vgl. Compilierte Brand Sites unter einheitlichem Corporate Design). Die Darstellungsformen für die einzelnen Bereiche können unterschiedlich intensiv sein. Neben der Darstellung der objektiven Nutzenbestandteile können Hintergrundberichte, Informationen zu Komplementärprodukten, Abfragemöglichkeiten zu Entwicklungs-, Produktions- und Vermarktungsaspekten, Einsatzbedingungen und Testergebnisse hinterlegt werden. Diese können auch durch animierte, dreidimensionale bildhafte Darstellungen oder Objekte illustriert werden.
- *Brand Site:* Je nach markenpolitischer Strategie (vgl. Kapitel 2) bietet es sich an, für jede Produktmarke des Unternehmens bzw. für jeden strategischen Geschäftsbereich eine eigene Domain einzurichten.[402] Die Verbreitung der einzelnen Formen ist dabei recht unterschiedlich und beginnt bei einer einfachen Darstellung der Marke zur Sicherstellung einer markenspezifischen Domain bis hin zu vollständigen Internet-Versandhäusern, bei denen die Produkte gleich bestellt werden können.[403]

### 2.1.1.3 Perspektive der Nichtlinearität der Benutzerführung

Unter dem Gesichtspunkt einer medienspezifischen Gestaltung von Online-Medien wäre es eine Verschwendung der Chancen und gleichzeitig eine Verschwendung von Ressourcen, diese Medien inhaltlich so zu gestalten wie bisher die klassischen Kommunikationsmedien, insbesondere des „Broadcastings“. Ein linearer Aufbau der angebotenen Inhalte sollte einer vernetzten und hierarchisch unterschiedlich tiefen, umfassenden und detaillierten Darbietung weichen. In der Praxis finden sich gegenwärtig unterschiedliche Präsentationsformen, die sich nach dem Grad ihrer Linearität der Informationsdarbietung unterscheiden.[404] Die Komplexität der Darstellungsformen sowie der individualisierbare Zugriff der User korrespondiert mit dem Programmieraufwand und erhöht neben dem Nutzen für den User zwangsläufig auch die Kosten.

- *Vitalisierte Corporate Site:* Sowohl in der Gliederungslogik als auch in der Präsentation eines animierten Zugangs zeigt sich die Stärke dieser Form des Auftritts. Neben einer übersichtlichen Benutzerführung kann der User vertiefte Informationen abfragen und zum Teil auf seinen eigenen Rechner herunterladen. Dabei können die Unternehmensdaten entweder mit einer multimedialen Einstiegsstruktur als Gliederungslogik oder aber spielerisch in Form von Computerspielen präsentiert werden. Ein weiterer Nutzen bietet die Präsentationsform dann, wenn dem User die Mög-

402 Vgl. Rengelshausen, O., Rohani, P. (1999), S. 7
403 Einen Überblick über die bisherige Verbreitung einzelnen Formen geben Schleuning, C., Wetzig, R. (1998), S. 45
404 Vgl. Link, J., Tiedtke, D. (Hrsg.)

lichkeit geboten wird, das Internet als Pull-Medium zu nutzen. Dabei muss der User sich durch die Identifikation in einem proprietären Nutzerkreis anmelden. Er bekommt dann die selektiv gewünschte Information (Unternehmensnachrichten, Pressemitteilungen, Geschäftsberichte, Werkszeitungen, Einladungen zu Veranstaltungen, etc.) in bestimmten, regelmäßigen Abständen.

- *Customization Site:* Bei diesen Sites werden bereits alle Formen der Interaktivität angeboten. Produkte können im Sinne der Product Customization individuell konfiguriert und zum Teil visualisiert werden. Dabei werden Hinweise zur Bestellung angeboten (z.B. geografisch sortierter Überblick über die stationären Bezugsmöglichkeiten).
- *Ordering Site:* Diese Präsentationsform stellt einen eigenen Vertriebsweg dar, der neben dem klassischen Versandhandel und dem stationären Vertrieb den gesamten Wertschöpfungsprozess bereithält. Diese Form des Vertriebs entspricht den Anforderungen an Versandgeschäfte, wobei der Online-Vertrieb eine weitere mediale Form darstellt, um Neukunden zu gewinnen und Bestandskunden eine besondere, komfortable Form des Geschäftsabwicklungsprozesses zu bieten. Unternehmen, für die das Versandgeschäft eine neue Vertriebsform darstellt, erschließen sich neue Kundensegmente. Unternehmen, die bereits im Versandgeschäft tätig sind, werden einen Großteil der Kunden von der traditionellen Katalogbestellung an die Online Bestellung verlieren. Die Vorteile sind dann ein höheres Maß an Serviceorientierung sowie eine Senkung der Prozesskosten im Bestellabwicklungsprozess.
- *Databased Site:* Die maximale Ausnutzung einer marktorientierten Gestaltung des Internet-Auftritts liegt in der Kombination von Databased Marketing und Internet. Dabei werden die bestehenden Kundeninformationen aus der Kundendatenbank sowie die neuen Informationen aus den Aktions-, Such- und Reaktionsdaten innerhalb des Internet-Auftritts verknüpft. Die Website wird bei jedem Kundenbesuch individuell konfiguriert und sortiert. Diese Personalisierungs- und Individualisierungsform soll den speziellen Bedürfnissen und Wünschen des einzelnen Kunden entsprechen und lässt sich unter dem Begriff des „One-to-one-Marketings", des Direktmarketings, bereits heute wiederfinden.

### 2.1.2 Festlegung der Internet-Zielsetzungen

Damit die Internet-Auftritte nicht inhaltlich überfrachtet werden oder Funktionalitäten entwickelt werden, die unnötig oder sogar disfunktional sind, sollten im Vorfeld die Ziele festgelegt werden, die mit dem Internet-Auftritt erreicht werden sollen. Es lassen sich allgemeine Ziele und spezifische Ziele unterscheiden:

- Allgemeine Ziele der Internet-Präsenz:
  - Anschluss nicht verpassen
  - Mit dem Wettbewerb mitziehen
  - Belegung des Images der Modernität und technologischen Führerschaft
  - Erschließung eines neuen Kommunikationskanals zur Kundenbindung
  - Erschließung eines neuen Vertriebkanals für den Direktvertrieb
  - Ansprache neuer Zielgruppen

- Spezifische kommunikative Ziele
  - Produktberatung
  - Vorstellung der Servicequalitäten
  - Produktpräsentation
  - Firmenpräsentation
  - Kompetenzpräsentation der Firma und einzelner Produkte
  - Navigationshilfe und Darstellung von Zuständigkeiten im Unternehmen
- Spezifische Effizienzsteigerungsziele
  - Abwicklung der Bewerbungen
  - Stellenausschreibungen
  - Abwicklung der Bestellungen
- Spezifische Verkaufs-/Vertriebsziele
  - Distribution von Software über die Download-Funktionen
  - Distribution von Hardware über Fullfillment-Systeme
  - Online-Durchführung von Dienstleistungen

### 2.1.3 Definition der eigenen Internet-Zielgruppen und Ermittlung der Affinitäten

Nicht alle Unternehmen und Produkte eignen sich, um im Internet präsentiert zu werden. Wie jedes andere Trägermedium auch, hat die Zielgruppe im Internet individuelle Merkmale.

#### 2.1.3.1 Allgemeine User-Affinität

Die Erfolgschance lässt sich beurteilen, wenn im Vorfeld des Internet-Auftritts die Struktur der Nutzer im Internet mit der Zielgruppenstruktur der eigenen Kunden verglichen und die Erfolgschance der eigenen Angebote bei der typischen Zielgruppe im Internet abgeschätzt werden kann. Hierzu liefern die traditionellen Marktforschungsstudien entsprechende Informationen.

Vor der Implementierung des Internet-Auftritts des Versandhauses Conrad Electronic in Hirschau, einer der erfolgreichsten E-Shopping-Anbieter, wurden 1996 die Kunden auf ihre Internet-Affinität überprüft. Zu diesem Zeitpunkt verfügten bereits nach einer Studie von Dr. Martin & Partner ca. 50 Prozent der Conrad Kunden über einen Internet-Zugang.[405] Da das Angebot des Hauses Conrad auf eine männliche, technologisch orientierte Zielgruppe ausgerichtet war, konnte davon ausgegangen werden, dass sie mit der Zielgruppe der Internet-User vergleichbar ist.

---

405 Vgl. Martin, M. (1996): Unveröffentlichte Studie von Dr. Martin & Partner; Studie zum Bekanntheitsgrad der Zielsegmente Conrad Electronic, Wiesbaden, Hirschau (1996).

### 2.1.3.2 Affinität in proprietären User-Kreisen

Neben der Ansprache der generellen Zielgruppen im Internet können auch spezifische Zielgruppen angesprochen werden. Hierzu bieten sich die Möglichkeit der gegenseitigen „Verlinkung" sowie das Schalten von Werbebannern auf Homepages anderer Unternehmen, von denen anzunehmen ist, dass deren Zielgruppe mit der eigenen eine komplementäre Beziehung aufweist. Über diese „Carrier" erfolgt der Zugang neuer Interessenten und potenzieller Kunden für das Unternehmensangebot.

Für eine bestehende Marke sollten folgende Fragen beantwortet werden:

- Kann die traditionelle Zielgruppe des Unternehmens überhaupt online erreicht werden?
- Muss zwangsläufig eine andere Zielgruppe als die bisherige angesprochen werden?
- Muss die traditionelle Zielgruppe anders angesprochen werden?

Wird die Online-Präsenz nicht als Substitut von klassischen Instrumenten, sondern als Erweiterung des Kommunikationsmixes verstanden, so sollte natürlich eine Fokussierung auf die Kernnutzerschaft des Netzes erfolgen. Oftmals werden damit bislang werblich nur schwer erreichbare Zielgruppen angesprochen, wie einkommensstarke jüngere und markenbewusste sowie überdurchschnittlich gebildete Konsumenten. Das klassische Zielgruppenverständnis greift bei Online-Medien nicht, denn Streuverluste gibt es im Online-Bereich nicht. Die Online-Angebote werden nur von Konsumenten genutzt, die sich für das Angebot interessieren.[406]

Nach mehrfachen Optimierungen und konsequentem „Web Accounting" konnte sogar die weibliche Zielgruppe im Bereich Kochen und Backen mit der Internet-Präsenz von Dr. Oetker (www.oetker.com) angesprochen werden, eine netzuntypische Zielgruppe.[407]

Bei der Ansprache unterschiedlicher Hauptzielgruppen können dabei zwei Strategien gewählt werden:

- *Zielgruppenausrichtung der Homepage:* Für jede Zielgruppe könnte ein separater Einstieg möglich sein, wie beispielsweise beim Internet-Angebot der Firma Deutz, einem Investitionsgüterhersteller (www.deutz.de ). Die Homepage dient als Selektionsangebot für die Informations-Interessen unterschiedlicher Zielgruppen. Damit ist gewährleistet, dass der Suchaufwand für den User gering bleibt. Für alle Zielgruppen können dann gemeinsame Informationen über das Unternehmen sowie bereichsübergreifende Themen unter einem Unterpunkt subsumiert werden und kreieren quasi einen eigenen Unternehmens-Internet-Auftritt.[408]
- *Dach- und Submarkenorientierung:* Wie bei jeder Markeneinführung sollte eine Marke inhaltlich nicht überfrachtet werden. Bei heterogenen Zielgruppen besteht häufig die Gefahr, den Fokus zu verlieren. Daraus folgt, dass sich die Unternehmens- und Marketingstrategien, die auf die unterschiedlichen Zielgruppen ausgerichtet sind, auch im Internet-Angebot widerspiegeln sollten. Als Beispiel dient die

---

406 Vgl. Bachem, C., Mörsdorf, T. (1999), S. 88f.

407 Vgl. Bachem, C., Mörsdorf, T. (1999), S. 100 f.

408 Vgl. Raps, B. (1999), S. 181 ff.

Präsenz der Oetker Gruppe. Neben der Dachmarkenpräsenz www.oetker.com wurden weitere Auftritte für spezielle Zielgruppen wie www.vitalis.de, www.ristorante.de und www.big-americans.com eingeführt.[409] Die Victoria Versicherungsgesellschaft, Mitglied der Unternehmensgruppe ERGO, hat neben der Corporate Site als Dachmarke für das spezielle Zielsegment Jugendliche eine Internet-Präsenz als Zweitmarke entwickelt. Der V-Scout unter www.v-scout.de soll als Informations- und Serviceplattform der Victoria Versicherung für Jugendliche im Alter von 15 – 22 Jahren aktuelle Themen aufgreifen, die hilfreich für die Berufs- und Lebensplanung der Zielgruppe ist. Die zweite Web-Präsenz ist völlig losgelöst von der Internet-Präsenz der Dachmarke und bietet ein eigenständiges Erscheinungsbild sowie eine zielgruppenspezifische Ansprache. Die Darstellungstechnik ist ebenfalls abweichend und mithilfe von Flash-Animationen werden die Navigationspfade aufgelockert.[410]

### 2.1.4 Auswahl der Internet-Dienste

Als Alternativen stehen dem Unternehmen folgende Möglichkeiten offen:

- *Eigene Domain:* In diesem Fall werden auf einem Server die Online-Seiten hinterlegt. Der Server gehört der eigenen Firma und ist rund um die Uhr mit dem Internet verbunden. Der Nachteil ist zum einen der Bedarf an einer permanenten Telefonleitung zum Internet, zum anderen Hard- und Software- sowie Brainware-Support durch eigene Mitarbeiter. Der Vorteil liegt darin, dass eine eigene Domain eingerichtet wird, die ein höheres Maß an Professionalität vermittelt. Darüber hinaus kann sich der User an kürzere und prägnantere Markennamen der Domain einfacher erinnern, als wenn noch weitere Dienstleisteradressen zwischengeschaltet werden müssen. Im Fall der Webpromotion wird über traditionelle Medien auch der Internet-Auftritt vermarktet. Dabei ist es wichtig, einen prägnanten und einfach zu lernenden bzw. mit dem Unternehmen oder den Kernkompetenzen assoziierbaren Namen zu verwenden. Die URL lautet dann http://www. „Ihr Firmenname“ .de bzw. .com. Eine eigene Adresse muss bei der zuständigen Stelle in Deutschland registriert werden (DE-NIC).[411]
- *Domain des Providers:* Günstiger und einfacher ist es, eine Internetseite auf einem fremden Computer zu hinterlegen. Dabei spielt der Standort der Hardware kaum eine Rolle. Hierbei kann man sich weltweit an dem günstigsten Anbieter bedienen. Lediglich die Transaktionskosten bei Aktualisierung spielen dabei eine Rolle. In diesem Falle lautet die URL „http://www. Name des Providers.de/Ihr Firmenname.de“ bzw. „.com“.
- *Virtual Hosting:* Einige Anbieter ermöglichen auch, unter eigenem Namen auf einem fremden Server geführt zu werden.

[409] Vgl. Bachem, C., Mörsdorf, T. (1999), S. 97.
[410] Vgl. Riemer, O. (1999), S. 140 f.
[411] Die Verfügbarkeit von Domain-Namen lässt sich unter http://www.denic.de überprüfen.

- *Shopping Mall:* Der Grundgedanke von einer Shopping Mall im Internet ist vergleichbar mit dem der stationären Bereiche. Dabei lassen sich unterschiedliche Formen der gegenseitigen Verpflichtung unterscheiden:
  - Lose Form der Zusammenarbeit, bei der unterschiedliche Anbieteradressen übersichtlich grafisch in einer gemeinsamen Internet-Präsenz aufbereitet und zusammengestellt werden.
  - Hinterlegung der Seiten der jeweiligen Teilnehmer auf einem Server. Die Adresse der Shopping Mall ist dann im eigenen Namen integriert und Kundenkontakte kommen über den aufzubauenden oder aufgebauten „Good Will" der Mall-Betreiber zustande. Jeder einzelne Anbieter partizipiert demnach an dem aquisitorischen Potenzial der Mall. Im Grunde handelt es sich hierbei um eine Art Werbegemeinschaft. Besondere Formen der Zusammenarbeit finden sich bei Bonus-Shops. Bei diesen Angeboten werden zum Zwecke der Kundenbindung dem Kunden auf alle gekauften Waren innerhalb der angeschlossenen Shops bestimmte Bonuspunkte gutgeschrieben, auf die der Kunde in Form von Geld oder geldwerten Vorteilen zugreifen kann.

## 2.1.5 Redaktioneller Aufbau

### 2.1.5.1 Grundüberlegungen

Online-Medien stehen gegenwärtig den Printprodukten näher als den elektronischen Medien wie Fernsehen oder Hörfunk. Obwohl das Internet zunächst ein Informationsmedium ist, genügt es dennoch nicht, die Inhalte aus den klassischen Medien zu digitalisieren und im Netz zu präsentieren.[412]

Unter Content versteht man den redaktionellen Inhalt und den Aufbau einer Website, der auch dessen Kernnutzen darstellt.[413] Ausschlaggebend für den Besuch der Site sind entweder die angebotenen Produkte oder der Anbieter (Kommunikator), der den Inhalt präsentiert.[414] Sind alle Elemente bei der Site Promotion berücksichtigt worden und der „Access", d. h. eine Online-Verbindung[415] zustande gekommen, kann über einen attraktiven Content eine Kundenbindung erzielt werden. Entscheidend für die spätere Kundenbindung bzw. ein regelmäßiges Aufsuchen sind demnach die zielgruppenspezifisch aufbereiteten Inhalte sowie die Bequemlichkeit beim Auffinden von gesuchten Inhalten innerhalb der Web-Page.[416]

Größtenteils beruhen die präsentierten Inhalte auf Darbietungen von Text- und Standbildinformationen, die spezifisch für ein Bildschirmmedium strukturiert und aufbereitet wurden. Aufgrund der Erweiterung der Übertragungskapazitäten werden in Zukunft die multimedialen Optionen verstärkt ausgenutzt. Dies bedeutet, dass sich Inhalte aus einer optionalen Mischung von Text-, Stand- oder Bewegtbild sowie Toninhalten auf digitaler Basis zusammensetzen.

---

[412] Vgl. Redlich, G., S. 78.
[413] Vgl. Krause, J., Somm, F., S. 378.
[414] Vgl. Werner, A., Stephan, R. (1997), S. 113.
[415] Vgl. Horizont: Web-Lexikon, S. 6.
[416] Vgl. Krause, J., Somm, F, S. 141.

Design und Layout eines Online-Auftrittes sind wichtige Komponenten der Web-Präsenz, sie allein machen aber den Erfolg nicht aus. Es gibt keine pauschalen Empfehlungen für optimal zu präsentierende Inhalte. Jeder Inhalt, der der Erwartungshaltung der Zielgruppe entspricht und zu einem regelmäßigen Besuch ermutigt, kann als erfolgreich bezeichnet werden.

Grundsätzlich sollte man sich auf Seiten, die der User aktiv sucht, kurz fassen und auf Seiten, bei der der User am Ziel seiner Suche ist, ausführlich informieren. Dies bedeutet zwangsläufig, dass Seiten mit ausführlichen Informationen auf der untersten Hierarchiestufe der Navigationsstruktur platziert werden sollten.[417]

Zwei Überlegungen bestimmen die redaktionelle Ausrichtung:

- *Zielsetzung:* Bei der Gestaltung der Inhalte sollten die zu erreichenden Ziele stets im Mittelpunkt stehen. Bleiben die Ziele schwammig, wird es auch nicht gelingen, dem Kunden konkrete Inhalte zu vermitteln. Das Internet ist im Grunde multifunktional angelegt und meist fällt es schwer, sich auf die eigenen Schwerpunkte zu konzentrieren. Im Kern kann das Internet im Bereich der Marktkommunikation primär der Vermittlung eines positiven Unternehmens-Images dienen. Damit wäre die Zielsetzung im Bereich der Öffentlichkeitsarbeit angesiedelt. Es kann auch den Zweck haben, zusammen mit klassischen Kommunikationsinstrumenten bestimmte Kompetenzen von Produkten auszuloben. Letztlich kann aber auch die Distribution im Mittelpunkt stehen, dann geht es um Generierung von Neukundenpotenzialen oder um Kundenbindung.
  Weiterhin können innerhalb einer Corporate Site auch andere Funktionsbereiche als die Marketingabteilungen der Zielgruppe einen Nutzen vermitteln.
  Darüber hinaus zieht der Personalbereich aus der Internet-Präsenz den größten Nutzen. Die Zielsetzung des Personalbereichs liegt zum einen beim Arbeitsmarkt (z.B. Personalrekrutierung über das Internet) und zum anderen bei den eigenen Mitarbeitern (z.B. Internes Marketing). Aus dieser Gesamtlage heraus muss letztlich die Frage beantwortet werden, welche Ziele insgesamt unter einer gewählten Domain erreicht werden sollen. Dabei gilt der Grundsatz, wie in anderen Kommunikationsbereichen auch: je fokussierter der Auftritt, desto erfolgreicher. Die verschiedenen Nutzenaspekte können durch verschwommene Angebotskörbe zerschlagen werden. Die Bestimmung der zentralen Nutzenkomponenten eines immateriellen Informations- und Kommunikationsangebotes ist dabei recht schwierig. Dennoch sollte im Ergebnis ein bestimmtes redaktionelles Format gewählt werden, mit dem das Bedürfnis einer bestimmten Gruppe von „Stakeholdern“[418] befriedigt wird.
- *Erwartungshaltung der anvisierten Zielgruppen:* Abgeleitet von den Kompetenzfeldern lassen sich Kernnutzen und Zusatznutzen unterscheiden. Der Nutzen muss subjektiv aus der Sicht der Nutzer für die Zielgruppe interpretiert werden. Generelle Nutzenquellen sind zum einen ein spezifischer Informationsbedarf und zum anderen die „Convenience“, die mit dem Aufsuchen der Internet-Präsenz verbunden ist. Da-

[417] Vgl. Raps, B. (1999); S. 181 f.

[418] Bei Stakeholdern handelt es sich um Zielgruppen im Unternehmensumfeld, die direkt angesprochen werden sollen, weil sie entweder helfen können, die Ziele des Unternehmens zu erreichen oder aber die Zielerreichung zu verhindern. Die klassischen Stakeholder sind Aktionäre, Mitarbeiter, Gewerkschaften, Verbände, Lieferanten, Presse, Wertschöpfungspartner und Kunden.

bei soll beachtet werden, dass eine primäre Zielgruppe und weitere sekundäre Zielgruppen berücksichtigt werden müssen. Die einzelnen Zielgruppen (z.B. Kunden, Presse, Mitarbeiter, Lieferanten etc.) können nach der Stärke ihres Involvements sowie weiteren Segmentierungsvariablen unterschieden werden. Dem Produzenten des Internet-Auftritts muss klar sein, aus welchem Grund die jeweilige Gruppe sich im Internet befindet und welche Informationen sie im Kern erwartet. Wer seine Inhalte darauf beschränkt, die Botschaft zu vermitteln: „Guten Tag, wir sind auch im Internet", hat bereits verloren.

#### 2.1.5.2 Allgemeine redaktionelle Bestandteile

Der wichtigste Erfolgsfaktor im Online-Marketing ist der Nutzen, den ein Internet-Auftritt bietet. Nur was als bedeutsam erachtet wird, kann in der aktiven Welt bestehen. Websites müssen demnach mithilfe eines informativen, nützlichen und unterhaltenden Dialogangebots um die Beteiligung des Nutzers am Kommunikationsprozess werben. Dies erfordert, dass die Inhalte konsequent aus der Sicht des Nutzers und der zu erreichenden Zielsetzung zu gestalten sind. Dabei kommt es je nach Zielsetzung und Produkt auf eine Kombination aus reiner Information, Unterhaltung und Gewinnspielen, Zusatznutzen und Dialogchancen an. Werbung klassischer Prägung führt dabei jedesmal zum Abbruch des Dialogs. Die Inhalte müssen der Website zu einem Alleinstellungsmerkmal (Unique Content Proposition) im Netz verhelfen, damit sowohl Neukunden ihr Interesse zeigen als auch Stamm-User zur Internet-Präsenz häufiger zurückkehren.[419]

Bei der Festlegung der Inhalte in den Online-Medien sollten folgende Kriterien berücksichtigt werden:[420]

- *Aktualität:* Der Online-Auftritt muss permanent gepflegt werden, damit die Nutzer ein Interesse daran haben, die Site häufiger zu besuchen, um neue Informationen zu erhalten. Empfehlenswert sind zum Beispiel ein 14-tägiger Aktualisierungsrhythmus, Datumsangabe der Aktualisierung auf jeder Site sowie ein Unterpunkt mit dem Titel „what's new", unter dem wiederkehrende Besucher Neuigkeiten rasch und übersichtlich erfahren. Eine weitere Form der Aktualisierung ist die Integration eines Spruchs bzw. des Tipps des Tages. Im Bereich E-Commerce wird der Tipp des Tages durch das Angebot des Tages ersetzt.
- *Flexibilität:* Das Online-Angebot sollte hinsichtlich neuer Inhalte flexibel sein, d. h. Layout und Design sollten ohne großen Aufwand wechselnde Inhalte darstellen können. Hierfür können Redaktionssysteme Anwendung finden, bei denen unterschiedliche Mitarbeiter, ohne über umfangreiche Programmierkenntnisse verfügen zu müssen, neue Inhalte recht einfach auf die Website „stellen" können.
- *Interaktivität:* Der Nutzer soll die Möglichkeit zur Interaktivität haben, um einen Mehrwert gegenüber den traditionellen Medien zu bieten. Beispielsweise kann der User eine bestimmte Anfrage an das Unternehmen schicken, um eine passende Antwort zu bekommen. Versandhändler und Paketzustelldienste bieten dem Kunden an, bei Abgabe der Pakete bzw. bei einer Bestellung den anschließenden, aktuellen

[419] Vgl. Bachem, C., Mörsdorf, T.(1999), S. 192.
[420] Vgl. Krause, J., Somm, F., S. 143.

Zustell- oder Bestellstatus jederzeit per Internet-Abfrage zu erfahren. Bereits die Information über die Lieferbarkeit bestimmter Artikel bedeutet Servicequalität und Zusatznutzen (vgl. http://www.fedex.com oder http:// www.ups.com oder http://www.bahn.de.).

- *Informationsgehalt:* Der Inhalt sollte um Zusatzinformationen in Form von erweiterten Produkt- oder Herstellerangaben ergänzt werden. Zusatzinformationen können sein neue Produkte, allgemeine Informationen zur Öffentlichkeitsarbeit, Unternehmensphilosophie (z. B. Umweltschutzbemühungen), Pressearchive, Gästebücher und Veranstaltungskalender u. v. m.
- *Unterhaltungswert:* Der Online-Auftritt soll optisch und inhaltlich ansprechend sein. (Gewinn-) Spiele oder witzige Software können die Web-Präsenz in ihrem Wert steigern, dürfen aber den Kernnutzen auf keinen Fall kannibalisieren.
- *Zusatznutzen:* Das Angebot in den Online-Medien sollte mehr zu bieten haben als die Werbung in den klassischen Medien. Dem Nutzer soll vermittelt werden, dass es sich für ihn lohnt, die Web-Page zu besuchen. Im Kern geht es darum, Informationen bereitzustellen, die der User sonst nicht oder nur schwer bekommen könnte. Beispiele können Brancheninformationen, Hintergrundberichte über das Unternehmen, Persönlichkeiten, Previews von neuen Produkten oder Entwicklungen sein. Die Interaktivität kann dabei bereits ein solcher Zusatznutzen sein. Dabei kann eine umfangreiche und redaktionell gut ausgewählte Zusammenstellung von „Hyperlinks"[421] zu bestimmten Themen für den User von großem Interesse sein. Diese Hyperlinks zu bestimmten Themen können ebenfalls sortiert sein und entweder in Bezug zum eigenen Geschäft stehen oder sich an den Lebensstilen der Zielgruppe ausrichten.
- *Rückkopplungsgehalt:* Die Inhalte sollten den Besucher zur Interaktion mit dem Anbieter animieren, da das Feedback einen hohen Stellenwert für die weiteren Online-Aktivitäten des Unternehmens einnimmt. Die Online-Kommunikation öffnet damit einen schnellen, individuellen und direkten Weg zum Konsumenten. Allerdings muss man den Kommunikationsansprüchen der Nutzer gerecht werden. Zum einen fordern sie einen Dialog ein und zum andere erwarten sie, dass ihre E-Mail-Anfragen binnen 24 Stunden qualifiziert beantwortet werden.[422]
- *Kommunikationswert:* Der Nutzer muss die Möglichkeit zur Kontaktaufnahme haben. Dabei kommt der Funktionalität oberste Priorität besonders bei Bestellsystemen zu.[423]
- *Verkaufsförderungswert:* Sonderangebote, Rabattierungen, Schnäppchenmärkte und Versteigerungen haben einen positiven Anreiz auf die Besuchsfrequenz der Internet-Seite.

[421] Hyperlinks sind Zugangspfade zwischen Textbestandteilen innerhalb einer Website oder stellen die Verbindung zu anderen Websites her.
[422] Vgl. Bachem, C., Mörsdorf, T.(1999), S. 103.
[423] Vgl. Krause, J., Somm, F., S. 143.

## 2.1.6 Navigation

### 2.1.6.1 Navigationsprinzipien

Die medienspezifische Besonderheit des Internets liegt zum einen in der Darstellung der unterschiedlichen und multimedialen Informationsfülle und zum anderen in seiner nicht linearen Struktur. Diese Möglichkeiten werden zur Last, wenn es nicht gelingt, die Navigation nach zwei Prinzipien aufzubauen:

- *Ungestützter oder beliebiger Informationszugang:* Die Zielgruppe wählt den Inhalt nach dem Prinzip der grundsätzlichen Orientierung und sucht beliebig nach Inhalten (Customer Self Selection).
- *Gestützter Informationszugang:* Der Anbieter kann unabhängig vom individuellen Leseverhalten den Konsumenten zu einem bestimmten Verhalten veranlassen. Er kann spezielle Priorisierungen der Inhalte vornehmen, damit der Konsument vorgegebene und als zweckmäßig empfundene lineare Informationsschritte durchläuft. Zwei Grundprobleme treten dabei auf. Zum einen kann der Konsument durch die Informationsfülle überfordert werden und bricht den Kontakt ab. In diesem Fall ist die eingeschränkte Freiheit der Entscheidung über den zu konsumierenden Inhalt eher hinderlich. Auf der anderen Seite bricht der Kunde den Internet-Kontakt deswegen ab, weil die zu durchlaufenden Vorgaben seinen persönlichen Zielsetzungen widersprechen.
- *Navigationshilfen:* Durchgängige Bildmarken (key visuals) können in sich geschlossene Themenbereiche abgrenzen und als sinnvolle Orientierungshilfen dienen. Dabei sollte die Beschränkung auf einige key visuals für einen Themenbereich auf der gesamten Internetseite gelten. Durchgängig müssen alle Navigationselemente an derselben Stelle positioniert werden. Gleichgültig an welcher Stelle der Nutzer sich befindet, er sollte von jedem Thema maximal mit drei „Mausklicks" in jedes beliebige andere Thema gelangen können. Die Aufbereitung der Seiten muss demnach im Vorhinein exakt geplant werden, damit ein optimales Zurechtfinden und Springen zwischen den Seiten möglich wird. Empfehlenswert ist stets, eine Sitemap als Übersichtsplan fakultativ dem User anzubieten.

### 2.1.6.2 Priorisierung der redaktionellen Inhalte

Die Einstiegsseite (Homepage) bietet in der Regel maximal sechs redaktionelle Einstiegsmöglichkeiten an.

Bei den ersten Seitenkontakten spielen die Headlines eine besondere Rolle (first view). Auf den Folgeseiten bekommen die Navigationselemente eine vorrangige Bedeutung. Bilder und Animationen haben eine geringere Kommunikationswirkung.[424]

Eine wesentliche Erweiterung der Inhalte ist durch Hyperlinks möglich. Dabei ist sowohl zu klären, welche Seiten innerhalb des Auftritts und welche Seiten zu Internet-Auftritten dritter Anbieter verbunden werden. Links zurück zur Homepage sollten generell auf jeder Seite vorhanden sein.

[424] Vgl. Grollmann, D. (1999), S. 26

Weiterhin sollten die Bereiche definiert werden, die zwingend zu durchlaufen sind und jene Bereiche, bei denen ein Überspringen durch den User möglich sein soll. Einstiegsseiten sollten von Stammkunden generell schnell überspringbar sein. Außerdem kann es Bereiche geben, die nur über Zwischenstufen erreichbar sein sollten. Durch eine derartige Gliederungslogik sollte dem Leseverhalten der Zielgruppe Rechnung getragen werden. (z.B. Kunden, die den Bestellschein ausfüllen, sollten vorher durch das Produktangebot geführt worden sein).

Die Navigation sollte aber auch dem Informationsbedarf der User-Gruppe gerecht werden. Informationen, die zum Kernnutzenbereich des Internet-Angebots gehören, sollten in einer exponierteren Lage stehen. Alle Ergänzungsinformationen erhalten eher versteckte Plätze (z.B. Allgemeine Geschäftsbedingungen, die seltener benötigt werden).

Grundsätzlich gilt zu überlegen, welche Bereiche direkt über die Homepage erreicht werden sollen und welche nur indirekt über die Navigationsstruktur und dann auf welcher Gliederungsebene. Unabhängig davon sollte auf jeden Fall eine Navigationsleiter ein wahlfreies Springen zwischen den Informationsebenen ermöglichen, damit der User nicht unnötig Zeit beim Auf- und Abklettern der Baumstruktur verschwenden muss.

Idealerweise wird der Bauplan eines Internet-Auftritts in einem Diagramm mit Netzstruktur visualisiert. Neben den einzelnen Inhalten, die in einem Feinkonzept dargestellt werden, ergibt sich eine Navigationsstruktur.

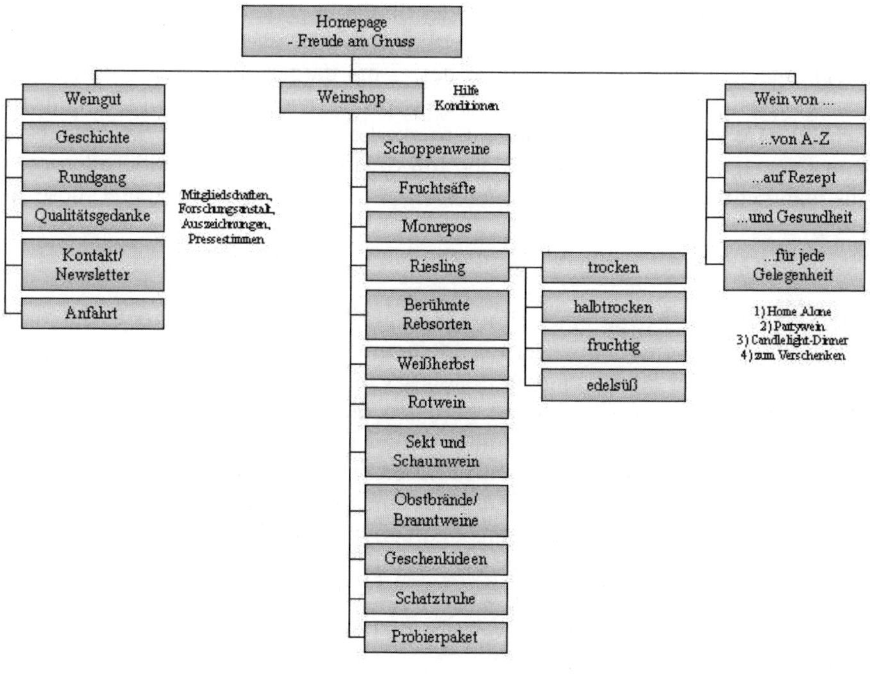


*Abb. 4.11: Netzstruktur des Internet-Auftritts eines Weinanbieters*
*(Quelle: eigene Darstellung der Arbeitsgemeinschaft Aymar & Martin)*

## 2.1.7 Design

### 2.1.7.1 Allgemeine Gestaltungsregeln

Grundsätzlich gilt, dass die Gestaltung auf dem Wahrnehmungsspektrum des Rezipienten und den Zielsetzungen der Internet-Präsenz aufbaut. Jede Unklarheit in der Bedienungsführung oder Ungewissheit über den Ablauf kann zu einem vorzeitigen Abbruch führen. Insbesondere dann, wenn eine große Mehrheit der Besucher dabei ist, erste Erfahrungen auf dem Gebiet der Internet-Recherche sowie eines Kaufs per Internet zu sammeln.

Die Hauptaufgabe der Benutzerführung fällt der „Homepage" bzw. „Welcomepage" zu. Auf dieser Einstiegsseite muss das Informationsangebot als eine Mischung aus Firmeninformationen, Animation (z.B. Gewinnspiel), Interaktion sowie dem Verhältnis von Kernnutzen und Zusatznutzen innerhalb weniger Sekunden kommuniziert werden.

Die Aufgabe der Homepage ist, den Besucher willkommen zu heißen und ihm einen Überblick über das Angebot zu geben. Da sie auf den ersten Blick überzeugend wirken muss, um den Abbruch des Besuchs durch den User zu vermeiden, ist es zwingend, ein der Corporate Identity entsprechendes und überzeugendes Design, die Navigationsstruktur sowie das Firmenlogo und die Hyperlinks, die zu weiteren Bestandteilen des Angebots führen, zu vermitteln.

Das größte Problem bei der Gestaltung der Seiten liegt darin, dass zum einen die grafischen und textlichen Inhalte je nach verwendetem Browser (Netscape, MS Internet Explorer) unterschiedlich am Bildschirm des Users dargestellt werden. Zudem können die Darstellungsformen durch Optionen des Users verändert werden (z.B. Schriftgröße und Schriftart).Weiterhin besteht häufig Unsicherheit über die Größe des Bildausschnittes beim User. Insofern ist unklar, welche Informationen sofort ohne Scrollen des Bildschirms wahrnehmbar sein werden. Intelligente Programmierung beachtet diese Besonderheiten.

Folgende Gestaltungsregeln sollten immer Anwendung finden:

- Die Site sollte meist mit einer Hintergrundgraphik hinterlegt werden, die die ganze Site umfasst. Sie dient entweder dazu, ein ansprechendes Muster bzw. Element des Corporate Designs zu zeigen oder es soll der Inhaltsbereich von der Navigationsleiste optisch getrennt werden. Meist bestehen diese Graphiken aus vielen einzelnen Graphiken, die einmal geladen, immer wieder für die Seitenstruktur eingesetzt werden. Damit können die Ladezeiten reduziert werden. Die Gestaltung dieser Seiten sollte besonders sorgfältig erfolgen. Zum einen handelt es sich hierbei um die optische Visitenkarte des Unternehmens und zum anderen ist darauf zu achten, dass die Hintergrundgestaltung nicht über die zentralen Informationen der Site dominiert. Wichtig dabei ist, dass stets ein ausreichender Kontrast zwischen Hintergrund und Textfarbe vorhanden sein sollte. User können optionieren, ob sie diesen Hintergrund beim „surfen" überhaupt benötigen.
- Die Site sollte sich in Inhalts- und Navigationsbereich aufteilen. Moderne Programmierungen arbeiten mit so genannten Framestrukturen. Hierbei wird der Bildschirm in zwei Teile unterteilt, die sich getrennt ansprechen lassen. Der Bildschirmaufbau umfasst dabei die Festlegung der Anzahl und die Positionen der einzelnen Bereiche/Frames. (Definition kann dabei in Pixeln/Bildpunkten oder in Prozent der

Bildschirmfläche erfolgen). Gängig ist die Aufteilung in drei Bereiche (Frames): Hauptnavigation, Subnavigation und Inhalt (Content Frame). Im Content Frame ist darauf zu achten, dass Texte ohne feste Zeilenumbrüche eingestellt werden. Bei unterschiedlichen Bildschirmauflösungen oder Fenstergrößen kann es sonst ungewollt zur Verschiebung von Inhalten und Darstellungen kommen.

- Optimale Plätze zur Installation von Navigationsteilen sind meist der linke und untere Teil einer Seite. Auf der rechten Seite sollte sich der Scrollbutton befinden, der dem User ermöglicht, durch die Inhalte der aufgerufen Seiten zu blättern.
- Eine Reihe von Darstellungsformen ist obligatorisch. Hierzu zählen die Angabe des Autors am Ende des Dokuments, das Aktualisierungdatum der Seite sowie ein prägnanter Seitentitel mit max. 64 Zeichen, da einige Suchmaschinen ansonsten längere Texte abschneiden. Die Betitelung ist für die Schlagworte der Suchmaschinen weiterhin wichtig. Letztlich kann noch ein Copyright-Vermerk untergebracht werden.
- Eng mit der Art der individuellen Informationsverarbeitung hängt die Beantwortung der Frage hinsichtlich der Länge einer Internet-Seite zusammen. Zwei grundsätzliche Möglichkeiten bieten sich hier an:
  - Zum einen die Produktion von längeren Seiten mit mehr Inhalt, als auf eine Bildschirmseite passt, wobei der User, wie bei Büchern auch, linear mithilfe des Scrollbalkens die Inhalte erschließen muss.
  - Zum anderen bieten sich eher kurze Seiten an (1 – 3 Seiten), hierbei kann der User innerhalb des Textes über interne und externe Hyperlinks zu weiterführenden Informationen gelangen.

  Je nach Alter und der Internet-Erfahrung des Users eignen sich die unterschiedlichen Formen. Grundsätzlich erhöhen sich bei längeren Seiten die Ladezeiten, die bei einer Übertragung zusammen mit weiteren grafischen Elementen zum Seitenabbruch führen können. Auf mehrere Seiten verteilte Informationen sind dagegen erst gewöhnungsbedürftig, weil mehrere Klicks und Links nötig sind. Zudem müssen im Falle des Ausdrucks der Informationen beim User mehrere Seiten nacheinander aufgerufen werden, was bei längeren Dokumenten nicht der Fall wäre. Eindeutige Empfehlungen lassen sich nicht aussprechen.

  Im Kern besteht die redaktionelle Qualität darin, Informations-Chunks (Informationsinseln) zu bilden und in einer Hierarchie zusammenzustellen, die einer didaktischen Logik entsprechen und dem Informationsbedürfnis der Zielgruppe Rechnung tragen.

### 2.1.7.2 Technische Sachzwänge[425]

- Jede einzelne Seite muss einen aussagekräftigen Namen erhalten, damit der Nutzer eine Vorstellung davon bekommt, was ihn erwartet und er selektieren kann, welche Seite für ihn interessant sein könnte.
- Es sollen „Meta-Tags“ verwendet werden, da sie eine bessere Sortierung in den Indizies der Suchmaschinen ermöglichen und potenziellen Interessenten die Suche erleichtern. Meta-Tags sind zusätzliche, allgemeingültige HTML-Befehle, die im Kopf der Quelltextseite stehen.

[425] Vgl. Grollmann, D. (1999), S. 26

- Zusätzlich zu Namen und Meta-Tags sollen Schlüsselbegriffe auf der ersten Seite der Suchmaschine angegeben werden, um das Angebot näher beschreiben zu können.[426]
- Suchmaschinen arbeiten mit „Robots", die Websites nach Schlagworten absuchen.[427] Da eine Reihe von Robots aber keine einzelnen Seiten abrufen können, ist es sinnvoll, die wichtigsten Produkte oder Leistungen ebenfalls auf der ersten Seite einzufügen, damit sie von den Robots identifiziert werden können.
- Eine Seite kann in „Frames" (Rahmen) unterteilt sein. Diese benötigen mehr Zeit zum Seitenaufbau. Auf der Einstiegsseite sollten keine Frames verwendet werden, da der Robot der Suchmaschine nach einer gewissen Wartezeit den Abruf beendet.
- Bilder sollten sparsam eingesetzt werden, da sie ebenfalls den Seitenaufbau aufgrund höherer Speichermenge verzögern. Wenn dieser zu lange dauert, brechen die Robots die Suche ab. Bilder sollten deshalb auf den ersten Seiten vermieden werden.
- Um eine erfolgreiche Suche durch die Robots der Suchmaschinen zu garantieren, sollten nicht die Meta-Tags und Schlüsselbegriffe aus den Seiten der Konkurrenten übernommen werden, da die Seiten nach der Registrierung durch die Robots oftmals ausgewechselt werden.[428]
- Wenn die Original-Tags, die Formatierungsbefehle einer HTML-Seite[429] der erfolgreichen Wettbewerber kopiert werden, steht der Konkurrent im Index dennoch vorne, da er der Pionier ist. Außerdem wird er, sobald die Schlüsselworte eingegeben wurden, ebenfalls aufgerufen. Er steht damit im direkten Vergleich.
- Robots untersuchen die ersten Seiten nach Schlüsselworten und speichern jede dieser Seiten im Index. Dabei besteht die Gefahr, dass ein Nutzer bei der Eingabe einer dieser Begriffe nicht zuerst auf die Homepage des Anbieters geführt wird, sondern mitten in den Auftritt hinein.
- Man sollte darauf achten, dass der User jederzeit das Lesezeichen des entsprechenden Browsers setzen kann. Dies ist nicht der Fall, wenn ein Anbieter, der für ein anderes Unternehmen wirbt, den Link des Unternehmens in seine Frames integriert hat. Die URL erscheint nicht im Browser und der Nutzer kann die Seite nur wieder über diesen Einstieg aufrufen. Deshalb sollte ein Befehl eingegeben werden, der dies verhindert.[430] Ein weiterer Nachteil der Integration in fremde Frames besteht darin, dass Frames die Bildschirmgröße reduzieren, d. h. das Design kann darunter leiden, weil es komprimiert werden muss.[431]

#### 2.1.7.3 Medienspezifische Gestaltungsaspekte

Das Internet und insbesondere das WWW ist kein Abkömmling der elektronischen Medien Hörfunk und TV, sondern der Printmedien. Die Lesefähigkeit von Text in den Online-Medien ist, im Gegensatz zu den Printmedien, auf die Bildschirmseiten beschränkt. Während bei Printprodukten die visuelle Wahrnehmung ganze Flächen erkennt, ist die

[426] Vgl. Krause, J., Somm, F., S. 91.
[427] Vgl. Horizont, Web-Lexikon, S. 43.
[428] Vgl. Krause, J., Somm, F., S. 91.
[429] Vgl. Horizont, Web-Lexikon, S. 47.
[430] Der Befehl lautet: <A HREF=http://www.MeineSeiten.de target="_top">, Krause, J., Somm, F., S. 92.
[431] Vgl. Krause, J., Somm, F., S. 92.

Wahrnehmung am Monitor auf Punkte reduziert.[432] Deswegen müssen medienspezifische Gestaltungsaspekte den Eingang in die Internet-Präsenz haben.

- Bei der Gestaltung von Multimedia-Anwendungen müssen deshalb die visuellen Eigenschaften des Bildschirms und die speziellen Wahrnehmungsgegebenheiten berücksichtigt werden. Ebenso sollen dramaturgisch-didaktische und emotionale Komponenten eingebunden werden.[433]
- Die Textmenge muss dem Medium entsprechend dosiert werden. Ein hoher Textanteil ist nicht zur Darstellung am Monitor geeignet, da der Nutzer schnell ermüdet und das Interesse an der Anwendung nachlässt. Es empfiehlt sich, den Text optisch zu strukturieren.[434] Die Lesegeschwindigkeit am Bildschirm ist wesentlich geringer als auf Papier. Dies wird unter anderem auf den geringeren Kontrast im Vergleich zu Papier zurückgeführt. Deshalb sollte der Anspruch an die Gestaltung der Texte in der Erhöhung der Informationstiefe anstelle in deren Breite erhoben werden. Hinzu kommt, dass beim Nutzer unter Betrachtung seiner Verbindungskosten (Telefonkosten oder Kommunikationskosten) ein starkes Kosten-/Nutzenbewusstsein vorhanden ist.[435]
- Das Layout sollte sparsam gehalten, d. h. die Seiten sollten nicht überfrachtet werden, damit der Nutzer nicht zu lange auf den kompletten Seitenaufbau warten muss und den Vorgang abbricht.[436] Durch „Preview"-Versionen werden Grafiken und Bilder in einem verkleinerten Format in die Page eingebunden und durch weniger Wörter dokumentiert. Der User kann dann selbst entscheiden, ob er diese durch Anklicken in ihrer vollen Größe betrachten möchte. Insbesondere bei rein werblichen Inhalten erhält der User die Autonomie über die zeitlichen und finanziellen Folgen des Internet-Besuches.[437]
- Das Layout einschließlich der Navigation[438] sollte übersichtlich und einheitlich, gemäß den Vorgaben des Corporate Designs, gestaltet sein. Zum Corporate Design zählen: Schriftart, Schriftgröße, Farbe und Form inklusive der Platzierung des Logos.[439] Es empfiehlt sich ein Grundlayout, das für alle Seiten, unabhängig vom Inhalt, verwendet werden kann.[440]
- Das Design sollte die Möglichkeit zur Interaktivität bieten, um einen Mehrwert gegenüber den klassischen Medien zu erhalten.[441]
- Der Inhalt entscheidet letztlich über den Nutzen. Er sollte sich deshalb nicht hinter dem Design verstecken müssen. Der zügige Seitenaufbau hat eine höhere Priorität als die optimale Gestaltung – Form follows Function.[442] Das heißt nicht, dass auf das Design keinen Wert gelegt werden soll, da grafische Komponenten zur Wiedererkennung und zur Differenzierung von der Konkurrenz dienen. Sie können kom-

[432] Vgl. Werner, A., Stephan, R. (1997), S. 31.
[433] Vgl. Fröbisch, D., Lindner, H., Steffen, T. (1997), S. 11.
[434] Vgl. Fröbisch, D., Lindner, H., Steffen, T. (1997), S. 104.
[435] Vgl. Werner, A., Stephan, R. (1997), S. 142
[436] Vgl. Krause, J., Somm, F., S. 88.
[437] Vgl. Werner, A., Stephan, R. (1997), S. 13 ff.
[438] Vgl. Pispers, R., Riehl, S., S. 166.
[439] Vgl. Fröbisch, D., Lindner, H., Steffen, T. (1997), S. 42.
[440] Vgl. Krause, J., Somm, F., S. 90.
[441] Vgl. Krause, J., Somm, F., S. 141.
[442] Vgl. Krause, J., Somm, F., S. 141.

plexe Informationen besser vermitteln als reiner Text. Die Verwendung von Text und Grafik muss aber ausgewogen sein.[443] „So wenig Grafik wie möglich und so viel wie nötig."[444] Das Screen-Design darf sich nicht negativ auf die Funktionalität der Website auswirken.[445]

- Entsprechendes gilt für Animationen. Sie sollen in einem direkten Bezug zum Inhalt stehen[446] und den Besucher nicht von der eigentlichen Absicht seines Besuches ablenken. Grafische Elemente, die nur der Ästhetik gerecht werden, wirken sich negativ auf die Nutzung aus.[447] Der User sollte jederzeit die Möglichkeit haben, die Animation starten und beenden zu können. Er akzeptiert nur längere Ladezeiten und, die damit verbundenen, höheren Online-Gebühren, wenn er die entsprechende Animation bewusst ausgewählt hat.[448] Die Dauer der Animation muss im Rahmen bleiben.[449]
- Die Darstellungsfähigkeit kann sich bei verschiedenen Browsern unterscheiden, insbesondere Farben werden unterschiedlich wiedergegeben. Deshalb sollten Programmierer und Gestalter die Anwendung unter den Browsern in diversen Versionen auf Farbabweichung überprüfen. Die Farben sollten sich mindestens ähneln. Aufgrund dieses Farbproblems hat die Werbewirkungsforschung einen sehr begrenzten Aktionsradius.[450]
- Nicht nur der Browser kann die Darstellung verändern, auch der Nutzer hat die Möglichkeit Farbe, Schrift und Darstellungsgröße zu modifizieren. Programmierer und Designer können darauf keinen Einfluss nehmen.[451]

### 2.1.8 Datenformate für das Internet

- *Hypertext Markup Language (HTML):* Die Erstellung von WWW-Dokumenten erfolgt meist mit der Seitenbeschreibungssprache HTML, die es dem Autor erlaubt, sowohl Texte und Graphiken als auch Bilder zur Darstellung auf einer Bildschirmseite zu kombinieren. Hierbei handelt es sich um eine einfache Sprache, die von allen Systemen und Hardwareplattformen unterstützt wird. HTML wird als einfacher ASCII-Code programmiert und gespeichert, sodass die Programmierung mit jedem beliebigen Texteditor erfolgen kann. Die Darstellungsmöglichkeiten sind im Grunde relativ beschränkt.[452]
- *Graphik-Einbindung:* Für die Bilddarstellung stehen i.d.R. zwei Datenformate (JPEG und GIF) zur Verfügung, wobei mit dem Format GIF (GIF-Bilder sind der ursprüngliche Standard des WWW und werden damit von allen Browsern unterstützt) auch kleinere Einzelbildanimationen erstellt werden können (animated GIF). Die Komprimierung bei GIF-Bildern erfolgt „interlaced", bei dem sequentielle

443 Vgl. Werner, A., Stephan, R. (1997), S. 30
444 Werner, A., Stephan, R. (1997), S. 30 f.
445 Vgl. Werner, A., Stephan, R. (1997), S. 153.
446 Vgl. Pispers, R., Riehl, S., S. 165.
447 Vgl. Werner, A., Stephan, R. (1997), S. 30.
448 Vgl. Werner, A., Stephan, R. (1997), S. 146.
449 Vgl. Werner, A., Stephan, R. (1997), S. 34.
450 Vgl. Werner, A., Stephan, R. (1997), S. 32
451 Vgl. Werner, A., Stephan, R. (1997), S. 145 ff.
452 Vgl. Stuhrmann, C., Misera, A., Schoden, T. (1998)

Punkte des Bildes geladen werden, sodass erst nach und nach die Bilder ihre volle Schärfe erhalten. Während die Grafiken sich noch aufbauen, kann der User bereits den dazugehörigen Text lesen. Dadurch verkürzt sich die subjektive Wartezeit. JPEG bietet die Möglichkeit, Echtfarbbilder beim Speichern zu komprimieren. Bei größeren Bildern sollte nur ein grober Auszug in die Site eingebaut werden. Optional kann der User das Orginalbild nachfordern. Zudem sollte stets das zu übertragende Datenvolumen mit angegeben werden.

- *Hyperlinks:* Durch die Integration von Hyperlinks verweisen einzelne markierte Wörter, Texte, Graphiken und Bilder wiederum auf andere WWW-Dokumente. Die Interaktionsmöglichkeiten beschränken sich hierbei im Wesentlichen auf das Navigieren (browsen) zwischen einzelnen Dokumenten.
- Neuere Browser unterstützen Erweiterungen der HTML-Sprache, dies sind JavaScript und DHTML. Damit können kleinere Animationen realisiert und Elemente auf verschiedenen Ebenen ein- und ausgeblendet werden (z.B. kleine animierte Produktangebote (Satelliten) als Verkaufsförderungshilfe während einer Internet-Sitzung).
- *Animationen:* Möchte man jedoch komplexere Inhalte in Form von Animationen, Videos, Simulationen etc. erzeugen, so muss auf andere Formate zurückgegriffen werden. Eine grobe Unterscheidung lässt sich hierbei treffen zwischen Java-Applets und Plug-Ins.
  - Java-Applet: Die Programmiersprache Java wurde von der Firma Sun Microsystems speziell für das Internet entworfen und optimiert. Mit dieser objektorientierten plattformübergreifenden Programmiersprache können z.B. komplexe Animationen und Interaktionen erstellt werden. Die Programme, die daraus entwickelt werden, nennt man Java-Applets. Der Aufruf erfolgt im Browser über einen integrierten Java-Player.
  - Plug-In: Plug-Ins sind Zusatzprogramme, die den Funktionsumfang des WWW-Browsers erweitern. Diese Programme werden, sofern vorhanden, vom Browser geöffnet, sobald eine entsprechende Datei aufgerufen wird.
- *Neuron:* Das Neuron-Plug-In spielt Anwendungen ab, die mit „ToolBook" der Firma Asymetrix erstellt wurden. Toolbook ist, wie Authorware, ein Autorenprogramm zur Erstellung von multimedialen Lernkursen. Die Erstellung der Kurse erfolgt dabei seitenorientiert.
- *Acrobat:* Das von der Software-Firma Adobe entwickelte PDF-Format basiert auf Postscript und ist zur Darstellung großer Textmengen mit Bildern und Grafiken geeignet. Der Vorteil liegt in der Übernahme eines gestalteten Layouts inklusive der verwendeten Schriften. PDF-Dokumente lassen sich außerdem, im Gegensatz zu HTML-Seiten, besser ausdrucken.

### 2.1.9 Interaktivität

Hyperlinks sind der Schlüssel zum nichtlinearen Aufruf von Inhalten auf der eigenen Site, aber auch zu fremden Sites. Insofern sind sie als zentrale Elemente entweder als Text oder als Grafik (Button für Sprungfunktionen, Briefkasten für E-Mail Funktionen) eindeutig, selbstsprechend und an exponierter Lage zu positionieren. Zur Erhöhung der Eindeutigkeit sowie der Nutzungssicherheit, wenn der User z.B. einen textorientierten

Browser verwenden sollte (keine Darstellung von Bildern), empfiehlt es sich immer, den Text in den Button mit einzutragen.

# 3. Aufbau von Online-Vertriebssystemen (E-Shopping)

## 3.1 Virtuelles Warenwirtschaftssystem

Beim E-Shopping wird versucht, das reale Einkaufen im Internet elektronisch nachzubilden und die Internet-Präsenz um die Funktionalitäten der Bestellung erweitert. Nahezu ein komplettes Warenangebot und verschiedene Einkaufszentren präsentieren sich im globalen Datennetz. Grundsätzlich handelt es sich bei einem Online-Shop um ein ortsungebundenes, virtuelles Kaufhaus oder Dienstleistungszentrum, in dem ortsungebundene Informationen wie Angebot und Nachfrage präsent sind. Zum Betrieb eines virtuellen Kaufhauses sind eine Reihe von technischen Parametern und Funktionen notwendig, um dieses „salonfähig" und einfach für den Einkäufer zu gestalten. So unterschiedlich die elektronischen Angebotssysteme im Internet derzeit auch sind, im Aufbau unterscheiden sich diese kaum.

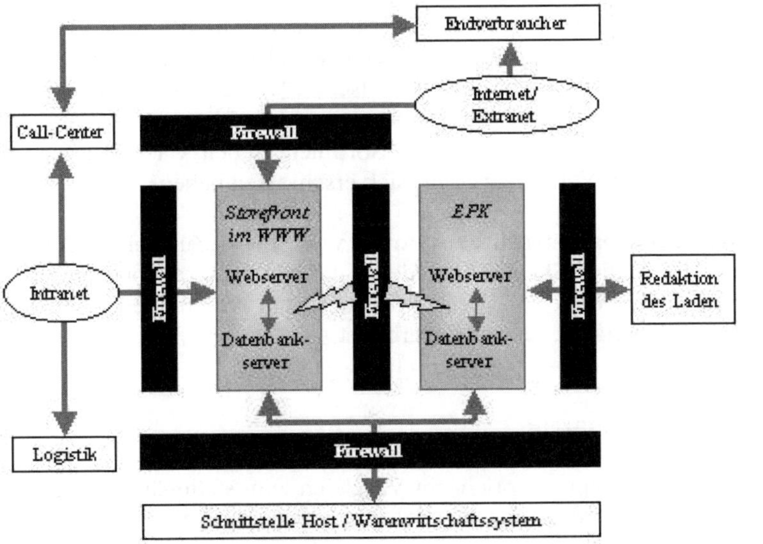


Quelle: [illegible], Aufbau der größten europäischen E-Commerce-Sites (my-world) in Congress - Band IV Internet, Electronic-Commerce, Multimedia.. Innovationen der Geschäftsentwicklung und -kommunikation, Jg. 1998, Kapitel C 4.3 [illegible]

*Abb. 4.12: Vereinfachte Darstellung der Systeme eines Online-Shops*

Prinzipiell handelt es sich um eine Softwarelösung mit einheitlichem grafischen Interface, über das der Käufer einfach per „Mausklick", innerhalb der so genannten Storefront auf eine dahinter liegende Warendatenbank zugreift.

Zum eigentlichen Betrieb sind verschiedene Teilsysteme an den Webserver angekoppelt, um das Geschäft internet- und bestellfähig zu konzipieren. Eine zusätzliche Anbindung an das interne Warenwirtschaftssystem des jeweiligen Unternehmens ist sinnvoll, da es die mengen- und wertmäßigen Warenflüsse in einem elektronischen Handelsbetrieb steuert und automatisch die Kundendaten eines Online-Bestellers erfassen und aktualisieren kann.

## 3.2 Realisierungsformen

### 3.2.1 Shop-Konzepte

Die Shop-Konzepte unterscheiden sich hinsichtlich der Frage, ob sich ein Unternehmen allein im Internet präsentiert, oder ob es sich mit mehreren virtuellen Händlern in einer Art elektronischem Einkaufszentrum darstellt.

Darüber hinaus lassen sich die Anbieter in drei Klassen aufteilen:

- Markenartikelunternehmen, die bislang grundsätzlich den indirekten Weg zum Verbraucher gesucht haben, vertreiben über das Internet direkt.
- Unternehmen, die bislang immer direkten Kundenkontakt hatten und auch Direktvertriebserfahrung besitzen (z.B. klassischer Versandhandel) und einen weiteren Vertriebsweg komplementär oder substitutiv nutzen.[453]
- Pure Player, die völlig neu mit einem Sortiment in den Markt eintreten und Online-Systeme als neuen Vertriebsweg für sich erschlossen haben.

Man unterscheidet grundsätzlich zwei Arten von Shops. Zum einen das Single-Store-Konzept oder den Online-Shop, zum anderen das Multi-Store-Konzept, auch Shopping-Mall genannt. Beide Formen werden in den nächsten Abschnitten kurz vorgestellt und die wesentlichen Unterschiede herausgearbeitet.

#### 3.2.1.1 Single-Store-Konzept

Das Single-Store-Konzept entspricht im Vergleich zum stationären Handel dem Prinzip des Fachgeschäfts oder des Einzelhandelsgeschäfts. Der wesentliche Unterschied zum realen Geschäft ist, dass der Internet-Shop keine Laden- und keine Lagerfläche benötigt. Allerdings können die Produkte dem Kunden nicht physisch präsentiert werden, sondern werden in der Regel zweidimensional als GIFF- oder JPEG-Grafik auf der Storefront visualisiert.

Je nach Branche, in der ein Unternehmen tätig ist, dient ein Online-Shop entweder dazu, das bereits bestehende Ladengeschäft zu erweitern, oder ein ausschließlich virtuelles Geschäft aufzubauen. Beispiele für Online-Shops mit stationärem Geschäft sind „Conrad-Electronic“ oder „Fleurop“ u.a. Als Beispiel für rein virtuelle Online-Shops, die

[453] Vgl. Martin, M. (2001)

nicht im realen Handel existieren, kann das populäre Beispiel des Internet-Buchladens „amazon.de“, sowie des Versandhandelskonzerns „Otto“ aufgeführt werden.

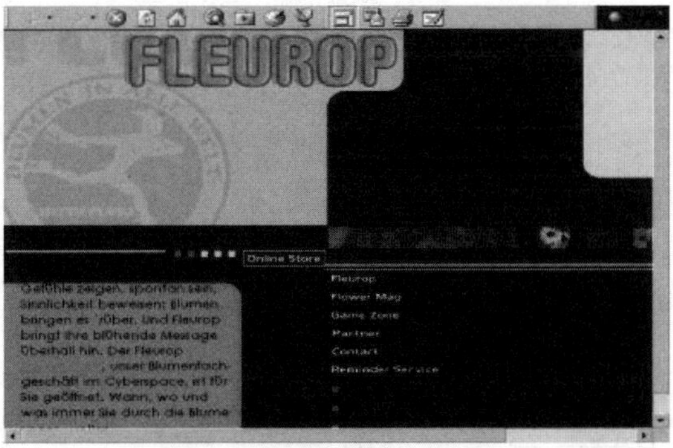


*Abb. 4.13: Storefront des Fleurop-Shops im Internet*

### 3.2.1.2 Multi-Store-Konzept

Das Multi-Store-Konzept entspricht dem Prinzip einer amerikanischen Shopping-Mall. Darunter versteht man die Bündelung von virtuellen Geschäften unterschiedlicher Branchen „unter einem Dach“, mit gemeinsamen Marketingaktionen. Anders ausgedrückt ist eine E-Mall die informationstechnische Nachbildung traditioneller Einkaufszentren im Internet. Kennzeichen einer elektronischen Mall sind die Multibranchenfähigkeiten sowie einheitliche Shopfunktionen in der Bestellabwicklung.

Unabhängig vom Anbieter haben alle einzelnen Shops die gleichen funktionalen Eigenschaften. Dies kann sich sowohl in standardisierten Begriffen als auch in den Kerndienstleistungen äußern. Über die zentrale Storefront bekommt der User alle Shops grafisch präsentiert und gelangt per „Mausklick“ zu den einzelnen Geschäften.

Im Unterschied zu Single-Store-Konzepten sind alle Shops innerhalb einer Mall, durch so genannte Hyper-Links verbunden. Diese verweisen die Shop-Besucher auf andere Geschäfte innerhalb des virtuellen Einkaufszentrums. Dadurch wird die Markttransparenz für den Kunden wesentlich erhöht. Der Mall-Betreiber fungiert dabei als Zwischenhändler und führt unterschiedliche Branchen virtuell zu einer Lösung von speziellen Kundenproblemen zusammen. Dieses Prinzip nennt man Cross-Selling. Ein Beispiel dafür wäre, wenn ein Kunde eine Reise plant, kann er über die Mall den Flug, das Hotel und den Mietwagen buchen. Zusätzlich bekommt er dort die passende Reiseliteratur aus dem Online-Buchladen, den Laptop aus dem Computerladen und den dazu passenden Reisekoffer aus dem Lederwarengeschäft angeboten.

In der Regel können Einzelhändler gegen eine Monatsmiete bei einem Mall-Betreiber ihren Online-Shop präsentieren. Um das Umfeld, Datenbank- und Sortimentspflege sowie Benutzerführung und Suchmöglichkeiten kümmert sich der Mall-Betreiber. Zur Publikation und aus Kostengründen bietet sich gerade für KMUs (kleine und mittlere Unternehmen) die Platzierung in einer elektronischen Mall an.

Das Schaubild in Abbildung 4.14 zeigt die elektronische Mall „Shopping24“, welche auch unter dem Namen „Einkaufsparadies“ bekannt ist. In dieser Mall sind über 15 Geschäfte integriert. Hieran erkennt man, dass vom Buchladen über CD-Shops bis hin zur Jobbörse dem Kunden eine große Vielfalt an unterschiedlichen Geschäften geboten wird.

*Abb. 4.14: Storefront der Shopping-Mall „Einkaufsparadies"*

## 3.2.2 Partnermodelle, kooperative Werbeformen bzw. Affiliate Partnership

### 3.2.2.1 Grundgedanken

Das Prinzip des Affiliate Marketing beruht auf der direkten Generierung von Online-Umsätzen über externe Online-Plattformen. Dabei werden – ähnlich der klassischen Bannerwerbung – grafische Elemente auf den Seiten der Handelspartner eingebunden. Werden diese angeklickt, so wird zur unternehmenseigenen Seite mit dem entsprechenden Angebot weitergeleitet. Kommt es zum Kauf, erhält der Handelspartner eine Provision.[454]

Folgende Vorteile bietet diese Marketing-Strategie:[455]

- Der Vertrieb wird auf eine breite Distributionsbasis gestellt, die zu vergleichsweise geringen Folgekosten führt.
- Die Kosten für die Akquisition neuer Kunden reduzieren sich dramatisch, nur bei tatsächlichem Kauf wird die Provision bezahlt.

---

[454] Begriffsdefinition durch den Verfasser – in Ermangelung einer vorliegenden Definition, die den Sachverhalt treffend umschreibt

[455] Vgl. Carten, S. (1999)

- Die Bekanntheit des eigenen Angebots wird erhöht – unabhängig davon, ob Neukunden generiert werden. Das Branding ist folglich ein kostenfreies Nebenprodukt der Affiliate-Strategie.[456]

Pionier dieser Strategie ist der amerikanische Online-Buchhändler Amazon. Seit 1996 wurde hier ein Affiliate-Netzwerk gespannt, das im Februar 1999 bereits 230.000 Handelspartner umfasste. Dabei handelt es sich auch um das größte Vermarktungsnetz dieser Art. An zweiter Stelle rangiert CDNow mit 207.000 Mitgliedern.[457] In Deutschland steckt das System noch in den Kinderschuhen, nur wenige Online-Vertriebssysteme verfolgen diese Strategie. Darunter findet man die Klassiker „amazon.de" und „buch.de" sowie den Domainvertrieb der 1&1-Tochter PureTec.[458]

Die Provisionen, die für eine erfolgreiche Vermittlung an die Affiliates entrichtet werden, sind in den USA in den letzten beiden Jahren immer weiter angestiegen. Begann man mit 8 Prozent, so werden inzwischen bis zu 20 Prozent bezahlt, bei Gütern mit hoher Gewinnmarge, beispielsweise bei Spielzeugen, erreicht die Rate sogar ein Viertel des Kaufpreises.[459]

Deutschland scheint sich in einer ähnlichen Entwicklung zu befinden. So bietet „buch.de" momentan nur 5 Prozent Provision. „amazon.de" scheint diese Entwicklung vorantreiben zu wollen, dort bietet man den Partnern – orientiert am amerikanischen Vorbild – bis zu 15 Prozent pro vermitteltem Auftrag.[460]

#### 3.2.2.2 Realisierung eines Affiliate-Netzwerks

Beim Aufbau eines Affiliate-Vertriebsnetzes ist der Kontext der Schlüssel zum Erfolg. Contextual Selling heißt das Stichwort; darunter versteht man die Integration der Produkte auf gezielten Sites, wo Content und Commerce eine logische Einheit bilden.[461]

Die Realisierung des Netzes kann sowohl unternehmensintern als auch unternehmensextern durch Hinzuziehung von Dienstleistern erfolgen. Die eingeschlagene Richtung orientiert sich an der Strategie, die das Unternehmen mit seinem Partnerprogramm verfolgt.

Bei unternehmensinternen Aktivitäten wird zwischen aktiver und passiver Affiliate-Akquisition unterschieden.[462]

- Die Active Affiliate Acquisition (AAA) beinhaltet die selbstständige Recherche nach geeigneten Partnern. Dieses Verfahren erlaubt nur eine begrenzte Anzahl an

---

456 Hierin besteht auch der Unterschied zwischen klassischer Bannerwerbung und dem Affiliate-Marketing. Traditionelle Bannerwerbung wird nach TKP (Tausender Kontaktpreis) abgerechnet, wohingegen die reinen Sichtkontakte bei einer Affiliate-Strategie nicht vergütet werden.

457 Vgl. Tedeschi, B. (1999)

458 Vgl. Jauch, H. J. (1999)

459 Vgl. Tedeschi, B. (1999)

460 Vgl. Jauch, H. J. (1999)

461 Vgl. o. V.(1999c)

462 Es gibt bisher keine deutschsprachige Literatur zu dieser Strategie. Die US-amerikanischen Quellen liefern lediglich Informationen über Dienstleister. Die folgenden Ausführungen basieren daher auf der Analyse bestehender Modelle und Aktivitäten. Kategorisierung, Begrifflichkeit, Handlungsalternativen und Bewertung wurden durch den Verfasser erarbeitet und stehen zur Diskussion frei.

Handelspartnern, denn die Recherchearbeit ist zeit- und kostenintensiv, der Aufbau eines umfassenden, selbst recherchierten Netzes von Affiliates ist wirtschaftlich unrentabel. Dabei sind Aspekte wie die Affinität zum eigenen Produktangebot bzw. der eigenen Zielgruppe (Contextual Selling) und Qualität des Angebots, Nutzen für die Besucher sowie Kontaktzahlen auf den Partnersites bei der Auswahl zu berücksichtigten. Eine Task Force im Unternehmen kann dabei über Stichworteingabe bei Suchmaschinen relevante Seiten nach oben genannten Kriterien selektieren und den Kontakt herstellen. AAA eignet sich für Online-Vertriebssysteme, die sich mit ihrer Produktpalette in Nischen positioniert haben bzw. deren Angebot eine fest umrissene Zielgruppe ansprechen soll.

- Passive Affiliate Acquisition (PAA) beruht auf dem Prinzip, dass potenzielle Partner nicht aktiv gesucht werden. Vielmehr stellt man ein Forum zur Verfügung in der Hoffnung, Betreiber von attraktiven Webseiten mögen sich dort eintragen. Dieses Forum ist typischerweise auf den Webseiten des Online-Vertriebssystems zu finden. Voraussetzung für eine erfolgreiche Generierung von Handelspartnern ist hier, dass das Online-Unternehmen ausreichende Kontaktzahlen aufweist. PAA eignet sich folglich nur für bereits am Markt etablierte Online-Vertriebssysteme.
- PAA ist kostengünstig, die Unternehmenspräsenz wird lediglich um einige werblich formulierte Seiten erweitert.
- Für Online-Vertriebssysteme, die ihre Distributionsbasis schnell erweitern möchten, eignet sich schließlich der Einkauf von Fremdleistungen, d.h. spezialisierte Dienstleistungsunternehmen, die bereits eine hohe Anzahl von potentiellen Marktpartnern vorhalten und diese dem Vertriebssystem in der thematisch passenden Kategorie anbieten. Dabei werden auch maßgeschneiderte Lösungen im Sinne der AAA angeboten. Das Angebot dieser Dienstleister umfasst sämtliche Aspekte des Affiliate-Marketings, vom Server über die Software zur Abrechnung bis zum Reporting. Selbst die Kommunikation mit den Affiliates wird von manchen übernommen.[463]

Diese Entwicklung wird in den USA vorangetrieben. Dort haben sich bereits einige Unternehmen am Markt etabliert. Marktführer ist dort Be Free!, in dessen Client List man u.a. AOL, Priceline.com, Lycos und MP3.com findet.[464]

Eine weitere Möglichkeit, ein Affiliate-Netzwerk über Dritte aufzubauen, bieten die entsprechenden Programmverzeichnisse im Internet. Dort können Unternehmen ihr Partnerprogramm eintragen. Website-Betreiber, in diesem Fall potenzielle Affiliates, können das Verzeichnis durchsuchen, erhalten eine Kurzbeschreibung zum Programm[465] und den entsprechenden Link zur Unternehmensseite. Das System hat sich in den USA bereits durchgesetzt, wohingegen in Deutschland diese Verzeichnisse, sofern es sie schon gibt, eher in der Entwicklung stecken.[466]

---

463 Zusätzliches Service-Angebot von Be Free!; http://www.befree.com/docs/merchant/services.htm

464 Übersicht unter http://www.befree.com/docs/merchant/logos.htm

465 insbesondere die Höhe der Provision

466 Man vergleiche http://www.associateprograms.com (USA) mit http://www.jauch.com (Deutschland)

### 3.2.2.3 Management des Affiliate-Marketing unter langzeitigen Gesichtspunkten

Die Affiliate-Marketingstrategie bringt für Online-Vertriebssysteme, wie oben beschrieben große Vorteile. Man sollte sich jedoch vor Augen halten, dass – laut Jupiter Communications – etwa 15 Prozent der Partner 85 Prozent des Affiliate Umsatzes generieren.[467] Diese Website-Betreiber werden sich ihrer Relevanz bewusst, d.h. ihre Verhandlungsstärke wird zunehmen. Es besteht die Gefahr, dass sie zu anderen Programmen abwandern. Aus diesem Grund wird ein Management des Partner-Netzwerkes zwingend erforderlich. Die von Evoy entwickelten Strategien zum Management des Affiliate-Marketing gelten auf diesem Gebiet als revolutionär. Zusammengefasst sind im Folgenden die wichtigsten dargestellt.

Prämisse seiner (Evoys) Arbeit ist, dass die Orientierung am kurzzeitigen, schnellen Erfolg langfristig keine Erfolgschancen aufweist.[468] Daraus abgeleitet steht eine echte Partnerschaft im Vordergrund.[469] Die Vorteile dieser Partnerschaft müssen klar an die Zielgruppe kommuniziert werden und das Angebot muss derart gestaltet sein, dass die wichtigen 15 Prozent der Affiliates dem Unternehmen erhalten bleiben.

Eine Möglichkeit bietet hier die Provisionsstruktur. Unter der Maßgabe, dass jeder empfohlene Kunde einen lebenslangen Wert für das Unternehmen darstellt, schlägt Evoy ein Provisionssystem vor, das beinhaltet, dass für den ersten Kauf eines Kunden eine höhere Provision an den Affiliate entrichtet wird. Zusätzlich sollen für alle zukünftigen Käufe des Kunden weitere Provisionen an den Affiliate bezahlt werden. Dadurch wird der Partner an das Unternehmen gebunden.[470]

Neben der Provisionsstruktur ist es wichtig, ein übersichtliches und nachvollziehbares Reporting für den Affiliate sowie ein Forum zum Meinungsaustausch unter den Affiliates anzubieten. Auch Affiliate Contests im Sinne klassischer Verkäuferwettbewerbe stellen eine Möglichkeit dar, die Partner zu motivieren und an das Unternehmen zu binden.[471]

Insgesamt handelt es sich bei der Umsetzung der oben beschriebenen Maßnahmen um ein sehr attraktives Partnerprogramm. Daher sollten folgende Bedingungen überprüft werden:[472]

- Sorgfältige Selektion und Auswahl der Partner.
- Die Partner, die in einer festgelegten Probezeit nicht das erwünschte Ergebnis erzielen, werden aus dem Programm eliminiert.
- Eine attraktive Platzierung des eigenen Banners auf der Affiliate Seite wird gefordert.
- Die Exklusivität des Programms in der Kategorie von Seiten des Affiliate wird garantiert.

Evoys Strategiemodell kann als erfolgsversprechend bewertet werden – auch wenn es zunächst einen hohen kommunikativen und finanziellen Aufwand voraussetzt. Die Gene-

[467] Vgl. Tedeschi, B. (1999)
[468] Vgl. Evoy, K. (1999), S. 14
[469] Vgl. Evoy, K. (1999), S. 29 und S. 32
[470] Vgl. Evoy, K. (1999), S. 20 und S. 33
[471] Vgl. Evoy, K. (1999), S. 35-37
[472] Vgl. Evoy, K. (1999), S. 39f.

rierung motivierter, qualitativ hochwertiger Affiliates, die eng mit dem Unternehmen verbunden sind, wird langfristig den Marktanteil des Online-Vertriebssystems erhöhen. Die verschiedenen Anbieter werden nach ihrer Marktposition bewertet, und folgt man den Prognosen, dass in einigen Jahren nur noch die Marktführer präsent sein werden, so sollte sich jedes Unternehmen auch am Marktanteil orientieren.

# 3.3 E-Commerce-Eignung einzelner Sortimente

## 3.3.1 Klassifikationsansätze des Online-Warenangebots

Im klassischen Konsumgütermarkt lassen sich Sachgüter immaterieller und materieller Art unterscheiden. *Immaterielle Güter* sind Dienstleistungen und dadurch gekennzeichnet, dass sie im Allgemeinen nicht übertragbar, nicht lagerfähig und nicht transportierbar sind. Typische Dienstleistungen sind Finanzdienstleistungen, produktbezogene Kundendienstleistungen u.a. *Materielle Güter* unterscheiden sich in Gebrauchs- und Verbrauchsgüter. Gebrauchsgüter sind dauerhafte Konsumgüter wie z.B. Autos, Möbel, etc., die nach dem Kauf dem mehrmaligem Gebrauch dienen. Verbrauchsgüter dagegen sind Güter, die durch den Konsumenten aufgezehrt werden, wie z.B. Lebensmittel.

In den Internet-Shops sind sowohl materielle als auch immaterielle Konsumgüter zu finden. Je nach Verwendungszweck und dem damit verbundenen Kaufaufwand können die Konsumgüter im Internet nach Convenience Goods, Shopping Goods, Speciality Goods, und Softgoods kategorisiert werden.

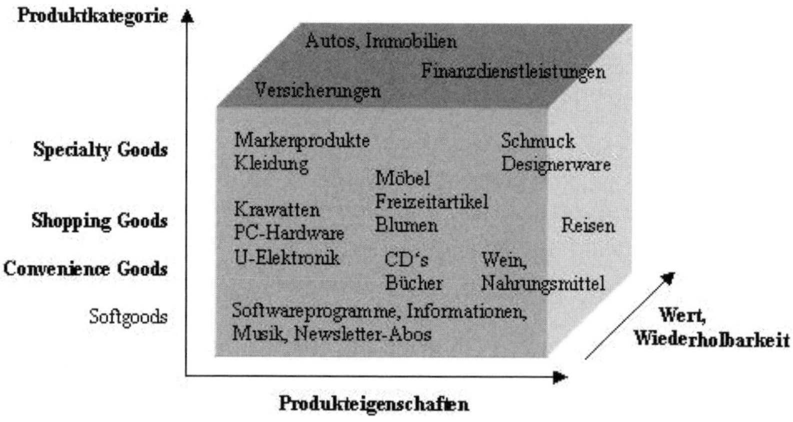


*Abbildung 4.15: Typologisierung von Produkten im Konsumgütermarkt*

- *Convenience Goods* sind Gewohnheitsartikel (habitualisiertes Kaufverhalten) wie Waren des täglichen Bedarfs, die für anonyme Märkte in großen Stückzahlen produziert werden. Sie werden vom Konsumenten oft mit einem Minimum an Aufwand gekauft. Diese Waren möchte der Konsument möglichst schnell und bequem in der

Nähe seiner Wohnung oder seines Arbeitsplatzes einkaufen. Dazu zählen im Internet beispielsweise Lebensmittel oder verschiedene Weinsorten sowie beispielsweise CDs, Bücher, Zeitungen, etc..

- *Shopping Goods* kauft der Konsument relativ selten ein, weil es sich um höherpreisige Produkte handelt, die er bewusst auswählt. Dazu zählen erklärungs- und beratungsbedürftige Güter, für deren Erwerb der Konsument in der Regel bereit ist, Beschaffungsanstrengungen auf sich zu nehmen, wie beispielsweise weite Einkaufswege oder Parkplatzsuche. Generell wird hier der Kauf erst nach sorgfältigem Vergleich von Preis und Qualität getätigt (hoch involviertes Kaufverhalten). Hierzu zählen Gebrauchsgüter wie z.B. Möbel, modische Kleidung, bestimmte Wein-, Champagnermarken sowie Urlaubsreisen, u.a.
- Bei *Speciality Goods* unterscheidet man Spezialerzeugnisse und Individualgüter. Spezialerzeugnisse sind sehr teure Waren mit höchster Qualität, die sehr selten gekauft werden. Sie befriedigen spezielle materielle Bedürfnisse. Für deren Erwerb nimmt der Käufer enorme Kaufanstrengungen und finanzielle Ausgaben auf sich (extrem hohes Kaufinvolvement). Hierzu zählen alle Luxusgüter, wertvoller Schmuck, teure Designerstücke oder Immobilien. Individualgüter werden individuell nach einer Spezifikation des Auftraggebers hergestellt, wie z.B. Bekleidung nach Maß oder personalisierte Produkte, wie z.B. das Newsletter-Abonnement.
- Als *Softgoods* werden digitalisierte Produkte bezeichnet. Digitale Güter sind flüchtige Medien, die keinerlei physischen Anteil haben und vollständig über digitale Datennetze distributiert werden können. Die Lieferung der Ware kann vollautomatisch über das Internet abgewickelt werden, wobei Transport- und Lagerkosten beim Händler entfallen. Der entsprechende Nutzen beim Kunden ist, dass die Ware sofort verfügbar ist. Für die Verteilung der folgenden Konsumgüter eignet sich das Internet als Vertriebskanal: Musik, Informationen, Downloads von Softwareprogrammen, so genannte Free- und Shareware, Film- und Tonaufzeichnungen; Bücher und Zeitschriften; wissenschaftliche Publikationen sowie u.a. personalisierte Online-Nachrichten. Auch Dienstleistungen können via Internet digital übermittelt werden. Dazu zählen: entgeltliche Artikel- und Bildrecherchen, Übersetzungsdienste, Verbraucherinformationen sowie auch beispielsweise das Abrufen von Aktienkursen.

### 3.3.2 Internet-Eignung von Produktkategorien

Je einfacher die Produkte, je immaterieller, je geringer die persönliche Beratung, je homogener der Kernnutzen der Produkte und je rationaler die Kaufentscheidung, desto eher liegt eine Eignung vor, Produkte über das Internet zu vertreiben. Die Sortimente führender E-Commerce-Shops zeigen die umschlaghäufigsten Produkte.

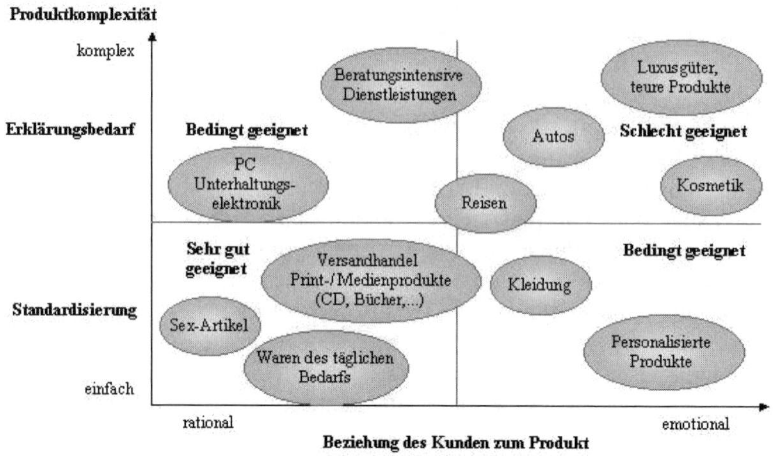


*Abb. 4.16: Interneteignung von Warenangeboten*

Entscheidend für die Nutzung der „Neuen Medien" wird deren Mehrwert für die Konsumenten im Vergleich zu den traditionellen Medien sein. Unter folgenden Voraussetzungen werden diese Medien intensiv genutzt:

- Angebot an Informationen, die für den Kunden wichtig sind, d.h. High Involvement
- Produkt- und Dienstleistungskäufe
- Angebot an zeitnahen Informationen, die ständig aktualisiert werden
- Transparente Darstellung der Wettbewerbsangebote
- Verfügbarkeit der Informationen „rund um die Uhr"
- Positive Kosten-/Nutzenrelation bei der Informationsbeschaffung (Convenience durch „information at your fingertip") [473]

## 3.3.3 Betroffene Branchen

Veröffentlichungen und Online-Studien beziehen sich hauptsächlich auf Verbraucherumfragen. Repräsentative Ergebnisse zu den Branchen im Internet sind eher selten vorhanden.

Abgeleitet von den Produktkäufen und Shop-Vergleichen sind im WWW folgende Branchen oder Industrien mit Online-Shop-Präsenz zu finden:

- Computer-Hard- und Softwarehersteller
- Buch-/Schallplattenhandel
- Versandhandelsbranche
- Finanzdienstleistungsbranche

[473] Conrady, R., Orth, M. (1999), S. 24.

- Bekleidungsindustrie
- Nahrungsmittelbranche
- Unterhaltungselektronikbranche
- Touristikbranche
- Groß- und Einzelhandelsbranche
- Automobilbranche
- Telekommunikationsbranche

Im Bereich der Finanzdienstleistungsbranche ist beispielsweise die Anwendung des Homebankings mittlerweile zu einer Schlüsselapplikation im Internet geworden. Ebenso sind in der Tourismusbranche nahezu alle Touristikunternehmen wie Veranstalter, Hotelketten, Fluggesellschaften und Mietwagenanbieter im Internet anzutreffen. Dabei sind Anwendungen wie Online-Buchungen, Flugticketversteigerungen oder das Abrufen von aktuellen Flugdaten möglich.

In der Versandhandelsbranche sind vor allem die Katalog-Versandhäuser wie z.B. Otto, Quelle etc. mit einem Online-Shop vertreten.

Im Bereich der Einzel- und Großhandelsbranche ist vom Lebensmittelladen über Feinkosthändler bis hin zu Computer-Hard- und Softwareherstellern nahezu ein komplettes Warensortiment anzutreffen. Die meisten Unternehmen sprechen mit ihren E-Shopping-Websites private Haushalte und Firmenkunden gleichermaßen an.

# 3.4 Angebotsstruktur

## 3.4.1 Redaktionelle Bestandteile einer E-Commerce-Lösung

### 3.4.1.1 Komponenten des Angebotssystems

Wenn die Internet-Präsenz Produkte direkt abverkaufen soll, erhöht sich der Aufwand für die redaktionellen Bestandteile und die Programmierung. Die Internet-Präsenz kann sich aus unterschiedlichen Angebotskomponenten zusammensetzen.

- *Informationssystem:* Hier werden generelle oder aktuelle Informationen über das Unternehmen und die Produkte vorgestellt. Diese Informationen sind eher textorientiert und ihr werblicher Charakter ist recht gering. Die Zielgruppe ist in Bezug auf das Unternehmen hoch involviert.
- *Präsentationssystem:* Hier werden die Möglichkeiten der multimedialen Darstellungsform genutzt und der Versuch unternommen, auch in diesem Medium dem Angebot neben kognitiven auch emotionale Inhalte zu vermitteln. Hierzu zählen die elektronischen Produktkataloge, die im Gegensatz zu den Printkatalogen den Vorteil komfortabler Zugangs- und Zugriffsfunktionen besitzen. Der Zugriff kann entweder explorativ oder selektiv programmiert werden. Der Zugang zu den Inhalten kann über eine Sortierung nach Produkten erfolgen, d.h. nach deren Eigenschaften oder nach dem Anwendungszweck der Produkte. Darüber hinaus können typische Kaufverbundsituationen berücksichtigt werden. Dies bedeutet, dass der Kunde bei Eingabe einer Produktpräferenz komplementäre Produkte gleichzeitig zur Auswahl an-

geboten bekommt. Ein weiterer Vorteil besteht in den unterschiedlichen Formen der Navigation durch die Kataloge sowie durch die Bestellmöglichkeiten.

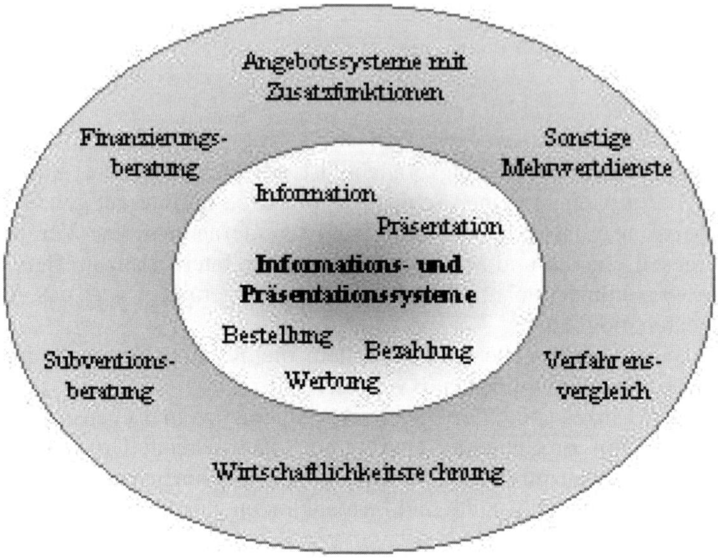


*Abb. 4.17: Komponenten eines Angebotssystems*
*(Quelle: Mertens, P., Schumann, P. (1996), S. 518)*

- *Angebotssystem:* Die interaktiven Techniken stellen dabei einen weiteren reizvollen Bereich der Produktberatung dar. Das System kann sich im Grunde individuell auf jeden Benutzer einstellen.
- *Zusatzfunktionen:* Zu unterschiedlich komplexen Grundelementen eines Internet-Auftritts können noch weitere Mehrwertdienste hinzukommen. Häufig handelt es sich dabei um Finanzberatung (financial engineering), Leasingangebote, Verfahrensvergleiche oder Wirtschaftlichkeitsberechnungen.[474]

### 3.4.1.2 Präsentationsformen

Das Warenangebot kann gestalterisch unterschiedlich präsentiert werden:

- *Warenangebot mit Textbeschreibungen ohne Bilder:* Bei der Beantwortung der Frage, ob eine Kombination von Text und Bild oder lediglich eine Beschreibung der Endprodukteigenschaften durch den Text erfolgt, kommt es meist auf die Produktart

[474] DaimlerChrysler ergänzt den elektronischen Produktkatalog um die Komponente *Ermittlung des optimalen Ersatzzeitpunktes* bei Nutzfahrzeugen. Darüber hinaus wird aufgrund der Leistungsdaten (Laufleistung, Einsatzgebiet, Auslastungsgrad) sowie Erhaltungskosten (Reparatursätze, Versicherungen, Personalkosten etc.) das wirtschaftlichste Fahrzeug ausgewählt. Vgl. Thesmann, S. (1995), Nürnberg 1995

selbst an. Bei Büchern ist der Bedarf an grafischer Darstellung meist geringer als bei Schmuck oder Kleidung. Bilder erhöhen zwangsläufig die Ladezeiten und damit die Gefahr eines vorzeitigen Abbruchs der Kundenbeziehung. Im Gegenzug können Bilder motivieren, sich mit dem Produkt auseinander zu setzen. Folgende Studie des Fachbereichs Medienwirtschaft der Fachhochschule Wiesbaden soll den Einfluss der animierenden Wirkung der Bilder zum Kaufakt verdeutlichen.
Hierbei handelt es sich um ein gemeinsames Projekt der Fachhochschule mit der Firma Pixelpark (Berlin) und dem Spezialversandhaus Conrad Electronic (Hirschau).[475]

- ➢ Wenn es beim Produktkauf im Online-Bereich darum geht, die Qualität der Produkte zu beurteilen, dann sind Bilder eine wesentliche Verkaufshilfe.
- ➢ Können sich die Konsumenten jedoch anderweitig ein Bild über die Qualitätsmerkmale der Produkte verschaffen, dann wird es dem Kunden im Online-Bereich nur darum gehen, möglichst schnell die preiswertesten Angebote beurteilen und auswählen zu können. Graphiken sind in diesem Falle lediglich redundant und stören den Convenience-Charakter der Bestellung im Internet.[476]
- ➢ In Low Involvement-Situationen (vgl. Kapitel 2) erhöhen Bilder, insbesondere mit emotionalisierenden Grundelementen, den Verkaufserfolg. Selbst bei rationalen Kunden wie beim Versand elektronischer Bauteile (z.B. bei Conrad Electronic), die eher an technischen Eigenschaften als an animierendem Beiwerk interessiert sind, scheinen emotionale Hilfen den Verkauf zu fördern.

- *Warenangebot mit Multimedia-Unterstützung:* Der Charakter der Online-Bestellung wird natürlich durch die Möglichkeiten der multimedialen Verkaufsunterstützung erweitert. Neben Grafiken können Videosequenzen (z.B. dreidimensionale Perspektiven) und Tondateien die Produktpräsentation ergänzen. Lässt man die technischen Einschränkungen außer Acht, die sich zwangsläufig im Zuge der technologischen Entwicklung des Internets erübrigen, dann können sie bei erklärungsbedürftigen Produkten im Bereich der Speciality Goods sowie bei extensischen Kaufentscheidungsprozessen und hoch involvierten Konsumenten wesentlich zur Kaufentscheidung beitragen. In diesem Falle lässt sich sogar ein mittelmäßiger persönlicher Verkäufer vollständig durch eine adäquate Informationsaufbereitung ersetzen.
- *Hybridstrukturen durch Kombination von Online-Angeboten mit CD-Rom beim Kunden:*[477] Diese Konstruktion ist nur solange von Bedeutung, wie aufwändige Graphiken und Videos nicht über den Online-Weg übertragen werden können. Für aufwändige Videosequenzen sowie für Inhalte, die nur einer geringen Veränderungsdynamik unterliegen, dienen die Dateien, die dem Kunden per CD-Rom zur Verfügung gestellt werden. Daten-Updates sowie die Interaktionsmöglichkeiten werden online über das Internet abgewickelt. Auf diese Weise werden die Vorteile beider Medien miteinander verknüpft. Insbesondere im Business-to-Business-Bereich mit einem festen Kundenstamm und umfangreichen Produkt-/ Sortimentsbeschreibungen der Angebote ist diese Variante interessant.

[475] Vgl. Martin, M. (1998)
[476] Vgl. Roll, O. (1996), S. 58
[477] Vgl. Roll, O. (1996), S. 57 ff.

- *Warenkorb-Funktion:* Um dem Kunden aus der Vielfalt der Angebote das Notieren der Artikelnummer zu ersparen, bietet es sich an, neben dem Produkt eine Schaltfläche zur Verfügung zu stellen, mit der der Kunde eine Ware markieren kann, um dieses Produkt bildlich gesprochen für einen Warenkorb vorzumerken. Am Ende des Einkaufsvorganges kann der Kunde nochmals die ausgewählten Produkte beurteilen und entscheiden, welche er wirklich kaufen will. Im traditionellen Kataloggeschäft arbeitet ein Stammkunde die Kataloge ebenfalls mindestens dreimal durch, ehe die endgültige Bestellauswahl feststeht. Im Printkatalog werden von den Konsumenten entsprechende Markierungen innerhalb der Katalogseiten vorgenommen (z.B. Ankreuzen, Eselsohren an den Katalogseiten). Für einen nochmaligen Aufruf der Waren sollten dem Kunden Hyperlinks zu den Angeboten zur Verfügung stehen.
- *Cross-Selling-Funktion:* Eine besondere Chance der Verkaufsförderung bietet die Analyse des Angebots basierend auf einem Kaufverbund. Viele Produkte bedürfen weiterer Komponenten, um die Stammprodukte sinnvoll nutzen zu können. Dies gilt beispielsweise für das Verhältnis der Basisprodukte zu Batterien bzw. Ladegeräten. Des Weiteren gibt es einen Zielgruppenverbund; bestimmte Produkte werden typischerweise von ganz bestimmten Konsumenten im Verbund erworben. Produktkäufe können damit Indikatoren für die Zuweisung eines Kunden zu typischen Segmenten sein. Damit besteht die Möglichkeit, weitere Produkte dem Konsumenten im Sinne der „Push-Strategie" anzubieten, die typischerweise von Mitgliedern der Zielgruppen erworben werden, der er aufgrund seines Produktwahlverhaltens mit einer bestimmten, berechenbaren Wahrscheinlichkeit angehört.
- *Affiliate Marketing:* Neben dem Angebot von Produkten aus dem eigenen Sortiment lassen sich gezielt Hyperlinks zu entsprechenden Partner-Homepages und auch Produktangeboten programmieren, die somit eine kooperative Werbeform unterschiedlicher Produktanbieter bilden.

### 3.4.1.3 Mindestinformation einer Verkaufs-Homepage

#### 3.4.1.3.1 Interaktionsspektrum

Folgende Alternativen stehen bei der Gestaltung der Interaktivität im Sinne einer Bestellmöglichkeit grundsätzlich zur Verfügung:

- *Bestellung mit Medienbruch:* Ein Medienbruch tritt stets dann auf, wenn für eine Handlung von einem Medium auf ein anderes gewechselt werden muss. Dies tritt dann ein, wenn die Internet-Präsenz lediglich das Sortiment präsentiert, bei der Bestellung jedoch auf unterschiedliche alternative Medien wie Telefon, Fax oder Antwortkarte aus einem parallel vorliegenden Printangebot zurückgegriffen werden muss. Im Zuge der Serviceorientierung wird hierdurch zwangsläufig das mögliche Kundenpotenzial abgeschreckt.
- *Bestellung ohne Medienbruch mit Bestellformular:* Sowohl Unternehmen, die entweder bereits im Mailorder-Geschäft tätig sind oder aber auch stationäre Vertriebsformen unterhalten, können dem Kunden die Möglichkeit zur einfachen und schnellen Bestellung direkt aus dem Internet anbieten. Dabei bleibt noch zu klären,

inwieweit die Sortimentsbreite und -tiefe sowie die Preisstellung innerhalb der verschiedenen Vertriebsformen identisch oder unterschiedlich sind.

### 3.4.1.3.2 Customization

Für die Individualisierung des Angebots bieten sich unterschiedliche Verfahren an:

- *Kaufbiografische Analyse:* Eine Kaufverhaltensprognose für ein kundenindividuelles Angebot wird aus der Kauf- und Reaktionsbiografie abgeleitet, die sich aus fiktiven Aktionen und Reaktionen entwickeln lassen. Dementsprechend können dem Kunden individuelle Angebote in einer individuellen Reihenfolge (Navigation) unterbreitet werden. Des Weiteren kann der Kunde sich individuell das Leistungsspektrum des Anbieters konfigurieren. Aus Bausteinen können Prototypen nach einem individuellen Präferenzprofil zusammengestellt werden.[478]

| Verfahren | Beschreibung | Verfügbare Tools | Einsatzgebiet |
|---|---|---|---|
| Collaborative Filtering | Nutzer mit ähnlichen Präferenzen dienen als Grundlage für Empfehlungen | • FireFly<br>• LikeMinds<br>• NetPerceptions | • Nutzerprofil-Erzeugung<br>• Vergleichstool |
| Clickstream Analyse | Erfassung des Online-Verhaltens zur Erschließung von Nutzerpräferenzen | • Accrue<br>• IBM<br>• OpenSesame<br>• StarPoint | • Nutzerprofil-Erzeugung |
| Zertifikate und Cookies | Auswertung von Nutzer-, Präferenz- und Bewegungsprofilen | • FireFly<br>• Netscape<br>• VeriSign | • Nutzerprofil-Erzeugung |
| Realisierbare Systeme | Regeln für den Vergleich indizierter Inhalte gegenüber Nutzerpräferenzen | • Affinicast<br>• ATG<br>• Broadvision | •Vergleichstool |

*Abb. 4.18: Methoden der Individualisierung*
*(Quelle: Sönke, A., Clement, M., Peters, K., Skiera, B. (Hrsg.), S. 114)*

- *Dynamische Benutzermodellierung:* Der Benutzer kann aktiv und passiv analysiert und segmentiert werden. Im aktiven Fall muss der Nutzer Fragen bei einem einführenden Dialog beantworten. Im passiven Fall wird das Nutzungsverhalten auf der Internet-Präsenz getestet (z.B. Hinwendung zu bestimmten Inhalten, Auswahl von Hilfefunktionen). Durch die systematische Analyse des Nutzerverhaltens können die präferierten Produktangebote des „Einzelusers“ prognostiziert und durch individualiserte Präsentation von Inhalten konsequenter zum Kaufakt hingeführt werden. [479]

---
[478] Vgl. Link, J., Hildebrandt, V. (1994)
[479] Vgl. Bodendorf, F. (1992)

In beiden Fällen können dem Kunden auch an dieser Stelle noch automatisch komplementäre Produkte angeboten werden, um den Verbundkauf weiter zu fördern. Eine weitere Funktionalität ist die Warenkorbfunktion. Der Kunde kann ausgewählte Produkte in einem virtuellen Warenkorb sammeln und vor der Bestellung nochmals prüfen, ob er die Produkte auch wirklich kaufen möchte. Am Ende werden unter Berücksichtigung individueller Rabatte der Rechnungsbetrag ermittelt und weitere Hinweise bezüglich der Lieferungs- und Zahlungsbedingungen vorgestellt.

3.4.1.3.3. Substitutionsmöglichkeiten des persönlichen Verkaufs mithilfe der Shop-Funktionen

E-Shopping ist die Übertragung von traditionellen Geschäftsprozessen in die digitale Welt des Internets. Dabei spielt es keine Rolle, ob ein Produkt im Laden um die Ecke gekauft oder über das Internet geordert wird, der Verkaufsprozess ist immer der gleiche. Allerdings muss der gesamte Verkaufsprozess durch elektronische Medien unterstützt werden und digital durchführbar sein. Dieser Prozess lässt sich in vier grundlegende Phasen unterteilen: Geschäftsanbahnungsphase, Verkaufsdurchführung, Lieferung und Verkaufsnachbereitung.

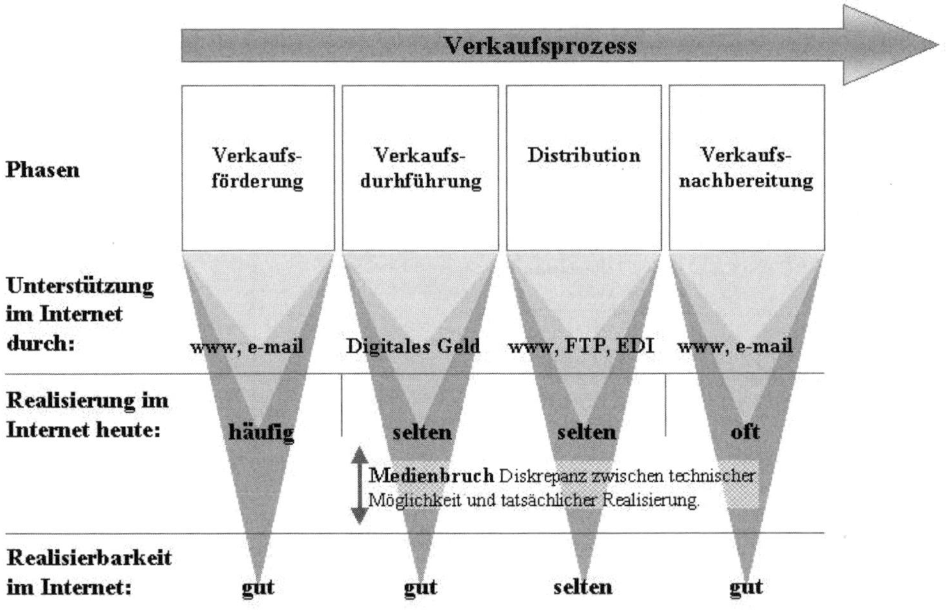


*Abb. 4.19: Phasen des Verkaufsprozesses*

Die *Geschäftsanbahnungsphase* dient dazu, das Interesse der Kunden am Produkt oder der Dienstleistung zu wecken. Andere Autoren bezeichnen diese Phase als die Verkaufsvorbereitungsphase. Hierzu zählen Marketing- und Werbemaßnahmen.

Die zweite Phase, die *Verkaufsdurchführung*, entspricht dem Aufbau bzw. der Bereitstellung eines Angebots-, Bestell- und Rechnungswesensystems. In diesen Bereich fällt auch die Bezahlung der Ware.

Die *Lieferung* dient dazu, die bestellten Waren dem Kunden zur Verfügung zu stellen, entweder über eigene logistische Ressourcen oder über einen Absatzhelfer.

Schließlich folgt die *Verkaufsnachbereitung.*

Hierzu zählt der Aufbau von Kommunikations- und Informationsstrukturen, die dem Kunden die Nutzung der erworbenen Waren nach dem Kauf erleichtern sollen, z.B. der Aufbau eines Call-Centers, Rückgabe- und Reklamationsbearbeitungen usw.

Zur Unterstützung des Einkäufers versuchen alle Shop-Anbieter, mindestens drei bekannte Funktionen des realen Verkaufsprozesses elektronisch nachzubilden:

- das digitale Schaufenster,
- den elektronischen Produktkatalog,
- den elektronischen Einkaufswagen.

# 3.5 Kontrahierungpolitische Fragestellungen

## 3.5.1 Recht der digitalen Verträge

Bei dem Abschluss von Verträgen im Internet sollte man schon das anzuwendende Recht festlegen.

Für die nationalen Geschäfte gilt grundsätzlich das deutsche Recht. Ist es aber nicht festgelegt, so ist zunächst das internationale Privatrecht anzuwenden. Häufig ist in strittigen Fällen die Suche nach dem anwendbaren Recht eine müßige Angelegenheit, da der Abschluss mit verschiedenen Ländern ein wesentlicher Bestandteil des E-Commerce per Internet ist. Für diese Art von Vertragsabschlüssen ist stets zu prüfen, welche internationalen Abkommen oder Verträge Anwendung finden.

Zum einen gibt es hier das UN-Kaufrecht, welches die Kaufverträge über Waren regelt.[480] Für materielle Gegenstände und Dienstleistungen kann es angewendet werden. Doch in diesem Recht ist ein genereller Schadensersatz unabhängig vom Verschulden vorgesehen. Aus diesem Grund meiden die Unternehmen das UN-Kaufrecht. Überdies ist das UN-Kaufrecht nicht auf einen Softwareverkauf direkt über das Netz (per „downloading“) anzuwenden.

### 3.5.1.1 Internationales Privatrecht

Das internationale Privatrecht ist in Deutschland als Einführungsgesetz (EGBGB) zum Bürgerlichen Gesetzbuch geregelt. Danach greift das Recht, das die engste Verbindung mit dem Staat aufweist, in dem der Vertragspartner die vertragscharakteristische Leistung dort zu erbringen hat, wo er seinen gewöhnlichen Aufenthaltsort hat. Diese Leistung wird bei Kaufverträgen in der Regel vom Verkäufer erbracht.[481]

Der Verbraucherschutz ist für den Fall einer rechtlichen Auseinandersetzung auf den gewöhnlichen Ort des Kunden anzuwenden.

---

[480] Vgl. http://www.electronic.commerce.org/ rechte/vertrag, ECIN- Redaktion

[481] Vgl. http://www.electronic-commerce.org/recht/vertrag/vertrag.html

### 3.5.1.2 Rechtswahl

Im Folgenden werden nur einige Anmerkungen zum anwendbaren Recht auf der Verpflichtungs- und Verfügungsebene beschrieben, da bei Ausführungen zum internationalen Verbraucherschutz bzw. zum anwendbaren Recht bezüglich grenzüberschreitender Delikte im elektronischen Netz auf die Fachliteratur verwiesen werden soll.

Wie bei allen Verträgen mit Auslandsberührung ist es zu empfehlen, das anwendbare Recht und den Gerichtsstand von den Vertragsparteien festlegen zu lassen. Mangels Rechtswahl gelangt ansonsten auf Verpflichtungsebene das Recht zur Anwendung, mit dem der Vertrag die engsten Verbindungen aufweist.

Es wird vermutet, dass dies das Recht des Staates ist, in dem die Partei, welche die charakteristische Leistung zu erbringen hat, ihre Hauptverwaltung oder Niederlassung hat (Art 28, Abs. 2 EGBGB).

Bei den Online-Verträgen mit Nutzern ist überlegenswert, ob bei gewerblicher, nicht persönlicher Nutzung der Inhalte das UN-Kaufrechtsübereinkommen anwendbar ist

Voraussetzung hierfür ist, dass es sich bei den abgerufenen Inhalten um „Waren" im Sinne von Art. 1 UN-Kaufrechtsübereinkommen handelt.

Ein anderes Argument ist, dass in anderen Rechtssystemen der Warenbegriff nicht unbedingt körperlich klassifiziert wird.[482]

Bei Online-Verträgen über gewerbliche, nicht persönliche Nutzung sollte der Vertrag ausdrücklich bestimmen, ob das UN-Kaufrechtsübereinkommen anwendbar oder ausgeschlossen bleiben soll. Im Zweifel ist das UN-Recht für den Verkäufer ungünstiger.

Grundsätzlich überlässt das EGBGB den Parteien die Lösung der Frage der Rechtswahl.

Art. 27 EGBGB geht von dem Grundsatz der Parteiautonomie aus: „Parteien dürfen sich über eine gesamte Rechtsordnung hinwegsetzen und sich einer anderen zuwenden." Die Parteien können den Vertrag wirksam auch einem Recht unterstellen, mit dem er sonst keine Beziehung aufweist, wie z.B. dem Recht eines neutralen Staates. Die einzige Einschränkung in diesem Bereich ist der so genannte „order public" in Art. 6 EGBGB, der bei wesentlichen Grundsatzdifferenzen des fremden Rechts im Vergleich zum deutschen Recht Korrekturen vornimmt und somit eine Kontrollfunktion darstellt.[483]

Seit dem 01.01.1991 tritt in Deutschland das Wiener UN-Kaufrecht in Kraft.[484] Es geht mit seinen Regelungen über die des internationalen Privatrechts hinaus.[485] Des Weiteren ist es für internationale gewerbliche Warenkaufverträge anwendbar, wenn die Vertragsparteien aus Mitgliedsstaaten kommen.

Das UN-Kaufrecht stärkt nicht die schwächeren Vertragsteile und findet zudem keine Anwendung auf Verbraucherkäufe, wobei diese zur Zeit die Mehrheit der per Internet abgeschlossenen Verträge bilden.[486]

Folglich ist das anwendbare Recht für die Verbraucher nach dem EGBGB zu bestimmen.

---

[482] Nur in der englischen und französischen Version des UN-Kaufrechts gibt es die Begriffe „good" und „merchandise"

[483] Vgl. BGH, NJW 97, 1697, 1700 und Börner, F. (1999), S. 74

[484] Vgl. Wiener UN-Übereinkommen über Verträge über den internationalen Warenkauf vom 11.04.1980, BGB,1989 II 588

[485] Vgl. Art. 3 Abs. 2 S. 1 EGBGB

[486] Vgl. Börner, F. (1999), S. 77

### 3.5.1.3 Gerichtsstand

Nach der Rechtswahl ist auch die Gerichtszuständigkeit in den Verträgen von Internet-Geschäften zu beachten.

Parallel zu den nationalen Regelungen fließen auch europäische Aspekte in die Gerichtszuständigkeit hinein. Besonders ist hier der Art. 5 EuGVÜ in Verbindung mit Art. 13 EuGVÜ über Verbraucherverträge zu nennen. Nach der Übereinkunft (EuGVÜ oder Brüsseler Übereinkunft vom 27.09.1968)[487] kann ein Vertragsteilnehmer in dem Staat verklagt werden, in dem die Verpflichtung erfüllt worden ist oder wäre. Das Gleiche gilt für unerlaubte Handlungen nach dem Tatortprinzip. Die Regelungen der Zivilprozessordnung sind an dieser Stelle zu vernachlässigen, da sie nur in besonderen Fällen zur Geltung kommen.

Grundsätzlich gilt in Deutschland für alle (Kauf-)Verträge Formfreiheit. Das heißt, Verträge können mündlich oder stillschweigend geschlossen werden. Eine bestimmte Form besteht nur, wenn diese ausdrücklich gesetzlich geregelt ist, wie z.B. bei Grundstückskaufverträgen, Bürgschaften oder Immobilienverträgen. Wenn das Gesetz ausdrücklich die Schriftform verlangt, muss für die Gültigkeit des Rechtsgeschäftes der Vertrag mit der eigenhändigen Namensunterschrift unterzeichnet sein. Eine eigenhändige Unterschrift ist beim E-Shopping nicht möglich und eine eingescannte Unterschrift erfüllt nicht die Voraussetzungen einer physischen Unterschrift. Kommt es beim E-Shopping nach dem Verkauf und Vertragsabschluss zu Problemen zwischen Händler und Kunde, zum Beispiel wegen Nichtzahlung des Kaufpreises, müssen beide Seiten zur Durchsetzung ihrer rechtlichen Ansprüche beweisen, dass ein Vertrag geschlossen wurde.

Das bisherige Problem ist, dass der digitale Vertrag per E-Mail als Beweismittel vor Gericht noch nicht allgemein anerkannt wird, da die ZPO dafür die eigenständige Unterschrift voraussetzt. Unter Umständen kann der Vertragsschluss vor Gericht nicht nachgewiesen werden. Es ist deshalb beim E-Shopping ratsam, sich jeden elektronisch geschlossenen Vertrag zusätzlich schriftlich bestätigen zu lassen.

Um dieses Rechtsproblem zu lösen und um die Geschäftsbeteiligten eindeutig zu identifizieren, kann die digitale Signatur eingesetzt werden. Sie ist das elektronische Pendant der eigenhändigen Unterschrift und dient dem rechtmäßigen und eindeutigem Nachweis von digitalen Transaktionen. Sie verfügt über eine kryptografische Verschlüsselungssoftware, um einen unterzeichneten digitalen Vertrag sicher vor Missbrauch zu schützen. Seit Mitte Januar 1999 ist die digitale Signatur in Deutschland einsatzfähig und bei der Regulierungsbehörde für Post und Telekommunikation in Mainz, der so genannten staatlichen Wurzelinstanz oder bei anderen privat organisierten Trustcentern käuflich zu erwerben. Sie ist auf einer SmartCard generiert und man benötigt zur Anwendung und Identifikation ein Kartenlesegerät sowie eine spezielle Software. Wie bereits erwähnt, werden kryptografische Verschlüsselungsmethoden weltweit unterschiedlich reglementiert. Somit ist der Einsatz der digitalen Signatur auf Deutschland beschränkt. Einen verbesserten Schutz für Händler und Kunden bietet die elektronische Unterschrift auch im E-Shopping als Beweis des Vertragsabschlusses.

Aufgrund der Zunahme des E-Commerce müssen zum Schutz der Marktteilnehmer einheitliche globale Gesetze und rechtliche Rahmenbedingungen im Internet geschaffen

---

[487] Vgl. Börner, F. (1999), S. 78

werden. Ein erster Ansatz zur nationalen Regelung ist bereits vorhanden: Durch die Europäische Kommission wurde am 25.11.1998 ein einheitlicher Entwurf zur Einführung eines europäischen Rechtsrahmens für den E-Commerce verabschiedet. Dieser Richtlinienentwurf umfasst alle Transaktionen des Business-to-Business und Business-to-Consumer-Bereichs. Danach müssen Vertragsabschlüsse nicht mehr zusätzlich auf Papier vorgenommen werden. Allerdings funktioniert der elektronische Handel im Internet global und kann nicht national reglementiert werden.

### 3.5.1.4 Vertragsabschluss

Die zentrale Frage ist hier der Zeitpunkt, wann ein geschlossener Vertrag im Internet rechtswirksam wird.

Die Rechtsstatute sind für den Verkauf von Waren oder Dienstleistungen im Internet die gleichen wie bei einem herkömmlichen Verkauf. Nur bei einem Kauf via Net sind die Kommunikation und der genaue Zeitpunkt des Abschlusses die Frage.

Online liegt die Angebotsseite auf der des Käufers. Er muss auf eine Internet-Präsentation eines Unternehmens (z.B. Darstellung eines Warensortiments) sein Angebot abgeben und das Unternehmen willigt in den Kauf erst ein, wenn es die Ware liefert oder eine Angebotsbestätigung zurücksendet. Somit ist ein rechtswirksamer Vertrag zustande gekommen.

Zu beachten ist hier, wie bereits oben angesprochen, der Zeitpunkt des Erreichens der Willenserklärung beim Empfänger. Nach deutschem Recht wird sie mit dem Zugang wirksam.[488]

In den ausländischen Rechtssystemen ist der Zeitpunkt des Zugangs und wann der Empfänger diese Nachricht liest, noch ein strittiger Punkt, und deshalb herrscht hier noch eine hohe Rechtsunsicherheit. In Folge der Rechtsunsicherheit bestehen einige Unternehmen, wenn das Auftragsvolumen groß ist, auf dem Gesetz der Schriftform (§ 126 BGB). Hier bedarf es einer eigenhändigen Unterschrift des Ausstellers in Form einer Urkunde des Rechtsgeschäftes. Doch diese Unterschrift ist auf elektronischem Kommunikationsweg nicht möglich. Änderungen werden erst durch die Einführung der digitalen Signatur möglich werden.

In strittigen Situationen nach Vertragsabschluss hat der Verkäufer die Beweispflicht vor Gericht. Da er keine eigenhändige Unterschrift des Käufers präsentieren kann, wird die Lage zu seinen Ungunsten ausgelegt. Aus diesem Grund bestehen die Unternehmen häufig auf schriftlicher Bestätigung des Kunden.

Als Besonderheit der Verträge ist der so genannte EDI-Vertrag (Electronic Data Interchange) zu nennen. Die EDI-Verträge beinhalten die elektronische Signatur. Sie sind als Rahmenregelungen im Transfer von Geschäftsdaten zu verstehen, die nach standardisierten Formaten strukturiert sind. Ihre Anwendung finden solche Verträge nur zwischen Geschäftspartnern, die in ständigem Kontakt stehen.[489] Sie gelten folglicherweise nicht für Verbraucher, die einen einfachen Kontakt mit einem Unternehmen in Form einer Warenbestellung haben.

[488] Vgl. § 130 Abs. 1 S. 1 BGB

[489] Vgl. http.//www.electronic-commerce.org/recht/vertrag/vertrag3.html

### 3.5.1.5 Allgemeine Geschäftsbedingungen (AGB)

Die AGB können von den Unternehmen in den Vertrag eingebunden werden, doch ist in diesem Punkt Vorsicht geboten, denn beim Vertragsschluss muss der Kunde explizit auf diese hingewiesen werden, z.B. durch einen Hyperlink.

Der Kunde muss die AGB vor der Unterzeichnung zur Verfügung gestellt bekommen und die Form muss für ihn zumutbar sein. Das heißt, sie dürfen nicht aus langen Webseiten bestehen und der Kunde muss sie verstehen können. Hier bietet sich im internationalen Handel die englische Sprache an.

Da diese Eckpunkte im gängigen Geschäftsverkehr noch keine sinnvolle Anwendung finden, sind die AGB noch kein wirksamer Bestandteil von Verträgen im E-Commerce.

### 3.5.1.6 Zahlungsbedingungen

Im Zeitalter des schnellen Datenaustausches ist es wünschenswert, die Bezahlung online abzuwickeln zu können.

Im Zahlungsverkehr stellen sich die rechtlichen Probleme nur in eingeschränktem Maße dar. In den Online-Netzen besitzt der jeweilige Online-Dienst eine Inkasso-Vollmacht, mit der er die bestellten Waren und Dienstleistungen über seine Rechnung vom Konto des Nutzer abbucht.

Das „elektronische Geld" findet im Internet immer mehr Verwendung. Unter diesem Begriff versteht man eine verschlüsselte Codierung mit Bits, die für jeden beliebigen Geldwert steht. Das Geld kann dann elektronisch von einer eigenen Datei nach Abschluss eines Kaufvertrages via Internet zum Verkäufer transferiert werden.

Bei diesem Zahlungsverkehr unterscheidet man zwischen kreditkartenorientierten Systemen und elektronischem Geld. Beim kreditkartenorientierten System wird die Kontonummer in ein vorgegebenes Formular eingetragen und dem Verkäufer übermittelt. Die Rechtssicherheit dieser Zahlungsmethode gleicht den konventionellen. Ein Problem ergibt sich nur in der Missbrauchsmöglichkeit mit den übermittelten Daten. Als Sicherheitssystem existieren zur Zeit die Verschlüsselungsverfahren SSL (Secure Socket Lager) und SET (Secure Electronic Transaction), welches die Kreditkartennummer unkenntlich macht und nur partiell Daten des Kunden an die verschiedenen Beteiligten der Transaktion schickt.

Weiterhin existiert der CyberCash, der mit den Banken in enger Zusammenarbeit steht und auch nur Teildaten verschickt. Als letztes sei noch First Virtual zu nennen, das mit einem besonderen PinCode des Kunden arbeitet. Mit diesem Code werden die Überweisungen erst dann getätigt, wenn die dazugehörige Überweisung identifiziert ist.[490]

Das elektronische Geld wird auch als E-Cash bezeichnet. Doch diese Methode wird nach der Einstellung vieler Modellpiloten keine Marktakzeptanz erreichen.

---

[490] Vgl. Börner, F. (1999), S.72

### 3.5.1.7 Haftungsfragen und Schadensersatz

Die Haftungsfragen und Schadensersatzforderungen hängen davon ab, welcher Vertragstyp im Online-Bereich dominiert. Content- und Access-Provider-Verträge lassen sich nicht ohne weiteres unter die gesetzlich genormten Vertragstypen des BGB subsumieren.

Bei Content-Provider-Verträgen ist eine eindeutige Zuordnung schon allein deshalb nicht möglich, weil beide Verfügungspartner (Datenbankproduzent und Content-Provider) gleichwertige Leistungen erbringen. Es ist deshalb müßig, diese Verträge nur einem Vertragstyp zuordnen zu wollen. Es handelt sich vielmehr um „Typenkombinationsverträge", bei denen je nach konkretem Leistungsschwerpunkt (oder nach Leistungsstörung) die Regelungen des jeweiligen gesetzlichen Vertragstyps anwendbar sind.

Beim Online-Vertrag ist die Hauptkomponente des Typenkombinationsvertrages der Kauf (zumindest bei Standard-Inhalten). Je nach Grad der Unterstützung bei der Recherche, bis es zum Kaufakt kommt, können dienstvertragliche oder werkvertragliche Komponenten hinzutreten.

An dieser Stelle sei erwähnt, dass die Links auf einer Internet-Seite nicht unter § 5, Abs. 2 TDG fallen. Wenn der Content-Provider Kenntnis von dem rechtswidrigen Inhalt hat und trotzdem per Link darauf verweist, ist er für diesen Inhalt auch verantwortlich.[491]

Im Interesse aller Beteiligten sollten Content-Provider und Online-Verträge deckungsgleiche Gewährleistungsregelungen enthalten (bei Direktabrufmodell).

Bezüglich der Gewährleistung für den Inhalt wird der Gläubiger (Content-Provider, Nutzer) grundsätzlich mindern oder wandeln können. Ein Recht zur Nachbesserung ist eigentlich nur bei Werksverträgen gegeben, jedoch kann und sollte Nachbesserung auch dann vereinbart werden, wenn der Informationsabruf kaufrechtlich zu qualifizieren ist.

Durch den Richtlinienvorschlag, den die Mitgliedsstaaten der EU bereits innerhalb eines Jahres nach Inkrafttreten in ein nationales Recht umzusetzen haben, wird der Harmonisierungsprozess des Internet-Rechts zumindest in der EU vorangetrieben. Dies wird die rechtliche Grundlage für Unternehmen fördern, ihre Attraktivität im Netz auszubauen, und der Konsument verliert dadurch seine Beziehungsängste.

Die digitale Signatur ist ein erster Schritt zur Beweiswürdigung von elektronischen Erklärungen und ist bezüglich Ihrer Sicherheit noch auszubauen. Des Weiteren ist der Ansatz der Nutzung von SSL als Basistechnologie für den elektronischen Zahlungsverkehr als ein bedeutender Punkt zu einer breiteren Marktakzeptanz des E-Commerce zu werten.

[491] Vgl. http://www.electronic-commerce.org/recht/inhalte/haftung.html.Anwaltskanzlei Süme, Hamburg

# 4. Einfluss von E-Commerce auf den Geschäftsprozess im direkten Kundenkontakt

## 4.1 Leiter der Loyalität und die Kommunikationsziele

## 4.2 Interessentengewinnung

„Stellen Sie sich vor, Sie sind im Internet und keiner kommt ...“[492] – so das schwarzmalende Szenario im Umfeld der Online-Kommunikations- und Vertriebssysteme. Voraussetzung für eine Kommunikations- oder Verkaufswirkung ist, Interessenten auf die Site aufmerksam zu machen, um den erforderlichen Access[493] zu generieren (Site Promotion).

Die Site Promotion ist auch ein wesentlicher Bestandteil aller Online-Marketingstrategien, sie ist allen folgenden Marketingaktivitäten vorgelagert und bildet den Erfolgsfaktor eines erfolgreichen Internet-Auftritts. Dieser Prozess ist wie jede andere Form der Kommunikationsarbeit nie abgeschlossen und muss ständig der aktuellen Situation im Internet angepasst werden.

Die Site Promotion umfasst eine Fülle von Aufgaben. Sie beginnt bei der Wahl des richtigen Domain-Namens (URL) zur besseren und intuitiven Auffindbarkeit, und setzt sich fort über den Eintrag bei Suchmaschinen, Schaltung von Bannerwerbung und Cross Media Advertising (Offline Werbung) bis hin zur Site Promotion in Newsgroups und per E-Mail.

### 4.2.1 Cross Media Publishing

#### 4.2.1.1 Integrierte Kommunikation

Die Erkenntnis, dass Internet-Auftritte genauso wie jede andere Angebotsform auf einer systematischen Vermarktungsstrategie beruhen, hat viele Internet-Anbieter enttäuscht. In der Phase der Goldgräberstimmung war die Ansicht vertreten, eine Internet-Präsenz sorge ohne weitere Investitionen für einen endogenen Bekanntheitsgrad. Eine Internet-Präsenz ohne flankierende kommunikative Maßnahmen ist vergleichbar mit der berühmten „Litfasssäule in der Wüste“. Neben den noch darzustellenden onlinespezifischen Kommunikationsformen kommen natürlich alle traditionellen Instrumente hierfür in Betracht. Die Online-Werbung soll auf der Werbung der klassischen Medien basieren, d.h. bestehende und künftige Werbemaßnahmen sollten miteinander kombiniert werden.[494]

Hierfür muss die Internet-Präsenz in den bestehenden Media-/Kommunikationsmix integriert werden:

---

[492] Werner, A. (1998), S. 117

[493] Access bedeutet hier Besucherzahl, vgl. Werner, A. (1998), S. 117

[494] Vgl. Werner, A. (1998), S. 140.

- *Geschäftsdokumente:* Sowohl auf den Produktverpackungen, Visitenkarten, Briefbögen und allen Schriftstücken, die die Unternehmen verlassen, müssen die entsprechende Internet-Adresse genauso wie die üblichen Geschäftskontakte auftauchen. Im Fall der Produktverpackungen bestehen weitere kreative Möglichkeiten, das Internet verkaufsfördernd einzusetzen (z.B. Rezeptvorschläge, Sonderdienstleistungen etc.).
- *Kommunikationsmix:* Aktuell zeigen Werbekampagnen einzelner Unternehmen, dass die Internet-Adresse mit in die Werbebotschaft aufgenommen wird. Der amerikanische Online-Buchhändler „amazon.com" hat zur Markteinführung seiner deutschen Tochterfirma „amazon.de" beispielsweise intensive Radiowerbung betrieben. In Werbespots werden immer häufiger Internet-Adressen isoliert oder zusammen mit Telefonnummern eingeblendet, ohne dass Werbezeit zusätzlich in Anspruch genommen wird. Anders verhält es sich bei dem Medium Radio. Radiospots müssen speziell inhaltlich darauf ausgerichtet werden, eine Internet-Adresse bekannt zu machen. Damit werden Werbezeiten für die Vermittlung der Produktpositionierung absorbiert. Hierdurch erhöht sich naturgemäß der Schaltetat. Bei allen elektronischen Medien ist von Nachteil, dass zwischen dem Werbemittelkontakt und einer möglichen Internet-Reaktion Zeit verstrichen ist, da zwischen der Wahrnehmung der Information aus elektronischen Massenmedien und der Möglichkeit am PC zu reagieren, bislang ein Medienbruch vorliegt. Um dem Prozess des Vergessens der Internet-Adressen vorzubeugen, müssen sie leicht zu merken sein oder mit dem Unternehmensnamen bzw. dem beworbenen Produkt und damit dem bestehenden „Good Will" verbunden sein. Der entscheidende Vorteil jedoch ist, dass durch die mit den Medien erzielbaren großen Reichweiten schnell eine Marktbekanntheit, auch der Internet-Adresse, aufgebaut werden kann. Optimal sind Vorgehensweisen, die zum Ziel haben, Internet-Adressen im redaktionellen Teil der Medien unterzubringen. Printmedien sind im Gegensatz zu den elektronischen Medien aufgrund der spezifischen Rezeptionssituation für das Bekanntmachen der Internet-Präsenz eher geeignet, denn man muss die Internet-Adresse nicht gesondert aufschreiben, da sie bereits gedruckt vorliegt. Besonders Zeitschriften am Arbeitsplatz weisen diesen Vorteil auf, wenn die User am Arbeitsplatz einen Internet-Zugang besitzen. Von einer unauffälligen Nennung unter der Firmenadresse bis zu einer exponierten Darstellung im Anzeigenkernbereich sind alle Zwischenstufen denkbar und sinnvoll.

#### 4.2.1.2 Streuplanstrategien

Zwei grundsätzliche Strategien bieten sich dabei an:

- *Rezipienten mit hoher Produktaffinität, aber geringer Internet-Reichweite:* Bestimmte Zielgruppen, die mit der gewählten Schaltung erreicht werden sollen, verfügen teilweise nicht über einen Internet-Zugang. Letztendlich soll der Interessent auch den beworbenen Online-Shop nutzen können. Damit hat der Werbungtreibende zwar in der anvisierten Zielgruppe einen Erfolg, aber die Internet-Adresse ist dabei völlig sinnlos.
- *Rezipienten mit geringer Produktaffinität, aber hoher Internet-Reichweite:* Unabhängig davon, ob die Personen, die online kontaktiert werden sollen, der engeren

Zielgruppe entsprechen oder nicht, haben diese Personen jedoch die Möglichkeit online einzukaufen (Ausnahme könnte z.B. vom Arbeitgeber gesperrte Seiten am Arbeitsplatz sein). Die Auswahl der klassischen Medien im Streuplan erfolgt dann nach Anteil der Reichweite der Rezipienten im Internet (z.B. Computer-, Internet-Zeitschriften etc.). Je nach Zielgruppe und Medium sollte die exponierte Herausstellung der Internet-Präsenz ausgerichtet werden. In Medien, deren Auditorium eine geringe Affinität zu Internet-Usern hat, kann eher auf eine exponierte Herausstellung der Internet-Adresse verzichtet werden, als bei Medien, durch die die klassische „Informations-Elite" angesprochen wird. Idealerweise sollten Medien im Streuplan aufgenommen werden, die sowohl eine hohe Produkt- als auch eine hohe Internet-Affinität aufweisen.

#### 4.2.1.3 Bannerwerbung und Content-Sponsoring

##### 4.2.1.3.1 Gestaltungs- und Platzierungsaspekte

Bei Bannerwerbung handelt es sich um bildliche Darstellungen einer Werbebotschaft[495] auf eigenen oder fremden „Sites" im World Wide Web. Es sind zumeist kleine Grafiken, die als GIF-oder JPEG-Dateien in HTML-Dokumenten integriert sind und die Werbebotschaft an exponierter Stelle transportieren sollen.[496]

- *Interaktive Banner:* Banner-Werbung unterscheidet sich von Werbung in Printmedien oder TV-Werbung[497] dadurch, dass sie als Zusatznutzen Interaktivität anbietet. Die Banner dienen zwar auch zunächst nur dazu, die Bekanntheit einer Marke bzw. der Web-Page zu fördern.[498] Bei interaktiven Bannern wird der Nutzer jedoch über einen Hyperlink auf die Startseite des Werbungtreibenden geführt.[499] Neben einer rein kommunikativen Wirkung besteht somit ein direkter, interaktiver Kontakt zum Anbieter. Das primäre Ziel von Banner-Werbung sollte deshalb der Click des Nutzers auf den Banner sein, um sich anschließend mit den umfassenden Informationen oder Bestellmöglichkeiten der Site des werbungtreibenden Unternehmens auseinander zu setzen.[500]
- *Aufmerksamkeitswirkung der Gestaltung und Platzierung:* Um einen Click beim Nutzer auszulösen, muss das Banner Aufmerksamkeit beim Betrachter erzielen. Dies kann durch die Verwendung kräftiger Farben, den Einsatz von Ton oder die Animation des Banners, die inzwischen weit verbreitet ist[501], erreicht werden.[502] Auch die Platzierung des Banners innerhalb der Site spielt eine große Rolle. Der Banner sollte direkt beim Seitenaufbau zu sehen sein, d. h. er sollte sich im Kopfteil der Seite befinden und nicht erst durch Scrollen sichtbar werden.[503]

---

495 Vgl. Krause, J., Somm, F., S. 147.
496 Vgl. Werner, A., Stephan, R. (1997), S. 209.
497 Vgl. Werner, A. (1998), S. 58.
498 Vgl. Werner, A., Stephan, R. (1997), S. 26.
499 Vgl. Werner, A., Stephan, R. (1997), S. 209.
500 Vgl. Werner, A. (1998), S. 58.
501 Vgl. o. V. (1999a), S. 33.
502 Vgl. Werner, A., Stephan R. (1997), S. 27.
503 Vgl. Krause, J., Somm, F., S. 81.

- *Bannerformate:* Die Verbände der Zeitungs- und Zeitschriftenverleger haben im März 1998 acht Standard-Bannerformate festgelegt. Sie reichen von einem Quadrat, bestehend aus 75 x 75 Pixeln, bis zur Größe eines Voll-Banners mit 468 x 60 Pixeln. Die Datenmenge sollte zehn Kilobyte nicht überschreiten, da der Banner sonst von den Werbeträgern abgelehnt werden kann.[504]
- *Bannertarifierung:* Die Abrechnung von Bannerpreisen erfolgt zumeist nach Sichtkontakten (Page Impressions). Dabei wird von manchen Betreibern eine bestimmte Abrufmenge garantiert oder die Schaltung über einen Mindestzeitraum zugestanden, unabhängig davon, ob mehr Page Impressions als vereinbart, erzielt wurden. Einige Anbieter (z.B. Yahoo! Deutschland) bieten Festpreise an. Die Schaltung eines Banners auf www.yahoo.de kostet pro Woche 35 200 DM.[505]
- *Berechnungsmodalitäten:* Die Kunden wünschen sich jedoch zumeist keine Abrechnung nach Sichtkontakten, sondern bevorzugen es, über den Ad Click den Erfolg des Banners abzurechnen.
- *Banner Burn Out:* Wenn ein Banner nicht den erwünschten Erfolg bringt, sollte er in seiner Gestaltung und auch in der Platzierung modifiziert werden. Aber auch erfolgreiche Banner sollen nicht auf Dauer an der gleichen Stelle platziert bleiben, um dem „Banner-Burn-Out" vorzubeugen. Darunter versteht man, dass ein Nutzer nach mehrmaliger Ansicht des Banners das Interesse daran verliert und den Banner nicht mehr anklickt.[506]
- *Geschäftsmodell:* Banner-Werbung stellt eine wichtige Finanzierungsmöglichkeit für Online-Veröffentlichungen dar und ist für viele Anbieter die einzige Lösung, Nutzer zum Besuch der Homepage zu animieren.[507]

#### 4.2.1.3.2 Positionierungsstrategien

Für die Auswahl des Werbeträgers ist es zunächst wichtig, welche Strategie man durch die Werbung verfolgt. Zwei Alternativen stehen hier zur Auswahl, die Penetrations- und die Selektionsstrategie:[508]

- *Penetrationsstrategie:* Möchte man die Bekanntheit des Online-Angebotes erhöhen, d.h. das Online-Vertriebssystem als solches bekannt machen, wählt man eine Platzierung in „Trägersites" mit hoher Reichweite.[509] Dies wird als Penetrationsstrategie bezeichnet.
- *Selektionsstrategie:* Orientiert man sich eher an rascher Umsatzgenerierung und Gewinnung von Neukunden, so bieten sich themenspezifische Umfeldplatzierungen an, d.h. Platzierungen auf Seiten mit hoher Affinität zwischen den Besuchern der Seite und dem beworbenen Angebot.[510] Hierbei handelt es sich um eine Selektionsstrategie. Je stärker ein Werbeträger spezialisiert ist, desto besser können Banner in

504 Vgl. o. V. (1998a), S. 10.
505 Vgl. o. V. (1998b), S. 9.
506 Vgl. o. V. (1999d), S. 20.
507 Vgl. o. V. (1998c), S. 10.
508 Vgl. Stolpmann, M. (1999), S. 150 und Hoffmann, S. (1998), S. 84.
509 Hohe Reichweite bedeutet hohe Page Impression-/Visit- Zahlen
510 z. B. Internetseiten, die einem bestimmten Thema gewidmet sind, sog. Special Interest Sites (1998)

Bezug auf die Zielgruppe geschaltet werden.[511] Zielgruppenadäquate Umfelder tragen zur Beachtung der Banner-Werbung bei.[512] Bei dieser Strategie liegt der Erfolg nicht darin, die absolute Anzahl der Page Impressions zu maximieren (Sichtkontakte), sondern bei den zielgruppenspezifischen „Page Impressions". Hierzu werden Information über die Nutzung von Trägerseiten benötigt. Diese Informationen ergeben sich aus den „Logfiles", die von einer speziellen, auf den Servern der Provider installierten Software generiert werden. Hierbei wird zur Ermittlung der quantitativen Reichweite zwischen Visits (einem zusammenhängenden Nutzungsvorgang eines WWW-Angebots) und Page-Impressions (dem Sichtkontakt mit *einer* potenziell werbeführenden HTML-Seite) unterschieden.[513] Diese Daten werden vom Verband Deutscher Zeitschriftenverleger (VDZ) bzw. der Informationsgemeinschaft zur Feststellung der Verbreitung von Werbeträgern (IVW) monatlich veröffentlicht. Aus dem Verhältnis von Page Impressions zu den Visits kann der Unternehmer dann z.B. Rückschlüsse darauf ziehen, wie tief der Surfer in das Angebot der werbeplatzanbietenden Site einsteigt. Qualitative Reichweitenwerte (psychografische und soziodemografische Merkmale usw.) über die Nutzer einer Site können auf diese Weise jedoch durch passive Methoden wie Logfiles nicht ausgewiesen werden. Hierzu muss ebenfalls auf die aktiven Marktforschungsergebnisse des jeweiligen Werbeträgers zurückgegriffen werden. Allerdings bieten Werbebanner durch die Möglichkeit der Verlinkung dem Unternehmer wiederum die Möglichkeit der direkten Erfolgskontrolle: so kann er durch die sog. *Ad Clicks* (quasi der direkte Werbemittelkontakt) im Logfile ersehen, wie oft die Surfer den Werbebanner angeklickt haben, um zum Online-Shop zu gelangen. Darüber hinaus bietet sich hier die Möglichkeit, die Links verschiedener Werbebanner individuell zu gestalten, d.h. der Werbebanner auf der Online-Computer-Zeitschrift führt zu einem anderen Bereich des Online-Shops als der Werbebanner auf der Online-Frauenzeitschrift.

### 4.2.1.4 Sonderwerbeformen

#### 4.2.1.4.1 Dynamische Bannerschaltung

Bei der Bewerbung eines Online-Angebots kann es nicht nur darum gehen, das richtige Werbeumfeld zu erschließen. Vielmehr können die Werbebanner individualisiert werden. Nicht alle Besucher bekommen den gleichen Werbebanner präsentiert. Die Werbung wird nur denjenigen Nutzern präsentiert, die möglichst exakt der anvisierten Zielgruppe entsprechen – ganz im Sinne der One-to-One-Marketingstrategie (Targeting).[514] Der Umstand, dass je nach Besucher andere Werbebanner präsentiert werden, werden hier als dynamische Bannerschaltung bezeichnet.[515]

---

511 Vgl. o. V. (1998d), S. 11.

512 Vgl. o. V. (1999a), S. 33.

513 Vgl. Alpar, P. (1996), S. 228

514 Vgl. Stolpmann, M. (1999), S. 292

515 Das Prinzip lässt sich auch auf andere Online-Werbeformen ausdehnen, wie z.B. Interstitials und Pop-Ups. Wie zuvor erwähnt, möchte ich mich jedoch aus Platzgründen hauptsächlich auf Bannerwerbung konzentrieren.

Zur besseren Veranschaulichung, was dynamische Bannerschaltung bedeutet, möge folgendes Beispiel dienen. Besucht man von Deutschland aus die Seite des amerikanischen Online Advertisers „Doubleclick",[516] wird die Werbefläche mit deutscher (!) Werbung bestückt:

Voraussetzung für eine sinnvolle, dynamische Bannerschaltung in der Online-Strategie sind Segmentierungsmöglichkeiten. Die Daten, die man zur Segmentierung heranziehen kann, entspringen dem HTTP (Hypertext Transfer Protocol) Header. Folgende Angaben sind hier zu finden:[517]

- Betriebssystem und Browser
- Sprachversion der Software
- Access Provider und IP-Adresse des Nutzers
- zuvor besuchte Website
- Uhrzeit/Tag

Die Aussagefähigkeit der Daten ist demnach gering. Dennoch lassen sich einige Kriterien zur Segmentierung ableiten. So bietet z.B. die Angabe der Sprachversion die Möglichkeit, die Zielgruppe nach dem Herkunftsland zu selektieren; man könnte auch Banner in verschiedenen Sprachen vorhalten und über den Link auf ein Online-Angebot in der jeweiligen Sprache führen.[518] Über den Access-Provider lassen sich beispielsweise Universitäten oder Unternehmen und deren Branche identifizieren. Mittlerweile existieren auch IP-Landkarten, mit deren Hilfe eine geografische Segmentierung ermöglicht wird.[519] Auch kann man aus der zuvor besuchten Website Rückschlüsse auf die Vorlieben des Nutzers ziehen und ihn mit kontextueller Werbung bedienen. Stolpmann geht soweit, dass über Uhrzeit und Tag die Zielgruppe der Geschäftskunden fokussiert werden kann, indem der Banner nur während der Hauptarbeitszeit geschaltet wird.[520]

Weitere Segmentierungsinformationen lassen sich mithilfe der „Cookie"-Technologie ableiten. Cookies verwalten beispielsweise den Einkaufswagen eines Online-Kunden, d.h. sie speichern die Produktauswahl auf dem Rechner des Nutzers.[521] Bei Rückkehr wird der Cookie vom Server ausgelesen und daraufhin ähnliche Produkte angeboten.[522] Aus dem realisierten Kaufverhalten lassen sich nun Rückschlüsse auf die unterschiedlichen Präferenzen des Besuchers ziehen. Bei unternehmensinternen Plattformen ist dies ein einsetzbares Instrument. Bei unternehmensexternen Plattformen gestaltet sich dies etwas schwieriger: die Cookies können nicht von jedem beliebigen ausgewertet werden. Denkbar wäre zumindest, über Cookies die Einkaufsgewohnheiten des Besuchers zu ermitteln, z.B. wo der Besucher einkauft. Aufgrund dieser Daten kann man ihn individuell mit Werbebannern versorgen, die auf ein ähnliches Angebot, nämlich das eigene, hinweisen.

---

516 Vgl. http://www.doubleclick.com
517 Vgl. Stolpmann, M. (1999), S. 152 und Werner, A., (1998), S. 109
518 Vgl. Stolpmann, M. (1999), S. 152
519 Vgl. Werner, A. (1998), S.110
520 Vgl. Stolpmann, M. (1999), S. 153
521 Vgl. Williamson, M. (1996)
522 Vgl. Williamson, M. (1996)

Datenschutzrechtlich betrachtet ist der Einsatz von Cookies bedenklich, denn er kommt doch dem Begriff vom „gläsernen Kunden" sehr nahe. Gegenwärtig ist es noch nicht geklärt, ob diese Methoden in Deutschland überhaupt zulässig sind.[523]

Dynamische Bannerschaltung setzt eine spezifische Technologie voraus, ein zentrales Banner-Management, das unter dem Begriff „Ad-Server"[524] subsumiert wird. Die wichtigsten Funktionen dieses Managementsystems sind:[525]

- Vorhaltung und dynamische Schaltung der Banner auf den Werbeflächen,
- Kampagnensteuerung und Optimierung[526],
- Reporting und
- Billing.

Ad-Server lassen sich als Dienstleistung kaufen, wobei nach dem Preis für tausend werbliche Kontakte (TKP) abgerechnet wird. Zwei Anbieter sind hier zu nennen: Doubleclick, New York (Produktname DART) und Adtech aus Dreieich.[527]

#### 4.2.1.4.2 Schaltstrategien bei Suchmaschinen: Keyword Advertising

Eine besondere Form der unternehmensexternen Online-Plattformen stellen die Suchmaschinen dar [528]. Sie sind die mit am meisten besuchten Verkehrsknotenpunkte im Netz. Im Gegensatz zu anderen hochfrequentierten Seiten, beispielsweise aus dem General Interest-Angebot, haben sie eine zusätzliche Funktionalität im Hinblick auf Bannerschaltung entwickelt, das Keyword Advertising.

Beim Keyword Advertising reserviert der Werbekunde Suchbegriffe. Gibt ein Nutzer einen dieser Begriffe in das Eingabefeld der Suchmaschine ein, so wird der Banner des Werbekunden geschaltet. Das Einblenden ist also an die Eingabe der Suchbegriffe gekoppelt. Somit ist eine hohe Affinität zwischen Suchbegriff und Werbebanner gewährleistet.[529] Buchungen von Keywords erfolgen auf der Basis des TKP, d.h. es werden zum Beispiel 100.000 Werbekontakte innerhalb eines bestimmten Zeitraums gekauft.[530]

Keyword Advertising ist eine sinnvolle Strategie zur Generierung von Neukunden. Die Nutzer von Suchmaschinen sind bestrebt, eine Lösung für ein akutes Problem zu finden. Dabei ist es für sie von sekundärer Bedeutung, ob sich die Problemlösung aus der Ergebnisliste oder durch Anklicken eines Banners realisieren lässt.[531]

---

[523] Vgl. Werner, A. (1998), S. 112

[524] Vgl. Werner, A. (1998), S. 103-119

[525] Vgl. Werner, A. (1998), S. 110

[526] Auf Strategien zur Kampagnenoptimierung sei hier nur kurz hingewiesen, sie beinhalten den Austausch der Bannerwerbung unter Berücksichtigung des Banner-Burn-Outs. Anders als bei klassischer Werbung nimmt die Werbewirkung der Banner, d.h. die AdClick-Zahlen bei steigender Zahl von Werbekontakten, ab. Aus diesem Grund müssen Banner etwa nach drei Sichtkontakten ausgetauscht werden. Vgl. Werner, A. (1998), S. 112

[527] Informationen unter http://www.doubleclick.com und http://www.adtech.de

[528] Der Unterschied zwischen Suchmaschinen und Metaindices wurde bereits ausführlich dargestellt. Im Folgenden werde ich mich – zwecks besserer Handhabung – auf den Begriff Suchmaschinen beschränken. Die Metaindices sind dabei mitinbegriffen.

[529] Vgl. Stolpmann, M. (1999), S. 286 und Hoffmann, S. (1998), S. 41

[530] Vgl. Stolpmann, M. (1999), S. 131

[531] Vgl. Stolpmann, M. (1999), S. 154

#### 4.2.1.4.3 Werbeträgerselektion

Hilfestellung zur Selektion bietet die IVW[532], die eine Klassifizierung der Werbeträger vornimmt und die aktuellen Besucherzahlen der aufgeführten Sites dem Vermarkter zur Verfügung stellt.[533] Die folgende Tabelle gibt einen Überblick über die meistbesuchten deutschen Online-Angebote in der Kategorie „Redaktionelle General Interest-Angebote“:[534] [535]

| Anbieter | Page Impressions[536] | Visits[537] | TKP[538] | Bannergröße[539] |
|---|---|---|---|---|
| FOCUS Online | 48.078.884 | 18.636.845 | 80 | 130 x 80 |
| TOMORROW Networld | 44.490.541 | 12.829.343 | 80 | 234 x 60 |
| Coupe | 34.650.516 | 3.800.203 | k.A. | k.A. |
| praline interaktiv | 31.787.475 | 6.052.713 | 27 | 468 x 60 |
| STERN online | 31.727.211 | 5.411.499 | 70 | 234 x 60 |
| ProSieben Online Network | 18.832.420 | 6.368.282 | 30 | k.A. |
| TV Today Network | 18.491.903 | 5.412.952 | 55 | 234 x 60 |
| SAT.1 ONLINE | 17.773.628 | 5.445.508 | k.A. | k.A. |
| AOL Homepage | 16.046.601 | 3.435.253 | k.A. | k.A. |
| RTL Online | 13.582.640 | 5.555.710 | 30 | 234 x 60 |

*Abb. 4.20: Page Impressions in der Kategorie „Redaktionelle General Interest-Angebote“*

532 Informationsgemeinschaft zur Feststellung der Verbreitung von Werbeträgern

533 Information unter http://www.ivw.de

534 Das Ranking erfolgte durch Analyse der IVW-Daten auf Basis der Page Impressions, Daten vom November 1999

535 Auch wenn die Budgetplanung kein Gegenstand dieser Arbeit sein kann, so sollen die TKP-Angaben dennoch einen ersten Eindruck über die erforderlichen Mittel zur Bannerschaltung liefern. Des Weiteren haben Budgetvorgaben großen Einfluss auf die Werbeträgerselektion. Daten zum TKP wurden auf den entsprechenden Seiten der Anbieter bzw. ihrer Vermarkter ermittelt. Eine (nicht komplette) Linkliste zu den TKP-Angaben findet man unter http://www.pz-online.de.

536 Anzahl kompletter Seitenaufrufe innerhalb des Angebots

537 Zusammenhängender Nutzungsvorgang des Angebots

538 TKP für Schaltung eines Banners auf der Homepage des jeweiligen Anbieters, Angaben in DM

539 Angaben in Pixel

### 4.2.1.5 Placements

4.2.1.5.1 Metaindices

Um Interessenten den Weg zur eigenen Internet-Präsenz möglichst einfach zu gestalten, sollte die Erreichbarkeit bzw. Auffindbarkeit im Internet optimiert werden. Hierzu bietet sich eine Reihe von Instrumenten an.

Metaindices oder Webkataloge[540] sind „Verzeichnisse, die ähnliche Schlagwortverzeichnis-Sites und Pages im WWW gruppieren."[541] Der bekannteste Vertreter dieser Gattung ist Yahoo!, die verbreitetsten deutschen Metaindices sind Dino und web.de.[542] Die Registrierung bei diesen Diensten erfolgt über ein Anmeldeformular.

Metaindices arbeiten im Gegensatz zu Suchmaschinen nicht mit so genannten Robots. Vielmehr entscheidet eine Redaktion, ob ein Eintrag in die gewünschte Kategorie erfolgt. Demnach ist die Zahl der gelisteten Einträge bei weitem geringer als bei Suchmaschinen, was aus dem hohen redaktionellen Aufwand resultiert.[543]

Um in einem Metaindex aufgenommen zu werden, muss dieser aufgesucht werden. Bei web.de sucht man zunächst die passende Kategorie aus, danach kommt man über den Button „Homepage anmelden" zum Anmeldeformular. Nach Eingabe der Daten, insbesondere URL, Rubrik, Titel und Kurzbeschreibung (Abstract) der Seite, entscheidet die Redaktion, ob die Seite in das Verzeichnis aufgenommen wird.

Diese Services nehmen in der Regel nur die Homepage einer Site in ihr Verzeichnis auf. Die von den Metaindices angebotene Suchfunktion[544] analysiert lediglich die angegebenen Titel und Abstracts. Deshalb muss bei der Formulierung des Abstracts alles angesprochen werden, was die Besucher auf der ganzen Site erwartet.[545]

Metaindices sehen sich als qualitative Filter des gesamten WWW-Spektrums. Nur qualitativ hochwertige Seiten erhalten ein Listing.[546] Als besonders schwierig erweist sich die Aufnahme bei Yahoo!. Folgende Kriterien werden hier für ein Listing herangezogen:[547]

- die Seitengröße: nur umfassende Sites kommen in die nähere Auswahl
- der Inhalt: die Seite muss einen Wert aufweisen, etwa durch nützliche Informationen oder durch ein einzigartiges/interessantes Produkt
- das Design: dilettantisch aufbereitete Sites werden nicht beachtet, gleiches gilt für Seiten mit zu langen Ladezeiten
- Regeln beachten: unpassende Auswahl der Kategorie oder unzutreffende Stichwortangaben (mp3, Sex, etc.) führen zum Ausschluss

Diese Kriterien mögen hart erscheinen. Es gilt jedoch zu bedenken, dass zum Beispiel in den USA rund 70 Prozent der Online-Kunden den Weg zum Online-Anbieter über

[540] Beide Termini existieren parallel, im US-amerikanischen Sprachgebrauch sind die Begriffe „Web Directory" und „Standard Directory" dominant, vergl. Rhodes, J. (1999)

[541] Vgl. Werner, A., Stephan, R. (1998), S. 221

[542] Vgl. Werner, A. (1998a), S. 123

[543] Vgl. Stolpmann, M. (1998), S. 134

[544] Schlagwortsuche innerhalb des Verzeichnisses

[545] Vgl. Werner, A. (1998 ), S. 34

[546] Vgl. Stolpmann, M. (1998), S. 135

[547] Vgl. Rhodes, J. (1999), http://www.deadlock.com/promote/search-engines/yahoo.html

Yahoo! finden.[548] Auf dieser Basis subsumiert Rhodes: „A Yahoo! listing is one of the toughest, and certainly the most lucrative award on the Net."[549]

#### 4.2.1.5.2 Placement in Suchmaschinen

Suchmaschinen sind Dienste, bei denen „die User Suchbegriffe eingeben und damit Datenbanken abfragen, in der viele Anbieter und Dokumente im WWW eine Referenz besitzen."[550] Es handelt sich also um umfassende Datenbanken, in denen Adressen und Informationen über den Inhalt der Seiten abgelegt sind. Beispiele sind AltaVista, Infoseek, Excite, Hotbot, Lycos und die von Gruner & Jahr betriebene Suchmaschine Fireball. Sie stellen ein häufig benutztes Hilfsmittel auf der Suche nach einem bestimmten Produkt im Internet dar.

Der Online-Anbieter sollte daher Maßnahmen ergreifen, um eine möglichst hohe Treffer-Wahrscheinlichkeit des eigenen Unternehmens bei der Suchanfrage eines „Users" zu erreichen.

- *Registrierung:* Voraussetzung ist, dass die Seite in der Suchmaschine registriert ist. Die Registrierung ist teils kostenlos, manche Suchmaschinenanbieter erheben dafür Gebühren[551]. Die Registrierung in allen gängigen Suchmaschinen kann aber zum Beispiel gegen einen Pauschalbetrag auch von Internet-Agenturen oder dem Provider vorgenommen werden.
- *Site-Optimierung:* Durch eine sinnvolle Gestaltung der eigenen Web-Seiten sowie der Auswahl von typischen Suchtexten können die Zugriffschancen erhöht werden. In den HTML-Code der Seite können sinnvolle Suchbegriffe eingebettet werden, die von bestimmten Suchmaschinen dann abgefragt werden.
  Im Gegensatz zu den Metaindices erfolgt die Registrierung nicht über ein einfaches Formular, vielmehr wird zuerst die URL bei der entsprechenden Suchmaschine angemeldet. Daraufhin besucht ein so genannter Robot[552] die Site, indiziert sie und nimmt sie anschließend, zusammen mit den ausgewählten Suchbegriffen, in die Datenbank auf.
  Dieses Verfahren erscheint auf den ersten Blick noch einfach, doch bei genauerer Betrachtung liegt der kritische Schritt in der Indizierung durch die Robots. Die Mechanismen, die herangezogen werden, differieren von Suchmaschine zu Suchmaschine. Dabei bildet die Indizierung, wie oben erwähnt, den Datenbankeintrag und ist folglich die Basis für das Ranking[553] in der Ergebnisausgabe einer Anfrage.
  Dies ist einer der vier großen Nachteile von Suchmaschinen, die Stolpmann identifiziert.[554]

---

[548] Vgl. Rhodes, J. (1999), http://www.deadlock.com/promote/search-engines/how-they-work.html
[549] Vgl. Rhodes, J. (1999), http://www.deadlock.com/promote/search-engines/yahoo.html
[550] Vgl. Werner, A., Stephan, R. (1998), S. 225
[551] Vgl. Lampe (1996), p. 170
[552] Verschiedene Begriffe existieren hier nebenher, z.B. Spider oder Webcrawler. Meist findet der Begriff Robot Verwendung. Generell handelt es sich um Softwareanwendungen, die unter dem Begriff Agenten subsumiert werden.
[553] Das Ranking beschreibt die Position der URL in der Ergebnisliste (z.B. Nr.15 von 1442 Treffern)
[554] Vgl. Stolpmann, M. (1999), S.125

Um die Aufnahme in die Datenbanken zu optimieren, gibt es zwei Ansätze.[555] Entweder können die Seiten so gestaltet werden, dass sie von allen Suchmaschinen mit befriedigendem Ergebnis aufgenommen werden. Oder man optimiert individuell auf jede einzelne Suchmaschine hin. Damit ist jedoch ein höherer Aufwand verbunden. Mittels Jump-Pages ist eine individuelle Bedienung der Robots möglich, d.h. den Agenten werden spezielle Pages angeboten, die auf ihr Indizierungsverhalten genau abgestimmt sind.[556]

#### 4.2.1.5.3 Erfolgsstrategien in Suchmaschinen

Die Position, an der die URL bei einer Suchanfrage gelistet wird, hängt von verschiedenen Faktoren ab:

- *Alphabetische Sortierung:* Wurden früher die Einträge entsprechend des Datums des Eintrages chronologisch aufgelistet, so gehen die Anbieter inzwischen dazu über, die Listen alphabetisch zu sortieren. Vorteilhaft ist daher, einen Titel mit dem Anfangsbuchstaben „A“ bzw. mit einem Sonderzeichen beginnend einzutragen. Somit befindet sich der Titel am Anfang des Listings der entsprechenden Kategorie.[557]
- *Rankingverfahren der Suchmaschinen:* Bei Suchmaschinen ist ein Ranking im vorderen Bereich weitaus schwieriger. Folgende Kriterien für die Aufbereitung der Ergebnislisten werden von den Betreibern der Suchmaschinen – häufig auch in dieser Reihenfolge – angewandt: die Anzahl von Links auf eine Page, die URL, der Titel, der Meta-Tag „Description“, der Meta-Tag „Keywords“ und die Anzahl der Suchbegriffe im Text.[558] Suchmaschinen bedienen sich der Anzahl von Links auf einer Page als „externe Validierung der Relevanz“[559], d.h. je mehr von anderen Seiten auf die zu untersuchende Seite verlinkt wird, desto wichtiger ist sie. Aus diesem Grund sollte man sich bemühen, in möglichst vielen Metaindices eingetragen zu sein. Auch spezialisierte Link-Bereiche[560], die beispielsweise als Linksammlung von Privatpersonen betrieben werden, sollten um die Aufnahme der eigenen Seite als Link gebeten werden.[561] Bei einer Suchanfrage untersuchen die Suchmaschinen häufig die gespeicherten URLs nach Übereinstimmung. Die URL sollte demnach einen Begriff enthalten, nach dem ein Nutzer suchen könnte. URLs mit reinen kryptischen Zeichenfolgen (z.B. www.djm.de) sollten um eine zweite URL (z.B. www.dr.jaeger.managementgruppe.djm.de) – auf dieselbe IP Adresse verweisend – erweitert und bei der Suchmaschine als solche zusätzlich eingetragen werden.[562] Für den Titel der Page gilt ähnliches: Suchmaschinen analysieren die Eingabe im <Titel> des HTML Codes, demnach gilt es auch hier, mögliche Suchbegriffe in den Ti-

555 Vgl. Werner, A. (1998), S.24
556 Die Robots können mithilfe der Variable User-Agent aus dem HTTP Header identifiziert und auf die für sie spezifizierte Seite geleitet werden
557 Vgl. Werner, A., Stephan, R. (1998 ), S. 35
558 Vgl. Werner, A, (1998), S. 128
559 Begriff nach Werner, A. (1998), S. 31
560 Relevante Seiten findet man am besten über die Analyse der Konkurrenz: Gibt man „link:“ vor der URL der Konkurrenz bei einer Suchmaschine ein, erhält man die Pages, die auf die Konkurrenz verweisen. Dabei dürften einige wichtige Seiten dabei sein.
561 Vgl. Werner, A., (1998), S. 35
562 Vgl. Werner, A., (1998), S. 25

tel einzuarbeiten.[563] Im Meta-Tag Description wird ein Abstract der Seite hinterlegt. Dieses ist für den Besucher der Seite nicht sichtbar, wird aber von den meisten Suchmaschinen in der Ergebnisliste als Kurzinhalt angezeigt. Oft werden diese Angaben von den Suchmaschinen ausgewertet, um die Indizierung zu verbessern.[564] Der Meta-Tag Keyword ermöglicht die Angabe von Stichworten. Damit wird es möglich, die Seite auch unter Begriffen zu indizieren, die nicht im Seitentext vorkommen.[565] Dabei sollte man die Angabe von Begriffen, die nichts mit der Seite zu tun haben, vermeiden. Solche Pages werden von den großen Suchmaschinen aus der Datenbank entfernt.[566] Für die Indizierung des Textes einer Seite gilt folgende Regel: Je öfter ein Suchbegriff angeführt wird, desto relevanter ist die Seite für die Suchmaschine. Für den Texter ergeben sich hier neue Aufgaben: er muss sich zuvor überlegen, welche Suchbegriffe der Nutzer eingeben wird. Diese Begriffe gilt es, mit höherer Dichte zu verarbeiten, auch wenn der Text dadurch nicht mehr so schön zu lesen ist.[567]

- *Prozess der Seitenaufbereitung:*
  Folgendes Verfahren sollte angewandt werden, damit gute Erfolgsaussichten auf ein hohes Ranking möglich werden:[568]
  - Beginnen sollte der Prozess mit einem Brainstorming, in dem alle möglichen Suchbegriffe gesammelt werden. Die Ergebnisse werden hinsichtlich ihrer Relevanz geordnet.
  - Über die Voyeur-Seiten[569] der Suchmaschinen kann man die am meisten benutzten Such-Strings der Nutzer ermitteln und mit der vorhandenen Liste aus dem Brainstorming abgleichen.
  - Anschließend nimmt man diese Suchbegriffe und gibt sie bei den wichtigen Suchmaschinen ein. Der HTML-Code der ersten zehn Listings wird nun hinsichtlich aller oben angegebener Kriterien (URL, Titel, Meta-Tags) analysiert.
  - Mit den gewonnenen Informationen bereitet man eine eigene Page auf und registriert sie bei einer Suchmaschine.
  - Anschließend testet man das Ergebnis durch Anfrage bei der Suchmaschine. Genügt das Ergebnis den Ansprüchen nicht, so ist eine Umarbeitung der Seite notwendig. Ist das Ergebnis zufriedenstellend, so kann man mit der Aufbereitung der restlichen Seiten fortfahren.

#### 4.2.1.5.4 Placement in Datenbanken

Neben der Eintragung in Suchmaschinen bietet sich dem Online-Vertrieb noch die Eintragung in diverse Internet-Wirtschaftsdatenbanken, die z.B. Geschäftsberichte und an-

[563] Vgl. Werner, A. (1998), S. 26
[564] Vgl. Stolpmann, M. (1999), S. 130
[565] Vgl. Stolpmann, M. (1999), S. 130
[566] Vgl. Werner, A. (1998), S. 28
[567] Vgl. Werner, A. (1998), S. 29
[568] Vgl. Werner, A. (1998), S. 32
[569] bei Fireball: http://www.fireball.de/voyeur-fireball.fcg

dere Firmendaten präsentieren. Vor allem im Business-to-Business-Bereich ist dies eine attraktive Möglichkeit der Kontaktaufnahme.

## 4.2.2 Neukundengewinnung

### 4.2.2.1 One-to-One-Kommunikation

Die bislang vorgestellten Instrumente, um Nutzer zu einer Seite zu führen, galten dem Werbeziel der Anbahnung von Kontakten und der Interessentengewinnung sowie dem Aufbau vom „Good Will" für die Internet-Präsenz. Als Kommunikationsinstrument für die Neukundengewinnung sowie auch der Kundenbindung bietet sich die E-Mail als elektronische Variante der Direktwerbung an. Ihre Handhabung ist einfach, sie ist schnell, und sie ist im Vergleich zu klassischen Direct Mail-Formen kostengünstiger.[570] Im Rahmen der One-to-One-Kommunikationsbeziehung werden alle Kommunikationsinstrumente bezeichnet, die mit dem Nutzer in direkten Kontakt treten. Im folgenden Abschnitt sollen die Ansätze der One-to-One-Kommunikation mithilfe von elektronischen Briefen (E-Mails) vorgestellt werden. E-Mails können als One-to-One- oder One-to-Many/Many-to-Many-Kommunikation eingesetzt werden und können schnell und kostengünstig die Leistungen des Online-Vertriebsystems vorstellen.[571] Darüber hinaus eignet sich das Instrument im Rahmen des Kundenservices und der Bearbeitung von Kundenanfragen.[572]

Um die eigene Internet-Präsenz bekannt zu machen, bietet sich die Möglichkeit, Informationen online per E-Mail zu versenden. Dabei können sowohl „kalte" Adressen (Adressen, durch die bislang noch keine Geschäftsverbindung generiert wurde) als auch Adressen eingesetzt werden, bei denen eine Reaktion des Konsumenten gegeben ist. Kontakte zu „kalten" Adressen sind von der rechtlichen Perspektive, als auch von der Wirkungsperspektive, bedenklich. E-Mails an Interessenten oder neue Kunden sind dagegen wirkungsvolle Instrumente der Kundenbindung.

- *Gestaltungsprinzipien:* Bei der Gestaltung von E-Mails gelten ähnliche Prinzipien wie beim Verfassen klassischer Briefe, außer dass der Umgangston meist informeller ist und die Inhalte kürzer präsentiert werden müssen, um am Bildschirm gelesen zu werden. Darüber hinaus bekommt die Betreffzeile einen besonderen Stellenwert bei der Werbewirkung. Der User kann relativ schnell den Absender der Mail und im Betreff den Informationszweck erkennen. Rückt dabei das Werbeziel in den Mittelpunkt, werden zumindest wenig involvierte Konsumenten die Mail sofort unterdrücken. Ein Nachteil von E-Mails gegenüber traditionellen schriftlichen Werbemitteln besteht im Mangel an visuellen Gestaltungsfreiheiten. E-Mails sind in der Regel textbasierte Mitteilungen. Da kaum Formatierungsmöglichkeiten zur Verfügung stehen, sind Gliederung des Textes und Hinweise auf Kernstellen besonders schwierig. Dies mag aber im Falle einer Mail an eigene Kunden kaum von Nachteil sein, weil involvierte Konsumenten eher rationale Informationen bevorzugen und jederzeit er-

[570] Vgl. Werner, A., Stephan, R. (1998), S. 98 und S. 103
[571] Vgl. Werner, A. (1998), S. 149
[572] Vgl. Werner, A., Stephan, R. (1998), S. 98

gänzend weiteres, umfassendes Informationsmaterial – z.B. einen Produkt-Katalog – anfordern können. Die reine Textgestaltung kann bei der Neukundengewinnung unter Umständen nachteilig sein, denn dem Neukunden muss – im Gegensatz zum Stammkunden – das Image des Unternehmens bzw. einer Marke in der Regel erst noch vermittelt werden. Dies geschieht meist durch emotionale Werbung, diese ist aber durch eine rein textbasierte E-Mail nur schwer zu bewerkstelligen[573].
Des Weiteren können der Mail so genannte Attachements angehängt werden. Meist handelt es sich hierbei um Word- oder pdf-Dokumente, die der Empfänger bei Bedarf aufrufen kann.

- *Responseanalysen:* Wie bei jedem Direktwerbeinstrument ist der Vorteil einer E-Mail die (relativ) einfache Messung der Reaktion. Schnell, ortsungebunden und zeitunabhängig kann ein Angebot geprüft werden und über interaktive Links ein Bestellprozess oder mehrere Prozesse der Informationsanforderung ausgelöst werden. Im OnlinE-Mail-Bereich bestehen gegenwärtig Wirkungsvorteile, da der „Werbedruck" im Vergleich zu traditionellen Kommunikationsinstrumenten noch gering ist. Deswegen kann eine personalisierte Ansprache erfolgreich sein. Dies kann auch für die „Bulk Mailings" gelten.

#### 4.2.2.1.1 Outbound E-Mails

Bei Outbound E-Mails werden Kontakte zu Konsumenten initiiert, zu denen bislang noch keine Geschäftsbeziehung bestand. Die Voraussetzung für eine erfolgreiche Geschäftsanbahnung liegt unter anderem in der Qualität der ausgewählten Kontaktadressen. Insofern kommt der Adress-Selektion eine besondere Bedeutung zu.

##### 4.2.2.1.1.1 Adressangebot: Passive Suche

Der Handel mit Adressen hat sich mittlerweile zu einem florierenden Geschäft entwickelt. Adressen-Unternehmen handeln dabei mit zielgruppenspezifischen Adresslisten, in der Hoffnung, die Streuverluste gering zu halten. Die Adresslisten werden aus öffentlich zugänglichen Quellen, wie beispielsweise Zeitungen, Zeitschriften und anderen Publikationen zusammengestellt und in Datenbanken gespeichert. Viele Handelsunternehmen bieten darüber hinaus Adressen aus ihrer Kundendatenbank zum Verkauf oder zur werblichen Nutzung an. Ein werbetreibendes Unternehmen kann also Adressen mieten oder kaufen, die der eigenen Zielgruppe entsprechen, sofern ausreichend Informationen und Segmentierungsmerkmale über die Adressen vorhanden sind.

Für den Online-Werbetreibenden sind diese Adressen natürlich nur interessant, wenn bei den Segmentierungsmerkmalen neben der postalischen auch eine E-Mail-Adresse erfasst ist. Die Aufbereitung der bestehenden Adressbestände um E-Mail-Adressen ist bislang noch schleppend. Im Bereich der „kalten" Adressen entwickelt sich der Markt erst allmählich (vergleichbar mit dem klassischen Listbroking-Markt im Direktmarketingbereich). Die Selektivität der reinen E-Mail-Adresslisten und deren Zielgruppengenauigkeit stehen noch in den Anfängen. Die Bereitschaft, in qualifizierte Adressen zu

573 Vgl. Lampe (1996), S. 163

investieren, ist im Internet ungleich geringer als im klassischen Mailingversand. Der Grund liegt darin, dass die Kosten einer Fehlstreuung aufgrund der Portokosten bei klassischen Mailings ungleich höher sind als beim E-Mail-Versand. Dadurch sind auch höhere Kosten für Dienstleister, die qualifizierte Adressen anbieten.

Leider haben sich im Bereich des E-Mail-Adresshandels auch viele fragwürdige Unternehmen hervorgetan, die z.B. anbieten, eine Werbemitteilung an 1.000.000 Adressen zu schicken (dabei ist also nicht das werbende Unternehmen, sondern der Adresshändler technischer Versender der Nachricht). Die Preise sind dabei im Vergleich zu Print-Sendung extrem niedrig (z.B. US $ 499,–; siehe http://www.e-announce.com/prices.htm).

Das Problem besteht aber einerseits in der Beurteilung der Kontaktqualität, andererseits kann die Auswahl der Adressen nicht zielgruppenorientiert erfolgen, da die Adressen automatisch per Software unsystematisch aus diversen Bereichen des Internets gesammelt wurden. Der niedrige Preis mag dazu verleiten, dieses extrem grobe Schrotflinten-Prinzip zu nutzen. Die Streuverluste werden zwangsläufig groß sein und andererseits riskieren werbetreibende Unternehmen durch derartiges Spamming (= „Überfluten" mit E-Mails) die eigene Seriosität sowie Gegenreaktionen der Internet-Gemeinde (Anforderungen an die „Netikette"). Es existieren „Blacklists", auf denen Unternehmen verzeichnet sind, die gegen die Regeln im Internet verstoßen haben und gleichzeitig gibt es Handlungsempfehlungen der Internet-Gemeinde für Gegenmaßnahmen. Meist entsteht dabei überproportional disfunktionaler Response. Von einigen Programmen werden die Mails zurückgeschickt mit der Konsequenz der Überlastung der eigenen Abteilung. Zudem kann die Selektion von brauchbarem und nicht brauchbarem Response erhebliche zeitliche und finanzielle Mittel beanspruchen.

#### 4.2.2.1.1.2 Aktive Adress-Suche in Mailinglisten und Newsgroups

Zielgruppenorientierter ist die eigene Suche nach Adressen. Die gewünschten Zielgruppen finden sich teilweise in spezifischen Newsgroups, Mailinglisten oder HTML-basierten Diskussionsforen. So könnte ein Unternehmen, das eine Online-Verschlüsselungssoftware vertreibt, beispielsweise die Newsgroup „alt.computer.security" aufsuchen, sich die Adressen der Teilnehmer notieren und eine Werbe-E-Mail versenden. Um gezielt an Adressmaterial zu kommen, gibt es verschiedene Möglichkeiten. Im Falle der Kundenbeziehung ist es relativ einfach: Die bereits vorhandenen Datenbankeinträgen müssen lediglich um die E-Mail-Adresse ergänzt werden. Bei Gewinnspielen oder Bestellungen füllen Kunden regelmäßig solche Formulare aus. Viele User gehen bereits von sich aus auf das Unternehmen zu, entweder um Informationen abzugeben oder sich wegen Serviceleistungen an den Anbieter zu wenden. Diese Adressen müssen abteilungsübergreifend gesammelt werden und dem Ressort für Adressmanagement überreicht werden. Dieser Ansatz bietet sich vor allem auch im Bereich der Business-to-Business-Communication an und vereinfacht in vielen Fällen den Geschäftsprozess (z.T. werden Externlösungen mit proprietären Zugangsberichten auf unterschiedlichen Informationsinhalten aufgebaut).

Im Falle bestehender Geschäftsverbindungen stehen keine rechtlichen Hindernisse im Weg. Als Ausnahme gilt hierbei die Abgabe eine Positivoption, d.h., dass der Kunde sich (gegenüber dem Unternehmen) ausdrücklich gegen solche Zusendungen ausgesprochen hat.

### 4.2.2.1.2 Inbound E-Mails

#### 4.2.2.1.2.1 Instrument des Service-Managements

Einen wesentlichen Bestandteil der Kundenzufriedenheit – und somit auch der Kundenbindung – stellt die Hilfe bei anfallenden Problemen dar. Dies kann sich zum einen auf logistische Probleme beziehen, wie Fragen zu Lieferbedingungen, Lieferverzug etc. Etwaige Probleme können zum Teil schon im Vorfeld durch genaue Informationen auf der Website des Online-Shops geklärt werden, d.h. durch klare Angaben von Zahlungs- und Lieferbedingungen oder durch einen FAQ-Abschnitt (= Frequently Asked Questions). Mit dem Ansatz „Ask Dudley" der Firma Dell werden durch eine Maschinensprache die gestellten IT-Fragen beantwortet. Besonders für Neukunden und EDV-Laien ist dies ein hilfreicher Einstieg.[574] Teilweise wird aber eine persönliche Kommunikation unumgänglich sein. Ein Dialog ist dann per E-Mail möglich, wenn etwa Adressen nach dem Schema info@unternehmen.de (für allgemeine Fragen) oder support@unternehmen.de (für spezielle Supportfragen, insbesondere technischer Natur) genutzt werden. Diese Kontaktmöglichkeiten sollten vor allem im Online-Shop klar erkenntlich bzw. zugänglich sein. Idealerweise sollten solche Instrumente für Stammkunden zur Verfügung stehen. Die Firma Dell Computer hat für Stammkunden einen gesicherten Bereich (premier pages) mit kundenspezifischen Serviceleistungen eingerichtet. An die 3000 Geschäftskunden erhalten Informationen zu Neuheiten und Upgrates von Dell-Produkten schon sechs bis zwölf Monate vorher (imageWatch). Dell-Kunden können dadurch das Upgrade ihrer Systeme und das damit verbundene Software-Setup der Festplatten rechtzeitig vornehmen. Beliebt sind weiterhin die automatischen Benachrichtigungen, dass die Bestellung ausgeliefert wurde. Wöchentlich werden ca. 110.000 Dateien aus den Support-Bibliotheken heruntergeladen.[575] Konfigurierbare Buchagenten informieren bei www.libri.de über Neuerscheinungen. Die Buch-Gruß-Funktion ermöglicht Dritten, auf interessante Titel aufmerksam gemacht zu werden (Prinzip der Freundschaftswerbung).[576]

---

574 Vgl. Schwarz, T., Dörffeldt, T. (1999), S. 62.

575 Vgl. Schwarz, T., Dörffeldt, T. (1999), S. 60 ff.

576 Libri als Buchgroßhändler startete 1997 einen E-Commerce-Shop für Bücher und bündelte 500 stationäre Buchhändler in Form eines Partnershops. Die Plattform Libri möchte den Nutzern einerseits einen erkennbaren Zusatznutzen gegenüber bestehenden Buchshops im Web (BOL u.a.) bieten und andererseits die traditionellen Buchhandelspartner auch im Internet nahtlos in die Geschäftsprozesse einbinden. In dem Partnermodell konzentrieren sich die Beteiligten auf ihre jeweiligen Kernkompetenzen. Der Buchgroßhändler (Barsortimenter) Libri (Lingenbrink) liefert die Katalog- und Logistikkompetenz und der stationäre Buchhandel die fachliche Kompetenz sowie die Beratung und Auslieferung vor Ort. Vgl. Schrader, M. (1999), S. 233 und 236.

#### 4.2.2.1.2.2 Kundenbindung und Cross-Selling durch individualisierte Anspracheformen

Grundlage hierfür sind die Informationen über den Kunden aus der Kundendatenbank. Für Stammkunden bzw. Kunden, die sich auf einer höheren Loyalitätsstufe (z.B. regelmäßige Besteller, Heavy Half-Besteller) befinden, kann eine an die persönlichen Interessen angepasste Mitteilung erstellt werden – sofern die notwendigen Daten dem Unternehmen vorliegen. Aber nicht nur die Loyalitätsstufe ist ausschlaggebend für die Individualität der Kommunikation, auch persönliche Produktnutzungsprofile (vgl. Web-Erfolgsmessung) sollten sinnvollerweise berücksichtigt werden.

Um die spezifischen Käuferinteressen unterschiedlicher Nutzergruppen adäquat zu berücksichtigen, wird bei der Strategie von Dell bereits eine Segmentierung vorgenommen. Der Kunde kann ein auf seine individuellen Bedürfnisse zugeschnittenes Informationsangebot bekommen. Privatkunden erhalten Einstiegshilfen zur Auswahl des auf die individuellen Bedürfnisse zugeschnittenen Produktes (in diesem Fall Rechner). Business-to-Business-Kunden finden dagegen Informationen zu Servern und Speichersystemen sowie zu Netzwerken.[577]

Im Jahre 1996 traten in den USA erste Softwareanbieter mit so genannten „Push Technologien" in den Markt. Firmen wie Marimba, Pointcast oder Backweb boten Funktionalitäten, mit denen Internet-Nutzer abonnierte Inhalte regelmäßig von Anbietern erhalten konnten. Gegenüber traditionellen E-Mail-Informationen unterscheiden sich Push-Technologien durch zwei Merkmale:

- Neben rein textorientierten Informationen können so genannte „InfoFlashes" mit multimedialen bzw. grafisch frei gestaltbaren Inhalten verschickt werden.
- Informationen können auch dann angeboten werden, wenn der Nutzer offline ist. Die Zusendung des InfoFlashes erfolgt dann, wenn der User gerade online ist, ohne dass der Nutzer von der Information Kenntnis erlangt. Die Aktivierung der InfoFlashes erfolgt dann zu einem beliebigen späteren Zeitpunkt (auch bei Offline-Nutzung der Rechner).

Damit verliert der Rezipient im Gegensatz zu den traditionellen „Pull Mechanismen" im Internet die zeitliche und inhaltliche Autonomie über den Informationsabruf. Die Lufthansa hat als eines der ersten Unternehmen diese Technologien eingesetzt, bis dieser Dienst 1998 wieder eingestellt wurde und nur noch normale E-Mail-News (Infoflyer) versandt wurden, die trotz allem kundenindividuelle, maßgeschneiderte Inhalte liefern, sofern der Kunde regelmäßig inhaltliche Präferenzen äußert. Hierdurch konnte Lufthansa bis Ende 1999 ca. 1 Million E-Mail-Adressen generieren, die zudem für regelmäßige Kundenbefragungen über das Internet angefragt werden.

Die Gründe für das Einstellen des Push-Dienstes lagen bei Problemen in der Software, die dazu führten, dass die Anzahl neuer Abonnenten schnell einbrach.

[577] Vgl. Schwarz, T., Dörffeldt, T. (1999), S. 56 ff.

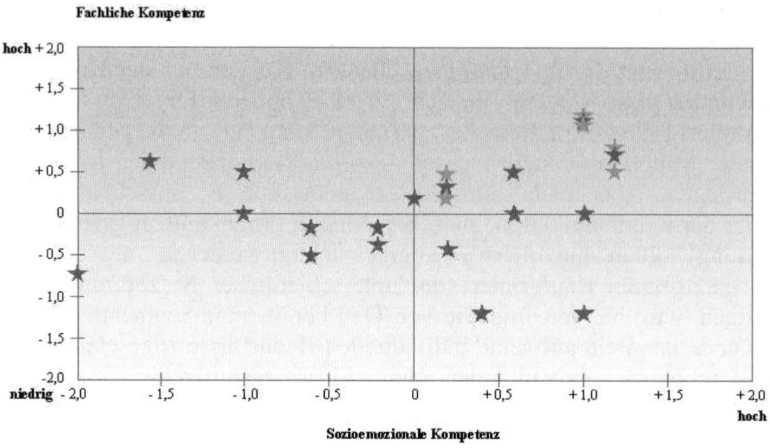


*Abb. 4.21: Anzahl neuer Abonnenten des Push-Dienstes pro Woche (Quelle: Conrady, R., Orth, M. (1999), S. 42)*

4.2.2.1.2.3 Massenansprache

Darunter versteht man die Ansprache einer Vielzahl von Konsumenten mit standardisierten Inhalten in regelmäßigen Abständen. Da sehr schnell eine Belästigungswirkung bei den Konsumenten eintreten kann, ist zu prüfen, ob nicht im Vorhinein dem Kunden die Möglichkeit offen bleiben sollte, selbst auswählen zu können, ob und welche Informationen er in Zukunft per E-Mail erhalten will (z.B. durch ein Online-Formular). Dies würde dann quasi einem Abonnement entsprechen (standardisierter E-Mail-Kontakt). Diese Anspracheform unterscheidet zwischen Newslettern und Rundbriefen.

Rundbriefe werden nur gelegentlich an einen proprietären Kreis verschickt. Newsletter dagegen in regelmäßigen Abständen, um über neue Entwicklungen des Anbieters bzw. über Produkte und Problemlösungen zu informieren.

Gerade bei Rundbriefen ist es zwingend, dem Kunden jederzeit die Möglichkeit zu geben, das Abonnement wieder aufzulösen (z.B. Integration der notwendigen Informationen in die Info-Mail). Abonnements werden aber nur dann gekündigt, wenn die Informationen nicht wirklich gewünscht werden, wenn die Informationen zu umfangreich und unverdichtet sind und damit im Sinne der „Convenience-Haltung" zu viel Zeit der Bearbeitung erfordern, oder aber wenn wirklich nichts Neues darin steht. In den anderen Fällen gehören Newsletter zu den Komponenten einer Service-Orientierung.

4.2.2.1.3 Abwicklung

4.2.2.1.3.1 E-Mail-Center

Anfragen, durch die Online-Kommunikationswege per E-Mail erfolgen (inbound), müssen schnell beantwortet werden. Die Nutzer erwarten, dass E-Mails innerhalb von 24

Stunden beantwortet werden.[578] Um diese Erwartung zu erfüllen, sind entsprechende organisatorische Voraussetzungen zu treffen, insbesondere muss eine entsprechende Personalkapazität zur Verfügung stehen. Eine Möglichkeit, ohne Aufstockung der Mitarbeiterzahl dennoch die gewünschte Reaktionsgeschwindigkeit zu erreichen, stellt das Hinzuziehen von Dienstleistungen in Form von E-Mail-Centern dar. E-Mail-Center sind die Pendants zu den sich immer mehr etablierenden Call-Centern.[579] Die Aufgaben dieser Mail-Center liegen sowohl in der Beantwortung einfacher Fragen, beispielsweise mittels vorgefertigter Textblöcke, als auch darin, bei spezifischeren Anfragen die E-Mail an die entsprechende Kontaktperson im Unternehmen weiterzuleiten.[580] Durch den Einsatz von E-Mail-Centern werden die Mitarbeiter des Unternehmens um Routineaufgaben entlastet und können sich ihren eigentlichen Aufgaben widmen. Die Nutzer auf der anderen Seite erhalten ihre Antwort innerhalb der erwarteten Frist.

#### 4.2.2.1.3.2 Autoresponder

Eine Möglichkeit, noch schneller auf eine Kundenanfrage zu reagieren, bietet der so genannte Autoresponder. Dabei handelt es sich um ein „Programm, das auf eingehende E-Mails mit einem automatisch versandten Standardtext antwortet."[581] Zwei Formen haben sich hier etabliert: Zum einen wird von diesem Programm die Betreffzeile nach Keywords analysiert und der entsprechende Standardtext zugesandt. Die zweite Ausprägung besteht in der Einrichtung einer eigenen E-Mail-Adresse, z.B. autoresponder@firmaxy.de. Sendet der Nutzer eine E-Mail an diese Adresse, so erhält er eine E-Mail zurück, die in einem Verzeichnis thematisch gegliedert ist und einzelne Punkte aufführt, zu denen das Unternehmen vorgefertigte Texte bereit hält. Die Themen, beispielsweise „Neue Produkte" oder „Zahlungsbedingungen", sind mit einem eigenen E-Mail-Link versehen. Sendet der Nutzer eine E-Mail an einen dieser Links, so erhält er die spezifischen Informationen zum gewünschten Thema in einer weiteren E-Mail.

Autoresponder ermöglichen eine schnelle Beantwortung von Nutzeranfragen. Nachteilig ist jedoch, dass das Programm nicht auf spezifischere Kundenanfragen reagieren kann. Aus diesem Grunde ist es sinnvoll, sowohl ein „Contact a Computer" als auch ein „Contact a Human" durch ein E-Mail-Center dem Kunden anzubieten.[582] Vorbildliche Lösungen bietet das Erotik-Versandhaus Beate Uhse.

#### 4.2.2.1.3.3 Mailing Robots – Kundengesteuertes Database-Marketing

Bei Mailing Robots handelt es sich ebenfalls um ein Programm, das die Kunden mit den gewünschten Informationen versorgt. Allerdings steht hier keine Kundenanfrage mit einer spezifischen Antwort im Vordergrund, vielmehr handelt es sich um die Distribution allgemeiner Informationen, wie zum Beispiel Produktneuheiten oder Preisaktionen. Darum ist das Ziel des Einsatzes von Mailing Robots mit dem Einsatz von Newslettern

[578] Vgl. Werner, A., Stephan, R. (1998), S. 99
[579] Vgl. Werner, A., Stephan, R. (1998), S. 100
[580] Vgl. Werner, A., Stephan, R. (1998), S. 100
[581] Vgl. Stolpmann, M. (1999), S. 280
[582] Vgl. Werner, A., Stephan, R. (1998), S. 101

vergleichbar. Im Gegensatz zu Newslettern ermöglichen Mailing Robots eine Individualisierung der Nachricht. Bei Mailing Robots füllen die Kunden zunächst ein Interessensprofil aus, anhand dessen dem Kunden bei entsprechenden Neuinformationen zu den interessierenden Punkten eine E-Mail zugesandt wird. Dem Kunden bleibt überlassen, welche Informationen er wünscht, wie oft er benachrichtigt werden möchte und ob er einen Volltext oder einen schnellen Überblick per Linkliste erhalten möchte. Aus diesem Grund spricht man hier von einer „direkt kundengesteuerten Form des Database-Marketing."

Natürlich dienen diese E-Mails mit ihren Marketing-Botschaften auch der Site Promotion. Durch die Angabe von Links zu den entsprechenden Angeboten lässt sich der Traffic auf der Seite leicht erhöhen. Im Unterschied zu den vorgestellten Site Promotion-Instrumenten im gleichnamigen Kapitel hat die E-Mail jedoch einen Vorteil: sie landet direkt im Posteingang des Nutzers, d.h. der Nutzer muss nicht erst die Seite besuchen, um mit der Werbebotschaft konfrontiert zu werden.[583] Des Weiteren können durch die auf diese Weise ermittelten Interessensprofile Kundenstämme segmentiert und damit die Streuverluste minimiert werden.

Die Charakteristik der E-Mail als Push-Kommunikationsinstrument wird unter Zuhilfenahme von Mailing Robots in eine Pull-Kommunikation umgewandelt. Somit begibt sich das Online-Vertriebssystem auch nicht in die Illegalität, denn unaufgeforderte Massensendungen per E-Mail sind in Deutschland verboten.[584] Der Nutzer entscheidet selbst, ob er Informationen erhalten möchte. Jede zugesandte E-Mail sollte deshalb auch die Möglichkeit zum Subscribe/Unsubscribe und zur Veränderung des Empfängerprofils enthalten.[585]

#### 4.2.2.1.4 Rechtsrahmen

- *Adresshandel:* Der Adresshandel ist juristisch grundsätzlich zulässig und nur wenigen Restriktionen durch das Datenschutzgesetz (BDSG) unterworfen.[586] Gemäß § 29 Abs. 2 BDSG dürfen durch private Personen oder Unternehmen listenmäßig oder sonst zusammengefasste Daten über Personen als Angehörige *einer* Personengruppe übermittelt werden, die sich auf folgende Daten beziehen: Zugehörigkeit zu dieser Personengruppe, Berufs-, Branchen- oder Geschäftsbezeichnung, Namen, Titel, akademische Grade, Anschrift, Geburtsjahr. Unzulässig ist die Übermittlung, wenn dem „schutzwürdige Interessen" entgegenstehen. Doch vermutet das Gesetz solche Interessen nur, wenn es um besonders sensible Daten geht, die sich z.B. „auf gesundheitliche Verhältnisse, auf strafbare Handlungen, auf Ordnungswidrigkeiten, auf religiöse oder politische Anschauungen sowie bei Übermittlungen durch den Arbeitgeber auf arbeitsrechtliche Rechtsverhältnisse beziehen".
- *E-Mails an kalte Adressen nach deutscher und EU-Rechtsprechung:* Die Situation ist somit vergleichbar mit der Zusendung unaufgeforderter Fax-Nachrichten an Personen, mit denen noch keine Geschäftsverbindung besteht oder im Telefonmarketing die Outbound Calls zur Neukundenakquisition. Die Versendung elektronischer

---

583 Vgl. Werner, A. (1998), S. 150
584 Vgl. Werner, A. Stephan, R. (1998), S. 103 und Stolpmann, M. (1999) S. 167
585 Vgl. Werner, A., Stephan, R. (1998), S. 103
586 Vgl. Nedden (1999)

Post ist wohl einer der attraktivsten Dienste des Internets. Dieser bedienen sich nun auch die Werbetreibenden, wobei sich auch insgesamt die Frage stellt, inwieweit das zulässig ist. Zum Versenden von E-Mails als Mittel des Direktmarketings gab es in Deutschland bisher nur zwei gerichtliche Entscheidungen vom LG Berlin und vom LG Traunstein. Beide kommen auf von einander abweichenden Wegen zu der Ansicht, dass die Versendung von Werbe-E-Mails nur insoweit zulässig ist, als dass das Einverständnis des Empfängers vorhanden ist oder eine Geschäftsbeziehung besteht. Ansonsten liege ein Verstoß gegen § 1 UWG und § 823 Abs.1 BGB vor.[587] „Ein Unterlassungsanspruch gegenüber Aussendern der Werbe-E-Mails steht Privatpersonen, Freiberuflern und Gewerbetreibenden gleichermaßen zu."[588] Die deutsche Rechtsprechung verbietet auch in diesem Fall Unternehmen, unaufgefordert E-Mails an potenzielle Konsumenten bzw. an Konsumenten, zu denen noch keine Geschäftsbeziehung besteht, zu schicken.[589] Findet man nun unangeforderte Werbung in seinem Postfach, kann der Absender aufgefordert werden, die Zusendung weiterer Nachrichten sofort zu unterlassen. Wird dies nicht beachtet, kann man einen Anwalt beauftragen, der eine offizielle Abmahnung schickt. Die Kosten trägt der unlauter Handelnde.[590] Die Meinung der Autoren juristischer Fachliteratur zu diesem Thema geht sehr auseinander. Die einen halten das E-Mail-Werbeverbot nicht für sachdienlich, sondern befürchten, dass die kommerzielle Entwicklung des Internets in Deutschland dadurch verzögert werden und dies Deutschland als Wirtschaftsstandort auf Dauer schaden könnte.[591] Allerdings gilt dies zunächst nur für den Bereich Business-to-Consumer, nicht im Bereich-Business-to-Business-Marketing.

- *Europarecht:* Die Fernabsatzrichtlinie der Europäischen Union nimmt E-Mails von solch einem Verbot aus[592]. Die EU sieht im derzeitigen Gesetzesvorschlag vielmehr vor, dass Werbe-E-Mails in der Betreffzeile als Werbung gekennzeichnet werden und eine Größe von 5 KB nicht überschreiten dürfen, um zu lange Ladezeiten zu vermeiden. Weiterhin soll dem Konsumenten die Möglichkeit eröffnet werden, durch die Eintragung in eine „opt-out"-Liste (vergleichbar mit den Robinson-Listen[593] für Direkt-Werbung) dem Erhalt unaufgeforderter Mails zu widersprechen[594]. Folglich wird es dann legal sein, Konsumenten, die sich nicht explizit gegen den Erhalt von Werbe-E-Mails ausgesprochen haben, damit kommunikativ anzusprechen. Sowohl Wirtschaftsverbände als auch Provider haben sich bereits gegen die Regelung ausgesprochen, weil die Befürchtung naheliegt, dass das Medium seinen kommunikativen Wert verliert, wenn Internet-Nutzer extrem viel Zeit mit dem Lesen und Aussortieren von Werbung verbringen müssen.[595]

---

587 Vgl. Busemann, J. R., Freitag, A. (1998), S. 476

588 Vgl. Moritz, W. (1998), S. 623

589 Vgl. Herberger, (1998)

590 Vgl. Strömer, T,.(1997), S. 48

591 Vgl. Busemann, J. R., Freitag, A. (1998), S.4 79

592 Vgl. Rötzer (1999)

593 Konsumenten, die keine schriftliche Werbung erhalten wollen, können sich beim Deutschen Direktwerbeverband (DDV) in Wiesbaden in einer Datei eintragen lassen. Diese Datei wird von den etablierten Direktwerbeunternehmen im Rahmen ihrer Adressaufbereitung eingesetzt, um vor der Werbeaussendung unerwünschte Adressen zu eliminieren.

594 Vgl. Kossel (1999)

595 Vgl. Schulzki-Haddouti, C. (1999a)

Im Gegensatz zu Print-Werbebriefen, bei denen bereits ebenfalls von Überflutung der Konsumenten gesprochen werden kann, sinken durch die niedrigen Kosten beim E-Mail-Versand die ökonomischen Barrieren, die bei Print-Werbebriefen vorhanden sind. Sie favorisieren deshalb eine „Opt-In"-Lösung, d.h. der Verbraucher erhält nur dann eine Werbe-E-Mail, wenn er zuvor dem Erhalt explizit zugestimmt hat. Auch der deutsche Multi-Media-Verband (dmmv) hat sich nach anfänglicher Unterstützung gegen die EU-Richtlinie ausgesprochen und vertritt nun eine „Position, die die Selbstbestimmung des Nutzers unter Zugrundelegung der Besonderheit des Kommunikationsablaufs im Internet respektiert und dabei die Akzeptanz und Wirkung von E-Mail-Werbeaussendungen fördert". Propagiert wird dabei eine detaillierte Prozedur des Abonnierens und Deabonnierens. Trägt sich ein Nutzer dabei aus dem Listserver aus, müssen seine Daten binnen 24 Stunden aus der Liste gelöscht werden. Allerdings ist die gesamte Prozedur des dmmv aus gesetzgeberischer Sicht wohl zu detailliert beschrieben – bei einer technologischen Weiterentwicklung bzw. Erweiterung der Verfahren müsste die Richtlinie wiederum angepasst werden.[596] Da das Internet ein grenzüberschreitendes Medium ist, müssen darüber hinaus natürlich auch die gesetzlichen Bestimmungen in anderen Ländern berücksichtigt werden. „Spamming" ist zum Beispiel mittlerweile in einigen Staaten der USA unter Strafe gestellt und eine einheitliche Regelung auf US-Bundesebene wird vorbereitet. Darüber hinaus verbieten auch einige Provider das Spamming in ihren Geschäftsbedingungen (ob auch erfolgreich, sei dahin gestellt).[602] Wieder andere stehen voll hinter dem Verbot und schließen sogar die Möglichkeit nicht aus, die Versendung von Werbe-E-Mails unter datenschutzrechtlichen Gründen zu verbieten.[597] Nach der EU-Fernabsatzrichtlinie 97/7 EG des Europäischen Parlaments und des Rates vom 20.05.1997 ist E-Mail-Werbung nur dann untersagt, wenn der Verbraucher sie offenkundig ablehnt. Allerdings handelt es sich hier nur um eine Mindestklausel. Den Mitgliedsstaaten steht es zu, strengere Regelungen beizubehalten, sodass diese Regelung keinen direkten Einfluss auf die deutsche Rechtsprechung haben muss.[598] Der Handel selbst hat in den ICC Guidelines festgelegt, dass der Respekt lediglich die Versendung von Werbung über Newsgroups, das so genannte „Spamming" (Versendung kommerzieller Mails innerhalb einer Mailing List unter Missachtung des Themenbezugs der List), verbietet.[599] Für die Werbung im Internet gilt des Weiteren der § 9 MDStV, er enthält Werbebeschränkungen, so z.B. in § 9 Abs. 2 MDStV das Trennungsgebot von Werbung und redaktionellem Inhalt. Der Mediendienste-Staatsvertrag gilt für Dienste, die sich an die Allgemeinheit richten, d.h. er umfasst Werbung auf den Webseiten eines Unternehmens, nicht allerdings die Werbe-E-Mails. Eine genauere Abgrenzung ist im Rahmen dieser Arbeit nicht möglich. Die Werbung unterliegt auch dem Gebot der sachlichen Richtigkeit und der möglichst großen Eindeutigkeit der Werbeaussage, ansonsten kann ein Verstoß gegen § 3 UWG angenommen werden.[600] Insgesamt gesehen, findet die Werbung im Internet also in einem strengen Gesetzesumfeld statt.

596 Vgl. Schulzki-Haddouti, C. (1999b)
597 Vgl. Moritz, W. (1998), S. 624
598 Vgl. Busemann, J. R., Freitag. A. (1998), S. 478
599 Vgl. Hoeren, T., Hrsg. von Lehmann, M. (1997), S. 114
600 Vgl. Börner, F., Heitmann, Sengpiel, Strunk, Zöllkau (1999), S. 83

- *Vergleichende Werbung:* Bei Verwendung der oben bereits erwähnten vergleichenden Werbung erwarten einen Handeltreibenden in Deutschland straf- und zivilrechtliche Konsequenzen.[601]

4.2.2.1.5 Kosten-/Nutzensituation

Ein großer Vorteil gegenüber traditionellen schriftlichen Versandformen sind hierbei die günstigeren Kosten. Die Kosten für eine E-Mail-Aktion sind ungefähr um den Faktor 1000 niedriger als bei allen herkömmlichen Verfahren des Direkt-Marketings.[602]

### 4.2.2.2 One-to-Many-Kommunikation

4.2.2.2.1 Interaktive Mailinglisten

Im Internet kann nicht nur der Dialog zwischen Anbieter und Kunden beeinflusst werden, sondern auch die Kommunikation unter den Konsumenten selbst kann aktiv gestaltet werden. So kann das werbetreibende Unternehmen eine (interaktive) Mailing-Liste einrichten mit Inhalten über das gesamte Unternehmen oder speziell für bestimmte Produkte. Mailing-Listen werden allgemein als „Verteiler im Internet“[603] bezeichnet. Die Nutzer tragen sich in diese Listen ein und erhalten Informationen per E-Mail.

So kann ein Benutzer von Produkt „A“ beispielsweise die Mailing-Liste produkt-a-liste@unternehmen.de abonnieren und dort seine technischen Probleme „posten“. Die Mail wird automatisch an alle anderen Abonnenten der Mailing-Liste weitergeleitet und sowohl der Kunden-Support des Unternehmens als auch andere Kunden können auf die Anfragen antworten. Voraussetzung hierfür ist selbstverständlich die Installation einer speziellen Software auf dem Mailserver.

Durch das Abonnieren einer solchen Liste wird der Nutzer regelmäßig an das Online-Vertriebssystem erinnert. Folglich eignen sich diese Instrumente besonders zur Kundenbindung.

Etabliert haben sich folgende Formen: Newsletter als One-to-Many-Kommunikation und die Diskussionslisten in moderierter und unmoderierter Ausprägung als Many-to-Many-Kommunikation. Beide Formen erlauben, Informationen schnell, kostengünstig und effizient zu verbreiten.

- *Newsletter:* Newsletter gehören zum Pflichtprogramm eines jeden größeren Online-Vertriebssystems. Sie sind das Pendant zur Kundenzeitschrift, in Produktion und Distribution jedoch um ein Vielfaches günstiger.[604] Newsletter dienen der Massenkommunikation und haben unidirektionalen Charakter, d.h. die Empfänger können nicht direkt antworten. Hierin unterscheiden sich die Newsletter von den Diskussionslisten, bei denen die Nutzer selbst Antworten und Fragen an die Diskussionsliste

601 Vgl. Strömer, T. (1997), S. 47f.
602 Vgl. Schulzki-Haddouti, (1999a)
603 Vgl. Werner, A., Stephan, R. (1998), S. 220
604 Vgl. Stolpmann, M. (1999), S. 169

senden können (bidirektionale Kommunikationsform). Inzwischen haben sich zwei Formen von Newslettern etabliert:[605]

- Volltext-Variante und
- Aufreißer mit Angabe weiterführender Links.

Die erste Form bietet für den Nutzer sehr bequem alle Informationen. Bei der zweiten Form kann der Nutzer aus einem Informationsmenü wählen und sich dann die vollen Texte anzeigen lassen. Hierdurch wird zum einen der Traffic auf der Seite erhöht, zum anderen lassen sich über die Analyse der angeklickten Links eine Hitliste der Popularität der einzelnen Themen messen sowie die Präferenzen des Kunden und damit die Segmentierbarkeit erschließen. Hierzu müssen die Links mit einer speziellen ID versehen werden.
Wichtig für den Newsletter ist der Nutzen, den er für den Kunden darstellt. Neben Neuigkeiten können Sonderaktionen oder auch Gewinnspiele angekündigt werden. Wenn eher interessante Informationen als Werbebotschaften im Vordergrund stehen, eignet sich das Instrument sowohl zur Neukundenansprache als auch zur Kundenbindung. Voraussetzung ist, den Interessenten oder Kunden von dem Abonnement des Newsletters zu überzeugen. Dies kann dadurch geschehen, dass ein Archiv älterer Ausgaben auf der Website vorhanden ist, durch das sich die Nutzer von der Qualität der Newsletter überzeugen können. Ist ein Newsletter abonniert, so kann das Online-Vertriebssystem durch einen langfristigen Kontakt ein hohes Vertrauen bei den Abonnenten generieren. Interessenten können zu Erstkunden werden.[606]

- *Support-Newsgroup:* Die weitere Möglichkeit ist die Nutzung einer Newsgroup. Sie verfolgt den gleichen Zweck wie die interaktiven Mailinglisten, lediglich die Technik ist eine andere. Der Kunde muss dazu in seinem News-Client (dieser ist in den kostenlosen Programmen MS Outlook Express oder dem Netscape Messenger z.B. schon integriert) den jeweiligen News-Server anmelden und dann aus einer Liste die gewünschte Newsgroup abonnieren. Er sieht dann in hierarchischer Struktur die einzelnen „Threads“ und die Antworten darauf. Ein Problem besteht allerdings darin, dass nicht alle Newsgroups über alle Internet-Provider zugänglich sind. Und auch wenn eine Group zugänglich ist, wird sie bei vielen Providern nicht regelmäßig aktualisiert, d.h. die Threads sind dann u.U. nicht vollständig. Hier bietet es sich an, einen eigenen News-Server einzurichten. Die Newsgroup ist dann nicht über den News-Server des Providers, sondern über den Web-Server des Unternehmens direkt erreichbar. Hierbei sollte aber nochmals darauf hingewiesen werden, dass ein Dialog zwischen Kunde und Unternehmen nur dann möglich ist, wenn sich Mitarbeiter des Unternehmens aktiv am Support-Forum beteiligen. Denn Newsgroups zu bestimmten Produkten gibt es zu Hunderten, allerdings sind diese meist auf private Initiativen hin gegründet worden und werden nicht von werbetreibenden Unternehmen gestützt.

---

[605] Vgl. Stolpmann, M. (1999), S. 170
[606] Vgl. Stolpmann, M. (1999), S. 170-173

4.2.2.2.2 Meeting Points

- *Diskussionsforum auf der Unternehmens-Homepage:* Diskussionsforen sind elektronische Verteiler, die entweder eingehende Nachrichten sammeln und sich durch einen Moderator in gesammelter Version weitergeben lassen oder eingehende Nachrichten an alle anderen Teilnehmer der Liste verteilen.[607] Diskussionsforen haben eine begrenzte Anzahl von Teilnehmern. Die Einrichtung eines Diskussionsforums auf der Homepage des Unternehmens mittels HTML stellt eine weitere Form dar, die Kommunikation gemeinsam mit Konsumenten über Themen aktiv zu gestalten. Dabei stehen Themen im Mittelpunkt, die im Interesse des werbetreibenden Unternehmens sind. Oftmals wissen die Nutzer über die Anwendung bestimmter Produkte besser Bescheid als der Anbieter selbst.[608] Dieses Expertenwissen der Kunden kann mithilfe solcher Diskussionslisten genutzt werden. Die Mitglieder stellen ihre Sachkenntnis zur Verfügung, mit der Konsequenz, dass Fragen anderer Nutzer schneller und qualitativ hochwertiger beantwortet werden können als es beispielsweise durch ein E-Mail-Center realisiert werden könnte.[609] Solche Foren werden aber erfahrungsgemäß in erster Linie zur Diskussion der Kunden untereinander genutzt. Der Produkt-Support erfolgt dann weiterhin direkt per E-Mail. Ein solches Forum ist nicht nur ein kostengünstiger Service für die Kunden, es eignet sich zusätzlich, die Kommunikation der Nutzer zu beobachten.[610] Die Daten liegen in digitaler Form vor und bieten eine hervorragende Basis für die Marktforschung. Aus den Daten lassen sich Rückschlüsse auf die Sortimentsgestaltung und auf erforderliche zusätzliche Nutzenangebote auf der Website des Online-Vertriebssystems ziehen.[611]
  Bei den Diskussionsforen unterscheidet man:

  - unmoderierte
  - moderierte

  Die unmoderierte Form besteht aus einem einfachen Verteiler, der die Nachrichten an alle weiterleitet. Nachteilig ist hier, dass die Anzahl der E-Mails bei einer gut genutzten Diskussionsliste sehr schnell den Posteingang der Nutzer zum Überlaufen bringt. Abhilfe schafft hier der Einsatz eines Listenmoderators. Seine Aufgabe ist es, die eingehenden E-Mails zu sammeln und in Form von „Digests" in einem bestimmten zeitlichen Rhythmus, beispielsweise täglich, den Mitgliedern zuzusenden.[612] Je nach Größe und Mitarbeit der Teilnehmer ist eine der beiden Formen zu favorisieren. Diskussionslisten sind in ihrer Einrichtung sehr günstig. Zum Teil ist die Software kostenlos erhältlich.[613] Lediglich der Listenmoderator, sofern erforderlich, benötigt zusätzliche Personalkapazität. Diese Aufgabe kann jedoch auch auf ein E-Mail-Center übertragen werden.

---

607 Vgl. Werner, A., Stephan, R. (1998), S. 104
608 Vgl. Werner, A., Stephan, R. (1998), S. 103 und Werner, A. (1998), S. 160
609 Vgl. Werner, A., Stephan, R. (1998 ), S. 104
610 Vgl. Stolpmann, M (1999), S.177 und Werner, A. (1998), S. 104
611 Vgl. Werner, A., Stephan, R. (1998), S. 104
612 Vgl. Stolpmann, M. (1999), S. 177 und Werner, A., Stephan, R. (1998), S. 163f.
613 weitere Informationen z. B. unter http://www.sparklist.com oder http://www.listbot.com

- *Postings in Mailinglisten und Newsgroups:* Für kommunikative Zwecke können Mailing-Listen und Newsgroups entweder als Quelle für E-Mail-Adressen von Konsumenten mit spezifischen Interessen (segmentierte Liste) dienen oder aber direkt als Ort, um Werbebotschaften („Postings") zu platzieren. Nur wenige Listen/Newsgroups sind kommerzieller Natur, sodass direkte Werbebotschaften in den meisten Fällen von den Empfängern mit Ablehnung, zumindest aber mit großem Argwohn behandelt werden. Dies kann, wenn die Liste oder Newsgroup moderiert wird, im Extremfall zum Ausschluss aus dem Forum führen. Ein Posting unter gleicher Adresse ist dann nicht mehr möglich. Doch auch ohne Moderator wissen sich die Teilnehmer zu wehren und so genannte „Flames" (d.h. Hass-E-Mails in großer Zahl) können die Folge sein.[614]
  Stellen die WerbE-Mails allerdings einen konstruktiven Beitrag zum Forum dar, kann ein Posting unter Umständen völlig unproblematisch bzw. sogar erwünscht sein. Dies ist z.B. der Fall bei der Akai-Mailing-Liste, einem (privat geführten) Diskussions-Forum für Produkte des japanischen Elektronik-Herstellers Akai: Hersteller von sog. Sampling-CDs (diese dienen als Klangmaterial für die von Akai hergestellten Sampling-Musikinstrumente) senden hier regelmäßig WerbE-Mails für ihre Produkte, auch als direkte Antwort auf Anfragen von Abonnenten.
  Andererseits kann natürlich niemand davon abgehalten werden, anonym Werbung für die eigenen Produkte zu betreiben. So kann ein Hersteller in einem passenden Forum als Privatmann auftreten und das eigene Produkt bzw. die Firma den anderen Teilnehmern weiterempfehlen.

#### 4.2.2.2.3 Communities

Communities (Gemeinschaften) findet man außerhalb des Internets in den unterschiedlichsten Formen: Vereine, Dorfgemeinschaften, Interessenverbände oder die Belegschaft eines Unternehmens als Community.[615]

Im Internet entwickeln sich Communities durch die Kommunikation von Kunden, Nutzern und Anwendern untereinander. Sie alle verbindet das gemeinsame Interesse zum Kommunikationsaustausch über ein bestimmtes Thema.[616] Virtuelle Gemeinschaften dienen jedoch nicht nur dazu, Informationen zusammenzutragen, sondern um gleichgesinnte Menschen zusammenzuführen.[617] Damit stellen sie für das werbetreibende Unternehmen eindeutig eine umrissene Zielgruppe dar.

Über das Internet können virtuelle Gemeinschaften gebildet werden, die vorher durch die räumliche Trennung der potenziellen Mitglieder und die mit dem Kennenlernen verbundenen Kosten nicht möglich waren. Durch das Internet werden diese Hindernisse überbrückt.[618] Communities können aus ideellen, aber auch kommerziellen Motiven gegründet worden sein.

Virtuelle Communities sind durch fünf Kriterien gekennzeichnet:

---

614 Vgl. Alpar, P. (1996), S. 225
615 Vgl. Krause, J., Somm, F., S. 181
616 Vgl. Krause, J., Somm, F., S. 182
617 Vgl. Hagel, J. Armstrong, A. G. (1997), S. 32
618 Vgl. Krause, J., Somm, F., S. 182

- Sie basieren auf einem bestimmten Themengebiet.
- Virtuelle Gemeinschaften stellen ihren Mitgliedern bereits veröffentlichtes Material zum entsprechenden Themenschwerpunkt zur Verfügung.
- Communities sind Interessenvertretungen ihrer Mitglieder. Aus diesem Grund beschränken sie sich dabei nicht nur auf einseitige Produktinformationen, sondern offerieren auch Angebote der Konkurrenz, um die Mitglieder umfassend zu informieren.
- Virtuelle Communities sind vollständig oder teilweise kommerziell ausgerichtet, da sie Erträge erwirtschaften wollen.[619]
- Informationen der Mitglieder werden untereinander mithilfe von Mailing-Listen, Newsgroups und Chats ausgetauscht.

Newsgroups sind mit „Schwarzen Brettern“ vergleichbar, in denen die Mitglieder ihre Beiträge per E-Mail zu einem bestimmten Thema veröffentlichen und zeitversetzt mit anderen Teilnehmern diskutieren können.[620] Sie eignen sich für Mitglieder, die sich eher sporadisch an Diskussionen beteiligen möchten.[621] Im Gegensatz dazu bietet der „Internet Relay Chat“ (IRC) die Möglichkeit „live“, d.h. mit anderen Mitgliedern der Community zeitgleich zu kommunizieren. Jede Eingabe wird unmittelbar an einen oder mehrere angemeldete Gesprächspartner übertragen.[622]

Virtuelle Gemeinschaften bieten folgende Vorteile für den Anbieter:[623]

- Kosten zur Akquisition können eingespart werden, weil potenzielle Interessenten auf Anbieter- und Kundenseite durch die Präsenz der Community leichter zueinander finden.
- Das Kaufrisiko wird durch umfassende Informationen minimiert. Die Kaufbereitschaft von Seiten der Kunden steigt.
- Aufgrund des jeweils festgelegten Themenschwerpunktes sind die gewünschten Zielgruppen in der Community anzutreffen.
- Durch interaktive Möglichkeiten können Anbieter ihre Kunden sowie deren Wünsche besser einordnen und bestehende Produkte den Kundenwünschen anpassen.

Weitere positive Aspekte für den Anbieter ergeben sich aus den „allgemeinen Vorteilen von Netzumgebungen“:[624]

- Der Anbieter muss keine real existierenden Filialen errichten.
- Interessenten aus aller Welt können angesprochen werden.
- Der Zwischenhandel entfällt.

Allgemeine Suchmaschinen sind dem Nutzer keine echte Hilfe mehr, da sie aufgrund der Vielzahl von Online-Angeboten zu viele Suchergebnisse präsentieren. Aus diesem

619 Vgl. Hagel, J., Armstrong, A. G. (1997), S. 23f.
620 Vgl. Krause, J., Somm, F., S. 24
621 Vgl. Werner, A., Stephan, R. (1997), S. 103
622 Vgl. Krause, J., Somm, F., S. 24
623 Vgl. Hagel, J., Armstrong, A. G. (1997), S. 25f.
624 Vgl. Hagel, J., Armstrong, A. G. (1997), S. 26

Grund sind Communities als Orientierungshilfe besser geeignet, da sie eine kompetente Aufbereitung spezifischer Themen bieten.[625]

Im Austausch der Community-Mitglieder untereinander stützen sich diese stärker auf die Produkteigenschaften als auf den Markennamen. Der Markenname dient gegebenenfalls zur Differenzierung von anderen Produkten.[626] Nachdem die Mitglieder der Community von anderen Teilnehmern deren (positive) Bewertung eines Produktes erfahren haben, beginnt die Gemeinschaft mit ihrer eigenen starken Markenpolitik. Sie übernimmt die von den Mitgliedern beschriebenen Qualitätsmerkmale in ihre Markenpolitik.

Markenherstellern kommt diese Form des Austauschs zwischen den Community-Mitgliedern entgegen, weil zufriedene Kunden neue Kunden generieren können.[627]

Communities können sich über folgende Einnahmequellen finanzieren:[628]

- Mitgliedsgebühren, die in festen monatlichen Beträgen entrichtet werden,
- Benutzungsgebühren, die nur die reelle Dauer der Nutzung bzw. die Menge der eingesehenen Seiten oder eine Kombination daraus berücksichtigen,
- Teilnahmegebühren, d.h. einen Betrag für den Abruf bestimmter Informationen oder die Inanspruchnahme von Spezialdiensten, der z. B. Mitglieder über besonders günstige Angebote informiert.

Die Mitgliederentwicklung beim Aufbau einer Community sollte sich in vier Stufen vollziehen:[629]

| Ziel | Maßnahme |
|---|---|
| 1. Mitglieder anlocken | Marketing<br>Attraktivität des Inhaltes<br>keine Mitglieds- und Nutzungsgebühren |
| 2. Förderung der Beteiligung | Mitglieder zur Veröffentlichung eigener Inhalte animieren<br>veröffentlichtes Material zur Verfügung stellen<br>Gastredner engagieren |
| 3. Aufbau von Loyalität | zwischen Mitgliedern<br>zwischen Mitgliedern und Host der Community<br>durch kundenspezifische Interaktion |
| 4. Erzielen von Gewinn | Prüfung der Geschäftsmöglichkeiten<br>Schalten gezielter Werbung<br>Einführung von Gebühren für Sonderdienste |

*Abb. 4.22: Vier Stufen der Mitgliederentwicklung einer Community*
*(Quelle: Hagel, J., Armstrong, A. G.: Net Gain – Profit im Netz, Wiesbaden, 1997, S. 77)*

[625] Vgl. Werner, A. (1998), S. 15 f.
[626] Vgl. Hagel, J., Armstrong, A. G. (1997), S. 224
[627] Vgl. Hagel, J., Armstrong, A. G. (1997), S. 224
[628] Vgl. Hagel, J., Armstrong, A. G., S. 60 f.
[629] Vgl. Hagel, J., Armstrong, A. G., S. 77

Der Aufbau einer Community über ein bestimmtes Produkt oder ein Unternehmen ist schwer möglich, da sich virtuelle Gemeinschaften nur über spezifische Themen bilden – es sei denn, es handelt sich um Produkte mit „Fan-Charakter".[630]

Die Festlegung des entsprechenden Kontextes ist eine der schwierigsten Aufgaben beim Aufbau einer Community. Bestehende Gemeinschaften lassen sich schwer in einen anderen Kontext integrieren. Deshalb sollte der Anbieter versuchen, die vorhandene Community für seine Absichten zu nutzen.

Virtuelle Gemeinschaften verfolgen das Ziel, (potenzielle) Kunden an sich zu binden und die Community als Kommunikationsplattform zur Steigerung des Unternehmenserfolgs zu nutzen. Da aber die Zahl der in Frage kommenden Themen zum Aufbau einer Community beschränkt ist und nicht jedes Unternehmen eine eigene virtuelle Gemeinschaft gründen wird, besteht die Möglichkeit zur Site Promotion des Unternehmens in fremden Communities.[631]

Community-Mitglieder können sich kostengünstig, unabhängig von ihrem Standort, im Internet treffen. Communites sind deshalb nicht nur auf große Unternehmen beschränkt, sondern können auch von kleinen und mittleren Unternehmen zur Kundenbindung genutzt werden.[632]

### 4.2.3 Kundenbindung

Für die Kundenbindung im Internet stehen folgende Instrumente zur Verfügung:

- *Contentmanagement:* Kundenbindung entsteht durch eine ständige Aktualisierung der Inhalte und Anreicherung mit zielgruppenspezifischen Nutzen.
- *Mass Customization:* Darüber hinaus können die Inhalte individualisiert werden bis hin zur Strategie der „Mass Customization", bei der Produkte individuell nach den Kundenwünschen zusammengestellt werden können.
- *Bonussysteme:* Finanzielle Anreize werden geschaffen, indem man für Aufträge über das Internet Nachlass gewährt. Diese Gewährung hat auch eine ökonomisch plausible Begründung: Die Kosten für die Auftragsbearbeitung sinken drastisch, da die Daten gleich in digitaler Form vorliegen.[633] Preisnachlässe existieren in verschiedenen Formen. Im Folgenden werden dafür verschiedene Modelle vorgestellt:
  - ➢ Coupons bieten eine Möglichkeit, finanzielle Anreize zu offerieren. Sie können als E-Mail an bereits existierende Kunden mit digitaler Signatur versendet werden und eignen sich auch zur Bindung und Reaktivierung eines bestehenden Kundenstamms. Eine weitere Möglichkeit ist es auch, den Coupon allen Besuchern der Website anzubieten, beispielsweise als Download. Als Gegenleistung für solche Rabatte wäre eine Pflichtregistrierung des Nutzers denkbar.
  - ➢ Eine andere Möglichkeit, einen bestehenden Kundenstamm zum Wiederkauf zu bewegen, sind Treueprämien. Dabei wird ein Kundenkonto eingerichtet, in dem die Einkäufe dokumentiert werden. Nach Möglichkeit soll der Kunde hier wieder

[630] Vgl. Werner, A. (1998), S. 174
[631] Vgl. Werner, A. (1998), S. 175
[632] Vgl. Krause, J., Somm, F., S. 182
[633] Vgl. Alpar, P. (1998), S. 234

möglichst viele Informationen über sich dem Online-Vertriebssystem zur Verfügung stellen.

- Um Impulskäufe über die Preispolitik zu generieren, kommen auch Modelle wie das 2-4-1 (Two-for-One)-Prinzip in Frage. Diese Sonderaktionen, bei denen zwei Produkte zum Preis von einem angeboten werden, können sowohl zeitlich als auch auf bestimmte Produkte limitiert werden. Diese Maßnahmen sind online sehr schnell zu realisieren. Die Implementierung im System stellt keinen großen Aufwand dar.
- Eine weitere Form, finanzielle Anreize zu schaffen, bietet das Happy-Hour-Modell. Mit diesem Instrument lassen sich gleichzeitig umsatzschwache Zeiten überbrücken. So können zum Beispiel Bestellungen, die in den frühen Morgenstunden eingehen, einen besonderen Preisnachlass erhalten. Bei finanziellen Anreizen sollte dem Kunden suggeriert werden, dass das Angebot nur befristete Gültigkeit besitzt und dass die Verfügbarkeit der Produkte ebenfalls begrenzt ist. Auf diese Weise wird ein sanfter Druck auf den Nutzer ausgeübt, der den Impulskauf fördert. Finanzielle Anreize werden auch durch Mund-zu-Mund-Propaganda an weitere potenzielle Kunden weitergetragen. Das Image des Online-Vertriebssystems lässt sich dadurch positiv beeinflussen.[634]

- *Benefiting/Value Added Services als produktunabhängige Anreize:* Eine Präsenz im WWW reicht noch nicht aus, um die Nutzer zu einem längeren Aufenthalt auf der Webseite des Online-Vertriebssystems oder gar zum Online-Einkauf zu überzeugen. Die Möglichkeit zum Kauf bieten alle Online-Vertriebssysteme. Um sich von der Konkurrenz abzuheben, sollten weitere Nutzen, Value Added Services, angeboten werden, die ein positives Markenimage, in diesem Fall in Bezug auf das Online-Vertriebssystem selbst, im Bewusstsein der Kunden generieren. Die Internet-Nutzer sind inzwischen verwöhnt. Wenn eine Website keine Gratifikation im Sinne des Benefiting oder sonstiger Zusatzdienste bietet, gestaltet es sich schwierig, die Nutzer vom Angebot des Online-Vertriebssystems auf Dauer zu überzeugen. Zusatzdienste, in welcher Form auch immer angeboten, versetzen die Besucher in positive Stimmung, was die Kaufbereitschaft erhöht. Des Weiteren dienen solche Zusatzdienste als Instrument der Kundenbindung.[635]

  Als Formen des Benefiting haben sich Online-Spiele, Online-Preisausschreiben oder auch Bildschirmschoner zum Herunterladen etabliert. Bei all diesen Formen kann auch separat eine markenpolitische Strategie verfolgt werden, indem man entweder das Online-Vertriebssystem selbst oder eines der Produkte in den Vordergrund stellt.[636] Kostenlose Zusatzdienste können in Form von E-Mail-Adressen, SMS-/Faxversand, elektronische Grußkarten oder der Nutzung von kostenlosem Webspace angeboten werden.[637]

[634] Vgl. Stolpmann, M. (1999), S. 201-203
[635] Vgl. Stolpmann, M. (1999) S. 215
[636] Vgl. Werner, A., Stephan, R. (1998), S. 105ff.
[637] Vgl. Stolpmann, M. (1999), S. 215

## 4.2.4 Datenschutzrechtliche Zulässigkeit der Nutzeridentifikation

### 4.2.4.1 Allgemeine datenschutzrechtliche Regelungen

Im Internet befinden sich unendlich viele Daten, vertrauliche Dateien, Akten, Nachrichten, u. v. m., die dazu verleiten können, die Vertraulichkeit dieses Mediums auszunutzen.[638]

Deswegen gibt es verstärkt rechtliche Bemühungen, einen gewissen Datenschutz im Internet zu gewährleisten. An erster Stelle wäre das Bundesdatenschutzgesetz (BDSG) zu nennen. Dieses bietet Schutz nur für natürliche Personen und auch nur insoweit, wie die Daten nicht nur für rein private Zwecke genutzt werden, wie sich § 1 Abs. 2 und 3 BDSG entnehmen lässt.[639] Das BDSG beinhaltet ein so genanntes Verbotsprinzip, d.h. es bedarf der Erlaubnis dieses Gesetzes oder des Betroffenen zur Verarbeitung von Daten.[640] Das BDSG ist in seiner Gültigkeit auf Deutschland beschränkt, womit natürlich ein Problem für die Anwendung des Regelwerkes auf das grenzüberschreitende Internet vorgegeben ist.

Seit dem 24. Oktober 1995 gibt es eine weitere juristische Stütze für den Datenschutz: die Datenschutzrichtlinie der Europäischen Gemeinschaft (Richtlinie 95/46/EG des Europäischen Parlaments und des Rates vom 24. Oktober 1995 zum Schutz natürlicher Personen bei der Verarbeitung personenbezogener Daten und zum freien Datenverkehr), die Ende 1998 in nationales Recht umgesetzt wurde.[641]

Am 1. August 1997 trat ferner das Informations- und Kommunikationsdienst-Gesetz (IuKDG) in Kraft, das in Artikel 2 das Teledienstdatenschutzgesetz (TDDSG) enthält. Dieses regelt den Schutz personenbezogener Daten bei Telediensten, zu denen auch das Internet zählt.[642] Auf die Probleme, die im internationalen Bereich durch Datenaustausch entstehen, kann und soll an dieser Stelle nicht eingegangen werden.

### 4.2.4.2 Grundsätze für die Handhabung personenbezogener Daten

Zunächst einmal stellt sich die Frage, inwieweit Personen davor geschützt sind, dass ihre persönlichen Daten im Internet gesammelt und weitergegeben werden, was einer Verletzung ihrer Persönlichkeit gleichkäme.[643]

Der § 4 Abs. 1 BDSG und der § 3 TDDSG gehen auf die für die Verarbeitung personenbezogener Daten geltenden Grundsätze ein, wobei auch die Vorgaben der EG-Richtlinie entsprechend beachtet wurden.[644] Danach dürfen personenbezogene Daten nur erhoben, verarbeitet und genutzt werden, wenn das Gesetz es erlaubt oder der Betroffene eingewilligt hat. Nach § 3 Abs. 5 TDDSG ist der Betroffene aufzuklären über Art, Umfang, Ort und Zweck der Erhebung.[645] Die Einwilligung des Betroffenen hat nach § 4

[638] Vgl. Hance, O. (1997), S. 131
[639] Vgl. Hoeren, T. (1998), S. 159
[640] Vgl. Wendel, D. (1997), S. 51
[641] Vgl. Hoeren, T. (1998), S. 157
[642] Vgl. Hoeren, T. (1998), S. 161
[643] Vgl. Wendel, D. (1997), S. 50
[644] Vgl. Theis, H. (1997), S. 165
[645] Vgl. Hoeren, T. (1998), S. 161

Abs. 2 S.2 BDSG schriftlich zu erfolgen. Das bedeutet für die Umsetzung im Internet zwar eine extreme Hürde, doch kann nach § 3 Abs.7 TDDSG die Einwilligung auch elektronisch erfolgen, wenn „ ...

1. sie nur durch eine eindeutige und bewusste Handlung des Nutzers erfolgen kann,
2. sie nicht unerkennbar verändert werden kann,
3. ihr Urheber erkannt werden kann,
4. die Einwilligung protokolliert wird und
5. der Inhalt der Einwilligung jederzeit vom Nutzer abgerufen werden kann ...“[646]

Die personenbezogenen Daten müssen laut § 4 Abs. 3 vom Dienstanbieter nach der Nutzung gelöscht werden, soweit sie nicht für die Abrechnungszwecke erforderlich sind. Des Weiteren unterscheidet das TDDSG zwischen Bestandsdaten (§ 5), Nutzungs- und Abrechnungsdaten (§ 6). Bestandsdaten im Sinne des § 5 Abs. 1 TDDSG dürfen für die Begründung, inhaltliche Ausgestaltung und Änderung eines Vertragsverhältnisses erhoben und verarbeitet werden. Was Bestandsdaten sind, ergibt sich aus dem Zweck des Vertragsverhältnisses.[647] Bestandsdaten dürfen nach § 5 Abs. 2 TDDSG „...für Zwecke der Werbung, der Marktforschung oder zur bedarfsgerechten Gestaltung technischer Anbietereinrichtung...“ verarbeitet und genutzt werden.[648] Der § 6 TDDSG behandelt Nutzungs- und Abrechnungsdaten, wobei es sich bei Abrechnungsdaten um solche handelt, die für die Abrechnung der Inanspruchnahme von Telediensten notwendig sind. Nutzungsdaten entstehen während der Nutzung eines Teledienstes, sie ermöglichen dem Nutzer die Inanspruchnahme von Telediensten.[649] Nutzungsdaten müssen nach § 6 Abs. 2 S. 1 frühestmöglich gelöscht werden, damit soll das Erstellen von so genannten Nutzerprofilen verhindert werden. Des Weiteren ist die Erstellung von Nutzerprofilen laut § 4 Abs. 4 TDDSG nur bei der Verwendung von Pseudonymen zulässig. Auch Abrechnungsdaten müssen 80 Tage nach Versendung des Einzelnachweises gelöscht werden. (§ 6 Abs. 2 S. 2 TDDSG). Nach § 6 Abs. 3 darf der Anbieter die Nutzungs- und Abrechnungsdaten nicht übermitteln, es sei denn, die Nutzungsdaten sind zu Zwecken der Marktforschung anonymisiert und die Abrechnungsdaten lediglich zum Zweck der Einziehung einer Forderung. § 7 TDDSG sichert dem Nutzer ein unentgeltliches Einsichtsrecht in über ihn oder sein Pseudonym gespeicherte Daten zu.[650] Alle diese Rechte gelten nicht für die Verarbeitung und Nutzung nicht personenbezogener Daten.[651]

#### 4.2.4.3 Folgen für den E-Commerce

Der Wunschvorstellung des E-Commerce von einem gläsernen Nutzer wird durch die Gesetzgebung zum Datenschutz Einhalt geboten.

Die Erstellung von Nutzerprofilen ist nur unter Pseudonymen oder mit Einwilligung des Betroffenen erlaubt und wird in der Literatur z.T. als gänzlich verboten dargestellt.

---

646 Theis, H. (1997), S. 165
647 Vgl. Theis, H. (1997), S. 173
648 Theis, H. (1997), S. 173f.
649 Vgl. Theis, H. (1997), S. 175f.
650 Vgl. TDDSG, S. 175-178
651 Vgl. Hoeren, T. (1998), S. 105ff.

Es wird also kein auf jeden Nutzer individuell zugeschnittenes Angebot geben, es sei denn, dieser Nutzer hat die Einwilligung zur Verarbeitung und Speicherung seiner Daten gegeben.

Das Kernproblem wird hier nicht in der rechtlichen Zulässigkeit liegen, sondern im Willen der Betroffenen, sich an diese Regeln zu halten. Zum einen sind die rechtlichen Konsequenzen gering und zum anderen ist eine Beweisführung recht schwierig. Hinzu kommt, dass das Internet ein internationales Medium ist und die rechtlichen Bestimmungen demnach in unterschiedlichen Ländern recht unterschiedlich gehandhabt werden. Dies hat zur Folge, dass keine rechtliche Kultur entsteht, so wie es für die Aktivitäten im Direktmarketing viele Jahre Geltung hatte. Es wird schwierig werden, Rechtsverstöße in diesem Bereich nachzuweisen. Ebenso schwierig wird es sein, sie zu ahnden. Zudem kann man sich der Wahrung seiner Daten im Netz heute keineswegs mehr sicher sein, wenn man Berichten von Hackern glauben kann, die noch in jedes Computersystem eingedrungen sind. Deshalb wird in der Literatur gelegentlich zur Selbsthilfe aufgerufen, z.B. durch Verschlüsselung von zu übertragenden Daten.[652]

[652] Vgl. Wendel, D. (1997), S. 64

# 5. Erfolgskontrolle im Internet

## 5.1 Ansatzpunkte der Interaktivität für die Bewertung der werblichen Leistung

Da Werbungtreibende nur aufgrund einheitlicher Kriterien und Verfahren unterschiedliche Online-Angebote vergleichen und beurteilen können, ist auch in der kommerziellen Internet-Werbung von einer einheitlichen, eindeutigen Definition der Verbreitungs- und Werbekontaktmessungen auszugehen. Der Verband der Deutschen Zeitschriftenverleger e.V. (VDZ) schlug als erster bereits 1996 verschiedene Elemente einer Online-Währung vor. Bald zogen der dmmv (Deutscher Multimedia Verband e.V.) und der BDZV (Bundesverband Deutscher Zeitungsverleger e.V.) nach.

Zur Messung der Erfolge von Aktivitäten im Internet bieten sich zunächst quantitative Größen (Page Impressions, Visits, Ad Clicks, Ad Click Rate) an, die auf der Auswertung der sog. „Logfiles" basieren.[653] Dabei handelt es sich um Dateien, die die Reaktionen auf ein Online-Angebot protokollieren und somit die Basis für die Bewertung der Online-Effizienz und des Nutzerverhaltens bilden.[654] Im Gegensatz zu Offline-Werbemitteln eröffnen Online-Werbemittel vielfältige Facetten der Analyse des Nutzerverhaltens und damit der Werbewirkung.

Im Unterschied zu den klassischen Medien (Print, Hörfunk, TV) ist bei den Online-Medien eine bessere Bestimmung der Reichweite möglich, da der User durch das Aufrufen des Online-Angebotes selbst aktiv wird und dieser so genannte „Click" gezählt werden kann. Bei einer Zeitschrift, die eine Auflage von 1,64 Mio. Heften und somit eine Reichweite von etwa 2,5 Mio. Lesern hat, kann nicht festgestellt werden, wie viele Personen konkret eine Werbeanzeige gesehen haben.[655] Bei Online-Medien ist eine direkte Messung möglich. Neben einer quantitativen Messung ist die qualitative Erfolgsmessung ebenfalls möglich. Eine hohe Besucherzahl bei einer Online-Präsenz macht noch keinen (Verkaufs-) Erfolg aus. Es kommt darauf an, die Kommunikation mit dem Kunden, die sich in Anfragen, Kritik oder Bestellungen ausdrückt, für Segmentierungs- und Marktforschungszwecke zu nutzen. Aus dem Feedback durch den Nutzer können sich Ansätze zur Überarbeitung des Angebotes ergeben und gleichzeitig lassen sich die Nutzer segmentieren und damit für weitere werbliche Aktivitäten zielgruppenspezifisch ansprechen.[656] Die Betreuung der Rückkopplung durch den Kunden kann über Service-Center, Call-Center oder externe Dienstleistungsanbieter erfolgen.[657]

---

[653] Vgl. Pispers, R., Riehl, S., S. 287
[654] Vgl. Horizont: Web-Lexikon, S. 33
[655] Vgl. Pispers, R.; Riehl, S., S. 288
[656] Vgl. Pispers, R.; Riehl, S., S. 293
[657] Vgl. Pispers, R., Riehl, S., S. 293

## 5.2 Standards zur Bewertung der werblichen Leistungsfähigkeit

Folgende Standards zur Messung der Leistungsfähigkeit der Internet-Präsenzen haben sich entwickelt:

### 5.2.1 Hits

Hierbei handelt es sich um die Zahl der Seitenabrufe bei einem Server. Jede Seite besteht aus einer Vielzahl von Dateien und jeder einzelne Dateiabruf führt zu einem Hit. Hierdurch wird die Reichweite und damit die Werbemittelkontaktwahrscheinlichkeit abgeschätzt.

### 5.2.2 Visits

Ein Visit ist, gemäß Definition der IVW, ein „zusammenhängender Nutzungsvorgang (Besuch) eines WWW-Angebotes".[658] Er definiert den Werbeträgerkontakt. Als Nutzungsvorgang bezeichnet man den technisch erfolgreichen Seitenzugriff eines Browsers auf ein aktuelles Web-Angebot.[659] Als Visit werden Zugriffe eines Users auf eine Seite definiert, wenn er diese über ein externes Element, wie über einen Hyperlink von einer fremden Page oder über die Texteingabe der URL, erreicht. [660]

Da die Nutzungsdauer nicht genau zu bestimmen ist, gelten Besuche als abgeschlossen, wenn in einem Zeitraum von 15 Minuten kein Element mehr abgerufen wurde.[661] Mit Sicherheit lässt sich zwar feststellen, wann ein User die Seite betritt, nicht jedoch, wann er diese wieder verlässt. Weiterhin unklar bleibt, ob es sich um einen weiteren Visit handelt, wenn ein User die Seite über einen Hyperlink kurz verlässt, um dann wieder zur ursprünglichen Seite zurückkehrt. Betritt ein User nach ca. 10 bis 15 Minuten die Seite ein weiteres Mal, dann gilt dies als neuer Visit.

Vergleichbar mit einem Visit in den Online-Medien ist im Print-Bereich die Zahl derjenigen Personen, die eine Zeitschrift oder eine Zeitung „in die Hand genommen haben."[662]

Visits stehen für die zur Gewinnerzielung[663] notwendigen Kontakte mit einem Werbeträger.[664] Gemessen werden die Visits, wie alle quantitativen Größen in der Online-Werbung, durch die Logfile-Analyse.[665]

---

658 Werner, A. (1998), S. 44
659 Werner, A. (1998), S. 44
660 Werner, A., Stephan, R. (1997), S. 174 ff.
661 Vgl. Pispers, R., Riehl, S., S. 292
662 Vgl. Werner, A. (1998), S. 50
663 Vgl. Heil, B., S. 194
664 Vgl. Krause, J., Somm, F., S. 382
665 Vgl. Werner, A., Stephan, R. (1997), S. 217

## 5.2.3 Page Views

Page Views bezeichnen die gesamten Seitenkontakte. Dabei werden auch die während eines Besuches mehrfach angesehenen Seiten berücksichtigt. Das Messproblem liegt bei Seiten, die sich aus Frames (Content Frame, Navigations Frame oder werbungtreibender Frame) zusammensetzen. Jeder Kontakt mit einem Frame-Element wird dann als Page View gezählt und führt zwangsläufig zu überhöhten Kontaktwerten. Nach Vorschlag des BDZV und des VDZ sollten neue Page Views nur bei Seiten gezählt werden, wenn sich mindestens der Inhalt des Content Frame-Fensters ändert. Dies bedeutet, dass ein Nutzer, der sich durch das Content-Angebot bewegt, für den Werbeframe einen Kontakt erzeugt. [666]

## 5.2.4 Page Impressions

Nach der Definition der Informationsgemeinschaft zur Feststellung der Verbreitung von Werbeträgern (IVW) „bezeichnen Page Impressions (früher: Page Views) die Anzahl von Sichtkontakten beliebiger Browser mit einer potenziell werbeführenden HTML-Seite."[667] Sie dienen als Maßeinheit, um zu bestimmen, wie oft die separaten Seiten eines Web-Auftrittes eingesehen wurden.

Wenn sich das Angebot aus Seiten zusammensetzt, bei der Werbung und Inhalt (Content) isoliert stehen, so wird jeder Sichtkontakt mit einer Content-Seite als weitere Page Impression zur entsprechenden Werbung angegeben. Unter einer Content-Seite versteht man eine Seite, die nicht nur aus Werbung oder Navigation besteht.[668]

Dabei muss der Zugriff auf die HTML-Seite qualifiziert sein, d. h. der Abruf muss komplett und technisch erfolgreich abgelaufen sein.[669] Nicht berücksichtigt werden dabei Seitenabrufe von Browsern, die nicht grafikfähig sind. Seiten, die sich aus Frames zusammensetzen, sollen nur einmal und nicht pro Frame registriert werden.[670]

Die Anzahl der Page Impressions eines Angebotes gibt Auskunft darüber, in welchem Umfang die Seite angenommen wird, d. h. wie ansprechend sie ist.[671] Die deutschen Verbände – dmmv (Deutscher Multimedia Verband), BDZV (Bundesverband Deutscher Zeitungsverleger) und der VPRT (Verband privater Rundfunk und Telekommunikation)[672] – haben sich darüber verständigt, Page Impressions als Kernkomponente zur Messung der Werbeeffizienz anzusehen.[673]

---

666 Vgl. Unger, F., Durante, V.-V., Gabrys, E., Koch, R., Wailersbacher, R. (1999), S. 314 f.
667 Vgl. Werner, A. (1998), S. 44
668 Vgl. Werner, A. (1998), S. 44
669 Vgl. Pispers, R., Riehl, S., S. 292
670 Vgl. Pispers, R., Riehl, S., S. 292
671 Vgl. Werner, A. (1998), S. 44
672 Vgl. Werner, A. (1998), S. 44
673 Vgl. Werner, A., Stephan, R.,(1997), S. 214

### 5.2.5 Ad Clicks

Ad Clicks (Werbe-Klicks) geben die Anzahl der „Klicks" auf ein werbeführendes Objekt (Link) an. Der Nutzer wird dabei auf die entsprechende Website bzw. zu Informationen des Werbenden geleitet.[674] Zumeist handelt es sich bei diesen Objekten um Banner. Buttons, die etwas kleiner als Banner sind und nur das Logo oder ein Symbol beinhalten, werden seltener verwendet.[675]

Der Ad Click ist die Reaktion eines individuellen Nutzers auf eine Werbeanzeige innerhalb eines festen Zeitraums.[676] Die Summe der Ad Clicks gibt Auskunft über den Erfolg der Werbebotschaft.[677]

### 5.2.6 Ad Click-Rate

Sie stellt das Verhältnis der Page Impressions zu den Ad Clicks dar. Bei 100 000 Page Impressions im Monat und 2 000 Ad Clicks beträgt die Ad Click-Rate 2 Prozent.[678]

Wenn ein Banner angeklickt wird, so ist dies vergleichbar mit dem „Schritt vom Schaufensterbummel zum Betreten des Ladens". Die Ad Click-Rate ist ein Effizienzkriterium der Online-Werbung.[679]

Private Homepages erreichen im Durchschnitt eine Ad Click-Rate von 4 Prozent, bei kommerziellen Anbietern liegt das Verhältnis bei etwa 2 Prozent.

### 5.2.7 Tausender-Kontaktpreise

Um den Erfolg des Auftrittes kontrollieren zu können, werden die Aufwendungen für das Online-Marketing der Anzahl der Visits gegenübergestellt.[680] Wenn der Online-Auftritt eines Unternehmens jährlich 500 000 DM kostet und in diesem Zeitraum 200 000 Visits erzielt wurden, so entstehen für das Unternehmen Kosten pro Visit von 2,50 DM bzw. 2 500 DM für 1 000 Visits. Ein durchschnittlicher Tausenderkontaktpreis (TKP, Tausenderpreis) beläuft sich in den klassischen Medien auf 30 DM, d. h. der Online-Auftritt ist in diesem Beispiel um das 83-fache teurer.

$$\text{TKP Online-Auftritt} = \frac{\text{Aufwendungen für Online-Marketing/Zeiteinheit}}{\text{Visits/Zeiteinheit x 1.000}}$$

Die Ausgaben für den Online-Auftritt sind dann angemessen, wenn ein Visit in diesem Beispiel den 83fachen Nutzen der Werbung in klassischen Medien erzielt. Dabei muss berücksichtigt werden, dass sich der Nutzer bei einem Visit bewusst für die Wahrneh-

[674] Vgl. Pispers, R., Riehl, S., S. 292
[675] Vgl. Krause, J., Somm, F., S. 377
[676] Vgl. Werner, A., Stephan, R. (1997), S. 178, 209
[677] Vgl. Krause, J., Somm, F., S. 377
[678] Vgl. Krause, J., Somm, F., S. 377
[679] Krause, J., Somm, F., S. 105
[680] Vgl. Hoffmann, S. (1998), S. 94

mung der Online-Werbung entschieden hat. Werbung in den konventionellen Medien dagegen wird nicht immer wahrgenommen.[681] Ein weiterer Unterschied besteht darin, dass ein Visit durchschnittlich mehrere Minuten dauert, während es bei TV- und Hörfunkspots und Werbeanzeigen nur wenige Sekunden sind.[682]

681 Vgl. Hoffmann, Stefan, a. a. O., S. 95.
682 Ebenda.

# Abbildungsverzeichnis

# Literaturverzeichnis


**Kapitel 1**

*Ahlert, D., Schrode, H. (1996):* Rechtliche Grundlagen des Marketing, 2. Aufl., Stuttgart u. a. 1996.

*Althaide, G. A., Meyers, P.W., Wilemon, D. L. (1996):* Seller – Buyer Interactions During the Commercialisation of Technological Process Innovations, in: Journal of Product Innovation Management, No. 13, S. 406-421.

*Auer, M., Dietrichs, F. A. (1993):* Werbung below the line: Product Placement, TV Sponsoring, Licencing, Landsberg a. Lech, 1993.

*Bachem, C. (2000):* Der Schlüssel zum Erfolg, in: dmmv Special, 2000.

*Bea, F. X., Haas, J. (1995):* Strategisches Management, 1. Auflage, Stuttgart, Jena 1995.

*Becker, J. (1993):* Marketing-Konzeption. Grundlagen des strategisches Marketing-Managements, 5. Auflage, München 1993.

*Bergmann, K. (1998):* Angewandtes Kundenbindungs-Management, in: Müller, W. (Hrsg.) (1998), Frankfurt am Main 1998.

*Bienert, P.(1998):* Information & Kommunikation: Technik und Anwendung in Wirtschaft und Medien, Springer-Verlag, Berlin; Heidelberg 1998.

*Birkigt, K., Stadler, M. M., Funk, H. J. (1998):* Corporate Identity, 9. Aufl., Landsberg a. Lech 1998.

*Bormann, S. (1994):* Virtuelle Realität, Bonn u. a. 1994.

*Bruhn, M. (1990):* Sozio- und Umweltsponsoring: Engagements von Unternehmen für soziale und ökologische Aufgaben, München 1990.

*Bruhn, M. (1993):* Marketing. Grundlagen für Studium und Praxis, 1. Auflage, Wiesbaden, 1993.

*Bruhn, M. (1995):* Integrierte Unternehmens-Kommunikation, 2. überarbeitete und erweiterte Aufl., Stuttgart 1995.

*Bruhn, M. (1997a):* Kommunikationspolitik, München 1997.

*Bruhn, M. (1997b):* Neue Entwicklung in der Integrierten Kommunikation, in: Thexis, 13,3, S. 12-16, 1997.

*Bruhn, M., Dahlhoff, H. D. (1989):* Kulturförderung, Kultur-Sponsoring, Frankfurt a. Main 1989.

*Bruhn, M., Zimmermann, A. (1993):* Integrierte Kommunikationsarbeit in deutschen Unternehmen. Ergebnisse einer Unternehmensbefragung, in: Bruhn, M., Dahlhoff, H.D. (Hrsg.) (1993): Effizientes Kommunikationsmanagement. Konzepte, Beispiele und Erfahrungen aus der integrierten Unternehmenskommunikation, Stuttgart 1993.

*Büschken, J. (1994):* Multipersonale Kaufentscheidungen: empirische Analyse zur Operationalisierung von Einflussbeziehungen in Buying Center, Wiesbaden 1994.

*Butscher, S. (1995):* Kundenclubs als modernes Marketinginstrument: Kritische Analyse und Einsatzmöglichkeiten, IM Marketing Forum GmbH, Ettlingen 1995.

*Dahlhoff, H.D. (1993):* Kommunikations-Agenturen als Dienstleister für Unternehmen, in: Berndt, R., Hermann, D. (Hrsg.): Handbuch Marketing-Kommunikation, Wiesbaden, 1993, S. 113-135.

*Douglas, S. P. (1983):* Examing Family Decision-Marketing Processes, in: Bagozzi, R. P., Tybout, A. M. (Hrsg.), Avances in Consumer Research, Vol. 10.

*Drees, N. (1992):* Sportsponsoring, 3. Aufl., Wiesbaden 1992.

*Geppert, D. (1996):* Interaktives Fernsehen als Promotor des Home-Shopping - Die Akzeptanz der Verbraucher als Engpass der Diffusion: ein empirischer Beitrag zur Innovationsforschung, Dissertation der Technischen Universität Dresden, Dresden 1996.

*Graumann, C.F. (1972):* Interaktion und Kommunikation, in: Graumann, C.F. (Hrsg.): Handbuch der Psychologie, Band 7: Sozialpsychologie, 2.Hbb., Göttingen 1972.

*Haedrich, G., Adam, M., Kreilkamp, E., Kuß, A. (1984):* Werbewirkung bei Kindern – Ergebnisse einer experimentellen Untersuchung zur Fernsehwerbung, in: Jahrbuch der Absatz- und Verbrauchsforschung, Nürnberg 1984.

*Hagel, J.; Armstrong, A. G. (1997):* Net Gain – Profit im Netz: Märkte erobern mit virtuellen Communities, Boston Mass., 1997.

*Harnischfiger, M. (1981):* Public Relations, in: Dallmer H., Thedens, R. (Hrsg.), Handbuch Direkt Marketing, 5. Aufl., S. 475-481, Wiesbaden 1981.

*Hilger, H. (1981):* Informationsbedarf und Informationsbeschaffung jugendlicher Konsumenten beim Kauf langlebiger Güter, in: Raffée, H. et al. (Hrsg.) Informationsverhalten des Konsumenten, Wiesbaden 1981.

*Hofmann, O. (1999):* Die Verschmelzung von Internet und TV – Coach oder Desk Potatoe? In: Corporate AV, Sonderausgabe AV-Branche, 1999.

*Holland, H. (1992):* Direktmarketing, München 1992.

*Huth, R., Pflaum, D. (1993):* Einführung in die Werbelehre, 5. Aufl., Stuttgart et al. 1993.

*Jefkins, F. (1992):* Public Relations, 4. Aufl., Suffolk 1992.

*Kalweit, U. (1988):* Product Placement – Die Bedeutung des Product Placement in TV- und Kinofilmenaus der Sicht des Konsumgutherstellers, in: Marketing Zeitschrift für Forschung und Praxis, 10 Jg., Heft 2

*Kotler, P., Bliemel, F. (1999):* Marketing-Management, 9. Aufl., Stuttgart 1999.

*Kotler, P., Bliemel, F. (1998):* Marketing-Management, 8. Aufl., Stuttgart 1998.

*Kreutzer, T. R. 1991a:* Database-Marketing-Erfolgsstrategie für die 90er Jahre, in: Dallmer, H.: Handbuch des Direct Marketing, Wiesbaden 1990.

*Kreutzer, T. R. 1991 b:* Planung – Erfolgsbedingungen im Direct Marketing, in: Dallmer, H.: Handbuch des Direct Marketing, Wiesbaden 1990.

*Kroeber-Riel, W. (1987):* Informationsüberlastung durch Massenmedien und Werbung in Deutschland, in: Die Betriebswirtschaft, 47. Jg., 1987, S. 257-264.

*Kroeber-Riel, W. (1993):* Bildkommunikation, Imagerystrategien für die Werbung, München 1993.

*Kroeber-Riel, W., Weinberg, P. (1996):* Konsumentenverhalten, 6. Aufl., München 1996.

*Krugmann, H. (1993):* Low Recall and High Recognition of Advertising, Journal of Advertising Research, Vol. 26, No. 1.

*Link, J., Hildebrandt, V. (1993):* Database-Marketing und Computer Aided Selling: Strategische Wettbewerbsvorteile durch neue informationstechnologische Systemkomponenten, München 1993.

*Lutz, T. (1983):* Der Einfluß von Kindern auf Produktpräferenzen ihrer Mütter, Berlin 1983.

*Martin, M. (1992):* Mikrogeographische Marktsegmentierung, Ansatz zur Segmentidentifikation und zur integrierten Zielgruppenbearbeitung, Wiesbaden 1992.

*Martin, M. (1993):* Mikrogeographische Marktsegmentierung: Ein Ansatz zur Segmentidentifikation und und zur integrierten Marktbearbeitung, in: Marketing ZFP, Nr. 3, III. Quartal 1993.

*Martin, M. (2000a):* Ansätze der empirischen Ermittlung von Nachfragefunktionen, in: Pepels, W. (Hrsg.) (2000): Preis- und Konditionenpolitik, Köln 2000.

*Martin, M. (2000b):* Einfluss der Nachfrage auf die Preisbildung, in: Pepels, W. (Hrsg.)(2000): Preis- und Konditionenpolitik, Köln 2000.

*Mayer, H., Bor, W. (1988):* Familie und Konsumentenverhalten, in: Jahrbuch der Absatz- und Verbrauchsforschung, 34. Jg., Heft 2., Nürnberg 1988.

*Meffert, H. (1993):* Marketing, Grundlagen der Absatzpolitik, 7., überarbeitete und erweiterte Auflage, Wiesbaden 1993.

*Meffert, H. (1997):* Marketing. Grundlagen marktorientierter Unternehmensführung. Konzepte-Instrumente-Praxisbeispiele, 7. Auflage, Wiesbaden 1997.

*Meffert, H. (1998):* Marketing. Grundlagen marktorientierter Unternehmensführung. Konzepte-Instrumente-Praxisbeispiele, 8. Auflage, Wiesbaden 1998.

*Müller, S (1997).:* Bitte mehr Werbung! In: MediumMagazin, Frankfurt, 4/1997.

*Naundorf, S. (1993):* Charakterisierung und Arten von Public Relations, in: Berndt, R.; Hermanns, A. (Hrsg.): Handbuch Marketing-Kommunikation, Wiesbaden 1993, S. 595-616.

*Niemeyer, C.A., Czycholl, J.M. (1994):* Zapper, Sticker und andere Medientypen, Stuttgart 1994.

*O.V. (1994):* Presse- und Informationsdienst der Bundesregierung , Bericht der Bundesregierung über die Lage der Medien in der Bundesrepublik Deutschland, Bonn 1994.

*O.V.(1995): DIW/ Prognose (Hrsg.)(1995):* Künftige Entwicklung des Mediensektors, Gutachten im Auftrag des Bundesministeriums für Wirtschaft, Basel/Berlin 1995.

*O.V.(1996):* Nielsen, S.&P , Frankfurt 1996.

*O.V.(1999) :* MGM Media Gruppe München; MGM Studie: Internet Nutzung wächst rasant, München 1999 und unter http://www.wuv.de/studien/afacts_1199/index.html.

*O.V.(2000):* ZAW (Hrsg.) (2000): Werbung in Deutschland 2000, Bonn 2000.

*Pepels, W. (1997):* Einführung in die Kommunikationspolitik, eine Werbelehre mit Beispielen und Kontrollfragen, Stuttgart 1997.

*Pepper, D. (1994):* Die 1:1-Zukunft: Strategien für ein individuelles Kundenmarketing, Freiburg 1994.

*Picot, A., Reichwald, R., Wiegand, R.T. (1996):* Die grenzenlose Unternehmung, 2. Aufl., Wiesbaden 1996

*Plaum, D., Eisenmann, H. (1993):* Verkaufsförderung, Landsberg a. Lech 1993.

*Poddig, F. (1995):* Die Enkodierung und Dekodierung piktorieller Werbebotschaft, Wiesbaden 1995.

*Postman, N. (1993):* Wir amüsieren uns zu Tode. Urteilsbildung im Zeitalter der Unterhaltungsindustrie, 7. Aufl., Frankfurt a. Main 1993.

*Pümpin, C. (1987):* Klassische Instrumente alleine genügen nicht mehr in: Innovatio, Nr. 9/10, 1987, S. 42-44.

*Ridder, Ch..-M. (1995):* Teleshopping-elektronisches Versandhaus oder Fernsehprogramm? In: Media Perspektiven 9/95.

*Schmidt, S. J. (1994):* Die Wirklichkeit des Beobachtens, in: Merten, K., Schmidt, K. J. (Hrsg.), 1994.

*Schulte-Remmerbach, P. M. (1991):* Verkaufsförderung durch Direct Marketing, Ziele, Instrumente und Einsatzmöglichkeiten, in: Dallmer, H. (Hrsg.), Handbuch Direct Marketing, 6. Aufl., Wiesbaden 1991.

*Schulz von Thun, F. (1996):* Miteinander Reden, Störungen und Klärungen, Teil 1, Hamburg 1996.

*Steinmann, H., Schreyögg, G.(1997):* Management, Grundlagen der Unternehmensführung, 4. Aufl., Wiesbaden 1997.

*Stippel. P. (1997):* In fünf Minuten kennen wir den Erfolg, in: Absatzwirtschaft, 1997.

*Trommsdorff, V.(1993):* Konsumentenverhalten, 2. Aufl. Stuttgart u.a.1993.

*Vögele, S. (1986):* Einführung in das Leseverhalten im Direkt-Marketing, DMI-Lehrfilm Nr.1 mit Begleitbroschüre, Hrsg.: Institut für Direktmarketing, Gelting bei München.

*Wehrmann, H. (1981):* Rechtsprobleme in der Verkaufsförderung (Bundesrepublik Deutschland), in: Disch, W. K. A., Meier-Maletz, M. (Hrsg.), Marketing Journal, 1981.

*Weis, H. C. (1995):* Verkauf, 4. Aufl., Ludwigshafen 1995.

*Wiencke, W. (1997):* Cards & Clubs als Dialogmarketing-Instrument, in: Dallmer, H. (Hrsg.) (1997): Handbuch Direct Marketing, Wiesbaden 1997.

*Wiencke, W., Koke, D.(1994):* Cards & Clubs: Der Kundenclub als Dialogmarketing-Instrument, ECON Verlag, Düsseldorf 1994.

*Wolfrum, B. (1991):* Strategisches Technologiemangement, Wiesbaden 1991.

**Kapitel 2**

*Aaker, D. A. (1990):* Brand Extensions: The Good, the Bad and the Ugly, in: Sloan Management Review, Summer 1990.

*Abell, D. F. (1980):* Defining the Business. The Starting Point of Strategic Planning, Englewood Cliffs, N.J. 1980.

*Ahlert, D., Schrode, H. (1996):* Rechtliche Grundlagen des Marketing, 2. Aufl., Stuttgart u. a. 1996.

*Assael, H. (1984):* Consumer Behavior and Marketing Action, 2. Aufl., Boston (Mass.) 1984.

*Bachem, C. (2000):* Der Schlüssel zum Erfolg, in dmmv Special, 2000.

*Baker, W., Hutchinson, J.W., Moore, D., Nedungadi, P. (1986):* Brand Familiarity and Advertising: effects on the Evoked Set and Brand-Preferences, in: Lutz , R.J. (Hrsg.).

*Becker, J. (1993):* Marketing-Konzeption. Grundlagen des strategisches Marketing-Managements, 5. Auflage, München 1993.

*Behrens, G. (1991):* Konsumentenverhalten, Konsum und Verhalten, Bd. 18, 2. Aufl., Heidelberg 1991.

*Berekoven, L., Eckert, W., Ellenrieder, P. (1996):* Marktforschung, Methodische Grundlagen und praktische Anwendung, 7. Aufl., Wiesbaden 1996.

*Böhler, H. (1977):* Methoden und Modelle der Marktsegmentierung, Stuttgart 1977.

*Böhler, H. (1985):* Marktforschung, Stuttgart u.a. 1985.

*Böhler, H. (1994):* Marktforschung, 2. Auflage, Stuttgart 1994.

*Böhler, D. (1994):* Ethik für die Zukunft, München 1994.

*Bruhn, M. (1993):* Effizientes Kommunikationsmanagement – Wandel und Perspektiven im Management der Marketing-Kommunikation, in: Werbeforschung & Praxis, 1993, Nr. 3.

*Bruhn, M. (1995):* Integrierte Kommunikation, (2. Aufl.), Stuttgart 1995.

*Bruhn, M. (1997):* Kommunikationspolitik, München 1997.

*Dobini/Dobni, D., Zinkhan G. M. (1990):* In Search of Brand Image: A Foundative/ Foundation Analysis, in: Goldberg/ Gorn/ Pollay (Hrsg.): Advances in Consumer Research, ACR Proceedings, Vol. 17, 1990, S. 110-119.

*Durante, N. (2000):* Gestaltung der Kommunikationsbotschaft, in: Pepels, W. (2000): Kommunikations- und Identitätspolitik, Köln 2000.

*Festinger, L. (1957, 1978):* A Theory of cognitive Dissonance, Stanford (cal.), 1957. Deutsche Übersetzung unter dem Titel Theorie der kognitiven Dissonanz, Bern 1978.

*Fishbein, M. (1966):* The Relationships between Beliefs, Attitudes and Behaviour, in: Feldman, S. (1966): Cognitive Consistency, New York u. a. 1966, S. 199-223.

*Fishbein, M. (1967):* A Behaviour Theory Approach to the Relations between Beliefs of an Object, in: Readings and Attitude Theory and Measurement, in: Fishbein, M. (Hrsg.), New York u. a. 1967, S. 389-400.

*Freter, H. (1983):* Marktsegmentierung, Stuttgart u.a. 1983.

*Freter, H. (1995):* Marktsegmentierung, in: Tietz, B.; Köhler, R.; Zentes, J. (Hrsg.), Handwörterbuch des Marketing, 2. Aufl., Stuttgart 1985, Sp. 1802-1814.

*Hätty, H. (1989):* Markentransfer, Heidelberg 1989.

*Hofer, M. (1991):* Imagetransfer – Die Wirkung österreichtypischer Exportwerbung für Investitionsgüter unter besonderer Berücksichtigung apparativer Verfahren, Dissertation an der WKW, Wien 1991.

*Kaiser, A. (1978):* Die Identifikation von Marktsegmenten, Berlin 1978.

*Konert, .F.-J. (1986):* Vermittlung emotionaler Erlebniswerte. Eine Markenstrategie für gesättigte Märkte, Heidelberg, Wien 1986.

*Kotler, P., Bliemel, F. (1999):* Marketing-Management, 9. Aufl., Stuttgart 1999.

*Kroeber-Riel, W. (1987):* Informationsüberlastung durch Massenmedien und Werbung in Deutschland, in: Die Betriebswirtschaft, 47. Jg., 1987.

*Kroeber-Riel, W. (1993):* Strategie und Technik der Werbung; Verhaltenswirtschaftliche Ansätze, 4. Aufl., Stuttgart u.a. 1993.

*Kroeber-Riel, W., Weinberg, P. (1996):* Konsumentenverhalten, 6. Aufl., München 1996.

*Martin; M. (1991):* Unveröffentlichte Studie zum Kaufverhalten im Discountschuhbereich, Coburg/ Bayreuth 1991.

*Martin, M. (1992):* Mikrogeographische Marktsegmentierung, Ansatz zur Segementidentifikation und zur integrierten Zielgruppenbearbeitung, Wiesbaden 1992.

*Martin, M. (2000):* Ansätze der empirischen Ermittlung von Nachfragefunktionen; in: Pepels, W. (Hrsg.)(2000): Preis- und Konditionenpolitik, Köln 2000.

*Maslow, A. (1954):* Motivation and personality, New York 1954.

*Maslow. A. (1994):* Motivation und Persönlichkeit, Reinbek 1994.

*Mayer, A.; Mayer, R.U.(1987):* Imagetransfer, Hamburg 1987.

*Mayer, H. (1990):* Werbewirkung und Kaufverhalten, Stuttgart 1990.

*Mayerhofer, W. (1997):* Imagetransfer; Die Nutzung von Erlebniswelten für die Positionierung von Ländern, Produktgruppen und Märkten, Wien 1997.

*Meffert, H. (1993):* Marketing, Grundlagen der Absatzpolitik, 7., überarbeitete und erweiterte Auflage, Wiesbaden 1993.

*Meffert, H. (1998):* Marketing, Grundlagen einer marktorientierten Unternehmensführung, 8. Aufl., Wiesbaden 1998.

*Meffert, H. (1999):* Marketing, Grundlagen einer marktorientierten Unternehmensführung, 9. Aufl., Wiesbaden 1999.

*Meinefeld (1977):* Einstellungen und soziales Handeln, Reinbek bei Hamburg 1977.

*Osgood, C. E., Suci, P. J., Tannenbaum , J. P. H. (1957):* The Measurement of Meaning, Urbana (Ill.) 1957.

*Pepels. W. (1997):* Einführung in die Kommunikationspolitik, Stuttgart 1997.

*Rosenberg, M. J. (1956):* Cognitive Structure and Attitudinal Affect, in: Journal of Abnormal and Social Psychology, Vol. 53, 1956, S. 367-372.

*Schenk, M. (1987):* Medienwirkungsforschung, Tübingen 1987.

*Schulze, G. (1992):* Die Erlebnisgesellschaft, Frankfurt am Main 1992.

*Spiegel, B. (1961):* Die Struktur der Meinungsverteilung im sozialen Feld. Das psychologische Marktmodell, Bern-Stuttgart 1961.

*Steinmann, H., Schreyögg, G.(1997):* Managemant. Grundlagen der Unternehmensführung. Konzepte, Funktionen, Fallstudien, 4. Auflage, Wiesbaden, 1997.

*Triandis, H. C. (1975):* Einstellungen und Einstellungsveränderungen, Weinheim/ Basel 1975.

*Six, B. (1975):* Die Relation von Einstellung und Verhalten, in: Zeitschrift für Sozialpsychologie, Band 6, 1975, Heft 4, S. 270-296.

*Trommsdorff, V. (1993):* Konsumentenverhalten, 2. Aufl. Stuttgart u.a. 1993.

*Trommsdorf, V. (1975):* Die Messung von Produktimages für das Marketing, Grundlagen und Operationalisierungen, Köln u. a. 1975.

*Unger, F., Fuchs, W.(1999):* Management der Marktkommunikation, Heidelberg 1999.

*Weinberg, P. (1981):* Das Entscheidungsverhalten der Konsumenten, Paderborn u. a. 1981.

*Weinberg, P. (1992):* Erlebnismarketing, München 1992.

*Zajone, R. B. (1980):* Feeling and Thinking, Preferences need no Inferences, American Psychologist, 35.

**Kapitel 3**

*Aaker, D. A. (1990):* Brand Extensions: The Good, the Bad and the Ugly, in: Sloan Management Review, Summer 1990.

*Altobelli, C. F. (1993):* Charakterisierung und Arten der Werbung, in: Berndt, R., Hermanns, A. (Hrsg.)(1993): Handbuch Marketing-Kommunikation, Wiesbaden 1993.

*Bender, M. (1976):* Die Messung des Werbeerfolgs in der Werbeträgerforschung, Würzburg u.a. 1976.

*Berndt, R. (1992):* Marketing-Marketing-Politik, 2. Aufl., Berlin et al. 1992.

*Bertl, W. (1988):* Mikrogeographische Marktsegmentation-Was ist das? Auf Zielgruppen-Suche auch im kleinsten Raum, in: Werbung und Verkauf, Heft 28/1988.

*Böhler, H. (1977):* Methoden und Modelle der Marktsegmentierung, Stuttgart 1977.

*Böhler, H. (1985):* Marktforschung, Stuttgart u.a. 1985.

*Brand, H. W. (1978):* Die Legende von den „geheimen Verführern“, Weinheim, Basel 1987.

*Brand, P. u.a.:* Die Zeitung. Medienkundliches Handbuch. 4. Auflage, Aachen-Hahn 1990.

*Brehm, S. S.; Brehm, J. W. (1981):* Psychological reactance – a theory of freedom and control, New York 1981.

*Bruhn, M. (1995):* Integrierte Unternehmenskommunikation, 2. Aufl., Stuttgart 1995.

*Bruhn, M. (1997):* Kommunikationspolitik, München 1997.

*Busch, R. Dögl, R., Unger, F. (1997):* Integriertes Marketing, 2. Aufl., Wiesbaden 1997.

*Childes, T. L., Houston, M. S. (1984):* Conditions for a picture-superiority on consumer memory, in: Journal of Consumer Research, 1984, 11, S. 643-654.

*Crosby, J. (1984):* Writing for television and radio, 4. Aufl. Belmont, Calif.: Wadsworth 1984.

*Let the music play: Music as a nonverbal element in television commercials, in: Hecher, S., Stewart, D. W. (Eds.)(1988):* Nonverbal communikation in advertising, S. 207-223, Lexington, Toronto 1988.

*Demuth, A., Garbett, T. F., Richter, G. (1984):* Unternehmenswerbung. Corporate Advertising. Das Was – Das Warum – Das Wie, Spiegel-Verlagsreihe, Hamburg.

*Dieterle, G. S., Haley, R. I., Richardson, J., Baldwin, M. M. (1984):* The effects of nonverbal communications in television advertising, in: Journal of Advertising Research, 24/4, 1984.

*Drieseberg, T.J. (1995):* Lebensstil Forschung: Theoretische Grundlagen und praktische Anwendungen, Heidelberg 1995.

*Ehrenfels v., C. (1890):* Über Gestaltsqualitäten, in: Viertelsjahresschrift wissenschaftlicher Philosophie, 14. Jg.

*Engel, J.F., Blackwell, R.D., Miniard, P.W. (1993):* Consumer Behavior, 7. Aufl., Philadelphia u.a. 1993.

*Festinger, L. (1954):* A theory of social comparison process, in: Human Relations, Stanford 1954.

*Festinger; L. (1957):* A theory of cognitive dissonance, Stanford 1957.

*Freter, H. (1983):* Marktsegmentierung, Stuttgart u.a. 1983.

*Genius, H. N. (1983):* Archetypen, in: Arnold, W., Eysenck, H.J., Meili, R. (Hrsg.): Lexikon der Psychologie, 1. Bd., 9. Aufl., Freiburg, Basel, Wien, 1983.

*GfK Marktforschung (1996):* Bewertung von Plakatstellen, Nürnberg 1996.

*Hagemann, H. W., Schürmann, P. (1988):* Der Einfluss musikalischer Untermalung von Hörfunkwerbung auf Erinnerungswirkung und Produktbeurteilung. Ergebnisse einer experimentellen Untersuchung, in: Marketing, ZfP.

*Haley, R.I., Richardson, J. Baldwin, M.M. (1984):* The effects of nonverbal communications in television advertising, in: Journal of Advertising Research, 1984, 24, 4, S. 11-18.

*Haley, R. I. (1985):* Developing effective communication strategiy. A benefit segmentation approach, New York u. a. 1995

*Hammann, P., Erichson, B. 1990:* Marktforschung, 2. Aufl., Stuttgart 1990.

*Hammannn, P., Erichson, B. (1994):* Marktforschung, 3. Auflage, Stuttgart 1994.

*Heesacker, M., Petty, R.E., Cacioppa, J.T. (1983):* Field dependence and attitude change; Credibility can alter persuasion by affecting message-relevant thinking, in: Journal of Personality, 1983.

*Heinzelbecker, K. (1985):* Marketing-Informationssysteme, Stuttgart 1985.

*Helson, H. (1933):* The fundamental proposition of gestalt psychology, in: Psychological Review, Vol. 40.

*Hermanns, A., Puttmann, M. (1993):* Integrierte Marketing-Kommunikation, in: Berendt, R., Hermanns, A. (Hrsg.)(1993): Handbuch Marketing-Kommunikation, Wiesbaden 1993.

*Holland, H. 1988:* Database-Marketing: Kundendatenbanken im Direct-Marketing, in: Gabler Magazin 11/88, Wiesbaden 1988.

*Hovland, C. I., Lumsdaine, A. A., Sheffield, F. D. (1948):* Experiments on Mass Communication, Princeton, N.J.: Princeton University Press, 1948, Vol. III, chapter 8.

*Hovland, C.I., Meadell, W., Kelley, H.H. (1953):* Communication and persuasion-Psychological studies of opinion change, New Haven 1953.

*Hovland, C.I., Weiss, W. (1951):* The influence of source credibility on communication effectiveness, in: The public Opninion Quarterly, 1951.

*Huth, R., Pflaum, D. (1991):* Einführung in die Werbelehre, 4. Aufl., Stuttgart, Berlin, Köln 1991.

*Irle (1975):* Lehrbuch der Sozialpsychologie, Göttingen, Toronto, Zürich, 1971.

*Janis, I.L., Hovland, C.I., Field, P.B., et al (1959):* Personalitiy and persuability, New Haven 1959.

*Kall, D. (1996):* Werbeetat- und Werbemix-Planung im Handel, Wiesbaden 1996.

*Kamenz, U. (1997):* Marktforschung, Einführung mit Fallbeispielen, Aufgaben und Lösungen, Stuttgart 1997.

*Katz, D. (1969):* Gestaltpsychologie, 4. Aufl., Basel und Stuttgart 1969.

*Keitz von, B. (1983):* Wirksame Fernsehwerbung, Würzburg 1983.

*Kirchgeorg, M. (1995):* Zielgruppenmarketing, in: Thexis, 12. Jg., Heft 3.

*Koffka, K.(1935):* Principles of Gestalt Psychology, New York,

*Köhler, W. (1928):* Gestalt-Psychologie, New York 1982.

*Konert, F.-J. (1986):* Vermittlung emotionaler Erlebniswerte, Heidelberg 1986.

*Konert, F.-J. (1996):* Vermittlung emotionaler Erlebniswerte. Eine Marketing-Strategie für gesättigte Märkte, Heidelberg, Wien 1996.

*Koschnick, W.J. (1996):* Medien- und Jaournalistenjahrbuch, Gruyter-Verlag 1996.

*Kotler, P, Bliemel, F. (1999):* Marketing-Management, 9. Aufl., Stuttgart 1999.

*Kroeber-Riel, W. (1987):* Werbung im Zeitalter der Bildkommunikation, in: Harvard Manager, 1987.

*Kroeber-Riel (1986):* Die inneren Bilder des Konsumenten. Messung –Verhaltenswirkung- Konsequenzen für das Marketing, in: Marketing ZFP, 8. Jg., Nr. 2, 1986, S. 81-94.

*Kroeber-Riel (1988):* Kommunikation im Zeitalter der Informationsüberlastung, in: Marketing ZFP, 10. Jg., Nr. 3, 1988, S. 182-189.

*Kroeber-Riel, W. (1993a):* Bildkommunikation, Imagerystrategien für die Werbung, München 1993.

*Kroeber-Riel, W. (1993b):* Strategie und Technik der Werbung; Verhaltenswirtschaftliche Ansätze, 4. Aufl., Stuttgart u.a. 1993. Koffka, K. (1935): Principles of Gestalt Psychologie, New York 1993.

*Kroeber-Riel, W., Weinberg, P. (1996):* Konsumentenverhalten, 6. Aufl., München 1996.

*Kubicek, H. (1981):* Unternehmensziele, Zielkonflikte und Zielbildungsprozesse, in: WiSt 10/1981.

*Litzenroth, H. A. (1996):* Ökonomische Werbewirkung: Reales Kaufverhalten als Beurteilungsmassstab für den Werbeerfolg, in Werbeforschung & Praxis, 1996, 41, 4, S. 16-30.

*Low, G. S., Mohr, J. J. (1992):* The Advertising Sales Promotion Trade-off: Theory and Practice, in: Marketing Science Institute, Report: October 1992, S. 92-127, Cambridge, MA 1992.

*Macharzina, K. , Kall, D. (1996):* Werbeetat- und Werbemix-Planung im Handel, Wiesbaden 1996.

*Martin, M. (1992):* Mikrogeographische Marktsegmentierung, Ansatz zur Segementidentifikation und zur integrierten Zielgruppenbearbeitung, Wiesbaden 1992.

*Martin, M. (1993):* Mikrogeographische Marktsegmentierung: Ein Ansatz zur Segmentidentifikation und und zur integrierten Marktbearbeitung, in: Marketing ZFP, Nr. 3, III. Quartal 1993.

*Martin, M. (2000a):* Ansätze der empirischen Ermittlung von Nachfragefunktionen, in: Pepels, W. (Hrsg.)(2000): Preis- und Konditionenpolitik Bd. 4, Köln 2000.

*Martin, M. (2000b):* Einfluss der Nachfrage auf die Preisbildung, in: Pepels, W. (Hrsg.) (2000): Preis- und Konditionenpolitik Bd. 4, S. 69-96, Köln 2000.

*Martin, M. (2000c):* Grundlagen der Preispolitik und Einflussgrössen der Nachfrage auf die Preisbildung, in: Pepels, W. (Hrsg.), Preis- und Konditionenpolitik Bd. 4, S. 47-167, Köln u. a. 2000.

*Martin, M. 1987:* Marketing nach Wohngebieten. Kleinstraumplanung mit regio-select, in: Copy, Magazin für Medien, Kommunikation und Kreation, 9. Jg., Heft 24, Dez. 1987.

*Martin, M. (1988a):* Mit dem Marktanalyse-System Regio der Zielgruppe auf der Spur. Wider das Gießkannenprinzip, in: Werben und Verkaufen, Nr. 16 vom 22.04.1988.

*Martin, M. (1988b):* Zielgruppenmanagement im Einzugsbereich stationärer Vertriebsformen, unveröffentl. Manuskript, anläßlich eines Vortrages beim 20. Direct Marketing Symposium vom 23.-29.04.1988 in Montreux, in Auszügen, in: Kongreßdokumentation, Bd. 1, Montreux 1988.

*Martin, M. (1989):* Mediaplanung auf geodemographischer Grundlage, in: Dallmer, H. (Hrsg.): Innovationen im Direct Marketing, Gütersloh 1989.

*Martin, M. 1990:* Der Konsument im Silberhaar, Marktforschung, das Senioren-Segment, in: Gabler's Magazin, Nr. 7, 1990, S. 40-43.

*Martin, M. (1991):* Mikrogeographische Segmentierung im Direct Marketing, in: Dallmer, H. (Hrsg.): Handbuch Direct Marketing, Wiesbaden 1990.

*Mayer, H. (1990):* Werbewirkung und Kaufverhalten, Stuttgart 1990.

*Mayer, H. (1993):* Differentielle Effekte der Wiederholung von Werbemaßnahmen, in: Jahrbuch der Absatz- und Verbrauchsforschung, 39, Jg., Heft 4.

*Meffert, H. (1992):* Marketingforschung und Käuferverhalten, 2. überarbeitete und erweiterte Auflage, Wiesbaden 1992.

*Meffert, H., Kirchgeorg, M. (1998):* Marktorientiertes Umweltmanagement, Konzeption, Strategie, Implementierung mit Praxisfällen, 3. Auflage, Stuttgart 1992.

*Meffert, H. (1998):* Unternehmensrechnung und Unternehmensbesteuerung, Wiesbaden 1998.

*Meffert, H. (1999):* Marketing, Grundlagen marktorientierter Unternehmensführung; Konzepte-Instrumente-Praxisbeispiele, 8. Aufl., Wiesbaden 1999.

*Meffert, H. (1999):* Marktorientierte Unternehmensführung im Wandel, Wiesbaden 1999.

*Metzger, W. (1936):* Gesetze des Sehens, Frankfurt am Main 1936.

*Metzger, W. (1963):* Psychologie, 3. Aufl., Darmstadt 1963.

*Metzger, W. (1966):* Figural-Wahrnehmung, in: Metzger, W., Erkl, H. (Hrsg.): Allgemeine Psychologie, I. Der Aufbau des Erkennens, 1. Halbband: Wahrnehmung und Bewusstsein, 2. Aufl., Göttingen 1966.

*Meyer-Henschel, G. (1983):* Aktivierungswirkung von Anzeigen – Messverfahren für die Praxis, Würzburg, Wien 1983.

*Michmann, R.D. (1991):* Lifestyle Market Segmentation, New York 1991.

*Mitchell, A. A., Olsen, J. C. (1981):* Are product beliefs the only mediator of advertising effects on brand atttitude? In: Journal of Marketing Research, 1981, 18, S. 38-322.

*Neibecker, B. (1990):* Werbewirkungsanalyse mit Expertensystemen, Heidelberg 1990.

*Paivio, A. (1971):* Imagery and verbal process, New York 1971,

*Paivio, A. (1975):* Imagery and long-term-memory, in: Kennedy, A., Wilkens, A. (Eds.): Studies in long-term-memory, New York 1995, S. 57-85.

*Paivio, A. (1977):* Images, propositions, and knowledge, in: Nicholas, J.M. (Ed): Images perception and knowledge, Dordrecht Boston 1977, S. 47-71.

*Peckham, J. O. (1969):* Can we relate advertising dollers to market share, in: McNiven, M. A. (Ed.)(1969): How much to spend for advertising, New York 1969.

*Pepels, W. (1996):* Lexikon des Marketing, Beck-dtv München 1996.

*Pepels, W.(1997):* Einführung in die Kommunikationspolitik, Stuttgart 1997.

*Pickert, M. (1994):* Die Konzeption der Werbung, Heidelberg 1994.

*Rogge, H.-J. (1996):* Werbung, 4. Aufl., Ludwigshafen a. Rhein 1996.

*Rothschild, M. L. (1987):* Marketing Communikation, Lexington 1987.

*Schenk, M. (1987):* Medienwirkungsforschung, Tübingen 1987.

*Schmalen, H. (1992):* Kommunikationspolitik, Werbeplanung, in: Köhler, R. , Meffert, H. (Hrsg.), 2. Aufl., Stuttgart 1992.

*Schmitt, B., Tavaboli, N., Millard, R. T. (1993):* Memory for print ads: Unterstanding relatins amory brandname, copy, and picture, in: Journal of Consumer psychology, 1993, 2, S. 55-81.

*Schrattenecker, E. (1987):* Was lässt sich aus der Imagery-Forschung für die Werbung ableiten? In: Werbeforschung & Praxis, 1987, 32, S. 181-186.

*Schrattenecker, G., Schweiger, G. (2001):* Werbung. Eine Einführung/ Grundwissen der Ökonomik, Betriebswirtschaftslehre, 5. neu bearbeitete Auflage, Urban & Fischer München 2001.

*Schweiger, G. (1975):* Media Selektions-Daten und Modelle, in: Behrens, K.C., Bidlingmaier, J. (Hrsg.) 1975.

*Shannon, C., Weaver, W. (1948):* The mathematical theory of communication, Urbana 1949.

*Sherif, M., Hovland, C.I. (1961):* Social judgement, New Haven 1961.

*Simon, H., Möhrle, M. (1993):* Werbebudgetierung, in: Berndt, R., Hermans, A. (Hrsg.)(1993): Handbuch der Marketing-Kommunikation, Wiesbaden 1993.

*Steffenhagen, H., Siemer, S. (1996):* Untaugliche Werbezielformulierungen in der Praxis, in: Marketing ZFP 1996, 1, S.45-54.

*Steinmann, H., Zerfaß, A. (1995):* Management der integrierten Unternehmenskommunikation; Konzeptionelle Grundlagen und strategische Implikationen, in: Ahrens, R., Scherer, H., Zerfaß, A. (Hrsg.)(1995): Integriertes Kommunikationsmanagement, Frankfurt a. Main 1995.

*Steffenhagen, H., Siemer, S. (1996) GEF: Steffenhagen, H. 1995):* Kondirtionengestaltung zwischen Industrie und Handel, Ueberreuter-Fachbuchverlag 1995.

*Stegmüller, B. (1995):* Internationale Makrtsegmentierung als Grundlage für internationale Marketingkonzeptionen, Bergisch-Gladbach u.a. 1995.

*Stout, P. A., Lechenby, J. Demuth, A., Garbett, T. F., Richter, G. (1984):* Unternehmenswerbung, Corporate Advertising, Das Was – Das Warum – Das Wie, Hamburg 1984.

*Tauchnitz, J. (1990):* Werbestrategien; Werbung mit Musik, Heidelberg 1990.

*Thelen, C. (2000):* Vergleichende Werbung- neue Möglichkeiten und neue Grenzen, in: Drees, N. (2000): Erfurter Hefte zum angewandten Marketing, Heft 7.

*Trommsdorff, V. (1993):* Konsumentenverhalten, Stuttgart u.a. 1993.

*Unger, F., Durante, N.-V., Gabrys, E., Koch, Wailersbacher, R. (1999):* Mediaplanung, 2. Auflage, Heidelberg 1999.

*Unger, F., Fuchs, W. (1999):* Management der Marktkommunikation, Heidelberg, 1999.

*Vöhl-Hitscher, F. (1994):* Testmarktsimulation, in: Planung & Analyse 1994, 1, S. 40-46.

*Weppler, K. (1990):* Unterstützung der Mediaselektion durch mikrogeographische Marktsegmentierung, in: Dallmer, H. (Hrsg.): Handbuch Direct Marketing, 6. Aufl. Wiesbaden, !990,S. 479-494.

*Wertheimer, M. (1925):* Über Gestalttheorie, Berlin 1925.

*Wind, Y.; Green, P.E. 1979:* Some conceptual measurement and analytical problems in life style research, in: Wells, W. D. (Hrsg.): Life style and psychographics, Chicago 1979, S. 97-126.

*Winterhoff-Spark, A. A., Schitt, R. (1985):* Texte bei der Fernsehwerbung. Eine experimentelle Untersuchung zur Wirkung von Texten auf die Bildrezeption und die Bewertung von Werbespots, in; Mediaperspektiven 1985, 2, S. 142-147.

*Zentes, J. (1982):* Die Werbeentscheidungen und die Werbeoptimierungsmodelle, in: Tietz, B. (Hrsg.)(1982): Die Werbung, Bd. 3, S. 2199-2263, Landsberg a. Lech.

*Zielske, H. A. (1959):* „The remembering and Forgetting Television Ads", in: Journal of Advertising Research, 23, H.2, S.7-13.

**Kapitel 4**

*Albers, S., Clement, M., Peters, K., Skiera, B. (1999):* eCommerce, Einstieg, Strategie und Umsetzung im Unternehmen, Frankfurt am Main 1999.

*Alpar, P.(1998):* Kommerzielle Nutzung des Internet Unterstützung von Marketing, Produktion, Logistik und Querschnittsfunktionen durch das Internet und Online-Dienste, 2. Auflage, Berlin, Heidelberg, 1998.

*Bachem, C.; Mörsdorf, T. (1999):* Dr. Oetker Im Internet – ein Rückblick auf über der Jahre erfolgreiches Online Marketing. In: Link, J., Tiedtke, D. (Hrsg.): Erfolgreiche Praxisbeispiele im Online Marketing, Strategien und Erfahrungen aus unterschiedlichen Branchen, Berlin, Heidelberg, New York 1999, S. 83-109.

*Bartsch, M. (Hrsg.) (1998):* Neues Recht für neue Medien, Köln 1998.

*Bienert, P.(1998):* Information & Kommunikation: Technik und Anwendung in Wirtschaft und Medien, Springer-Verlag, Berlin; Heidelberg, 1998.

*Börner, F. (1999):* Der Internet Rechtsberater, 1999, S.72-77.

*Börner, F./Heitmann/Sengpiel/Strunk/Zöllkau (1999), S.83.*

*Bundesgesetzblatt:* Informations- und Kommunikationsdienste-Gesetz (IuKDG) mit dem Gesetz zur digitalen Signatur (SigG und SigV), Jg. 1997 Teil I Nr. 52, ausgegeben zu Bonn am 28. Juli 1997, S. 1870 ff. in Congreßband IV: Internet, Electronic Commerce, Multimedia ... Innovationen der Geschäftsabwicklung und -kommunikation, Düsseldorf 1998, Kapitel C 412.

*Bergmann, C. (1997):* Web in Motion, Internet Professionell: Ausgabe 11/97, S.30.

*Carten, S (199):* Cast a Wide Web – General Introduction of the Affiliate Marketing Scheme, 1999.

*Clement, M.; Peters, K.; Preiß, F.J. (1998):* Electronic Commerce, in: Albers, S. Clement, M., Peters, K. (Hrsg.): Marketing mit Interaktiven Medien – Strategien zum Markterfolg, Frankfurt am Main 1998, S. 49-64.

*Conrady, R.; Orth, M.(1999):* Die Lufthansa InfoFly im Rahmen der Direktvertriebsstrategie der Deutschen Lufthansa AG. In: Link, J., Tiedtke, D. (Hrsg.): Erfolgreiche Praxisbeispiele im Online Marketing, Strategien und Erfahrungen aus unterschiedlichen Branchen, Berlin, Heidelberg, New York 1999, S. 23-49.

*Eimeren, B. u.a (1998):* ARD/ZDF-Online-Studie 1998 in Mediaperspektive, Jg. 8/98, S. 423-435.

*Schleuning, C; Wetzig, R. (1998):* Das Internet in Zahlen, in: Link, J.(1998) (Hrsg.): Wettbewerbsvorteile durch Online Marketing, Heidelberg 1998, S. 35-52.

*Evoy, K.(9199):* Vedorsview.pdf, 1999A und 5PillarProgram.pdf, 1999B

*Fittkau, S, Maaß H (1998):* Soziodemografie und Online-Nutzungsverhalten,: W3B-Benutzeranalyse, Uni-Ergebnisband, Hamburg, Erhebung April/ Mai 1998 oder auch http://www.w3b.de

*Fröbisch, D., Lindner, H., Steffen, T.:* MultiMediaDesign, München, 1997, S. 11.

*Gabler Wirtschaftslexikon (1995):* 13. Auflage, 1995, Wiesbaden.

*Geppert, D.(1996):* Interaktives Fernsehen als Promotor des Home-Shopping- Die Akzeptanz der Verbraucher als Engpaß der Diffusion: Ein empirischer Beitrag zur Innovationsforschung, Diss. der Technischen Universität Dresden, 1996.

*Grollmann, D. (1999):* Die heimliche Verführung, in: Internet World, Ausgabe 5/1999, S. 26.

*Hagel, J., Armstrong, A.G..(1997):* Net Gain – Profit im Netz, Wiesbaden, 1997.

*Hammel von C., Borcherding, M. (1998):* Digitales Geld- Bezahlen im Internet in Handbuch der modernen Datenverarbeitung (HMD), Heft 199, Jg. 2/1998.

*Hance, O. (1996):* Internet Business & Internet-Recht. Rechtliche Regelungen auf der Datenbahn, Brüssel 1996.

*Heil, B. (1999):* Online Dienste, Portals Sites und elektronische Einkaufszentren. Wettbewerbsstrategien auf elektronischen Massenmaerkten ,1. Aufl., Wiesbaden 1999.

*Hensler, H. (1998):* Vortrag: Erstes Forum für Medienwirtschaft Wiesbaden am 2.12.98 zitiert in: www.idcresearch.com .

*Hoeren, T. (1998):* Rechtsfragen des Internet. Ein Leitfaden für die Praxis, Köln 1998.

*Hoeren, T. (1999):* Rechtsfragen der digitalen Signatur. Eine Einführung in Recht und Praxis der Zertifizierungsstellen Berlin 1999.

*Hoffmann, S.(1998):* Optimales Online-Marketing, Wiesbaden, 1998.

*Horizont, Web-Lexikon.*

*http://www.electronic-commerce.org./recht/vertrag/vertrag3.html*

*http://bf.cstar.ac.com/bf: Softwareagent „Bargain-Finder" von Anderson Consulting*

*http://www. Electronic-Commerce.org/recht/vertrag1.htm:* Zustandekommen eines Vertrags, QuelleECIN, Stand: Dezember 1998.

*http://www.adtech.de .*

*http://www.amazon.de.*

*http://www.a-site.at/messages/1327.htm:* „EU-Richtlinie für E-Commerce steht", Pressemitteilung vom 25. November 1998 in Brüssel.

*http://www.associateprograms.com (USA) .*

*http://www.befree.com .*

*http://www.befree.com/docs/merchant/logos.htm .*

*http://www.befree.com/docs/merchant/services.htm*

*http://www.bmbf.de:Bundesministerium für Bildung und Forschung: Durchbruch .*

*http://www.bmwi.de:* Studie: Internet ist das Medium der Zukunft: Pressemitteilung vom 11.04.97 in Global Inventory Project.

*http://www.cio.com/archive/webbusiness/0996_virtual.html.*

*http://www.conrad-electronics.de.*

*http://www.denic.de.*

*http://www.dmmv.de/PRESSE/ec05-98.htm:* Electronic Commerce, eine Bestandsaufnahme zur aktuellen Situation in Deutschland, Pressemitteilung des dmmv (Deutscher Multimedia Verband) vom 05.08.98.

*http://www.doubleclick.com .*

*http://www.electronic.commerce.org/rechte/vertrag,* ECIN-Redaktion.

*http://www.electronic-commerce.org/recht/inhalte/haftung.html.Anwaltskanzlei Süme, Hamburg.*

*http://www.electronic-commerce.org/recht/vertrag.htm.:* Vertragsabschluß im Internet in ECIN, Stand September 1998.

*http://www.electronic-commerce/org/recht/vertrag/vertrag.html.*

*http://www.erlangen.netsurf.de/kurs/cookies.htm.* (Infos zu Cookies).

*http://www.fireball.de/voyeur-fireball.fcg.*

*http://www.firstsurf.de/shoppingumfrage02.htm.:* Internet-Shopping Report 98/99 des Internetmagazins FirstSurf und Fittkau&Maaß.

*http://www.fleurop.de.*

*http://www.gfk.de/website/mefo/onmo3.htm.*

*http://www.iid.de/BAH_Zusammenfassung.html:* Homepage des Bundesministeriums für Bildung und Forschung (bmb+I): Durchbruch Multimedia - Deutschland im internationalen Vergleich, 1998.

*http://www.iig.uni-freiburg.de:* Electronic Commerce Enquete 97/98, Zusammenfassender Überblick der Ergebnisse der Erhebung der Unternehmensberatung Gemini Conulting mit 900 Unternehmensvertretern aller Unternehmensgrößen, aus Pressemitteilung von Dr. Detlef Schoder, Uni-Freiburg .

*http://www.iig.uni-freiburg.de:Pressemitteilung:* Ergebnisse des Electronic Commerce Enquete 97/98, Zusammenfassender Überblick der Ergebnisse unter Dr. Schoder, Erhebung durch das Unternehmensberatunginstitut Gemini Conulting, Gesamt: über 900 befragte Unternehmensvertreter aller Unternehmensgrößen in Deutschland, Schweiz, Österreich, Uni-Freiburg, Stand: 20.11.98.

*http://www.ivw.de.*

*http://www.jauch.com* (Deutschland).

*http://www.listbot.com.*

*http://www.nic.de.*

*http://www.nytimes.com/library/tech/99/03/cyber/commerce/22commerce.html.*

*http://www.otto.de.*

*http://www.pz-online.de.*

*http://www.searchz.com/Articles/0915992.shtml.*

*http://www.shopping24.de.*

*http://www.sitesell.com/affiliateprogram.html.*

*http://www.sparklist.com.*

*http://www.statistisches-bundesamt.de:* Statistisches Bundesamt Wiesbaden, Pressemitteilung: Bevölkerungsentwicklung in Deutschland und in der Europäischen Union bis 2040, vom 08.10.1998.

*http://www.w3b.de:* W3B-Benutzeranalyse, repräsentative Online-Studie April/Mai 1998.

*http://www.webagency.de/ebiz/ak980408.htm.* Ergebnisse des US-Marktforschungs-instituts Forrester Research, Stand: 20.11.1998.

*http://www.webagency.de:* Electronic Commerce Informationspool vom 30.12.1998.

*http://www//intouch.de/download/98-09-online-shopping-unnoetig-schwer.htm,* Studie der Bad Homburger Firma Intouch.

*http://www.deadlock.com/promote/search-engines/yahoo.html und http://www.deadlock.com/promote/search-engines/how-they-work.html ).*

*Jauch, H.J. (1998):* Interaktive Unternehmenskommunikation, 1998.

*Jauch, H.J. (1999):* Partnerprogramme im Internet, 1999.

*Klöfer (1999):* Neue Medien in der Mitarbeiterkommunikation, in: Krzeminski, M. / Zerfaß (Hrsg.), Frankfurt am Main 1999.

*Kotler, P., Bliemel, F (1995).:* Marketing Management, 8. Auflage, Stuttgart 1995.

*Kotler, P., Bliemel, F.(1992):* Marketing-Management: Analyse, Planung, Umsetzung und Steuerung, 7., vollständig neu bearbeitete und erweiterte Auflage, Stuttgart, 1992.

*Krause, J. (1998):* Geschäftsfelder der Zukunft heute nutzen, München 1998.

*Krause, J., Somm, F., (1998):* Online Marketing. Die perfekte Strategie für Ihren Internet-Auftritt, München 1998.

*Kroeber-Riel, W., Weinberg, P.(1996):* Konsumentenverhalten, 6., völlig überarbeitete Auflage, München 1996.

*Krzeminski, M., Zerfaß (Hrsg.) (1998):* Interaktive Unternehmenskommunikation, Internet, Intranet, Dankenbanken, Online-Dienste und Business-TV als Bausteine erfolgreicher Oeffentlichkeitsarbeit/Institut für Medienentwicklung und Kommunikation GmbH in der Verlagsgruppe Frankfurter Allgemeine Zeitung, Frankfurt am Main 1998.

*Lampe, F. (1996):* Business im Internet. Erfolgreiche Online-Geschäftskonzepte. Herausgegeben von Ramm, F., Braunschweig, Wiesbaden 1996,

*Link, J., Tiedtke, D.(199):* Von der Corporate Site zum Databased Marketing –Grundlagen und Entwicklungsperspektiven. In: Link, J., Tiedtke, D. (Hrsg.): Erfolgreiche Praxisbeispiele im Online Marketing, Strategien und Erfahrungen aus unterschiedlichen Branchen, Berlin, Heidelberg, New York 1999, S.1 -23.

*Link, J.; Hildebrandt, V. (1994):* Verbreitung und Einsatz des Database Marketing

*Media Vision-Akzeptanzstudie:* Akzeptanz, Stand der Technik und Perspektiven ausgewählter multimedialer Anwendungen. Emnid-Instituts Bielefeld, herausgegeben vom Fraunhofer-Institut für Arbeitswirtschaft und Organisation (IAO), Stuttgart, 1996, S. 130-132

*Negroponte, N (1995):* Total digital, die Welt zwischen 0 und 1 oder Die Zukunft der Kommunikation, München 1995.

*Nedden, G. (1999):* Zur Mediengeschichte von Literatur und Politik.

*Nusch/ untrum (1998):* Hoechst Online Relations – Digitalisierung der Konzernkommunikation und veränderte interne Kommunikation, in: : Krzeminski , M., Zerfaß (Hrsg.): Interaktive Unternehmenskommunikation, 1998, S. 197

*O.V. (2000a):* Rennsaison B2B-E-Commerce in Deutschland, Boston Consulting Group, München 2000.

*O.V. (2000b):* Untersuchung bei 330 deutschen Unternehmen. Boston Consulting Group, München 2000.

*O.V. (1999a):* MGM Studie: Internet Nutzung wächst rasant, München 1999 http://www.wuv.de/studien/afacts_1199/index.html.

*O.V. (1999b):* Weg zur digitalen Unterschrift frei (dpa-Pressemeldung aus Bonn) in Ingelheimer Allgemeinen Zeitung (AZ), vom 26.01.1999, S. 12.

O.V. (1999c): Morino Institute, Netpreneur Program (1999).

*O.V. (1999d):* Banner zu alt, in: new media update, Folge 3, 1/1999, S. 20.

*O.V. (1999e):* Spiegel Online, Studie „Online-Marketing 2000“, in: Focus: Der Markt der Online-Kommunikation, Zukunftsmarkt Internet, München, 1999, S. 1.

*O.V. (1999f):* Internet-Shopping Report 98/99 des Internetmagazin FirstSurf in www.firstsurf.de/shoppingumfrage02.htm.

*O.V. (1999g):* Focus: Der Markt der Online-Kommunikation, Studie, Fakten `99, München 1999.

*O.V. (1998a):* Bannerplanung, in: new media update, Folge 2, 1998, S. 9-111.

*O.V. (1998b):* Mehr als bunte Bilder – Werbeformen, in: w & v new media report 6/1998, S. 10.

*O. V.(1998c):* Zehn Millionen Nutzer noch in diesem Jahr, in: w & v new media report 4/1999, S. 36.

*O.V. (1998d):* 12 Millionen Deutsche nutzen das Internet oder Online-Dienste in Frankfurter Allgemeine Zeitung (FAZ), vom 23.11.1998, Nr. 272, S. 36.

*O.V. (1998e):* Die Deutschen im Bestellfieber in Net-Investor: Fachzeitschrift: Internet-Kompetenz für Manager, Jg. 5/98, S. 20.

*O.V (1998f):* Jahr der Veränderung in W&V New Media Report, Jg. 12/1998, S. 34/35.

*O.V. (1998g):* Kauflust im Web steigt in New Media report, Jg.11/1998, S. 37.

*O.V. (1998h).:* Künftige Geschäfte in W&V New Media Report, Jg. 8/1998, S.38.

*O.V. (1998i).:* Newsletter: Handel per Internet: Deutschland ist weltweit der zweitgrößte Internetmarkt, FID-Verlag GmbH Fachverlag für Informationsdienste, Bonn, hrsg. von Jansen, M., Ausgabe 1998 / KW5.

*O.V (1998j):* Web-Shops auf dem Prüfstand in W&V New Media Report, Jg. 7/98, S.1-3

*O.V. (1998k):* Forrester Research und Jupiter Communication, 1998.

*O.V. (1997a):* Surfen mit Werbepausen, in: Horizont, 20.03.1997.

*O.V. (1997b):* Gebührenfrei ins internationale Netz, in: Entertainment Markt, 04.04.1997.

*O.V.(1997c):* Internet ist das Medium der Zukunft, Pressemitteilung vom 11.04.1997 in Global Inventory Projekt, www.bmwi.de.

*O.V (1997d):* Rückkehr des Pfennigs: Abrechnungsmodelle in New media Report, Jg. 7/1997, S. 15.

*Picot, A., Reichwald, R., Wiegand, R.T. (1996):* Die grenzenlose Unternehmung, 2. Aufl., Wiesbaden 1996.

*Pradel, M.(1997):* Marktkommunikations mit neuen Medien, zukunftsfähige Konzepte für den Mittelstand , München 1997.

*Reim, L. (1997):* Anbieterstrategien im World Wide Web, in: Brossmann / Fieger (Hrsg.): Business Multimedia, 1997, S. 47.

*Rengelshausen, O, Rohani, P. (1999):* Der Internetauftritt deutscher Unternehmen – Ergebnisse einer Inhaltsanalyse, Beiträge zur Marketingwissenschaft, Beitrag 22, Göttingen 1998.

*Rhodes, J. (1999):* The Art of Business Web Site Promotion, Search Engines, 1999

*Ribback, R. (1998):* E-Commerce-Lösungen: Aufbau und Betrieb von Internet-Shops in LANline Spezial: Internet/Intranet, Jg. III, 1998, S. 56-59.

*Rohrbach, P. (1997):* Interaktives Teleshopping: elektronisches Einkaufen auf dem Informationhighway, DVU (Deutscher Universitätsverlag), Wiesbaden, 1997.

*Roll, O.(1996.):* Marketing im Internet, München 1996.

*Römer, Q. und Stenz, T. (1999):* Autopiloten fürs Netz, in: CT Magazin für Computertechnik 3/96, S.156ff.

*Rominski, D. (1999):* Internet oder Print?, in: Absatzwirtschaft 3/99, S. 98ff.

*Rötzer, F. (1999):* Megamaschine Wissen. Vision: Überleben im Netz, Frankfurt am Main 1999.

*Schleuning, C., Wetzig, R. (1998):* Das Internet in Zahlen, in: Link, J. (Hrsg.):Wettbewerbsvorteile durch Online Marketing, Heidelberg 1998, S. 35-52.

*Schrader, M. (1999):* libr.de: Ein erfolgreiches Beispiel für mehrstufige Vertriebsmodelle im Internet. In: Link, J., Tiedtke, D. (Hrsg.): Erfolgreiche Praxisbeispiele im Online Marketing, Strategien und Erfahrungen aus unterschiedlichen Branchen, Berlin, Heidelberg, New York 1999, S. 2227-242..

*Schulzki-Haddouti, (1999):* Werbewildwuchs, in: c´t, Heft 3/1998, S. 39.

*Schulzki-Haddouti, (1998):* Umrüstung, in c´t, Heft 26/1998, S. 52-53.

*Schwarz, T.; Dörffeldt, T. (1999):* Online-Umsetzung des direkten Geschäftsmodells von Dell, In: Link, J., Tiedtke, D. (Hrsg.): Erfolgreiche Praxisbeispiele im Online Marketing, Strategien und Erfahrungen aus unterschiedlichen Branchen, Berlin, Heidelberg, New York 1999, S. 49-56.

*Seimert, W. (1998):* Unternehmer ins Netz. Wie kleine und mittlere Unternehmen das Internet erfolgreich nutzen können, Wiesbaden 1998.

*Stolpmann , M. (1997):* Internet & WWW für Studenten, WWW, FTP, E-Mail und andere Dienste, Cambridge 1997

*Stolpmann, M. (1997):* Elektronisches Geld im Internet: Grundlagen, Konzepte, Perspektiven, 1. Auflage, Köln, 1997

*Stolpmann, M. (1999):* Online Marketingmix, Bonn, 1999

*Strömer, T.H. (1997):* Online-Recht. Rechtsfragen im Internet und in Mailboxnetzen, Heidelberg 1997.

*Tedeschi, B. (1999):* Affiliate Referrals Generate Big Profits, New York Times, 22.03.99

*Theis, H. (1997):* Die Multimedia Gesetze. Erläuterungen, Gesetzestexte, amtliche Begründungen, Neuwied 1997.

*Thesmann, S. (1995):* EPK-Editor-Ein Werkzeug für Aufbau und Pflege elektronischer Produktkataloge zum Einsatz in kleinen und mittelständischen Betrieben. Diss, Nürnberg 1995.

*Tomczak, T., Gräf, H. (1997):* Online-Marketing in der Konsumgüterbranche - Status quo und Perspektiven in Marktbearbeitung und Distribution; in: Belz, C./Tomczak, T. (Hrsg.): Kompetenz für Marketing-Innovationen, Schrift 4, St. Gallen 1997, S. 14-29.

*Trommsdorff, V. (1990):* Innovationsmanagement in kleinen und mittleren Unternehmen; Grundzüge und Fälle- ein Arbeitsergebnis des Modellversuchs Innovationsmanagement, München 1990.

*Trommsdorff, V. (1998):* Konsumentenverhalten, 3. überarbeitete und erweiterte Auflage, Kohlhammer-Edition-Marketing, Stuttgart/Berlin/Köln, 1998.

*Unger, F.; Durante, V.-V.; Gabrys, E; Koch, R.; Wailersbacher, R.(1999):* Mediaplanung: Methodische Grundlagen und praktische Anwendungen, 2. Aufl. Heidelberg 1999.

*Vogel, (1998):* Informationsdistribution in elektronischen Netzen; in: Bartsch. M. (Hrsg.), Neues Recht für neue Medien, Köln 1998.

*Weinberg, P. (1981):* Entscheidungsverhalten der Konsumenten, Paderborn 1981.

*Weinberg, P. (1992):* Erlebnismarketing, München 1992.

*Wendel, A.D. (1997):* Wer hat Recht im Internet? Ein juristischer Leitfaden. Aachen 1997.

*Werner, A. (1998):* Site Promotion, Heidelberg, 1998

*Werner, A.(1999):* Vermarktungsgemeinschaften bündeln Kräfte – Internetwerbung vor dem Jahrtausendwechsel, in: Netbook 1/99, Pocket Pl@ner, S. 3.

*Werner, A.; Stefan, R. (1997):* Marketing Instrument Internet, 1. Aufl., Heidelberg, 1997.

*Werner, A.; Stephan, R. (1998):* Marketing Instrument Internet, 2. Auflage, Heidelberg, 1998

*Werner, S. (1997):* Marketing Instrument Internet, 1. Aufl., Heidelberg, 1997.

*Williamson, M.(1996):* Getting to Know You, in CIO Webbusiness, Sept. 1996.

# Stichwortverzeichnis

**D**



**E**



**F**



**G**



**H**

**Z**